**사유의 새로운 이념들**

# 사유의
# 새로운 이념들

대안공간의 사상

한정헌·최승현 엮음

그린비

# 머리말

이 책은 오늘날 새롭게 도래한 시대를 맞아 참신한 사유를 모색하는 젊은 사상가들의 글을 모은 것이다. 여기에 참여한 필자들은 모두 소운 이정우 선생의 사유 및 그가 창설한 대안공간과 밀접한 관련을 맺고 있다. '전통, 근대, 탈근대'(1부)와 '시간, 생명, 창조'(2부)라는 두 주제는 이런 맥락을 반영한다.

윤지산(철학), 한정헌(기독교윤리학), 장의준(철학), 유재언(경영학), 윤승리(국문학), 유충현(영문학)이 참여한 '전통, 근대, 탈근대'는 1990년대 이래 도래한 '탈근대'라는 문제의식을 공유하는 여섯 사상가들이 각자의 영역에서 전통과 근대를 배경으로 탈근대적 사유의 실마리를 잡아나간 글들을 모아 놓았다. 이들은 장자에서 들뢰즈에 이르기까지 사상사의 다양한 맥락을 짚어가면서 각각 새로운 사유의 실마리들을 풀어놓고 있다. 이 글들은 소운이 다듬어 놓은 역사철학적 사유를 다양한 방향으로 발전시켜 나가고 있다.

박철은(생명과학), 권강(한의학), 김태우(의료인류학), 최승현(교육학), 김숙경(미학)이 참여한 '시간, 생명, 창조'는 시간과 생명에 대한 과학적이고 형이상학적인 사유들을 전개하고 있으며, 역시 소운이 지금까지 정련해온 형이상학·존재론의 성과들과 대화하면서 참신한 사유들을 전개하고 있다. 이 논의들은 시간과 생명에 대한 과학적 탐구와 철학적 논구를 토대로 인간주체와 그가 추구하는 창조적 차원에 대한 사유들을 개진하고 있다. 여러 영역들에서 개진된 논의들은 과학과 철학 그리고 예술의 교차로들에서 이루어지는 흥미진진한 주제들을 펼치고 있다.

한국 사상은 1990년대의 도래에 즈음해 새로운 전기를 맞이했다. 군사정권의 패퇴와 새로운 시대의 도래, 정보화와 세계화를 통한 이른바 '포스트모던' 사회의 도래, 학계와 사상계의 전면적인 변화 등, 거대한 변화의 물결이 이즈음 도래했다. 이런 변화를 맞이한 한국의 사상가들은 다양한 형태의 '대안적' 사유들을 펼치기 시작했다. 그리고 2000년대에 들어와 새로운 시민적 지성의 요청에 부응하는 비-제도권적 담론의 공간, 즉 '대안공간'이 탄생하였다. 우리에게 익숙한 철학아카데미, 수유+너머, 다중지성의 정원 등이 그 선구적 단체들이다.

그 중에서도 소운이 주도한 대안공간 운동은, 후기자본주의의 물결에 휩쓸려 지식산업으로 전락한 대학이나 세부 전공들로 파편화된 강단철학에 안주하기를 거부하고, 새로운 시대에 맞는 새로운 사유들을 창조하는 일에 주력하였다. 또한 이를 토대로 관리사회에 예속된 순응적 주체가 아닌 새로운 시민적 주체들의 탄생을 돕는 일에도 적극적이었다. 그 과정에서 직·간접적으로 마주치고 접속한 이들이 바로 이 책의 저자들이다. 그들의 학문적 성과는 소운이 편집인으로 있는 '리좀 총서' 등에 의해 꾸준히 이어지고 있다.

그런 의미에서 이 책은 지난 사반세기에 걸쳐 전개된 현대 한국 사상의 한 결을 정리해 보는 중간결산의 성격을 띤다. 우리는 이 글모음을 통해 침체된 한국 사상에 다양한 '사유의 새로운 이념들'이 탄생할 수 있기를 희망한다.

책임 편집  한정헌, 최승현

# 차례

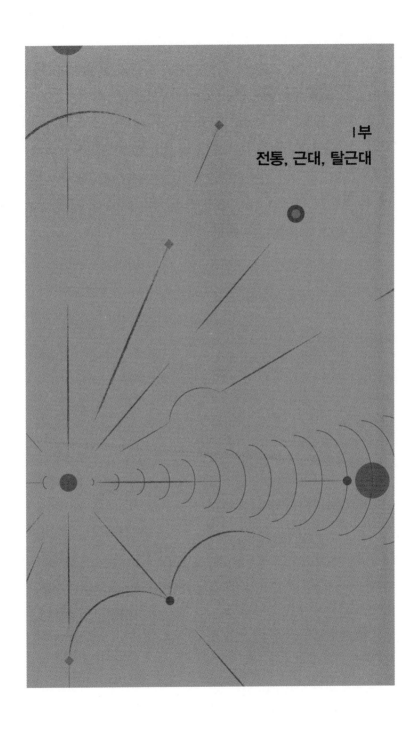

1부

전통, 근대, 탈근대

# 장자의 탈주[1]

윤지산

## 도주

2013년 봄, 종로구 효자동에 새 이웃이 들자마자 한국을 떠나려 준비
했다. 지난겨울 선거 결과를 도무지 이해할 수 없었고 받아들일 수도
없었다. 선거 중심의 민주주의를 폄하하는 니체의 경고를 몰랐던 바도
아니다.[2] 하지만, 민중/대중의 '건전한 상식(?)'을 강하게 믿고 있었던
탓인가?[3] 희망이 꺼지자 삶 전체에 대한 회한과 절망으로 이어졌다.
'잘못 살았구나!' 하는 자조를 견딜 수 없었다. 철학과 사유를 재검토하
지 않으면 앞으로 끌고 가야 할 삶이 더 비참해질 거라는 불안감이 밀

---

1) 이 글에서 '장자'라고 할 때는 서명(書名)을 지칭하기도 하며, 집단 저자를 가리키기도 한다. 사
   마천도 확정하지 않았듯이 '장자'라는 인물은 불투명하기도 하거니와, 이 저작의 문제와 주제
   가 '일인 저작'으로 보기에는 다양하게 변주되기 때문이다. 『장자』를 이해하려면 장자 학파의
   담론이 속해 있는 '인식론적 장'(champ épistémologique)을 탐구하는 것이 첩경이라고 생각하
   기 때문이다.
2) 고병권, 『니체의 위험한 책, 차라투스트라는 이렇게 말했다』, 그린비, 2003, 25쪽. 니체가 서구
   의 민주주의를 "힘의 해방이 아닌 피로함의 해방"이라고 불렀던 것도 정치적 힘들의 과소 상
   태를 지적하기 위해서였다. 다양한 정치적 힘들을 투표용지에 흡수함으로써 정치행위는 투표
   행위로 축소되고, 다양성은 나열된 항을 선택하는 문제로 제한됨으로써 민주주의는 "미래를
   낳은 능력을 상실한다".

려왔다. 학문을 구했던 자의 곤궁한 삶 곁에 뒹굴던 물건들을 아낌없이 정리했다. 책을 제외하면 재산이라고 이름 붙일 만한 것도 없었다. 주변 친구에게 책을 나눠 주면서 아래 문장을 읽고 까닭 모를 탄식이 쏟아져 나왔다. 주희朱熹가 스승 이연평李延平[4]에 대해 쓴 행장이다.

> 선생께서 추구했던 공부는 이렇다. 강론講論이 끝나면 나머지 시간에 종일 정좌危坐하고, 희로애락의 감정이 일어나기 전에 기상이 어떠한지를 살피셨다. 이른바 중中을 구하신 것이다. 이런 상태를 오래 유지하면 천하의 근본이 바로 중中에 있다는 것을 알게 된다. 천하 이치理는 모두 여기[중中]에서 나온다. 근본을 체득하면 여기에서 비롯되는 다양한 [시공의] 변화를 꿰뚫을 수 있다. […] 이로써 지키고 버리는 것이 더욱 확실해졌고, 함양은 더욱 원숙해졌다. 정밀하고 명철하며 순일하여 닿는 곳마다 탁 트였고, 두루 응하고 세밀하게 대처하니 발동하면 반드시 중절中節을 얻었다.[5]

---

3) 사실 결정적 둔갑에 대해 적지 않은 무지를 고백하는 편이 옳겠다. "다른 두 가지의 결정적 둔갑이 더 존재한다. 그 하나는 물질적 풍요를 가져다준다고 믿었던 자본주의가 거대한 불평등과 착취의 체계로 둔갑한 것이고, 또 하나는 역사의 행복의 종말로 믿어졌던 민주주의/대중사회가 거대한 어리석음과 천박함의 도가니로 둔갑한 것이다."(이정우, 『주체란 무엇인가?』, 그린비, 2009, 61쪽)

4) 이동(李侗, 1093~1163). 연평은 호.

5) 『주자문집』(朱子文集), 권97 「연평선생이공행장」(延平先生李公行狀), "先生旣從之學, 講誦之餘, 危坐終日, 以驗夫喜怒哀樂未發之前氣象爲如何, 而求所謂中者. 若是者蓋久之而知天下之大本眞有在乎是也. 蓋天下之理, 無不由是而出, 旣得其本, 則凡出於此者, 雖品節萬殊, 曲折萬變, 莫不該攝洞貫, 以次融釋, 而各有條理, 如川流脈絡之不可亂, 大而天地之所以高厚, 細而品彙之所以化育, 以至於經訓之微言, 日用之小物, 折之于此, 無一不得其衷焉. 由是操存益固, 涵養益熟, 精明純一, 觸處洞然, 泛應曲酬, 發必中節."(陳俊民 校編, 余英時 等 策劃, 德富文敎基金會, 2000)

이것이 가능한가! 한 학자의 치열한 학문 자세를 비난하고 싶은 생각은 추호도 없었다. 감정이 일어나기 전 즉 세계 변화/생성 이전의 어떤 법칙을 인식한다면 모든 변화를 통섭할 수 있단 말인가! 그것의 이름이 무엇이 되었든 그런 법칙이 있기는 한가! 주회의 글은 그렇게 읽혔다. 사실, 기나긴 역사를 자랑하는 질문이다. 넓은 의미에서 보자면 탈레스도 여기서부터 시작하지 않았던가! 그럼, 이런 사유의 구도가 내 삶, 나아가 한국 사회에 어떤 영향을 미치는가!

필리핀 세부를 향하는 비행기에서 내내 이 문제를 화두로 들고 있었다. 원래 목적지는 호주였다. 가는 길에 세부에 사는 친구네에서 며칠 묵을 심산이었다. 무산계급 출신인 그 역시 무일푼으로 필리핀으로 날아간 터, 예상대로 고전 중이었다. 그는 인적이 드문 외딴 섬에 짐을 풀게 했다. 지친 삶, 절대 고독을 즐기라는 넉넉한 배려였다. 숙소를 지키는 소년 외에 드나드는 사람이 없었다. 소년과 나는 모두 영어가 짧아 대화가 어려웠다. 침묵과 정적 속에 3일이 찰나 속으로 사라졌다. 고요하고 평온했지만 한편 무료했다.

## 위대한 정오

소년은 작은 배를 내어주었다. 남태평양 작열하는 태양 아래 파도에 몸을 맡겼다. 북반구의 태양과 달리 적도의 태양은 뜨거웠다. '위대한 정오'der grosse Mittag는 언제 찾아오려나? 그것이 찾아오는 것이 아니라 자신이 다가갈 수는 없는가! 번민과 고뇌 속에서 실없이 웃음이 잔기침에 섞여 나왔다. 해풍마저 없는 태평양 바다에서 내 마음은 억만 겹의 번뇌로 여전히 시달리고 있었다. 정적이 숨을 더 조여 왔다. 갈매기마저 날개를 접었다. 고요뿐인 바다, 갑자기

지상에 뭔가 예배드릴 것이 남아 있다는 것에 나의 늙은 가슴은 뛰어오르고 깡충거린다. 오 짜라투스트라여, 한 늙고 신앙심 깊은 교황의 가슴을![6]

참으로 오래전에 읽은 책 한 장면이 떠올랐다. 그때는 "수염이 흰 늙은 사내"가 영상으로 지나갔다. 그 이미지가 니체 글에서 나왔다는 것은 나중에 확인했다. 그러자 생각이 꼬리를 물고 일어나기 시작했다. 물론 언어로 정리하는 것은 뒷날 일이다. 철학을 배우면서 늘 무신론자라 자처해 왔다. 그러나 신앙의 형식을 곱게 간직하고 있지 않았던가? "유레카"eureka를 외치지 않았지만, 이게 혹 용장오도龍場悟道가 아닐까 쓸쓸히 웃었다. 이어 아래와 같은 자책이 쏟아져 나왔다. 사사키 아타루의 언어는 당시 내 심정을 정확히 짚어 주었다. 물론, 훗날 일이다.

자기가 이해하고 싶지 않은 것에는 귀를 틀어막고 전혀 이해하려 하지 않는, 자기가 이해할 수 없는 것에는 눈길도 주지 않고 비방 중상을 내뱉는 것 외에 자랑할 것이 없는 비소卑小한 인간의 비참한 자족.[7]

자신을 "자유로운 근대인이라고, 아니 초근대인"이라고 생각해 왔는

6) 프리드리히 니체, 『짜라투스트라는 이렇게 말했다』, 최승자 옮김, 청하, 1984, 357쪽.
7) 사사키 아타루, 『야전과 영원』, 안천 옮김, 자음과모음, 2015, 249쪽.

가? 광신, 종교, 미신 따위에 매달리고 "야만스럽고 야비한 촌놈들"과는 달리 독특한 인간이라고 생각해 왔는가? "전혀 새로운 시대를 살고 있고, 전혀 새로운 시대를 이제 맞으려 하는" 새로운 인간이라고 생각해 왔는가?[8]

당시는 책을 읽을 기력도 언어를 다듬을 여력도 없었다. 원인 모를 부진의 늪에 시달리고 있었다. 참담했다. 철학을 나름 '용맹정진'했지만, 고작 신앙의 형식을 지키려 발버둥 치면서 엉뚱한 곳에 에너지를 낭비하지 않았던가! 이연평과 유신론자와 무슨 차이가 있는가? 비록 그들이 '리理의 무작위성'을 애써 강조하기는 하지만 말이다. 필리핀 세부에서 호주로 향하는 긴 비행 내내 잠들지 못하고 뒤척였다. 대오大悟가 있으면 환희도 따라와야 하지 않는가! 내가 믿었던(?) 진리나 진리의 형식은 모두 틀렸단 말인가? 그럼 나는 어디로 가야 하는가! 불혹不惑을 지나고서도 길을 더 잃고 말았다.

## 순간과 영원

호주에는 고단한 삶이 기다렸다. 육체가 가진 것의 전부인 자, 낯선 이국에서 무엇을 하겠는가! 먼저 자리 잡은 자들의 텃세인 노동착취는 당연했고, 생산수단을 소유하지 못한 자들끼리 불화도 더 심각했다. 무

---

8) 같은 책, 250쪽.

산계급의 파편화[9]는 고통 자체였다. 한편 이렇게라도 육체를 단련(!) 하지 않으면 몸 전체가 무너질 것 같았다. 노동이 끝난 새벽 남반구의 별은 유난히 빛났다. "빛나는 별과 도덕률"이라고 말했던 철학자도 지나갔다. 그를 읽고 감명받은 적이 있다. '치열'과 '치밀'이 무엇인지 배운 적이 있다. 그러나 삶과 마음은 여전히 막혀 있었다. 활연관통豁然貫通은 고수만의 몫인가? "미물 같으니"[10]라고 스스로를 저주했다.

시간이 흐르자 거친 노동도 몸에 익어 갔다. 한편 광활한 영토와 깨끗한 환경 덕분에 마음도 가라앉기 시작했다. 그 무렵이었다. 말끔하게 차린 청년 몇이 말을 걸어 왔다. 호주 악센트가 아니라 미국 쪽이라 듣기에 편했다. 예전 한국에서도 이런 차림의 사람을 본 적이 있었다. 외모가 단정했고 언어도 유려했다. 듣는 것에 집중하느라 그들의 정체(?)를 파악하지 않았다. 한참 대화를 진행하다 보니 모르몬교 전도사들이었다. 그들의 목적은 단 하나, 선교. 그들이 말했다.

"우리 신을 믿으면 영원한 생명eternal life을 얻습니다."

"아!"

다음부터 그들이 무슨 소리를 하는지 들리지 않았고 듣고 싶지도 않았다. '영원'이라는 말만 귓전에 맴돌았다. 그들이 말하는 신의 아들 혹은 신이 이 땅에 온 지 채 2천 년도 지나지 않았다. 창조과학이라는 형용모순의 단체에서 주장하는 지구 나이도 6천 년이 되지 않는다. 현재 과학은 지구의 나이가 46억 년 정도이고 현생 인류 출현은 약 20만

---

9) 신분 차이라는 '벽'이 같은 직종 안에서조차 '같은 노동계급' 사이에서의 단결과 연대를 불가능하게 하는 것. 이를테면, 전교조가 "기간제 교사들의 일괄적이며 즉각적인 정규직 전환"을 반대한 것. 박노자, 『전환의 시대』, 한겨레출판, 2018, 197~198쪽.

10) 박경리, 『토지』, 나남, 2002, 10쪽.

년 전이라고 추정한다. 빅뱅이론에 따르면 우주 나이도 아무리 길게 잡아도 180억 년 정도이다. 영원이 무한無限이라면 180억이라는 숫자는 어느 정도 양일까? 180억×180억×180억×180억×……. 역시 유한일 뿐이다. 인도의 시간, 가로·세로·높이가 각각 8km인 바위를 천사가 100년에 한 번씩 내려와 옷깃을 스쳐 마모되는 시간(인도인의 과장이란!), 1겁劫 또한 필시 유한이다. 그런데 연약한 육체와 허약한 정신뿐인 인간이 어떤 믿음을 통해 영원한 삶을 얻는다고!

나 역시 '영원'의 의미도 모른 채 무의식 속에서 갈망하고 있지 않았던가! '순간'보다 '영원'이 더 좋다는 근거는 있는가? 이는 "근거가 없는 믿음이야말로 진정한 믿음"이라는 중세적 믿음[11]과 무엇이 다른가? '영원'에 대한 집착과 광신은 실재와 현상 사이에 날카로운 이분법에서 비롯된 존재론적 분열증이 아닌가![12] 1년 후 중국행 비행기에 몸을 실었다.

신앙의 형식을 털고 영원에 대한 미망에서 벗어나 철학사나 혹은 철학함을 더 깊이 배우고 싶었다. 시드니에서 복건으로 향하는 상공에서 남태평양 바다를 홀로 유유히 가르는 큰 고래를 보며 탄성을 질렀다. 내 삶의 질곡은 어디서 왔는가! 개인적 질곡을 스스로 만든 것이라면 출구가 있을 것이고 사회가 강제한 것이라면 저항해야 한다.

형이상학적-도덕적-목적론적 사유의 복합체는 도덕 가치에 기타의 모든 가치에 대한 우선권 및 지배권을 부여하고, 그 가치의 절대성을

---

11) 진중권, 『빨간 바이러스』, 아웃사이더, 2014, 314쪽.
12) 이정우, 『세계철학사 2』, 길, 2018, 122쪽.

믿으며 그것을 이론적으로 보증하기 위해 초월세계 및 존재세계를 고안해 내어, 도덕 가치를 철학 활동 일반과 인간의 실천적 삶을 규제하고 일종의 규제원리로 삼고 있다는 것.[13]

내 고통의 근저에 상기 사유의 형식이 똬리 틀고 있었다는 사실, 이 구조를 깨야 한다는 생각이 일어났다. 개인과 사회의 관계를 고려한다면 이 작업 역시 만만치 않을 것이다. 그러려면 탈근대도 아닌 우선 '근대'인이라도 되어야 한다. 다음 목표는 명확해졌다.

세계의 중심을 상정할 때, 존재론적 근원을 상정할 때, 세계는 선형적으로 배열된다. 사물들은 근원과의 유사성을 준거로 평가되고 위계화된다. 근대적 사유에 이르러 이 거대한 위계적 건축물은 와해된다.[14]

이제까지 모든 독단자들이 구축해 왔던 그 장엄하고도 절대적인 철학적 건물들이 얼마나 빈약한 기초를 가진 것이었는가 하는 것을 뚜렷하게 인식하는 것.[15] 위계적·철학적 건축물의 밑동을 자르고, 철학 혹은 체계가 파 놓은 함정 같은 수로를 탈출해 매끄러운 시공으로 그물에 걸리지 않는 바람처럼 무소의 뿔처럼 결연하게 혼자 떠나리라.

---

13) 백승영, 『니체, 디오니소스적 긍정의 철학』, 책세상, 2005, 121쪽.
14) 이정우, 『천하나의 고원』, 돌베개, 2008, 10쪽.
15) 프리드리히 니체, 『선악을 넘어서』, 김훈 옮김, 청하, 1982, 21쪽.

## 질곡과 갈증

빈약한 기초의 와해! '하나'—를 꿈꾸고 지향하는[16] 이 편견을 무너뜨리면 자유의 길, 나아가 창조[17]의 바탕을 생성할 수 있지 않을까? 섬광처럼『장자』가 지나갔다. 찬사와 혹평이 엇갈리는 책.[18] 중원의 초식을 가볍게 튕겨낸 강호의 절대 강자, 장자는 나에게 그런 이미지가 강했다. 초식이 없는 초식, 언어가 없는 언어, 단 1합으로 허공을 가르며 천하를 흔든다. 또, 입구와 출구 사이에서 기분이 자꾸 달라지는 문장,[19] 그래서 읽어도 읽어도 도무지 이해도 기억도 되지 않는 책이었다(어쩌면 이 역시 장자의 기획이었을까?). 오죽하면 유문전劉文典은 여태『장자』를 이해한 사람은 두 사람 반밖에 없다고 호언했을까?[20]

『장자』는 북방 국가, 제齊와 노魯에서 나온 책과 비교하면 형식과 내용에서 확연히 다르다. 하지만 이를 중원과 변방의 대립으로 읽을

---

16) 오구라 기조, 『한국은 하나의 철학이다』, 조성환 옮김, 모시는사람들, 2017, 76쪽.

17) 들뢰즈의 개념을 빌린다. "위대한 철학자는 새로운 개념을 창조하는 자이다. 이 개념들은 평범한 생각의 이중성을 극복함과 동시에 사물들에 대하여 새로운 진실과 새로운 분배, 예외적인 절단을 제공한다." 아르노 빌라니, 로베르 싸소 책임편집, 『들뢰즈 개념어 사전』, 신지영 옮김, 갈무리, 2012, 380~381쪽. 풍우란(馮友蘭)의 시각도 비슷하다. "우주와 인생에 관해 인간이 각성한 정도."(人对宇宙人生的觉解的程度) 湯一介, 「对中国哲学的哲学思考」, 湯一介·杜維明 主編, 『百年中国哲学经典』, 八十年代以來卷, 海天出版社, 1998, 96쪽에서 재인용.

18) 아서 웨일리(Arthur David Waley)는 "세상에서 가장 심오한 책"(the most profound book)이라고 극찬했고, 호적(胡適)은 "천박비근"(淺薄卑近)하다고 혹평했다. 나카지마 다카히로, 『장자, 닭이 되어 때를 알려라』, 조영렬 옮김, 글항아리, 2010, 88~90쪽.

19) 사사키 아타루, 『이 나날의 돌림노래』, 김경원 옮김, 여문책, 2018, 61쪽.

20) 黃廷复, 「刘文典逸事」, 『刘文典传闻』, 云南美術出版社, 2003, 37쪽. "역사상 『장자』를 진정으로 이해한 사람은 두 사람 반이다. 하나는 장자 자신, 나머지는 나 유문전이다. 나머지 반은……." 그는 나머지 반에 대해서는 말하지 않았다고 한다. 일설에 따르면 일본 어떤 학자를 지목했다고 하고 또 마서륜(馬敍倫)이나 풍우란일지도 모른다고 한다.

수 없다. 장자는 중심의 사유를 강력히 거부하지만, 한편 진시황의 천하통일 전이라 중원과 변방이라는 개념은 아직 성립하지 않는다. 전국 말엽 서쪽 강대국 진秦의 말발굽이 천하를 유린하며 동진할 때라 중심이 성립하지 않는다. 전국 7웅 모든 제후가 중심과 원점을 자처하며 깃발을 펄럭이던 시절이었다. 전국戰國의 역사란 중심에 서려는 자들의 잔혹을 기록한 전쟁의 역사일 뿐이다. 『장자』를 중원에 반대하는 철학으로 읽으면 『장자』는 은둔의 철학으로 읽힐 소지가 농후하다. 장자는 유묵儒墨을 비판하기는 하지만, 그렇다고 해서 그들 세계와 반하는 세계를 구상하지 않는다. 중원 철학을 무화시키는 자리에서 새로운 철학을 정초하고자 할 뿐이다. 그래서 장자에게 기존과 다른 언어가 필요했다.

『장자』의 언어, 즉 세계 속에서 우리 몸의 움직임을 통해 발생하는 감성적 언표들을 처음으로 포착하는 개념들[21]은 장자가 기획한 결과라는 것이다. 노자의 전언대로 기존 언어가 결국 세계를 정확하게 형용하지 못한다면[22] 장자에게는 새로운 형식이 필요했으리라.

『장자』의 언어는 중심을 허물고 원점을 거부/저항하는 전략이자 방편이다. 공자의 인仁, 맹자의 선善 등은 얼마나 본질적이던가! 본질주의는 언제나 타자를 배제하는 일방적 정의正義가 속성이므로, 장자는 그런 언어의 족쇄를 벗는 것, 나아가 족쇄 자체를 폭파해야 했다. 그래서 "세계와 삶에 대한 우리의 시선을 단적으로 바꾸려면"[23] 세계를 읽

---

21) 이정우, 『전통, 근대, 탈근대』, 그린비, 2011, 48쪽.
22) "名可名, 非常名."(『道德經』, 1장)
23) 이정우, 『세계철학사 2』, 357쪽.

는 새로운 독법을 구상해야 했다.

이 작업을 위해 장자는 언어의 형식을 새롭게 개발한다. 우언寓言, 중언重言, 치언卮言. 이 중에 특히 이목을 끄는 것은 치언이다. 치卮는 술 잔으로, 술이 차면 기울고, 술을 비우면 온전히 서는夫卮, 滿則傾, 空則仰[24] 즉 늘 유동하면서도 균형을 잡아 가는 술잔이다. 따라서 상황에 따라 변 화하므로因物隨變, 부동이 아니라 운동하므로 늘 새롭다日出謂日新也. 늘 새 롭지만, 하늘의 균형天倪, 天均을 유지한다. 소요逍遙하면서 일탈하지 않으 며 타락하지 않는 것. 불변/부동의 원리에 집착하는 본질형이상학자와 분명 다른 배치이다.

『장자』 편찬자가 「소요유」逍遙遊를 첫머리에 배치한 것은 분명 의 도한 전략이리라. 부수가 모두 '辶'이다. 그래서 장자는 말한다. "道行之 而成",[25] 길[道]은 태초부터 있었던 것이 아니라 누군가(굳이 사람이 아니 더라도) 다니면 생긴다. 어디 지상의 길만 그러하겠는가! 하늘의 길 또 한 누가 누구를 위해서 무엇 때문에 예비했겠는가! 산山 길을 내듯 천 도天道를 스스로 창작한다면? 선험적·원리적 질곡 혹은 선험적 착각 transcendental illusion[26]에서 벗어나 진정한 철학으로 가는 길. 이 길을 걷고 싶다. 이를 두고 고병권은 니체를 빌려 이렇게 정의한다.

진정한 철학자는 명령하는 사람이며 입법하는 사람이며, 다시 말해서

---

24) 곽상(郭象)의 『장자주』(莊子注)와 성현영(成玄英)의 『장자소』(莊子疏)의 「우언」(寓言) 주석. 杨国 荣,「庄子哲学中的名与言」,『中国社会科学』, 第4期, 2006, 49쪽.

25) 「제물론」, 『장자』 번역은 다음 책을 참고했다. 陈高应, 『庄子今注今译』, 商务印书馆, 2009. 안동 림, 『장자』, 현암사, 1998. 福永光司, 『莊子』, 朝日新聞社, 1969. Burton Watson, *The Complete works of Chuang-Tzu*, Columbia University Press, 1968.

26) 이정우, 『주체란 무엇인가』, 50쪽.

자신이 사용할 개념을 창조하고 자신에게 새로운 가치를 창조하는 사람이다.[27]

이런 입장은 들뢰즈를 빼놓을 수 없다.

철학이란 개념들을 창출해 내는créer 학문이다.[28]

입법자로서의 나, 개념을 창출하는 나, 그 길이 내가 가야 할 길이다.

## 오상아(吾喪我)

그렇다면 장자의 방법론은 무엇인가. 우선 장자는 「제물론」에서 "吾喪我"를 제안한다. 그러나 이 "喪我"를 어떻게 독해해야 할 것인가? "성견成見과 성심成心의 적취積聚인 비진정한 자아를 버리라는 주문"[29]이 일반적 해독이다. 이런 주장이라면 구태여 『장자』를 읽을 필요가 없다.

---

27) 고병권, 『니체의 위험한 책, 차라투스트라는 이렇게 말했다』, 25쪽.
28) 질 들뢰즈·펠릭스 가타리, 『철학이란 무엇인가』, 이정임·윤정임 옮김, 현대미학사, 1999, 13쪽. 필자에게 '당면 학문적 목표'를 묻는다면 "빈약한 전통 존재론"(이정우, 『천하나의 고원』, 201쪽)의 질곡에서 탈출하는 것이고, 탈주를 창조로 어떻게 연결되며 또 실천할지 탐색하는 것이다. '당면'이라는 한시적 의미의 용어를 쓴 것은 학문의 제 조건이 불안한 탓이다. 인연이 닿는다면, 장자, 니체, 들뢰즈를 치밀하게 연구하고 완전한 제 것으로 체화하고 싶다. 마치 '반전무인'(盤前無人)의 절정 고수처럼, 물을 잊은 물고기처럼, 몰입하고 싶다. 하여, '실재적인 되기'(devenir réel), 신의 심판을 넘어 '동물-되기'…….

이런 해석은『장자』를 왜곡할 확률이 높다. 공자의 '극기'克己나, 성리학자의 모토인 '존천리멸인욕'存天理滅人慾과 차이가 무엇인가? '상'喪을 '잃다' 혹은 '잊다'忘로 번역해도 의미는 별반 차이가 없다. 역시「소요유」첫머리에 나오는 '화이위조'化而爲鳥의 '化'도 어렵다. 곤鯤에서 붕鵬으로 '화'化하는 것은 물리적 변화인가? 아니면 화학적 변화인가? 호접몽胡蝶夢의 '물화'物化 역시 마찬가지이다. 인간은 저처럼의 '화'는 불가능하다.

또한, '나'[吾]가 '나'[我]를 버리는 것도 간단한 일만은 아니다. 비진정한 자아를 버리려면 우선 진정한 자아를 확립해야 한다. 다음, 진위를 명확히 구분해야 '진'眞이 '위'僞를 완전히 제거할 수 있다. 늘 유동하는 세계에서 또 항상 변하는 자아가 '고정불변의 자아'를 먼저 정립해야 한다. '고정불변의 자아'는 당연히 삿됨이 섞이지 않는 순수한 자아이어야 한다.『장자』에는 결단코 이런 자아는 없다.「소요유」의 붕은 상승/하강하면서 공간을 넘나들며,「제물론」의 호접몽에서는 '나비'와 '장주' 즉 '아'我와 '비아'非我의 경계도 사라진다.

일반적 독법의 '자아' 혹은 '주체'는 '공간의 안정'과 '시간의 정지' 같은, 그것이 어떤 형식이건 다양하겠지만, 선험적先驗的 마당을 요구한다. 공간과 시간이 모두 유동한다면 '동일성을 유지하려는 자아'는 어

<hr />

29) 罗安宪,「庄子"吾丧我"义解」,『哲学研究』, 第6期, 2013, 55쪽. "오상아"(吾丧我)에서 "오"(吾)와 "아"(我) 이 두 글자에 관한 전통 문헌의 용법은 크게 차이가 없다. 하지만, 몇몇 사람은 "나[我]를 잊은 나[吾]"가 진정한 자아라고 생각하는 것 같다. 전자의 "나"는 형체를 가리키며 또 편집적인 나를 뜻한다. 감산 덕청은 다음과 같이 주장한다. "'오'(吾)는 진정한 나를 가리킨다. '상아'는 혈육의 신체를 잊는 것을 말한다."(憨山德清,「齐物论」,『庄子内篇注』) 진고응은 다음과 같이 주장한다. "'상아'의 '아'는 편집적인 나를 뜻하고, '오'는 진정한 나를 뜻한다."(陈高应,『庄子今注今译』, 商务印书馆, 2009, 45쪽)

디에 몸을 둘 수 있는가? "시간이라는 선험적 지평이 주체를 역설적으로 조건 짓는다면"[30] 주체는 곧 시간의 추이에 따라 변화할 수밖에 없다. 시간의 흐름은 필연적으로 자아의 운동과 변화를 함축한다. 따라서 '고정된/불변하는 자아'란 장자에게 애초 성립하지 않는 개념이다.[31]

그래서 '喪'과 '化'를 모두 '변이'variation라는 개념으로 읽고자 한다. 변이는 탄생과 소멸이 아니며(무엇인가 지속되면서 바뀌어 간다는 점에서), 또 양적 증감, 질적 변화, 장소 이동과 다르다. 변이는 질적 증감을 포함한다는 점에서 양적 증감과 다르며, 공간적인 영토화/탈영토화를 포함한다는 점에서 질적 변화와도 구분되며, 단순한 공간적 이동이 아니라 내용상의 변화를 동반한다는 점에서 장소 이동과 다르다. 변이('연속적 변이')는 하나의 장—질적 다양체qualitative multiplicity—이 유지되면서도 영토화/탈영토화 운동을 통해 그 내용이 바뀌어 가는 운동을 말한다.[32]

## 탈영토화

'喪'과 '化'는 결코 "진정한 자아가 비진정한 자아를 버리라는 주문만"은 아니다. 만약 그렇다면 독단 형이상학의 목적론 구도와 유사한 생

---

30) 이정우, 『주체란 무엇인가』, 31쪽.
31) '시간'에 대해서 달리 보는 입장도 있다. "시간은 사물 밖에 독립한 것이 아니라 차라리 사물의 기본 조건이라는 것." 하여 "특정한 사물은 사실 과정 중인 사건이라는 것." 安乐哲·郝大维, 「道德经与关联性宇宙论」, 『求是学刊』, 第2期, 2003, 406쪽 참고.
32) 이정우, 『주체란 무엇인가』, 58쪽.

각으로 타락한다. 변이는 목표를 향해 맹목적으로 돌진하는 가학 행위가 아니다. 도추道樞에 서서 무궁한 변화에 응전하며 다른 자신이 되어 가는 것, 만들어 가는 것, 그렇지만 차지한 영토를 고집하지 않고 탈영토화의 여정으로 거듭 떠나는 것이다. 이른바, "유무하유지향遊無何有之鄉 이처광량지야以處壙埌之野".[33]

그렇다면 변이는 어떻게 가능한가? 이를테면 "도통위일"道通爲一[34] 과 "천지여아병생天地與我並生, 이만물여아위일而萬物與我爲一",[35] "만물개일" 萬物皆一[36]이 어떻게 가능한가! 『장자』는 '허'虛의 존재론을 주춧돌로 한 다.[37] 인간은 결코 나비도 "도道 자체도 될 수 없다".[38] 말할 필요도 없 이 사물들이 쉽게 넘나들 수는 없다.[39] 인간은 그저 인간일 뿐이고, 나 비도 나비일 뿐이다. 종을 자유롭게 왕래한다면 정체성 자체가 모호 해진다. 지금껏 지구상에 등장한 40억 종 생명체 중 운 좋게 살아남은 4,000만 종들 중 하나의 종일 뿐이다.[40] 모든 종을 제쳐 두고 단지 하나 의 종을 위하여 우주에서 누군가가 인간만을 위해 특별히 기획했다고 주장한다면 논박이 불필요한 과대망상이 아닐까? 인간 탄생의 기획이 없다면, 곧 목적이 없다면 인간의 존재 근거는 무엇인가? 애초에 작위 도 조작도 의도도 목적도 없는 존재, 그 존재의 안감은 바로 '무'無이자

---

33) 「응제왕」(應帝王). "어떤 소유도 허락하지 않는 곳에서 노닐다, 광막한 벌판에 잠시 머문다."
34) 「제물론」.
35) 「제물론」.
36) 「덕충부」(德充符).
37) 이정우, 『세계철학사 2』, 357쪽.
38) 같은 책, 359쪽.
39) 이정우, 『천하나의 고원』, 173쪽.
40) 사사키 아타루, 『이 나날의 돌림 노래』, 51쪽.

'허'虛이다. 곧 장자에게 없음은 있음의 안감과도 같다.[41] 결국 무를 존재의 안감으로 하고 있었던 것.

그래서 『장자』가 지향하는 공부工夫[42]나 삶, 이른바 수양론이 '심허'心虛, '심재'心齋, '좌망'坐忘, '집허'集虛, '정심'靜心, '처정식영'處靜息影, '막약이명'莫若以明으로 귀결되는 필연적 추이이다. 이는 『도덕경』(16장)의 "치허극수정독"致虛極守精篤과 연속이다. 공부의 궁극적 목표인 천지와 하나가 되려면 처음으로 돌아가야 한다.[43] 너르고 널러 걸린 것 없는 하늘의 모습대로…….

여기서 주희가 갈망한 "복기초"復其初와는 의미가 사뭇 다르다. 주희에게 '초'는 도덕적 자아이고 동시에 실체적·본질적 자아이다. 『장자』의 존재론에는 이런 구도 자체가 없다. 존재의 수직적 위계의 정점인 최고 유類를 좇는 무용하고 무의미한 구도求道의 미망은 없다. 이 '무'와 '허'가 돌아온 탕아가 찾는 신神의 품 같은 최종 정착지라는 뜻은 아니다.

이 길은 그저 주어지지 않는다. 『도덕경』 37장 "도상무위 이무불위"道常無爲而無不爲와 「천지」 편의 "무위이만물화"無爲而萬物化를 오해해서는 안 된다. 여기서 '위'爲는 인간이 짓고 만드는 것으로 '위'僞를 무화시켜야 한다고 노자는 주장한다. 개인의 성견과 사심이고, 종족의 우상이다. 그러나 '동일성'을 고집하는 자아의 특성상 이를 완전히 제거하는 것이 쉽지만은 않다. 아我는 비아非我를 제압하기도 하며 비아가 아

---

41) 이정우, 『세계철학사 2』, 364쪽.
42) 이 말이 처음 등장하는 문헌이 노장 계열인 『포박자』(抱朴子)라는 것도 흥미롭다. "예와 문은 귀하지 않다. 한갓 공부를 소모시킬 뿐이다."(藝文不貴, 徒消工夫. 「하람」遐覽)
43) "德至同于初 […] 與天地爲合."(『장자』, 「천지」天地)

를 제압하기도 하는 도무지 멈출 수 없는 폭주 기관차이다. 아와 비아의 투쟁을 주체의 생성으로 읽을 수도 있다. 즉 주어지는 생성하는 조건들에 동화되어 가는 한편 그것들과 투쟁함으로써 자신을 만들어 간다.[44] 생성을 멈출 때, 자아의 탄생과 재탄생의 과정을 거부하고 불변의 자아를 고집하는 것이 곧 '위'僞이다. '아'我가 곧 생성 자체임에도, 이를 부정/거부하면서 안주하려는 위아僞我와 쟁투하는 것, 이것이 장자 철학의 긴 이로理路이다.


## 스프레차투라(sprezzatura)

'장자'의 언어로는 '도남'圖南이다. 물이 깊지 않으면 큰 배가 뜨지 못하고 바람이 얕으면 큰 날개도 소용이 없다. 백리를 가려면 하루 양식이 필요하고 천리를 가려면 석 달 양식이 필요하다.[45] 가고자 하는 만큼, 그만큼 처절한 공부와 수양이 필요하다. 장자에게 공부란 몸과 마음을 바쳐 자신의 기氣를 바꾸는 행위이고[46] 발다사레 카스틸리오네Baldassare Castiglione의 표현의 빌리면, '스프레차투라', 즉 번개처럼 번쩍거리며 사람을 덮치는 것, '계산된 무심함', '최고로 단련한 자연스러움'으로, 연습하고 또 연습하고 극한까지 단련해야 하는 것이다.[47] 아니면 멀리 날

---

44) 이정우,『주체란 무엇인가?』, 37쪽.
45) "水淺而舟大也. 風之積也不厚, 則其負大翼也無力. […] 背負靑天而莫之夭閼者, 而後乃今將圖南. […] 適百里者, 宿舂糧, 適千里者, 三月聚糧."(「소요유」)
46) 이정우,『천하나의 고원』, 214쪽.
47) 사사키 아타루,『이 나날의 돌림 노래』, 70~71쪽.

지 못하고 땅바닥에 곧장 추락할 뿐이다.[48]

그렇다면 어디로 가야 하는가! 정해진 목표는 있는가! 장자는 분명 있다고 단언한다. 그렇지 않다면『장자』전체가 그저 무의미와 무용無用의 언설로 추락한다. 그것은 도무지 아무것도 아니다. 장자는 당시 유행하던 학파 거의 전부를 비판한다. 공자나 묵자, 공손룡公孫龍과 혜시惠施 모두 장자의 예리한 단검 ─ 물론 때론 논리적 비약이 심할 때가 있다. 혜시와 '앎'에 관한 논쟁이 하나의 실례 ─ 을 피할 수 없다. 그야말로 추풍낙엽. 하지만 논박을 위한 논박, 비판을 위한 비판이 장자의 주된 목적이 아니다. 전국시대 전쟁만큼이나, 학파끼리 진검 승부를 벌여 오던 터였다. '차별적 사랑'仁과 '무차별적 사랑'兼愛, '성선'性善과 '성악'性惡, '왕도'王道와 '패도'覇道 이런 구도 자체가 '장자'에게 극복/폐기의 대상이다.

『장자』를 성글게 단언한다면, 일언이폐지왈─言而蔽之曰, "인간은 목적론적 존재가 아니다"이다. "인류에게 목적이 없다는 것, 살아가는 일에 목적이 없다는 것. 밟아 뭉개진 꽃처럼, 바다에 떠 있는 물거품처럼……." 그러나 이것이야말로 자유라는 것이다.[49] 이 목적이라는 것은 "타인들의 눈길이 내 머릿속에 박아 놓은 그물 같은 것"이고, 이 목적을 표현하는 "기표들 하나하나는 어떤 가능성이요 욕망이요 권력의 질곡이다."[50] 말하자면 우리는 "허구적인 가치들의 안개 속에서 사는 것"이다.[51]

---

48) "때로는 원하는 곳에 닿지 못하고 땅바닥으로 추락할 뿐이다."(時則不至而控於地而已矣.「소요유」)
49) 사사키 아타루,『이 나날의 돌림 노래』, 42~43쪽.
50) 이정우,『천하나의 고원』, 165쪽.
51) 고병권,『언더그라운드 니체』, 천년의상상, 2014, 89쪽.

장자는 이런 연유에서 당대 철학과 제도를 송두리째 와해시키고 자 한다. 목적이 없다고 우리가 갈 길을 잃은 것이 아니며, 또 모든 것 이 허물어져야만 새로운 길이 열린다. 이 때문에 『장자』를 허무와 도 피, 반항의 철학으로 읽어서는 안 된다. 『장자』가 그 정도라면 굳이 애 쓰며 읽을 필요가 없다. 아무나 할 수 있으며 또 도처에 널려 있다.

## 창조, 무위인

장자는 폐허를 딛고 진정한 무의미, 진정한 무목적에 도달하는 것, 나 아가 새로운 도덕, 새로운 법, 새로운 근거, 새로운 이성, 새로운 의미를 창조하고자 한다.[52] 그렇지만 그 자리에 머물지 않는 무위인無位人이 되 는 것becoming.[53] 『장자』 독서는 이럴 때만 유의미하다.

그래서 『장자』에는 늘 횡橫으로 여행하는 인물이 등장한다. 여행 은 곧 새로운 의미가 생성되는 시공[54]을 은유한다. 기존의 입장에서 보 면 낯설고 황당한 시공, 그리고 죽은 언어로 담아낼 수 없는 정경(곧 치 언을 개발해야만 했던 이유), 죽음마저 가벼워지는 전혀 새로운 영토, 특 이자들singularities. 장자는 우리에게 비행하라고 독려한다. 하여 '나'라고 말하든 말하지 않든 그다지 중요하지 않게 되는 지점, 절대적 탈영토

---

52) 사사키 아타루, 『이 나날의 돌림 노래』, 33쪽.

53) 이 개념을 다음에서 빌렸다. "'becoming'은 어떤 귀결점을 가리키는 말이 아니라 현재분사의 뜻 그대로의 의미에서 'becoming'이다. 그것은 모색하'고 있는', 싸우'고 있는', 뚫고 나가'고 있는', 새로운 길을 찾아 나서'고 있는' 소수자이다."(이정우, 『천하나의 고원』, 226쪽)

54) 사사키 아타루, 『이 나날의 돌림 노래』, 40쪽.

화의 경지[55]로 안내한다.

이 경지 즉 대붕이 힘껏 날아 도착한 천지天池를 초월이나 초탈로 오해하지 말아야 한다. 붕은 다시 육지를 굽어본다. 붕은 다시 돌아올 수 없는 초월의 세계로 날아가 사라지지 않는다. 붕의 비상과 낙하는 늘 세계 안에서 일어난 사건이다. 장자가 지향하는 '강호'는 결코 중원의 바깥이 아니다. 중원과 강호라는 이항대립 자체가 존립할 수 없는 곳 곧 이름-자리가 없는 무위無位의 시공이다.

이런 표현이 가능하려나! 강호는 "중원이 꼴 보기 싫어서 숨은 낙오자들의 피난처"가 아니다. 속된 의미의 강호에는 늘 위계가 서슬 퍼렇게 살아 있다. 의미 있는 일을 한다고 모인 사람들이 그것보다 더 의미 없는 것들에 사로잡힌다면,[56] 이를테면 일본 제국주의에 대항하고자 모인 의병 사이에서 '신분병'으로 인해 양반 유인석柳麟錫이 평민 투사 김백선金百先을 살해한 것 같은 우둔한 짓을 일삼는 그런 강호는 '다수자들의 동일성'을 복사한 중원의 축소판이다.

장자에게 '강호'란 중원과 강호의 이항대립이 무너진 자리, 즉 그 세계들은 모두 허/도의 터 위에서 물화하는 존재면plan이므로, '세계의 모든 얼굴'을 보듬은 허/도의 깨달음[57]을 생성하는 공간이다. 이른바 제물齊物 혹은 만물제동萬物齊同, 나와 너의 경계를 구획하는 날카로운 선들이 무너진 비피무아非彼無我[58]의 세계. 천하天下가 추호秋毫보다 크지도 않고 태산이 오히려 작아지며, 장수와 요절의 구분이 사라지는 적극적

---

55) 이정우, 『천하나의 고원』, 232쪽.
56) 같은 책, 228쪽.
57) 이정우, 『세계철학사 2』, 365쪽.
58) 「제물론」.

인식[59]을 실현하는 장場이다.

이 인식은 철학적 깨달음에서 온다. 여태 집착했던 세계가 허위라는 인식. 즉 우리의 삶을 구성하고 있는 이름-자리들의 체계가 존재론적이고 가치론적인 실체가 아니라는 것, 그것들은 실선으로 그려져 있는 듯이 보이지만 자의적인 — 소쉬르적 뉘앙스에서 — 분절선들 이상의 아무-것도-아니라는 것에 대한 깨달음으로부터 가능하다.[60] "온몸을 내던지는 필사적 변이를 통해서 무위에 처하면 만물이 다시 자리를 잡는다. 그러자면 먼저 육신의 굴레를 내려놓고 지혜의 가면을 벗어야 한다. 외물과 몸을 바꾸며, 자연의 원기와 하나가 되어야 한다. 조작을 일삼는 심신을 버리고 성견의 우월을 따지지 말아야 한다. 그럼 만물이 생성하면서 각기 뿌리로 돌아가지만 어딜 향할지 모른다."[61] 모든 경계, 분절선들이 사라지면 곧 허가 도래한다. 이 허虛, 아무-것도-아니므로 무이고 허이며 동시에 아무런 제약이 없으므로 새로운 분절들이 무한히 생성될 수 있다. 물론 이전과 차원이 다른 세계가 열린다.

우리는 더 이상 위位를 가지지 않는 무위인이 된다. 그러나 이런 무위인은 철학적 깨달음의 차원에서만, 내면의 차원에서만 가능하다. 현실의 격자는 견고하다. 그러나 우리로 하여금 거기에 아주 작은 차이라도 — 삶에서 중요한 것은 아주 작은 차이minimal difference이다 — 생겨나게 하도록 해 주는 것은 무위인으로서의 삶이다. 무위인이란 이름-

---

59) "我則已有謂矣, 而未知吾所謂之其果有謂乎, 其果無謂乎? 天下莫大於秋豪之末, 而大山爲小, 莫壽於殤子, 而彭祖爲, 天地與我並生, 而萬物與我爲一."(「제물론」)

60) 이정우, 『주체란 무엇인가』, 23~24쪽.

61) "心養. 汝徒處無爲而物自化. 墮爾形體, 吐爾聰明, 倫與物忘. 大同乎涬溟, 解心釋神, 莫然無魂. 萬物云云, 各復其根, 各復其根而不知, 渾渾沌沌, 終身不離."(「재유」在宥)

자리를 가지지 않는 존재가 아니라 그것에 집착하지 않는 존재이다. 무위인이란 허虛의 차원과 현실의 이름-자리 체계를 늘 오르내리면서 산다. 그렇게 '허'의 기氣를 받아서 (허황되고 위선적인 큰 차이가 아니라) 아주 작지만 진정한 차이를 만들어 간다.[62)]

'작은 차이', 여기서 둔탁한 어리석음이 '탁' 터지는 소식을 얻었다. '아!' 하는 탄성이 저절로 나왔다. 환희 같은 것, 종래 맛보지 못했던 기쁨도 잠시 있었다. 2013년, 그저 공간적 이동을 감행했어야 했다. 그때는 '탈영토화'déterritorialisation [63)] 같은 개념조차 없었다. 마음은 여전히 서울 자리를 배회했고, 서울 자리에서 집착했던 존재-가치를 고스란히 간직한 채 장소를 옮겼다. 필리핀 세부에서 '신학적 형식'을 고이 품은 자신을 발견했고, 호주 이스트우드에서 '영원'을 갈구하는 자신도 보았다.

그런 뒤에도 한참 삶의 방향을 잃고 무명의 거리를 홀로 배회했어야 했다. 등불은 어디에 있는가? 등불은 애초 내 손, 내 마음에 어디에 있었던가! 내면을 깊고 천천히 응시하면 드러나는가? 마치 "물 위로 뛰어오르는 돌고래의 비상처럼 어느새 깊어진 집중의 힘은 그 자체로 의식을 내파內破하고 자신의 다른 가능성을 뇌성벽력처럼 혹은 먹구름 속의 한 점 하양처럼 드러내는"[64)] 곳. 여전히 아득했고 불투명했다. 『장

---

62) 이정우, 『주체란 무엇인가』, 23~24쪽.
63) 이를테면 다음과 같은 명확한 이해가 없었다. "세계는 늘 흘러가고 있으며(탈주하고 있으며) 그런 흐름을 일정한/고착적인 코드를 통해 조직할 때 '영토화'가 성립한다. 그러나 여전히 누군가, 탈주선의 흐름이 있으며, 영토화는 늘 탈영토화를 힘겹게 누르고 있다고 해야 한다. 탈영토화란 기계들의 선에서 어떤 기계가 접속을 풀고 떨어져 나가는 것을 의미한다. 어떤 영토성도 늘 열려 있다. 항상 탈영토화가 발생하기 때문이다."(이정우, 『천하나의 고원』, 22~23쪽)
64) 김영민, 『집중과 영혼』, 글항아리, 2017, 439쪽.

자』를 소의경전 삼아 읽고 또 읽었지만 자욱한 안개는 여전히 걷히지 않았다.

평소 진고응 선생을 존경했는데, 군더더기 없고 깔끔한 번역今注今譯은 선망의 대상이었다. 선생께서『장자 금주금역』[65] 수정판 서문에서 "니체를 경유해서『장자』"를 접촉하셨다고 했다. 여기서 작은 실마리가 잡히는 듯했다. 뒤뚱거렸던 학문의 여정을 다시 시작해야 했다. 여태『장자』독서는 헛것이었구나! 그럴 즈음 만난 책이 이정우 선생의『천하나의 고원』과 사사키 아타루의『잘라라, 기도하는 그 손을』이다. 이정우 선생의 육화된 언어/사유와 아타루의 번뜩이는 혜안/성찰은『장자』읽기의 새로운 지평을 열어 주었다. 그러나 아타루가 자주 역설하듯 읽을 수가 없다. "다른 사람이 쓴 것은 읽을 수 없는 것, 읽어 버리면 미쳐 버리고 말 것"[66] 같은 절망과 두려움은 여전히 사라지지 않는다. 그것은 "읽고 또 쓰는 그 한 행 한 행에 어렴풋이 자신의 생사를 걸어야"[67] 한다는 것을 몰랐던 어리석음 탓이리라. 불성실한 독서……

이제 알 것 같다. "텍스트의 변혁이야말로 혁명의 본질"이라는 사실을.[68] 그래서『장자』를 다시 읽어야 한다.『장자』에서 꼭 들뢰즈를 읽어야 한다고는 생각하지 않는다. 또한 들뢰즈를 통해서『장자』를 읽어야 할 필연성도 없다.

그렇지만 들뢰즈 철학을 통해『장자』의 많은 부분이 다시 보였다. 적어도 필자에게 말이다. 이를테면 "'위'를 만물제동萬物齊同의 근거인

---

65) 陣高应,『庄子今注今译』, 商务印书馆, 1998.
66) 사사키 아타루,『잘라라, 기도하는 그 손을』, 송태욱 옮김, 자음과모음, 2012, 42쪽.
67) 같은 책, 55쪽.
68) 같은 책, 113쪽.

'무' 위에 놓고서 리좀적으로 해체한 후 다시 '위'의 세계로 나아가 새롭게 창조해 나가는 것"과 같은 사유[69]는 『장자』만 읽어서는 절대 얻을 수 없는 소식이었다. 물론 '무위인'을 무위인'이기'를 목표하고 희망한다면 육조六祖 혜능慧能의 말씀대로 무기공無記空[70]을 경계해야 한다.

무위인은 "기화氣化, 곧 그것은 하나의 물物로서 고착화된 자신의 신체를 그렇게 고착화되기 이전의 기로 다시 이끌어 가는 것이고"[71] 기존의 배치를 바꾸어 나가는 것, 나아가 하나의 새로운 배치를 창조해 내는 것은 그 자체 하나의 사건이며 그리고 이 사건 속에서 과거는, 나아가 그 행위의 주인공조차도 극복[72]되는 것이다. 이것은 곧 '임'esse에서 '할 수 있음'posse으로 관점을 옮겨 가는 것을 말한다.[73]

남겨진 숙제. '무위인'과 '소수자-되기'의 차이가 무엇인가? 또한, 『장자』의 사유를 빌려, 극렬한 '신자유주의'라는 다수자들의 동일성을 흔드는 소수자들의 생성의 길로 갈 수 있을까? 정직하자면 필자에게 학문은, 철학은 이제부터 시작인 것 같다. 『금강경』이 설한 "머무는 곳이 없이 마음을 낸다"應無所住而生其心는 윤리학의 길을 향하여!

---

69) 이정우, 『천하나의 고원』, 51쪽.
70) "공(空)에 집착하여(자리에 머물러) 제대로 수행하지 못한 것을 말한다."『六祖坛经』, 李中华 注译, 丁敏 校阅, 三民书局, 1997, 43쪽.
71) 이정우, 『천하나의 고원』, 182쪽.
72) 같은 책, 207쪽.
73) 같은 책, 197쪽.

# 기독교와 타자-되기의 윤리

한정헌

필자는 기회가 된다면 기독교 '윤리'에 관한 너무 어렵지 않은 글을 하나 쓰고 싶었다. 기독교신학의 전문지식이 없는 독자라도 어느 정도의 집중력만 발휘하면 충분히 이해할 수 있는 수준의 글을 말이다. 왜냐하면 많은 사람들이 기독교에 대해 나름 안다고 생각하지만, 실제로는 너무나 모르고 있다는 판단 때문이다. 그것은 비기독교인뿐 아니라 기독교인의 경우도 마찬가지다. 필자가 보기에, 특히 신앙적 실천과 관련된 문제가 그러하다. 최근 기독교가 사회적으로 말도 많고 탈도 많은 가운데, 필자 역시 한 명의 기독교인으로서 막중한 책임감을 느끼며 이 글을 써야겠다고 생각했다.

## 인간 예수와 타자-되기

기독교에서 신과 세계/인간 사이의 '새로운 약속(신약)'의 시대는 '신의 타자-되기'에서 출발한다.[1] 이를 가리켜 기독교신학에서는 '화육' 化肉, incarnation[2]이나 '케노시스'자기 비움, kenosis[3] 등으로 표현한다. 특히 '십자가에 달린 하느님'이라는 역설적인 서사는 신이 자신의 동일성을 버리고 타자-되기를 통해 세계/인간과 맺는 새로운 관계설정을 보여 준다. 또한 '역사적 예수'[4] 혹은 '인간 예수'가 '타자-되기'의 극한으로서 십자가 처형을 순순히 받아들였다는 것은 잘 알려진 이야기다. 가끔 사람들에게 기독교의 가장 중요한 가치가 뭐냐고 물어보면 대부분 '사랑'이라고 대답하는데, 그 역시 잘 음미해 보면 '타자-되기'와 다르지 않다.[5] 사실 예수가 말하는 '사랑'은 매우 단순하고 분명하다. 쉽게 말해, 주린 자나 헐벗은 자가 있으면, 자신의 것이라도 내어주라는 급진적인 '타자-되기'의 윤리이다.[6] 그는 당시의 지배적 척도에서 배제된

---

1) 이 글에서 '타자'(他者)라는 말은 존재론적/논리학적 맥락과 윤리학적/정치학적 맥락에서 폭넓게 사용되었으며, '소수자'라는 말은 주로 윤리학적/정치학적 맥락에서 '타자'와 거의 같은 뜻으로 사용되었다. 그리고 '다수자=다수성'(majority)과 '소수자=소수성'(minority)이라는 개념은 들뢰즈/가타리의 소수자 윤리학을 배경으로 하는데, 숫자가 많고 적음의 양(量)적 개념이 아니라 한 사회의 지배적 척도(표준)와의 거리에 의해 규정되는 질(質)적 개념이다. 예컨대 '다수자'는 백인, 남성, 성인, 중산층 이상… 등 한 사회의 지배적 척도에 부합하는 자들을, '소수자'는 그로부터 벗어나 있는 자들을 가리킨다.

2) "말씀이 육신이 되어…"(『요한복음서』 1:14)에서 유래한 '화육' 혹은 '성육신'(incarnation)의 개념은 신의 타자-되기라고 할 수 있다.

3) 헬라어 '케노시스'(kenosis)는 "자기를 비워 종의 모습을 취하셨으니…"(『필립비서』 2:7)에서 유래한 '비우다'의 명사형이다. 즉, 그리스도의 '자기 비움'이라는 뜻이다.

4) '역사적 예수'(historical Jesus)란 신앙적 대상으로서의 '케리그마적 그리스도'(kerygmatic Christ)와 대조되는 인간 예수를 가리킨다. 초기 기독교 공동체(초대교회)에 의해 '선포된' 그리스도=메시아(구세주)로서의 예수라는 신앙적/신학적 해석 이전에 역사적으로 실존했던 것으로 가정되는 인간 예수를 뜻한다. 그러니까 역사적 예수란 초대교회에 의해 신앙적으로 윤색된 메시아=그리스도가 아닌 실제로 존재했던 인간 예수를 뜻한다.

5) 예수에게 '사랑'이란 단지 마음의 사랑만을 뜻한 것이 아니라 답례를 바라지 않는 '순수증여' 혹은 '무상의 증여'에 가까웠다. 그에 비해 오늘날 교회에서 말하는 '사랑'은 지나치게 관념화된 측면이 있다.

6) 기독교 사회윤리학자인 에른스트 트뢸치(Ernst Troeltsch)는 예수의 윤리가 급진적이고 영웅적이라면, 바울의 윤리는 보수적이고 절충적이라고 보았다. 그의 말대로 예수의 윤리가 '하느님 나라'로 대표되는 급진적인 변혁을 추구한 데 비해, 로마제국 치하에서 기독교를 보편종교로 성장시키고자 했던 바울의 목회적 비전은 다소 보수적이고 절충적일 수밖에 없었을 것이다. 에른스트 트뢸취, 『기독교사회윤리』, 현영학 옮김, 한국신학연구소, 2003.

타자/소수자들—빈자, 세리, 병자, 매춘녀 등 주류적인 정치적·종교
적 권력에 의해 억압된 '오클로스'ochlos, 민중[7]—과 함께 로마제국이라
는 정치권력과 유대교라는 종교권력에 대항하여 '하느님 나라'로 대표
되는 변혁운동을 전개한 일종의 '전쟁기계'war machine 였다.[8]

하지만 지금 기독교의 모습은 어떠한가? 역사적 예수의 삶과 가
르침보다는 초월적인 그리스도의 형상만 주로 부각되었다고 해도 과
언이 아니다. 물론 이것은 비단 오늘날의 문제만은 아니었다. 도스토예
프스키는, 『카라마조프 가의 형제들』에서 대심문관의 입을 빌려, 예수
가 거부한 '악마의 유혹'[9]을 (특히 '카이사르의 검'으로 대표되는 '권력의
유혹'을) 교회가 이미 오래전부터 받아들였다고 비판한 바 있다.[10] 맞는
말이다. 인간 예수의 삶과 가르침에서 촉발되어 들불처럼 번져 나간
초기의 예수운동jesus movement은, 로마제국과 결탁하고 신학적 교의화의
과정을 거치면서 오히려 예수가 가리킨 손가락 자체를 숭배의 대상으
로 삼았고, 그가 실천한 현재적이고 급진적인 '하느님 나라' 운동은 내
세의 천국으로, 그리고 제국이나 국가의 이데올로기적 장치로 변질되

---

7) 주로 「마르코복음서」에 등장하는 '오클로스'라는 헬라어는 예수를 따르던 소외된 계층을 지칭
하며, 맥락상 오늘날의 '타자'나 '소수자'에 가깝다. 심원 안병무는 성서에 등장하는 '오클로스'
라는 표현이 '라오스'(국민적 대중)라는 비슷한 의미의 헬라어와 구분되어 사용된다는 점에 주
목했다. 즉, '오클로스'가 '라오스'와 달리 (체제 바깥으로 밀려난) '국외인' 혹은 '외부인'의 성격
을 띤다는 것이다. 안병무, 『민중신학 이야기』, 한국신학연구소, 1988.
8) 예수의 가르침의 핵심은 '하느님 나라'였는데, 그것은 종교에만 국한되지 않는 현세적 변혁운동
이었다. 그리고 이는 그 관대했던 로마제국이 당시 '내란음모죄'에나 적용했던 가장 잔인한 형
벌인 십자가형을 적용하게 된 계기가 되었을 것이다. 예컨대 예수의 '하느님 나라' 가르침을 정
치적 맥락에서 번역하면, '카이사르의 뜻'이 아닌 '하느님의 뜻'의 현재적 실현, 쉽게 말해 카이
사르가 아니라 하느님이 직접 통치한다면 기대할 수 있는 어떤 변화, 어떤 새로운 정의와 질서
를 의미한다고 볼 수 있다. 이는 결국 기존 체제와 질서에 대한 부정으로 읽힐 수 있는 대목이다.
9) 「마태오복음서」 4:1~11, 「루가복음서」 4:1~13 참조.
10) 표도르 도스토예프스키, 『카라마조프 가의 형제들 1』, 김연경 옮김, 민음사, 2019, 542쪽.

기에 이르렀다.[11]

그리고 특히 오늘날 많은 한국 교회와 신학이 숭배하는 것은 진정한 '유일신'으로서의 맘몬=자본(과 그 신하로서의 기득권적 이데올로기)이라는 사실을 이제 더는 숨길 필요조차 없어 보인다. 예컨대 칼뱅주의(의 세속적 금욕주의)를 천민화하여 자본주의적 성공을 신의 구원/축복과 동일시하고, 교회(나 담임목사)에 대한 맹목적 충성을 축복과 대칭적 교환관계로 간주하는 등 사실상 주술이나 샤머니즘, 혹은 이기적인 부족종교 등과 크게 다를 게 없어 보인다. 급기야 2020년에 한 목사가 극우집회의 연단에 서서 "하나님, 까불면 나한테 죽어!"라고 내뱉은 장면은 그 결정적 단면을 보여 주는 사례 중 하나이다. 왜냐하면 하느님조차도 '까불면 죽는' 진정한 '유일신', '신 위의 신'이 있음을 얼떨결에 신앙고백한 게 아닐까 하는 의구심이 들기 때문이다. 이제 한국 교회라고 하면 가장 먼저 떠오르는 이미지는, 경쟁하듯 우후죽순 솟아오른 십자가 첨탑들을 배경으로 '삼박자 축복' 등으로 대표되는 낯 뜨거운 기복祈福신앙, 온갖 기상천외한 방식으로 자녀에게 기득권을 대물림하는 현대판 종교적 음서제蔭敍制, 십자가-태극기-성조기의 난해한 조합 등이 아닐까 싶다. 이쯤 되면 기독교인 모두가 그런 것은 아니라는 일부 신자들의 오래된 자기방어의 논리도 듣는 이들에게 극심한 피로감만 유발할 뿐이다.

---

11) 그렇다면 이제라도 진정한 역사적 예수를 찾아내면 되지 않을까? 하지만 그것은 거의 불가능에 가깝다. 20세기 최대의 신학자 중 한 명인 루돌프 불트만(Rudolf Bultmann)은 '역사적 예수'와 신앙적인 선포로서의 '케뤼그마'(Kerygma)를 구분할 수 있는 방법이 사실상 없다고 말한다. 왜냐하면 신약성서 자체가 이미 케뤼그마의 반영물이며, 따라서 실제 인간 예수의 모습은 단지 파편적으로만 존재할 뿐이기 때문이다.

이에 대해 많은 이들은 다음과 같은 상식적인 의문을 가질 수 있다. '기독교인이라면 예수의 제자를 자처하는 사람들이고, 그렇다면 누구보다 예수의 삶과 가르침을 재현해야 하는 사람들이 아닌가?', '그런데 어째서 그렇게 위선적이고 이기적인 사람들이 많은가?', '하느님도, 예수님도 타자-되기로부터 출발했다는 기독교가 오히려 그런 차이를 부정하거나 억압하는 데 앞장서는 이유가 무엇인가?'… 등. 그리고 많은 경우 그 원인을 믿음을 제대로 실천하지 못하는 (유독 의지가 박약한) 기독교'인'들의 문제로 '아주 쉽게' 간주하는 경향이 있다. 물론 아주 틀린 말은 아닐 것이다. 하지만 이제 다른 측면에서도 생각해 봐야 하지 않을까. 이쯤 되면 어떤 특정 교회나 신자 들의 문제이기에 앞서 일차적으로 그런 신앙인들을 양산하는 어떤 구조적인 측면에 대해서도 고려해 봐야 하지 않겠냐는 것이다. 그런데 그것은 단순히 한두 가지 요인들로 환원될 수 없는 매우 복잡한 논의를 필요로 하며, 따라서 이 글에서는 기독교신앙의 윤리적 실천을 어렵게 하는, 타자-되기를 어렵게 하는 전통적 서구신학에 한정하여 살펴보고자 한다.

## 소운 이정우와 타자-되기의 사유

먼저 필자가 말하는 '타자/소수자-되기'의 개념은, 들뢰즈/가타리를 필두로 여러 사상가들의 문제의식이 녹아 있지만, 결정적으로 소운 이정우[12]에 의해 다듬어지고 정교화된 사유이다. 소운의 사유는, 필자로 하여금 전통적 서구신학(과 그 미분적 요소인 존재존재론, 초자연주의적 유신론, 근대성의 사고 등)의 한계에 대한 반-신학적 혹은 탈-신학적 문제

제기와 더불어 그 대안으로서의 '소수자신학'을 구체화시킬 수 있도록 큰 도움을 주었다. 덕분에 단순히 '차이'나 '타자성'의 한계에서 벗어나 '타자-되기'의 사유로 나아가는 계기를 마련할 수 있었다. 그에 관해 소운의 저작 중 『천하나의 고원』(2008)과 『진보의 새로운 조건들』(2012)을 중심으로 살펴보도록 하겠다.

　소운의 사유는 크게 서양 중심주의를 넘어서는 보편적인 세계철학사의 정립, 시간·생명·사건 개념을 중심으로 하는 생성존재론의 구축, 그리고 타자-되기의 윤리학/정치학이라는 세 축으로 이루어져 왔다. 이 글의 맥락상 뒤의 2개만 간략히 다뤄보고자 하는데, 먼저 생성존재론이란 한마디로 세계의 궁극을 '생성'生成으로 보는 입장을 뜻한다. 소운에게 생성존재론은 생성에 대한 배타적 강조에 있다기보다는 '生=becoming'의 흐름 위에서 성립하는 '成=beings'에 관한 사유라 할 수 있다.[13] 다시 말해 '생성'이나 '차이생성'differentiation이 일차적인 존재론적 진리이지만, 그 흐름의 과정에서 발생하는 '존재들'이나 '동일성'을 설명하는 데 천착한다는 것이다.[14] 그리고 그 바탕 위에서 성립하는 것이 소운의 타자/소수자-되기의 윤리학과 정치학이다. 그에게 생성이란 기본적으로 타자-되기이다.[15] 가령 '나'라는 동일자도 시간이 도래시키는 생성과 변화로부터 예외일 수 없다.[16] 그런데 소운의

---

12) 이하 '소운'으로 약함.
13) 소운에게 생성존재론은 니체(생성)와 베르그송(지속)을 필두로 화이트헤드(과정)-하이데거(존재사건)-들뢰즈/가타리(차이생성) 등으로 이어지는 사상적 계보를 전제한 것인데, 특히 동북아의 전통철학인 역학(易學) 및 기학(氣學)과 비교·종합하여 자신만의 독특한 스타일을 창안하였다. 이에 대해서는 이정우, 『신족과 거인족의 투쟁』, 한길사, 2008, 3장 참조.
14) 이 점에서 그의 생성존재론은 주로 생명의 존재론과 사건의 철학으로 전개된다.
15) 이정우, 『진보의 새로운 조건들』, 인간사랑, 2012, 185쪽.

타자-되기의 윤리학은 이러한 시간의 수동적 겪음의 차원을 넘어 시간이 끝없이 도래시키는 타자성을 긍정하면서 기존의 몰적 동일성을 의식적·능동적으로 변화시켜 나가는 사유라 할 수 있다.

사실 '타자'他者라는 철학적 개념은 본래 논리학적 맥락에서 '동일자'의 개념적 대립항으로서 처음 등장하였다.[17] 그것은 기본적으로 '자'自와 '타'他 사이의 '차이'가 강조되지만, 그런 '차이성'이나 '타자성'을 대하는 태도에 따라 오히려 동일성의 사유로 귀착될 수도 있다. 일반적으로 두 가지 경우를 생각해 볼 수 있다. 먼저, 타자를 자신과 동일시하는 경우이다. 이는 아무리 타자에 대한 배려의 취지라 해도, 결국 동일자의 관점이 상대에게 투영될 수밖에 없다. 또한 차이를 존중한다는 이유로 타자와의 거리를 고착화하거나 실체화하는 경우도 생각해 볼 수 있다. 사실 생성존재론적 관점에서 '차이'는 '차이생성'differentiation의 효과일 뿐이다. 따라서 사물들 사이의 '차이'가 지나치게 강조되면 결국 동일성으로 굳어지게 마련이다. 이는 일정한 동일성을 전제한 차이들의 불연속적 공존으로서의 '타자의 윤리학'으로 귀착된다.

그에 비해 소운은 불연속적인 차이의 체계, 동일성의 체계를 넘어

---

16) 예컨대 한 시간 전의 나는 지금의 입장에서는 타자였고, 지금의 나는 한 시간 후에 다시 어떤 타자가 될 것이다.

17) 철학사적으로 퓌타고라스학파에 의해 세계의 근본 원리들 중 하나로서 '동일자와 타자'라는 개념적 대립쌍의 형태로 제시된 이후 플라톤을 위시한 많은 사상가들에 의해 다듬어져 왔다. 논리학적 맥락에서 같은 것과 다른 것, 동일성과 차이 등의 의미를 갖는데, 근대 시민사회 이후에는 윤리학적/정치학적 맥락이 부상하면서 중심과 바깥, 억압자와 피억압자, 다수자와 소수자 등의 의미를 더하게 되었다. 헤겔이 '타자'(das Andere) 개념에 현대적 뉘앙스를 부여했다면, 마르크스와 엥겔스는 자본주의 사회의 타자로서 프롤레타리아트를 발견하였다. 또한 2차 세계대전 이후에는 프롤레타리아트라는 계급적 기표로 온전히 환원할 수 없는 다양한 형태의 타자들이 사르트르, 레비나스, 알튀세르, 푸코, 들뢰즈/가타리, 네그리/하트 등에 의해 포착되었다.

서기 위한 방안으로서 '타자-되기'를 강조한다.[18] 그것은 타자를 나와 동일시하거나 존중/배려하는 데 그치지 않고, 오히려 자신의 몰적 동일성을 변화시켜 상대방을 향해 나아가는 윤리적 노력을 뜻한다. 즉, 스스로를 타자-화하고 차이-화하는 것이다. 주의할 점은, 이를 존재나 동일성의 사고로 이해해서는 곤란하다는 것이다. 그럴 경우, 하나의 동일자가 다른 동일자로 바뀐다는 식의 허무맹랑한 이야기가 될 수 있다. 타자-되기란 다른 '무엇'으로의 되기라기보다는 기존의 몰적 동일성'으로부터의 벗어남/넘어섬'에 강조점이 있다.[19]

그리고 이런 타자-되기의 존재론 및 윤리학의 기반 위에서 보다 구체적인 소수자-되기의 정치학이 성립한다.[20] '다수자'와 '소수자'라는 개념은 앞서 설명한 '동일자'와 '타자'의 관계에 상응한다. 즉, '다수자'가 '동일성'에 의해 규정된다면, '소수자'는 '되기/생성'에 의해 규정된다. '소수자-되기'를 영어로 옮기면 'becoming minority'이다. 이는 '소수자-되기'라는 뜻도 있지만, 현재분사적 의미에서 '생성하는 소수자', '되어가는 소수자', '변화하는 소수자'라는 뜻도 내포되어 있다. 소운에 따르면, 소수자는 정확히 이런 의미에서만 윤리학적/정치학적 정당성을 확보할 수 있다.[21] 말하자면 소수자란 늘 사회의 변화를 꾀하는 존재이며, 기존의 동일성에 반反하여 생성하는 존재이다.[22] 그렇게 본다면 어떤 집합이나 상태로서의 '소수자-이기'being-minority는, 그것이 되

---

18) 이정우, 『진보의 새로운 조건들』, 187쪽.

19) 같은 책, 189쪽.

20) 이정우, 『천하나의 고원』, 돌베개, 2008, 227쪽.

21) 같은 책, 205쪽.

22) 이정우, 『진보의 새로운 조건들』, 28쪽.

기/생성이 아닌 동일성에 의해 규정된다는 점에서 '다수자'의 일종으로 볼 수 있다.[23] 말하자면 그들은 단지 다수자의 대립항으로서 존재하기 때문에 기성의 지배적 체제의 일부를 이루고, 결과적으로 다수자 중심의 세계에 종속/종사하게 된다. 그래서 들뢰즈/가타리는 다수자뿐 아니라 소수자도 '소수자-되기'를 해야 한다고 말한다.[24] 즉, 여성도 여성-되기를, 노동자도 노동자-되기를, 흑인도 흑인-되기를 해야 한다는 것이다. 반면에 다수자는 '되기'가 아닌 '이기'$_{being}$, 즉 다수자-이기$_{being\ majority}$로써 자신의 능동성을 실현한다. 다수자-되기, 즉 다수자 스스로가 의지적·능동적으로 변화를 꾀하는 일이 아예 불가능하지는 않지만, 그것은 현실적으로 기대하기 어려운 일이다.[25] '다수자-되기'를 영어로 옮기면 'becoming majority', 즉 '생성하는 다수자', '변화하는 다수자'라는 뜻도 된다. 그것은 동일성이나 기득권을 지켜야 하는 입장에서 실제로 일어나기 어려운 일이다. 다수자-되기(생성하는/변화하는 다수자)는 통상 능동적 소수자-되기와 맞물려 수동적으로 발생하기 마련이다. 그러므로 소수자-되기, 즉 의지적·능동적으로 되어 가는/변화하는 소수자만이 다수자 중심의 지배체제에 균열을 내고 다수자-되기, 즉 다수자의 생성이나 변화를 불러올 수 있다.

그런데 서두에서도 밝혔듯이, 사실 타자/소수자-되기의 윤리학은 기독교의 근본정신과도 통한다. 예컨대 기독교(가톨릭+동방정교회+

---

23) 타자/소수자는 동일성(정체성)을 스스로 수립할 수 없는 존재들이며, 따라서 동일자(다수자)들에 의해 동일성을 부여받는다. 같은 책, 187쪽.

24) 되기는 그 자체로 분자적·소수적이며, 반드시 기존의 몰적 체제에 생성과 변화를 가져온다. Deleuze et Guattari, *Mille plateaux*, Les Édition de Minuit, 1980, p. 356.

25) 예컨대 남성-되기와 같은 것은 존재하지 않는다. 남성은 다수적인 반면에 모든 되기는 소수적이기 때문이고, 남성은 몰적 실체인 반면에 되기는 분자적이기 때문이다. *Ibid.*, p. 358.

개신교)의 막내격인 개신교protestantism만 해도, 근본적 취지에서만 본다면, 말 그대로 저항하고, 이의를 제기하고, 개혁하는 자들이다. 무엇보다 '안식일이 사람을 위해 존재하지 않는' 기득권적 체제에 대해 부단히 저항하고, 비판하고, 투쟁하는 사건적 존재들이어야 한다. 심원 안병무 식으로 표현하면, 바로 거기에 예수-사건이 존재한다.[26] 그런 점에서 기독교는, 소운이 주장하는 타자-되기의 윤리학이 실현될 수 있는 가장 이상적인 영역 중 하나이다. 때문에 베르그송도 성숙한 열린 사회로의 질적 도약을 종교(신비주의)에서 찾았고, 그 중에서도 가장 실천적인 성격을 가지고 있다는 점에서 예수와 기독교 신비가들을 중시하였다.[27] 하지만 알다시피 현재 기독교의 모습은 타자-되기와는 거리가 멀다. 심지어 나와 다른 생각이나 존재를 못 견뎌하고, 경우에 따라서는 그 존재 자체를 부정하는 폭력을 행사하기도 한다. 역사적 예수와 기독교(인)의 간극이 어째서 이렇게까지 멀어진 것일까? 다음 장에서 그 문제를 전통적 서구신학과 관련하여 다뤄 보도록 하겠다.


## 전통적 서구신학에서 타자-되기의 난점들

기독교의 성립은 크게 보면 헤브라이즘과 헬레니즘의 '마주침'encounter

---

26) 심원 안병무의 사유는 한마디로 '사건의 신학'이라고 정의할 수 있다. 실체나 동일성 중심의 전통적 서구신학의 한계를 극복하기 위한 대안으로서 정립된 것이다. 심원에게 예수는 인격이나 실체가 아닌 사건으로서의 예수, 즉 예수-사건이고, 그것은 곧 민중-사건의 하나이다. 예컨대 출애굽-사건, 예수-사건, 전태일-사건,… 등은 모두 '민중-사건의 반복'으로서의 '화산맥'을 형성한다.

27) 베르그송, 『도덕과 종교의 두 원천』, 송영진 옮김, 서광사, 1998, 289~290쪽.

을 통해 이루어졌다고 볼 수 있다. 너무 당연한 말이지만, 어느 날 하늘에서 뚝 떨어진 종교는 없다. 기독교 역시 그 뿌리인 유대교와 마찬가지로 여러 이질적인 흐름들과 마주쳐 성립한 혼효混淆적 구성물이다. 특히 예수의 사후 초기 기독교의 교의화 과정은, 헬라사상(플라톤주의, 견유학파, 스토아학파 등)과의 대화 속에서 형성되었다. 그 중에서도 플라톤주의와 신플라톤주의(플로티노스의 일자—者=the One의 사유)[28]는 서구신학의 형성과 발달에 결정적인 영향을 끼쳤다.[29] 때문에 직간접적으로 그 영향권 내에 있던 성직자와 신학자 들에게 예수의 존재와 관련된 복잡한 신학적 문제가 발생하게 되었다. 즉, 예수는 하느님인가 피조물인가, 하는 것이다. 그것은 간단한 문제가 아니었다. 예수를 그

---

28) 플로티노스의 사유는, 단적으로 말해 플라톤주의에서의 가지계와 가시계의 분리의 문제를 '유출론'을 통해 '새롭게' 해결하고자 한다는 점에서 '신'(新)플라톤주의라 할 수 있다. 그에 따르면, 궁극적 실재인 '일자'(一者, to hen)로부터 정신(nous) → 세계혼(psychê) → 이성혼(인간) → 감각혼(동물) → 생장혼(식물) → 무생물 → 질료의 순서로 마치 폭포수처럼 발출된다. 또한 이들은 다시 일자를 향해 귀환하려는 속성을 지닌다. 이처럼 일자와 세계 사이에는 '연속성'이 있고, 따라서 기본적으로 범신론적 성향을 갖는다. 그런데 신을 일자와 동일시할 경우, (만물의 근원으로서의) 신으로부터 세계가 기계적으로 유출되는 것이기 때문에 어떤 식으로든 이 문제를 해결해야만 했다. 그 대표적인 사례가 아우구스티누스의 해결 방식인데, 그는 신의 의지, 즉 신의 창조와 섭리를 강조함으로써 범신론의 늪에서 빠져나오게 된다. 그 유명한 '무로부터의 창조'(creatio ex nihilo)라는 개념은 정확히 이런 맥락에서 — 말하자면 신의 형상인이나 목적인보다는 작용인으로서의 성격을 강화하려는 의도에서 — 나온 것이다.

29) 오늘날 '서구기독교' 혹은 '서구신학'은 '기독교' 그 자체와 거의 동의어가 되다시피 하였다. 하지만 기독교역사를 자세히 들여다보면, 그것은 하나의 편견에 지나지 않는 것임을 알 수 있다. 초기 기독교의 교의화 과정에서 신학적 논의를 주도했던 곳은 오히려 북아프리카와 서아시아 등이었다. 예컨대 그 유명한 알렉산드리아의 필론을 위시해 오리게네스, 테르툴리아누스, 클레멘스, 아타나시우스, 암모니시우스, 아우구스티누스,… 등은 모두 아프리카인들이었다. 적어도 초기에 기독교신학의 발달은 북반구에서 남반구로 이동했다기보다는 오히려 남에서 북으로 이동했다고 보는 편이 타당할 것이다. 이는 특히 근대 이후 서구 식민주체의 욕망을 내면화한 '서구신학'이라는 제국주의적 담론이 지리적·역사적으로 끝없이 팽창한 결과이기도 하다. 이런 점에서 오늘날 기독교신학자들에게는 무엇보다 '니체의 망치'가 필요해 보인다.

리스도, 하느님의 아들이라고 하는 것에는 다들 동의하였지만, 만약 예수가 성부 하느님으로부터 유출된 존재라면 피조물이 되는 것이고, 그가 하느님이라면 유대교로부터 이어져 온 유일신론monotheism의 근간이 무너지게 되는 것이었다.[30] 그런 가운데 강력한 신플라톤주의자였던 알렉산드리아의 장로 아리우스는 예수를 성부 하느님으로부터 유출된 피조물로 보았고, 종속론subordinationism(성자는 성부보다 낮다는 입장)을 지지하였다. 그에 반해 알렉산드리아의 주교 알렉산더와 그의 후계자 아타나시우스는 예수가 성부 하느님과 동일본질homoousios이라고 주장하였다. 무엇보다 예수가 한낱 피조물이라면 어떻게 죄인인 인간을 구원할 수 있겠냐는 이유에서였다. 흥미로운 사실은, 당시만 하더라도 아리우스의 주장을 지지하는 세력이 결코 작지 않았다는 점이다.

그렇다면 다음과 같은 질문이 가능하다. 예수는 언제, 어떻게 하느님이 되었는가? 이는 기독교 신앙의 표준(정통)인 '니케아 신조'가 확립된 325년 '니케아 공의회'와 밀접한 관련이 있다.[31] 이 회의의 주요 안건 중 하나가 아리우스의 논쟁을 해결하는 것이었는데, 콘스탄티누스 황제의 중재로 인해[32] 알렉산더/아타나시우스 측의 승리로 끝

---

30) 하느님과 그리스도가 실체적으로 단일하다면, 사실상 '이신론'(二神論, ditheism)이나 '사벨리우스주의'(한 분 하느님이 성부, 성자, 성령의 세 역할로 자신을 계시하였다는 주장)와 같은 논리가 되고 만다. 이는 그리스도의 인간성을 약화시키는 결과로 이어져 극단적으로는 신이 잠시 인간의 몸을 빌렸을 뿐이라는 '가현설'(假現說, Docetism)의 위험에 빠질 수도 있다.

31) '니케아'는 콘스탄티누스 황제의 별장이 있던 현재 터키의 북서부 지역을 가리킨다. 그런데 애초에 안키라에서 공의회가 열리기로 예정되어 있었고, 이미 서방 로마제국의 300명이 넘는 주교들에게 초청장이 발송되어 이동 중에 있었지만, 갑작스럽게 회의 장소가 변경되었던 것이다. 이는 아마도 알렉산더/아타나시우스의 입장을 관철시키기 위한 콘스탄티누스 황제의 정치적 목적 때문이었을 것이다. 루벤슈타인, 『예수는 어떻게 하나님이 되셨는가』, 한인철 옮김, 한국기독교연구소, 2004, 101~102쪽.

나게 되었다.[33] 그 결과 예수는 하느님이 되었고, 그로 인해 삼위일체의 교리가 확립될 수 있었으며, 정경화 작업도 구체화될 수 있었다.[34] 여기서 신의 단일성이나 삼위일체 등 복잡한 신학적 문제들은 덮어두더라도 적어도 '윤리적인 측면'에서 한번쯤 곱씹어 봐야 할 부분이 있다.

우선, 아타나시우스파의 주장은 예수가 신앙의 대상일 수는 있어도 직접적인 윤리적 행위의 모델이 될 수 없다는 점을 함축한다. 아타나시우스에게 예수가 구원자일 수 있는 이유는 무엇보다 그가 하느님이기 때문이다. 즉, 인간 예수의 행위나 가르침이 아무리 위대해도 그보다는 그가 피조물이 아니라는 사실이 중요하다. 쉽게 말해 예수는 인간과는 근본부터 다른 존재이고, 때문에 아무리 애를 써도 그의 삶과 가르침을 재현하는 것은 사실상 불가능하게 된다. 이는 (행위가 아닌) '오직 믿음으로 의롭게 된다'는 바울의 '인의론'認義論, discourse of justification by faith 사상이 강조하는 지점이기도 하다. 물론 그 덕분에 유대인뿐 아니라 비유대인에게도 진입장벽이 획기적으로 낮아져 기독교가 일약 세계적인 보편종교로 도약할 수 있었지만, 동시에 실천적 행

---

32) 콘스탄티누스 황제는 니케아 공회의가 열리기 직전 해인 324년에 즉위하였는데, 무엇보다 혼란스러운 제국의 통일에 골몰하였다. 아마도 교회의 분열보다는 일치가 도움이 된다고 판단하였을 것이다. 또한 예수의 위상이 신격화되는 것이 기독교가 로마제국의 통치이데올로기로서의 역할을 하는 데 더 낫다고 생각했을 것이다.

33) 니케아 공의회의 결과에 따라 아리우스파는 이단으로 규정되었지만, 이 논쟁이 완전히 수그러든 것은 아니었다. 알렉산더/아타나시우스에 동조한 이들조차 예수가 하느님과 동일본질이라는 주장에는 이견들이 있었다. 때문에 하느님의 단일성 문제와 관련해 삼위일체의 논쟁으로 발전하여 381년 '콘스탄티노플 공의회'를 거쳐 451년 '칼케돈 공의회'에 이르러서야 비로소 종결될 수 있었다.

34) '정경'이라는 '표준'이 확립되자 심층종교적 진수를 보여 준 「토마스복음서」를 비롯한 많은 복음서들이 (누군가에게) 불온하다는 이유로 혹은 불필요하다는 이유로 사라지게 되었다.

위를 암암리에 부차시하고 약화시키는 계기로서 작용하기도 했다. 그런 성격이 극단화될 경우, 프로이트가 종교를 유아적 무력감과 의존적 감정으로의 정신적 퇴행과 관련시킨 것처럼, 무책임하고 미성숙한 종교가 되기 쉽다는 문제점이 있다. 또한 오늘날 자본주의 사회에서 더욱 도착적인 방식으로 작용하여 기독교가 처벌받지 않고 삶을 즐기게 해 주는 일종의 안전장치로 전락할 수도 있다.[35]

그에 비해 아리우스파의 주장은, 적어도 윤리적 측면에서만 본다면, 아타나시우스파에 비해 상대적인 강점을 가진 것으로 보인다. 그의 주장대로라면, 예수의 삶과 가르침은 그 자체로 직접적인 윤리적 이상으로 작용할 수 있기 때문이다. 쉽게 말해, 예수가 하느님이 아닌 인간으로서 타자-되기의 삶을 살았다면, 나도 할 수 있다는 목표와 용기를 줄 것이다. 그렇다면 인간은 단지 구원(해방)의 타력적 대상이기만 한 것이 아니라 능동적 행위자이기도 하다는 점이 강조될 것이다. 그런 점에서 아리우스의 신학은 입체적으로 재조명될 필요가 있다.

여하튼 역사적 예수가 하느님과 동일본질로 선포되고, 그의 삶과 가르침이 초자연주의적 유신론 속에 구겨 넣어지면서, 오히려 역사적 예수의 삶과 윤리를 재현하기 어렵게 된 측면이 있다. 이후 교부신학을 집대성한 아우구스티누스를 거쳐 중세 스콜라신학이 본격화되면서 기독교신학은 점점 더 사변화되어 갔다. 그리고 줄곧 (신)플라톤주의의 긴 그늘 아래에 있던 서구신학은 13세기 전후 '아리스토텔레스의 재발견'을 계기로 실체론적 사유체계가 더욱 정교화·복잡화되었다.[36]

---

35) 슬라보예 지젝, 『죽은 신을 위하여: 기독교 비판 및 유물론과 신학의 문제』, 김정아 옮김, 길, 2007, 83쪽.

기본적으로 중세신학에서 말하는 신은 일자보다 상위에 있고, 신과 세계의 관계는 불연속적이고 다의多義적이다(그렇지 않으면 범신론의 위험에 노출될 것이다).[37] 하지만 그러면서도 신 중심의 조화롭고 통일된 세계여야만 했기 때문에 '유비'analogy의 사유가 발달하였다. 즉, 이 세계는 다의적이고 불연속적이지만, 동시에 유비적으로 통합된 세계, 즉 신을 정점으로 하는 위계적-목적론적 세계로서 제시하고 싶었던 것이다. 이런 세계에서는 존재자와 본질은 실재적으로 구분되고, 그 유적類的 실선들에 따라 '~임/이기'being는 가능해도 그것을 넘어서는 '이-것'haecceity으로서의 '~되기'becoming는 반-신학적인 것이 된다.[38] 예컨대 "경주마와 짐말의 차이는 짐말과 소의 차이보다 크다"는 스피노자 식의 사고는 결코 용인될 수 없는 것이다.

그렇다고 중세신학이 다 똑같은 것만은 아니다. 예컨대 신플라톤주의에 크게 의존했던 기독교신비주의의 경우 주류적 신학과는 큰 차

---

36) 알베르투스 마그누스(Albertus Magnus)와 토마스 아퀴나스(Thomas Aquinas) 등에 의해 이슬람세계로부터 아리스토텔레스의 철학이 대거 수용되었다. 이후 대략 17세기까지 서구 사상은 아리스토텔레스의 시대였다고 해도 과언이 아니다. 이 당시에 아리스토텔레스는 자신의 이름 대신에 '그 철학자'로 불릴 정도로 '지자(智者)의 왕'이나 다름없었다. 이정우, 『세계철학사 1: 지중해세계의 철학』, 길, 2011, 691~692쪽.

37) '존재의 다의성(多義性, equivocitas)'이란 존재가 여러 가지로 언표된다는 뜻이다. 이것은 존재와 존재자의 '통약 불가능성', 즉 신과 세계, 그리고 세계의 모든 범주들의 '통합 불가능성'을 의미한다. 예를 들어 "그레고리우스는 선하다"와 "하느님은 선하다"에서 '선하다'라는 술어가 그레고리우스와 하느님에게 모두 붙을 수 있는 같은 뜻이라면, 즉 그레고리우스가 선하다는 것과 신이 선하다는 것이 구별되지 않는 일의적(一義的, univocal)인 것이라면, 신과 세계/인간 사이의 존재론적·가치론적 간극이 메워지면서 범신론으로 기울어질 것이다. 같은 책, 711~712쪽.

38) '이-것'(haecceitas)은 둔스 스코투스(Duns Scotus)가 제시한 개체화의 원리(개체를 개체이게 해주는 것)이다. 그는 존재의 다의성이 아닌 일의성(一義性, univocitas)을 주장한 것으로 유명하다. 하지만 중세신학자였던 만큼 여전히 보편자들의 실재를 인정하였고, 따라서 신과 세계를 존재로 통합하는 데까지 나아가지는 않았다.

이가 있었다.[39] 위僞 디오니시우스[40]를 비롯해 중세 신비가들은, 비록 정도상의 차이는 있지만, 기본적으로 신과 세계/인간 사이의 연속성을 긍정하는 방향으로 나아갔다. 그 경우 ('신이 곧 세계'라는) 범신론까지는 아니더라도 신의 초월성과 내재성이 함께 강조되는, 그래서 신과 세계가 '상호의존적' 관계를 형성하는 '범재신론'汎在神論, panentheism[41]의 성격이 강조된다. 범재신론은, 비록 기독교역사에서 주류적 입장이었던 적은 없지만, 성서적이고 신학적인 근거를 가지고 있으며, 성숙한 보편종교들의 심층을 관류하는 대안적 유신론 중 하나이다. 대표적으로 14세기 초에 활동했던 독일의 마이스터 에크하르트Meister Eckhart는 범재신론자의 전형이라고 할 수 있다. 그는 인간의 내면에 있는 신성을 깨닫고 완벽한 합일의 체험을 강조하였다.[42] 그 합일의 극한에서 신과의 '질적 차이'가 완전히 무화되는, 말하자면 '신-되기'becoming God의 상태에 이르게 된다.[43] 그 외에도 범재신론적 계열의 기독교 신비가들의 사

---

39) 각주 28에서 설명한 바와 같이 '유출론'으로 대표되는 신플라톤주의는 플라톤주의(의 이원론적 사고)와 달리 신과 세계/인간을 '연속적' 관계로 파악한다.

40) 그는 자신을 1세기 (「사도행전」에서 바울에 의해 회심한 인물로 등장하는) '아레오바고의 디오니시우스'라고 소개하고 있으나, 실제로는 6세기경 시리아에서 활동한 수도사로 추정된다. 때문에 통상 '위 디오니시우스'라고 부른다. 그는 신플라톤주의(의 계승자인 프로클로스)로부터 큰 영향을 받아 '부정신학'을 정립하였는데, 여기서 신은 무(無)나 공(空)의 개념과 유사한 방식으로 정의된다. 마치 『도덕경』의 '도가도 비상도'(道可道非常道)처럼 언표화하거나 규정할 수 없는 비-존재의 존재로 묘사된다. 위 디오니시우스, 『위 디오니시우스 전집』, 엄성옥 옮김, 은성, 2007, 209~220쪽.

41) '범재신론'이라는 말은 1828년 독일의 철학자 카를 크라우스(Karl Kraus)에 의해 만들어졌다. 하지만 오늘날과 같이 일반화된 배경에는 과정철학자인 화이트헤드(Alfred North Whitehead)와 찰스 하츠혼(Charles Hartshorne), 그리고 이들의 사유를 기반으로 하는 미국의 과정신학자들(존 캅John B. Cobb과 데이비드 그리핀David R. Griffin 등)에 의해서이다.

42) 그는 '신'(Deus=Gott=God)과 '신성'(Deitas=Gottheit=Godhead)을 구분하는데, 그에게 궁극적 실재는, 위 디오니시우스와 마찬가지로, 존재자로서의 '신'이 아닌 인표할 수 없는 (마치 道나 空과 같은) '무'(Nichts)로서의 '신성'이며, 따라서 신성 자체와의 합일이 중요시된다.

례를 검토해 보면, 그들의 종교체험은 탈아脫我적 상태에서 신성과의 합일을 통한 내적 분열의 통합, 사랑, 희열 등 강력한 종교적 정서와 함께 자기중심성에서 벗어나 타자-되기의 삶을 지향했던 것을 확인할 수 있다.[44] 하지만 기독교신비주의는, 주류적 입장에서 보면, 신학과 반-신학, 정통과 이단의 경계를 아슬아슬하게 오갈 수밖에 없었고, 정치적으로는 교회와 사제 권력의 잠재적 위협요소로 여겨질 수밖에 없었다.

이제 중세에서 근대로 넘어오게 되면 서구신학에도 많은 변화가 생기게 된다. 큰 틀에서 본다면, 존재존재론과 초자연주의적 유신론을 근간으로 한다는 점에서는 거의 동일하다. 그런데 그 바탕에서 서구근대성의 지배적 동일자들(서구, 백인, 남성, 부르주아지, … 등)을 지배적 척도 혹은 표준으로 하는 '다수자신학'으로 거듭나게 되었다.[45] 사실 서구기독교는 근대 이후 새로운 초월적 일자로서 연이어 등장한 국민국가와 자본주의의 강력한 힘에 빨려 들어가 상당 부분 이데올로기적 장치로서 자리매김한 측면이 있다. 그 과정에서 서구신학은 근대 이후의 지배적/다수적 질서의 형성에 큰 역할을 하였고, 그 체제에 성수를 뿌리는 동시에 바깥의 타자들을 배제/억압하는 등 서구근대성에 기초한

---

43) 특히 그의 '초탈'(Abgeschiedenheit)과 '돌파'(Durchbtrunch) 개념은, 신과 인간의 동일성이 각각 해체되면서 인간의 신-되기와 신의 인간-되기가 동시에 진행되는 신비적 합일을 뜻한다. 길희성, 『마이스터 엑카르트의 영성 사상』, 분도출판사, 2008, 213~215쪽.

44) 그 점에서 진정한 신비체험은 정신병리적 종교체험이나 환상체험 등과 구분된다. 윌리엄 제임스, 『종교적 경험의 다양성』, 김재영 옮김, 한길사, 2008, 462~464쪽.

45) 죽재 서남동에 의하면, 전통적인 서구신학은 초자연주의적 유신론을 기반으로 하여 기득권자들의 질서를 정당화하는 '지배의 신학'으로 발달해 온 측면이 있다. 서남동, 『민중신학의 탐구』, 한길사, 1983, 306쪽.

다수자신학으로 옷을 갈아입게 되었다.


## 신(神)이 죽은 시대의 신(信)과 타자-되기의 신학

이런 배경에서 서구 근대사회의 지배적 질서를 정당화하는 서구신학
과 그것을 보증하는 최종심급으로서의 초자연주의적 신(유신론)에 대
한 불만과 비판의 목소리가 커지게 되었다. 특히 20세기에 들어와 양
차 세계대전과 세계대공황 등을 겪으며 많은 이들이 신을 애타게 찾았
지만, 세상사에 초월한/무관심한 신은 삶의 문제에 아무런 답을 주지
않는 것처럼 보였다. 그것은 특히 하느님의 내재적 개입과 현세의 변
혁을 희구하는 사회적 타자/소수자들에게 절망적인 것이었다. 전통적
서구신학에 대한 근본적 비판과 반성이 일어나기 시작했다. 이를 상징
적으로 보여 주는 사건 중 하나가 1960년대 '사신신학'死神神學, death of God
theology의 등장이다.[46] 사신신학자들은 동시대를 신이 부재한 세속문화
의 시대로 진단하고, 그 현실을 긍정하는 데서 출발했다. 대표적 인물
중 하나인 토머스 알타이저는 '케노시스'를 초자연주의적 신의 죽음과

---

46) 1960년대 미국을 중심으로 등장한 '사신신학'은 근대성의 종언과 탈근대성의 도래를 반영하
는 급진적이고 실험적인 신학이었다. 여기서 '신의 죽음'은, 신이 없다는 의미라기보다는 초
자연주의적 신(에 대한 믿음)의 죽음을 뜻하며, 문화적으로 기독교인이 되는 것이 더 이상 불가
능한 시대라는 의미를 함축한다. 사신신학의 그룹에 드는 신학자들로는 폴 밴 뷰런(Paul van
Buren), 토머스 알타이저(Thomas J. J. Altizer), 윌리엄 해밀턴(William Hamilton), 가브리엘 바하
니안(Gabriel Vahanian) 등이 있는데, 다소 온건한 주장에서부터 급진적 주장에 이르기까지 그
편차가 작지 않다. 이에 대한 간략한 역사와 신학적 쟁점 등에 대해서는 이경재, 『해석학적 신
학』, 다산글방, 2002, 143~170쪽 참조.

자기부정으로 해석하면서 이를 기독교의 내적 원리로서 긍정해야 한다고 주장했다.[47] 신의 죽음이라는 주제는 이미 그 이전에 사상사에 등장하였지만, 기독교신학에서 이 정도로 진지하게 논의된 적은 없었다. 실제로 당시 미국에서는 『타임』지의 표지를 장식할 정도로 큰 반향을 불러일으키기도 했다. 하지만 이후 기독교신학 내부의 동력을 얻는 데 실패하였고, 결국 그 명맥이 끊기고 말았다. 최근에는 오히려 지젝과 같은 비신학자가 사신론을 유물론적으로 재해석하여 극한까지 밀어붙이고 있다.

여기서 강조하고 싶은 것은, 사신신학의 내용 자체가 아니라 그 상징성과 문제의식이다. 그것은 전통적 서구신학이 한계에 이르렀다는 근본적 비판으로서, 초자연주의적 유신론의 죽음과 서구신학의 타자-되기의 요청이었다고 할 수 있지 않을까. 실제로 20세기 후반부터 기독교신학에서도 존재에서 생성으로, 동일성에서 차이로, 근대성에서 탈근대성으로 관점의 전환을 모색하는 다양한 시도들이 일어났다. 예컨대 과정신학, 여성신학, 해방신학, 생태계신학, 종교다원주의 신학 등 새로운 형태의 신학들이 발명되었고, 지역적으로도 서구 유럽 중심에서 탈피하여 아시아, 아프리카, 남미 등 전통적 서구신학의 타자들이 각자의 목소리를 내며 발산하기 시작했다.

그 중에서도 전통적인 초자연주의적 유신론의 대안으로 등장한 과정신학의 범재신론과 주로 비-유럽에서 발생한 소수자신학들을 주

---

47) 그는 윌리엄 블레이크(William Blake), 헤겔, 니체 등의 사유를 종합하여 '케노시스'를 초자연주의적 신의 죽음으로 해석하였다. 알타이저의 사신신학과 관련해서는 1966년에 출간한 두 권의 저작 『기독교적 무신론의 복음』(The Gospel of Christian Atheism)과 윌리엄 해밀턴과 공저한 『급진신학과 신의 죽음』(Radical Theology and The Death of God)이 유명하다.

목할 만하다. 과정신학에서의 범재신론은 주로 화이트헤드나 테야르드 샤르댕[48] 등의 사유에 기반해 발달하였는데, 그 중에서도 화이트헤드와 (그의 자연주의적 유신론을 계승·발전시킨) 찰스 하츠혼의 사유가 주류를 이루게 되었다. 화이트헤드/하츠혼에게 신은 세계와의 관계에서 독립적(초월적)인 동시에 의존적(내재적)이며, 초자연주의적 유신론과 범신론 중 어느 한쪽으로 기울어지지 않는다. 여기서 신은 전통적 유신론에서 주장하는 바와 같이 절대적이고 필연적이며 완전한 하느님이 아니라 세계와의 상호의존적 관계에서 창조적 생성과정에 참여하는 현실적 존재이다. 또한 무에서 유를 창조하고 자연법칙을 거스르는 전지전능한 존재가 아니라, 형이상학적 원리와 자연법칙에 입각해 '현실적 계기'actual occasion들이 각각의 창조적 완성을 이루도록 '최초의 주체적 목적'initial subjective aim을 제시하며 설득하는 목적인의 역할을 수행한다.[49] 그런 창조적 완성이 이루어지지 않을 경우 악의 현실이 도래하며, 그때 신은 다른 존재들과 함께 고통을 당할 뿐 그 현실에 직접 개입하여 강제할 수 없다. 이런 화이트헤드의 사유는 과정신학의 범재신론 형성에 결정적인 토대를 제공하였고, 최근까지 가장 주목받는 대안적 유신론 중 하나로 자리매김하였다.

---

48) 예수회 신부였던 테야르(Pierre Teilhard de Chardin)는 저명한 지질학자이자 고생물학자이기도 했다(베이징원인의 발굴에도 직접 참여). 그는 진화론과 기독교 세계관을 종합하여 독특한 유기체적 자연신학을 정립하였다. 우주진화의 최종목표로서 제시된 '오메가 포인트'와 '그리스도의 생성'(Christogenesis)을 일치시켜 그리스도를 창조적 진화의 목적인으로서 설정한 것이다. 이에 대해서는 테야르의 주저 중 하나인 『인간현상』(Le Phénomène Humain)을 참조하라.

49) Alfred North Whitehead, *Process and Reality: An Essay in Cosmology*, Corrected edition, Edited by David Ray Griffin and Donald W. Sherburne, New York: The Free Press, 1978, p. 244; 화이트헤드, 『과정과 실재』, 오영환 옮김, 민음사, 2007, 483~484쪽.

이와 같이 과정신학의 범재신론이 초자연주의적 유신론을 대체하는 대안적 사유로 제시되었다면, 정치신학의 영역에서는 다양한 소수자신학들이 대거 등장하였다. 주로 2차 세계대전 이후 식민통치로부터의 정치적 독립과 함께 주류적인 서구신학에서 주변화된 소수자신학들이 강력한 원심력으로 분기·발산하였다. 예컨대 남미의 해방신학을 비롯해 북미의 흑인신학, 한국의 민중신학, 여성신학, 생태신학, 생태여성신학,… 등. 이들은 전통적 서구신학과 달리 지배적 동일성으로부터 배제되거나 억압당한 고유의 경험으로부터 출발하였다. 그래서 통상 언표화할 수 없는 '고통'이나 '고난'을 강조하는데, 이는 기득권적 체제의 억압으로부터 고통의 감응태$_{affect}$로서 발생하는 타자/소수자들이며, 동시에 이런 체험은 의식적·능동적인 소수적 주체화의 계기로서 작용한다. 그래서 흔히 '당파성'$_{partiality}$이라고 부르는 소수적 정체성의 형성은, 그 관점으로 역사를 계열화=서사화하는 역사의 종합과 뗄 수 없다. 그런 과정을 통해 소위 '즉자적' 타자/소수자가 아닌 '대자적' 소수자, 즉 다수적(표준적) 역사에 용해되지 않는 (넓은 의미에서의) 역사의 주체로서 재탄생하게 된다. 많은 소수자신학들이 타자/소수자를 (그것이 '빈자'이든 '흑인'이든 '민중'이든 '여성'이든 간에) 소위 '역사의 주체' 혹은 '메시아'라고까지 보는 이유는 바로 그 때문이다.

문제는, 여전히 많은 소수자신학들이 '소수자의 신학'이나 '소수자를 위한 신학'에 머물러 있다는 것이다. 먼저 소수자'의' 신학의 경우, 몰적 소수자를 전제하고, 그들 바깥의 타자들에 대해 배타적이거나 적대적일 수 있다.[50] 또는 극단적인 경우에는 몰적 소수자 그 자체

---

50) 이정우, 『천하나의 고원』, 220쪽.

를 (좁은 의미에서의) '역사의 주체'로 읽어내는 식의 물구나무선 다수자신학이 될 개연성도 있다. 아닌 게 아니라 몰적 소수성 자체를 실체화하고 특권화하여 메시아적 해방과 연결시키는 소수자 운동이나 신학 들이 없지 않다. 하지만 그래서는 몰적 소수자와 다수자 사이의 대립적 악순환이 반복될 뿐 진정한 사회적 변혁을 기대하기 어렵다. 또한 소수자'를 위한' 신학의 경우, 결국 소수자를 위한 '다수자의 신학'으로 귀착될 가능성이 크다. 아무리 좋은 취지를 가지고 있더라도, 어떤 식으로든 소수자를 대상화하여 연민과 동정의 신학을 추구하거나 최종적으로 다수자에게 호소하는 방식이 되기 쉽다. 이는 소수자를 산출하는 기득권적 질서에 대해 신학적으로 묵인하는 태도일 수 있으며, 그 점에서 사실상 다수자신학의 일종으로 봐도 무방할 것이다. 소수자신학이 단순히 차이나 몰적 소수성의 신학에 머물지 않으려면 '분자적되기'의 차원까지 밀고 나가야 한다. 그것은 단지 다수적 질서를 거부하는 데 머물지 않고 자기 자신까지도 되기/생성을 향해 개방하는 신학, 그래서 끊임없이 낯선 얼굴로 귀환하는 타자/소수자들을 긍정하는 신학을 뜻한다.


## 맺음말

이제 이 글을 급히 마무리 지어야 할 것 같다. 필자는 기독교의 근본정신 중 하나라고 믿는 타자-되기의 실천적 어려움이라는 문제제기에서 출발하여 그와 관련된 전통적 서구신학의 구조적 측면과 비교적 최근의 대안적 움직임에 이르기까지 주마간산 격으로 훑어봤다. 필자가 보기에, 전통적 서구신학의 하느님은 멀어도 너무 멀리 계시다. 오클로스(민중)와 함께 먹고 마시던 인간 예수도 성자 하느님으로 승격된 이후 얼굴의 핏기와 온기가 사라진 듯하다. 또한 기독교의 교의화 과정에서 나름 일리 있는 신앙적·신학적 주장들이라고 해서 한데 모으니 신학적 충돌과 논리적 모순이 발생하고, 결국 예수를 태운 배가 아예 산으로 가는 일도 적지 않았다. 급기야 안식일(종교)의 본래 목적인 인간의 삶을 소외시키고, 근대 이후에는 국가장치와 자본에 예속되어 기성의 지배적 질서를 고착화하는 데 종사하기에 이르렀다. 결국, 유대교사회에 대한 근본적 변혁에서 출발한 기독교가 오늘날에는 변화를 가장 싫어하는 종교가 된 듯하다.

그렇지만 필자는 한 명의 기독교인으로서 열린 사회를 위한 열린 종교의 비전을 기독교에서 찾고 싶다. 타자/소수자-되기로서의 비인칭적 예수-사건의 반복이 기독교를 중심으로 일어나기를 기대하고 있다. 예수-사건은 기독교만의 전유물은 아니다. 넓은 의미에서 보면, 예수-사건은, 교회의 안이든 밖이든 관계없이, 역사 속에서 일종의 '화산맥'(안병무)으로서 혹은 '리토르넬로'(들뢰즈/가타리)로서 반복돼 왔고, 지금도 도처에서 일어나고 있다. 그런 예수-사건의 반복이 진정한 예수의 부활이 아닐까. 그런 점에서 오히려 기독교야말로 예수-되기, 더 정확히 말해 예수-사건-되기를 해야 할 것이다. 그리고 그 반복과 차이로서의 예수-사건의 부활을 증언하는 것이 오늘의 교회와 신학의 우선적인 과업이 되어야 한다고 믿는다.

# 보이지 않는 배제와 저항의 가능성

: 이정우의 저항 이론

장의준

오늘날 '저항'은 가능한가? 이정우는 그의 저서들인 『천하나의 고원: 소수자 윤리학을 위하여』[1]와 『진보의 새로운 조건들: 사건, 진리, 장소』[2]를 통해서 바로 이 질문을 하고 있으며, 또 그 대답으로서 하나의 저항 이론을 제안하고 있는 것으로 보이는데, 그것은 바로 '타자-되기의 윤리학'이다. 오늘날 저항이 과연 가능한지의 여부를 묻는 질문은 오늘날 저항이 처하게 된 새로운 상황에 대한 인식을 전제로 한다. 나는 이 글에서 오늘날 저항이 처하게 된 새로운 상황의 주요한 특징이 이데올로기적 구조가 만들어내는 '배제의 비가시성'이라고 주장하게 될 것인데, 이러한 나의 주장을 이정우의 저항 이론이 잠재적으로 공유하고 있다는 것을 보여 주고자 한다. 그리고 오늘날 저항이 처한 상황 속에서 우리에게 요청되는 저항, 즉 배제의 비가시성이라는 이데올로기적 현상에 대한 저항은 이정우가 제안하는 '타자-되기의 윤리학'에 의해 가능하다고 주장하고자 한다. 마지막으로 이정우의 저항 이론이 우리에게 주는 사유의 과제를 구체적으로 드러내고자 한다.

---

1) 이정우, 『천하나의 고원: 소수자 윤리학을 위하여』, 돌베개, 2008.
2) 이정우, 『진보의 새로운 조건들: 사건, 진리, 장소』, 인간사랑, 2012.

이를 위해, 먼저 우리는 이데올로기적 구조가 배제의 비가시성을 생산해 내는 방식을 구조주의와 후기구조주의/탈구조주의가 열어 준 사유의 지평을 통해서 고찰하게 될 것이다. 그리고 보이지 않는 배제를 만들어내는 이데올로기적 구조에 저항하는 것이 어려운 이유를 '주체화의 이중적 구속'이라는 문제를 통해서 설명하게 될 것이다. 마지막으로 들뢰즈/가타리의 사유와 이정우의 저항 이론을 결정적으로 구분 지어 주는 것으로 보이는 이정우의 '의식적인 타자-되기'라는 개념이 이정우의 사유체계 안에서 구체적으로 어떻게 이해될 수 있을지를 논구하면서 이정우의 사유 지평과 레비나스/데리다의 사유 지평을 연결 짓는 과제의 필요성을 제안하고자 한다.


## 약자들은 보이지 않는다

아우슈비츠의 생존자인 프리모 레비는 자신의 아우슈비츠에 대한 기록인 『이것이 인간인가』(1947)에서 신체의 쇠약으로 인해 '살아 있는 시체들'로 보일 정도로 무감각한 상태에 도달한 수용소 수감자들을 가리켜 '무젤만'Muselmann이라 부른다. 아감벤은 『아우슈비츠의 남은 자들』(1998)에서 '무젤만'을 호모 사케르적인 추방 상태에 처한 인간 실존의 고통에 대한 아이콘으로서 재해석한다. 그에 의하면, 무젤만이 헐벗은 삶을 대표할 수 있는 이유는 무젤만이 모든 인간성을 박탈당했기 때문이다. 무젤만은 존엄을, 자율성을, 정체성을, 말하자면 인간적인 모든 특징들을 박탈당했고, 그렇기에 그의 삶은 인간의 옷이 벗겨진 삶, 헐벗은 삶 그 자체이다. 인간성을 보여 주는 모든 외피가 벗겨진 상태의 무젤만은 인간성을 상실했으며, 그렇기에 그에게는 얼굴이 없다. 얼굴은 오직 인간만이 가질 수 있는 어떤 것이기 때문이다. 인간은 오직 인간만을 동정할 수 있다. 레비의 증언에 의하면, 수용소의 다른 수감자들조차도 무젤만에 대해 연민이나 동정의 감정을 가질 수가 없었다고 한다. 오히려 그들은 인간적인 것을 더 이상 아무것도 지니지 않게 된 무젤만을 대하면서 낯섦과 공포의 감정을 느꼈다고 한다.

조르조 아감벤은 『호모 사케르: 주권 권력과 벌거벗은 생명』(1995)에서 슈미트가 말한 예외상태가 오늘날에는 더 이상 일시적이지 않게 되었다고 주장한다. 현대 정치에서는 예외상태가 오히려 규칙이 되었다는 것이다. 오늘날 예외상태가 규칙이 되어 버렸다는 것은 곧 오늘날 예외상태가 그 자체로 정상상태가 되어 버렸다는 것을, 일상화되어 버렸다는 것을 뜻한다. 오늘날 예외상태가 일상화되었다는 사실을 보여 주는 징표는 법과 불분명한 관계에 놓인 '호모 사케르'Homo Sacer의 재등장이다. 고대 로마법에 등장하는 호모 사케르는 두 가지 특성, 그를 살해해도 처벌받지 않는다는 것(즉 법의 보호를 받지 못한다는 것!)과 제물로 바쳐질 수 없다는 특성을 갖는다. 이와 같이, 호모 사케르가 법과 갖는 관계는 불분명하다. 즉 한편으로는, 어떤 이가 호모 사케르가 된 것은 바로 법에 의해서이다. 하지만 다른 한편으로는, 호모 사케르는 법 바깥에 존재하며, 그렇기에 법의 보호를 받지 못한다. 이렇게 볼 때, 결국 법은 호모 사케르와 관련해서 자기 자신을 부정한다고 할 수 있다. 왜냐하면 호모 사케르라 칭해진 한 개인에게 법의 중단을 적용시키는 것이 바로 법 자신이기 때문이다. 아감벤은 근대 주권의 지배 대상인 헐벗은 삶에서 나타나는 호모 사케르의 상태가 개인에게 적용된 예외상태(법의 중단!)라고 주장한다. 그의 분석에 따르면, 주권은 근대 이후 생체권력으로 전환되었는데, 이것은 곧 근대 주권이 국민들의 생명 그 자체, 삶 그 자체를 지배 대상으로 삼는다는 것을 의미한다. 근대 주권은 호모 사케르의 상태, 즉 법의 중단으로서의 예외상태를 지속시키는 가운데 헐벗은 삶들을 정치적 영역으로부터 배제시킨다는 것이다. 정치적 영역으로부터 추방당한 삶들이 모여서 살아가는 사회는 일종의 집단수용소가 아닐까? 바로 이러한 의미에서, 아감벤은 오늘날의 근본적인 정치적 패러다임이 '집단수용소'Konzentrationslager에 다름 아니라고 역설한다. 호모 사케르적 상태가 여실히 드러났던 것은 나치 독일의 유대인 수용소에서이다. 히틀러는 정권을 장악한 후, 바이마르 공화국의 헌법을 중지하는 칙령을 내렸다. 이 칙령은 철회되지 않고 나치 정권 내내 유지되었다. '제3제국'이란 거창한 이름의 정치체제는 사실 10여 년 정도 지속된 예외상태였던 것이다. 이러한 예외상태 동안 고대 로마법에서 묘사되었던 호모 사케르의 헐벗은 삶이 유대인 집단수용소에서 재등장했으며, 유대인 집단수용소는 지구상에 존재했던 가장 비인간적인 조건의 공간이 되었다. 다시금 강조하지만, 얼굴은 오직 인간만이 가질 수 있으며, 인간은 오직 인간만을 동정할 수 있다. 레비가 증언하는 무젤만은 얼굴이 없었기에 동료 수용자들로부터 동정받을 수 없었다. 아감벤은 무젤만의 얼굴 없음 속에서 집단수용소 자체의 본질이, 현대 사회의 정치적인 패러다임의 본질이 은폐되어 있음을 발견한다. 오늘날 호모 사케르들에게 행해지는 정치적 억압이나 배제를 우리는 잘 보지 못한다. 왜 보지 못하는가? 추방이, 배제가, 박탈이 도처에서 이뤄지고 있기 때문이다. 어항 속의 물고기가 자신을 온통 둘러싸고 있는 물을 보지 못하는 것과 마찬가지로, 우리는 우리를 온통 에워싸고 있는 추방과 배제를 보지 못하는 것이다. 그렇게 헐벗은 삶들에게 가해지는 배제는 은폐된다. 물론 아주 가끔 배제가 우리 눈에 보일 때가 있다. 그러나 이때 우리는 이처럼 우리 눈에 띄게 된 배제를 인간에게 가해진 배제로 인식하지 못한다. 왜냐하면 배제당한 이는 인간의 얼굴을 지닌 이가 아니라 얼굴 없는 이, 즉 무젤만이기 때문이다. 그래서 우리는 배제당한 이를 보면서 연민이나 동정의 감정을 갖기보다는 오히려 낯섦과 공포를 느낀다. 우리는 배제당하는 이들을 혐오하게 된다.

무척이나 더웠던 8월의 어느 날 이른 낙엽이 떨어지고 있었다. 그날 나는 횡단보도를 건너려 신호등 아래에 선 순간 쉽게 판별할 수 없는 낯선 광경을 목격했다. 신호등 맞은편에 한 남자가 자신의 짐들 위에 쭈그리고 앉아 있었다. 물론 누군가가 길에 앉아 있다는 사실은 그 자체로서는 특별한 일이 아닐 수 있다. 걷다가 힘이 들면, 잠시 길바닥에 앉을 수도 있지 않겠는가? 다리에 쥐가 나거나 심하게 저릴 경우 잠시 길 위에서 휴식을 취할 수도 있지 않겠는가? 하지만 문제는 그날이 무척 더운 날이었다는 사실에 있다. 39도를 넘어섰던 그날, 비록 저녁 시간이기는 했지만 여전히 햇볕은 뜨거웠고, 그늘에 가만히 서 있어도 온몸에 땀이 맺힐 지경이었다. 그 상황에서 그 남자는 타오르는 햇빛을 고스란히 온몸에 받으면서 버티고 앉아 있었다. 아니, 어쩌면 그 장면이 내게 그토록 낯설게 느껴진 이유는 무엇보다도 그 장소의 특성에 있었을지도 모른다. 당시 나는 강의를 하러 가던 중이었고, 내가 강의를 하러 다니는 곳은 홍대 근처에 위치해 있다. 홍대, 그곳은 아름다운 장소이다. 아기자기한 식당과, 예쁜 카페와, 화려한 술집들이 밀집해 있는 거리를 곱게 단장하고 나온 젊은이들이 활보하는 곳, 자본주의의 아름다움이 반짝반짝 빛나는 젊은 문화 공간, 바로 그 장소에 전혀 아름답지 않아 보이는 이가 떨어질락 말락 간신히 매달려 있었다. 땟국물이 말라붙은 옷을 궁상맞게 걸치고, 오랫동안 감지 못해 떡진 머릿결을 넝마처럼 늘어뜨린 채 관리는커녕 제대로 세안조차 안 한 지 꽤 오래된 듯 보이는 얼굴로 부끄러워서인지 잠들어서인지 생각 중이어서인지 도무지 짐작조차 할 수 없을 이유로 살짝 눈을 감고 있던 그의 전혀 깨끗해 보이지 않는 외양과, 특히 그의 주변을 마치 가난의 후광이기라도 한 양 에워싸고 있는 퀴퀴한 냄새는 저 아름다운 장소와 전혀 조화를 이루지 못하고 있었다. 자본주의가 제공하는 문화적 혜택을 충분히 받을 만한 자격이 있는 자들을 위해 만들어진 공간과 타인들과 교환할 자원을 전혀 소유하지 못한 자 중의 한 명, 즉 자본주의적으로 가장 아름다운 공간 중의 한 곳과 자본주의적으로 가장 추한 자, 이 둘은 전혀 어울리지 않아 보였다. 그 시간, 그 장소에서의 그의 현존은 그 자체로 이질적이었던 것이다. 그것은 마치 조화롭지 못한 콜라주와도 같았다. 나는 그를 지나쳐서 근처의 카페에 갔고, 그곳에서 강의 준비를 위해 대략 한 시간을 머물렀다. 그리고 카페를 나와서 강의 장소로 향하던 중에 여전히 같은 곳에 꼼짝 않고 앉아 있는 그를 발견했다. 나는 다시금 그를 지나쳤다. 여전히 그는 내게 낯설게 느껴졌다. 강의를 마친 후 다시 그가 앉아 있던 그 장소를 지나가야만 했다. 다행히도 그는 그곳에 없었다. 나는 일종의 안도감을 느꼈다. 그렇다. 나는 저 장소가 내게 주는 친숙함에서 벗어나는 그의 현존을 두려워했던 것이다. 낯섦과 공포. 나는 그날 무젤만을 보았다.

왜 나는 그를 보면서 연민을, 동정을 느끼지 못했을까? 만일 그가 노숙인이 아니었다 하더라도 나는 그를 그냥 지나칠 수 있었을까? 39도를 웃도는 폭염 속에서 평범한 아이가, 또는 평범한 노인이, 또는 평범한 직장인이 길 위에 앉아 고개를 약간 앞으로 숙인 채 눈을 살짝 감고 있었다 하더라도, 나는 그 상황을 위급한 상황으로 인지하지 않을 수 있었을까? 만일 그가 노숙인이 아니었다 하더라도, 나는 그녀 또는 그의 건강 상태를 염려하지 않으면서 그냥 무심히 지나칠 수 있었을까? 고백하건대, 아마도 길고양이가 그러고 있었다 하더라도 나는 그 상황에 개입했으리라. 결국 내가 그의 상황을 평소와 같은 방식으로 인식하지 못한 이유는 그가 노숙인으로 보였기 때문이다. '노숙인'이라는 한 단어로, 한 개념으로 나는 그 모든 위험해 보일 수도 있는 상황과 그에 포함된 변수들을 간단히 정리했고, 그 정리에 맞게 대응했다. 아마도 나는 그날 내가 그의 상황에 개입하지 않아야만 했던 이유를 100가지도 넘게 댈 수 있을 것이다. 마찬가지로, 나는 약자들과 연대할 수 없는 이유를, 제주도에 머무르고 있는 난민들과 연대할 수 없는 이유를, 혜화동 시위에 참여했던 여성들과 연대할 수 없는 이유를, 노조와 연대할 수 없는 이유를, 성소수자들과 연대할 수 없는 이유를 각기 100가지도 넘게 댈 수 있을 것이다. 그렇게 나는 그녀 또는 그에 대한 나의 비-참여를, 비-개입을, 무-관심을, 무-관용을 정당화시킬 수 있을 것이다. 그러나 나는 알고 있다. 그 모든 이유와 핑계들이 실은 내 눈을 멀게 하고 있다는 사실을. 그날 나는 한 명의 동료 수감자였다. 무젤만을 보고 연민과 동정을 품기보다는 오히려 낯섦과 공포를 느꼈던 동료 수감자, 그게 나였다. 그에게는 얼굴이 없었다. 수용소에 속박된 눈을 가진 내게, 인간을 인간으로 보지 못하는 눈을 가진 내게 그의 얼굴은 보이지 않았다. 결국 그날 내가 본 것은 한 인간이 아니라 사회라는 안정된 수용소의 담장 밖으로 속절없이 떨어져 가던 낙엽 한 잎이었다.

약자들은 우리에게 보이지 않는다. 우리의 눈은 약자들과 비-약자들을 잘 구별하지 못한다. 그렇기에 약자들의 문제도 잘 보이지 않는 것이다. 보다 어둡게 표현해 보자면, 우리는 약자들을 보지 못하는 맹인이다. 그러나 약자들이 보이지 않을 때 어떻게 나는 약자들을 도울 수 있을까? 그들이 보이지 않을 때 어떻게 나는 그들을 위해 무언가를 실천할 수 있을까? 보이지 않는 약자들을 나는 과연 어떻게 지켜줄 수 있을까? 바로 여기에 약자들을 위한 실천의 어려움이 있다. 이것이 다가 아니다. 약자들을 위한 저항도 보이지 않는다. 우리의 눈은 약자들을 위한 저항과 지배하기 위한 권력투쟁을 잘 구별하지 못한다. 기독교의 신약성서에 나오는 강도 만난 사람의 비유는 누가 강도 만난 사람의 참된 이웃인지에 관해 명시적으로 보여 준다. 즉 저 비유에서는 참된 이웃이, 참으로 저항하는 자가 보이는 것이다. 어떤 사람이 강도질을 당해서 부상을 입고 쓰러져 있었다. 지나가던 제사장은 그를 발견했지만 그냥 지나갔다. 지나가던 레위인도 그를 보았지만 그냥 지나갔다. 그러나 한 사마리아 사람은 강도 만난 이를 보고 불쌍히 여겨 물심양면으로 도와주었다. 누가 강도 만난 이의 참된 이웃일까? 그것은 의심할 여지 없이 사마리아 사람이었다. 강도 만난 사람을 도와주었던 사마리아 사람이 그의 참된 이웃이었다는 것은 분명해 보인다. 그것은 분명하게 **보인다**. 그렇다면 누가 참된 이웃이 아니었을까? 그것은 의심할 여지 없이 강도들, 제사장, 그리고 레위 사람이었다. 강도들이 그의 참된 이웃이 아니었다는 것은, 그리고 강도 만난 사람을 피해 갔던 제사장이나 레위 사람이 그의 참된 이웃이 아니었다는 것은 분명해 보인다. 그것은 분명하게 **보인다**. 이와 같이, 저 비유 속에서는 강도가 누구인지, 강도 만난 이가 누구인지, 강도 만난 이의 참된 이웃이 누구인지 명확하게 보인다. 그러나 비유는 비유일 뿐이다. 현실은 어떠한가? 오늘날의 복잡한 사회적 현실은 지배계급-피지배계급의 이분법적인 계급 구분이라는 느슨한 인식 관점을 통해서는 적절하게 조망될 수 없다. 자본가-노동자, 남성-여성, 한국인-외국인, 정상인-장애인, 이성애자-동성애자 등의 이분법적 관계 도식을 통해서는 한 개인이 사회 속에서 맺고 있는 다양한 지배-피지배 관계들이 충분히 설명될 수 없는 것이다. 예를 들어, 다음과 같은 질문은 쉽게 대답될 수 없으리라. 전문직에 종사하는 중산층 성소수자 베트남 출신 여성은 택배 상하차로 생계를 이어가는 저소득층 한국 국적을 가진 이성애자 신체장애인 남성에 비해 약자인가 강자인가? 문제는 이것이다. 약자들을 돕기 위해 나는 누구로부터 누구를 지켜 줄 것이며, 또 누구를 누구보다 먼저 도와야만 할까? 다양한 권력 관계와 다양한 다수자-소수자 관계가 촘촘한 그물망처럼 뒤얽혀서 중층적으로 짜이는 오늘날의 사회적 현실 속에서 강도, 강도 만난 이, 그리고 강도 만난 이의 참된 이웃은 명확하게 구분될 수 있을까? 누가 지배하고, 억압하는지 그리고 누가 지배받고, 억압받는지의 여부가 무 자르듯이 손쉽게 규정될 수 있을까? 그때그때마다의 상황 속에서 약자들을 위해 무언가를 실천하고자 하는 이에게 있어 약자를 억압하는 이(강도)가 누구인지, 억압받는 약자(강도 만난 이)가 누구인지, 자신이 약자의 문제를 해결하기 위해 실천하고 있는 이(강도 만난 이의 참된 이웃)가 맞는지의 여부가 과연 의심할 여지 없이 분명하게 확인될 수 있을까? 요컨대, 현실 속에서 이 모든 것들은 명확하게 **보일까**? 그러나 만일 약자가 보이지 않는다고 한다면, 나는 어떻게 그를 지켜 줄 수 있을까? 지켜야 할 대상인 약자가 보이지 않는다면, 약자를 위한 실천은 어려울 수밖에 없을 것이다. 게

다가 약자의 참된 이웃이 되는 것보다 더 시급하고 더 중요한 문제가 있다. 만일 약자들을 지켜 주길 원하는 나 자신이 사실은 약자들을 억압하거나 배제하고 있다고 한다면 어떨까? 즉 만일 내가 (나도 모르게!) 강도라면? 달리 말해서, 만일 내가 (나도 모르게!) 이웃을 배제하고 있다면? 달리 말해서, 내가 저항이라 믿고 행하는 실천이 그 자체로 배제라면?

## 보이지 않는 배제: 관리사회와 구조적 배제

철학은 보이지 않는 강도질이 가능하다고 말해 준다. 즉 '배제'exclusion 는 보이지 않을 수 있는 것이다. 1950년대에서 1970년대 사이에 프랑스 인문학을 주재했던 '구조주의'가 철학사에 끼친 공헌 중의 하나는 '구조'에 대한 사유를 통해서 보이지 않는 배제의 문제에 주목할 수 있는 가능성을 열어 주었다는 것에 있다. 언어학자였던 소쉬르에 의하면 언어는 수적으로 유한한 기본 요소들 간의 식별 가능하며 안정된 관계들을 토대로 해서 기능하는 하나의 '체계'système 혹은 하나의 '구조'structure 이다. 언어로서의 구조는 그것 안에서 작용하고 있는 어떤 질서를 전제로 하는 개념인데, 이러한 질서를 우리는 '구조적 질서' 혹은 '상징적 질서'라고 부를 수 있다. 결국 소쉬르의 구조주의 언어학의 관점에서 볼 때, 언어 '체계' 혹은 언어 '구조'란 언제나 이러한 '상징적 질서'를 형성하고 있는 전체인 것이다. 그런데 언어가 구조적 질서 혹은 상징적 질서를 갖는 전체라는 언어학적 통찰은 문화적 생산물들의 전체성으로, 그리고 더 나아가서 인간적 현상들의 전체성으로 얼마든지 확장될 수 있다. 바로 이러한 의미에서 레비-스트로스는 친족관계라는 문화 현상이 무의식의 차원에서 언어처럼 구조화되어 있다고 생각했고, 바르트는 오늘날의 문화 현상을 신화적 기호체계의 효과라고 간주했으며, 라캉은 인간의 정신 현상의 토대인 무의식이 언어처럼 구조화되어 있다고 보았다.

우리의 현실은 많은 경우 우리가 타자들과 맺는 관계들로 이뤄져 있다. 그리고 우리가 행하는 현실 인식은 무의식의 과정의 영향을 받는다. 이것은 곧 우리의 현실 인식이 언제나 구조의 작동에 의해 왜곡될 수 있을 위험에 노출되어 있다는 것을 뜻한다. 왜곡된 현실 인식, 그것은 일종의 환영illusion이리라. 현실을 인식하는 문제에 있어 철학이, 특히 구조주의와 후기구조주의/탈구조주의가 우리에게 말해 줄 수 있는 교훈은 이것이다. 대개의 경우 우리의 현실 인식은 비-진리이다. 그리고 이것은 곧 대개의 경우 우리의 현실 인식이 일종의 환영이라는 것을 뜻한다. 구조주의에 의하면, 우리가 인식할 수 있는 것들 중에서 자명하고 당연한 것은 없다. 왜냐하면 인식은 구조를 토대로 해서만 가능하며, 구조는 필연적인 것이 아니라 '자의적'arbitraire인 것이기 때문이다. 하지만 구조가 자의적이라는 사실이 우리가 당연하게 여기는 것들과 무슨 관계가 있다는 말인가? 상황은 이렇다. 인간에게 유의미한 실재는 이미 언제나 언어적 기호에 의해, 상징에 의해 형성되고 구성되어 있다. 이것은 곧 기호체계나 상징적 질서가 유의미한 경험을 조건 짓는다는 것을 의미한다. 그런데 기호체계 혹은 상징적 질서는 자의적이다. 그리고 '자의적'이라는 것은 '필연적이지 않다'는 것을 의미한다. 즉 기호체계나 상징적 질서는 필연적으로 만들어진 것이 아니라 우연히 만들어진 것이다. 그리고 만일 유의미한 경험을 조건 짓는 것이 구조이고, 또 구조가 자의적이라고 한다면, 결국 유의미한 경험은 자의적인 구조의 효과에 불과할 뿐이라고 말할 수 있을 것이다. 이러한 관점에서 볼 때, 우리가 당연한 것으로 받아들이는 어떤 것이 있다면, 그것도 역시 구조의 효과에 지나지 않는다. 이와 같이, 구조주의적 통찰에 따르면, 우리의 현실 속에서 우리가 당연하다고 여기는 것들은 사실 당연한 것들이 아니다. 예를 들어, 우리가 당연한 것으로서 받아들이는 사회적 위계질서는 결코 당연한 것이 아니다. 왜냐하면 그것은 사실 자의적인 구조에 의해 만들어졌기 때문이다. 마찬가지로, 우리가 당연한 것으로서 여기는 모든 가치들도 역시 결코 당연한 것들이 아니다. 그것들도 역시 자의적인 구조에 의해 만들어진 것이기 때문이다. 요컨대, 당연한 것은 없다. 만일 어떤 것이 당연한 것처럼 '보인다'면, 그것은 구조에 의해 우연히 만들어진 일종의 '착시' 현상이다. 그러나 무엇이 문제란 말인가? 원래 당연하지 않은 것이 당연한 것으로 둔갑해서 나타난다고 해서 나쁠 것이 무엇이란 말인가? 구조의 효과로서의 당연한 것들은 약자들에게 가해지는 치명적인 배제를 야기한다. 그리고 이러한 배제는 보이지 않는다. 약자들에게 가해지는 배제가 보이지 않는다는 것, 바로 이것이 문제이다. 위계질서나 가치 체계는 자의적인 구조에 의해서 우연히 만들어진다. 그리고 이렇게 만들어진 위계질서 및 가치 체계 안에서 정상적이거나 표준적인 것은 좋은 것으로, 비정상적이거나 표준에서 벗어나는 것은 나쁜 것으로 간주된다. 그 결과 상징적 질서 위에 세워진 공동체의 구성원들은 정상적이지 않은 것을 배제하게 되는데, 이때 배제의 주된 대상은 약자들이다. 그리고 문제는 약자들에게 가해지는 이 구조적 배제가 보이지 않는다는 점에 있다.

구조적 배제의 비가시성이라는 이 문제를 이정우 역시 주목하고 있는 것으로 보인다. 이정우에 의하면, "기호'체계'는 사실상 기호'체제'_régime_이다".[3] 말하자면, 구조는 그 자체로 권력에 연루되어 있는 것이다. 이정우는 자신의 저서 『진보의 새로운 조건들』에서 기호체계가 다양한 권력들에 의해 부과되고 있다고 주장한다. 그에 의하면, 기호체계를 부과하는 여러 권력들 중에서도 가장 큰 권력은 국가이며, 따라서 기호체계는 궁극적으로 국가에 의해 관리된다. 이처럼 기호체계가 국가에 의해 우리에게 부과되는 한에 있어서, 그리고 사실상 우리 중 그 누구도 기호체계 바깥에서 살아갈 수 없는 한에 있어서 결국 기호체계는 국가에 의해 거의 강제적으로 우리에게 부과된다고 볼 수 있을 것이다. 바로 이러한 의미에서 기호체계는 하나의 '체제'에 다름 아닌 것이다.[4] 국가로 대표되는 권력에 의해 구조가 관리되는 사회, 이러한 사회를 이정우는 들뢰즈를 따라 '관리사회'라 부른다.[5] 이정우의 진단에 의하면, 오늘날 '통제사회/훈육사회'에서 '관리사회'로의 이행이 진행되고 있는데, '관리사회'란 "'억압'이나 '배제'가 아니라 차이배분을 통해서 전개되는" 사회이다.[6] 통제사회/훈육사회에서 공공연히 자행되던 억압이나 배제는 관리사회에서는 차이들의 배치로 대체된다. 차이들의 배치를 통해서 사회와 그 바깥의 대립은 사라지게 된다. 이것은 곧 차이들의 배치가 '내부화의 전략'을 수반한다는 것을 뜻하는데, 이러한 내부화의 전략을 통해서 관리사회에서는 더 이상 공공연히

---

3) 이정우, 『진보의 새로운 조건들』, 78쪽.
4) 같은 곳.
5) 같은 책, 22쪽. 그리고 마찬가지로 22쪽의 각주 9를 참조.
6) 같은 책, 22쪽.

억압받는 타자들이 만들어지지 않게 된다.[7] 왜냐하면 관리사회는 타자들을 체계 바깥으로 제외시키는 대신에 오히려 체계 안으로 포함시키기 때문이다. 여기서 주의해야 할 것은 관리사회의 내부화 전략으로 인해 약자들에 대해 가해지는 모든 억압과 배제가 사라진 것이 결코 아니라는 사실이다. 오히려 내부화의 전략은 관리사회가 도래하기 이전에 비해 보다 세련되고, 또 보다 집요한 전략이라 할 수 있다. 이러한 지배의 전략들로 인해 약자들은 정교하게 관리되는 가운데 보이지 않는 방식으로 억압받고, 또 보이지 않는 방식으로 배제된다.

> 관리사회는 단순히 억압하는 사회가 아니다. 오히려 기존의 거친 억압들을 비판하고 보다 세련된 관리의 메커니즘들을 구사한다. 그러나 거기에는 또한 보다 추상적이고 강고해진 지배의 전략들이 작동하고 있다. 여기에서 '추상적'이란 지배의 전략이 보다 비가시적이고 복잡한 것이 되었음을 뜻하며, '강고한'이란 그만큼 타파하기 어려운 성격을 띠고 있음을 뜻한다.[8]

지배의 전략이 보다 비가시적인 것이 되었다는 것은 마찬가지로 배제 역시 보다 비가시적인 것이 되었다는 것을 뜻한다. 말하자면, 훈육사회의 억압이 눈에 띄는 투박하고 거친 억압이었다고 한다면, 관리사회의 억압은 눈에 띄지 않는 세련되고 정교한 억압이라 할 수 있을 것이다. 결국 관리사회로의 도래는 배제의 비가시성의 도래를 수반한

---

7) 같은 책, 23쪽.
8) 같은 책, 70쪽.

셈이다.

레오나르도 다빈치는 회화의 본질이 자연을 모방하는 것에 있다고 생각했다. 말하자면 그는 예술 모방론을 주장했던 것이다. 다빈치는 화가가 자신이 그릴 대상의 윤곽을 투명한 유리판 위에 베낄 것을 제안한 바 있다. 유리판 위에 베껴진 대상의 윤곽은 그 대상이 화가의 눈에 보이는 것과 똑같은 윤곽을 재구성해 낼 것이며, 이 경우 우리의 눈은 대상의 직접적인 윤곽과 유리판 위에 베껴진 윤곽 간의 차이를 구별할 수 없을 것이라는 말이다. 여기서 우리는 다빈치가 회화를 일종의 환영으로서 제시하고 있음을 알 수 있다. 왜 환영인가? 만약 우리가 현실의 대상과 유리판 위에 그려진 대상 간의 차이를 눈으로 구별할 수 없다면, 이것은 곧 한갓 그려진 것에 불과한 것이 우리의 눈에 현실 속의 사물처럼 보인다는 것을 의미한다. 하지만 현실 속의 사물에 관한 그림이 현실 속의 사물 그 자체로 보인다는 것은 정상적인 시각 경험이 아니다. 따라서 이 경우 우리의 눈은 착시에 사로잡혀 있다고, 즉 환영 속에 빠져 있다고 말할 수 있을 것이다. 마치 때때로 우리가 꿈을 현실로서 착각하는 것과도 같이 그림을 보는 감상자는 그려진 것을 실제로 존재하는 것으로서 착각하는 것이다. 이렇게 볼 때, 우리는 모방을 추구했던 다빈치의 회화의 가장 중요한 목적 중의 하나가 그림이 그림이라는 사실을 감상자에게 숨기는 것이었다고 말할 수 있을 것이다(그림/환영은 자신이 그림/환영이라는 사실을 은폐한다! 배제 역시 그러하다!). 그림이 그림이라는 사실을 숨길 수 있을 정도로 사물을 정확하게 모방하는 것, 그래서 감상자에게 사물을 그린 그림이 사물 자체라고 믿도록 만들어서 감상자를 환영에 빠뜨리는 것, 바로 이것이 다빈치가 의도했던 것이다. 그러나 여기에서 문제가 생긴다. 비록 다빈치가 그림을 환영으로 만들기 위해 대상 위에 유리판을 놓고 그 위에 윤곽선을 그릴 것을 제안하긴 했지만, 그림이 정말로 환영이 되기 위해서는 윤곽선이 제거되어야만 한다. 왜냐하면 현실 속에는 윤곽선이 없기 때문이다. 그렇다면 그려진 대상의 윤곽이 대상의 직접적인 윤곽과 똑같으면서도 윤곽선은 보이지 않게 할 수 있는 방법이 없을까? 이 질문에 대한 다빈치의 대답은 스푸마토Sfumato 기법의 발명이었다. 다빈치는 이 기법을 통해서 소재가 배경과 자연스럽게 조화되는 효과를 얻을 수 있었다. 그가 그토록 원했던 환영을 획득한 것이다! 스푸마토 기법은 일종의 붓질painting이다. 스푸마토라는 붓질은 윤곽선을 보이지 않게 함으로써 환영을 유발하는 데 기여한다. 하지만 '붓질'은 그림 속에만 존재할 뿐 현실 속에는 존재하지 않는다. 따라서 감상자가 윤곽'선'을 보고 자신이 보고 있는 것이 그림임을 깨닫게 되는 것과 마찬가지로, 스푸마토라는 '붓질'이 보일 경우에도 역시 감상자는 자신이 보고 있는 것이 그림임을 깨닫게 될 것이 틀림없다. 그렇다면 그림이 정말로 환영이 되기 위해서는 윤곽선이라는 붓질을 가리는 스푸마토-붓질은 그 자체로 보이지 않아야만 한다. 붓질을 가리는 붓질로서의 스푸마토 기법은 비가시적이어야만 하며, 그것을 통해서 다른 것들은 보이지만 그 자체는 보이지 않는 투명한 유리판의 역할을 해야만 한다.

그런데 왜 우리는 갑자기 그림 이야기를 하고 있는 것일까? 관리사회의 배제/구조적 배제가 작동하는 방식은 환영을 만들어내는 회화에서 스푸마토 붓질의 작동에 의해 그림이 '환영'이 되는 방식과 많이 닮았다. 관리사회의 배제는 잘 보이지 않는다. 그림에서 윤곽선이라는 붓질이 스푸마토 기법이라는 붓질에 의해 보이지 않게 되는 것과 마찬가지로, 관리사회에서 배제된 자들에게 가해지는 배제 자체는 보이지 않는 것이다. 오늘날 약자들에게 가해지는 가장 치명적인 배제는 대개 이런 식으로 이뤄진다. 구조적 배제의 비가시성! 누가 가해자인지, 또 누가 피해자인지 드러나지 않는 가시성의 침묵 속에서 배제 행위는 은폐되고, 오직 배제의 참혹한 결과만이 남게 된다. 배제가 보이지 않는다는 것은 사소한 일이 아니다. 왜냐하면 배제가 보이지 않음으로써 일종의 환영이 나타나게 되기 때문이다. 어떤 환영? 배제가 보이지 않으면, 우리는 우리가 배제를 하고 있다는 사실을 보지 못하게 된다. 누군가를 배제하지 않고 있다는 착시현상 또는 환영에 빠지게 되는 것이다. 붓질을 가리는 붓질(스푸마토)이 감상자로 하여금 그림을 그림이 아닌 것처럼 믿게 만드는 것과 마찬가지로, 구조가 작동하는 방식으로서의 배제는 우리로 하여금 우리가 실제로 행하고 있는 배제가 마치 배제가 아닌 것처럼 믿게 만든다. 보이지 않는 배제가 존재한다는 사실 자체가 우리에게 증언해 주고 있는 것은 우리의 인식에 있어 체계적이고 구조적인 왜곡이 작용하고 있다는 것이다. 그리고 구조가 만들어내는 이러한 환영을 아마도 우리는 '이데올로기'라고 부를 수 있을 것이다.


## 이데올로기와 구조적 배제의 지속적인 재생산

'idéologie'라는 단어를 최초로 사용했던 사람은 드 트라시Antoine Destutt de Tracy로 알려져 있다. 드 트라시에게 있어 '이데올로기'는 그 어원상의 의미대로 '관념'idée에 대한 '학문'logie, 즉 '관념학'을 뜻하며, 그 자체로 긍정적인 함의를 지니고 있었다. 그는 이데올로기, 즉 관념학을 통해서 형이상학적이고 종교적인 편견을 깨는 과학적인 관념의 체계를 확립하고자 시도했던 것이다. 하지만 나폴레옹이 자신을 비난하던 공화주의자를 '이데올로그'_idéologue_라고 명명하면서, '이데올로기'라는 단어는 부정적 함의를 지니게 된다. 나폴레옹은 '이데올로그'라는 말로써 이성의 법칙에 대한 과도한 연구로 인해 자신의 폐쇄된 체제 속에 갇혀버렸고, 그 결과 현실감을 상실한 학자를 지칭하고자 했던 것이다. 그후 '이데올로기'는 현실과의 연결고리가 끊긴 추상적인 관념들의 영역을 뜻하는 말로서 통용되게 된다. 이데올로기가 현실로부터 멀리 떨어져 있다는 생각은 바로 이때부터 자리 잡게 된 것이다. 그럴까? 과연 이데올로기는 현실과 거리를 두고 있는 것일까? 그러나 일반적으로 알려진 통념과는 달리, 이데올로기는 현실과 멀리 떨어져 있지 않다. 오히려 이데올로기는 현실에 밀착되어 있다.

이데올로기에 대한 마르크스의 사유는 이데올로기가 현실에 밀착되어 있다고 볼 수 있는 단초를 제공해 준다. 마르크스는 『독일 이데올로기』에서 이데올로기가 카메라 옵스큐라_camera obscura_처럼 현실을 전도_Verkehrung_시키는 허위의식이라고 주장한다. 그에 의하면, 이데올로기에서 인간과 인간의 상황은 카메라 옵스큐라에서처럼 거꾸로 뒤집혀 나타난다. 결국 현실을 전도시킴으로써 현실을 거꾸로 보이게 하는 가짜 생각이 바로 이데올로기라는 것이다. 이것이 다가 아니다. 이데올로기는 지배계급의 사상이다. 그러나 이데올로기는 특정한 시기의 특정한 사회 안에서의 지배계급의 사상임에도 불구하고 마치 그 사회의 모든 구성원들에게 있어 가장 합리적이고 보편타당한 사상인 것처럼 나타난다. 말하자면, 지배계급은 어쩌면 자신들도 모르게 자신의 사상을 사회의 보편적 사상으로 만드는 일종의 '보편화' 전략을 구사하는 것이다. 여기에도 일종의 전도가 있다. 즉, 특수한 사상이 보편적인 사상으로, 특정한 이들을 위한 세계관이 모두를 위한 자명한 세계관으로, 특정한 계급을 위해 만들어진 진리가 초계급적 의미와 초역사적 보편성을 지닌 자명한 진리로 변신해 버리는 것이다. 그리고 특정한 시기의 특정한 사회 안에서 보편화된 지배계급의 사상은 그 사회의 구성원들을 지배한다. 이데올로기가 인간을 지배하는 것이다. 사회 구성원들을 지배함으로써 사회적 현실에 영향력을 행사하는 이데올로기는 현실로부터 멀리 떨어져 있다기보다는 오히려 현실과 밀착되어 있다고보는 것이 옳지 않을까?

여기서 우리가 강조해야만 할 것은 마르크스가 말하는 '이데올로기' 개념은 단순히 허위의식과 지배계급의 사상에만 국한되지 않는다는 사실이다. 이 점이 우리의 논의에 있어서 특히 중요한데, 왜냐하면 '이데올로기' 개념을 허위의식과 지배계급의 사상에만 한정해서 이해할 경우, 특수한 진리가 보편적 진리로 변신하는 전도 현상이 마치 지배계급이 의도적으로 만들어낸 결과물인 듯한 인상을 주기 때문이다. 하지만 마르크스의 '이데올로기' 개념은 그가 『자본론』에서 언급하고 있는 '상품물신'Warenfetishismus에까지 확장될 수 있다. 그리고 우리가 상품물신을 이데올로기의 한 형태로 간주할 경우, 이데올로기는 더 이상 단순히 지배계급이 피지배계급을 억압하기 위해 의도적으로 사용하는 사상적 도구로 여겨질 수는 없을 것이다. 왜냐하면, 『자본론』의 마르크스에 따르자면, 상품물신은 지배계급에 의해서든 피지배계급에 의해서든 무의식적으로 행해지기 때문이다. 이것은 곧 상품물신이 노동자들만을 기만하는 것에 그치는 것이 아니라 또한 자본가들도 역시 기만한다는 것을 뜻한다. 결국 자본주의 사회의 상품물신은 단순히 특정한

계급을 위해서만 의도적으로 조작된 표상도 아니고, 특정한 계급에 속하기 때문에 사로잡힐 수밖에 없는 허위의식도 아닌 것이다. 상품물신으로까지 확장된 이데올로기 개념에 있어 우리가 주목해야만 할 것은 이데올로기나 상품물신으로 인해 한 사회 속에서 일어나는 지배와 억압은 개인들의 의지나 무지 때문에 발생한다기보다는 오히려 그 사회를 특징짓는 사회적 관계에 의해 결정된다는 사실이다. 이것은 곧 지배와 억압의 원인은 의식의 자율성이 아니라 사회적 관계라는 역사적으로 우연한 조건들이라는 것을 의미한다. 이 경우 배제나 억압은 의도적으로 이뤄지는 것이 아닐 수도 있다. 오히려 배제나 억압은 물신숭배가 그러한 것처럼 무의식적으로 이뤄지는 것이다. 그리고 만일 우리가 우리 자신이 행하는 배제를 의식하지 못한다면, 우리는 배제를 보지 못할 것이다. 그렇다. 보이지 않는 배제가 존재한다. 여기서 마르크스의 이데올로기 개념은 구조주의자들이 말하는 '구조' 혹은 '상징적 질서' 개념과 조우하는 것으로 보인다. 명시적으로 행해진다기보다는 오히려 암묵적으로 행해지는 지배와 억압은 상징적 질서라는 무의식적 층위에서 그 작동의 근거를 갖는다고 보는 것이 타당하지 않겠는가?

구조주의의 '구조' 개념을 통해서 확장된 이데올로기 개념에 따르자면, 이데올로기는 우리가 의식하지 못한 채 행하는 배제와 일종의 공모관계를 맺고 있다. 이러한 상황을 이정우는 들뢰즈/가타리의 '사건들의 계열화' 개념과 알튀세르의 '이데올로기적 국가장치' 개념을 접목시키는 가운데 다음과 같이 묘사하고 있다.

지배계급은 일정한 이데올로기(사건들의 계열화)들을 만들어내고 국가장치들을 통해 그것들을 대중들에게 각인시킴으로써만 존립한다. 통

제사회에서 관리사회로 넘어간 오늘날 '이데올로기적 국가장치'의 역할은 훨씬 중요해졌다.[9]

여기서 주의해야 할 것은 지배계급이 이데올로기를 만들어내고, 또 국가장치들을 통해 대중들에게 각인시키는 실천이 지배계급의 구성원들에 의해 의도적으로 또는 의식적으로 행해지는 것이 아니라는 사실이다. 오히려, 알튀세르에 의하면, 이데올로기는 (무의식적) 구조로서 우리에게 부과된다.

> 이데올로기는 실로 표상의 체계un système de représentations이다. 그러나 대부분의 경우에 이러한 표상들은 '의식'conscience과 아무런 관련이 없다. 즉, 표상들은 대부분의 경우 이미지이고, 또 때로는 개념이다. 그러나 이 표상들은 대다수의 사람들에게 그들의 '의식'을 거쳐서 부과되는 것이 아니라 무엇보다도 구조로서comme structures 부과된다.[10]

이데올로기가 의식을 거쳐서 우리에게 부과되는 것이 아니라 구조로서 부과된다는 것은 곧 이데올로기가 무의식적 현상이라는 것을 뜻한다. 알튀세르에 따르자면, 이데올로기는 의식적 현상이 아니다. 의식적 현상이 문제될 경우, 우리는 그것에 대해 비판적으로 숙고함으로써 그것이 옳거나 그르다고 합리적으로 판단할 수 있을 것이다. 즉 그것을 의식적으로 전유할 수 있는 것이다. 하지만 이데올로기는 의식

---

9) 이정우, 『진보의 새로운 조건들』, 27쪽.
10) Althusser, *Pour Max*, Maespero, 1965, pp. 239~240.

적 현상이 아니라 무의식적 현상이며, 따라서 우리는 이데올로기를 의식적으로 전유할 수 없다. 무엇보다도 중요한 것은, 알튀세르에게 있어 이데올로기가 지배계급이 피지배계급을 기만하기 위해 의도적으로 혹은 의식적으로 퍼뜨리는 담론이 아니라는 사실이다. 왜냐하면 이데올로기는 그 속에 살고 있는 모든 이들에게(지배계급이든, 피지배계급이든!) 현실과의 상상적 관계를 표현하기 때문이다. 실제로 지배계급은 피지배계급이 그런 것처럼 그들만의 이데올로기로 살아간다고 알튀세르는 주장한다. 예를 들어, 병사들이 조국을 위해 사지로 나아가는 것이 그들의 의무라는 강력한 신념 없이는 어떤 장군도 병사들을 사지로 내보내지는 않을 것이다(예를 들어, 솔선수범해서 적진으로 돌진하는 장군을 생각해 보라!). 이것은 결국 지배계급은 피지배계급과 마찬가지로 이데올로기를 굳게 믿고 있다는 것을 의미한다. 말하자면, 지배계급 역시 이데올로기라는 환영에 빠져 있는 것이다. 예를 들어, 부르주아는 모든 사람이 자유롭고, 노동하거나 하지 않을 자유가 있으며, 가능한 한 가장 낮은 임금으로 고용할 자유가 있다는 생각을 노동자들에게 납득시키기 전에 우선 자기 스스로 믿어야만 하는 것이다. 물론 이러한 믿음은 그에게 의식을 거쳐서 부과되는 것이 아니라 구조적으로 혹은 무의식적으로 부과된다. 만일 구조적 배제가 환영을 동반하기 때문에 보이지 않는다고 한다면, 그리고 만일 이 환영이 구조로서 우리에게 부과되는 이데올로기라고 한다면, 결국 우리가 구조적 배제를 보지 못하는 것은 의식적 현상이라기보다는 오히려 무의식적 현상이라 할 수 있을 것이다. 약자들에게 가해지는 구조적 배제를 우리에게 보이지 않는 이유는 우리가 의도적으로 또는 의식적으로 그것을 보지 않으려 하기 때문이 아니라, 오히려 저 배제의 비가시성이 무의식적 층위에서 작동하고 있기 때문인 것이다. 이처럼, 오늘날 관리사회에는 구조적 배제를 보이지 않도록 은폐시키는 이데올로기적 환영을 만들어내는 구조가 작동하고 있다.

　그러나 배제가 보이지 않는다는 것이, 그리고 우리가 배제를 행하고 있음에도 불구하고 배제하지 않고 있다는 착각에 빠지는 것이 뭐가 문제란 말인가? 보이지 않는 배제의 이러한 은폐성이 야기하는 가장 중요한 결과는 배제의 지속적인 재생산이다. 구체적인 예를 하나 들어 보자. 2016년 8월 19일 MBN 저녁 뉴스에서 노숙인 관련 보도가 있었다. 해당 뉴스는 서울역 광장에 있는 노숙인들을 시민으로서 존중해야 할 것인지 아니면 다른 사람들을 불쾌하게 하니까 강제로라도 내쫓아야 할지를 묻고 있었다. 뉴스 화면에서는 대낮에 술판을 벌인 노숙인들과 행인에게 돈을 구걸하는 노숙인이 보였고, 시민과의 인터뷰가 이어졌다. 서울역 광장의 노숙인들에 관해 어떻게 생각하는지를 질문 받은 시민은 "냄새나고 그래서 불쾌하며, 술 취해서 해코지할까 봐 무섭다"라고 대답했다. 비유하자면, 뉴스 화면에서 보였던 것은 강도질 하는 노숙인들과 강도 만난 일반인들이었다. 그러나 과연 보이는 것이 전부일까? 여기서 우리가 주의해야 할 것은 서울역 주변에 있는 노숙인들을 강제로 내쫓는 것은 불법이라는 사실이다. 그들이 그곳에 있을 권리는 법적으로 보호받고 있는 것이다. 이를 뒷받침해 주는 실례를 들자면, 공원 벤치에 음주상태로 누워 있던 노숙인을 경찰이 내쫓은 일이 있었는데, 그것은 정당한 공무집행이 아니었다고 법원에서 판결이 내려졌던 사례가 있다. 노숙인이 공원에 있었던 것은 합법적이었던 반면, 노숙인의 권리를 침해한 저 경찰의 행동은 불법적이었던 바, 비유하자면, 그것은 일종의 강도질이었던 셈이다. 그럼에도 불구하고 MBN 저녁 뉴스는 '노숙인'이라 불리는 시민들의 법적으로 보장된 권리에 이의제기를 했다. 왜 그랬을까? 그 이유는 노숙인들과는 '다른' 시민들이 느끼는 불쾌감이었다. 대다수 시민들의 불쾌를 구실로 해서 특정 시민들(노숙인들)의 권리를 문제 삼았던 것이다. 그런데 쾌나 불쾌는 한갓 취향의 문제이다. 그렇다면 저 뉴스는 노숙인들을 제외한 시민들의 한갓 취향이 법보다(그리고 노숙인들의 인권보다!) 우선인지 아닌지를 물었던 셈이다. 결국 MBN 저녁 뉴스의 노숙인 관련 보도는 노숙인들을 배제했다. 그러나 배제는 보이지 않았다. 무엇이 보였던가? 보인 것에 의하면, (선량하고 무고한 일반 시민들을) 배제하는 이들은 노숙인들이었고, 배제받는 이들은 일반 시민들이었다. 무엇이 보이지 않았던가? 그것은 노숙인들의 인권에 가해진 배제였다. 배제하는 이들이 저 뉴스 제작진이고, 배제받는 이들이 노숙인들이었다는 사실은 보이지 않았던 것이다. 시청자가 볼 수 있었던 것은 노숙인들의 특정한 행태와 그것을 보고 불쾌해하는 시민들의 표정들, 그리고 그에 대한 (아마도 초법적인, 그렇기에 불법적인!) 대책의 강구였다. 반면, 시청자가 볼 수 없었던 것은 누군가의 불쾌감을 이유로 노숙인들의 인권을 의문시하는 가운데 방송이 행한 배제였다. 요컨대, 배제는 보이지 않았던 것이다.

배제가 보이지 않았다는 사실을 중언해 주는 것은 네이버 뉴스에 다시 게재된 해당 기사에 달린 3천 개가 넘는 댓글들이다. 거의 모든 댓글들이 노숙인들을 서울역에서 내쫓으라고 주장하고 있었다. 그리고 너무나 당연한 얘기지만 진보 계열의 정당들이나 시민단체들조차도 서울역 노숙자들에게 가해진 이 심각한 배제적 폭력에 전혀 반응하지 않았다. 고아, 과부, 이방인의 이웃을 자처하는 교회도 역시 침묵했다. 아마도 저 뉴스의 제작진은 자신들이 배제를 행했다는 사실을 깨닫지 못했을 것이다. 또 아마도 저 댓글의 작성자들도 자신들이 배제를 행했다는 사실을 깨닫지 못했을 것이다. 오히려 저들은 자신들이 동료 시민들의 불쾌감을 줄여 주는 사회 정의를 실천하고 있다고, 도덕을 구현하고 있다고 굳게 믿었으리라. 신약성서에 비유하자면, 저들은 자신들이 강도 만난 이웃의 참된 이웃이라는 착각 속에 빠져 있었으리라. 그렇게 환영 속에, 저마다의 이데올로기 속에 빠져 있었으리라. 그러나 강도는 바로 그들 자신이었다. 역시 신약성서가 증언하는 것처럼, 저들은 저들이 하는 짓을 알지 못했다. 왜? 배제는 (마치 스푸마토 기법에 의해 윤곽선이 보이지 않게 되는 것처럼!) 보이지 않기 때문이다. 환영이 나타나기 위해서는 배제는 보이지 말아야만 한다. 배제는 결코 가시적으로 드러나서는 안 되는 것이다. 따라서 배제를 시야에 노출시킬 가능성들은 사전에 차단되어야만 한다. 그래서 우리는 (마치 화가가 스푸마토 기법을 통해서 윤곽선을 열심히 제거하는 것처럼!) 우리와 닮지 않은 자들을 구별하고, 구별을 통해서 분리하고, 분리를 통해서 배제시킨다. 이렇게 배제된 자들은 사회적 관계에 의해서 짜인 교환과 분배의 장소들로부터 자연스럽게, 즉 보이지 않게 축출된다. 마치 서울역의 노숙자들을 거리에서 축출하자는 저 뉴스의 제안에 우리가 자연스럽게 동의함으로써 동료 시민들을 불쾌감으로부터 지켜 주는 정의를 우리가 행하고 있다는 믿음에 그리고 환영에 역시 자연스럽게 빠져드는 것처럼, 그토록 자연스럽게.

## 어떻게 저항할 것인가?: 타자-되기의 윤리학

관리사회의 도래와 더불어 배제의 비가시성이라는 이데올로기적 현상이 만연하게 되었다. 배제가 잘 보이지 않는 상황 속에서, 억압이 눈에 띄지 않는 상황 속에서 우리는 어떻게 저항할 수 있을까? 이데올로기라는 구조적 색안경 내지는 구조적 환영을 뚫고 나갈 수 있는 눈, 눈에 보이지 않는 배제를 문제 삼을 수 있는 '눈'을 갖는다는 것이 과연 쉬운 일일까? 그리고 설령 그러한 '눈'을 우연히 갖게 된 누군가가 은폐된 배제를 인식하게 되고, 또 이 사실을 다른 이들에게 고발한다 하더라도, 도대체가 눈에 보이지 않는 이 배제가 존재한다는 사실 자체에 동의하고 함께 저항할 수 있는 사람이 몇이나 될 수 있을까? 보이지 않는 것에 저항한다는 것은 힘든 일이다. 바로 그렇기에 보이지 않는 배제, 은폐된 배제는 별다른 저항에 부딪히지 않고 계속해서 반복될 수 있는 것이다.

우리가 배제를 보지 못하게 될 정도로 이데올로기적 환영 속에 깊게 빠져들 수밖에 없는 이유는 무엇일까? 그 이유는 무엇보다도 주체가 이데올로기적으로 만들어진다는 사실 속에 있을 것이다. 생각해 보자. 만일 신이 있어 인간을 창조했다고 한다면, 과연 피조물인 인간이 창조주인 신에게 저항하는 것이 가능할까? 여기서 신을 '구조'에, 인간을 '주체'에 대입시켜 보자. 만일 주체가 이데올로기적 구조에 의해 만들어지는 것이라면, 즉 주체가 구조의 효과라고 한다면, 주체는 과연 저 구조에 저항할 수 있을까? 주체는 자신을 만들어낸 구조의 영향력으로부터, 구조적 환영으로부터 벗어날 수 있을까? 구조가 만들어낸 주체가 어떻게 구조를 변형시킬 수 있을까? 이정우에 따르자면, 오늘날 주체는 기호체제에 의해 만들어진다. 말하자면, 오늘날 주체는 이데올로기적 구조에 의해 주체화되는 것이다. 만일 기호체제가 주체를 만들어내는 것이 사실이라고 한다면, 주체가 이러한 종속으로부터 벗어나는 것은 거의 불가능하다고 볼 수 있는데, 왜냐하면 개인은 이데올로기적 기호체제에 이중적으로 구속되기 때문이다. 달리 말해서, 개인은 이데올로기적 체제에 단지 수동적으로 종속되는 것이 아니라 능동적으로 이 종속을 받아들이는 것이다. 이러한 이중적 구속은 주체화 과정 자체의 이중성에 기인한다. 즉 개인은 이데올로기적 기호체제에 의해 주체화될 뿐만 아니라, 이렇게 이데올로기적으로 주체화되는 과정 자체를 스스로 자기 것으로서 받아들임으로써 이데올로기적 기호체제에 이중적으로 구속되는 것이다.

> 지금의 주체는 세계를 대상화하는 근대적 주체가 아니라 '호명'(알튀세르)이나 '훈육'(푸코)을 통해서 (예속)주체화되는, 그러나 그 과정을 다시 '자기화'함으로써 주체화되는 주체, 수동성과 능동성이 겹쳐진 이중적 존재로서의 주체이다.[11]

이정우는 수동성과 능동성이 중첩되는 주체화의 이 이중성이 들뢰즈/가타리의 사유에서는 '기표화'와 '주체화'라는 층화의 두 방식으로 나타난다고 지적한다. 층화는 유기화, 기표화, 그리고 주체화라는 세 가지의 방식으로 이뤄지는데, '기표화'는 자연으로부터의 탈영토화인 반면, '주체화'는 기표화로부터의 탈영토화이다.

---

11) 이정우, 『천하나의 고원』, 149쪽.

기표화는 자연으로부터 탈영토화된 문화 세계를 이루지만, 무의식적 구조로서의 기표화는 주체들을 각각의 이름-자리에 복속시키고 빈도를 잉여로서 가진다. 반면 주체화는 기표화 자체로부터의 탈영토화 운동을 포함하며 도주/탈주를 통한 새로운 존재 양식을 보여 준다. 물론 그렇다 해도 주체화는 또 다른 잉여의 형식을 가지며 그것은 곧 주체들 사이의 공명이다. 주체적 공명을 통한 예속주체화, 때문에 탈주선은 도처에서 끊기며 절편화된다. 기표화와 마찬가지로 주체화 역시 층화의 한 방식이기 때문이다.[12]

생각해 보자. 기표화와 주체화라는 층화의 두 가지 방식을 통해서 이중적으로 기호체제에 구속된 한 개인이 저 기호체제가 만들어내는 이데올로기적 환영에서 벗어나서 보이지 않던 배제를 보게 되는 것은 과연 가능할까? 게다가 기호체제에 대한 저항, 즉 기호체제로부터의 탈주선 긋기가 바로 '주체화' 자체를 통해서 방해받는다고 한다면, 도대체 우리는 어떻게 층화로부터, 기호체제의 지배로부터 벗어날 수 있을까? 결국 기호체제로부터의 탈영토화는 불가능한 것은 아닐까? 달리 말해서, 이데올로기적 구조에 종속된 우리가 이 구조에 저항하는 것은 불가능한 것은 아닐까? 결국 오늘날 저항은 불가능한 것인가? 이것이 바로 오늘날 저항이 처한 상황인 것인가? 아니다. 이 모든 것에도 불구하고 여전히 저항은 가능하다. 이정우에 의하면, "우리는 […] 기호체제에 저항할 수 있다".[13] 그러나 만일 오늘날에도 저항이 가능하다

---

12) 같은 책, 149~150쪽.
13) 이정우, 『진보의 새로운 조건들』, 81쪽.

고 한다면, 이데올로기적 구조에 의한 주체의 이중적 구속으로부터 벗어날 수 있는 이 저항은 어떠한 저항이어야 할까? 지금까지 우리가 논의해 온 맥락을 통해 생각해 보자면, 그것은 아마도 기표화와 주체화를 포함하는 가운데 결국 주체를 기호체제에 종속시키는 '층화'로부터 벗어날 수 있는 저항, 탈주할 수 있는 저항이어야 할 것이다. 그것은 아마도 이데올로기적 '구조'로부터 벗어날 수 있는 저항이어야 할 것이다. 그리고 이데올로기적 '구조'로부터 벗어날 수 있는 저항이란 기호체제로부터 벗어날 수 있는 저항, 이데올로기적 국가장치들과 훈육적 권력장치들로부터 벗어날 수 있는 저항, 그리고 무엇보다도 기표화와 주체화라는 주체의 이중적 구속으로부터 벗어날 수 있는 저항을 뜻해야 할 것이다. 바로 이러한 저항이야말로 배제의 비가시성이라는 이데올로기적 현상에 저항하기 위해 오늘날 우리에게 요청되는 실천이라 볼 수 있을 것이다. 그리고 우리는 이러한 저항의 가능성의 근거를 이정우의 저항 이론에서 발견할 수 있다. 이정우는 『진보의 새로운 조건들』에서 '타자-되기의 윤리학'이야말로 오늘날 우리가 주목해야 할 저항의 새로운 조건, 즉 '진보의 새로운 조건'이라고 주장한다.[14]

　타자-되기란 무엇인가? 이정우에 의하면, "타자-되기는 동일성의 체계, 즉 차이의 체계를 극복하는 데에서 출발한다".[15] 차이의 체계는 곧 동일성의 체계에 다름 아니며, 이러한 체계 안에서 발견될 수 있는 차이란 고착화된 동일성 사이에서 성립되는 고정된 차이에 불과

---

14) 같은 책, 195쪽. '타자-되기의 윤리학'을 이정우는 『천하나의 고원』에서 '되기의 윤리학' 혹은 '소수자 윤리학'이라 명명하고 있다.
15) 이정우, 『진보의 새로운 조건들』, 187쪽.

할 뿐이다. 그렇다면 동일성의 체계로서의 차이의 체계는 어떻게 극복될 수 있을까? 그것은 '진정한 차이'에 의해서 극복될 수 있는바, "진정한 차이는 기존의 고착화된 동일성을 어떤 형태로든 변화시킬 때 비로소 진짜 차이의 역할을 한다".[16] 그렇다면 '진정한 차이'는 어떻게 생성될 수 있을까? 이러한 차이는 "각 존재들의 내부에서, 각 존재 자체 내에서 시발되어야 한다".[17] 이것은 곧 각각의 존재가 스스로를 타자화해나갈 경우에만 진정한 차이가 도래할 수 있다는 것을 의미한다. 결국 타자-되기의 윤리학의 실천은 '타자가 되는 것'에 달려 있다고 볼 수 있다. 나의 존재 자체 내에서 차이를 생성시키는 것, 나의 존재 자체를 타자화해 내는 것이 바로 타자-되기 윤리학의 실천인 것이다. 바로 이러한 실천을 통해서 동일성의 체계가 극복될 수 있는 것이다.

타자-되기 윤리학의 실천으로서의 '타자-되기'는 동일성의 체계에 균열과 변형을 야기한다. 이러한 관점에서 볼 때 타자-되기는 '탈영토화 운동'이라 할 수 있을 것이다.

> 더 정확히 말해, 세계는 늘 흘러가고 있으며(탈주하고 있으며) 그런 흐름을 일정한/고착적인 코드를 통해 조직할 때 '영토화'가 성립한다. 그러나 여전히 언제나 누수가, 탈주선의 흐름이 있으며, 영토화는 늘 탈영토화déterritorialisation를 힘겹게 누르고 있다고 해야 한다. 탈영토화란 기계들의 선에서 어떤 기계가 접속을 풀고 떨어져 나가는 것을 의미한다. 어떤 영토성도 늘 열려 있다. 항상 탈영토화가 발생하기 때문이다.[18]

---

16) 같은 책, 189쪽.
17) 같은 곳.

우리의 삶은 언제나 '영토화'로부터 시작된다. 하지만 영토화는 '탈영토화'로의 열림을 완전히 닫지 못한다. 즉 영토화에는 언제나 '누수'가, '탈주선의 흐름'이 동반되는 것이다. 여기서 우리는 '영토화'가 동일성의 체계의 구성에 상응한다고 볼 수 있을 것이다. 그리고 '탈영토화'는 '영토화'를 통해서 구축된 동일성의 체계에 균열과 변형을 야기하는 소수자 윤리학의 실천으로서의 '타자-되기'에 상응한다고 볼 수 있을 것이다. 그런데 과연 '탈영토화'는 '영토화'의 영향으로부터 완전히 벗어날 수 있을까? 그 어떤 '탈영토화'도 '영토화'로부터 완전히 단절될 수 없다. 왜냐하면 '탈영토화'는 허공을 향하면서 이뤄지는 것이 아니기 때문이다. 결국 '탈영토화'는 다시금 '재영토화'로 귀결될 수밖에 없다.[19] 그러므로 '탈영토화'가 '영토화'로부터 온전히 벗어나는 것은 불가능하다고 보아야 할 것이다.

영토화, 재영토화, 그리고 탈영토화에 관한 지금까지의 논의를 종합해 볼 때 결국 타자-되기 윤리학의 실천으로서의 '타자-되기'는 '탈영토화'와 '재영토화'의 '사이'에서 그 고유한 장소를 갖는다고 말할 수 있을 것이다.[20] 여기서 우리가 유념해야 할 것은 이정우에게서 '탈영토화'가 크게 두 가지로 구분되고 있다는 사실이다. 이정우는 '탈영토화의 운동'이 두 개의 '탈주'로 구분될 수 있다고 주장하는데, 이것은 곧 '탈영토화'가 그 안에서 작동하는 두 개의 상이한 맥락, 즉 '존재론

18) 이정우, 『천하나의 고원』, 22~23쪽.
19) 같은 책, 23쪽.
20) 다음을 참조. "결국 분자-되기란 무엇일까? 그것은 사이에 들어서기이다. 사이에 들어서기란 다른 존재로의 건너-뜀이 아니라 몰적 자신과 몰적 타자 사이에 존재하는 분자적 생성의 차원으로 들어서는 것이다."(같은 책, 212쪽)

적 맥락'과 '정치/윤리적 맥락'을 구분해야 한다는 것을 의미한다.[21] 그에 의하면, '탈영토화'가 존재론적 맥락에서 작동할 경우 이것은 '탈유기화/탈조직화'에 상응하는 반면,[22] 정치/윤리적 맥락에서 작동할 경우 이것은 '탈기표화와 탈주체화'에 상응한다.[23] 존재론적 맥락에서의 '탈유기화/탈조직화'는 유기화로부터의 탈주 및 탈주 일반을 가리키는 반면, 정치/윤리적 맥락에서의 '탈기표화와 탈주체화'는 기표화와 주체화로부터의 탈주를 뜻한다.[24] 말하자면, 두 개의 '탈주'가 있는 셈인데, 이정우의 구분에 따르자면, 유기화로부터의 탈주 및 탈주 일반은 '되기의 존재론'에 속하는 문제인 반면,[25] 기표화와 주체화로부터의 탈주는 '되기의 윤리학'에 속하는 문제이다.[26] 요컨대, 존재론적 탈영토화와 윤리적 탈영토화가 구분되고 있는 것이다.

앞에서 우리는 오늘날 저항이 처한 상황을 고찰하면서 이렇게 변화된 상황 속에서 요청되는 저항, 즉 기호체제로부터 벗어날 수 있는 저항이자 이데올로기적 국가장치들과 훈육적 권력장치들로부터 벗어날 수 있는 저항, 그리고 무엇보다도 기표화와 주체화라는 주체의 이중적 구속으로부터 벗어날 수 있는 저항이 과연 가능할 수 있을지를 물었고, 이에 대해 이정우가 제안하는 타자-되기의 윤리학의 실천으로서의 '타자-되기'가 그러한 저항의 가능성의 근거라고 대답했다. 이

---

21) 같은 책, 166~168쪽.
22) 같은 책, 166쪽.
23) 같은 책, 168쪽.
24) "탈기표화가 기호체제로부터의 탈주, 상징계로부터의 일탈이라면, 탈주체화는 이데올로기적 국가장치들과 훈육적 권력장치들로부터의 탈주이다."(같은 책, 72쪽)
25) 같은 책, 164쪽.
26) 같은 책, 168쪽.

제 우리는 왜 '타자-되기'가 오늘날 요청되는 저항의 조건일 수 있는지에 관한 하나의 이유를 제시할 수 있게 되었다. '타자-되기'는 탈영토화에 다름 아니다. 그리고 탈영토화는 그 자체로 존재론적 맥락에서는 '탈유기화/탈조직화'에 상응하며, 또 정치/윤리적 맥락에서는 '탈기표화와 탈주체화'에 상응한다. 이처럼 기호체제에 이중적으로 구속된 주체는 정치/윤리적 맥락에서의 '타자-되기'를 통해서 이데올로기적 구조의 주요 작동 방식인 기표화와 주체화로부터 탈주할 수 있다. 즉, 주체는 정치/윤리적 맥락에서의 타자-되기/탈영토화를 통해 기표화와 주체화라는 기호체제의 이중적 구속으로부터 탈주할 수 있는 것이다.

그러나 이것으로 충분한가? 이정우가 제안하는 저항, 즉 탈영토화 운동으로서의 '타자-되기'가 어떻게 이데올로기적 구조에 저항할 수 있는지가 이로써 충분히 설명된 것일까? 단지 '타자-되기'가 탈영토화 운동이라는 것과 주체가 이러한 '타자-되기'를 통해서 '탈기표화와 탈주체화'를 행한다는 것을 지적하는 것만으로 주체가 '타자-되기'적 실천을 통해서 이중적 구속이라는 강력한 제약을 극복하고 이데올로기적 구조에 저항하고, 또 이 구조에 유의미한 변형을 야기하는 것이 어떻게 가능할 수 있을지에 관한 물음에 대한 충분한 대답이 될 수 있을까? 문제는 이것이다: 이데올로기적 구조에 의해 '호명'된 주체에게, 이데올로기적 구조가 만들어낸 주체에게, 그것도 '자기화'를 통해서 저 구조에 이중적으로 구속된 주체에게 저 구조에 유의미한 변형을 초래할 수 있는 '타자-되기'를 수행할 수 있기 위한 잠재력이, 저항을 위한 잠재력이 도대체 어떻게 그리고 어디에 남아 있을 수 있다는 말인가? 요컨대, 탈영토화로서의 '타자-되기'는 도대체 어디에서 그 추동력을 길어낼 수 있는 것일까? 이 질문에 대한 적절한 대답이 주어지지 않는다면, 저항으로서의 '타자-되기'는 그 근거가 충분히 규명되지 못한 채 미완성의 저항 개념으로서 남게 될 것이다. 다행히도 이정우는 이러한 힘의 근거를 명확하게 제시하는 가운데 저 질문에 대답하고 있는데, 그것은 바로 '욕망/생명'이다.

이 기표화된 장은 인간이 구성해 낸 상상적 공간이기도 하고, 그 자체의 놀이를 통해 작동하는 상징적 공간이기도 하며, 또 사물들과의 지시관계를 통해서 작동하기도 하는 실재적 공간이기도 하다. 기표들의 장은 인간이 구성해 낸 장이기 때문에 기본적으로 상상적이다. 그러나 (예컨대 레비-스트로스의 신화학이 잘 보여 주듯이) 그러한 구성이 순수 주체의 산물이 아니라 무의식적 구조의 한 표현이기도 하다는 점에서 그것은 상징적이며, 그 자체의 구조를 통해서 움직인다. 그러나 다른 한편 어떤 상상적인 상징계도 실재/사물들과의 관련성하에서 만들어지고 파기된다. 이 점에서 보드리야르 식의 시뮬라시옹의 세계나 마루야마 게이자부로 식의 페티시즘의 세계는 과장된 것이다. 라캉 식의 최소 실재이든("누빔점") 들뢰즈/가타리 식의 최대 실재이든("생명=잠재성"), 상상적인 것과 상징적인 것으로 완전히 흡수되지 않는 실재를 견지하는 것이 중요하다.[27]

들뢰즈/가타리에게서 기호체제는 '상징계'로 실체화할 수 있는 것이 아니라 다양한 형태를 띠며, 정태적으로 고정되어 있기보다는 역사 속에서 형성·변화되어 간다. 라캉에게서 주체는 '이름-자리'를 얻음으

---

27) 이정우, 『진보의 새로운 조건들』, 67~68쪽.

로써 비로소 주체가 되지만, 들뢰즈/가타리에게서 주체는 처음부터 상
징계를 흔들 수 있는 욕망/생명을 안고 있는 존재이다. 라캉의 '주체'
는 기표가 됨으로써 성립하지만, 들뢰즈/가타리의 주체는 정확히 기표
화와 투쟁하는 그 순간 탄생한다(그러나 어떤 기표체제도 없는 허공으로의
탈주는 환상에 불과하다. 모든 투쟁은 다시 기표체제로 귀환해 그 기표체제를
실제 바꾸어 놓을 때에만 완성된다). 라캉에게 기괴한 실재계는 주체가 그
에 부딪쳐 만나게 되는 것이지만, 들뢰즈/가타리에게 (생명 자체에 다름
아닌) 실재계는 바로 모든 신체들 안에 존재한다.[28]

위의 첫 번째 인용문에 따르자면, '실재'는 상상적이면서 상징적
인 이데올로기적 구조에 결코 완전히 흡수될 수 없다. 즉 언제나 어떤
여분이, 어떤 잉여가 남는다. 그렇다면 여기서 이데올로기적 구조에 완
전히 흡수될 수 없는 '실재'란 구체적으로 무엇을 뜻하는가? 들뢰즈/
가타리에게서 그것은 "생명=잠재성"이다. 즉 (위의 두 번째 인용문에 따
르자면) 그것은 바로 주체가 안고 있는 "욕망/생명"이다. 주체가 지니
고 있는 '욕망/생명'은 이데올로기적 구조에 완전히 흡수되지 않는다.
바로 그렇기 때문에 주체는 구조의 기표화 및 주체화에 완전히 흡수되
지 않을 수 있는 것이다. 결국 주체에게는 구조의 이중적 구속에도 불
구하고 구조에 완전히 포섭될 수 없는 무언가가 있는데, 그것은 바로
'욕망/생명'이다. 바로 이 '욕망/생명'으로 인해 주체는 '타자-되기'를
통해서 '탈기표화'와 '탈주체화'를 행할 수 있는 것이다. 그리고 주체가
'타자-되기'를 통해서 상징계를, 이데올로기적 구조를 뒤흔들어 놓을

---

28) 같은 책, 66~67쪽, 각주 32.

수 있는 이유도 바로 주체가 안고 있는 이 '욕망/생명'이다. 이처럼 주체가 '타자-되기'를 통해서 이데올로기적 구조로부터 탈주하고, 또 저 구조를 변형시킬 수 있는 '힘'이 있다면, 그것은 바로 '욕망/생명'에 다름 아니다. 결국 이데올로기적 구조에 의해 만들어진 주체가 저 구조에 저항하는 것이 가능한 최종 근거는 바로 '욕망/생명'인 것이다. 하지만 욕망/생명은 어떻게 이데올로기적 구조에 대한 저항을 가능하게 해 줄 수 있는 것인가? 왜냐하면 욕망/생명은 그 본성상 언제나 탈영토화의 운동을 초래하기 때문이다.

> 그러나 인간(만이 아니라 모든 생명체들)의 '본성'은 생명이고, 생명의 근본은 (베르그송적 뉘앙스에서의) '약동'이다. 때문에 그 어떤 기호체제도 생명을 궁극적으로 제압할 수는 없다. 신체적 배치가 내포하는 이 '욕망'은 늘 탈영토화의 운동을 가져온다. 때문에 관리사회는 이 생명/욕망을 부정하거나 억압하기보다 오히려 긍정하고 살려낸다. 물론 그것은 진정한 긍정이나 살려내기가 아니라 어디까지나 관리일 뿐이다. 여기에서도 오늘날의 투쟁의 전선은 (고전적인 이론들이 설정하는 강렬하고 굵은 선들이 아니라) 극히 얇고 굴곡진 형태로 움직이고 있다는 점에 주목해야 한다.[29]

위의 인용문에서 이정우는 탈영토화의 운동 자체가 욕망/생명의 본성에서 비롯된다고 주장하고 있는 것으로 보인다. "욕망이 늘 탈영토화의 운동을 가져온다"는 것, 이것은 그의 사유 체계 안에서 생성존

---

29) 같은 책, 69쪽.

재론적 진리이다. 그가 "소수자 윤리학은 생명의 존재론에서 그 탄탄한 철학적 기초를 찾을 수 있다"[30]고 주장할 때 염두에 두고 있는 소수자 윤리학의 생성존재론적 기초는 바로 이 생성존재론적 진리인 것으로 보인다. 달리 말해서, 소수자 윤리학/타자-되기 윤리학의 근거는 바로 욕망이 언제나 탈영토화의 운동을 야기한다는 존재론적 진리인 것이다.[31] 이처럼 타자-되기의 윤리학의 근거가 '욕망/생명'의 존재론적 본성인 한에 있어서 이정우의 저항 이론, 즉 타자-되기의 윤리학의 근거는 바로 존재론이라고 말할 수 있을 것이다.[32] 타자-되기의 윤리학이 가능할 수 있는 근거는 이미 생성존재론의 층위에서의 '생성' 자체가 타자-되기에 다름 아니라는 존재론적 진리에 있는 것이다.[33]

---

30) 같은 책, 187쪽.

31) 저항으로서의 '타자-되기'는 궁극적으로는 '욕망/생명'에 그 근거를 두고 있다. 그리고 '욕망/생명'은 기표화 및 주체화의 운동보다 더 본래적이며, 더 강하다. 바로 여기에 타자-되기가 저항으로서 기능할 수 있는 가능성이 담겨 있다! '욕망/생명'이 기표화 및 주체화의 운동보다 더 근본적이고, 더 본래적이라는 점에 관해서는 다음을 참조하라. "몰은 덩어리로서, 평균화되고 균일화된 전체로서 존재한다. 그러나 늘 누수가 있다. 늘 탈주선이 도래한다. 더 정확히 말해, 본래적인 것은 탈주선이다. 탈주선이 존재론적으로 일차적이다."(이정우, 『천하나의 고원』, 169쪽) 그리고 역시 다음을 참조하라. "세계의 근본 성격은 생성에 있다."(같은 책, 173쪽)

32) 우리가 간과하지 말아야 할 것은 들뢰즈/가타리에게서 '욕망/생명'은 어디까지나 존재론적 개념이라는 사실이다. 그리고 이정우 역시 이 점을 잘 인지하고 있다. 예컨대, 다음의 구절을 참조하라. "한 '기계'의 여백들로부터 가능해지는 (베르그송적 의미에서의) 약동하는 **잠재력**, 그것을 이들[들뢰즈와 가타리]은 '욕망'으로 개념화한다. 따라서 이들에게 욕망이란 심리학적 개념이 아니라 존재론적 개념이다. 존재론적으로 그 어떤 기계도 욕망을 내포할 수밖에 없다."(같은 책, 20쪽)

33) 다음을 참조하라. 이정우, 『진보의 새로운 조건들』, 185쪽.

## 이정우의 저항 이론이 우리에게 남긴 과제: '의식적인 타자-되기'

이제 이정우의 저항 이론이 우리에게 남긴 사유의 과제를 구체적으로 논구해 보자. 우리는 앞에서 이정우가 '되기의 존재론'과 '되기의 윤리학'을, 달리 말해서 '존재론적 탈영토화'와 '윤리적 탈영토화'를 구분하고 있는 것을 보았다. 이정우에 따르자면, 기표화와 주체화로부터의 탈주로서의 타자-되기는 '되기의 윤리학'에 속하는 문제이다. 그러나 만일 존재론과 윤리학이 겹친다고 한다면, 만일 윤리학의 토대가 존재론이라고 한다면, 저 구분은 끝까지 유지될 수 있을까? 이정우의 사유 안에서, 오늘날 우리에게 요청되는 저항으로서의 '타자-되기'는 '되기의 존재론'에 속하는 문제가 아니라 '되기의 윤리학'에 속하는 문제이다. 달리 말해서, 저항으로서의 '타자-되기'는 **존재론적** 탈영토화에 관련된 문제가 아니라 어디까지나 **윤리적** 탈영토화에 관련된 문제인 것이다. 존재론적 탈영토화와 윤리적 탈영토화를 구분 짓는 문제는 이정우의 저항 이론 안에서 매우 중요한 문제이다. 왜냐하면 만일 저 둘이 서로 구분되지 않을 경우 결국 타자-되기의 윤리학은 생성존재론으로 환원되어 버릴 것이고, 결국 '윤리의 자연화'로 귀결되고 말 것이기 때문이다. 타자-되기의 윤리학이 생성존재론이나 자연철학으로 환원되는 경우를 생각해 보자. 생성존재론이나 자연철학으로 환원될 수 있는 저항, 과연 그것은 '윤리적' 저항일 수 있을까? '당연한' 존재 방식 혹은 '자연스러운' 존재 방식으로서의 실천이 과연 '윤리적'일 수 있을까? 최종적으로 자연으로 환원되는 실천/저항이 온전한 의미에서의 윤리적 실천/저항일 수 있을까? 이정우의 저항 이론은 '윤리의 자연화'라는 위험에 불가피하게 노출될 수밖에 없는 것으로 보이는데, 그 이유는 그의 저항 이론 안에서 존재론과 윤리학이 겹치기 때문이다.

> 생명의 존재론은 소수자 윤리학을 통해서 비로소 그 구체적인 정향을
> 찾을 수 있으며, 소수자 윤리학은 생명의 존재론에서 그 탄탄한 철학적
> 기초를 찾을 수 있다.[34]

위의 인용문에서 이정우가 "소수자 윤리학은 생명의 존재론에서 그 탄탄한 철학적 기초를 찾을 수 있다"고 주장할 때 염두에 두고 있는 소수자 윤리학의 생성존재론적 기초는 바로 "욕망이 늘 탈영토화의 운동을 가져온다"[35]는 생성존재론적 진리인 것으로 보인다. 즉 소수자 윤리학/타자-되기의 윤리학의 존재론적 근거는 바로 '욕망이 늘 탈영토화의 운동을 가져온다'는 존재론적 진리인 것이다. 물론 소수자 윤리학의 철학적 기초가 생명의 존재론에서 발견될 수 있다는 주장은 반쪽 진리에 불과할 뿐이다. 실제로 이 주장은 이어지는 그에 앞선 다른 주장, 즉 "생명의 존재론은 소수자 윤리학을 통해서 비로소 그 구체적인 정향을 찾을 수 있다"는 주장과 짝을 이룬다. 따라서 우리는 이정우의 저항 이론 안에서 존재론과 윤리학 간의 관계를 다음과 같이 정리할 수 있을 것이다. 들뢰즈/가타리 사유에 대한 해석을 통해서 이정우가 구축해 내고자 하는 생성존재론은 어디까지나 윤리학으로 방향 지어진 존재론이다. 역으로, 들뢰즈/가타리 사유에 대한 해석을 통해서 이정우가 구축해 내고자 하는 소수자 윤리학은 생성존재론적 토대 위

---

34) 같은 책, 187쪽.
35) 같은 책, 69쪽.

에 세워진 윤리학이다. 이것은 결국 이정우에게서 존재론과 윤리학이 서로 불가분하게 얽혀 있다는 것을, 이 둘을 명확하게 구분하기 힘들다는 것을, 즉 존재론과 윤리학이 겹친다는 것을 뜻한다. 이정우의 저항 이론 안에서의 존재론과 윤리학의 이러한 겹침은 『천의 고원』의 저자들인 들뢰즈/가타리의 목적과 겹친다.

> 우리의 삶을 가득 채우고 있는 배치들, 사건들에 더 적절하고 참신한 존재론을 부여하기. 그리고 그런 존재론으로 파악된 삶으로부터 윤리학적-정치학적 귀결들을 이끌어내기. 요컨대 배치의 존재론을 수립하고 그에 근거해 새로운 실천철학='에티카'를 이끌어내기, 이것이 『천의 고원』의 목적이다.[36]

물론 이정우의 저항 이론 안에서의 존재론과 윤리학 간의 겹침과 들뢰즈/가타리의 사유 안에서의 존재론과 윤리학 간의 겹침은 뒤에서 보게 되겠지만 상이한 양상으로 전개된다. 그러나 이러한 차이에도 불구하고 적어도 존재론으로부터 윤리학을 이끌어내려는 목적에 있어서만큼은 이정우의 목적과 들뢰즈/가타리의 목적이 겹친다는 것을 우리는 부정할 수 없을 것이다. 다시금 강조하지만, 이정우의 저항 이론에서 존재론과 윤리학은 서로 겹친다. 왜냐하면 윤리학의 토대가 곧 존재론이기 때문이다. 그리고 이러한 겹침, 즉 존재론과 윤리학 간의 서로 겹치는 관계는 결코 대칭적인 관계가 아니다. 그 이유는 단순하다. 이러한 겹침의 구도에서 존재론의 토대는 결코 윤리학일 수 없

---

36) 이정우, 『천하나의 고원』, 35쪽.

기 때문이다. 그러므로 윤리학은 오직 일방적인 방식으로만, 즉 존재론에 환원되는 방식으로만 존재론과 겹친다. 바로 여기에서 우리는 '윤리의 존재론화' 혹은 '윤리의 자연화'라는 문제에 맞닥뜨리게 된다. 만일 이정우의 저항 이론에서 존재론과 윤리학이 서로 불가분리하게 겹쳐 있는 것이 사실이라고 한다면, 존재론적 층위에서의 타자-되기와 윤리적 층위에서의 타자-되기가 서로 불가분하게 얽히게 되는 귀결을 어떻게 피할 수 있을까? 존재론적 층위에서의 타자-되기와 윤리적 층위에서의 타자-되기가 겹친다는 것은 곧 윤리가 존재론화된다는 것을, 윤리가 자연화된다는 것을 의미한다. 그리고 이 경우 우리는 윤리적 실천과 존재론적 운동을 구분할 수 없게 되는 난처한 상황에 처하게 될 것이다.

사실 이정우의 저항 이론이 '윤리의 자연화'라는 위험에 직면하게 되는 상황은 바로 이정우의 저항 이론 자체에 내재하는 구조적 조건에서(그리고 아마도 들뢰즈/가타리의 사유 자체의 구조적 조건에서!) 유래하는바, 그것은 바로 윤리학의 토대가 존재론이라는 사실이다. 결국 이정우의 저항 이론은 존재론으로부터 도출된 윤리학, 생성존재론으로부터 도출된 타자-되기의 윤리학이다. 바로 여기에서 우리는 이정우의 저항 이론이 갖는 장점을 찾아낼 수 있다. 이정우의 저항 이론은 바로 그 토대가 존재론이라는 이유 때문에 이데올로기적 구조에 대한 (거의 불가능해 보이는!) 저항의 가능성에 관한 존재론적으로 적절한 통찰을 제공해 준다. 그러나 동시에 이정우의 저항 이론은 바로 그 토대가 존재론이라는 역시 동일한 이유 때문에 윤리적 저항이 존재론적 운동으로 환원될 수 있는 위험, 즉 '윤리의 존재론화' 내지는 '윤리의 자연화'에 빠질 수 있는 위험에 직면하게 된다. 하지만 과연 이정우의 저항 이론은 '윤리의 자연화'를 벗어날 수 없는 방식으로만 구조 지어져 있는 것일까? 결국 이정우의 저항 이론은 '윤리의 자연화'로 귀결될 수밖에 없는 것일까? 그렇지 않다. 들뢰즈/가타리의 사유와는 달리, 이정우의 저항 이론은 '윤리의 자연화'를 벗어날 수 없는 방식으로만 구조 지어져 있는 것은 아니다. 그렇다면 이정우의 저항 이론 속에서 이러한 '열린 구조화'를 가능케 하는 것은 무엇인가? 그의 저항 이론에는 들뢰즈/가타리의 사유와는 이질적일 수밖에 없는 계기가 포함되어 있는데, 그것은 바로 '의식적인 타자–되기'이다.

어떤 실천을 행하고 있는 내게 누군가가 질문하는 다음과 같은 상황을 상상해 보자. "왜 이렇게 행하셨나요?" 이에 대해 나는 대답한다. "이렇게 행할 수밖에 없었으니까요. 이렇게 행하는 것이 자연에 부합하니까요." 과연 우리는 이러한 대답에서 '윤리적' 단초를 찾을 수 있을까? 어쩌면 내 행위가 자연스럽다고 답변하고 있는 나는 '자연'이 타자–되기 운동을 통해서 가장 자연스럽게 작동한다고 믿고 있을지도 모른다. 그리고 나는 현재의 나의 실천이 저 자연스러움에 부합한다고 믿고 있을지도 모른다. 이 경우 내 행위는 '윤리적'일까, 아니면 '자연적'일까? 또는, 어쩌면 나는 '자연'이 약육강식을 통해서 가장 자연스럽게 작동한다고 믿고 있을지도 모른다. 그리고 나는 현재의 나의 실천이 저 자연스러움에 부합한다고 믿고 있을지도 모른다. 이 경우 내 행위는 '비윤리적'일까, 아니면 '자연적'일까? 두 경우 모두 윤리적이거나 비윤리적이라기보다는 오히려 '자연적'이라고 보는 것이 맞지 않을까? 왜냐하면 두 경우 모두 어떤 공통점을 갖고 있는 것으로 보이기 때문인데, 그것은 바로 내 행위에 대한 '책임'에서 내가 면제될 수밖에 없다는 것이다. 즉 두 경우 모두에 있어 나의 실천은 **무책임한** 실천일 수밖에 없는 것이다. 만일 절벽에서 발을 헛디뎌 중력 때문에 떨어지고 있는 누군가에게 왜 가만히 떨어지고 있냐고 책임을 묻는 것이 우스꽝스러운 일이라고 한다면, 자연을 거스르지 못해서 자연에 부합하는 행위를 하고 있는 누군가에게 윤리적이라고 칭찬하거나 비윤리적이라고 비난하는 것도 마찬가지로 똑같이 우스꽝스러운 일일 것이다. 결국 존재론이나 자연으로 환원되는 실천은 온전한 의미에서 '윤리적'일 수 없다. 왜냐하면 자연에 따를 수밖에 없는 실천, 자연을 거스르지 못하는 실천은 그 누구도 책임질 수 없는 실천이기 때문이다. **무책임한 실천이 윤리적**일 수 있을까? 이렇게 볼 때 이정우의 타자-되기의 윤리학은 존재론이나 자연철학으로 환원되지 않을 경우에만 '윤리학'으로서의 의의와 가치를 온전히 드러낼 수 있을 것으로 보인다. 이정우가 '되기의 존재론'과 '되기의 윤리학'을 세심히 구분하고 있는 것도 바로 이러한 이유 때문이리라. 앞에서 우리는 이정우에게서 '탈기표화와 탈주체화'로서의 탈주/탈영토화가 존재론적 개념이 아니라 윤리적 개념이라는 것을 보았다. 이처럼 이정우는 생성존재론적 맥락에서의 '타자-되기'와 윤리적 맥락에서의 '타자-되기'를 분명하게 구분하고 있다. 물론 후자야말로 이정우의 타자-되기의 윤리학에서의 '타자-되기'에 상응한다. 결국 이정우가 제안하는 타자-되기의 윤리학의 실천으로서의 '타자-되기'는 존재론적 탈영토화가 아니라 윤리적 탈영토화에 관련된 문제이며, 또 그렇기에 '되기의 존재론'에 속하는 문제가 아니라 '되기의 윤리학'에 속하는 문제인 것이다. 이와 관련해서 이정우는 다음과 같은 질문을 던진다.

되기는 그저 생성일 뿐인가, 아니면 어떤 '노력'인가?[37]

이것은 매우 중요한 질문이다. 왜냐하면 만일 '되기'가 그저 '생성'에 지나지 않을 경우 '되기의 윤리학'은 '되기의 존재론'으로 환원될 수밖에 없기 때문이다. 그리고 '되기의 윤리학'이 '되기의 (생성)존재론'으로 환원될 수 있다는 것은 곧 저항으로서의 타자-되기가 '자연철학'으로 환원될 수 있다는 것을 의미한다. 그리고 그 결과는 곧 '윤리의 자연화'일 수밖에 없으리라. 이정우는 들뢰즈/가타리의 사유 속에서 이 문제가 불투명하다고 지적하는 가운데 '자연적 진화('절화')를 통한 되기'와 '인간의 의식적인 되기'를 구분해야 한다고 주장한다.[38] 그렇다면 '인간의 의식적인 되기'는 무엇을 통해서 '자연적 진화('절화')를 통한 되기'와 구분될 수 있을까? 그것은 바로 '노력'을 통해서이다. 윤리적 타자-되기는 '노력'을 통해서 존재론적 타자-되기와 구분될 수 있는 것이다. 이처럼 이정우가 제안하는 타자-되기의 윤리학은 '노력'을 전제로 해서만 온전히 '윤리적'인 의미에서 실천될 수 있다. 바로 여기에 저항으로서의 타자-되기가 '되기의 윤리학'에 귀속될 수밖에 없는 근거가 있는 것이다.

> 진정으로 윤리적 존재가 된다는 것은 내가 타자가 '되려는' 노력을 함축한다.[39]

여기서 우리가 주의해야 할 것은 타자가 되려는 '노력'은 의식적

---

37) 이정우, 『천하나의 고원』, 184쪽.
38) 같은 책, 185쪽.
39) 이정우, 『진보의 새로운 조건들』, 190쪽.

선택을 전제로 한다는 사실이다.

다른 생명체들과 '공진화'하는 인간과 되기의 짝을 의식적으로 선택해서 수련/노력을 통해 자신을 변신시켜 나가는 인간을 구분하지 않는다면 논의는 혼란스러워질 것이다. 들뢰즈/가타리는 이런 구분에 신중하지 못하고 그래서 이들의 동물-되기론은 전반적으로 혼란스러운 면이 있다. […] 학-되기를 하려는 무용수는 학을 일방적으로 선택하는 것이며, […] 자신의 노력/수련을 통해서 스스로를 변신시켜 간다. 이 되기는 어디까지나 개인적인 것이며(물론 경우에 따라 집단적이 될 수도 있다), 의식적/선택적/주체적인 것이다.[40]

인용문에 따르자면, 윤리적 타자-되기가 의식적인 이유는 그것이 되기의 짝에 대한 의식적인 선택을 전제로 해서 이뤄지는 노력이기 때문이다. 결국 이정우가 '인간의 의식적인 되기'와 '자연적 진화(절화)를 통한 되기'를 구분해야 한다고 주장하는 이유는 윤리적 타자-되기가 바로 '의식적인' 되기라는 점을, 타자-되기가 '의식적인' 노력이라는 점을 강조하기 위해서인 것이다. 이처럼, 이정우에게서 윤리적 타자-되기는 "의식적/선택적/주체적"이다. 그렇기에 "자연적 진화(절화)를 통한 되기와 인간의 의식적인 되기는 […] 단적으로 구분되어야 한다".[41] 하지만 왜 윤리적 타자-되기는 의식적이어야 하는 것일까? 비록 윤리적 타자-되기가 의식적이어야 할 이유를 묻는 이 질문에 대한

---

40) 이정우, 『천하나의 고원』, 188쪽.
41) 같은 책, 185쪽.

답을 이정우가 명확하게 제시하고 있는 것은 아니지만, 우리는 저 이유를 충분히 짐작할 수 있다. 이유는 단순명료하다. 왜냐하면 타자가 되려는 나의 노력은 오직 의식적인 선택이 전제될 경우에만 내가 책임질 수 있는 노력일 수 있기 때문이다. 그리고 오직 책임질 수 있는 노력만이 '윤리적' 노력으로, 즉 '되기의 존재론'으로 환원될 수 없는 '되기의 윤리학'에 속하는 노력으로 간주될 수 있기 때문이다. 생각해 보자. 내가 어떤 것을 의식적으로 선택했다는 것은 곧 내가 저 어떤 것 대신에 다른 것을 선택할 수도 있었다는 것을 뜻한다. 만일 내가 어떤 것을 선택할 때 다른 것을 선택할 수 없는 상황이었다고 한다면, 이 '선택'은 온전한 의미에서의 선택일 수 없다. 오히려 그것은 강제에 가까우리라. 그리고 강제된 선택에 대해 내가 책임저야 할 필요는 없다. 왜냐하면 강제된 선택은 곧 그것 대신에 다른 것을 선택할 가능성이 내게 전혀 없었다는 것을 의미하기 때문이다. 반면, 내가 다른 것을 선택할 수 있었음에도 불구하고 어떤 것을 선택할 경우 나는 이러한 선택에 대해 책임이 있다. 왜냐하면 나에게는 그것 대신에 다른 것을 선택할 가능성이 있었고, 나 스스로가 이러한 상황을 의식하고 있었기 때문이다. 결국 나는 의식적으로 선택한 것에 대해서만 책임이 있다. 그리고 내가 의식적으로 선택한 것에 대해 내가 책임져야 하는 이유는 그것 대신에 다른 것을 선택할 수도 있었기 때문이며, 또 이렇게 내가 선택할 수 있다는 것을 나 스스로 잘 알고 있었기 때문이다. 중요한 것은 이것이다. 오직 내가 책임질 수 있는 노력만이 '윤리적' 노력일 수 있다는 것.

결국 이정우가 제안하는 타자-되기의 윤리학의 실천에 있어 관건은 의식적 선택이라 볼 수 있다. 왜냐하면 저 선택이 의식적일 때에만 윤리적 타자-되기가 자연적 진화를 통한 되기와 구분될 수 있기 때문이며, 또 무엇보다도 바로 이러한 구분을 통해서만 '저항의 실마리'로서의 그 의의를 제대로 발휘할 수 있을 것이기 때문이다. 의식적인 선택이 수반되지 않는 노력이 깨어 있는 저항일 수 있을까? 저절로 또는 우연히 이뤄지는 실천이 과연 윤리적 저항일 수 있을까? 타자-되기가 의식적일 것 즉 깨어 있을 것, 바로 이것이야말로 타자-되기가 유의미한 저항적 실천으로 간주될 수 있기 위한 최소 조건이 아닐까?[42] 결국 이정우는 소크라테스의 모델과 조우하고 있는 것으로 보인다. 소크라테스에게서 아는 것이 선이라고 한다면, 이정우에게서 윤리적인 것은 깨어 있는 되기, 즉 의식적인 타자-되기인 것이다. 이정우의 저항 이론이 '윤리의 자연화'로부터 벗어날 수 있는 이유는 그가 제안하는 '의식적인 타자-되기'라는 새로운 개념 덕분이다. 타자-되기를 실천하려는 나의 노력은 오직 의식적인 선택이 전제될 경우에만 내가 책임질 수 있는 노력일 수 있으며, 또 오직 내가 책임질 수 있는 노력만이 '윤리적'일 수 있는 것이다. 결국 '되기의 존재론'과 '되기의 윤리학' 간의 구분이, 존재론적 탈영토화와 윤리적 탈영토화 간의 구분이 유지될 수 있는 근거는 바로 '의식적인 타자-되기'인 것이다.[43]

그러나 들뢰즈/가타리의 사유를 토대로 해서 구축된 이정우의 생

---

42) 다음을 참조하라. "이 역운의 수레바퀴를 조금이나마 늦추려면 대중 전체가 각성해서 권력과 자본의 지배장치들에 저항하는 것 외에는 어떤 방법도 없다. 대중 전체가 깨어나려면 우선 그들을 깨울 수 있는 전위부대로서의 지식인(매우 넓은 의미)이 형성되어야 한다. 그러나 기득권에 안주하는 지식인들만이 득실대는 이 시대에 저항의 실마리는 어디에서 찾을 수 있을까?"(이정우, 『진보의 새로운 조건들』, 76쪽)

43) 들뢰즈의 존재론에 대한 두 가지 해석 방향의 차이, 즉 '의식적인 타자-되기'를 지향하는 해석과 '윤리의 자연화'를 지향하는 해석의 차이가 저항 이론에 미치는 영향에 관해서는 이 글 마지막 절에 나오는 보론을 참조할 것.

성존재론 속에서 '의식적인 타자-되기'는 구체적으로 어떤 의미를 지닐 수 있을까? 이러한 의미를 명확하게 파악하려는 시도는 어떤 난점에 부딪히게 되는 것으로 보이는데, 이러한 난점은 무엇보다도 들뢰즈/가타리의 사유 속에서 '의식' 개념이 지니는 위상과 '욕망/생명' 개념이 지니는 위상 간의 격차에서 비롯된다. 우리가 본 것처럼, 이정우에게서 존재론과 윤리학은 서로 불가분리하게 얽혀 있다. 그리고 이 둘이 겹쳐 있다는 것은 곧 이 둘을 명확하게 구분하기 힘들다는 것을 뜻한다. 바로 그렇기 때문에 존재론적 층위에서의 타자-되기와 윤리적 층위에서의 타자-되기는 서로 불가분하게 얽혀 있을 수밖에 없다. 그렇다면 설령 '의식적인 타자-되기'라는 개념을 도입한다 할지라도 과연 존재론적 탈영토화와 윤리적 탈영토화 간의 구분은 끝까지 유지될 수 있을까? 여기서 우리는 이정우의 사유 속에서 이미 생성존재론의 층위에서의 '생성' 자체가 타자-되기에 다름 아니라는 것을 기억해야만 한다.[44] '의식적인 타자-되기'라는 개념은 윤리학의 층위에서 작동하는 저항으로서의 '타자-되기'가 생성존재론의 층위에서 작동하는 '생성'으로서의 '타자-되기'에 흡수되는 결과를 피하도록 하는 것을 충분히 보장해 줄 수 있을까? 들뢰즈/가타리의 사유 속에서, 그리고 이들에 대한 해석을 통해 구축된 이정우의 생성존재론적 사유 속에서 '욕망'은 **존재론적** 개념이다. 물론 '욕망'은 윤리/정치적 맥락에서 저항을 추동하는 힘으로서 작용할 수 있을 것이다. 하지만 그렇다고 해서 '존재론적 욕망'과 '윤리/정치적 욕망'이 각기 별개의 것이라고 보기는 힘들 것이다. 즉 윤리/정치적 층위에서 작동하는 욕망이 존재론

---

44) 이정우, 『진보의 새로운 조건들』, 185쪽.

적 층위에서 작동하는 욕망으로부터 완전히 구별될 수 있는 욕망, 말하자면 존재론적 욕망과는 다른 별개의 욕망이라고 생각할 수는 없을 것이다. 만일 윤리/정치적 층위에서 작동하는 욕망이 존재론적 욕망과 다르다고 한다면, 이것은 곧 그것이 존재론적 욕망과 분리되어 있거나 분리될 수 있다는 것을, 달리 말해서 그것이 존재론적 욕망을 초월할 수 있다는 것을 뜻할 것이다. 그러나 들뢰즈/가타리에게서 이것은 불가능하다. 마찬가지로 이정우에게서도 이것은 불가능해 보이는 바, 왜냐하면 만일 윤리학적 욕망이 존재론적 욕망을 초월할 수 있다고 한다면, 이 경우 '타자-되기 윤리학'은 더 이상 존재론을 통해서 정초될 수 없을 것이기 때문이다. 그렇다면 오히려 존재론적 욕망이 윤리/정치적 면모 혹은 양태를 지닐 수 있다고 생각하는 것이 더 타당하지 않을까? 이처럼 들뢰즈/가타리에게서나 이정우에게서나 윤리/정치적 저항을 추동하는 힘으로서의 '욕망'은 최종적으로는 존재론적 개념으로서의 '욕망'으로 수렴된다고 보아야 할 것이다. 그렇다면 여기서 질문이 생긴다. 내가 '의식적인 타자-되기'를 실천할 경우 이것은 과연 내가 거스를 수 없는 존재론적 운동의 결과일까, 아니면 나에게 고유한 윤리적 결단의 결과일까? '의식적인 타자-되기'라는 나의 실천이 나에게 고유한 윤리적 결단의 결과이기 위해서는 나는 저 실천을 나 스스로 선택했어야만 한다. 그리고 무언가를 선택할 수 있었다는 것은 곧 저 선택의 순간 다른 것을 선택할 수 있는 가능성도 역시 내게 주어져 있었다는 것과 나 스스로 이 사실을 잘 알고 있었다는 것을 뜻한다. 즉 저 선택의 순간에 나는 깨어 있었던 것이다! 자, 이제 내가 타자-되기의 윤리학을 의식적으로 실천하고 있는 경우를 상상해 보자. 이처럼 들뢰즈/가타리에게서나 이정우에게서나 윤리/정치적 저항을 추동하는 힘으로서의 '욕망'은 결국 존재론적 개념으로서의 '욕망'으로 수렴된다고 보아야 할 것이다. 문제는 이것이다. 내가 '의식적인 타자-되기'를 실천할 경우 이것은 과연 내가 거스를 수 없는 존재론적 운동의 결과일까, 아니면 나의 고유한 윤리적 결단의 결과일까? '의식적인 타자-되기'라는 나의 실천이 나의 고유한 윤리적 결단의 결과이기 위해서는 나는 저 실천을 나 스스로 선택했어야만 한다. 그리고 무언가를 선택할 수 있었다는 것은 곧 저 선택의 순간 다른 것을 선택할 수 있는 가능성도 역시 내게 주어져 있었다는 것을 뜻한다. 내가 타자-되기의 윤리학을 의식적으로 실천하고 있는 경우를 상상해 보자. 아마도 이러한 '의식적인 타자-되기'는 어떤 '욕망'에 의해, 즉 "저항하려는 위대한 욕망"에 의해 추동된 것이라 볼 수 있을 것이다.[45] (물론 "저항하려는 위대한 욕망"은 **존재론적** 욕망이다!) 그리고 '의식적인 타자-되기'라는 저 실천이 **윤리적**이기 위해서는 나는 저 실천을 나 스스로 선택했어야만 한다. 그렇다면 과연 저 선택의 순간 다른 것을 선택할 수 있는 가능성이 내게 주어져 있었을까? 즉 나는 저 선택의 순간에 '저항하려는 위대한 욕망', 즉 **존재론적** 욕망에도 불구하고 저항과는 반대되는 실천, 예를 들어, 재영토화에 기여하는 실천을 선택할 수 있었을까? 달리 말해서, 저 선택의 순간에 나는 **존재론적** 운동으로부터 벗어날 수 있었을까? 만일 내가 다른 것을 선택하는 것이 가능했다고 한다면, 이것은 곧 나의 '의식'이 '욕망/생명'을 거스를 수 있었다는 것을, 통제할 수 있었다는 것을 뜻할 것이다. 그러나 나의 '의식'은 과연 저 선택의 순간에 내가 다른 것을 선택할 수도 있다는 것을 의식할 수 있었을까? 즉 나의

---

45) 같은 책, 186쪽.

'의식'은 저 선택의 순간에 과연 깨어 있을 수 있었을까? 설령 저 선택의 순간에 나의 '의식'이 깨어 있었다 할지라도, 나의 '의식'은 '욕망/생명'이 흘러가는 방향과는 상반되는 것을 정말로 선택할 수 있었을까? 만일 그렇다고 한다면, 이것은 곧 나의 '의식'이 '욕망/생명'을 통제하거나 거스르는 것이 가능하다는 것을 뜻할 것이다. 그러나 나의 '의식'이 '욕망/생명'을 (의식적으로!) 통제하거나 거스르는 것이 과연 가능할까? 나의 '의식'이 **존재론적** 운동으로부터 벗어나는 것이, 달리 말해 나의 '의식'이 존재론적 운동을 초월하는 것이 과연 가능할까? 주지하다시피, 들뢰즈/가타리에게서 '의식'은 환상의 장소이다.[46] 들뢰즈/가타리에 따르자면, '의식'은 '욕망/생명'에 비해 부차적인 것이며, 그렇기에 '의식'과 '욕망/생명' 간의 관계는 대칭적인 관계가 아니라 근본적으로 비대칭적인 관계라고 보아야 한다. 저 둘 간의 관계는 일방적인 것이다. '욕망/생명'이 먼저 오고, '의식'은 나중에 온다. 또 '욕망/생명'은 '의식'에게 영향을 줄 수 있지만, '의식'은 '욕망/생명'을 통제할 수 없다. 결국 '욕망/생명'이 생산해 낸 결과만을 받아들일 수 있을 뿐인 '의식'은 '욕망/생명'에 어떤 유의미한 변화를 야기하지 못하는 것이다. 그렇다면 '의식적인 타자-되기'라는 나의 실천은 결코 나에게 고유한 선택의 결과, 즉 **의식적인/깨어 있는** 선택의 결과일 수는 없을 것이다. 오히려 이 실천은 그리고 이것을 위한 나의 선택은 나의 '의식'이 결코 거스를 수 없었던 '욕망/생명'의 **존재론적** 운동의 결과라고 보아야 할 것이다. 그러나 이 경우 나의 이 실천은 과연 온전한 의미에서 **윤리적인**

---

46) 다음을 참조하라. Deleuze, *Spinoza: Philosophie pratique*, Paris: Éd. de Minuit, 1981, pp. 29~30.

것이라 볼 수 있을까? 결국 '의식적인 타자-되기'는 **존재론적** 운동에 흡수될 수밖에 없는 것일까? 그렇게 '의식적인 타자-되기'는 종국에는 무책임한 실천으로, 달리 말해 **존재론적**일 수는 있다 해도 결코 **윤리적**일 수는 없는 실천으로 귀결되고 마는 것일까?

'의식적인 타자-되기'가 봉착하게 되는 이러한 난관은 더 나아가서, '욕망/생명'의 '양가성' 문제까지 고려할 경우 걷잡을 수 없이 가중된다. 앞에서 우리는 탈영토화의 운동 자체가 '욕망/생명'의 본성에서 비롯된다는 것이 이정우의 사유 안에서 생성존재론적 진리라는 것을 보았다. 그러나 생성존재론적 운동에는 탈영토화의 운동만 속하는 것이 아니라 영토화 및 재영토화의 운동도 역시 속한다. 바로 이러한 이유 때문에 우리는 들뢰즈/가타리의 사유 안에서 발견되는 '욕망/생명의 양가성' 문제를 이정우의 사유 안에서도 마찬가지로 발견하게 된다. 물론, 앞에서 우리가 본 것처럼, 이정우가 욕망/생명이 언제나 탈영토화의 운동을 야기한다고 주장하고 있는 것은 사실이다. 그러나 동시에 그는 욕망/생명이 영토화 및 재영토화의 굴레를 결코 벗어날 수 없다는 점도 역시 강조하고 있다.

> 그물을 짜는 주체/생명의 힘을 강조하는 들뢰즈/가타리의 욕망(라캉의 욕망이 아니다)도 결코 재영토화의 운동으로부터 온전히 벗어날 수는 없다. 전체의 안으로 주체를 흡수하려는 기표화의 힘과 그것을 찢고 새로운 지평을 열어 가려는 주체 사이의 영원한 투쟁.[47]

---

47) 이정우, 『진보의 새로운 조건들』, 68~69쪽.

들뢰즈/가타리에게서뿐만 아니라 이정우에게서도 역시 욕망은 '양가적'일 수밖에 없는 것으로 보인다.[48] 한편으로, 욕망/생명은 탈영토화의 운동을 초래하는 방향으로 나아갈 수 있다. 그렇기에 이데올로기적 구조에 대한 저항도 역시 가능하다. 그러나 다른 한편으로, 욕망/생명은 영토화 및 재영토화의 운동에 포섭될 수 있다. 그렇기에 이데올로기적 구조에 대한 저항은 다시금 저 구조에 흡수되거나 통합되는 가운데 탈영토화의 운동에 의해 손상된 구조를 다시 복구시키는 데에 기여할 수 있다. 그러나 이것은 곧 '욕망/생명의 양가성'이 '저항의 양가성'으로 이어진다는 것을 의미하는 것은 아닐까? 문제는 이것이다. 지금 내가 '저항'을 실천하고 있다고 할 경우 이 '저항'이 '욕망/생명'의 어느 측면에 속하는 것인지 나는 명확하게 식별할 수 있을까? 이 '저항'을 추동한 '욕망/생명'이 탈영토화의 운동에 속하는 것인지, 아니면 재영토화의 운동에 속하는 것인지 과연 나의 '의식'은 분명하게 구분할 수 있을까? 만일 '의식'이 단지 '욕망/생명'의 효과에 불과하다고 한다면, 나의 '의식', 나의 실천을 추동한 '생명/욕망'을 온전히 파악해 내는 것이 어떻게 가능할 수 있겠는가? '욕망/생명'은 '의식' 간의 관계가 비대칭적이라는 것, 문제는 바로 여기에 있다. 나의 '의식'은 '욕망/생명'을 온전히 깨달을 수도 없고, 온전히 통제할 수도 없는 것이다. 예컨대, 내가 피지배자이면서도 지배자에게 복종하는 것을 욕망할 수 있는 이유는, 즉 나 자신의 무력함을 욕망할 수 있는 이유는 나의 현실적 이

---

48) 욕망의 '양가성'에 관해서는 이미 들뢰즈/가타리가 지적한 바 있다. 다음을 참조하라. "어떻게 사람들은 권력을 욕망하면서도 동시에 자신의 무력함을 욕망하게 되는 것인가?"(comment en arrive-t-on à désirer la puissance, mais aussi sa propre impuissance?) Deleuze et Guattari, *L'Anti-Oedipe, capitalisme et schizophrénie*, Les Éditions de Minuit, 1972, p. 284.

해관계와 나의 욕망이 반드시 일치하는 것은 아니기 때문이다. 즉 때때로 나는 나 자신의 현실적 이해관계에 반해서 무언가를 욕망할 수도 있는 것이다. 그리고 이것은 곧 내가 전혀 의식하지 못한 상태에서 무언가를 선택할 수도 있다는 것을, 결코 깨어 있지 않은 상태에서도 나 자신이 깨어 있다고 착각할 수도 있다는 것을, 사실상 재영토화의 운동에 충실하게 따르는 '의식적인 타자-되기'를 실천하면서도 '의식적인 타자-되기'를 행하고 있다는 환상 속에 빠져 있을 수도 있다는 것을 뜻한다. 결국 '욕망/생명의 양가성'은 불가피하게 '저항의 양가성'을 수반하게 되는 것으로 보인다. 앞에서 우리는 이데올로기적 구조가 '배제의 비가시성'이라는 문제를 초래했다고 주장했었다. 이제 '욕망/생명의 양가성'으로 인한 '저항의 양가성' 문제에 직면하게 된 우리는 여기에서 '저항의 비가시성'을 새로이 주장할 수 있게 되었다. 그렇다. 오늘날 보이지 않는 것은 '배제'만이 아니다. '저항' 역시 보이지 않는 것이다.

여기서 사유 실험을 해 보자. 지배 권력에 저항하고자 하는 뜻을 품고 있는 '나'는 '타자-되기'를 행하려고 결심한다. 물론 이러한 결심은 '의식적인' 결심이다. 그러나 나로 하여금 '의식적인 타자-되기'를 결단하게끔 추동했던 '욕망/생명'이 지배 권력에 저항하고자 하는 '욕망/생명'이라는 것을 나는 어떻게 확신할 수 있을까? 달리 말해, 지배 권력에 저항하고자 하는 나의 의식적인 결단을 추동했던 것이 사실 지배 권력에 복종하고자 하는 '욕망/생명'이 아니라고 보장할 수 있는 확실한 근거를 찾아내는 것은 과연 가능할까? 이것이 다가 아니다. 어쩌면 나의 '타자-되기'를 추동했던 '욕망/생명'은 사실 재영토화로 향하는 '욕망/생명'이었을지도 모른다. 이 경우 '욕망/생명'은 지배 권력에 복종하고자 하지만, 나의 '의식'은 지배 권력에 저항하고 있다는 착각/환상 속에 빠져 있게 될 것이다. 그런데 나중에 보니 결과가 반-혁명적이었다고 생각해 보자. 재영토화의 운동이 우세하게 된 것이다. 결국 '욕망/생명'은 성공했지만, 나의 '의식적인 타자-되기'는 실패했다. 이 경우 '나'는 저항의 실패에 책임이 있는가? 그러나 만일 '나'에게 그 책임이 있다 한다면, 정확하게 '나'의 어떤 부분에 책임이 있는 것일까? 지배 권력에 복종하고자 했던 '욕망/생명'에 책임이 있는 것인가, 아니면 지배 권력에 저항하고자 했던 나의 '의식'에 책임이 있는 것인가? 물론 적어도 표면적으로 볼 때 저항을 결심했던 것은 바로 나의 '의식'이다. 나의 '의식'은 저항하고자 의도했고, 결국 실패했다. 그러나 착각/환상 속에 빠지는 것을 피할 수 없었던 이 '의식'에게 책임을 물을 수 있을까? 달리 말해서, 오직 착각/환상 속에서만 저항했던 이 '의식'에게 책임을 물을 수 있을까? 게다가 엄밀하게 말해서, 저항하고자 했던 의식의 결단은 '의식'이 자유롭게 선택한 결과가 아니라, '욕망/생명'이 만들어낸 결과물이다. 결국 저항을 향한 나의 의식적 결단은 '욕망/생명'의 효과에 지나지 않았던 것이다. 사정이 이러한 한에 있어서, 자신의 결단을 자유롭게 선택할 수 없었지만, 그럼에도 불구하고 스스로 선택하고 있다는 착각/환상 속에 빠져 있었던 이 '의식'에게 책임을 묻는 것이 과연 의미 있는 일일까? 아니면, '의식'에게 책임이 없기에, '욕망/생명'에게 책임을 물어야만 할까? 그러나 자연에게 책임을 묻는 것이 과연 **자연스러운** 일일까?

　이번에는 반대의 경우를 상상해 보자. 나는 지배 권력에 복종하고자 하는 뜻을 품고 예속되기로 결심한다. 물론 이러한 결심은 '의식적인' 결심이다. 그러나 나로 하여금 지배 권력에 대한 복종을 의식적으로 결단하게끔 추동했던 나의 욕망이 지배력에 복종하고자 하는 욕망이라는 것을 나는 어떻게 확신할 수 있을까? 달리 말해, 지배 권력에 복종하고자 하는 나의 의식적인 결단을 추동했던 것이 사실 지배 권력에 저항하고자 하는 욕망이 아니라고 확실히 보장할 수 있는 방법을 찾는 것이 과연 가능할까? 이것이 다가 아니다. 어쩌면 나의 '의식적인 타자-되기'를 추동했던 '욕망/생명'은 사실 탈영토화로 향하는 '욕망/생명'이었을지도 모른다. 이 경우 '욕망/생명'은 지배 권력에 저항하고자 하지만, 나의 '의식'은 지배 권력에 복종하고 있다는 착각/환상 속에 빠져 있게 될 것이다. 그런데 나중에 보니 결과가 혁명적이었다고 생각해 보자. 탈영토화의 운동이 우세하게 된 것이다. 물론 나는 결코 의식적으로 저항한 적이 없다. 저항한 것은 '욕망/생명'이다. 결국 '욕망/생명'은 성공했지만, 나의 '의식'은 실패했다. 이 경우 '나'는 저항의 성공에 기여했는가? 그러나 만일 내가 저항의 성공에 기여했다고 한다면, 정확하게 '나'의 어떤 부분이 저항의 성공에 기여한 것일까? 그것은 지배 권력에 저항하고자 했던 '욕망/생명'인가, 아니면 지배 권력에 복종하고자 했던 나의 '의식'인가? 물론 저항하고자 했던 것은 바로 '욕망/생명'이다. '욕망/생명'은 저항하고자 했고, 결국 성공했다. 그렇다면 '욕망/생명'에게 성공의 공로를 돌려야 할까? 그러나 자연을 칭찬하는 것이 과연 **자연스러운** 일일까?

'욕망/생명의 양가성'으로 인해 '의식적인 타자-되기' 개념은 두 가지 난점에 맞부딪치게 되는 것으로 보인다. 첫째, 설령 내가 '의식적 선택'을 통해 되기의 짝을 선택했다 하더라도, 이러한 '선택'이 과연 탈영토화의 운동에 속하는 것인지 아니면 재영토화의 운동에 속하는 것인지의 여부를 명확하게 확인할 방법이 전혀 없다는 것. 둘째, 설령 '의식적인 타자-되기'라는 나의 '선택'이 탈영토화의 운동으로 향하는 '욕망/생명'에 부합한다 할지라도, 나의 '의식'은 이 '선택'을 책임질 수 없다는 것. 왜 책임질 수 없다는 것인가? 애초에 '의식'은 '욕망/생명'과의 관계에서 무언가를 책임질 수 있을 만한 역량을 지니고 있지 못하기 때문이다. 이러한 조건하에서, 결국 '의식적인 타자-되기'는 언제나 '양가적'으로 남을 수밖에 없게 된다. 물론 '욕망/생명'이 탈영토화의 운동으로 나아갈 수 있다는 것은 존재론적으로 보증된 사실이다. 그러나 동시에 '욕망/생명'이 관리사회에 의해 관리되는 방향으로 나아갈 수도 있다는 것도 역시 존재론적으로 경고된 사실이다. 그렇다면 이렇게 양가적인 욕망에 의해 추동되는 나의 저항도 역시 양가적일 수밖에 없다.[49] 저항의 양가성! 이렇게 우리는 다시금 '배제의 비가시성'

---

49) 실제로 이정우는 관리사회-구조가 탈영토화의 운동을 흡수해 버린다는 점을 시사하고 있다. "그러나 인간(만이 아니라 모든 생명체들)의 '본성'은 생명이고, 생명의 근본은 (베르그송적 뉘앙스에서의) '약동'이다. 때문에 그 어떤 기호체제도 생명을 궁극적으로 제압할 수는 없다. 신체적 배치가 내포하는 이 '욕망'은 늘 탈영토화의 운동을 가져온다. 때문에 관리사회는 이 생명/욕망을 부정하거나 억압하기보다 오히려 긍정하고 살려낸다. 물론 그것은 진정한 긍정이나 살려내기가 아니라 어디까지나 관리일 뿐이다. 여기에서도 오늘날의 투쟁의 전선은 (고전적인 이론들이 설정하는 강렬하고 굵은 선들이 아니라) 극히 얇고 굴곡진 형태로 움직이고 있다는 점에 주목해야 한다."(『진보의 새로운 조건들』, 69쪽) 내가 지금 저항을 실천하고 있다고 할 경우 이 '저항'을 추동한 '욕망/생명'은 양가적이다. 따라서 이 '저항'은 다음과 같은 양가성을 지니게 된다. 한편으로는, 이 '저항'은 탈영토화의 운동에 속하는 가운데 관리사회-구조에 변동을 야기할 수 있다. 그러나 다른 한편으로는, 이 '저항'은 관리사회-구조에 의해 관리되는 가운데 이 구조를 유지 및 재생산하는 데에 기여할 수 있다. 즉, 이 '저항'은 이데올로기적 구조에 대한 저항과 이 구조에 의한 흡수라는 양가성에 노출되어 있는 것이다.
이러한 저항의 양가성 문제를 우리는 '촛불'에서도 발견할 수 있다. 강준만은 광우병 파동 당시의 촛불집회를 어떻게 볼 것이냐는 문제에 관련해서 진보진영 내부에 상이한 두 관점이 존재한다고 주장한 바 있는데, 하나는 촛불집회를 일방적으로 찬양하는 긍정적 관점이고, 다른 하나는 촛불집회의 긍정성을 인정하면서도 그 한계를 지적하는 비판적 관점이다(강준만, 「진보진영의 소통불능, 최장집 비판의 편협성 개탄」, 『인물과 사상』 9월호, 인물과사상사, 2008, 52쪽). 이 문제를 우리의 맥락으로 끌어들여 정리해 보자면, 진보진영 내부에서 한쪽은 촛불이 탈영토화의

이라는 문제와 조우하게 된다. 왜냐하면 나의 저항은 양가적이기 때문에 내가 저항이라고 믿고 행하는 실천이 그 자체로 보이지 않는 배제일 가능성은 언제나 열려 있기 때문이다. 말하자면, 내가 약자들을 위한 저항이라고 믿고 있는 실천이 사실은 약자들의 배제에 기여하는 실천일 수도 있는 것이다. 이 경우 배제는 확실히 은폐되리라. 저항의 이름으로 행해지는 배제를 그 누가 쉽게 식별해 낼 수 있겠는가? 결국 오늘날 보이지 않는 것은 '배제'만이 아니다. '저항' 역시 보이지 않는 것이다. 배제의 비가시성과 저항의 비가시성, 어쩌면 이 둘이야말로 오늘

---

운동에 속한다고 보았던 반면, 다른 한쪽은 촛불이 재영토화의 운동에 속한다고 보았던 셈이다. 촛불의 양가성! 촛불의 이러한 양가성은 결국 '촛불논쟁'을 유발하게 되는데, '촛불논쟁'은 2009년 5월 2일 조정환이 『미네르바의 촛불』(갈무리, 2009)을 출판한 이후 벌어진 논쟁이다. 조정환은 자신의 책에서 촛불집회의 참여자들이야말로 네그리와 하트가 새로운 주체 개념으로서 제시했던 '다중'(multitudo)에 상응한다고 주장한 반면, 이택광은 2009년 5월 5일 자신의 블로그에 게시한 「조정환의 촛불론」이라는 글에서 촛불의 주체가 '다중'이 아니라 '중간계급'이라고 주장했다. 이렇게 조정환과 이택광을 중심으로 해서 시작된 '촛불논쟁'은 최원, 한윤형, 신기섭 등의 직접적 참여와 수많은 네티즌들의 댓글과 블로그 포스팅을 통한 간접적 참여를 통해 확대되면서 15일 동안 이어졌다. 결국 '촛불논쟁'에서의 관건은, 다시금 우리의 맥락으로 끌어들여 정리해 보자면, 촛불이 자본주의를 넘어서는 탈영토화의 운동이었는지 아니면 자본주의에 포섭되는 재영토화의 운동이었는지의 여부였다. 물론 이러한 논쟁이 벌어진 이유는 무엇보다도 촛불이 양가적이었기 때문이다. 중요한 것은 촛불의 양가성은 여전히 현재진행형이라는 사실이다. 최근에 있었던 '조국사태'에서 '조국수호'를 외쳤던 지식인들은 탈영토화를 실천하는 깨어 있는 지식인들이었을까, 아니면 재영토화의 운동을 실천하는 어용지식인들이었을까? 달리 말해, 현재의 '촛불'은 과거의 '어버이 연합'과 명확하게 구분될 수 있는 것일까? 더나아가서, 현재 우리는 정부가 공인한 소위 '촛불 혁명 정부'에서 살아가고 있다. 그렇다면 이것은 박근혜 정부에서 시작된 탈영토화의 운동으로서의 촛불이 국가적인 범위로 확대되었다는 것을 뜻하는 것일까, 아니면 재영토화의 운동이 촛불을 흡수해 버렸다는 것을 뜻하는 것일까? 박근혜 정권 당시 적지 않은 지식인들이 '헬조선'이라는 단어를 사용했다. 그러나 문재인 정권하에서 저 단어는 감쪽같이 사라져 버렸다. 혹시 '헬조선'이 '헤븐조선'으로 거듭나기라도 한 것일까? 그렇게 우리는 국가 단위로 구현된 탈영토화의 왕국에서 살아가게 된 것일까? 그러나 잊지 말자. 촛불 혁명 정부 이전에 폐지를 줍던 노인들은 촛불 혁명 정부에서도 여전히 폐지를 줍고 있다. 마찬가지로, 페미니스트 대통령을 선포했던 대통령 이전에 빈곤으로 인해 자살하던 빈민 여성들은 페미니스트 대통령의 통치하에서도 여전히 죽어 가고 있다.

날 저항이 처한 상황을 가장 적절하게 특징지어 주고 있는 것이 아닐까? 플라톤처럼 비유해 보자면, 우리는 오직 저항의 그림자만을, 즉 참된(?) 저항이 아니라 저항하고 있거나 저항하지 않고 있다는 착각/환상만을 볼 수 있을 뿐인 저항의 동굴 속에 갇혀 있는 것은 아닐까? 그렇게 우리는 적어도 저항하려고 하는 한에 있어서 '맹인의 조건'에 처해 있는 것은 아닐까?[50] 어쩌면 오늘날 저항은 위기에 처해 있는 것이 아닐까?[51]

이정우 역시 '저항의 비가시성' 혹은 '저항의 식별 불가능성'이라는 이 문제를 간과하지 않고 있는 것으로 보인다.

리좀으로의 이행이 창조적 삶을 보장하지는 않는다. 리좀만을 강조하는 사고는 우리에게 막연한 해체 이외에 아무것도 주는 것이 없다. 해체와 재구성은 항상 동전의 양면을 이룰 때 각각 의미를 가진다. […] 몰적 존재 방식과 분자적 존재 방식은 한 사태의 두 얼굴이다. 그것들은 상관적 정도의 두 얼굴인 것이다. 분자들은 언제라도 좀 더 몰적인 방향으로 향할 수 있다.[52]

---

50) 데리다에 따르자면, 자화상은 오직 "맹인의 기억"(Mémoires d'aveugle)에 의해서만 가능할 뿐이다. Jacques Derrida, *Mémoires d'aveugle. L'autoportrait et autres ruines*, Paris: Réunion des Musées Nationaux, 1990. 이것은 곧 보지 못함이 자화상의 조건이라는 것을, 자화상을 그릴 때마다 우리가 '맹인의 조건'에 처해 있다는 것을 뜻한다. 어쩌면 우리의 모든 실천은 일종의 자화상이 아닐까? 만일 그렇다고 한다면, 결국 우리의 모든 실천은 **맹목적**으로 이뤄지고 있는 것은 아닐까?

51) 오늘날 저항이 위기에 처해 있다는 점에 관해서는 다음을 참조하라. 장의준, 『메갈과 저항의 위기. 왜 약자들은 추하게 보이는가?』, 길밖의길, 2017.

52) 이정우, 『천하나의 고원』, 67쪽. 인용문에서 언급되고 있는 "리좀으로의 이행"은 '몰적 존재 방식'의 특징인데, '몰적 존재 방식'은 '탈영토화'에 상응한다. '몰적 존재 방식'과 '분자적 존재 방식' 간의 관계의 견지에서 볼 때, '탈영토화'는 '분자적 존재 방식'을 "해체"하는 것을 뜻한다

이정우에 따르자면, 탈영토화(="리좀으로의 이행")가 저항(=이데
올로기적 구조에서 벗어난 "창조적 삶")을 보장해 주지는 않는데, 그 이유
는 탈영토화와 재영토화가 "동전의 양면", 즉 "한 사태의 두 얼굴"이기
때문이다. 그리고 이러한 주장은 오직 '욕망/생명의 양가성'을 전제로
할 때에만, 즉 '욕망/생명'이 탈영토화와 재영토화라는 양가성을 갖는
다는 것을 전제로 할 때에만 가능하다. 결국 '욕망/생명'은 양가적이기
때문에 구조에 대한 저항과 구조에 의한 저항의 흡수는 언제나 끊임없
이, 즉 영원히 반복될 수밖에 없다. "전체의 안으로 주체를 흡수하려는
기표화의 힘과 그것을 찢고 새로운 지평을 열어 가려는 주체 사이의
영원한 투쟁"[53]은 끝나지 않는 것이다.

그래서 언제나 다시 복구되고 다시 군림하는 몰적 체제와 끝없이 귀환
하는 소수자들의 되기는 일종의 영원회귀의 성격을 띠게 된다. 달리 말
해 몰적인 분할과 분자적인 생성은 역사 속에서 계속 반복된다.[54]

몰적인 분할과 분자적인 생성 사이의 영원한 투쟁, 구조에 의한
저항의 흡수와 구조에 대한 저항 사이의 영원한 투쟁, 이것은 생성존
재론적 진리이다. 그리고 나의 '의식'은 '욕망'의 흐름을 명확하게 파악

---

고 말할 수 있을 것이다. 반면, '분자적 존재 방식'은 '재영토화'에 상응한다. '몰적 존재 방식'과
'분자적 존재 방식' 간의 관계의 견지에서 볼 때, '재영토화'는 '몰적 존재 방식'을 '분자적 존재
방식'으로 "재구성"하는 것을 뜻한다고 말할 수 있을 것이다.

53) 이정우, 『진보의 새로운 조건들』, 68~69쪽.

54) 같은 책, 28쪽. 다음을 참조하라. "어떤 영토화도 탈영토화의 흐름을 단절시킬 수는 없다. 들뢰
즈/가타리에게 세계란 생성 — 차이의 생성 즉 차생 — 과 고착화의 영원한 투쟁으로 이해된
다."(이정우, 『천하나의 고원』, 23쪽)

할 수 없다. 그렇다면 '의식적인 타자-되기'는 자신이 실제로 무엇을 하고 있는지를 모르는 **맹목적인** 실천일 수밖에 없는 것이 아닐까? 달리 말해, 저항하려고 하는 한에 있어서 나는 맹인일 수밖에 없는 것이 아닐까? 결국 이데올로기적 환상에서 깨어나서 이데올로기적 구조에 저항하려는 우리는 '맹인의 조건' 속에서 여전히 환상 속에 머무를 수밖에 없는 것으로 보인다.

　　환상 속에 아직 그대가 있다.[55]

　　그러나 "주여, 저들을 용서하옵소서. 저들은 저들이 하는 일을 모르나이다"라고 『신약』이 증언하는 것처럼 모르고 하는 일은 용서받을 수밖에 없는 일이며, 또 바로 그렇기에 책임질 수 없는 실천이 아닌가? 저항이라기보다 오히려 저항의 그림자에 가까운 실천, 저항의 동굴 속에서 배제도 저항도 보지 못하는 실천, 착각/환상 속의 실천. 이러한 눈먼 실천이야말로 **무책임한** 실천이 아니겠는가? 결국 이정우가 제안하는 '의식적인 타자-되기'는 '윤리의 자연화'로부터 벗어날 수 없는 것일까? 깨어 있는 저항, 그러나 맹인의 저항, 의식적인 실천, 그러나 착각/환상 속의 실천은 **윤리적일** 수 없는 것일까? 그렇지 않다. 이미 이정우는 '의식적인 타자-되기' 개념을 자신의 저항 이론에 도입함으로써 맹인의 저항이 윤리적일 수 있을 가능성을 열어 놓았다. 물론 우리는 아직 그리고 아마도 언제나 환상 속에 있다. 그러나 우리는 환상 속에서도, 맹인의 조건 속에서도 여전히 저항할 수 있다. 문제는 환상 속에

---

55) 서태지와 아이들, 〈환상 속의 그대〉, 1998.

서, 환상 속에 있음에도 불구하고 저항하는 방법을 익히는 것이다. 이것은 결코 새로운 생각이 아니다. 소크라테스의 깨어 있음을 기억하자. 그는 자신이 무언가를 알고 있다는 꿈을, 이미 다 알고 있다는 환상을 의심했다. 그리고 그는 스스로 깨어 있기 위해 끊임없이 노력했고, 마찬가지로 동료 시민들을 깨우기 위해 끊임없이 노력했다. 물론 이러한 깨어 있음/깨우기의 과제는 적어도 그의 생전에는 완수될 수 없었다. 왜냐하면 참된 깨어 있음은 죽음 이후에만 가능하기 때문이다. 이것은 무엇을 뜻하는가? 소크라테스는 꿈속에서 깨어 있었다. 그것은 일종의 자각몽이었다. 살아 있는 한에서 꿈에서 결정적으로 깨어날 수는 없었지만, 자신이 꿈을 꾸지 않고 완전히 깨어 있다는 것을 의심함으로써 그는 꿈속에서 깨어 있었다. 그리고 주지하다시피, 데카르트 역시 자각몽을 시도한 바 있다. 중요한 것은 이것이다. 환상/꿈에서 결정적으로 깨어날 수는 없다 할지라도 환상/꿈속에서 깨어 있을 수 있다. 그러나 누가? 비록 환상/꿈속에서라 할지라도 아직 '그대'가 있다. 환상/꿈속에 아직 누군가가 있다. 환상/꿈속에 아직 머물러 있지만 환상/꿈속에서 깨어 있는 주체가 있다. 보이는 현실이라는 환상/꿈속에서, 구조의 효과라는 환상/꿈속에서 아직 완전히 잠들어 버리지 않을 수 있는 주체가, 그렇게 자신의 환상/꿈을 책임질 수 있는 주체가 있다. 이것은 곧 이데올로기적 구조의 경계를 흐트러뜨릴 수 있는 주체의 가능성이, 이데올로기적 구조를 파열시킬 수 있는 주체의 가능성이 아직도 남아 있다는 것을 뜻한다. 앞에서 우리는 이정우가 '의식적인 타자-되기' 개념을 자신의 저항 이론에 도입함으로써 소크라테스의 모델과 조우하게 되었다고 말했다. 이제 우리는 이러한 '조우'의 의미를 확장시킬 수 있다. 소크라테스의 사유에 의하면 아는 것이 선善이다. 물론 여기서 문제되고 있는 앎은 자연과학의 앎과 같은 실증적 앎이 아니다. 오히려 그것은 내가 알고 있는 현실을 의심하는 앎, 내가 온전히 깨어 있다는 것을 의심하는 앎이다. 의심하는 앎, 그것은 환상/꿈속에서 깨어 있는 앎이다. 이정우에게서 윤리적인 것은 깨어 있는 되기, 즉 '의식적인 타자-되기'라 했다. 그리고 우리는 '의식적인 타자-되기'를 의심하는 되기, 환상/꿈속에서 깨어 있는 되기, 환상 속에서도 저항할 수 있는 되기로 읽을 수 있다. 물론 이러한 이정우 읽기는 이정우를 읽고 있는 독자로서의 '나'의 측면에서 이정우의 사유에 낯설고 이질적일 수도 있을 새로운 어떤 것을 도입하는 것을 전제로 해서 이뤄진다.

사실 위의 사유 실험에서 언급되었던 '책임'은 어디까지나 전통적인 주체 개념에서 도출될 수 있는 '책임' 개념에 속한다. 반면, 이정우의 '의식적인 타자-되기' 개념은 전통적인 주체 개념으로의 회귀를 뜻하지 않는다. 다만 문제는 '의식적인 타자-되기' 개념을 뒷받침해 주고 있는 새로운(?) 주체 개념에 관련된 단서들을 이정우의 저서들 속에서 충분히 찾아내는 것이 쉽지 않다는 사실에 있다. 바로 여기에서 사유의 과제가 이정우의 독자인 우리에게 부여된다. 요청되는 것은 '의식적인 타자-되기' 개념이 '윤리의 자연화'에 흡수되지 않도록 저 개념을 (부자연스럽게, 자연을 거슬러서, 또는 자연에도 불구하고!) 지탱해 줄 수 있는 어떤 주체의 개념이다. 물론 이러한 주체는 자신의 실천에 '책임'을 질 수 있어야 할 것이다. 동시에 우리는 이러한 '책임지는' 주체 개념을 구조주의와 후기/탈구조주의가 이미 반박한 전통적인 주체 개념으로, 자유로운 의식 주체라는 개념으로 다시 돌아가지 않으면서도 사유할 수 있어야 할 것이다. 그리고 이러한 주체는 비록 존재론적 운동을 벗어나지는 못한다 할지라도 적어도 저 운동으로부터 최소한의 '거리'를 확보할 수 있고, 그래서 저 운동에 완전히 휩쓸리지 않을 수 있어야 할 것이다. 즉 이러한 주체는 존재론으로 완전히 환원되지 않을 수 있는 최소한의 '거리'를 존재론으로부터 유지할 수 있어야 할 것이다. 달리 말해서, 이러한 주체는 영원한 투쟁이라는 생성존재론의 동일자적 운동의 '바깥'으로 완전히 나가지는 못하지만, 그렇게 저 운동 '안'에 머물러 있음에도 불구하고 저 운동과의 최소한의 '거리'를 유지하는 가운데 언제나 저 운동으로부터 나가려고 하는 주체, 즉 언제나 나가고 있는 중이지만, 결코 나감을 완수할 수는 없는 주체, 결과적으로 저 거리를 통해서 저 운동의 가장 말단의 경계에서 서성이는 가운데 저 운동의 '안'과 '밖' 사이에서 왕래하는 주체이어야 할 것이다. 결국 이러한 주체는 나감의 '완수'가 아니라 끊임없는 '나감'의 저 과정을 통해서 영원한 투쟁이라는 생성존재론의 동일자적 운동 '안'에서 바로 이 운동의 파열을, 균열을, 이 운동의 '바깥'/'타자'로의 열림을 증언하는 주체이어야 할 것이다. 동일자 안의 타자! 이러한 주체 개념을 우리는 어디서 발견할 수 있을까? 우리는 레비나스와 데리다로부터 이러한 주체 개념을 위한 단초들을 발견할 수 있다. 레비나스는 자신이 선택하지 않은 것에 대해서도 책임이 있는 주체 개념을 제안한다. 이러한 주체는 자유의지를 지닌 의식 주체의 '책임'과는 완전히 다른 '책임'을 통해서 규정되는 가운데 말하기le Dire의 이름으로 끊임없이 말해진 것le Dit을 탈-말하기le Dédire하는 주체이다. 데리다는 무조건적인 환대의 이름으로 끊임없이 현실적이고 조건적인 환대를 해체하는 주체 개념을 제안한다. 나는 레비나스/데리다의 사유를 이정우 읽기에 도입하는 것을 통해서 이정우의 '의식적인 타자-되기' 개념이 우리에게 남긴 사유의 과제들을 수행할 수 있다고 제안하고자 한다. 이것은 곧 이정우의 저

항 이론이 레비나스/데리다의 사유에서 출발하는 저항 이론을 짝으로
선택해서 '타자-되기'를 할 수 있다는 것을 뜻한다.

* * *

:: 보론 : 들뢰즈의 존재론에 대한 두 가지 해석 방향의 차이가 저항 이론에
미치는 영향에 관하여

나는 이정우가 '의식적인 타자-되기'라는 새로운 개념을 그의 저항 이론
에 도입한 것이 옳은 선택이었다고 믿는다. 예를 들어, 김재인은 자신의 저
서, 『혁명의 거리에서 들뢰즈를 읽자』[56]에서 '윤리의 자연화'를 극단적인
방식으로 수행한다. 이 책에서 김재인은, 한편으로는 들뢰즈의 사유를 '자
연주의 유물론'으로 규정하면서도, 동시에 다른 한편으로는 이러한 '자연
주의 유물론'으로부터 "포스트구조주의 이후의 실천적 대안"(10쪽), 즉 혁
명을 위한 "실천철학의 지침"(73쪽)과 "실천적 과제"(36쪽)가 도출될 수
있다고 주장한다. 그리고 김재인에 의하면 이러한 지침이나 과제를 따르
는 행동방식은 "자연의 이치, 사회가 돌아가고 역사가 진행되어 온 이치에
부응하는 행동방식"(94쪽)이다. 즉 들뢰즈적 실천은 자연의 이치에 부응
하는 실천이라는 것이다. 윤리의 자연화! 김재인에게 있어 윤리적인 것은
곧 자연을 따르는 것이다. 그러나 이처럼 들뢰즈의 존재론을 '자연주의 유
물론'으로 환원시키면서, 또 그렇게 들뢰즈의 철학적 입장을 자연주의적
태도로 환원시키면서 그로부터 세계를 바꾸기 위한 실천적 지침이나 제
안을 도출해 내려는 김재인의 시도는, 그의 표현을 빌리자면, "실패가 예

---

56) 김재인, 『혁명의 거리에서 들뢰즈를 읽자. 들뢰즈 철학 입문』, 느티나무책방, 2016. 이하 인용
부분은 본문에 쪽수만 표시함.

정된 불가능한 시도"(198쪽)인 것으로 보인다. 이 점을 점검해 보자.

김재인은 "관념론에서는 실천철학이 도출될 수 없다"(170쪽)고 주장하는데, 그 이유는 관념론이 '자유의지', '결단', 그리고 '주체' 등의 "객관적으로 입증되지 않은 전제"(171쪽)를 갖고서 실천적 지침을 제안하기 때문이다. 관념론이 객관적으로 검증되지 않은 전제를 갖는다는 것은 곧 관념론이 자연을, 세계를 잘 알지 못한다는 것을 뜻한다. 그런데 김재인에 의하면, "인간은 자연 존재이기 때문에 자연을 잘못 알면 실천에서도 헛발질을 할 수밖에 없다"(172쪽). 그렇다면 관념론이 제안하는 실천적 지침을 따르는 행위는 "실패가 예정된 불가능한 시도"(198쪽)일 수밖에 없다. 왜냐하면 관념론은 세계를 잘못 알고 있기 때문이다. 이와는 달리, 들뢰즈의 자연주의 유물론으로부터 도출될 수 있는 실천철학은 현실에서 "작동 가능한"(27쪽) 토대, 즉 "자연과학이라는 탄탄한 토대 위에 있다"(26~27쪽). 달리 말해, 들뢰즈의 유물론적 사유는, 관념론과는 달리, 세계를 잘 알고 있는 것이다. 그렇다면 들뢰즈의 사유에서 도출되는 실천적 지침이나 제안은 현실에서 "효과적"effective이다(27쪽). 들뢰즈의 사유가 제안하는 실천적 지침을 따르는 행위는 실패하지 않을 수 있다는 것이다. 이처럼 김재인은 "들뢰즈의 실천 강령"(203쪽)을 준수하는 실천이 세계를 바꿀 수 있다고 주장한다. 즉 이러한 실천이 "이루는 우연한 결과들의 종합이 세계를 바꿀 유일한 틈새"(203쪽)라는 것이다. 그러나 여기에서 주의해야 할 것은 세계를 바꿀 수 있다는 것이 곧 세계사의 흐름을 바꿀 수 있다는 것을 뜻하지는 않는다는 사실이다. 왜냐하면 그 어떤 실천도 존재의 운행을, 세계사의 흐름을 거스를 수 없기 때문이다.

들뢰즈 철학이 존재론을 출발점으로 삼는 까닭은, 어떤 실천도 존재의 운행을 위배하면서 도모하는 것이 불가능하다는 이유 때문이다. (203쪽)

의도적인 실천이 세계사의 흐름의 방향을 바꿀 수 있다는 생각은 '자유의지'와 같은 검증되지 않은 전제를 상정하는 관념론자들이 할 법한 생각이다.

결정론을 피하는 또 다른 길은 자연 바깥에서 자연에 존재하는 것들의 인과 그물에 개입하는 어떤 원인이 있다고 가정하는 겁니다. 초월적 원인이 본래 초과될 사건과는 다른 사건을 초래하게 한다면 결정론이 부정되지요. 그 초월적 원인으로 개입하는 게 자유의지입니다. 결정론적이지 않을 때, 인간이 자유의지로써 자연의 변화무쌍한 흐름의 방향을 바꿀 수 있다는 것입니다. 우리의 경험과 상식으로는 그럴 법도 하지요. 그런데 이 방식은 항상 유물론 바깥에 어떤 초월성을 다시 끌어들입니다. 자유의지는 초월성과 관련됩니다. 마치 신이 우주에 명령을 내려 우주의 흐름이 바뀌는 것과 같습니다. 그러니까 자유의지는 신학적 개념이지 유물론적 개념이 될 수 없습니다. 낙하산 인사 같은 것입니다. 그런데 지젝은 자유의지가 있어야 한다고 말합니다. 왜 그런 말을 할까요? 실천을 할 때 목표를 이루려면, 우리가 의도한 방향으로 어떤 일이 이루어지도록 개입해야 하기 때문입니다. 그 대목을 설명하려면 반드시 자유의지가 있어야 한다는 겁니다. 그래서 우리 목표와 의도가 있고 그 방향으로 세상이 가게끔 하는 어떤 작용, 이것이 자유의지에서 비롯되어야 한다는 것입니다. (189쪽)

세계는 우리의 자유의지에 좌우되지 않는다. 우리가 어떤 목적을 품는다고 해서 세계가 그 목적대로 흘러가지는 않는 것이다. 그렇다면 세계사는 어떻게 흘러가는가? 김재인에 의하면 세계사는 우연과 우발을 통해서 흘러간다.

중요한 것은 마르크스 자신의 텍스트에서도 그렇고, 마르크스에 대한 현대적 해석의 흐름도 그렇고, 세계사는 우연적으로 진행되었고 또 진행된다는 겁니다. 이 말을 거꾸로 하면 인간이 의도하는 방향으로 세계사가 전개되지 않는다는 것입니다. (69~70쪽)

세계사가 우연의 개입을 통해 만들어졌는데, 강령을 제시해서 어쩌자는 겁니까? (198쪽)

들뢰즈와 가타리의 실천철학에서는 제멋대로인 삶을 사는 게 권장됩니다. 우리가 어떤 목적을 품었다고 해서 그 목적대로 세계가 흘러가지 않는 이상은 나 좋을 대로 사는 게 차라리 나은 게 아닐까요? (94쪽)

실천에 관한 김재인의 논의를 정리해 보자. 실천은 세계를 바꿀 수 있다. 그러나 실천은 세계사의 흐름을 바꿀 수 없다. 그도 그럴 것이 만일 바꿀 수 있다고 한다면, 김재인은 관념론자가 되어 버릴 것이기 때문이다. 이처럼 김재인은 비록 실천이 세계사의 흐름을 바꿀 수는 없지만, 그럼에도 불구하고 실천이 세계를 바꿀 수 있다고 주장한다. 일견 모순되게 보이는 이 주장을 어떻게 이해해야 할까? 결국 김재인은 이렇게 말하고 있는 것으로 보인다. '실천은 존재의 운행을 거스르지 않는 한에서만 세계를 바꿀 수 있다.' 이것은 곧 실천이 오직 탈영토화의 운동에 부응할 경우에만 세계를 바꿀 수 있다는 것을 뜻한다. 이렇게 볼 때 김재인/들뢰즈의 실천적 지침이나 제안을 따르는 실천은 현실에서 '효과적'인 것으로 보인다. 왜냐하면 적어도 그것이 탈영토화의 운동에 부응하는 경우 저 실천은 세계를 바꿀 수 있기 때문이다. 하지만 과연 그럴까? 이로써 김재인/들뢰즈의 실천적 지침이나 제안이 '효과적'이라는 것이 충분히 확인된 것일까? 그렇지 않다. 아직 우리에게는 가장 중요한 물음이 남아 있다. 김재인/들뢰즈의 실천적 지침이나 제안에 의거해서 실천하는 것이 과연 가능한가? 달리 말해, 우리는 김재인/들뢰즈의 실천적 지침이나 제안을 따라서 실천하도록 결정할 수 있는가? 유감스럽게도, 김재인의 들뢰즈 해석에 따르자면 우리가 이러한 결정을 내리는 것은 불가능한 것으로 보인다. 문제는 이것이다. 김재인은 세계를 바꾸기 위해 김재인/들뢰즈의 실천적 지침이나 제안을 따르는 실천을 도모하라고 자신의 저서를 읽고 있는 독자들에게 권유하고 있는 것으로 보인다. 그러나 김재인의 들뢰즈 해석에 따르자면 세계를 바꾸는 실천의 주체는 결코 독자들일 수 없다. 그렇다면 세계를 바꾸는 실천의 주체는 과연 누구인가? 물론 이 주체는, 적어도 김재인의 들뢰즈 해석의 틀 안에서는, '나'가 아니다. 예를 들어, 지금 김재인의 책을 읽고 나서 이 글을 작성하고 있는 '나'는 세계를 바꾸는 실천을 결단할 수 있는 주체가 아니다. 물론 '나'는 어떤 실천을 해 왔거나, 하고 있거나, 또는 할 수 있는 것이 분명하다. 그러나 어쨌든 그 실천의 참된 주체는 '나'가 아니다. 왜냐하면 '나'를 좌우하는 것은 조건, 환경, 상황, 즉 세계 자체이기 때문이다.

조정환 선생은 이곳에 건물을 직접 지어 '다중지성의 정원'이라고 하셨습니다. 홍대 앞은 엄청 비싼 지역이죠. 그런데 여기에 공간을 만들어 강의도 하고 세미나도 하고 출판도 하고 연구도 합니다. 작은 땅뙈기라도 하나 마련해서 공간을 직접 확보했다는 건 아주 중요합니다. 이런 것이 바로 무의식의 구성 작업입니다. 사람들은 이런 곳이 있기 때문에 찾아올 수 있죠. 이 공간은 구체적 하부구조의 일부로 존재합니다. 이것이 무의식입니다. 공간을 이야기할 때, 들뢰즈는 매끈한 공간과 홈 파인 공간을 언급합니다. 이 건물이 좋은 사례가 됩니다. 우리는 공간에 파인 홈으로만 다닐 수 있습니다. 도로가 대표적이죠. 우리가 정해진 대로 다니는 이유는 도로가 그렇게 나 있기 때문입니다. 길이 다른 쪽으로 나면 다른 길로 갈 수 있습니다. 또는 길이 없어지면, 이동하는 다른 방식이 있을 수 있습니다. 길을 어떻게 내느냐, 공간을 어떻게 구성하느냐 등이 무의식을 건설하는 과제입니다. 매끈한 공간이라면 아무 데로나 다닐 수 있습니다. 우리가 자기 의지로 많은 것을 결정한다고 생각하지만, 실제로는 주어진 물리적, 물질적 조건과 환경에 의해 대부분이 결정되며, 생각하고 행동할 때 한 숟가락 얹는 식으로 자기 결정을 보태는 겁니다. 그래서 유물론자로서 우리는 몸 하나 눕히는 작은 땅뙈기, 즉 영토를 건설하고, 동시에 거기에 안주하지 않고 이동해서 또 다른 영토를 건설하는 일을 하면서 살아갑니다. 영토 건설과 탈영토화를 반복하는 삶, 이것이 바로 무의식 이론입니다. (195~196쪽)

오히려 조건이 우리 자신을 좌우합니다. 앞에서 들뢰즈가 항상 집단을 중시했다고 이야기했습니다. 집단이라는 조건 속에 자신을 소속시킴으로써, 그 집단의 성격과 자기를 동화하는 방향으로 탈영토화의 전술을 취할 수밖에 없기 때문입니다. 그런 전술은 우리 자신을 수동적으로 그 집단의 흐름에 맡길 수밖에 없지만, 수동적이라는 것 자체를 나쁘게 바라볼 이유는 없습니다. 오히려 수동적이라는 것은 인간의 조건입니다. 인간은 원래 상황에 휘둘리는 존재입니다. 상황이 항상 인간을 만듭니다. 그렇다면 인간은 특정한 성격의 집단을 만들고, 자기를 그 안에 집어넣는 식으로 살아가는 게 최선입니다. 어떤 곳에서 누구와 함께 살 것이냐를 선택하는 문제인 것입니다. (103쪽)

위의 두 인용문에 따르자면, 무언가를 결정하는 것은 '나'가 아니다.

오히려 조건, 환경, 혹은 상황이 '나'의 생각과 행동을 실질적으로 결정한다. 결국 '나'의 실천을 결정하는 것은 조건, 환경, 혹은 상황인 것이다. 우리의 생각과 행동을 만들어내는 조건, 환경, 혹은 상황, 이러한 모든 것들을 김재인은 '무의식'이라 부르는데, '무의식'은 결국 '세계 자체'에 다름 아니다.

무의식은 우리의 생각을 유발합니다. 무의식 탓에 자기도 모르게, 심지어 끝까지 자각하지 못한 채, 어떤 생각과 행동을 합니다. (135쪽)

무의식은 사회 자체입니다. 존재 자체, 세계 자체죠. (135쪽)

무의식/세계 자체가 '나'를, 그리고 '나'의 생각과 행동을 만들어내는 한에 있어서 결국 나의 실천을 만들어내는 것 역시 무의식/세계 자체일 수밖에 없을 것이다. 그렇다면 '나'의 실천을 결정짓는 것은 결국 세계 자체, 즉 세계사의 흐름에 다름 아니다. 세계를 바꾸는 것은 '나'가 아니라 세계사의 흐름인 것이다. 요컨대, 세계를 바꾸는 실천의 참된 주체는 바로 탈영토화의 운동 자체, 생성 자체이다. 세계를 바꾸는 것은 탈영토화의 운동이며, 이 운동의 주체는 '나'가 아니라 세계인 것이다

그런데 마르크스 스스로도 오해한 부분이지만, 한국에서도 이진경, 고병권 같은 연구자들이 마르크스의 클리나멘 이해를 들뢰즈의 것으로 혼동했습니다. "우리 클리나멘 하자, 탈주하자, 이탈하자." 들뢰즈가 이러한 구호와 지침을 제시했다는 것입니다. 하지만 클리나멘은 이런 용법과 아무런 관계가 없습니다. 클리나멘은 인간이 등장하기 전에 우주 차원에서 일어나는 일과 관련됩니다. 우주 자체의 운동, 변화무쌍함, 우발과 우

연 등과 관련된 존재론적 개념입니다. 클리나멘 하든지 말든지는 인간이 결정할 문제가 전혀 아닙니다. 그럴 수도 없죠. 이는 용어의 오용입니다. (180쪽)

만일 존재론적 개념인 클리나멘을 하든지 말든지가 인간이 결정할 문제가 아니라고 한다면, 역시 존재론적 개념인 탈영토화를 하든지 말든지도 역시 인간이 결정할 문제가 아니라고 보아야 하지 않을까? 그러나 김재인은 마치 우리가 이것을 '결정'하거나 '선택'하는 것이 가능하기라도 한 것처럼(그리고 그와 더불어 마치 그가 관념론자이기라도 한 것처럼!) 시사하고 있다.

그렇다면 인간은 특정한 성격의 집단을 만들고, 자기를 그 안에 집어넣는 식으로 살아가는 게 최선입니다. 어떤 곳에서 누구와 함께 살 것이냐를 선택하는 문제인 것입니다. (103쪽)

과연 그럴까? 과연 '나'는 내가 어디에서 누구와 함께 살 것인지를 '선택'함으로써 절대적 탈영토화의 흐름에 합류할 수 있을까? 김재인에 따르자면 가능하다. 다만 그의 설명에 따르자면 이 '선택'은 조건에 좌우되어야만 하며, 수동적이면서도 비-의지적이어야 한다. 즉 이것은 "진화 과정 자체가 목숨을 건 도망에서 비롯"(96쪽)된 것처럼 "어쩔 수 없이"(96쪽) 하는 선택인 것이다. 오직 이 경우에만 나의 '선택'은 절대적 탈영토화에 상응할 수 있을 것이다. 그러나 진화 과정에 상응하는 이것을, 궁극적으로는 상황이, 세계가 만들어내는 이것을 과연 '선택'이라고 부를 수 있을까? 여기서 우리가 유념해야 할 것은 진화 과정에서 동/식물들은 어떤 실천적 지침이나 제안 없이 "목숨을 건 도망"(96쪽)을 실천했다는 사실이다. 즉 그들의 '도주'는 지침이나 제안을 필요로 하지 않았던 것이다. 그도 그럴 것이 진화는 클리나멘과 마찬가지로 동/식물들이 지침이나 제안에 동의해서 선택하거나 결정할 문제가 아니기 때문이다. '혁명하자, 도주하자, 탈영토화하자.' 김재인은 이러한 구호와 지침을 들뢰즈의 이름으로 제안하고 있는 것으로 보인다. 그러나 혁명, 도주, 탈영토화는 원래 존재론적 개념이 아니던가? 즉 "인간이 등장하기 전에 우주 차원에서 일어나는 일과 관련"(180쪽)되는 개념이 아니던가? 그렇다면 혁명, 도주, 탈영토화 하든지 말든지는 인간이 결정할 문제가 전혀 아닐 것이다. 그리고 이와 정확히 같은 이유에서 김재인 역시 "용어의 오용"(180쪽)이라는 혐의에서 결코 자유롭지 않은 것으로 보인다. 앞에서 우리는 우리가 과연 김재인/들뢰즈의 실천적 지침이나 제안을 따라서 실천하도록 결정할 수 있는지의 여부를 물었다. 이제 우리는 이에 대답할 수 있다. '나'는 그것을 결정할 수 없다. 그렇다면 누가 결정할 수 있는가? 그것은 세계이다. 여기서 우리는 일종의 역설에 맞닥뜨린다. 김재인은 자신의 저서에서 세계를 바꾸기 위해 김재인/들뢰즈의 실천적 지침이나 제안을 따를 것을 우리에게, 독자인 '나'에게 권유하고 있다. 그러나 김재인의 들뢰즈 해석에 따르자면 세계를 바꾸는 실질적인 주체는 '나'가 아니라 바로 세계 자체이다. 문제는 이것이다. 김재인에 의하면 결국 혁명이란 세계가 스스로를 바꾸는 것이다. 그렇다면 왜 그는 '나'에게, 실천을 능동적으로 선택할 수 없는 우리 독자들에게 김재인/들뢰즈의 실천적 지침이나 제안에 의거해서 세계를 바꾸라고 권유하고 있는 것일까? 만일 독자인 '나'가 세계가 스스로를 바꾸는 일에 개입해서 세계사의 흐름을 바꿀 수 있다면 이러한 김재인의 권유는 '유효한' 권유일 수 있을 것이다. 그러나 이 경우 김재인은 자신이 폄하하고 있는 관념론자가 되어 버릴 것이다. 그의 논지에 따르자면 주체나 자유의지가 개입해서 세계사의 흐름을 바꿀 수 있다는 생각은 관념론자들의 환상에 지나지 않기 때문이다. 그러므로 독자인 '나'는 김재인의 들뢰즈 해석에 충실하기 위해서는 독자인 '나'가 세계가 스스로를 바꾸는 일에 개입해서 세계사의 흐름을 바꿀 수 있다고 생각해서는 안 될 것이다. 그렇다면 다시금 묻지 않을 수 없게 되는바, 왜 그는 '나'에게, 애초에 세계를 바꾸려는 의지조차도 맘대로 가질 수 없는 우리 독자들에게 김재인/들뢰즈의 실천적 지침이나 제안에 의거해서 세계를 바꾸라고 권유하고 있는 것일까? 김재인의 권유는 도대체 무엇에 있어 그리고 도대체 누구에게 '유효한' 것일까? 결국 '효과적'인 것은 김재인/들뢰즈의 실천적 지침이나 제안이 아니다. '효과적'인 것은 오직 생성 자체, 탈영토화의 운동 자체일 뿐이다. 이렇게 생각할 수밖에 없는 이유는 매우 명료하다. 탈영토화의 운동은 들뢰즈의 철학이, '철학' 자체가, 그리고 더 나아가서 철학할 수 있는 자로서의 "인간이 등장하기 전에 우주 차원에서 일어나는 일"(180쪽)이기 때문이다. 김재인/들뢰즈의 지침이나 제안이 있기 전에도 세계는 계속 바뀌어 왔고, 김재인/들뢰즈의 지침이나 제안이 잊혀진다 하더라도 세계는 계속 바뀔 것이다. 물론 김재인/들뢰즈의 지침이나 제안이 읽히고 기억되는 동안에도 세계는 계속 바뀐다. 그러나 이것은 관념론이 '헛발질'을 하든지 말든지 상관없이 세계가 계속 바뀌는 것과 크게 다르지 않은 경우이다.

들뢰즈의 존재론을 자연주의적 태도로 환원시키는 가운데 혁명을 위한 실천적 지침이나 제안을 도출하려는 김재인의 시도는 좌초할 수밖에 없는 것으로 보인다. 김재인에 따르자면, 김재인/들뢰즈의 실천적 지침이나 제안을 따르는 것은 자연의 이치에 부응하는 행동이다. 예를 들어, 김재인의 책을 읽은 독자로서의 '나'는 세계를 바꾸기 위해 어떤 실천을 도모할 수 있을 것이며, 이 실천을 위해 노력할 수 있을 것이다. 물론 '나'의 이 노력은 세계사의 흐름의 방향을 바꾸지 못한다. 하지만 바로 그렇기 때문에 '나'의 이 노력은 자연의 이치에 부응할 수 있다(이 경우 자연의 이치는 탈영토화의 운동이었다). 이것이 다가 아니다. 김재인의 책을 읽은 독자로서의 '나'는 세계를 기존의 상태로 유지하기 위해 어떤 실천을 도모할 수 있을 것이며, 이 실천을 위해 노력할 수 있을 것이다. 물론 '나'의 이 노력은 세계사의 흐름의 방향을 바꾸지 못한다. 하지만 바로 그렇기 때문에 '나'의 이 노력은 자연의 이치에 부응할 수 있다(이 경우 자연의 이치는 재영토화의 운동이었다). 중요한 것은 이것이다. 김재인에 따르자면, '나'가 세계를 바꾸기 위해 노력하든 세계를 현 상태로 유지하기 위해 노력하든, 이러한 노력의 참된 주체는 '나'가 아니라 무의식, 즉 세계이다. 이것은 결국 내가 어떤 선택을 하든 그 선택은 자연의 이치에 부응할 수밖에 없다는 것을 뜻한다. 이렇게 볼 때 김재인/들뢰즈의 실천적 지침이나 제안을 따르는 것은 지나치게 손쉬운 과제인 것으로 보인다. 바로 그렇기에 저 지침이나 제안은 애초에 과제로 부과될 수조차도 없는 것이다. 사실 자연의 이치에 부응하는 것은 전혀 어려운 과제가 아니다. 아니, 과제조차도 아니다. 왜냐하면 자연의 이치에 부응하는 것은 저절로 이뤄지기 때문이다. 일반적으로 사람들이 자연법칙을 준수하거나 따르는 것을 이뤄내야 할 과제로 삼지 않는 이유도 바로 이것 때문이다. 저절로 이뤄지는 것을 굳이 과제로 삼아야 할 필요가 있을까? 어쩌면 세계를 초월하는 신이라면 이러한 종류의 과제를 스스로에게 부여할 수 있을지도 모르겠다. 왜냐하면 애초에 신은 자연법칙에 구속되어 있는 자가 아니라 새로운 자연법칙을 얼마든지 만들어낼 수 있는 자일 것이기 때문이다. 즉 신은 자연법칙에 종속되어 있지 않기 때문에 자연법칙을 따르는 것을 과제로 삼을 수도 있는 것이다. 그러나 우리는 신이 아니며, 또 그렇기에 자연법칙에 종속되어 있다. 따라서 우리는 자연법칙을 따르지 않을 수 없다. 그리고 일반적으로 사람들은 이렇게 따를 수밖에 없기에 거스를 수 없는 것을 가리켜 '과제'라고 부르지 않는다.

지금까지의 논의를 정리해 보자. '윤리의 자연화'의 극단적인 경우에 속한다고 볼 수 있는 김재인의 들뢰즈 해석 안에서는 '자연주의 유물론'이라는 세계의 모든 것들을 설명할 수 있을 만큼 지나치게 강한 존재론에도 불구하고 왜 (여분의 설명이 별도로 요청될 수밖에 없는!) 혁명을 위한 실천의 개입이, 말하자면 일종의 윤리적 저항이 별도로 필요하다는 것인지가 그리고 저 존재론적 틀 안에서 이러한 개입/저항이 도대체 어떻게 가능하다는 것인지가 전혀 해명되지 않은 채로 남아 있다. 이에 비해, 이정우는 '의식적인 타자-되기'라는 새로운 개념의 도입을 통해서 존재론과 윤리학의 구분 근거를 자신의 저항 이론 속에 마련해 놓고 있으며, 이를 통해 윤리적 저항이 개입 가능한 이유를 밝히고 있다. 어쩌면 들뢰즈/가타리의 사유는 오직 이런 방식으로만, 즉 들뢰즈/가타리의 사유에 이질적이고 낯선 어떤 새로운 계기를 도입시키는 것을 통해서만 저항 이론으로서 구제될 수 있는 것은 아닐까? 어쩌면 들뢰즈/가타리의 사유는 그 스스로는 결코 '윤리의 자연화'로부터 벗어날 수 없는 것이 아닐까? 어쩌면 들뢰즈/가타리는 애초에 자신들의 사유를 '처방'으로서, 즉 저항 이론으로서 제시한 것이 아니라 오직 현대자본주의 사회에 대한 '진단'으로서만 제시한 것은 아닐까?

# 경영학 관점에서 본 타자로의 윤리
: 초월적 가치에서 내재적 가치로의 전환

유재언

우리 사회에서 인공지능은 이미 상당한 수준으로 발전되었다. 인공지능을 장착한 로봇이 상용화되는 시대가 서서히 다가오고 있다. 구글의 레이 커즈와일은 2045년이 컴퓨터의 능력이 전 인류의 지능을 능가하게 되는 '특이점'singularity에 도달하는 시점이라고 예측하였다. 구글이 지향하는 로봇을 이용하여 인간 종의 "품질"을 향상시키고자 하는 '트랜스휴머니즘'의 이념은 경제적으로나 사회적으로도 상당히 중요한 논쟁을 불러일으킬 수 있다.

이러한 시대적 상황에서 "인간의 욕망은 어디를 향해 가는가?"라는 질문이 제기되었다.[1] 사회학의 관점에서 보면, 인간의 개개인은 사회를 구성하고 유지하는 존재이다. 역사적으로 보면, 사회와 '개인'에 대한 관계는 끊임없이 변화되어 왔다. 오늘날 인간의 본질을 어떻게 이해해야 하는가? 또한 사회에서 개인의 의미와 타인과의 관계는 어떻게 이해되어야 하는가? 인간의 역할은 개인과 타자들로 구성된 조직과 사회에서 이해된다고 보면, 조직과 사회를 유지시키고 변화시키는 중요한 요인으로서 지식과 권력의 상호작용 그리고 담론과 문화의

---

1) 다카하시 도루, 『로봇 시대에 불시착한 문과형 인간』, 김은혜 옮김, 한빛비즈, 2018, 180쪽.

관계를 어떻게 인식해야 되는가? 이러한 문제 제기를 통해서 현대 사회에서의 지식의 의미는 과연 무엇이고, 지식 창조와 학습을 통해서 변화할 미래 사회의 모습은 과연 어떤 것인지 상상해 보고자 한다.

우리는 현재의 복잡하게 얽힌, 나아가 '억압된' 사회 환경으로부터 어떻게 자유로울 수 있는가? 자기배려를 통해서 주체의 새로운 삶의 가능성을 찾아내고, 이러한 새로운 삶의 가능성을 현실에서 실천할 수 있어야 한다.

역사적으로 보면, 우리 사회는 불교사상과 유교사상에 의해서 커다란 영향을 받았다. 지금도 우리 사회에서 나이가 많은 연장자를 우대하고 존경하는 문화가 남아 있다. 이러한 문화적 관습은 유교사상에 영향을 받은 바 크다. 또한 우리 사회에서는 교육을 중시하고 엘리트 중심의 문화가 사회 전반을 지배하고 있다고 해도 과언이 아니다. 오늘날 정부 정책이 일부 엘리트 학자나 정치인들에 의해서 만들어지고 실행되는 것이 현실이다. 이러한 현실은 앞으로도 지속될 것 같다. 왜냐하면 우리 사회는 수백 년 동안 이러한 전통과 문화가 이어져 내려왔기 때문이다. 하지만 오늘날의 우리 사회는 전통적인 문화가 점차로 사라져 가고 있고, 새로운 '젊은' 문화가 탄생하고 있다. 예를 들어, 요즈음 군대에서는 병장이 이등병에게 반말을 사용하지 않고 "김 이등병님, ~을 해 주세요" 하고 존칭과 존댓말을 사용한다. 명령과 지시 위주의 군대문화가 어느새 새로운 젊은이의 문화로 대체되었다. 따라서 우리 사회에서도 이러한 젊은이 중심의 문화와 기존의 연장자 중심의 문화가 공존하고 있다. 만일 나이가 들어서 사회생활을 하게 되면, 오늘날 젊은 세대의 문화에 적응해서 익숙해져야 사회생활을 할 수 있게 되었다. 물론, "꼰대"라는 소리를 듣지 않으려면, 젊은 세대들이 자유자재로 사용하는 컴퓨터 관련한 프로그램과 기술에 익숙해야 하는 것은 당연하다. 그렇지 못하면, 사회생활은 매우 힘들어지게 되고, 결국은 사회에서 퇴출을 당하는 신세가 되는 시대가 되었다.

그러면 우리가 예로부터 경험한 것과 알아 왔던 것은 어떤 의미를 가질 수 있는가? 전통과 현대는 어떻게 만나야 하는가? 온고지신溫故知新이라는 말이 있다. '옛것'으로부터 배워서 현재를 '새롭게' 한다는 뜻이다. 도교사상의 핵심이라고 할 수 있는 장자莊子의 사상은 과거를 이해하는 사상일 뿐만 아니라 현대 사회에서도 새롭게 해석될 수 있는 사상이다.[2] 장자의 사상은 오늘날에도 폭넓게 활용되어 인간의 삶에 필요한 다양한 지식을 제공한다. 과연 장자의 관점에서 보면 인간의 지식이란 무엇인가?

## 장자의 관점에서 본 지식(앎)의 의미

장자莊子는 현대 과학적 지식을 연구하는 데에 있어서 이성적 지식보다는 직관적 지식을 제공한다는 점에서 서구의 합리적 사고 및 유교를 중심으로 발전된 윤리적 사고와는 차별화되는 특성을 갖고 있다.[3] 예를 들어, 장자는 우리가 아는 지식 혹은 인식이란 무엇인가에 대해 반문하고, 기존의 유가사상에서 제시한 '인의예지'의 관점을 뛰어넘는 시각을 제공하였다. 외편 중 「추수」秋水편과 내편 「제물론」齊物論편의 글

---

2) 유재언, 『동아시아 비즈니스 문화와 혁신적 기업 경영』, 창민사, 2018.

3) Fritjof Capra, *The Tao of Physics*, Shambhala, 2010.

을 보면 다음과 같다. 「추수」에는 다음과 같은 우화가 등장한다.[4)]

공손룡公孫龍이 위모魏牟에게 질문하였다. "나는 어릴 적부터 고대 왕국의 훌륭한 군왕들의 도道, 예를 들면, 임금의 예禮와 지혜智慧를 배웠고, 성장해서는 만인에게 공평함仁[5)]과 사람의 도리와 정의義[6)]를 위해서 행동하였습니다. 인간 세상에 존재하는 동일하거나 서로 다른 것에 대해서 나는 질서정연한 하나의 논리로 설명하였고, 같은 사물에 존재하는 서로 상이한 현상을 상호 분리하여 분석하였습니다. 나는 훌륭한 학자들이 보기에는 그렇지 않다는 것을 그렇다고 반박하였고, 학자들이 불가능하다고 주장한 것을 가능한 것으로 증명하였습니다. 그래서 나는 스스로 이론과 학문의 최고 경지에 올라 있다고 생각하였습니다. 그러나 장자의 말을 듣고 나서, 나 자신도 이해할 수가 없어서 멍하게 되고 말았습니다. 나의 이론이나 지혜가 장자에 미치지 못하는 것인지 아니면 장자의 도道의 개념은 내가 알지 못하는 경지에 있는 것인지를 알고 싶습니다. 도대체 장자의 도道란 무엇인지 감히 묻고 싶습니다."

공손룡(B.C. 320~250)은 조趙나라 한단邯鄲 사람이며 전국시대 명가名家의 궤변론자로 언변에 뛰어났다. 일찍이 평원군平原君의 식객이었다. 위모는 위魏나라의 공자 이름이다. 중산中山(지금 중국 하북성의 정현定

---

4) 『장자』의 판본으로는 『莊子集釋』(郭慶藩 輯, 中華書局, 1978)을 사용했다.
5) 인(仁)은 휴머니즘의 관점에서 보면, 사람을 널리 사랑하는 것이다. 불교적 관점에서 보면 자애와 자비의 개념과 유사하다.
6) 의(義)란 실제 일을 행함에 있어서 사리에 합당한 것을 의미한다. 현대의 관점에서 보면, 정의(正義, justice)의 개념과 유사하다.

縣)에 봉해졌으며, 장자 철학의 애호가였다. 공손룡은 세상을 살아가는 데 있어서 인仁과 의義에 의해서 살아가고 있었기 때문에 그 당시 관습으로 보면 훌륭한 학자이면서 군자로서의 생활을 하였다. 하지만 장자 철학의 애호가였던 위모를 만나서 자기의 생활은 그 당시 생활로 보면 군자의 생활이었지만, 장자의 관점에서 보면 무언가 부족하다고 고백한다. 그래서 공손룡은 장자의 사상은 무엇인지 위모에게 질문한다.

젊은 학자인 위모가 책상에 기대서 크게 한숨을 짓고 하늘을 우러러 크게 한바탕 웃으면서 다음과 같이 답변하였다. "당신은 우물 안에서 사는 개구리의 우화를 듣지 못하였습니까? 어느 날 개구리가 우물 밖에 나왔다가, 동해바다에서 올라온 자라를 만나서 자랑스럽게 말하였습니다. '내가 얼마나 즐겁고 행복한 줄 네가 알겠느냐? 나는 우물가의 수면 위로 떠올라서 내 맘대로 놀기도 하고, 우물 안의 깨진 벽 틈 사이로 들어가서 쉬기도 한단다. 연못에 사는 장구벌레, 게, 올챙이도 나처럼 자유롭고 행복하지 못하지. 우물 전체를 독점하다시피 사는 나의 즐거움이란 최고의 경지에 이른 것이지. 자라야, 너도 가끔 우물로 들어와서 이곳에서 나와 함께 놀면서 함께 즐겨 보는 것이 어때?' 그 말을 듣고, 동해바다에서 온 자라가 우물 안으로 들어오려고 하다가 왼발이 채 들어가기 전에 오른발의 무릎이 우물가에 걸려 버렸다. 그래서 자라는 어물쩍어물쩍 뒤로 물러나와 자라가 사는 바다에 대해서 다음과 같이 얘기하였다. '개구리야, 내가 사는 동해바다는 천리나 되는 먼 거리로도 그 크기를 형용할 수 없어. 또한 바다의 깊이는 천 길의 높이로도 그 깊이를 다 표현할 수 없어. 중국의 우禹 임금 시절에는 십 년 동안 큰비가 자주 내려서 장마가 아홉 번이나 졌지만 바다의 물은 더 이상 불어나지도 않았어. 중국의 탕湯 임금 시절에는 팔 년 동안에 일곱 번이나 가뭄이 들어서 (육지에서는 많은 사람들과 짐승들 및 초목들이 말라 죽었지만) 해안의 수위가 결코 내려가지 않았어. 바다는 대체로 세월이 흘러도 변화하지 않고(바닷속에는 온갖 진귀한 생물들과 물고기들이 육지의 변화에는 아무렇지도 않게 천년이 지나고 만년이 지나고 그대로 살고 있다) 강우량의 변화에 아무 걱정이 없이(바깥세상의 변화에 전혀 동요함이 없이) 살 수 있는 것이 동해바다의 큰 즐거움이란다.' 우물 속의 개구리는 자라의 얘기를 다 듣고 나서 너무 소스라치게 놀라서 멍하게 넋을 잃고 말았습니다."

이렇게 위모가 '우물 안의 개구리와 자라'의 우화를 말해 주면서, 그(공손룡)가 지식의 옳고 그름을 판단하는 기준도 분명하지 않으면서 장자의 사상에서 논하는 의미를 이해할 수 있는가 하고 반문하자, 공손룡은 아무 말도 못하고 멀리 도망쳐 버렸다.

이 이야기를 통해서 장자는 인간의 지식과 인식의 절대적 기준은 없다고 설명한다. 우리는 대부분 자신이 자라 온 사회적 관습이나 문화 속에서 살아가고 있고, 이러한 환경적 요소에 의해서 우리의 사고와 행동은 결정된다. 또한, 우리는 우리의 생각을 언어나 말로써 이해하고 표현한다. 이러한 현상은 우리가 사용하는 언어와 말의 틀로 세상을 보기 때문에 언어나 말로 표현할 수 없는 '저편'의 세상을 이해할 수 없다. 따라서 인간의 사고, 지식과 경험은 우리의 환경 속에서 배운 언어로써 이해되기 때문에 언어 차원을 넘어서는 '미지'의 세상에는 무엇이 존재하는지 알 수 없다. 이러한 것은 마치 우물 안의 개구리가 자기가 사는 우물 안이 세상의 전부이고 우물 밖의 세상인 드넓은 망

망대해茫茫大海에서 사는 거북이나 물고기들의 생활을 이해하지 못하는 것과 같다.

위의 우화에서 보듯이 『장자』의 사상은 우리가 당연시하게 받아들이는 지식의 본질에 대해서 의문시하고 '비판적 사고'critical thinking가 지식의 형성에 매우 중요함을 강조한다. 즉, 지식은 개인의 주체성과 이성적 판단에 의해서 형성되기보다는 '타자'의 입장을 수용한다. 이러한 타자의 입장에서 본 지식은 세상의 현상에 대한 보다 정확한 통찰력을 얻게 하고, 이러한 통찰력을 통해서 타당성이 있는 실천적 지식을 형성하게 한다. 이러한 『장자』의 사상은 현대 철학에서 논의되고 있는 후기구조주의자들의 사상과도 일맥상통하다고 볼 수 있다.[7]

## 현대 철학의 관점에서 본 인간과 사회의 의미

푸코와 들뢰즈의 사유를 매개해 논의를 해 보자. 근대 사회의 도래 이후에 주체와 진실이 맺는 관계는 어떻게 변화되어 왔는가? 주체와 진

---

7) "장자가 말하려는 것은 모든 사물들이 상대적이라는 사실이 아니다. […] 그 상대성을 벗어난 눈길을 가졌을 때에만 그 상대성을 진정으로 볼 수 있다는 뜻이다. 상대성의 내부에서는 상대성을 볼 수 없다. 상대성의 바깥에 설 때에만 상대성을 볼 수 있다. 그러나 이 눈길은 사물들 위로 솟아올라 그것들을 굽어볼 수 있는 어떤 초월적 눈길을 뜻하지 않는다. 오히려 사물들의 아래로 내려가 그것들의 상대성이 무화(無化)되는 제공의 경지를 뜻한다. […] 장자는 이 개념을 기(氣) 개념으로 포착한다. 존재론적 평등이 성립하는 지평으로서의 무는 단순한 없음이 아니라 있음을 가능케 하는 없음이다. 없음은 있음의 안감과도 같다. 그러나 이 없음으로 다가갈 수 있는 것은 이론적 논증이 아니라 신체적 실천이다. 즉, 자신을 가두고 있는 기를 넘어 존재론적 평등이 성립하는 지평으로서의 기로 다가가는 것이다. 이것은 정신적/내면적 수양과도 다르다. 그것은 내가 타자가 되려는 비상한 노력을 동반하는 실천적 수양이다."(이정우, 『세계철학사 2: 아시아세계의 철학』, 길, 2017, 363~364쪽)

실에 관해 논하면서 푸코는 '자기배려'의 윤리학을 논했다.[8] 그러나 자기배려는 타인과의 관계 속에서 비로소 구체성을 띠게 된다. 자기배려는 나를 포함한 우리의 사유와 원칙, 그리고 담론과 행동 간에 일치와 조화가 성립하는지를 지속적으로 경계하고 살피는 것이다.[9] 미셸 푸코는 자기 자신이 사회시스템과 통제로부터 억압받는 상황에서, 주체성과 진실의 관계를 파악하여 주체가 이러한 상황에서 새로운 것을 생산하여 주체의 새로운 삶의 가능성을 실험하고 창조하는 윤리의 개념과 중요성을 이해하고자 했다.[10]

과연 사회의 역사성 안에서 주체는 어떻게 성립하는 것인가? 푸코에 의하면, "나를 아는 것" 즉 자기배려 혹은 자기의 테크닉('기예'로서의 'technē')을 통해서 주체와 지식 혹은 진실과의 관계가 드러나게 된다. 그러나 자기배려는 자기('나')라는 새로운 인식 대상을 전제하는 것이 아니라, 타자·사물·세계의 관계 속에서 형성되는 것이다. 즉 "나를 아는 것"은 나 자신에 대해서만 아는 것이 아니라 타인 또는 타자, 사물과 세계(주위 환경)에 대해서도 아는 것을 포함하게 된다. 따라서 진실된 담론은 주체('나')만을 통해서 생산되기보다는, 타자 혹은 다수와의 관계 속에서 생산된다. 따라서 근대 이후에 서구에서 성립된 이러한 '자기배려'와 타자와의 관계는 사회를 형성하고 유지시키는 데 필수적이다. 따라서 사회 속에서 주체는 그 자체만으로 진실의 능력은 있지만 진실 혹은 진실된 담론은 주체를 구원할 수 없다는 가정에서 새롭

---

8) 푸코, 『성의 역사 3: 자기에의 배려』, 이혜숙 옮김, 나남, 2004.
9) 푸코, 『주체의 해석학: 1981–1982, 콜레주 드 프랑스에서의 강의』, 심세광 옮김, 동문선, 2007, 18쪽.
10) 같은 책, 29쪽.

게 인식할 필요가 있는 것이다.[11]

미래 사회는 다양한 학문 분야에서 만들어지는 새로운 담론을 통해서 변화될 것이다. 또한 다양한 학문 분야에서 만들어지는 담론들은 융·복합 사고로 발전되어 새로운 혁신을 일으킬 것이다. 이미 4차 산업혁명으로 인해서 사회는 변화되어 가고 있으며, 기업의 환경은 변화하고 있다. 아직도 우리 사회의 많은 조직들은 과거 수직적이고 연장자 중심의 '유교식' 문화에 여전히 익숙해져 있다. 그러나 로봇 시대에서는 과연 이러한 유교식 문화가 필요한 것일까? 어떠한 문화가 로봇 시대에 적합한 것일까? 로봇이 상용화되는 시기는 점점 다가오고 있다. 로봇은 과연 인간을 대신하여 사회를 변화시키고 이끌어 갈 수 있을까? 로봇이 인간의 감성적인 부분까지 흉내 낸다고 해도 이는 한계가 있을 수밖에 없다. 즉 로봇은 인간 개인처럼 현대 사회의 비리나 폐단을 사회에 고발하고 이를 바로잡을 수 있는 역할을 할 수가 없다. 따라서 인간만이 현대 사회의 질서를 파괴하고 새로운 사회를 창조할 수 있다. 따라서 오늘날 현대 사회에서 그리고 향후 도래할 로봇 시대에서도 인간만이 '자기배려'를 통해서 타인과의 관계 속에서 창조적인 담론을 생산할 수 있고, 이러한 창조적 담론을 통해서 조직과 사회를 변화시킬 수 있는 능력과 힘을 갖고 있다. 2045년을 기점으로 로봇 혹은 AI 지능은 복잡한 사회 문제나 경영자의 의사결정을 해결하는 데 중요한 '도구'가 될 것이다. 이러한 시대에 인간의 존재는 어떻게 변화될 것인가?

4차 산업혁명 시대에 상용화될 로봇 혹은 AI(인공지능)는 인간처

---

11) 같은 책, 63쪽.

럼 '자기배려'를 통해서 창조적이거나 '깨어 있는'conscious 담론을 만들 어낼 수 없다. 왜냐하면, AI는 단지 인간들이 만들어내는 새로운 담론 을 생산하는 데 사용될 '도구'에 지나지 않기 때문이다. 그러나 사회의 복잡한 문제를 해결하는 데 필요한 도구로서 AI는 중요한 역할을 하기 때문에 인간의 존재는 '타인'과 더불어 로봇이나 AI와 더불어 살아가 는 존재로 변화할 것이다.

　나아가 문제를 존재론적 지평으로까지 끌고 가 생각해 볼 필요가 있다. 인공지능, 빅데이터, 사물인터넷, 기술경영과 같은 새로운 과학 기술의 발전은 현대 사회를 변혁시키고 있지만, 사회적 변화와 더불어 기업 경영에 있어서 인간의 윤리적 관점과 기업의 사회적 책임CSR은 매우 중요한 이슈로 다루어지고 있다.[12]

　현대 사회의 윤리적 문제를 다루는 데에 있어서 합리주의자인 스 피노자의 '에티카'와 그의 사상을 계승하여 발전시킨 들뢰즈의 '차이' 의 존재론은 중요한 의미를 갖는다. 하이데거 이후로 인간은 현존재로 서 시간성과 공간성에서 매우 특이한 특성을 갖는다. 인간은 감성을 갖고 있어서 기쁨과 희망, 공포와 불안과 같은 고유한 특성을 갖는다. 하지만 로봇은 인간과는 다르게 감성적 요소가 포함된다고 해도 '기 계'인 특성상 인간과 같은 공포와 불안을 별로 느끼지 못할 것이다. 따 라서 로봇은 '죽음'에 직면하여 별로 문제시하지 않을 것이며, 인간만 이 '현존재'로서의 '죽음'의 공포와 불안을 느끼게 된다. 물론 인간은 '죽음'의 공포로부터 벗어나기 위해서 인간의 두뇌와 로봇의 신체를 결합하여 생명을 연장시키거나 반영구적인 삶을 살 수도 있다. 하지만

---

12) 유재언, 『4차 산업혁명 시대를 위한 혁신적 조직행동』, 제2판, 신아사, 2019.

생명체로서 인간은 죽음으로부터 완전히 해방될 수 없고, 생존하는 동안 타인과 더불어 살아갈 수 있는 '윤리' 및 도덕적 사고와 행동이 필요할 것이다. 그렇다면 이런 맥락에서 들뢰즈가 제시하는 '차이'의 존재론은 어떤 의미를 던져 주는가?

'차이'difference의 개념은 '외부'outside에서 생성된다. 즉, 개인도 내부적인 과정에서 스스로 만들어지기보다는 '외부'의 공동체 및 타인과의 상호 관계를 통해서 만들어진다. 인간이 성장하기 위해서 유년기에는 부모로부터 생존에 필요한 음식을 공급받고 사회에서 필요한 언어와 문화와 관습은 부모로부터 배우게 된다. 유년기를 지나서 청소년기에는 학교와 사회에서 만나는 선생님과 친구들로부터 다양한 형식으로 상호작용을 하게 되어 '나'라는 존재가 서서히 완성되어 간다. 물론 신체적으로 성인이 되어 사회에서 생활을 하는 과정에서도 혼자서 스스로 살아가기보다는 사회에서 만나는 다양한 타인들과 대화하고 소통하는 가운데 사회 속의 '내'가 되어 간다. 따라서 '차이'의 개념은 항상 '외부'와 상호작용하고 소통하는 방식으로 이해되어야 한다.[13] 쉽게 설명하면, 인간의 윤리와 도덕은 타자와의 상호작용과 관계에서 비롯되며 이해되어야 한다.

들뢰즈의 '차이'의 철학은 동양의 사상과도 유사한 점이 있다. 예를 들어, 동북아 사상의 큰 산맥을 형성하는 중국의 노장사상에 기반을 둔 도가철학에서는 자연의 근원은 기氣이며, 기는 생명력을 갖고 변화한다. 서구 사상에서 발전한 합리성은 인간의 이성에 의해서 만들

---

13) Todd May, "From Communal Difference to Communal Holism: Jean-Luc Nancy", *Reconsidering Difference*, Pennsylvania State University Press, 1997, pp. 21~76.

어진다. 따라서 합리성은 인간의 관점에서 세계를 보는 개념적 틀이다. 들뢰즈의 '차이' 개념은 인간의 이성의 한계점을 인식하고 이를 극복하고자 하는 사유이다. 장자의 관점에서 보면 사물을 인간의 이성의 틀에 맞추어서 보기보다는, 자연과 인간 사이에 드리워진 장막을 거두고 인간과 자연이 통하는 개념과 관점에서 보아야 한다.[14] 자연과 인간 사이를 연결하는 개념이 곧 기이며, 자연과 인간이 소통할 수 있는 관점이 도道의 관점이라 할 수 있다. 이러한 기의 개념과 도의 관점에서 세상을 바라보려면 인간의 이성 즉 정신보다는 인간의 마음에서 세계를 바라보고 인간의 정신의 한계점을 뛰어넘어야 '기'를 느낄 수 있으며, '도'의 관점에서 세상을 볼 수가 있다. 즉 '자연의 흐름'을 느끼며, 이러한 자연의 흐름에 맞추어서 세상을 볼 수가 있다. 이러한 '도'의 관점을 들뢰즈 식으로 이해하면 우리는 이성을 포함하는 '감성'적 차원에서 세상을 바라보아야 하며, 현실성을 다른 현실성으로 바꾸어 나가기 위해서 통과해야 할 잠재성의 여백(현실성 1→잠재성→현실성 2의 과정)이 존재해야 한다.[15]

푸코와 들뢰즈를 통해 음미했듯이, 오늘날 다양한 학문 분야에서 만들어지는 담론적 지식은 새로운 가능성을 제시하고 있다. 즉, 담론적 지식은 새로운 사회를 지향하는 내재되어 있는 잠재성의 '문제'와 '이슈들'을 현실화시키고 있다. 이러한 새로운 가능성은 개인과 타자의 상호작용으로 만들어지는 담론을 통해서 발견되고 이루어진다. 이를테면, 앞서 언급하였듯이, 오늘날의 우리 사회는 '나'와 '타자'의 변화

---

14) 이정우, 『세계철학사 2』, 646쪽.
15) 같은 책, 664쪽.

하는 관계를 통해서, 새로운 가능성을 여는 새로운 '젊은' 문화가 탄생하고 있다. 이러한 '젊은 문화'는 과학기술과 더불어 발전되고 있는 물질문명과 더불어 사람들의 규범, 가치관을 포함한 정신문화를 포함시키는 넓은 의미의 사회 변동의 한 측면으로 이해할 수 있다. 이러한 사회 변동은 제도, 법, 사회적 관계를 포함한 구조적인 측면의 변화만을 의미하는 것이 아니라 물질적이고 정신적인 측면의 문화적 변화를 포함한다.[16] 이러한 문화적 변화는 사람들이 경험하고 새로운 것을 학습함에 따라서 사람들의 사고방식과 행동이 변화되었음을 의미한다. 그렇다면 사람의 사고방식과 행동을 변화시키는 지식의 본질은 무엇인가? 다음 절에서 '타자'의 관점에서 본 지식의 본질과 의미에 대해서 논하고자 한다.


## '타자'의 관점에서 본 지식의 의미

과학적 지식의 의미는 그것이 어떤 존재론을 통해 성립해 있는가에 따라 달라진다. 경영학을 포함한 현대 사회과학의 존재론적 입장은 자연과학의 환원주의의 입장을 수용하였다. 환원주의 입장에서 발전된 과학적 연구란 외부세계의 현상들 간의 관계에 대하여 기존에 입증된 이론을 바탕으로 새롭고도 중요하다고 생각되는 관계를 논하여, 이에 대한 가설을 세우고 이를 체계적으로 입증하려는 통제된 상태에서 진

---

16) 김선웅, 『개념 중심의 사회학』, 한울, 2006, 373쪽.

행되는 경험적이며 비판적인 연구를 말한다.[17] 이러한 과학적 연구를 바탕으로 과학적 지식을 산출하는 연구방법론은 '실증주의적 경험주의'positivist empiricism에 의한 과학적 방법이다. 이러한 실증주의적 경험주의에 의한 과학적 연구방법론은 경영학을 포함하여 사회과학의 대표적인 연구방법론으로 과학적 지식을 산출하는 방법으로 인정받고 있다. 이러한 '주류'의 사회과학적 지식을 산출하는 방법은 1990년대 이후에 현상론과 후기 구조주의 혹은 '포스트모더니즘'으로부터 심각한 도전을 받아 왔다. 예를 들어, 『지식을 창출하는 회사』의 저자인 노나카와 다케우치는 현상론의 입장을 수용하여 지식의 유형을 형식지와 암묵지로 구분하고, 지식 창출은 형식지와 암묵지가 상호작용하여 학습하는 과정을 통해서 이루어진다고 주장하였다.[18] 환원주의 입장을 수용하는 실증주의와 현상론의 존재론적 입장에는 공통점이 있다. 예를 들어, 지식을 창조하는 주체와 지식의 원천인 환경이 별개의 두 개 영역으로 존재한다는 것이다. 즉 인간은 지식을 창출하는 주체로서 감각작용을 통하여 환경 혹은 외부 세계의 현상을 인식하고 해석하여 지식을 창출한다는 입장이다. 이러한 입장은 지식을 창조하는 주체는 동일자로서 인간의 의식작용을 통하여 지식을 산출한다는 점이다. 그렇다면 인간은 주체 혹은 의식작용만을 통해서 이해될 수 있는가에 대한 의문점이 생긴다.

정신분석학자인 프로이트와 라캉은 인간의 심리는 의식작용만으

---

17) 이훈영, 『이훈영 교수의 연구조사방법론』, 청람, 2008, 25쪽.
18) Ikujiro Nonaka and Hirotaka Takeuchi, *The Knowledge-Creating Company*, Oxford Univ. Press, 1995.

로 설명할 수 없고 인간의 무의식이 인간의 '욕망'을 설명하는 데에 결정적인 요소라고 주장하여 인간 정신과 무의식 세계에 대한 본질을 심리학, 정신분석학, 언어학을 결합하여 설명한 바 있다.[19] 우리가 프로이트와 라캉의 입장을 수용하여 인간의 무의식 세계를 인정한다면 지식의 의미는 확연히 달라진다. 예를 들어 기존의 환원주의와 현상론의 입장에서 수용하는 데카르트와 칸트의 인간의 주체 혹은 의식만이 지식을 산출하는 근거가 아니라는 점이다. 또한 우리가 인간의 주체뿐만 아니라 '타자'의 입장으로 지식을 산출하는 근거를 포함한다면 지식의 주체는 동일자('나')와 타자 혹은 '타인'을 모두 포함하게 된다. 다시 설명하면, 지식을 창출하는 근거는 '나'의 입장이 아니라 '나'와 '타인' 혹은 '타자'의 상호작용을 통해서 담론discourse의 공간이 된다.[20] 이러한 입장은 후기구조주의자 혹은 포스트모더니스트 입장으로 이미 경영학 특히 조직이론의 분야에 소개되었다. 예를 들어, 기업 경영에서 요구되는 '긍정적 지식'positive knowledge은 조직 내 권력 혹은 경영자의 권력과 밀접하게 연관되어 있기 때문에 푸코가 주장하는 지식과 권력의 관계에 의해서 만들어지는 담론은 지식의 원천이 된다.[21] 따라서 '타자'의 입장에서 본 지식의 의미는 사회과학의 '주류'인 환원주의 입장에서 주장하는 주체 혹은 인간의 의식작용에 의해서 생성되는 지식의 의미와는 확연히 다르다고 할 수 있다.

담론을 통해서 형성되는 지식은 비판적 사고가 포함되어야 담

---

19) 김석, 『프로이트 & 라캉: 무의식의 초대』, 김영사, 2018.

20) Michel Foucault, *The Archeology of Knowledge*, Routledge, 1972.

21) David Knight, "Writing Organizational Analysis into Foucault", *Organization*, 9(4), 2002, pp. 575~594.

론적 지식으로서 기능한다. 예를 들어, 비판적 담론 분석critical discourse analysis은 조직적 맥락 혹은 사회적 맥락에서 행사되는 권력과 지식의 관계를 비판적 사고를 통해서 분석하여 사회 혹은 조직을 변화시키는 방법론으로 발전되었다.[22] 담론에 의해서 변화되는 현대 사회는 다원적 성격을 띤 다원주의 사회가 될 것이다. 다원주의 사회 혹은 약칭해서 다원사회多元社會란 어떤 특정한 조직, 집단 혹은 개인에게 권력이 집중되어 있지 않고, 다양한 집단들과 조직 혹은 네트워크에 권력이 분산되어 있는 사회를 말한다.[23] 다원사회는 사회질서와 개인의 자유가 균형을 이루는 사회로서 타인의 관점에서의 자유는 다원사회의 핵심적 이유가 된다. 예를 들어, 다원사회는 개인 혹은 집단의 권력에 의해서 사회질서를 유지하거나 개인적 자유만을 추구하여 사회질서를 배격하는 무정부주의를 지향하는 사회가 아니다. 오히려, 개인과 확연히 분리되는 '타자'의 관점에서 인간의 자유를 이해하고 인간의 자유, 책임, 조화 등의 사회적 가치를 지향하는 사회를 의미한다. 이러한 가치를 좀 더 체계적으로 이해하기 위해서 다음 절에서는 '타자'의 관점에서 본 인간과 사회에 대해서 설명하고자 한다.

---

22) Jae Eon Yu and Hyo Chang Hong, "Systemic Design for Applying the Combined Use of SSM and CDA to Social Practices", *Systemic Practice and Action Research* 29, 2015, pp. 149~171.

23) 박동준, 「기업의 사회적 책임 수행을 위한 기업 윤리에 관한 연구」, 서울대학교 대학원 국민윤리교육과 박사학위논문, 1994.

## '타자'의 관점에서 본 인간과 기업 그리고 사회

레비나스의 '타자'the Other 개념은 인간의 본질과 현대 사회를 이해하는 데에 핵심적인 역할을 한다. 예를 들어, 인간의 본질은 주체의 자기 동일성에 의해서 이해되기보다는 타자와의 관계성에 의해서 이해되어야 하며, 이러한 타자와의 관계성은 나(동일자)의 입장과 타인(타자)의 입장을 동시에 수용하는 입장을 통해서 인간 주체를 이해한다.[24] 즉 인간 주체는 나의 의식작용만이 아니라 타자와의 상호 관계를 통해서 형성되는 것이다. 예를 들어, 우리는 어릴 적에는 부모('타자')와의 대화를 통해서 성장하고, 성인이 되어서는 타인과의 대화 및 상호작용을 통해서 '나'라는 인간이 (재)형성되는 것이다. 따라서 '타자'의 관점에서 본 인간은 홀로 존재할 수 없고 타인과의 상호작용을 통해서 존재가 가능하게 된다. 이러한 '타자'의 개념은 인간 개인은 타자와의 만남을 통해서 인간 주체가 만들어진다는 것을 의미한다. '나'라는 인간 주체는 타자와의 상호작용을 통해 내가 모르는 영역인 '무의식'을 비로소 알 수 있다. 라캉에 의하면 '나'는 거울 이미지를 통해서 '상상계'로 진입하여 나의 이미지를 '거울'에서 보고, 부모 혹은 타인과의 대화를 통해서 '상징계'를 인식하며, 이러한 '상징계'에서 언어로 표현될 수 없는 '실재계'를 통해서 나의 욕망을 발견하게 된다. 이러한 라캉의 주장은 '나'는 '타자'의 관점에서 보아야 나의 진정으로 '결핍된' 욕망이 무엇인지를 알 수 있고, 인간 사회는 '나'의 욕망이 '타자'와의 관계에서

---

24) 콜린 데이비스, 『처음 읽는 레비나스』, 주완식 옮김, 동녘, 2014.

구성되고 실현되는 '공간'이다.[25] 이러한 공간으로서 사회는 타자성을 갖고 있기 때문에 '나'의 관점에서 보면 사회는 나와 별개로 독립되어 있다고 볼 수 있다. 왜냐하면, 사회는 '나'라고 하는 개인들의 집단이 모여서 사회가 되며, 이러한 사회는 '타자 혹은 타자성'에 의해서 타자의 윤리성이 발현되는 곳이기도 하다.[26] 따라서 사회는 '나'와 타자와의 관계가 사회의 문명화의 과정에 따라서 변화되거나 발전되어 가는 역사성, 문화성, 사회적 상황과 맥락을 동시에 포함한다. 이러한 사회의 역사성, 문화성과 사회적 상황과 맥락은 인간 개개인들이 속한 집단 혹은 조직의 특성과 지역적 특성을 모두 포함하고 있기 때문에 어느 특정한 개인이 속한 사회를 일반화시키기는 매우 어렵다. 물론 과학과 기술의 발달에 따라서 사회는 혁신되어 가고, 기술 개발에 의한 사업화가 이루어져 기업은 이윤 추구를 위해서 문명화된 글로벌 사회에서 활동하고 있다. 하지만 글로벌화된 사회는 문화의 '다양성'을 수용하고 기업은 이윤 추구만을 위해서 존재하지 않고, 정치적인 목적에서 '정치적인 기업의 사회적 책임'의 역할을 다하기 위해서도 존재한다.[27] 예를 들어, 개방계open system 혹은 복잡계 이론의 관점에서 보면 기업은 하나의 복잡계complex system로서 기업을 둘러싼 사회적, 문화적, 정치적, 경제적 환경에서 일어나는 변화와 이슈에 대해서 주목하여 변화

---

25) 김석, 『프로이트 & 라캉: 무의식의 초대』, 116~121쪽.

26) "존재가 […] 현실 그 자체에 대한 전체 공간을 차지하는 것으로 나타나기 때문에, 이 질문은 또한 다음과 같이 제기될 수 있다. 모든 것으로부터 떨어져 있는 것은 무엇인가? […] 레비나스의 대답은 단순하면서도 복잡하다. […] 초월, 외재성, 무한성, 타자, 타자성, 담론 그리고 가장 중요하게는 윤리가 이 모든 것 바깥의 어떤 것(이다)." (데이비스, 『처음 읽는 레비나스』, 58쪽)

27) M. K. Westermann-Behaylo et al., "Enhancing the Concept of Corporate Diplomacy", *Academy of Management Perspectives*, 29(4), 2015, pp. 387~404.

되지 않으면 기업은 환경 변화에 도태될 수밖에 없다. 복잡계 환경으로 이해되는 현대의 글로벌 사회에서 기업은 이윤 추구의 경제적 목적만이 아닌 지역사회의 갈등 해소와 평화 조성, 사회적 정의 혹은 경제적 정의의 실현과 같은 비경제적이고 정치적·사회적 목적을 추구하는 '타자'를 위해 존재하게 된다.[28]

## 근대 사회과학의 한계와 도래할 경영학의 지향

근대 사회과학의 성격은 자연과학과는 달리 근대 사회의 성립 이후에 변화되고 있는 인간 혹은 집단, 조직의 행위 및 사회현상을 연구 대상으로 한다. 사회과학의 분야에는 사회학, 정치학, 경제학, 경영학, 심리학, 인류학 등과 같이 인간의 행동과 연관된 사회적 현상, 생산과 소비와 같은 경제행위와 경제적 현상, 기업의 전략적 의사결정, 개인 및 조직 학습 및 기술 경영 등과 같은 경영과 관련된 현상, 정부조직, 권력구조와 권력행사, 정치행위와 같은 정치적 현상 및 인간의 심리적 현상 등을 과학적으로 연구한다.

경영학의 경우는 사회학이나 정치학과 같이 사회현상 전반과 정

---

28) "한국 기업은 경영활동의 여러 다양한 영역에서 나타날 수 있는 사회적이고 윤리적인 이슈들을 다루어야 하는 상황에 이르렀다. [⋯] 기업을 경영하는 과정에서 발생하는 의사결정은 자본주의 사상에 입각한 윤리 이론(예를 들어, 존 로크의 개인 사유권 인정에 기초한 자유주의 사상)에 의해서 이루어진다. 또한 경영자가 추구하는 인간관에 있어서 이기주의적인 가정('나'의 관점)과 이타주의적인 성향('타자'의 관점)은 기업의 의사결정에 있어서 어떤 상황하에서는 어떤 가정과 기준이 더 적절한지 판단할 수 있어야 한다."(유재언, 『동아시아 비즈니스 문화와 혁신적 기업 경영』, 창민사, 2018, 90쪽)

치현상을 대상으로 하지 않고 기업의 경영자와 조직 구성원들, 기업의 경제적 행위 및 경영과 연관된 전반적인 활동을 연구 대상으로 삼고 있다. 경영학에서는 이론적 가설에서 연구를 시작하여 자료를 수집하여 가설을 채택하거나 기각하여 경영과 연관된 현상에 대한 이론을 만드는 것이 일반적이다.[29] 이러한 경영학 연구의 일반적인 방법은 앞에서 언급한 것처럼 환원주의의 입장을 수용한 '실증주의적 경험주의'에 의한 과학적 방법이다. 포스트모더니즘의 영향을 받은 일부 학자들은 실증주의적 경험주의 방법론은 사회과학의 패러다임 중 하나이며 사회과학의 다양한 패러다임에 의해서 다양한 연구방법론과 이론들이 존재한다고 주장하였다.[30] 예를 들어, 기능주의 혹은 실증주의의 패러다임에서는 실증적 연구방법과 정량적 연구방법이 있고, 해석적 사회학interpretive sociology 혹은 현상학의 패러다임에서는 정성적 접근법과 행동 연구action research의 연구방법론이 있다. 또한 복잡계로 인식되는 현대의 경영환경을 이해하기 위해서는 다양한 패러다임의 관점을 통합하여 복수의 연구방법론을 사용하는 '혼합된 연구방법론'을 사용하자는 주장도 제기되었다.[31] 그러나 패러다임은 어느 특정한 철학적 사상과 이론적 배경에서 발전된 이념과 이론들로 구성되어 있기 때문에 상이한 패러다임들은 상호 배타성을 갖고 있다. 따라서, 상이한 패러다임들

29) 이훈영, 『이훈영 교수의 연구조사방법론』, 청람, 2008.

30) Majken Schultz and Mary Jo Hatch, "Living with Multiple Paradigms: The Case of Paradigm Interplay in Organizational Culture Studies", *Academy of Management Review*, 21(2), 1996, pp. 529~557.

31) R. Burke Johnson and Anthony J. Onwuegbuzie, "Mixed Methods Research: A Research Paradigm Whose Time Has Come", *Educational Researcher*, 33(7), 2004, pp. 14~26.

은 상호 간에 융합될 수 없는 특성을 갖고 있다.[32] 이러한 이유에서, 사회과학(경영학을 포함) 연구에 있어서 혼합적인 연구방법론보다는 복수의 방법론들을 사용하는 멀티 연구방법론multimethodologies이 더 적합하다고 주장하는 학자들도 있다.[33]

현대 경영학 이론은 기업의 경영행위와 그로 인해 발생하는 모든 현상을 주된 연구 대상으로 삼는다. 예를 들어, 경영학은 기업의 경영 전략, 조직관리, 인적자원관리, 노사관계, 마케팅 활동, 생산관리 활동, 경영정보시스템의 설계와 운영의 분야로 구분되고, 기업의 경영 목적을 위해서 이러한 활동들을 체계화하고 실행하는 것이다. 그렇다면, 기업 경영의 목적은 무엇인가? 영리 기업의 경영 목적을 무엇으로 볼 것인가에 대해서는 다양한 견해들이 존재한다. 가장 전통적인 견해는 기업 경영의 목적을 '이익 극대화'로 보는 것이다. 최근에는 기업 경영의 목적을 '지속 가능성'으로 보는 견해도 있다.[34] 기업은 지속 가능성을 위해서 경제적 효율성의 향상, 사회적 불평등의 해소, 지구환경에 대한 책무를 다해야 한다.[35] 또한 기업 경영의 목적을 '기업의 사회적 책임'의 완수로 보는 견해도 있다.[36] 기업의 사회적 책임을 기업 경영의 목적으로 보는 견해는 기업 활동으로 인해서 많은 사회적 문제들(예를 들어, 부의 불균형에 의한 사회적 갈등, 청년 실업의 문제, 기업 활동으로 인

---

32) 밍거스와 길은 상이한 패러다임들의 상호 배타적 특성을 '패러다임 통약 불가역성'(paradigm incommensurability)이라고 부른다.

33) John Mingers and Anthony Gill(eds.), *Multimethodology: The Theory and Practice of Combining Management Science Methodologies*, Wiley, 1997.

34) 백기복, 『새로운 경영학』, 창민사, 2013, 24~25쪽.

35) 같은 책, 25쪽.

36) 신유근, 『현대의 기업과 사회』, 경문사, 1994.

한 환경오염 등)이 발생하고 있지만, 기업이 이에 능동적으로 대처하지 못함으로 인해서 기업에 대한 사회적 비난이 증가하고 있는 현실에서 찾을 수 있다. 기업의 사회적 책임론의 관점에서 보면, 기업은 주주들shareholders의 이익을 극대화할 뿐만 아니라 기업 활동의 영향을 받는 소비자, 공급자, 일반시민, 지역주민, 종업원, 투자자, 협력업체 등 이해관계자들stakeholders의 이익과 관심사도 충족시켜야 한다.

지금까지 논의되고 있는 기업 경영의 목적은 크게 이익 극대화, 지속 가능성, 기업의 사회적 책임론의 관점에서 볼 수 있다. 이러한 기업 경영의 목적은 이윤 추구, 효율성, 사회적 책임과 같은 '초월적 가치'를 중요시한다. 이는 사회과학의 철학이 칸트의 정언명령categorical imperative과 같은 윤리적·도덕적 의무의 실천 혹은 '최대 다수의 최대 행복'과 같은 공리주의의 '초월적 가치'를 지향하는 것과 같다. 하지만 이러한 초월적 가치를 지향하는 "경영은 죽었다".[37] 현대 사회에서 기업의 경영은 점점 더 많은 사회적 이슈들과 문제들에 직면하여 현대 경영의 과제는 초월적인 가치를 지향하기보다는 보다 현실적이고 내재적인 가치를 중요시하게 되었다. 예를 들어, 독일의 철학자 니체의 관점에서 보면, 기업 경영의 성공의 조건은 '개인'에게 있다. 변화무쌍한 환경 변화에 직면하고 있는 경영자라면 '자기계발'과 '자기경영'을 통해서 스스로 계속 학습하고 발전시켜야 성공적인 기업 경영을 할 수 있다. 즉, 경영자는 기업의 이윤 극대화와 효율성과 같은 '초월적 가치'를 추구하기보다는 혁신적인 역량 계발과 창의적 아이디어의 실천과 같은 '내재적 가치'를 중요시하고 이를 실천하여 혁신과 성장을 통해서 기업을 성공

---

37) 안드레아스 드로스데크, 『경영은 죽었다』, 박규호 옮김, 위즈덤하우스, 2009.

적으로 이끌 수 있다. 이제는 경영자라면 이러한 내재적 가치를 실천하여 "미래는 내 손안에 있어야 한다."[38] 경영자가 이러한 내재적 가치를 실천하려면, 우선적으로 '나'와 '타자'의 상호 관계와 대화를 통해서 지식을 형성하고, 조직 혹은 기업의 내재적 가치를 발견하여야 한다. 기업의 내재적 가치는 조직 구성원들 모두가 참여하고 공감하여 만들어내야 한다. 이러한 내재적 가치는 니체가 『차라투스트라는 이렇게 말했다』에서 표현하듯이, "나는 인간을 사랑한다"는 경영철학이 분명히 있어야 한다.[39] 앞에서 논했던 장자의 기氣 철학이나 푸코, 들뢰즈, 레비나스 등의 타자의 사유, 프로이트와 라캉의 인간관은 사회과학의 이런 새로운 방향 설정을 위한 초석이 될 것이다.

기업의 경영환경은 융·복합 사고와 다분야의 기술 융합을 통해서 발전된 4차 산업혁명으로 인해서 예측하기가 더욱 힘들어졌다.[40] 이러한 4차 산업혁명으로 인해서 기업의 생존 여부는 더욱 불투명해졌다.[41] 이러한 불확실성의 시대에서 과연 사회과학과 경영학의 역할은 무엇인가? 오늘날 사회과학자, 경영학자 및 경영자가 종전처럼 '초월적 가치'를 위해서 인생을 허비할 것인가 아니면 '타자'와의 관계를 통해서 만들어지는 '나'의 내재적 가치를 발견하고 이를 실천할 것인지 심각하게 고민할 때가 온 것이다.

---

38) 같은 책, 13쪽.
39) 같은 책, 275쪽.
40) 유재언, 『4차 산업혁명 시대를 위한 혁신적 조직행동』, 제2판, 신아사, 2019.
41) 김대수 외, 『4차 산업혁명과 기술경영: 혁신과 성장』, 한경사, 2019.

# 눈과 귀의 대립을 넘어선 새로운 감각의 존재론
## : 들뢰즈의 감각 이론을 통한 카프카 작품 다시 읽기

유충현

## 눈에 관한 짧은 역사

보는 것은 가장 확실한 지식의 원천으로 오랫동안 인정받았다. 눈은 빛을 전제하고, 빛은 진리의 은유이기 때문이다. 그래서 눈, 빛, 진리는 등가 관계에 있다고 여겨졌다. 철학에서 철哲은 '밝다', '알다'라는 뜻이고, 이데아는 그리스어 동사 eidos(보다)에서 왔다. 그래서 서양 철학 문헌은 무수히 많은 눈의 은유들로 채워졌다. 플라톤에서 데카르트를 거쳐 계몽주의에 이르기까지 눈에 기초한 형이상학이 서구 지성사를 지배했다. 플라톤은 시각을 인간의 영혼과 묶고, 다른 감각들을 인간의 물질적 존재와 연결했다.[1] 그러나 시각에 대한 플라톤의 평가를 꼼꼼히 살피면 조금은 다른 이야기를 들려준다. 플라톤이 말하는 시각은 마음의 눈이며, 그는 육체의 눈의 신뢰성에 대해서는 심각한 유보를 표했다. 예컨대 '동굴 우화'는 빛과 진리의 관계를 묻는데, 여기서 빛은 양면적이다. 동굴의 죄수들은 사슬에 묶인 채 한쪽 벽만 보게 되어 있다. 등 뒤에 있는 횃불을 통해 벽에 사물의 그림자가 투영되는데, 죄수

---

1) Plato, *Timaeus*, 61d~68e.

들은 이것이 사물의 실재라고 여긴다. 이는 감각 지각의 허상에 대한 플라톤의 의심을 암시한다.

플라톤 다음으로 시각을 지배적 감각으로 옹립했다고 지목된 사람은 데카르트였다. 그런데 데카르트도 시각을 신뢰하지 않았다. 오히려 그는 가시적 세계를 잠재적 환영이라며 거부했다. 그런데도 그는 시각·광학의 철학자로 알려져 있다. 데카르트가 시각 중심적 패러다임을 정초한 자라고 하면, 그가 옹호하는 눈도 육체의 눈이 아닌 마음의 눈이다. 「굴절광학」에서 데카르트는 시각을 가장 고귀한 감각이라고 칭찬하지만, 곧이어 시각의 힘을 증대시키는 망원경의 유용성을 언급함으로써, 사실상 시각의 특권을 제한하는 결과를 가져온다. 그는 심지어 광학을 설명하기 위해 어둠 속을 지팡이의 도움으로 걸어가는 시각 장애인의 비유를 들고 있다. 이처럼 시각 중심주의 발흥에서 데카르트가 수행한 역할은 다소 복잡하다. 그가 과학을 위해 시각을 칭찬한 건 분명하지만, 그것은 깊이와 색을 지각할 수 없는 외눈, 색맹의 시각이다.

육안이냐 심안이냐의 문제는 다음의 사실에 비하면 오히려 사소하다. 버거가 지적하듯이 근대 시각 체제인 원근법은 외눈을 가시적 세계의 중심으로 만들었다. 모든 것이 소실점으로서 그 눈에 모인다. 가시적 세계는 주체를 위해 배열된다. 근대의 주체·I는 눈·eye이다.[2] 눈은 보기 위해서 대상과 일정한 거리를 전제하는데, 이는 주체가 대상들을 중립적으로 파악하고 있다는 믿음을 준다. 이것이 서구 형이상학에서 너무도 전형적인 주체-객체 이분법을 위한 기초를 제공한다.[3] 근대의 인식론에서 세계는 주체에 의해서 보이고, 재현되고, 대상화된

---

2) John Berger, *Ways of Seeing*, London: BBC and Penguin, 1972, p. 16.

다. 지난 세기 많은 철학자에 의해 심하게 공격받았던 것이 바로 근대적 주체·눈이다. 그래서 몸과 함께 보는 현상학적 눈이 반-시각 중심주의로 제시된 것은 아이러니다.

증오와 사랑이 별개의 감정이 아님을 고려할 때, 단순한 시각 혐오는 연장되거나 전치된 시각 중심주의일 수 있다. 시각에 대한 대안으로서 다른 감각, 가령 청각을 내세우는 것 역시 또 다른 줄 세우기에 불과하다. 제이는 '남근·음성·시각 중심주의'라는 신조어를 제창하는데,[4] 여기서 시각과 청각은 적대가 아닌 전략적 동반자로서 묶여 있음을 알 수 있다. 반-시각 중심주의는 계몽주의와 시각 중심주의에 대한 포괄적 비판에도 불구하고 시각 중심적 패러다임에서 그다지 멀지 않다. 들뢰즈는 감각들의 대립을 넘어선 새로운 감각 이론을 제시한다. 그는 개별 감각들의 위계보다 감각들의 섞임과 배치를 우선했다. 이 글은 들뢰즈의 새로운 감각 이론을 통해 카프카 작품의 수수께끼를 분석하고자 한다.


## 들뢰즈의 새로운 감각 이론: 햅틱과 리듬

『감각의 논리』에서 들뢰즈는 화가 베이컨의 작품을 분석하면서 새로운 감각 이론을 발전시킨다. 거기서 들뢰즈는 미술사가 리글Alois Riegl로

---

3) Hans Jonas, "The Nobility of sight: A study in the phenomenology of the senses", in ed. H. Jonas, *The Phenomenon of Life: Towards a Philosophical Biology*, New York: Harper & Row, 1966, pp. 135~156.

4) Martin Jay, *Downcast Eyes*, University of California Press, 1993, p. 494.

부터 '햅틱'이라는 용어를 빌려 오지만, 자신만의 고유한 의미를 덧붙인다. 리글은 이집트의 부조 작품을 설명하기 위해 햅틱을 클로즈업의 의미로 사용하는데, 이는 '손으로 만지듯이 본다'는 의미다. 들뢰즈는 베이컨 회화를 분석하기 위해 이 개념을 사용한다. 제목처럼 『감각의 논리』가 단순한 회화 이론을 넘어선 감각 이론이라면, '햅틱' 개념은 무엇이고, 들뢰즈에게 감각은 무엇인가?

들뢰즈는 베이컨 회화에서 근본적인 것은 '햅틱', '손의 행동', '색'이라고 본다. 그는 시각/촉각의 관계, 색에 초점을 맞추면서, 감각들이 개별적으로 나뉜다고 보지 않고, 뒤섞인 감각들에 중요성을 부여한다. 햅틱은 『감각의 논리』보다 『천의 고원』 14장 「매끈한 것과 줄 그어진 것」에서 먼저 등장했다. 거기서 들뢰즈·가타리는 '햅틱'이 감각들 사이에 대립을 세우지 않고, 눈이 광학적이지 않은 기능을 수행할 수 있다고 말한다.[5] 여기서 우리는 햅틱 감각이 손(촉각)과 눈(시각) 사이의 외적 관계가 아님을 엿볼 수 있다. 조금 더 설명을 보자.

거칠게 말해서 매끈한 것은 연속적으로 변화하는 잠재적 힘이고, 줄 그어진·형식적인 것은 매끈한 것이 질적 변이를 거쳐 분할된 것이다. 그런데 매끈한 것에서 줄 그어진 것이 생길 때, 줄 그어진 것은 변이·잠재의 힘을 상실하는 대신 안정화된다. 매끈한 것과 줄 그어진 것의 관계가 햅틱과 광학의 관계를 우리의 논의 속으로 데려온다. 줄 그어진 것은 눈·광학과 연결된다. 그것은 안정된 감각 양식이며, 형식화가 삶의 관계와 단절할 때 발생한다. 그러니까 줄 그어진 것에서 개별

---

5) Gilles Deleuze and Félix Guattari, *A Thousand Plateaus*, 1980, trans. Brian Massumi, London: Continuum, 1987, p. 492.

감각들은 상호작용이 없는 감각 양식들로 여겨진다. 반면 햅틱 감각은 이와는 전혀 다르다. 그것은 연속적 차이에 기반한 매끄러운 잠재성을 보여 준다. 그것은 매우 유동적인 힘의 양식이며 매끈한 것과 연결된다. 매끈하다는 것은 손·촉각과 관계가 깊다. 그러나 그것은 단순한 촉각이 아니라 '손의 행동'으로 고려되어야 한다. 촉각으로 고려되면 개별 감각들의 범주로 묶이기 때문이다. 그러면 단순한 촉각을 넘어선 손의 행동은 무엇인가? 이를 설명하기 위해 우리는 『감각의 논리』를 살펴야 한다.

들뢰즈는 베이컨 회화를 세 가지 요소들로 나눈다. 배경field, 형상figure, 윤곽contour이다. 베이컨 회화에서 배경은 단색으로 칠해진다. 형상은 삽화나 서사가 되기를 거부하고, 얼굴이나 신체의 뭉개짐으로 나타난다. 윤곽은 원 혹은 동그라미 형태인데, 배경과 형상의 상호작용이 발생하는 장소다. 달리 말하면 그것은 배경을 형상으로 뒤집고, 형상을 배경으로 바꾼다. 윤곽은 이러한 역전이 가능한 얇은 막으로 생각될 수 있다. 세 요소의 관계를 다음처럼 요약하자. 윤곽을 통해 배경에서 형상으로 수축이 일어나고, 형상에서 배경으로 팽창이 발생한다고. 들뢰즈는 여기에 색을 도입한다. 색은 세 요소를 녹이고 동시에 다시 나타나게 한다. 이 '햅틱' 공간을 형성하는 것은 색들 사이의 관계(들뢰즈는 이를 '모듈레이션'이라고 표현한다)다. 수축/팽창의 관계에 상응하는 차가운/뜨거운 색 관계가 있다. 이렇듯 색의 관계가 생산하는 햅틱 공간은 수축/팽창하는 운동으로 정의된다. 색은 햅틱 같은 감각 기능을 구성한다. 차갑고 뜨거운 색은 이미 촉각과 관계가 깊다. 이는 광학(빛과 어둠)이 지배적인 회화에서는 포기되었던 것이지만 베이컨이 부활시킨다. 베이컨 기교의 또 다른 핵심은 '손의 행동'이다. 햅틱 감각에서 시각은 촉각으로 스며들지만, 지배적 위치는 아니다. 베이컨은 캔버스에 페인트를 던지고, 붓이나 천으로 그것을 문지른다. 이 손기교는 손이 눈에 종속되는 것, 곧 모델을 충실히 재현하려는 욕망을 약하게 한다. 팽창과 수축의 리듬을 통해 신체는 무한한 방식으로 변화한다. 햅틱 감각이 파악되는 것은 이 순간이다. 다양한 각도에서 서로 합쳐지거나 배치되는 이질적 분자들은 손과 눈에 의해 표현되는 새로운 감각을 창조한다. 그때 감각과 대상 간의 분할은 존재하지 않는다. 내부는 외부가 되고, 외부는 내부가 된다. 이 변화하는 잠재적 감각이 햅틱이다.

이처럼 들뢰즈가 햅틱 공간이라고 부르는 것은 손과 눈 사이에 종속이 없는 공간이다. 그것은 시각이 촉각처럼 행동하는 공간이다. 화가의 임무는 보이지 않는 강도적 힘을 보이도록 만드는 것이고, 이 힘은 카오스와 맞서는 리듬의 힘이다. 감각은 리듬의 힘으로 구성되고, 들뢰즈가 '감각의 논리'를 발견하는 곳은 리듬이다.

## 들뢰즈·가타리와 음악: 시각/청각/촉각의 햅틱 관계

위에서 본 것처럼 리듬은 음악에만 고유한 것이 아니다. 그것은 음악과 회화, 아니 모든 예술의 공통적 토대다. 따라서 궁극적인 것은 감각과 리듬 사이의 관계다. 리듬은 운동의 질서이며, 선율과 화음에 앞서는 음악의 본질적 부분이다. 리듬은 자연의 움직임에 의해 영감을 얻는데, "언제나 코드 변환을 겪는 불균등하고 비교할 수 없는 지속"[6]이다. 감각의 본질은 리듬이고, 베이컨 회화의 기본 리듬은 배경과 형상을 가로지르는 수축과 팽창의 운동이다. 사람들은 흔히 리듬이 규칙적 박자를 의미한다고 생각한다. 그러나 사실 리듬은 파도처럼, 바람처럼, 나뭇가지 형태처럼 불균등한 요소다. 햅틱 감각은 무엇보다 리듬과 관계하며, 우리는 베이컨 회화를 통해 시각과 촉각이 뒤섞이는 배치를 보았다.

들뢰즈의 햅틱 개념은 소리와 음악에 대한 접근에서도 유용하다. 그는 햅틱을 특정한 감각에서 떼어낸다. 햅틱은 시각이나 청각이 아닌 것과 마찬가지로 촉각에 관한 것이 아니다. 햅틱 감각은 시각만이 아니라 보다 중요하게는 청각 행위와 촉각을 소환한다.[7] 포괄적 의미에서 음악을 한다는 것은 청각을 넘어서는 신체 감각들을 담는 것이다.

비록 들뢰즈·가타리가 「후렴」을 다루는 장에서 음악에 관해 논할 때 특정 작곡가들이나 작품들에 집중하고, 음악을 주로 청각 현상으로 다루기는 하지만 그들의 음악 개념은 작곡가들이 생산한 소리 구조에 제한되지 않는다. 그들은 음악 개념을 엄청나게 확장한다. 음악은 자신의 영토를 표기하면서도 세계 심지어 우주로 자신을 개방하는 구조다. 우주는 후렴들로 구성되고, 음악은 자연, 동물, 요소들에 스며드는 탈영토화의 힘이다. 따라서 그들의 사유는 우리가 음악 개념을 관습적이고 자폐적인 형식에서 벗어나 청각을 넘어선 다른 감각들을 포함하도록 확장하는 데 도움을 준다. 이제 『감각의 논리』에서 설명한 햅틱 감각을 음악에 적용해 보자.

---

6) Deleuze and Guattari, *A Thousand Plateaus*, p. 313.

7) J. G. Bidima, "Music and the socio-historical real: rhythm, series and critique in Deleuze and O. Revault d'Allonnes", Trans. J. Griffiths, eds. Ian Buchanan & Marcel Swiboda, *Deleuze and Music*, Edinburgh University Press, 2004, p. 179.

대화가 소리를 사용함으로써 의미를 전달한다면, 수화는 소통을 위해 손, 얼굴, 몸짓, 동작을 사용한다. 청각 장애인 래퍼 사인마크는 자신의 창조적 작업에서 수화에 어울리는 노래를 위한 라임을 찾는 데 많은 시간을 들인다. 이 과정에서 중요한 것은 노래에서 플로우(랩에 리듬감을 부여하는 것)를 유지하는 것이다. 공연의 시각성에 주의하는 것은 청각 장애인이 음악에 접근할 수 있도록 하는 중요한 방법이다. 그래서 그의 음반은 눈으로 볼 수 있도록 DVD로 제작된다. 청각 장애인이 음악을 들으려면 우선 노래가 보여야 한다. 그래서 그는 시각적 효과를 극대화하기 위해 스크린과 특수한 조명 장치를 고안하고, 악기들도 각기 다른 색을 사용해서 배치한다.

앞서 말했듯이 들뢰즈·가타리는 고립된 감각이 아니라 감각들의 섞임을 말한다. 햅틱 감각이 그렇다. 감각들은 변별적 특질을 수반하는 몰적 실체(가령 시각, 청각, 촉각 등)라기보다 분자적 생성으로 이해해야 한다. 음악을 한다는 것이 여러 감각이 참여하고 섞이는 것으로 고려될 때 청각 장애인의 신체는 음악을 만들고 경험하는 과정에 참여할 수 있다. 음악학자 스몰에 따르면 음악을 한다는 것은 어떤 능력으로든 공연에 참여하는 것이다.[8] 듣든, 춤추든, 공연을 위한 재료를 제공하든 간에 말이다. 입이 부르고 귀가 듣는 게 아니라 몸이 부르고 듣는다. 이는 미리 주어지고 결정된 감각 개념에서 탈주를 허용한다.

듣는 것은 기본적으로 촉각의 특별한 형식이다. 소리는 진동하는 공기일 따름이고, 귀가 이를 포착해서 전기 신호로 바꾸고 뇌에 의해

---

8) Christopher Small, *Musicking: The Meanings of Performing and Listening*, Hanover: University Press of New England, 1998. p. 9.

해석된다. 청각은 이를 수행하는 유일한 감각이 아니다. 촉각도 이를 한다. 도로에서 큰 트럭이 지날 때, 우리는 진동을 듣거나 느낀다. 초저주파 진동에서 귀는 오히려 무력해지고, 촉각이 주도권을 잡는다. 우리는 소리를 듣는 것과 진동을 느끼는 것을 구분하는 경향이 있지만, 양자는 사실 똑같은 것이다. 청각 장애는 단지 귀에 문제가 있을 뿐, 들을 수 없다는 의미가 아니다. 청각 장애인도 소리를 듣고·느낄 수 있다.

청각 장애인의 랩과 연주는 햅틱 감각을 이해하는 데 도움을 주는 좋은 사례다. 고립된 감각들은 진동 개념을 통해 서로 만날 수 있다. 그래서 진동은 사인마크의 작업에서 대단히 중요하다. 그는 자신의 음악을 신체의 진동으로 설명한다. 베이스에서 오는 진동은 그가 음악과 연결하기 위해 사용하는 리듬을 제공한다. 그는 정서를 시각화하기 위해 온몸을 사용한다. 움직임이 없으면 리듬도 없다. 들뢰즈가 주장하듯이 리듬은 감각에 근본적으로 연결된다. 감각은 진동이다. 진동 덕분에 음악과 청각 사이의 연결은 약해지고, 음악 생성의 다층적 양식은 강해진다.

지금까지 들뢰즈와 가타리에게서 시각과 청각이, 미술과 음악이 어떻게 얽히는지를 햅틱과 리듬 개념을 중심으로 보았거니와, 이제 우리는 이런 내용을 카프카에게서도 확인할 수 있다. 이런 맥락에서 들뢰즈·가타리의 카프카론을 읽어 보자.


## 카프카와 음악

계몽주의에서 정점에 달했던 시각-중심주의가 잠시 숨을 고르는 사이 새로운 지적 경향이 도래한다. 19세기에 미학은 '음악은 의지의 직접적 발현'[9]이라는 쇼펜하우어의 생각을 반영한다. 다른 미학적 표현 방식들은 '의지'에 의해 생겨난 대상을 단순히 모방할 따름인데, 음악은 그림이나 말로는 포착하기 어려운 영역들, 가령 초월적 영역들에 대해 직접 접근한다는 것이다. 왜냐면 다른 예술과 달리 음악은 현상적 대상에 대해 구태여 부족한 수단들로 묘사할 필요가 없기 때문이다. 물질적 현상계에 의존하지 않고 직접 본질에 접근하는 음악의 힘, 이를 '절대적 음악'이라고 한다. 일종의 청각-중심주의가 도래한 것이다. 카프카의 글은 19세기 이후 절대적 음악과 청각에 대한 담론을 반영하면서도 그것들과 맞싸운다.

브람스 음악 연주회에 참석한 후 카프카는 그 경험에 관해 유명한 고백을 했다. "음악을 듣는 건 본성상 내 주변에 담벼락을 치고, 그 유일한 효과는 이렇게 가둠으로써 난 자유롭지가 않다."[10] 이 진술은 그 솔직함과 기이함 때문에 주목할 만하다. 절친 브로트는 카프카가 연주회에서 유일하게 관심을 보인 것은 시각적 광경이었고, 그래서 더는 그를 연주회에 데리고 다니지 않았다고 회상한다. 그러나 카프카의 고백은 자신의 작품에서 음악에 할당한 중요성과 호응하지 않는다. 그래서 그의 비음악적 기질은 단순한 음악 역량의 부재로 생각될 수 없음을 암시한다. 어쩌면 음악의 중요성이 고조되던 당시의 담론적 환경에서 카프카도 나름의 입장을 선택해야 했을 것이다. 고백에서 알 수 있

---

9) A. Schopenhauer, *The World as Will and Representation, Vol. 1*, trans. Christopher Janaway, Cambridge University Press, p. 285.

10) Kafka, *The Diaries of Franz Kafka, 1910-23*, ed. Max Brod, London: Minerva, 1992, p. 137.

듯이 카프카는 부정적이긴 해도 음악의 압도적 효과를 알고 있었다. 「대소음」에서 알 수 있듯이 카프카가 소음에 극도로 민감했다는 점도 언급할 필요가 있다. 그는 소음이 있는 상황에서 글을 써야만 했다. 음악과 소음에 대한 작가의 소원함은 작품에서 음악과의 다양한 만남으로 균형을 맞춘다.

이처럼 카프카와 음악의 관계는 간단히 말해서 수수께끼다. 왜 작가는 음악에 소질이 없다고 고백하면서도 자신의 작품에서 음악을 결정적인 것으로 만드는가? 셀프의 답이 시사하는 바가 있다. 카프카를 둘러싼 음악의 벽은 어쩌면 "관습의 벽"이고, 조성 음악의 벽일 수 있다. 카프카는 음악에 소질이 없는 게 아니라 "관습적 음악이 감당하기에 벅찰 정도로 지나치게 전위적인 것은 아니었을까?"[11]

여기서 나는 카프카 작품에 나오는 수수께끼 같은 음악·소음·침묵을 이해하는 열쇠로서 들뢰즈·가타리의 감각 이론을 제시하려고 한다. 카프카는 당시 지배적인 미학, 그러니까 절대적 음악 개념을 전복하려는 것처럼 보인다. 이를 달성하기 위해 카프카는 세 가지 방법을 사용한다. 첫 번째로 청각에 대한 시각의 우월성을 제시하는 것이다. 그렇다고 이것이 시각 중심주의로의 퇴행을 의미하는 것은 물론 아니다. 두 번째로 청각의 힘을 인정하면서도 절대적 음악과 무관한 소음이나 침묵 같은 이해할 수 없는 음향 현상을 제시하는 것이다. 마지막으로 들뢰즈·가타리가 말하는 햅틱 감각, '리듬으로서의 운동'을 도입하는 것이다. 카프카는 특정 감각을 다른 것들 위에 올려세우는 것이

---

11) Will Self, "Franz Kafka: Was the Author Completely Unmusical?", *The Guardian*, 5 October 2012.

목적이 아니다. 그는 단지 음악의 감옥 아니 특정 감각의 감옥에서 출구를 찾고자 할 따름이다.

　카프카가 작품에서 음악을 취급하는 방식은 별나다. 음악은 그의 작품에 대부분 등장하지만, 일반적 음악 작품이 아니라 이해할 수 없고, 거의 음악에 대한 통념 밖에 머문다. 들뢰즈·가타리에 따르면 카프카는 "작곡된 음악 형식에는 별 관심이 없고, 오히려 순수하고 강렬한 음향적 질료, 다시 말해서 탈영토화된 음악적 소리, 의미나 작곡을 벗어나는 비명 같은 소리에만 관심이 있다"는 것이다.[12] 탈영토화된 음악의 예로「투쟁의 기록」에 나오는 케이지를 닮은 콘서트가 있다. 거기서 주인공은 피아노를 치고는 싶었지만, 치는 법을 몰라 가만히 있었는데, 관객들이 박수하며 환호했다. 음악에 대한 취급을 침묵이나 소음까지 포함하면, 우리는 해독하기 어려운 음향적 현상을 더 많이 만나게 된다. 『성』의 전화기에서 들려오던 목소리가 그렇다. "수화기에서는 지금까지 들어 본 적이 없는 윙윙거리는 소리가 들려왔다. 그것은 마치 많은 어린애가 와글와글 떠드는 소리 같았고, 이러한 와글거리는 소리가 있을 것 같지 않은 방식으로 높고도 강한 하나의 목소리를 만드는 것 같았다. 귓전을 때리는 이 목소리는 청각으로 들어가는 것 이상으로 더 깊은 곳으로 뚫고 들어가기를 요구하는 것 같았다."[13]

　카프카의 작품을 읽다 보면 우리는 기이한 소리에 대한 작가의 집착에 가까운 관심을 발견한다. 그것은 자신의 붕괴와 관련된 강렬하고 순수한 음향 질료로서의 침묵을 포함한다. 그러나 케이지의 말처럼 절

---

12) 질 들뢰즈·펠릭스 가타리, 『카프카』, 이진경 옮김, 동문선, 2001, 20~21쪽.
13) 카프카, 『성』, 홍성광 옮김, 웅진씽크빅, 2008, 36쪽.

대적 침묵은 없다. 침묵은 소리의 부재가 아니라 모든 소리로 현실화할 수 있는 잠재적 소리고, 감지될 수 없는 익명적 흐름이며, 조직된 소리의 가능성들의 조건이다. 이후로 카프카의 작품을 감각들의 햅틱한 관계를 중심으로 분석하려고 한다. 들뢰즈·가타리와 마찬가지로 여기서 나는 해석이 아니라 실험을 하는 것이고, 작품의 미로에서 출구를 찾고자 할 따름이다.

## 소음과 침묵

### 「변신」(1915)

「변신」에는 많은 변화가 있다. 우선 그레고르 몸의 변화, 가족의 사회적 지위의 변화 그리고 거의 주목받지 못했지만 그레고르 목소리의 변화가 있다. 그레고르가 잠에서 깨어났을 때, 그는 자기 몸의 변화에 대해서는 별로 개의치 않는 것처럼 보인다. 그래서 그의 침착함은 변신만큼이나 놀랍다. 그는 자신이 더는 인간의 몸을 닮지 않았음을 그저 수긍하는 것처럼 보인다. 출근이 늦은 것을 어떻게 변명할지 고민하고, 바뀐 몸이 불편하다는 정도만 신경 쓸 따름이다. 확실히 시각적 변화는 그레고르의 실존적 위기를 초래하지 않는다. 곧이어 그는 목소리의 변화를 겪는다. 그레고르의 침착함을 깨는 것은 자신의 목소리였다. "무엇보다 그레고르는 자기의 대답 소리를 듣고 깜짝 놀랐다. 그 대답 소리는 틀림없이 자기 목소리였는데, 거기엔 저음 같기도 한 어떤 억제할 수 없는 고통스러운 찍찍 하는 소리가 섞여 있었다."[14]

    벌레를 닮은 모습보다 내부에서 나오는 목소리가 더 문제다. 이처럼 자기 목소리의 타자성을 들었을 때 상황은 급전한다. 이 청각적 소외의 순간 이후, 그레고르의 언어 사용은 조심스러워진다. 사람이 이해할 수 없는 이 소리는 언어가 아닌 몸과 연결된다. 의미 작용의 폭력에서 자유로운 이 소리는 음성·로고스의 우월성에 대한 위협이다. "한마디라도 알아들었나요?" "그건 동물의 목소리였습니다."[15] 「변신」에서 전환점이 되는 장면, 그러니까 그레고르를 자기 방에서 나오게 해서 결과적으로 죽음에 이르게 만드는 장면도 누이의 바이올린 연주다. 하숙인들의 편의를 위해 제공된 이 조그만 실내 연주회는 사실 무척이나 실망스러웠는데도, 그레고르의 귀에는 아주 훌륭하게 들렸다. 그 소리는 "그가 열망했던 미지의 양식에 이르는 길이 나타나는 듯한 느낌이었다."[16]

그레고르를 방으로 몰기 위해 내는 아버지의 쉿쉿 소리, 어머니의 기침 소리, 그레고르의 방을 치울 때 가구가 바닥에 긁히는 소리, 하숙인들이 식사할 때 이빨로 씹는 소리. 이러한 정의할 수 없는 소리·소음은 「변신」에 널리 퍼져 있다.

이처럼 「변신」에서는 청각이 지배적 위치를 점하는 것 같다. 그레고르는 가시성에서 배제되어야 할 흉측한 존재라서 시각은 뒤로 물러선다. 그러나 언어나 음악처럼 의미가 있는 것이 아니라 이성 바깥에 존재하는 음향이라는 점, 목소리의 변화가 결과적으로 침묵으로 이어지는 점에 주목해야 한다. 인간의 목소리에서 동물의 목소리로 궁극적

---

14) 카프카, 『카프카 전집 1: 변신』, 이주동 옮김, 솔, 2019, 112쪽.
15) 같은 책, 120쪽.
16) 같은 책, 158쪽.

으로는 자신의 폐지와 관계한 절대적 탈영토화, 곧 침묵으로의 이동을 보아야 한다.

들뢰즈·가타리는 『카프카』에서 숙인 고개와 쳐든 고개를 언급하고, 이를 각각 초상화와 소리에 연결한다. "'숙인 고개'라는 내용의 형식과 '사진-초상화'라는 표현의 형식… 쳐든 고개, 지붕이나 천장을 뚫고 올라가는 고개가 숙인 고개에 대응하는 듯이 보인다. 고향의 종탑에 대한 언급이 수위의 고개 숙인 초상화와 대응한다."[17]

누이의 바이올린 소리를 듣고 누이의 목에 오르고 싶다는 분열증적 욕망과 초상화에 달라붙어 고개 숙인 부인과 벌이는 오이디푸스적 욕망의 대비.[18] 들뢰즈·가타리는 가족사진이나 초상화에서 유아기의 기억을 읽어내고, 소리가 끼어드는 대목에서는 탈주나 유아기의 블록을 발견한다. 여기서 그들의 의도는 분명하다. 소리가 욕망의 탈주와 관계하고, 이미지는 복종하는 욕망과 관계한다는 것이다. 리듬의 관점에서 보면 우리는 「변신」에서 상승(청각)과 하강(시각)의 운동을 본다. 물론 상승이 하강보다 낫다고 볼 수 있지만, 그들의 논의는 거기서 그치지 않는다. (목)소리도 재영토화의 힘을 갖는다. "오래전부터 듣지 못했던 어머니의 목소리가 그를 거기로부터 되돌려 놓았다. 아무것도 치워선 안 된다. 모든 것이 그대로 있어야 한다."[19] 초상화나 그림도 탈영토화의 계기가 되기 때문이다. 『소송』에서는 사진, 초상화, 이미지의 증식된 능력을 볼 수 있다. 요컨대 욕망의 인위적 영토성을 표시하

---

17) 들뢰즈·가타리, 『카프카』, 24쪽.
18) 여기서 들뢰즈·가타리는 고의적 실수를 하는데, 「변신」에 나오는 부인의 초상화는 고개를 숙인 모습이 아니다.
19) 카프카, 『카프카 전집 1: 변신』, 142쪽.

는 사진이나 초상화는 이제 상황과 인물을 동요케 하는 중심, 탈영토화 운동을 촉진하는 '접속구'가 된다."[20]

## 「사이렌의 침묵」(1917)

「사이렌의 침묵」(이하 「침묵」으로 표기)은 「변신」과 음악적 대위를 형성한다. 이는 음악에 대한 카프카의 사유 발전에서 중요한 지점이다. 아마추어의 서툰 연주에서 소리 자체에 대한 추상적 고려와 침묵으로의 이동. 이는 소리와 침묵의 대립인가? 그렇지 않다. 침묵은 소리 경험을 위한 근본 조건이기 때문이다. 이 신화에서 카프카가 접근하려는 수수께끼는 어떻게 오디세우스가 사이렌들의 강력한 유혹에서 벗어나는가다. 그의 수단은 순진하고 유치하다. 그저 귀를 밀랍으로 막고, 돛대에 자신을 묶는 것뿐이다. 그를 제외한 모든 이는 사이렌들의 노래가 모든 것을 뚫는다는 걸 잘 알고 있다. 우리가 작가를 신뢰할 수 있다면, 사이렌의 침묵은 노래보다 더 치명적이다. 왜 그런가? 카프카에 따르면 자신의 꾀로 사이렌들을 이겼다는 오만이야말로 누구도 저항할 수 없기 때문이다. 사이렌들은 오디세우스가 워낙 영리해서 자신들의 노래만으로는 그를 유혹할 수 없다고 생각했고, 차라리 노래를 부르지 않음으로써 오디세우스가 오만에 빠지도록 만들었다는 이야기다. 그런데 이는 작품에 대한 여러 열린 해석 중 하나일 뿐이다.

호메로스의 오디세우스는 자신만 사이렌들의 노래를 들을 수 있도록 부하들의 귀를 막고, 자신은 귀를 막지 않은 채 돛에 묶으라고만 명령했다. 카프카의 이야기에서는 오디세우스도 귀를 밀랍으로 막았

---

20) 들뢰즈·가타리, 『카프카』, 147~148쪽.

는데, 이는 그가 청각적 즐거움을 포기했음을 암시한다. 그의 즐거움은 전적으로 사이렌들이 노래 부르는 시각적 광경에서 온다. 사이렌들도 오디세우스의 자신만만한 눈빛에 빠져 노래 부르기를 잊은 것 같다. "그들은 더는 유혹하려 하지 않았다. 다만 오디세우스의 커다란 두 눈이 뿜는 빛을 되도록 오랫동안 놓치지 않으려고 했다."[21] 오디세우스는 그들이 고개를 돌리고, 깊이 숨을 들이마시며, 눈에는 눈물이 글썽하고, 입은 반쯤 열린 것을 보았기 때문에 그들이 노래를 부른다고 믿었다.

실제로 일어나지는 않았으나 사이렌들의 노래를 피하는 일은 생각해 볼 수 있다. 그러나 그들의 침묵을 피할 수는 없다. 왜냐면 피할 것이 전혀 없기 때문이다. 이는 카프카 작품에 언제나 등장하는 법의 메커니즘이기도 하다. 그가 제시하는 법은 우리에게 어떤 것도 기대하지 않고, 금지하지도 않는다. 침묵은 법의 순수한 형식이다. 오디세우스가 생각하기에 사이렌들은 노래를 부르는 것처럼 보인다. 노래를 부르는 듯한 몸짓 때문이다. 그러나 오디세우스가 막은 것은 노래가 아니라 침묵이었다.

사이렌들도 단순히 침묵하지 않았다. 그들은 노래를 부르는 척했다. 그러나 오디세우스는 그들의 침묵을 듣지 않았다. 그는 자신의 꾀로 그들을 물리쳤다고 생각한다. 그러나 이야기의 진실은 오디세우스에 있지 않다. 아니면 신들조차 마음속을 알 수 없는 '여우 같은' 오디세우스가 순진한 행동을 가장한 것이 그의 궁극의 교활함인가? 그래서 두 번째 보충설명에 따르면 그는 실제로 들을 게 없는 것을 듣지 않

---

21) 카프카, 『카프카 전집 1: 변신』, 574~575쪽.

는 척함으로써 사이렌들을 물리친다. 사이렌들이 부르는 척했다면, 오디세우스는 침묵을 듣지 않는 척했다. 이는 프로이트가 언급한 유명한 유대인 농담과 같은 책략이다. "너는 들을 게 없다는 걸 잘 알면서도 왜 듣지 않는 척하는 거지?"[22] 이는 정확히 법의 문 앞에서 죽어가는 시골 남자와 유사하다. 법의 지연에 지연으로 맞서는 시골 남자와 사이렌의 가식에 가식으로 대항하는 오디세우스. 이처럼 카프카의 이야기에서는 침묵의 원인이 전치되어 있다. 오디세우스는 자신이 침묵의 원인이라고 믿지만, 사실 그것은 사이렌에서 온다.

카프카는 조직된 소리의 근본 조건을 탐구하면서 음악에 대한 사유의 영도를 통과한다. 「침묵」은 케이지와 똑같은 기대를 이용한다. 케이지는 〈4′ 33″〉 초연 당시 청중에 대해 다음과 같이 말했다. "침묵 같은 것은 없다. 그들은 듣는 법을 몰랐기 때문에 그들이 침묵이라고 생각한 것이 사실은 우연한 소리로 가득했다."[23] 이 언급은 「침묵」의 역설을 이해하는 데 유용하다. 예컨대 케이지의 청중과 마찬가지로 오디세우스는 사이렌들의 침묵을 듣지 않는다. 왜냐면 그는 사이렌들의 선택이 아니라 자신의 영리한 전략 덕분이라고 오해하기 때문이다. 이 순간 오디세우스는 케이지의 공연을 이해하지 못하는 청중과 닮았다. 연주를 이해하지 못하고 공연장을 박차고 나갈 때, 청중이 생산한 소음은 그 작품이 의도한 효과를 실현한다. 그들은 초연의 소리를 생산

---

22) "넌 나한테 크라카우로 갈 거라고 말하면서, 네가 램버르크로 갈 것으로 내가 믿기를 원하겠지. 하지만 나는 네가 사실 크라카우에 갈 거라는 걸 알고 있어. 왜 나한테 거짓말을 하는 건데?" 프로이트, 『농담과 무의식의 관계』, 임인주 옮김, 열린책들, 147~149쪽.

23) John Cage, interview by John Kobler, "Everything We Do Is Music," *Saturday Evening Post*, October 19, 1968; Richard Kostelanetz, *Conversing with Cage*, New York: Limelight Editions, 1988, p. 65에서 재인용.

하는 데 참여하면서, 그 작품에 가장 가까이 있는 셈이다. 마찬가지로 사이렌들의 곤경은 〈4′ 33″〉 연주자의 역할을 이해하는 데 도움을 준다. 사이렌들이 욕망의 대상에서 욕망하는 주체로 이동하는 것처럼, 연주자는 청중의 관심 대상에서 청중의 일부가 된다. 그렇다면 누가 연주자이고 누가 청중인가? 박차고 나가는 청중이 연주자이고, 그것을 듣는 연주자가 청중인가? 청중이 환경의 소음을 미학적 경험으로 느끼게 하는 침묵의 작품. 여기서 케이지는 침묵과 소음의 구별을 지었는데, 이는 모든 신호와 의미에 내재하는 농밀한 잠재적 영역을 듣기 위함이다.

「침묵」은 '절대적 음악'이 강조했던 청각과 시각의 관계를 문제 삼는다. 호메로스의 사이렌은 보이기도 전에 이미 노래가 들린다. 그것은 최면적 힘이 있고, 이 힘은 희생자의 시각을 무력하게 만든다. 역으로 카프카의 이야기에서 최면적 힘은 음악이 아니라 오디세우스의 당당한 눈빛과 사이렌들의 노래를 부르는 듯한 몸짓에 있다. 여기서 음악은 우월한 지위를 박탈당하고, 시각에 종속되는 것 같다. 자신의 귀를 밀랍으로 막았기 때문에 오디세우스가 실제로 침묵을 들었는지 안 들었는지 우리는 알 수 없다. 그런데 앞서 언급한 사인마크의 작업처럼 오디세우스는 사이렌들의 몸짓을 통해 노래를 보고·듣는 게 아닐까? 시각 대 청각의 대립을 넘어 시각화된 소리와 음악화된 몸짓으로 이해하는 것이 「침묵」의 출구를 찾는 다른 방법이 아닐까?

## 「어느 개의 연구」(1922)

1922년에 쓰고 사후에 출판된 「어느 개의 연구」(이하 「연구」로 표기)는 가장 모호하고 기이한 작품이다. 여기서는 자신의 삶을 반성하고 실존의 의미를 연구하는 개가 화자로 등장한다. 이야기의 전반부는 어린 시절 겪은 특정한 사건의 여파에 집중한다. 연구자 개는 어린 시절 잊을 수 없는 충격을 준 기이한 사건을 회상한다. 어둠 속을 달려갈 때 전에는 결코 들어 본 적이 없는 굉음을 생산하며, 일곱 마리 개들이 빛 속으로 걸어 나왔다. 그런데 개들은 말하지 않고, 노래하지도 않는데, 어디선가 음악이 들려온다. 그것은 모든 방향에서 오는 듯하다. 음악의 원인이 없다는 것은 절대적 음악과 연결된다. 쇼펜하우어 미학에서 음들 사이 순수한 관계만이 의지를 표현할 수 있기 때문에, 음악의 도구적 원인은 이 질서에 자리가 없다.[24] 이것이 원인에서 절연된 19세기 절대적 음악의 원칙이다. 「연구」와 절대적 음악을 연결하는 것이 이러한 음악적 원인의 엄폐만은 아니다. 가시적 원인이 없는 음악이 듣는 이에게 미치는 효과가 부가된다. 우리는 시각의 힘을 빼앗는 음악의 최면적 힘을 기억한다. 카프카는 개들의 주문으로 소환된 음악의 효과를 다음과 같이 제시한다. 거의 폭력적일 만큼 압도적인 음악의 힘이다. "음악이 들려와 나의 의식을 빼앗고 […] 그리하여 나는 음악의 희생자에 지나지 않았다."[25]

　여기까지만 고려하면 원인 없는 음악과 그것의 놀라운 효과는 절대적 음악의 이상과 판박이처럼 닮았다. 그러나 결정적 차이가 있다. 절대적 음악의 힘은 사물의 본질을 직접 전달하는 능력이다. 음악을 통해 외부 세계는 이해할 수 있는 용어로 우리에게 말을 건다. 달리 말해서 음악은 우리와 초월을 직접 연결하는 매개다. 그것은 보편적 진

---

24) Brian Kane, *Sound Unseen*, Oxford University Press, 2014, p. 100.
25) 카프카, 『카프카 전집 1: 변신』, 619쪽.

리를 개인의 의식에 직접 전달한다. 이 점에서 카프카의 이야기보다 먼 것은 없다.

춤추는 개들이 주문으로 소환한 음악이 소통시키는 것은 무엇인가? 그 개들의 몸짓은 무엇을 의미하는가? 이러한 질문이 연구자 개를 사로잡는다. 그것은 그에게는 전혀 이해할 수 없는 것이기 때문이다. 모든 현상은 전혀 설명할 수 없는 것으로 남는다. 연구자 개는 결국 이것이 음악인지 소음인지조차 결정할 수 없다.

겔런을 포함한 몇몇 연구자들이 지적하듯이 만약 춤추는 개들이 서커스 개들이라면 어떤가?[26] 연구자 개의 서술은 인간적 맥락이 걸러진 개의 지각에만 제한되어 있다. 따라서 연구자 개는 조련사나 서커스 반주에 대해서 전혀 알지 못한다. 이 해석은 춤추는 개들의 이해하기 어려운 행동을 속 시원히 해명한다. 왜 그 개들이 앞다리를 내릴 때마다 마치 실수라도 저지른 양 얼어붙고 용서를 구하는 것처럼 보이는가를. 이러한 해석에 따르면 카프카의 이야기에서 음악의 효과는 절대적 음악의 이상에서 완전히 벗어난 음악에 의해 생산된다. 서커스는 오락이고, 서커스에서 광경은 소리보다 중요하기 때문이다. 앞서 언급했듯이 카프카는 연주회에서도 음악보다는 연주자와 청중의 모습에만 관심을 기울였다. 그에게 음악은 서커스처럼 광경과 분리되지 않는 것 같다.

이처럼 음악과의 첫 번째 외상적 만남이 어린 개의 삶을 뒤흔든다. 그것이 연구의 출발점이다. 도대체 음악은 어디서 생기는가? 그런데 이 질문은 기이한 방향 전환을 한다. 어디서 음악이 오는가는 곧바로

---

26) Kata Gellen, *Kafka and Noise*, Northwestern University Press, 2019, p. 172.

어디서 음식이 오는가로 바뀐다. 우리는 이미 「변신」에서 "음악이 미지의 양식으로 가는 길"인 것을 보았다. 그것은 존재·근원에 대한 추구다. 삶의 가장 기본적 요소인 음식. 가장 단순한 사물이 가장 엄청난 비밀을 부여받는다. 마치 내재성이 초월성으로 변하기라도 한 것처럼.

　도대체 음식은 어디서 오는가? 땅에서? 그렇다면 땅이 음식을 제공하게 만드는 것은 무엇인가? 연구자 개는 땅이 음식을 얻는 것은 하늘을 향해 드리는 주문呪文에 의해서 생기는 것임을 입증하기 위해 단식을 결정한다. 음식의 근원을 발견하는 방법은 단식 광대처럼 굶는 것이다. 단식 광대가 굶는 이유는 자기가 좋아하는 음식을 결코 발견할 수 없기 때문인데, 여기서 주문·음악은 이 세상에서는 결코 찾을 수 없는 미지의 음식과 쉽게 비교된다. 그런데 절명의 순간에 구원이 온다. 그가 피를 토하고, 너무도 약해져서 기절하는데, 눈을 떴을 때 기이한 사냥개가 그 앞에 있다. 죽어가던 개는 처음에는 사냥개를 환영이라고 생각해서 쫓아내려고 한다. 그런데 그때 노래가 다시 무에서 나온다. 누군가의 의지에 의한 것이 아닌 그 노래는 담지자와 분리된다. 그리고 노래는 오직 죽어가는 개만을 향한다. 법의 문이 그 앞에 있는 시골 남자만을 위한 것처럼. 이는 저항할 수 없는 법의 호명이고, 피할 수 없는 노래·침묵이다. 여기서 연구자 개가 듣는 것은 정확히 무엇인가? 사냥개는 노래를 부르지 않는데도 노래가 자신만을 향해 들려온다. 그것은 다시 「침묵」처럼 청각과 시각의 이접을 드러낸다.

　이 노래를 통해 개는 갑자기 죽음의 문턱에서 부활하고, 노래가 그를 사로잡는다. 그의 연구는 음식에서 이제 노래로 이동한다. 그런데 그것들은 공통점이 있다. 음식이 단식을 통해 진전하듯이 노래는 침묵과 동반한다.[27] 중요한 것은 먹는 것과 굶는 것, 소리와 침묵의 리듬이다. 그 중에서도 굶는 것과 침묵은 입을 닫는 것이고, 잠재성의 영역으로 들어가는 것이다. 들뢰즈·가타리가 카프카에게 매료되었던 것은 소수성과 정치성에만 있는 게 아니다. 그들이 의식하고 지적하지는 않았지만 카프카의 글에는 '기관들 없는 신체'를 향한 근본적 움직임이 있다. 들뢰즈는 경험 가능성의 조건을 발생론적 관점에서 물으면서 자신의 사유를 시작했다. 음악이나 언어 같은 경험적 음향 현상의 발생론적 근거를 물었을 때, 그 근원에 있는 것은 침묵·소음이다. 침묵·소음은 카오스이고, 침묵·소음에서 음악과 언어가 생성된다. 따라서 양자의 관계는 이분법적 대립이 아니다. 연구자 개가 삶(음식)의 기원을 단식과 침묵에서 찾는 것은 결정적으로 중요하다.

그래서 음식에 관한 학문과 음악에 관한 학문의 경계 지대가 개의 주의를 끌었다. 이는 음식을 위에서 내려오게 하는 주문이다. 주인에게 밥을 달라고 짖어야 음식이 땅으로 내려오니까 주문이 그가 찾는 음식의 기원이다. 주목할 것은 음식과 목소리 사이에 있는 교차점이다. 음식과 목소리 모두 입을 경유한다. 들뢰즈·가타리는 입의 중요성에 대해 반복적으로 언급한다.

언어 활동은 언제나 입·혀·이빨의 탈영토화를 함축한다. 입과 혀·이빨은 음식물에서 자신의 일차적 영토성을 발견한다. 소리의 분절에 몰두함으로써 입·혀·이빨은 탈영토화된다. 따라서 먹는 것과 말하는 것 사이에는 어떤 이접이 존재한다. 먹는 것과 글 쓰는 것 역시 마찬가지다. 말하기, 특히 글쓰기는 먹지 않는 것이다. 카프카는 음식물에 대해,

---

27) 들뢰즈·가타리, 『카프카』, 53~54쪽.

이빨에 대해 항상적 강박을 보여 주고 있다. 먹지 않는 것은 또한 항상적 주제이다.[28]

입은 먹을 때 영토성과 관계하지만 말하거나 노래를 부를 때는 탈영토화와 관계한다. 이는 동일한 기관이 배치에 따라 다른 기능을 수행하는 기계임을 의미한다. 눈이 보기만 하는 게 아니라 듣고 만지기도 하는 것과 마찬가지다. 여기에도 위아래의 운동, 곧 리듬이 있다. 음식에 관한 연구는 땅을 향하고, 음악에 관한 연구는 하늘을 향한다. "그러나 입은 음식을 먹기 위해 머리를 숙이는 편에만 서는 것이 아니며, 그 소리와 어조가 동물-되기를 유발하고, 그것을 쳐든 고개와 결합한다."[29] 나는 들뢰즈·가타리가 입에 주목하는 이유를 알 것 같다. 왜냐면 입은 숨을 마시고 뱉듯이, 영토화·탈영토화가 수시로 이루어지는 장소이기 때문이다. 영토화와 탈영토화는 서로 대립하는 운동이 아니라 끝없는 변화 생성의 리듬 자체이고, 이는 시각과 청각의 관계를 대립적으로 파악하지 않고, 운동 혹은 리듬의 관계로 보려는 이 글의 목적과 같은 맥락이다.

「침묵」처럼 '눈으로 듣는' 햅틱 감각도 있다. 연구자 개가 들었던 음악은 사실 일곱 마리 개들의 몸짓이기 때문이다.

모든 것이 음악이었다. 발을 올리고 내리거나 고개를 갸웃거리거나 달리고 멈춰 서고 [···] 그 음악은 모든 방향으로부터 다가와 청중을 그 한

---

28) 같은 책, 53~54쪽.
29) 같은 책, 71쪽.

가운데로 끌어들여, 매료시키고, 숨 막히게 한다.[30]

침묵과 소음, 음식과 단식의 리듬도 있다. 최종적으로 연구자 개는 음식을 하늘에서 땅으로 내리는 주술을 연구하게 된다.

### 「요제피네, 여가수 혹은 서씨족」(1924)

「요제피네, 여가수 혹은 서씨족」(이하 「요제피네」로 표기)은 「굴」과 함께 카프카가 죽기 직전에 쓴 마지막 이야기다. 그래서 수수께끼 같은 그의 작품들을 해명할 궁극의 빛이라도 던져 줄 문학적 유언으로 여겨진다. 이 단서가 미소한 소리로 제공된다는 점은 중요하다. 요제피네의 목소리는 카프카와 마찬가지로 음악에 재능이 없는 쥐 족속에서 특별한 힘을 부여받는다. 그런데 요제피네의 목소리에 특별한 것은 무엇인가? 요제피네는 모든 쥐가 그렇듯이 그저 휘파람(어쩌면 일상적 호흡)을 불 따름이다. 이 평범한 아니 다른 쥐들보다 못 부는 휘파람이 특별한 위치로 격상한다. 예술과 일상 사이에 미소한 격차, 곧 무가 발생한다. 여가수의 예술적 힘은 그 틈에서 오는 것 같다. "요제피네는 자신의 지위를 유지하는데, 목소리의 이러한 무無로 자신의 지위를 유지하며, 우리에게 이르는 길을 마련하고 있다."[31] 요제피네의 목소리는 거의 지각할 수 없는 차이를 도입하는 것뿐이다. 그것은 내재성에 잠재하던 초월성일지도 모른다. 그녀의 노래는 노동·삶에서 벗어나기를 원했다. 그러니까 예술이 삶과 맞선 셈이다. 이것이 그녀의 불행한 운명이

---

30) 카프카, 『카프카 전집 1: 변신』, 618쪽.
31) 같은 책, 313쪽.

었다. 이 작품도 노래와 찍찍댐 사이의 경계를 모호하게 하면서 음악에 대한 통상적 개념에 도전한다.

「요제피네」에서 우리는 음악이 갖는 영토화의 힘, 시각화된 소리, 침묵의 중요성을 모두 발견한다. 우선 공연의 목적은 노래를 듣기 위해서가 아니라 쥐 족속이 함께 모이는 것이다. 그것은 "별로 성악 공연 같지가 않고 차라리 국민 집회라고 할 수 있다."[32] 그 공연은 듣는 것만큼이나 보는 것이 중요하다. "그녀의 예술을 이해하기 위해서는 그녀의 목소리를 듣는 것뿐 아니라 그녀를 바라보아야 할 필요가 있다. 그 습관적 일을 하기 위해 엄숙하게 격식을 차리고 나선다는 어떤 기묘함이 존재한다."[33] 그 공연은 소리보다는 오히려 침묵에 중요성을 부여한다. "우리를 매료시키는 것이 그녀의 노래인가 아니면 오히려 그녀의 연약한 목소리를 둘러싸고 있는 장중한 고요함인가?"[34] "완전한 무음의 상태로 어떻게 집회가 가능할 것인가? 사실 요제피네가 있었을 때도 집회는 무음 상태가 아니었는가?"[35]

요컨대 요제피네의 공연은 침묵을 듣고 보기 위한 국민 집회라는 것이다. 휘파람은 일종의 호흡과도 같은 것으로 가장 내재적이고 본질적인 양식이다. 그러나 이는 미지 혹은 초월적 소리가 아니라 매일 듣는 친숙한 소리, 가장 내재적인 소리다. 주목할 것은 노래의 효과를 높이기 위해 사용되는 사소한 환경적 소음이다. "모든 사소한 것, 모든 우연, 상등석에서 나는 딱 소리, 이빨 부딪치는 소리, 조명 장애 등을 그녀

---

32) 같은 책, 312쪽.
33) 같은 책, 304쪽.
34) 같은 책, 306쪽.
35) 같은 책, 326쪽.

는 자신의 노래의 효과를 높이는 데 적합하다고 여기고 있다. 그녀의 의견에 의하면 그녀는 귀머거리들 앞에서 노래를 부르고 있다는 것이다."³⁶⁾ 소음은 노래를 위한 생산적 장애를 제공하고, 자신의 노래를 제대로 이해하지 못하는 귀머거리 같은 청중에게 노래의 힘을 증거하는 수단이다. 요제피네의 노래는 쥐 족속의 측면에서는 집회를 위한 핑계이고, 영토화의 힘이지만, 그녀의 입장에서는 온 힘을 노래 속에 모으고, 모든 가능한 생명력을 뽑아내는 자신으로부터의 탈주다.

## 「굴」(1923-4)

「요제피네」와 마찬가지로 「굴」도 카프카가 죽기 직전에 쓴 글이다. 「굴」을 읽으면 우리는 작가가 죽기 직전까지도 소음과 침묵이라는 문제에 집착했음을 알 수 있다. 「굴」의 화자는 자신의 모든 삶을 땅을 파고 굴을 보수하는 데 바친다. 이 땅속 동물(아마도 두더지)은 땅을 팔 뿐만 아니라 듣기를 그치지 않는다. 자신의 굴의 안전을 위해 귀를 쫑긋 세우고, 위협을 일으킬 수 있는 모든 소리를 들으려고 한다. 자기 집의 가장 내밀한 곳에서 그 동물은 타자의 집에 사는 셈이다. 두더지에게는 안전을 즐기는 두 가지 방식이 있다. 굴 밖에서 굴의 입구를 감시하는 시각적 즐거움과 굴 안에서 침묵을 듣는 청각적 즐거움. 감시하기 위해서, 위험이 있는가를 보기 위해서 그 두더지는 굴 밖으로 나와야 한다. 그래서 빛과 위험에 자신을 드러내야 한다. 밖에서 굴의 입구를 지켜보면서 두더지는 자신이 굴 안에서 평화롭게 잠자는 모습을 지켜보는 상상을 한다. 이 즐거움을 위해 밖으로 나오는 위험까지 감수한

---

36) 같은 책, 307쪽.

다. 그러나 이 환상은 타자의 응시를 깨닫는 순간 깨지고, 두더지는 다시 굴로 돌아온다. 돌아와서 그 두더지는 우선 침묵을 듣는다. 굴에 어떠한 균열도 없는 한, 두더지는 어떠한 소리도 듣지 못한다. 달콤한 평화의 정적. 그러나 어느 순간 그 공간은 돌이킬 수 없이 변한다. 원인을 알 수 없는 기이한 소리에 의해 두더지의 즐거움은 방해를 받는다. 거의 들리지도 않는 미약한 소리인데, 이 별것 아닌 소음이 절대 사라지지 않는다. 두더지는 「연구」와 마찬가지로 소리의 원인과 그 의미를 찾으려고 연구한다. 굴은 이제 시각적인 것에서 청각적 등록소로 이동한다. 그러나 아무리 굴을 파고 뒤져도 어떠한 적도 발견할 수 없다. 결국에 자신의 집을 파괴할 따름이다. 정체불명의 소음에 대해 두더지가 세우는 가설이 많아질수록, 그것은 상상의 적을 증폭시킬 뿐이다. 유령 같은 적은 기이한 음향의 형태로 굴 안에 이미 잠입한 것 같다. 결국에 두더지는 그 자신이 음향적 감시 아래 놓여 있음을 깨닫는다.

두더지가 감시에 몰입할 때 그를 기다리는 것은 무엇인가? 그것은 자신도 감시를 당하고 있음을 알려주는 소음이다. 두더지는 공황에 빠지고, 이제 굴은 감옥이라는 게 드러난다. 두더지는 보이기만 할 뿐, 무엇도 볼 수 없는 수감자다. 두더지가 듣는 이 소음은 도대체 무엇인가? 「굴」의 마지막 장면에서 두더지는 미지의 두더지가 자신에게 다가오는 소리를 듣는다. 두더지는 적의 접근을 듣기 위해서 침묵해야 한다. 여기서도 소음과 침묵의 리듬은 본질적이다. 소음과 침묵, 존재와 비존재 사이에 위치한 음향. 굴은 들뢰즈의 말대로 그야말로 '리좀'인데, 이 소리는 굴과 다른 이야기들을 연결한다. 「연구」의 침묵의 음악, 「요제피네」의 휘파람, 「굴」의 소음은 사실상 같은 것이다. 아무리 파헤쳐도 원인을 알 수 없는 그 미소한 소음은 요제피네의 휘파람과 마찬가지로 두더지 자신의 숨소리가 아닌가? 그는 자신을 추적하는 비밀 요원이다.

감각, 리듬의 관점에서 보자면 「굴」은 시각과 청각의 묘한 긴장이고 진동이다. 알 수 없는 적·타자는 음향의 형태로 등장한다. 그것은 사르트르가 말하는 타자의 시선이다. 나를 지켜보는 타자의 현전은 소리의 형태로 나타난다. 여기서 청각과 시각의 구별은 무의미하다. 그 적이 심지어 자신이라면 주체와 객체의 구별도 지워진다. 탈영토화된 비형식화된 음향 질료로서 소음과 침묵은 유의미한 분절음과 조성 음악을 위한 카오스다. 카오스는 질서와 대립하는 것이 아니라 카오스에서 질서가 나온다.


## 맺음말

계몽주의까지 맹위를 떨치던 시각 중심주의에 대한 비판이자 대안으로서 19세기에 시작된 반-시각(청각) 중심주의는 적지 않은 성과에도 불구하고 주체와 동일성을 위해 복무하는 것으로 귀결되곤 했다. 이 글의 목적은 눈과 귀의 대립이라는 구태의연한 도식에서 벗어나 들뢰즈의 새로운 감각 개념을 통해 카프카 작품의 미로에서 출구를 찾으려는 것이다. 들뢰즈는 베이컨의 회화에서 팽창과 수축의 운동을 보듯이, 카프카의 글에서 위와 아래의 운동을 읽는다. 소리는 쳐든 고개, 그림은 숙인 고개와 각각 연결된다. 위는 좋고 아래는 나쁘다는 인상을 받지만, 이항 대립은 곧 무너지고, 양자의 섞임이나 진동이 강조된다. 소리는 시각화되고, 몸짓은 청각화된다. 이것이 들뢰즈가 말하는 햅틱 감각이고, 감각들의 모듈레이션이다.

카프카가 묘사하는 동물-되기는 인간이 이해할 수 없는 목소리를 통해서다. 그 소리는 찍찍댐, 휘파람, 숨소리 같은 실존의 양식들이다. 이는 비형식화된 질료이고, 탈영토화된 흐름이다. 그런데 카프카가 작품에서 청각을 내세우는 것처럼 보여도, 그것은 절대적 음악에 도전하는 책략이지 특정 감각의 우월성을 말하려는 것이 아니다. 베이컨의 형상이 단순한 재현이 아니라 뭉개짐을 통한 탈-형태de-formation이듯이, 카프카의 음향은 유의미한 조직된 소리가 아니라 의미에서 탈주하는 소음·침묵이다. 카프카가 죽음을 앞둔 순간까지 집착했던 기이한 소음과 침묵. 너무도 내재적이어서 의식을 할 수 없지만, 일단 의식에 드러나면 그 순간부터 즐거움과 두려움을 주는 소음과 침묵은 기관들 없는 신체, 곧 소리의 영도에 도달하기 위한 것이다. 들뢰즈·가타리에 따르면 그것은 자신의 폐지와 관련된 절대적 탈영토화다. 카프카 작품에서 우리가 보아야 하는 것은 생성·운동과 리듬이다. 위/아래, 영토화/탈영토화, 초월성/내재성, 소음/침묵, 소리/그림 사이의 진동이 존재한다.

감각들은 본질적 기능이 있는 게 아니라 배치에 따라서 다르다. 눈이 만지기도 하고, 듣기도 하는 것과 마찬가지로 청각 경험은 구원의 힘일 수도 있고, 폭력적인 힘일 수도 있다. 요제피네의 콜로라투라는 입을 통해 스스로에게서 빠져나오려는 욕망의 힘이고, 이는 베이컨의 〈세면대의 남자〉, 〈절규하는 교황〉이 입을 통해 토해 내는 힘과 같다.

이처럼 들뢰즈는 모든 예술작품에서 신체에 가하는 힘들의 작용을 보는데, 이것이 감각이다. 힘이란 리듬이다. 그리고 리듬은 그것이 청각적 수준에 투여될 때에는 음악으로 나타나고, 시각적 수준에 투여

될 때에는 그림으로 나타난다. 이것이 이성이 아닌 감각에 고유한 논리다. 리듬은 수축과 팽창, 상승과 하강의 운동이다. 이는 후렴에 대한 들뢰즈·가타리의 설명과도 일치한다. 노래를 부름으로써 자신을 영토에 가두기도 하고, 세계로 창을 열기도 한다. 누구도 주목하지 않았지만 나는 카프카가 입과 이빨에 강박을 보였다는 사실에서 중요한 리듬을 본다. 입을 열고 음식을 먹을 때는 소음이고, 말할 때는 언어고, 숨쉴 때는 호흡이고, 노래할 때는 음악이지만, 입을 다물 때는 단식이고 무엇보다 침묵이다. 입은 본질적 기능을 갖는 미각 기관이 아니라 배치에 따라 달라지는 다양체이고 기계다. 먹고 내뱉고, 숨을 마시고 뿜고, 힘들이 들어오고 나가는 동그란 입은 베이컨의 윤곽이다. 입을 열고 다무는 리듬은 미로에서 빠져나오는 새로운 출구가 아닐까?

# 김수영 문학의 비인칭성과 시적 절차로서의 번역[1]

윤승리

## 번역 불가능으로서의 번역과 망령(妄靈)으로서의 일본어

김수영은 후배 시인에게 보낸 편지에서 "철학을 통해서 현대 공부를 철저히 하"라고 부탁한다.[2] 그 까닭이 엿보이는 글 가운데 하나는 잡지 『청맥』의 청탁으로 쓴 「제정신을 갖고 사는 사람은 없는가」라는 글이다.

> 제정신을 갖고 사는 사람은 없는가? 근대의 자아 발달사의 견지에서 민주주의 사회의 구성원으로서의 자격을 요점으로 해서 생각할 때는 극히 쉬운 문제이고, 고대 희랍의 촛불을 대낮에 켜고 다니면서 '사람'을 찾은 철학자의 견지에서 전인全人에 요점을 두고 생각할 때는 한없이 어려운 영원한 문제가 된다. 한쪽을 대체로 정치적이며 세속적이며 상식적인 것으로 볼 때, 또 한쪽은 정신적이며 철학적인 형이상학적인 것이라고도 볼 수 있다.[3]

---

1) 이 글은 필자의 논문 「김수영 시와 번역의 비인칭성: 말라르메·블랑쇼와의 비교를 통하여」 (『비교문학』 85권, 2021)를 수정 보완한 글이다.
2) 김수영, 「고은에게 보낸 편지」, 『김수영 전집 2』, 민음사, 2020, 739쪽.
3) 김수영, 「제정신을 갖고 사는 사람은 없는가」, 같은 책, 262쪽.

김수영은 『청맥』이 "작금의 우리 주위의 사회 현상의 전후 관계를 염두에 둔 고발성을 띤 답변의 시사를 바라는 것 같다"고 파악한다. 위의 두 문제 가운데 전자에 해당하는 "민주사회의 구성원으로서의 자격"에 대한 질문이라고 생각한 것이다. 그러나 그는 '정치적이고 세속적이며 상식적인' 대답을 하는 대신에, 글의 제목을 "제 시를 쓸 수 있는 사람은 없는가" 또는 "시를 행할 수 있는 사람은 없는가"로 바꾸어 본다. 그렇게 하여 제출된 그의 답은 다음과 같다.

'제정신'을 갖고 산다는 것은, 어떤 정지된 상태로서의 '남'을 생각할 수도 없고, 정지된 '나'를 생각할 수도 없는 일이다. 엄격히 말하자면 '제정신을 갖고 사는' '남'도 그렇고 '나'도 그렇고, 그것이 '제정신을 가진' 비평의 객체나 주체가 되기 위해서는 창조 생활(넓은 의미의 창조 생활)을 한다는 전제가 필요하다. 그리고 이러한 모든 창조 생활은 유동적인 것이고 발전적인 것이다. 여기에는 순간을 다투는 어떤 윤리가 있다. 이것이 현대의 양심이다.[4]

여기에서 김수영은 제정신을 갖고 산다는 것이란, '정지된 상태의 인간'을 상정하지 않는 것이라고 말하고 있다. 즉 "제정신을 갖고 사는 사람은 없는가"라는 질문을 "쉬운 문제"로 받아들여서 인간은 '~이다' 그래서 '~해야 한다'는 식으로 쉽게 정의내리는 것을 거부하는 것이 제정신을 갖고 사는 것이라는 말이다. 인간을 고정된 실체를 가진 대상으로 파악하기를 거부하는 이러한 관점에 따르면 인간에 의한 정치·

---

4) 같은 글, 266쪽.

역사·문화적인 담론장 또한 보류될 수밖에 없다. 그러한 것들을 배제하고 인간을 바라보아야 한다는 것은 인간을 "철학적"이고 "형이상학적"으로, 다시 말해 인간을 존재 그 자체로 성찰해야 한다는 것이다. 그것이 제정신을 갖고 사는 것, 현대의 윤리라고 김수영은 말하고 있다.

그런데 김수영에게 시인의 윤리 또한 인간의 윤리와 멀리 있지 않다. 글의 제목을 "시를 행할 수 있는 사람은 없는가"로 바꾸어 보자고 말하며 김수영은 인간이라면 자기의 죄에 대해 적어도 몸부림 정도는 쳐야 하며, 지식인으로서 시인은 "가장 민감하고 세차고 진지하게" 몸부림 쳐야 한다고 말했다. 잘 알려진 바와 같이 김수영은 시인을 "촌초寸秒의 배반자"라고 정의한 바 있다.[5] "그 자신을 배반하고, 그 자신을 배반한 그 자신을 배반하고, 그 자신을 배반한 그 자신을 배반한 그 자신을 배반하고…… 이렇게 무한히 배반하는 배반자. 배반을 배반하는 배반자…… 이렇게 무한히 배반하는 배반자다." 이러한 시인에게 "기정사실은 그의 적"이며 "기정사실의 정리도 그의 적"이라고 김수영은 말했다. 지식인으로서 시인은 자기의 죄, 자기를 포함한 기정사실로부터 벗어나기 위해 촌초를 다투며 자기를 배반해야 한다. 그의 시인의 윤리는 앞에서 말한 인간의 윤리와 다르지 않아 보인다. 즉 시인은 시를 통해 인간 존재에 대한 질문을 보다 "진지하게" 던지는 자인 것이다. 그래서 김수영에게 시란 무엇인가라는 질문은 인간에 대한 존재론적 질문과 다르지 않다.

이런 관점에서 본다면 그의 시론은 우리에게 다른 의미로 다가올 수도 있다. "내 시의 비밀은 내 번역을 보면 안다"는 문장으로 많은 연

---

5) 김수영, 「시인의 정신은 미지」, 『김수영 전집 2』, 346쪽.

구자들의 주목을 받은 「시작 노트 6」을 보자.

> 내 시의 비밀은 내 번역을 보면 안다. 내 시가 번역 냄새가 나는 스타일이라고 말하지 말라. 비밀은 그런 천박한 것은 아니다. 그대는 웃을 것이다. 괜찮아. 나는 어떤 비밀이라도 털어내 보겠다. 그대는 그것을 비밀이라고 생각할 것이다. 그것이 그대의 약점이다. 나의 진정한 비밀은 나의 생명밖에는 없다. 그리고 내가 참말로 꾀하는 것은 침묵이다. 이 침묵을 지키기 위해서라면 어떤 희생을 치러도 좋다. 그대의 박해를 감수하는 것도 물론 이 때문이다. 그러나 그대는 근시안이므로 나의 참뜻이 침묵임을 모른다. 그대는 기껏 내가 일본어로 쓰는 것을 비방할 것이다. 친일파라고, 저널리즘의 적이라고. 얼마 전에 고야마 이도코小山いと子가 왔을 때도 한국의 잡지는 기피했다. (…) 이리하며 배일排日은 완벽이다.[6]

"내 시의 비밀은 내 번역을 보면 안다"고 말하면서도 어떻게 그러한지를 직접 설명하지 않는 것은 '시인은 시론을 쓸 때에도 시를 쓰듯이 써야 한다'는 김수영의 지론과 무관하지 않을 것이다.[7] 대신에 그는 「시작 노트 6」(이하 「노트 6」)을 일본어로 씀으로써 다소 우회적으로 시의 비밀로서의 번역에 대해 말한 것으로 보인다. 그는 한일협정이 체결된 이듬해로 반일감정이 거세었던 당시에 "그대의 비방을 초래하기 위해서"라는 이유까지 붙여 가며 일본어로 「노트 6」을 썼으며, '이 글

---

6) 김수영, 「시작 노트 6」, 같은 책, 553쪽.
7) 김수영, 「시여 침을 뱉어라」, 같은 책, 497쪽.

을 일본어로 쓴 이유'가 글의 주제로 보일 정도로 길지 않은 글의 상당 부분을 그 이유를 말하는 데 할애하고 있다.

김수영의 바람대로 「노트 6」이 일본어로 쓰였다는 것을 문제 삼는 독자가 있다면 그는 글이 전달하는 내용이 아니라 일본어라는 표기 방식에 이의를 제기하는 것이다. 동일한 내용도 한국어일 때는 문제가 없지만 일본어로 쓰였다면 비방을 받게 된다는 것을 김수영은 지적하고 있다. 실제로 이 글은 애초에 일본어로 쓰였다는 사실을 전하는 편집자의 주석을 달고 결국 한국어로 발표되었다. 글이 일본어로 쓰였다는 것을 문제 삼는 태도는 동일한 의미의 글을 일본어로도 또한 한국어로도 쓸 수 있다는 것을 전제한다. 즉 번역이 가능하다는 것이다. 그리고 이러한 생각이 언어에 대한 우리의 일반적인 인식이다. 언어에서 의미 이외의 나머지 요소들은 의미를 전달하는 수단으로서 거의 투명한 도구처럼 여겨지기에, 의미를 중심으로 단어들을 교체하는 일이 얼마든지 가능한 일처럼 생각된다.

그러나 김수영은 다른 의견을 보여 준다. 당시 시인 이상李箱의 일본어 유고시를 우리말로 번역하고 있었던 김수영은 다음과 같이 말하였다.

내가 불만스럽게 생각하는 것은 이상이 일본적 서정을 일본어로 쓰고 조선적 서정을 조선어로 썼다는 것이다. 그는 그 반대로 해야 했을 것이다. 그는 그렇게 할 수 있었을 것이었다. 그러함으로써 더욱 철저한 역설을 이행할 수 있었을 것이었다. 내가 일본어를 사용하는 것은 다르다. 나는 일본어를 사용하고 있는 것이 아니라 망령亡靈을 사용하고 있는 것이다.[8]

김수영은 일본적 서정을 조선어로 조선적 서정은 일본어로 썼어야 한다며 서정과 그 서정을 표기하는 언어가 달라지도록 번역을 수행했어야 한다고 말한다. 이 말은 동일한 서정도 일본어로 쓸 때와 조선어로 쓸 때 무언가 달라진다는 것을 전제한다. 같은 의미라도 표기하는 언어를 달리함으로써 어떤 변화가 만들어질 수 있다는 것은 언어가 단지 의미를 전달하고 사라지는 투명한 매체가 아니라는 것을 뜻한다. 언어에 의미를 초과하는 무언가가 있다고 전제한다면 번역 역시 낯선 언어를 친숙한 언어로 일대일로 치환하는 단지 기술적인 작업일 수 없을 것이다. 즉 김수영이 여기에서 말하는 '번역'은 사실상 '번역 불가능으로서의 번역'에 가깝다.

따라서 김수영이 "독자의 비방을 초래하기 위해서" 일본어로 글을 쓴 까닭은 두 가지로 정리해 볼 수 있다. 첫째로, 당시의 배일 감정에서 드러나듯이 의미와 무관한 언어의 표기 방식을 대단히 중요하게 여기면서도, 동시에 같은 글을 한국어로 번역하여 싣는 것은 허용한다는 점에서는 언어의 표기 방식을 텅 빈 매개로 여기기도 하는 모순을 지적하기 위한 것이라 볼 수 있다. 우리가 아무리 비슷한 단어로도 시어를 대체하지 않고 원본 그대로를 중시하는 것은 시의 언어를 의미의 매개 이상이라 여기기 때문인데, 김수영은 「노트 6」을 일본어로 써서 독자가 언어의 의미가 아닌 표기방식을 문제 삼게 유도함으로써 시가 아닌 언어에서도 언어가 의미 그 자체로 여겨지지 않는다는 점을 자각하게 만든 것이다. 그럼으로써 번역 또한 의미를 중심으로 한 기술적인 단어의 교체가 아니게 되며, 그때서야 비로소 번역은 시의 비밀이

---

8) 김수영, 「시작 노트6」, 같은 책, 554쪽.

될 수 있는 출발점에 서게 된다.

둘째로, 문학이란 그것을 표기하는 언어가 무엇이냐는 질문을 넘어서는 것이라는 점을 보여 주기 위해서였다. 1921년생인 김수영은 스스로 정의하는 바와 같이, 15세 이후에 해방을 맞았으며 조선어를 익힌 후에 일본어를 배운 세대와 달리 일본어를 '국어'로 여기며 자라나 "일본어를 우리말보다 더 잘 아는" 세대였다.[9] 그래서 김수영에게 일본어로 글을 쓰는 것은 오히려 일본어로 사고하고 조선어로 번역하는 과정을 생략한 "휴식"으로서 번역의 중단이었다. 「노트 6」에서 김수영이 자신의 일본어가 이상의 경우와 다르다고 말한 것은 1910년생인 이상은 김수영의 분류에 따르면 "우리말을 일본어보다 더 잘 아는 사람들"에 속하기 때문이다. 김수영보다 열 살 이상 연상인 이상에게 일본어는 외국어였기에 이상의 일본어 쓰기는 그의 시를 더 좋은 시로 이끌어 줄 수 있을 번역이었지만, 자신의 일본어는 그러한 번역과 무관한 "망령"妄靈이라고 김수영은 말했다. '이중어세대'인 김수영의 일본어 쓰기는 일제의 흔적을 드러내는 것이기에 민족적 상처를 헤집는 것이다. 그러나 앞에서 살펴본 바와 같이 김수영에게 시인의 윤리는 "촌초의 배반"에 있으므로 시인은 자신이 속해 있는 담론장을 배반해야 한다. 그러한 배반으로서의 일본어 쓰기를 통해 김수영이 말하고자 했던 것은, 그에게 궁극적으로 '시란 무엇인가'라는 질문은 역사·정치적인 현실의 담론장이라는 조건에 의해 영향받는 어떤 것이 아니며, 오히려 그 장이 역동할 수 있도록 하는 원인자原因者라는 것이다. 사전적으로 망령은 늙거나 정신이 흐려서 말이나 행동이 정상을 벗어나 있다

---

9) 김수영, 「히프레스 문학론」, 같은 책, 369쪽.

는 뜻이다. 저명한 작가가 방한해도 일본인이라는 이유로 기피하고 어떤 글이든 일본어로 쓰였다면 무조건적으로 비판하는 태도는 시로 향하는 길을 가로막는 망령된 상태라 할 수 있다.

그동안 김수영의 '시의 비밀로서의 번역'에 관한 연구는 대체로 '이중언어세대'로서 일본어로 사고하고 한국어로 표현하며 번역을 직업으로 삼았던 김수영에게 번역이 갖는 정치·역사적 의미를 중심으로 연구되어 왔다. 그러나 본고는 궁극적으로 시를 침묵으로 여겼던 김수영에게 시란 무엇인가라는 질문은 현실의 담론장의 밑바탕에 있는 존재론적 질문과 다르지 않았다는 점에 주목해 보고자 한다. 그러한 관점에서 '시의 비밀로서의 번역'과 '시의 "참뜻"으로서의 침묵'에 다가가 보자.

## 거친 말과 침묵 그리고 본질적인 말

시를 쓰듯이 시론을 쓰기 위한 방법으로 「노트 6」에서 김수영이 제시하는 또 한 가지 방법은 직접 자신의 번역을 보여 주는 것이다. 김수영은 「노트 6」의 맨 앞에 자코메티Alberto Giacometti의 말을 영문으로 인용하고 자신의 의도적인 오역을 제시하고 있다.

> There is no hope of expressing my
> vision of reality. Besides, if I did,
> it would be hideous something to
> look away from

내 머리는 자코메티의 이 말을 다이아몬드같이 둘러싸고 있다. 여기서 hideous의 뜻은 몸서리나도록 싫다는 뜻이지만, 이것을 가령 '보이지 않는다'라는 뜻으로 해석하여 to look away from을 빼 버리고 생각해도 재미있다. 나를 비롯하여 범백의 시인들이 기뻐할 것이다. 나를 비롯하여 그들은 말할 것이다. 나는 말하긴 했지만 보이지 않을 것이다. 보이지 않으니까 나는 진짜야, 라고. 이에 대해 심판해 줄 자는 아무도 없다.[10)]

김수영이 인용해 놓은 원래의 자코메티의 영문을 직역해 본다면 "내가 바라본 리얼리티를 표현할 가망이 없다. 만약 내가 그렇게 한다고 해도, 그것은 아마 시선을 거두어 버릴 끔찍한 무언가일 것이다" 정도가 된다. 김수영의 말대로 to look away from을 빼고 hideous를 '보이지 않는다'고 해석하면 두 번째 문장만 달라져, "만약 내가 그렇게 한다고 해도, 그것은 보이지 않는 무언가일 것이다"라 번역해 볼 수 있다. 이 인용문을 김수영은 "나를 비롯하여 범백의 시인이 기뻐할" 방식으로 다음과 같이 옮겨 보았다고 말했다. "나는 말하긴 했지만 보이지 않을 것이다. 보이지 않으니까 나는 진짜야." 원래의 문장을 참고해 보면 "나는 말하긴 했지만 보이지 않을 것이다"에서 보이지 않는 것은 그것 (it) 즉 내가 리얼리티에 대해 표현한 말이다. 그런데 "보이지 않으니까 나는 진짜야"라는 문장이 더해지면, 보이지 않는 것은 그것(it)이면서 또한 '나(I)'이기도 하다. 따라서 발화하는 나(I)와 그 말(it)이 일치하게 되는 것이다. 여기서 엿볼 수 있는 시의 비밀은 무엇일까? 김수영의 의

---

10) 김수영, 「시작 노트 6」, 같은 책, 550쪽.

도적 오역은 말하는 자와 그 말이 일치되어 보이지 않게 되며, 또한 그 존재가 누구도 심판할 수 없을 만큼 확고한 존재라는 것을 보여 준다.

번역을 통과할 때, 말하는 자가 사라지고 말 자체가 존재성을 갖게 되는 이러한 '비인칭'非人稱의 언어가 획득될 수 있다는 점은 블랑쇼가 번역에 관한 글 「…로부터 번역된」Traduit de...에서 주장하는 바인데, 무엇보다 이 글은 김수영이 읽었다는 점에서도 주목할 필요가 충분하다. 「…로부터 번역된」은 「노트 6」보다 1년가량 먼저 발표된 글에서 김수영이 '너무 마음에 들었다'고 표현한 『불꽃의 문학』焰の文学에 실린 글로, 『불꽃의 문학』은 블랑쇼의 『불의 몫』La part du feu의 일본어 번역본이다.[11] 「…로부터 번역된」에서 블랑쇼는 번역이 본질적인 문학 행위라고 주장하는데, 번역을 통과할 때 언어의 근본적 염원인 '비인칭성'impersonnalité이 두드러질 가능성이 생겨나기 때문이다. 여기서 블랑쇼가 말하는 비인칭성은 말라르메로부터 기인한 개념이라 할 수 있다. 『불의 몫』에 실린 다른 글 「말라르메의 신화」Le mythe de Mallarmé에서 블랑쇼는 말라르메의 '비인칭'뿐 아니라 '침묵'silence이나 '책'Livre과 같은 주요 개념들을 상세히 소개하며 말라르메의 언어론과 시론을 충실히 설명한다. 블랑쇼는 말라르메의 언어에서 가장 중요한 것이 "언어에 독립적이고 절대적인 존재성을 부여"하는 "비인칭성"이며, 말라르메의 언어는 말하는 자와 듣는 자를 상정하지 않고 "스스로 말하고 스스로 쓴다"고 말했다.[12] 그래서 「노트 6」에서 김수영이 말라르메를 언

---

11) "요즘 시론으로는 조르주 바타유의 『문학의 악』과 모리스 블랑쇼의 『불꽃의 문학』을 일본 번역책으로 읽었는데, 너무 마음에 들어서 읽고 나자마자 즉시 팔아 버렸다. 너무 좋은 책은 집에 두고 싶지 않다." 김수영, 「시작 노트 4」, 『김수영 전집 2』, 542쪽. 『불꽃의 문학』의 제1쇄 발행본의 서지 사항은 다음과 같다. M. ブランショ, 『焰の文学』, 重信常喜 訳, 紀伊國屋書店, 1958.

급하는 것 역시 김수영의 번역의 의미를 이해하려 할 때 간과되어서는 안 되는 부분이다. 김수영은 자코메티의 번역문 다음에 보부아르의 "참된 창조"라는 표현을 인용하고는 말라르메를 언급한다. "말라르메를 논하자. 독자를 무시하는 시, 말라르메도 독자를 무시하지 않았다." 이어서 김수영은 "독자를 무시한 시는 불성실한 시일 것"이라며 "침묵의 한 걸음 앞의 시, 이것이 성실한 시일 것이다"라고 썼다. 「노트 6」보다 몇 년 앞서 발표된 글에서 김수영이 "말라르메의 invisibility(불가시성)"라 언급한 바도 있기에,[13] "보이지 않으니까 나는 진짜야"라는 문장 뒤에 말라르메가 언급되는 것은 그 문장에서 드러나는 언어의 비인칭성과 비가시성을 말라르메와 관련하여 해석하는 것이 타당하다는 것을 뒷받침한다.

김수영의 번역의 의미가 아직 명확히 밝혀지지 않았다면 그 까닭은 그가 "참말로 꾀하는 침묵"과의 관련을 통해 설명되지 않았기 때문일지도 모른다. 김수영이 말라르메와 침묵을 함께 거론하는 것은 말라르메의 시론에서도 침묵은 빼놓을 수 없는 개념이기 때문이다. 더욱이 두 시인은 번역과 침묵을 함께 거론한다는 점에서도 반드시 주목해 보아야 할 공통점이 있다. 예컨대 말라르메는 침묵의 번역이 시인의 몫이라 말한 바 있으며,[14] 블랑쇼가 『불의 몫』에서 인용하는 바와 같이, 오직 번역을 통해서 침묵하는 시가 이루어진다고 말하기도 했다.[15]

---

12) Maurice Blanchot, "Le mythe de Mallarmé", *La part du feu*, Gallimard, 1999, p. 48.

13) 김수영이 1961년에 발표한 「새로움의 모색―쉬페르비엘과 비어레크」.

14) "Le silence, seul luxe après les rimes, un orchestre ne faisant avec son or, ses frôlements de pensée et de soir, qu'en détailler la signification à l'égal d'une ode tue et que c'est au poëte, suscité par un défi, de traduire!" Stéphane Mallarmé, "Mimique", *Œuvres complètes*, Paris : Gallimard, 1974, p. 310.

말라르메와 김수영이 침묵과 번역을 함께 거론할 때의 '번역'은 사전적 의미보다 포괄적인 의미이지만, 두 시인이 실제로 번역 일을 했었던 것과 무관하지는 않을 것이다. 김수영이 시인이자 번역가였던 것처럼 말라르메도 에드거 앨런 포의 『까마귀』를 번역한 바 있다. 말라르메는 『까마귀』에서 사랑하는 연인을 잃은 남자가 자기의 영혼이 '다시는' 회복되지 못할 것이라 말하는 마지막 구절의 '다시는'never more을 'jamais plus'로 번역하며 음울하고 비극적인 분위기를 북돋는 'never more'의 청각적 인상이 'jamais plus'로는 충분히 전달되지 않는다고 안타까워했다.[16] 또한 말라르메는 영어로 된 포의 운문을 불어로 번역하며 온전하게 운을 맞출 수 없었기에 산문으로 옮길 수밖에 없었지만 활자체의 변화를 주거나 들여쓰기를 적용하는 등 시각적으로도 운을 표현하고자 노력했다.[17] 포를 번역하며 말라르메가 고민했던 것들은 시를 번역하는 이들이 흔히 맞닥뜨리는 문제들이다. 시는 언어로 이루어진 다른 어떤 양식보다도 단어의 소리나 음절수와 같은 것들이 그 단어가 가리키는 의미만큼이나 중요하게 여겨지는 언어 예술이기 때문이다.

난해하기로 유명한 시인인 말라르메가 시의 시각적이고 청각적인 감각을 특별히 중시한 것은 의아하게 생각될 수 있다. 난해하다는

---

15) "Tout devient suspens, disposition fragmentaire avec alternance de miroir, concordance au rythme total, lequel serait le poèm tu, aux blancs; seulement traduit, en une manière, par chaque pendentif." Mallarmé, "Crise de vers", *Ibid.*, p. 367.; Blanchot, "Le mythe de Mallarmé", *La part du feu*, p. 45.

16) 도윤정, 「시와 음악 간의 새로운 관계」, 『비교문화연구』 제44집, 2016, 228~229쪽.

17) 도윤정, 「책을 통한 시인과 화가의 만남─말라르메와 마네의 『까마귀』, 『목신의 오후』 공동창작과정과 의미」, 『불어문화권연구』 26호, 2016.

말은 흔히 추상적인 언어를 사용하는 것과 관련된다고 여겨지기 때문에 감각적인 것과는 동떨어진 것으로 생각될 수 있기 때문이다. 말라르메는 일상적 언어와 시적 언어를 구분하는데, 그의 시적 언어에서 소리나 음절수와 같은 물질성은 언어의 본질적 측면과 관련된 중요한 요소이다. 말라르메는 이러한 언어의 두 가지 양태를 '거친 언어'와 '본질적인 언어'라 표현했다. "거칠거나 즉각적인brut ou immédiat 언어"는 "가르치고 묘사하는" 것으로, 말라르메가 "침묵 속에서 다른 사람에게 동전을 쥐어주는 것"이라 묘사한 것처럼 상품과 화폐를 교환하듯 사물과 의미가 교환되는 언어다.[18] 한편 '본질적인essentiel 언어'에 대한 설명은 보다 은유적이다.

> 나는 꽃 한 송이라고 말한다. 그러면 내 목소리가 아무런 자취도 남기지 않는 망각의 바깥에서 익히 알려진 꽃받침들과는 다른 무언가가 음악의 방식으로 떠오른다. 그것은 감미로운 이데idée 그 자체, 모든 꽃다발의 부재.[19]

여기서 이데idée를 흔히 플라톤적인 의미로 이해되는 '이데아'와 거리를 두고 이해하는 것은 말라르메의 본질적인 언어에 접근해 가는 데에 있어 중요한 부분이다. 김수영이 읽은 『불의 몫』에서 블랑쇼도 말라

---

18) Mallarmé, "Crise de vers", p. 368.
19) Ibid. idée를 '관념'으로 번역하지 않고 '이데'라 표현한 것은 관념이라는 단어에 따르는 복잡한 의미의 계보로부터 거리를 두면서 사유(pensée), Notion pure(순수 개념), Esprit(정신) 등으로 변주되는 말라르메의 의미에 초점을 맞추기 위한 것으로 도윤정, 「시와 음악 간의 새로운 관계」, 221~223쪽을 참고했으며, 223쪽의 번역을 따랐다.

르메의 이 구절을 인용하여 "시인은 실재하는 부재를 관념적인 존재로 대체하지 않는다"며 본질적인 언어가 언어의 관념성으로 이해되어서는 안 된다는 점을 지적한다. 블랑쇼는 위 인용문에 대해 "내가 꽃이라고 말했을 때 내 눈 앞에는 꽃 한 송이도, 꽃 한 송이의 이미지도 없으며 오직 꽃의 부재만이 있다"고 설명하는데, 이 문장에는 말라르메의 본질적인 언어가 행하는 두 번의 부정이 드러나 있다. 첫째는 '눈 앞의 꽃 한 송이'에 대한 부정이다. 내 눈 앞에 있는 꽃도 꽃이라고 불리는 순간 그 존재를 대리하는 꽃이라는 개념 뒤로 물러나게 된다. 일상적인 언어, 즉 거친 언어는 꽃이라는 개념이 눈 앞의 꽃을 대리하는 것을 허락함으로써 꽃의 존재성을 단어 너머로 사라지게 만든다. 그런데 본질적인 언어는 여기에 더하여 '꽃 한 송이의 이미지', 즉 존재를 대리하고 있는 꽃이라는 개념까지도 부정한다. 사물을 사라지게 한 개념까지도 부정함으로써 단어는 의미를 가리키지 않게 되어 침묵에 가까워지는 것이다. 그러나 발화된 단어가 침묵과 완전히 동일할 수는 없을 것이다. 블랑쇼는 사물도 의미도 부재하는 곳에 남아 있는 단어의 소리와 리듬, 음절수와 같은 것들을 발레리Paul Valéry가 언어의 "몸"physique이라 표현했다며, "나머지 모든 부재의 척도"로서 언어의 몸은 "단어가 존재와 그 존재가 표현하는 것 사이로 끼어들 수 있게 만드는 단어들 고유의 실재성"이며 단어를 '보이는 것'으로 만들어 준다고 말했다.[20]

그런데 「말라르메의 신화」에서 블랑쇼는 발레리의 말라르메에 대한 해석이 말라르메를 조명하면서도 베일로 가리는 역할을 했다고 비판하는데, 발레리가 말라르메와 정반대로, 거친 언어를 무가치한 것으

---

20) Blanchot, "Le mythe de Mallarmé", p. 39.

로 여겼다고 지적한다. 블랑쇼가 말라르메에게서 다른 시인들과 구분되는 탁월한 지점으로 꼽는 것이 바로 이 지점으로, 말라르메가 의미를 포기하지 않았다는 부분이다. 말라르메는 언어의 양태를 두 가지로 나누었지만 그것은 동시적으로 존재한다고 보았다. 시 속의 언어라 할지라도 그 언어는 개념을 매개하는 도구로서의 역할 또한 맡고 있다. 물론 그 언어가 본질적인 언어라면 동시에 그 개념을 부정하겠지만 말이다. 블랑쇼의 말처럼 말라르메에게 "시가 존재하는 것은 언어가 이해의 도구이기 때문"인 것이다.[21]

흥미롭게도 김수영 역시 블랑쇼가 발레리를 비판하는 맥락에서 김춘수를 비판한 바 있다. 시적 언어를 침묵에 향해 있는 것으로 이해하면서도 개념을 매개하는 언어의 역할도 인정하는 이러한 언어관이 김수영에게서도 발견되는 것이다. 김춘수는 「꽃」 연작에서의 꽃이 "관념의 꽃"으로서 "말라르메가 '내가 꽃이라고 발음할 때, 이 세상에는 없는 꽃의 환영이 떠오른다'고 할 때의 그 꽃과 원칙적으로 같은 꽃"이라며, "꽃이라는 표현 기호가 꽃 그것인 것처럼" 착각하는 것에서 벗어나, "인간의 근원적 고독" 즉 무의미를 드러내려 했다고 말한 바 있다.[22] 즉 거친 언어로부터 벗어나 침묵을 지향하는 시적 태도를 보여

---

21) Ibid., p. 38.

22) "여기서의 꽃은 관념의 꽃이다. 말라르메가 '내가 꽃이라고 발음할 때, 이 세상에는 없는 꽃의 환영이 떠오른다'고 할 때의 그 꽃과 원칙적으로는 같은 꽃이다. 표현 기호인 언어는 표현되는 것의 내용과는 다르다. 일상에서는 우리는 그것을 착각하고 있다. 꽃이라는 표현 기호가 꽃 그것인 것처럼 된다. 그러나 어느 순간 우리는 존재론적 물음을 우리 주위의 사물들에 대해서 하는 수가 있다. 이 시(꽃)는 사물로서의 꽃의 생태적인 속성을 매개로 해서 인간의(인간적 존재 양상이라고 함이 더 적절하리라) 근원적 고독을 드러내려고 해 본 것이라고 할 수 있다." 김춘수, 「릴케와 나와 시」, 김주연 편, 『릴케』, 문학과지성사, 1981, 243쪽.

주려 했다는 것이다. 그런데 김춘수의 이러한 '무의미 시'에 대해 김수영은 이렇게 말했다.

> 김춘수가 그의 압축된 시형時形을 통해서 되도록 '의미'를 배재한 시적
> 경제를 도모하려는 의도는 짐작할 수 있는데, 그의 시나 그의 시에 대
> 한 주장을 볼 때 아무래도 고개를 갸우뚱하지 않을 수 없다. [⋯] 시에
> 그가 말하는 '의미'가 들어 있든 안 들어 있든 간에 모든 진정한 시는 무
> 의미한 시이다. 오든의 참여시도, 브레히트의 사회주의 시까지도 종국
> 에 가서는 모든 시의 미학은 무의미의 ─ 크나큰 침묵의 ─ 미학으로
> 통하는 것이다. 이것은 예술의 본질이며 숙명이다. 그런데 김춘수의 경
> 우는 이런 본질적인 의미의 무의미를 추구하는 것이 아니라, 먼저부터
> 의미를 포기하고 들어간다. 물론 '의미'를 포기하는 것이 무의미의 추
> 구도 되겠지만, '의미'를 껴안고 들어가서 그 '의미'를 구제함으로써 무
> 의미에 도달하는 길도 있다.[23]

이어서 김수영은 "작품 형성의 과정에서 볼 때는 '의미'를 이루려
는 충동과 '의미'를 이루지 않으려는 충동이 서로 강렬하게 충돌하면
충돌할수록 힘 있는 작품이 나온다고 생각된다"며 "구더기가 무서워
서 장을 못 담글 수는 없"는 것처럼 의미를 이루려는 충동을 미리 제거
할 필요는 없다고 말한다.

여기서 김수영은 의미를 제거하지 않아도 모든 진정한 시는 결국
무의미, 즉 침묵에 도달하게 된다고 말하고 있다. 말라르메의 표현으

---

23) 김수영, 「변한 것과 변하지 않은 것 ─1966년의 시」, 『김수영 전집 2』, 461쪽.

로 다시 말하자면 본질적인 언어로 쓰인 모든 시는 눈 앞의 사물뿐 아니라 그 사물을 대리하는 의미조차도 부정하여 그 사물의 부재, 즉 침묵으로 향하게 된다는 것이다. 김수영에게는 이것이 "본질적인 의미의 무의미"이기에 의미를 미리부터 포기하지 않고 '의미를 껴안고 들어가'는 것이다. 시의 언어는 의미를 전달하는 동시에 침묵으로 나아가지만, 단어의 '몸'을 남김으로써 단어가 의미 그 자체로만 여겨질 수 없게 만든다.

말라르메가 거친 언어를 상품과 화폐의 교환으로 설명한 것을 상기해 보면, 거친 언어는 우리가 꽃 한 송이를 구매할 때 그 꽃의 가치를 가격과 동일시하는 데에 주저함이 없듯이, 사물이 그것의 의미가 가리키는 바 외에는 아무것도 아니라는 듯, 의미가 사물을 빈틈없이 대체하는 것처럼 보이는 언어다. 그러나 본질적인 언어는 눈 앞의 꽃의 가치가 그것의 가격에 완전히 담기지 않는다는 듯이 꽃의 아름다움이나 향기, 꽃이 나에게 준 기쁨과 같은 것들이 꽃이라는 단어에 담기지 않았다는 표지로서 단어의 몸을 의미와 함께 남겨 두는 것이라 상상해 볼 수 있다. 그래서 우리가 시 속에서 꽃이라는 단어를 읽을 때, 그 단어는 일상에서 사용하는 꽃이라는 개념을 전달하기도 하면서 동시에 의미가 휘발되어 버린 듯 꽃이라는 단어의 소리의 울림이나 형태가 일상에서와 다르게 생경하게 느껴지기도 하는 것이다.

말라르메와 김수영이 공통적으로 '거친 언어'와 '본질적인 언어'를 대립하는 것으로 두지 않았다는 점을 분명히 해 둘 필요가 있다. 의미의 응결을 이루려는 방향으로 향하는 것이 '거친 말'이며, 이 밀도를 소실시키며 의미를 흩뜨리는 방향으로 향하는 것이 침묵-무의미일 것이다. 그리고 이 두 운동을 하나의 시선 속에 동시적이고 등가적으로 담아낼 때에 보존되는 것이 본질적인 말이라 할 수 있다. 말라르메가 "진동하며 사라짐"disparition vibratoire이라 표현한 바와 같이, 또한 김수영이 "모든 시의 미학은 무의미의 — 크나큰 침묵의 — 미학으로 통하는 것"이라 말한 바와 같이, 궁극적으로 언어는 무의미로 향해 가지만, 동시에 끝없이 의미로 응결되려는 운동이 중첩되어 있다. 말라르메에게 시가 본질적인 말이라는 특권 위에서 쓰이는 것이 아니었듯이, 김수영은 침묵을 위해 의미를 무조건적인 해체의 대상으로 바라보는 것을 경계하며 '의미-거친 말'을 언어의 타락한 상태로 보는 시점을 비판하고자 했다. 만약 '거친 말'과 '본질적인 말'이 대립하는 것이라면, '본질적인 말'과 거친 말은 예술과 정치라는 영역 다툼 속에서 각자의 자리를 할당받게 될 것이며, 이때 시는 '거친 말'을 정화하고 본질적인 것을 체험하게 해 주는 한에서 시적 허용, 또는 예술적 자유라는 이름으로 한정될 것이다. 그러나 김수영에게 시란 무를 향하는 것이면서도 의미가 응결되는 현실의 지평으로 돌아오는 데에도 주저함이 없는 것이었다. 이러한 시각은 언어의 가장 순수한 상태로서 침묵을 꾀하면서도 '참여시'를 주장함으로써 문학이 정치적일 수 있음을 말했던 김수영이 문학사에서 차지하는 독특한 위상을 설명하는 데에 도움이 될 것이다. 「노트 6」에서 김수영이 말라르메를 언급하며 성실한 시를 "침묵의 한 걸음 앞의 시"라 말했음을 상기해 보자. 단지 침묵에 '가깝다'고 표현하지 않고 '한 걸음 앞'이라 표현한 것은 무와 의미를 오가는 시의 역동성을 은연중에 드러낸 것이 아니었을까? 시는 결코 침묵이 아니라 침묵을 꼭 한 걸음 앞두고 돌아섰다가 다시 한 걸음 앞까지만 침묵으로 향하는 것이다.

## '딴 사람'이 쓰는 시 — 비인칭을 향하여

1966년 잡지 『청맥』은 김수영을 비롯한 20명의 명사들에게 10개의 '아름다운 우리말'을 선정해 달라고 요청했다. 김수영은 그것의 답변으로 쓴 글에서 "내가 아름답다고 생각하는 말들은 아무래도 내가 어렸을 때에 들은 말들"이라며 몇 개의 단어들을 나열하기는 하지만, "이런 향수에 어린 말들은, 현대에 있어서 '아름다운 것'의 정의 — 즉, 쾌락의 정의 — 가 바뀌어지듯이 진정한 아름다운 말이라고는 할 수 없다"고 썼다.[24] 열 개의 단어를 선정하는 대신에 김수영은 '없는 말'을 만들어냈던 과오를 이야기한다. 그의 시 「거대한 뿌리」에 나오는 '제3인도교'는 '제2인도교'를 잘못 쓴 것인데, 언젠가 "앞으로 생길 제3인도교를 생각하니 이것을 미스라고 하지 않는 것이 더 상상적이고 효과적으로 느껴진다"고 그는 말했다. 이런 경험으로 그는 다음과 같은 언어론을 써 보았다고 소개한다.

> 모든 언어는 과오다. 나는 시 속에서 모든 과오인 언어를 사랑한다. 언어는 최고의 상상이다. 그리고 시간의 언어는 언어가 아니다. 그것은 잠정적인 과오다. 수정될 과오. 그래서 최고의 상상은 언어가 일시적인 언어가 되어도 만족할 줄 안다.[25]

그는 또한 첫 문장을, "지금의 언어도 좋고 앞으로의 언어도 좋다.

---

24) 김수영, 「가장 아름다운 우리말 열 개」, 『김수영 전집 2』, 471쪽.
25) 같은 글, 468쪽.

지금 나도 모르게 쓰는 앞으로의 언어"라고 고칠 수 있다고 덧붙였다.

시인은 '앞으로의 언어'를 쓴다. 언어가 '최고의 상상'이게끔 하는 것이 시인의 몫이기 때문이다. "언어에 있어서 더 큰 주_는 시"이기에 "언어는 원래가 최고의 상상력이지만 언어가 이 주권을 잃을 때는 시가 나서서 그 시대의 언어의 주권을 회수해 주어야 한다"고 김수영은 말했다. 실제로 존재하지 않는 것도 최고의 상상력으로서 존재하게 만드는 자, 의미를 창안하는 자가 시인이라는 것이다. '지금의 언어'와 '앞으로의 언어'가 다를 것이라는 점은 단어가 의미 그 자체가 아니라는 것을 전제한다. 단어와 의미 사이에 유격이 점차 벌어지면 단어가 변화하거나 의미가 바뀌는 등 '앞으로의 언어'가 생겨날 것이기 때문이다. 언어가 초역사적이고 절대적인 진리의 말이 아니라는 점을 김수영은 "과오"라고 표현한 것이다.

그런데 김수영이 자기도 모르게 있지도 않은 '제3인도교'를 만들어 원래 과오인 언어에 또 과오를 더했듯이 시인은 자기도 모르게 언어를 만들어낸다. 사전에서 '과실'과 동의어로 표기되어 있는 '과오'는 잘못을 인지하지 못한 채로 행하는 것이다. "나도 모르게 쓰는"이라고 강조되어 있듯이, 시인의 과오는 시인의 수동적 상태를 보여 준다. 다른 글에서 김수영은 미국 시인 시어도어 레트키Theodore Roethke의 말, "너무 많은 실재성實在性은 현기증이, 체증이 될 수 있다 — 너무 밀접한 직접성은 극도의 피로가 될 수 있다"를 소개하며 이러한 수동성에 대해 말한 바 있다.

대체로 시의 경험이 낮은 시기에는, 우리들은 시를 '찾으려고' 몸부림을 치는 수가 많으나, 시의 어느 정도의 훈련과 지혜를 갖게 되면, 시를

'기다리는' 자세로 성숙해 간다는 나의 체험이 건방진 것이 되지 않기를 조심하면서, 나는 이런 일종의 수동적 태세를 의식적으로 시험해 보고 있다. 여기에서 '너무 많은 실재성'과 '너무 밀접한 직접성'은 그러니까 시를 찾아다니는 결과에서 오는 것이라고 생각하고, 다시 한 번 나 자신에게 경고를 주는 의미에서 이런 메모를 해 놓게 되었던 것이다.[26]

시를 찾아다니는 것이 아니라 기다리는 자세로서의 수동성이란 말은 김수영이 우려하듯 건방진 태도로 보이기보다는 자칫 시의 뮤즈를 기다리는 낭만적인 태도로 보일 수 있다. 그런데 이 글에서 인용된 레트키의 말은 담뱃갑 뚜껑에 적혀 있던 것으로, 김수영은 수첩을 갖고 다니기 싫어서 담뱃갑 뚜껑에 메모를 하는 버릇이 있다는 말로 이 글을 시작한다. 몇 달 전의 메모가 주머니 속에서 발견되기도 하고 실수로 버려지기도 할 담뱃갑에 시를 위한 메모나 아이디어를 써 두는 것은 시상을 잃어버릴까 봐 전전긍긍하는 태도와는 거리가 멀다. 따라서 '수동적 태세'를 간절히 시의 뮤즈를 기다리는 낭만적 태도로 보기는 어려워 보인다.

김수영은, 인용한 레트키의 말이 "너무 욕심을 많이 부리면 도리어 역효과가 나는 수가 많으니 제반사에 너무 밀착하지 말라는 뜻으로도 해석"되기도 하지만, "중요한 것은 이 평범한 진리보다도 이것을 적어 두고 있는 파지가 다 된 담뱃갑일 것"이라고 썼다. 그래서 이 글은 "너무 많은 실재성"과 "너무 밀접한 직접성"을 피하려는 것을 "담뱃갑의 이행"이라 부른다. 시상을 귀중히 여기지 않고 담뱃갑에 무심히 적어 두는 "담뱃갑의 이행"이 레트키로부터 얻은 교훈인 시에 집착하지

---

26) 김수영, 「생활의 극복―담뱃갑의 메모」, 『김수영 전집 2』, 156~157쪽.

않으려는 태도의 실천이기 때문이다. 한편, 사랑에서의 담뱃갑의 이행은 거리를 두는 것이라고 김수영은 말한다. 그는 아이들에게 공부하라는 말을 하지 않겠다고 다짐하며 "이를 깨물고 자식과 나 사이에 거리를 두자"고 썼다. 김수영은 누군가를 진정으로 사랑하려면 그와 나 사이에 가로놓여 있는 욕심을 없애야 한다고 말하고는 이어서 다음과 같이 썼다.

> 이 욕심을 없앨 때 내 시에도 진경進境이 있을 것이다. 딴 사람의 시같이 될 것이다. 딴 사람―참 좋은 말이다. 나는 이 말에 입을 맞춘다.[27]

시에 대한 욕심을 없앨 때 시의 진보한 경지에 이를 수 있을 것이라면서 그것을 딴 사람의 시같이 되는 것이라 말하는 것은 어떤 의미인가. 딴 사람의 시가 자기의 시보다 낫다는 겸손의 표현일까? 그러나 욕심을 버리고 시에 집착하는 마음을 내려놓는다는 것은 같은 글에서 말한 것처럼 "시를 '기다리는' 자세로 성숙해 간다"는 "수동적 태세"를 가리키는 말일 것이다. 즉 사랑에서의 담뱃갑의 이행이 사랑하는 이에게 밀착하는 것이 아니라 그와의 거리를 둠으로써 서로가 딴 사람 즉 타자임을 인정하는 것이라면, 시에서의 담뱃갑의 이행이란, 딴 사람으로 나아가進境 그 딴 사람에 의해 시가 쓰이는 수동적 상태를 받아들이는 것이다. 시인의 수동적 태세는 자신이 언어를 완전하게 장악하여 시를 쓴다는 생각을 버리는 것으로, 내가 쓰는 언어에 나도 모르게 스며들어 있는 타자를 인정하는 것이다.

---

27) 같은 글, 158~159쪽.

시인이 자기의 언어를 완전히 장악하지 못하게 됨으로써 더 나은 시의 경지에 이르는 까닭은 무엇일까? 말라르메가 스스로를 비인칭이라 말하는 데에서 보다 극적으로 드러나는 시인의 수동성을 참고해 보자.

나는 이제 막 끔찍한 한 해를 벗어났습니다. 내 생각은 생각되었으며, 순수개념에 도달했지요. 그 반대급부로 이 긴 단말마의 고통 속에서 내가 겪어야 했던 모든 것은 필설로 다할 수 없을 지경이지만, 다행스럽게도, 나는 완전히 죽었으며, 내 정신이 모험을 할 수 있는 곳이라면 가장 불결한 지역도 영원입니다. [⋯] 이제 나는 비인칭이며, 이미 형이 알던 스테판이 아니라, ─ 과거의 나였던 것을 통하여 정신적인 우주가 스스로를 보고 전개해 나간다는 하나의 능력이라는 것입니다.[28]

이데의 다른 표현인 순수개념에 도달했다고 말하는 말라르메는 '내 생각이 생각되었다'ma Pensée s'est pensée는 흥미로운 말을 한다. 내 생각의 주체가 내가 아닌, 내 생각이 다른 누군가에 의해 생각되는 수동적 상태를 표현한 것이다. 1인칭의 '나'라면 '나'라는 주체가 세계를 대상으로 삼아 탐색하는 것이 모험일 텐데, '비인칭'의 주체는 "스스로를 보고 스스로를 전개해 나가는 것"이 곧 모험일 정도로 '바깥이 없는', 세계 자체와 다를 것이 없는 존재다. 그런데 이러한 비인칭의 주체가

---

28) Lettre à Henri Cazalis du 14 Mai 1867, Stéphane Mallarmé, *Correspondance 1854-1898* [ebook], Paris: Gallimard, 2019, pp. 305~306. 번역은 황현산, 「옮긴이 해설」, 『시집』, 문학과지성사, 2005, 33쪽을 따랐다.

"과거에 나였던 것을 통"한다는 점에서 이 '나'는 '무한' 속으로 흩어져 버리지도 않는다는 점을 분명히 보여 주고 있다. 그러므로 '나'는 스테판 말라르메라는 유한한 한 인간이면서 동시에 세계가 시를 흘려보내는 창구인 것이다. 이 장면은 꽃이라는 개념을 전달하던 단어의 몸을 통해 이데가 그윽하게 솟아오르는 것과 동일한 장면이다. 1인칭의 주체가 꽃이라는 대상을 꽃이라는 개념으로 인지할 때에 명확했던 주체성은 그것이 상대하던 대상이 사라졌을 때 함께 사라졌다. 언어가 스스로 말하게 되는 일과 시인의 죽어 비인칭의 존재가 되는 일은 동전의 양면처럼 동일한 일을 다른 측면에서 말한 것일 뿐이다.

시인이 1인칭의 주체로부터 벗어나 세계 자체와 동화된 비인칭의 존재가 되고 언어가 그로부터 흘러나오는 이 장면은 벤야민이 구약성서의 「창세기」에 대한 은유를 통해서 말했던 것처럼, 신이 "있으라"라고 명명함으로써 사물이 생겨나는 장면을 떠올리게 한다. 말라르메가 사물의 리듬이 시가 되는 절차를 번역이라 말했듯이, 벤야민은 인간이 사물을 명명하는 행위를 번역이라 표현하며 그것은 "무언의 것을 음성으로 번역하는 일일 뿐만 아니라, 이름 없는 것을 이름으로 번역하는 일"이라고 말한다. 인간이 사물을 명명하는 행위는 신의 "창조적 말씀"의 패러디로서, 사물들을 불러내는 신의 음성이 곧 존재의 창조였던 것과 달리 인간의 명명은 그것에 이르지 못한다. 그래서 신의 창조적 말씀과 인간의 명명 행위 사이의 거리는 순수언어와 우리의 언어 사이의 거리만큼 멀다. 벤야민은 언어가 완전한 인식 그 자체였던 낙원의 상태에서 쫓겨난 이후 인간의 언어가 여러 언어로 분화된 상태를 말라르메를 인용하여 말한다.

언어가 불완전한 까닭은 언어가 여럿이면서 최상의 것이 없기 때문이다. 생각한다는 것은 부수적인 도구나 속삭임 없이 쓴다는 것이지만 불후의 말이 여전히 침묵 속에 있기에, 지상의 방언들의 다양함은 만약 그렇지 않았더라면 단 한 번의 표현만으로 물질적인 진리 그 자체가 되었을 단어들을 아무도 말할 수 없도록 방해한다.[29]

말라르메가 『까마귀』를 번역하며 단어의 소리와 의미가 일치하지 않는 것을 고민했던 데에서도 볼 수 있었듯이 말라르메는 표현하고 싶은 것을 완전하게 표현해 줄 '최상의 언어'가 없다며 인용문과 같이 언어의 불완전성을 토로한다. 그러나 바로 이어서 말라르메는 침묵 속에 잠겨 있는 불후의 말을 이끌어낼 수 있는 간단한 대안이 있었다면 시가 존재하지 않았을 것이라며, 언어의 불완전성을 시가 지혜롭게 보완한다고 말했다.[30] 시인은 신처럼 사물을 존재하게 하지는 못하지만, 시를 통해 그동안의 세계에는 존재하지 않았던 유일무이한 언어를 창조함으로써 그 언어를 하나의 존재로 등재시키기 때문이다.

말라르메가 "내 생각은 생각되었으며, 순수개념에 도달했지요"라고 말한 데에서 알 수 있듯이 언어의 불완전성을 보완하게 하는 순수언어와의 만남은 '생각이 생각되는' 수동성의 경지를 요구한다. 시인이 눈 앞의 꽃을 꽃이라는 개념으로 대체해 버리지 않을 때, 주체의 입

---

29) 발터 벤야민, 「번역자의 과제」, 『언어 일반과 인간의 언어에 대하여/ 번역자의 과제 외』, 최성만 옮김, 도서출판 길, 2008, 134쪽에 인용되어 있으나, 이 글의 맥락에 어울리도록 말라르메의 프랑스어 원문을 참고하여 일부 수정했다. Mallarmé, "Crise de vers", pp. 363~364.

30) "Quant à des alternatives lumineuses simples – Seulement, sachons n'existerait pas le vers : lui, philosophiquement rémunère le défaut des langues, complément supérieur." Ibid., p. 364.

장에서 꽃을 대상화하는 것이 아니라 1인칭의 자기를 넘어서서 꽃과 함께 세계의 일부가 될 때, 세계 자체의, 그래서 당연히 비인칭인 언어가 시인을 통해 그 자신도 모르게 울려 나오는 것이다. 이것이 김수영이, 딴 사람이 시를 쓴 것 같은 "수동적 태세"를 가짐으로써 더 나은 시를 쓸 수 있으리라 말했던 까닭일 것이다.

## 시적 절차로서의 번역

김수영이 읽었던 『불꽃의 문학』에서 블랑쇼는 번역을 본질적인 문학 행위로 인식해야 한다고 말한다. 「…로부터 번역된」에서 블랑쇼는 번역이 "때로는 너무 가까워서 우리가 더 이상 이해할 수 없게 된 언어들로부터 우리를 떨어뜨려 놓는", "거리"를 줄 수 있다고 말했다. 이 글은 헤밍웨이의 소설 『누구를 위하여 종은 울리나』의 로버트 조던이 여러 나라의 언어로 같은 의미의 단어들을 나열해 보는 일화로 시작한다.

> 『누구를 위하여 종은 울리나』의 로버트 조던은 그가 살아온 삶의 과정에서 순간이라는 시간의 중요성을 깨닫고, 여러 나라의 언어로 '지금'now이라는 단어를 발음해 본다. now, maintenant, ahora, now, heute. 그는 'now'라는 단어의 평범성에 약간 실망한다. "이 단어가 온 세상과 당신의 인생이 되기에는 그 소리가 우습게 들린다"고 그는 말한다. 그는 dead, mort, muerto, tod나 war, guerre, guerra, Krieg와 같은 단어들을 발음해 본다. 그에게는 todt라는 단어가 가장 죽음에 가까워 보이고 또한 Krieg라는 단어가 전쟁과 가장 유사한 것 같다. "아

니면 단지 독일어가 가장 낯선 까닭일까?"

로버트 조던의 이런 느낌은 음미해 볼 만한 것이다. 어떤 언어가 낯선 때에 그 언어가 더 정확하고 표현력이 있으며, 또한 단어들이 폭로하는 힘을 유지하려면 어느 정도는 무지를 필요로 한다는 역설은 번역가들이 언제나 경험하는 일이며 모든 번역의 주요한 원천이자 장애물이라는 점에서 놀라운 일이 아니다.[31]

영어의 now가 가진 소리는 그 단어의 의미만큼 진중하게 들리지 않는다는 것이나, dead보다 독일어 todt가 보다 더 죽음이라는 의미를 더 잘 전달하는 것 같다고 말하는 것은 now와 heute 그리고 dead와 todt 사이의 가시적인 차이가 의미에까지 영향을 미치는 것처럼 보인다는 말이다. 다시 말해 현실의 언어 생활에서는 마치 의미의 잉여처럼 여겨지는 단어 소리나 형태가 단지 무의미한 차이들의 현현이 아니라는 것이다. 그래서 이 일화가 흔히 말하는 기표와 기의의 자의성으로 해석되어 기의의 확고함의 반대편에 서로 간의 차이에 의거하여 다소 우연히 다양하게 나타난 기표의 무의미를 말하기 위해 인용된 것이 아니라는 점에 주의해야 한다.

오히려 블랑쇼는 여러 형태로 나타난 '언어의 몸'을 강조한다. 어떤 외국어와 접촉하여 그 언어가 낯선 때에 언어의 몸을 곱씹어 보게 된다는 것을 이 예시로서 보여 주고 있다. 아무리 잘 아는 언어일지라도 모국어가 아닌 언어는 완전히 장악되지 않는 느낌을 보존하고 있으

---

31) Maurice Blanchot, "Translated From...", *The Work of fire*, Stanford University Press, 1995, p. 176.; Blanchot, "Traduit de...", *La part du feu*, Gallimard, 1949, p. 173.

며, 어떤 언어가 낯설게 느껴지는 정도에 비례하여 그 언어는 '보이는 것'이 된다. 즉 의미로부터 멀어질수록 언어의 몸이 보이게 되며 또한 이를 통해 오히려 언어의 폭로하는 힘, 즉 의미 또한 살려낼 수 있다는 것이다. 이와 같은 역설은 블랑쇼가 그의 문학론에서 상당 부분 의지하고 있는 말라르메에게서 온 것이라 볼 수 있다. 『불의 몫』에 실린 다른 글, 「말라르메의 신화」에서 블랑쇼는 다음과 같이 말했다.

> 따라서 발레리가 언어의 몸이라 부른 잉여적인 것들이 본질적인 언어에서 허락된 이유를 우리는 이해하게 된다. 소리, 리듬, 음절수와 같이 일상의 언어에서 중요하지 않게 여겨지는 이 모든 것들이 이제는 중요해진다. 왜냐하면 단어들은 보이는 것이 될 필요가 있기 때문이다. 즉 단어들은 존재하는 것과 그들이 표현하는 것 사이에 끼어들 수 있는 단어들 고유의 리얼리티를 필요로 한다. 단어들의 임무는 그들이 말하는 것으로부터 시선을 돌려 그들 자신을 주목하게 하는 것이다. 이제 단어들의 현전은 나머지 모든 부재에 대한 우리의 척도이다. […] 그 [말라르메―인용자]가 원하는 것은 단어들에게 물질적인 힘을 되돌려주고, 단어들이 "서로를 비추며" 빛나게 함으로써 단어들에게 주도권을 넘기는 것이다. 이 모든 것은 의미라는 대단한 가치를 보존하기 위해서다.[32]

블랑쇼는 의미로부터의 거리가 만들어내는 불안정성이 "작품들

---

32) Blanchot, "Le mythe de Mallarmé", p. 39.; Blanchot, "The myth of mallarme", *The Work of fire*, pp. 31~32.

을 새로운 언어 속에서 잘 적응하도록 만들면서도 매 순간마다 본래의 언어로 돌아가라고 위협"하고, 그래서 "완벽하게 적합한 것이라도 그 작품들을 붙잡아 두기에는 충분하지 않은 여러 형식들 사이를 오묘하게 진동하게 하는 것"이라며, 이것이 "수많은 번역 작품들을 걸작으로 만들었다"고 말했다. 이때의 '진동'이라는 표현은 앞에서 우리가 시적인 언어를 의미와 무의미 사이의 진동으로 정의한 것을 떠올리게 한다. 시인들이 거친 언어가 전달하는 의미로부터 언어를 간신히 분리해내고 나서야 가능해지는 일이 번역 과정에서는 절차적으로 발생하는 일인 것이다. 시가 존재하는 현실의 지평에서 강력하게 시의 언어들을 끌어당기는 것은 침묵이 아니라 의미일 것이기 때문에 의미와 달라붙어 있던 언어가 의미로부터 거리를 두는 지점에서 시적 언어의 특성이 부각되듯이, 번역 또한 의미로부터 거리를 두는 데에서 언어의 비인칭성을 이끌어낼 수 있는 번역의 역능이 두드러지게 될 것이다.

이러한 '거리두기'는 김수영이 "담뱃갑의 이행"이라 말했던 것이기도 하다. 그 글에서 김수영은 불안정성이 번역 작품을 훌륭하게 만들어 주는 예시로서 '오역'에 대한 긍정을 보여 준다. 김수영은 이태백의 시 「산중여유인대작」山中與幽人對酌에서 "풀밭에서 한잠 자려고 하니/ 그대는 마음대로 갔다가"의 '마음대로'가 원시에는 없는 것인데 역자가 문장상이 윤기로 붙인 것이라며 "그러나 이런 오역은 좋은 오역"이라 말한다. 그는 "이것이 오역이라는 것을 안 뒤에 나는 오히려 이태백의 시가 더 좋아졌고, '마음대로'가 더 좋아졌고, 여유의 진리에 대한 지혜를 더 함축할 수 있게 되었다"며 "이런 여유가 고민으로 생각되는 것은 우리들이 이것을 '고정된' 사실로 보기 때문"이기에 "흘러가는 순간에서 포착할 때 이것은 고민이 아니"라고 말했다. 이 말은 다른 글에서 그가 말했듯이 언어를 '과오'로 보라는 것이다.

　의미를 "고정된 사실"로 보지 않는 것은 벤야민이 「번역자의 과제」에서 강조하는 바이기도 하다.[33] 벤야민에 의하면 번역은 개개의 낱말의 의미에 충실한 것이 아니기에 그는 번역이 "의미를 상당한 정도로 도외시하지 않으면 안 된다"고까지 말한다. 벤야민에게 번역된 작품과 원작은 모사품과 원본의 관계에 있지 않다. 그에게 번역은 원본과의 유사성을 추구하는 일이 아니라 원작이 표현하려고 했던 '순수언어'를 찾아내는 일이며, 순수언어와의 관계에 있어서 원작과 모사품은 같은 정도로 멀리 떨어져 있다. 벤야민은 "어떤 사기그릇의 파편들이 다시 합쳐져 완성된 그릇이 되기 위해서는 가장 미세한 파편 부분들이 하나하나 이어져야 하면서 그 파편들이 서로 닮을 필요는 없는 것처럼", "원작과 번역 양자가 마치 사기그릇의 파편이 사기그릇의 일부를 이루듯이 보다 큰 언어" 즉 순수언어의 파편으로 인식되도록 하지 않으면 안 된다고 말한다. 그래서 번역은 "전달되어야 하는 의미를 통해 그 정당성을 획득하는 것이 아니다". 벤야민에 의해 정의된 번역이란 "낯선 (원작의) 언어 마력에 걸려 꼼짝 못하고 있는 순수 언어를 번역자 자신의 언어를 통해 해방시키고 또 작품 속에 갇혀 있는 언어를 그 작품의 재창작을 통해 해방시키는 것"이기에, 번역은 원본에 종속되어 있지 않은 또 하나의 창작인 것이다.

---

33) 발터 벤야민, 『언어 일반과 인간의 언어에 대하여/ 번역자의 과제 외』, 121~142쪽. 이하 큰따옴표로 표기한 벤야민의 인용은 모두 이 글 「번역자의 과제」에서 인용한 것이다.
　박수연은 김수영의 시 「파밭가에서」가 수록되어 있는 『자유문학』 1960년 5월호에 「번역자의 과제」로 알려진 벤야민의 글이 「번역인의 사명」이라는 제목으로 실려 있다는 점에서 김수영이 벤야민의 번역론을 접했을 가능성이 있다고 보고 김수영과 벤야민의 번역론 사이의 유사성을 밝히고 있다. 박수연, 「세계문학, 번역, 미메시스의 시」, 『한국문학이론과 비평』 제81집, 2018.

김수영이 읽은 「…로부터 번역된」 이외에도 블랑쇼가 번역에 관해 쓴 글이 한 편 더 있다. 블랑쇼는 「번역하다」Traduire에서 위와 같은 벤야민의 번역론에 동의를 표했다. 이 글에서 블랑쇼는 "'태초에 말씀이 있었다'는 말이 번역 분야에서도 유효하다"는 벤야민의 말에 호응하듯이, 번역가를 신의 적이라 표현했다. "아이러니하게도 그(번역가)는 언어를 혼란시켜 인간을 갈라 놓는 천벌이었던 바벨탑을 다시 세워 이용하려 한다. 그는 신의 적이다."[34]

김수영이 시의 비밀을 번역에서 찾을 수 있다고 말하며 제시했던 번역문으로 돌아가 보자. 직역한다면 "리얼리티에 대한 나의 비전을 표현할 가망이 없다. 만약 내가 그렇게 한다고 해도, 그것은 아마 시선을 거두어 버릴 끔찍한 무언가일 것이다" 정도가 될 문장을 김수영은 시인들이 기뻐할 만한 방식으로 다음과 같이 번역했다. "나는 말하긴 했지만 보이지 않을 것이다. 보이지 않으니까 나는 진짜야." 김수영이 만들어낸 문장에서 부각되는 것은 '나'가 보이지 않게 된다는 점이다. 원문에서 '나'는 끔찍한 리얼리티로부터 시선을 거둘 수 있다는 점에서 그 대상과 분리되어 있지만, 김수영의 문장에서 '나'는 더 이상 말의 주체가 아니며 말과 분리되지 않는다. 동시에 이 '나'는 외면당하는 대상이 아니라 스스로 만족하면서 보이지 않게 되는 자이다. 1인칭으로 세계를 인식하고 의미화하는 것에서 벗어나 비인칭의 존재가 된 '나'는 스스로 말하고 스스로 쓰며, '나'의 고유성, '나'의 유일무이함은 외부의 인정이 필요하지 않는 그 자체로 확고한 것이다. 이 장면으로 김수영은, 신이 "있으라"라고 명령함으로써 만물을 생겨나게 하듯이, 번역

---

34) Maurice Blanchot, "Traduire", *L'amitié*, Paris: Gallimard, 1971, p. 56.

가-시인이 언어를 불러내어 존재로 창조하는 순간을 그려 보였다.


## 나오며

번역가-시인은 수동성으로의 개방을 통해 1인칭으로 세계를 의미화하는 데에서 벗어날 수 있는 기회를 얻는다. 김수영에게 그것은 "딴 사람"이 되는 것이다. "딴 사람"은 말라르메와 블랑쇼의 '비인칭'에 대한 김수영 식의 표현이라 할 수 있다. 그리고 이러한 '딴 사람 되기'는 "촌초의 배반"의 방식으로 이루어진다.[35] 말라르메가 "시인의 유일한 임

---

35) 촌초의 배반이 시에서 구현되는 양상은 별도의 주제로 다루어져야 할 부피를 가진 것이기에 차후의 연구를 기약할 수밖에 없지만, 여기에서 간단히 정리해 보는 것은 김수영의 비인칭성을 이해하고 앞으로의 연구를 정초하는 데에 도움이 될 것이다. 촌초의 배반이라는 시인의 존재 방식을 주제로 한 시들은 「절망」과 「적」이라는 제목으로 여러 편 쓰였다. (소설 가운데 소설가의 탄생과 성장을 주제로 하는 소설이 '소설가 소설'이듯, 김수영의 「절망」과 「적」 시편들은 '시인 시'라 불릴 수 있지 않을까.) 간단히 말하자면, '적'은 배반되는 자기 자신이고, 이러한 배반이 불가능할 때에 그것이 '절망'의 상태다. 예컨대 「절망」(1962)에서 '적'은 천개의 손과 발을 가져 그로부터 벗어날 수 없는 짐승으로 표현되어 있다. '나'는 그 짐승을 타자로 인지하지만 그는 내가 가야 할 길에 먼저 가 있는 나의 미래로 그려져 있어서 나는 그가 되어 가는 결코 벗어날 수 없는 궤도 속에 갇혀 있는 것으로 표현된다.
김수영이 자기 자신에게서 적을 발견한 것처럼, 랭보는 스스로를 "괴물과도 같은 영혼"이라 표현했다. 랭보가 "주체의 입장에서 자신을 대상에 투사하는 자기가 아니라, 자기가 자기를 뚫어지게 탐사했을 때에 드러나는 자기를 보고자 했"다는 한 연구(이정우, 「니시다 기타로와 랭보」, 『시작』 17호, 2018. 이하 랭보에 관한 내용은 모두 이 논문에서 재인용한 것이다)의 서술은 김수영의 적 개념에도 적용해 볼 필요가 있다. 말라르메가 비인칭을 선언했던 때와 비슷한 시기에 랭보는 "생각이 생각되었다"는 말라르메의 말과 유사한 "On me pense"라는 표현을 썼다. 영어로 직역한다면, "One think myself"이지만, "One think in me"라 번역하는 것이 더 적당한 말로, "누군가가 나에게서 생각한다"에 가까운 의미이다. 즉 사유하는 것이 내 안의 타자의 행위임을 표현하고 있는 것이다. 위 논문은 랭보가 "On me pense"라는 표현을 통해 사유하는 것이 내 안의 타자의 행위임을 표현함으로써 근대적 주체 즉 '코기토'를 정초했던 데카르트로부터 벗어나는 사유를 보여 주고 있다고 설명한다. 김수영의 비인칭적인 시적 주체에 다가가는 데에

무"를 "대지에 대한 오르페우스적 설명"이라 말한 데에서 드러나듯이 말라르메에게 시인은 대지의 음악을 흘려보내는 창구가 됨으로써 비인칭이 된다. 한편 김수영은 자기 자신을 끝없이 타자화하고 끝없이 배반하는 "촌초의 배반"의 방식으로 시적 주체의 비인칭성을 얻는다. 지나친 단순화로 인해 불거질 수 있는 위험을 무릅쓰고 간단히 비교해 보자면, 1인칭의 시적 주체가 곧바로 비인칭으로 도약하는 것이 말라르메의 방식이라면, 김수영은 1인칭의 자기를 배반하는 것을 '무한'히 계속하는 방식으로써, 즉 끝없이 새로운 1인칭으로 옮겨 가는 방식으로 고립된 1인칭을 넘어서고자 했다. 데카르트의 코기토로 대표되는 1인칭 주체를 해체하고자 했던 반성적 사유들에 의해 담론으로는 무수히 해체되었을지 몰라도 현실에서는 끝없이 1인칭으로 환기되는 주체를 안고 들어가 비인칭으로 구제하는 것이 김수영의 방식이었던 것이다. 그의 '침묵의 미학'이 "'의미'를 껴안고 들어가서 그 '의미'를 구제"함으로써 시의 본질인 "무의미에 도달"하는 것이었듯이, 김수영은 우리의 현실에서 자명한 것들, 의미를 전달하는 도구로서의 언어와 1인칭으로 호출되는 주체를 삶의 조건으로 받아들이면서도 그것을 넘어서려는 시도를 보여 준다. 시란 '무의미'라는 예술적 공간에만 오롯이 존재하는 것이 아니며 시적 주체 역시 1인칭에서 자유로운 비인칭으로서만 존재할 수 없다는 것이다. 그럼으로써 김수영은 시를 예술이라는 한정된 자유의 공간으로 밀어 넣는 것으로부터 해방시킨다는 점에서 시를 구제하고자 했다. 또한 시를 구제하는 것은 그에게 인간을 구제하는 것과 무관하지 않았다.

---

있어 위 논문이 마중물이 되어 주었음을 밝힌다.

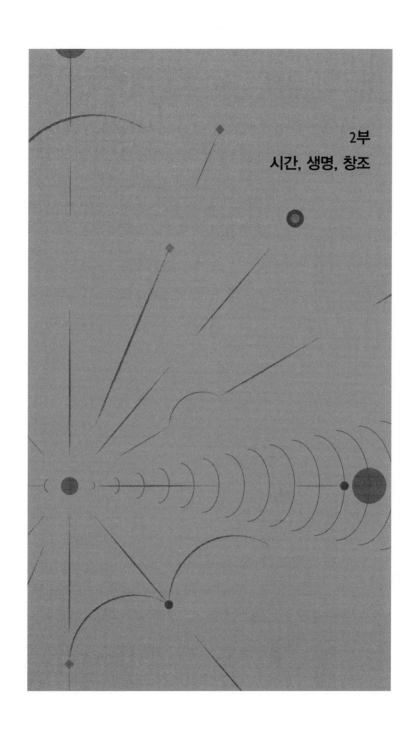

2부
시간, 생명, 창조

# '존재=생성', '내부관측자', 그리고 새로운 진화 모델

박철은

## 진정한 외부성을 찾아서

복잡계 이론은 프리고진의 산일구조, 하켄의 시너제틱스, 산타페 연구소의 자기조직화 모델이라는 세 독립적인 연구, 이론에서 발생했다고 말할 수 있다. 산일구조Dissipative Structure는 외부개방성, 비평형상태, 양의 되먹임을 특징으로 하는 시스템이다.[1] 시너제틱스Synergetics는 많은 서브 시스템이 비선형적으로 상호작용함으로써 대역적인 연관을 지닌 '거시적' 시스템이 형성된다는 이론이다.[2] 자기조직화Self-organization 모델에서는 에너지 흐름 등의 외부 제어 파라미터를 조정함으로써 임계 상태를 실현한다. 많은 경우 오더 파라미터를 설정하고 엔트로피의 증감에 따라 거시적인 질서, 즉 패턴 형성의 증감이 일어남을 스펙트럼으로 나타낸다. 이때 카오스로부터 질서로 향하는 상전이 현상이 확인되고 임계값에서 시스템의 양상은 극적으로 변화한다.

---

1) Gregoire Nicolis & Ilya Prigogine, *Self-Organization in Nonequilibrium Systems*, Wiley, 1977.
2) Hermann Haken, *Synergetics*, Springer-Verlag, 1977.

산일구조는 서로 대개념이라 생각되던 존재와 생성[3]이 실은 같은 것이라고 주장하며 존재를 요동으로 인해 끊임없이 생성되는 현상이라 정의했다. 여기에는 제어할 수 없는 외부성이 존재에 도입된다는 착상이 있다. 시너제틱스도 구조적으로는 같다. 그러나 이들은 특정 경계조건하에서만 성립한다는 이론적 약점을 지니고 있었으며, 임계값에서만 양상이 변화한다(상전이)고 보는 자기조직화 모델 역시도 마찬가지이다. 산타페 연구소는 복잡적응계라는 개념으로서 생성, 발전에 논의의 초점을 맞추고 외부환경에 대한 진화를 주장했는데 모든 것을 전망할 수 없는 국소적 판단으로 적응하기 위해서는 외부성을 끌어들이는 비논리적 계산이 필요했다. 즉 이들 이론에서 공통적으로 문제가 되는 것은 외부성을 어떻게 도입할 것인가 하는 것이었다.

마투라나와 바렐라가 제안한 오토포이에틱(자기생성) 시스템은 자율적으로 통일체를 형성하고 경계를 자기결정하며 입출력이 부재하는 시스템으로 정의된다.[4] 외부에서 조작적인 개입 없이 자기형성이 발생하지만, 이때의 외부는 경계에 의해 규정된 외부라는 소박한 의미만을 가진다. 즉 외부는 자기규정에서 배제된 것으로서, 자기규정 안에서 동어반복적으로 정의된다. 이러한 문제를 은폐하기 위해 "시스템은 외부로 열려 있다"는 규정을 도입하고는 있지만, 이것은 에너지의 흐름으로서는 열려 있고 조작적으로는 닫혀 있다는 이중적 기준을

---

3) 존재와 생성은 서구사상사에서는 전통적으로 대립되는 개념으로서 다루어져 왔고, 이 양자를 어떻게 사유할 것인가는 현대 존재론의 주요 과제이기도 하다. 상세한 바는 이정우, 『신족과 거인족의 투쟁』, 한길사, 2008을 보라.

4) Francisco J. Varela, *Principles of Biological Autonomy*, North Holland, 1979.; Humberto R. Maturana & Francisco J. Varela, *Autopoiesis and Cognition: The Realization of the Living*, D. Reidel, 1980.

지니고 있어 문제를 다시 은폐할 뿐이다. 시스템은 스스로의 구성 요소를 생산하고 조직화를 통해 재생산되는 순환을 반복한다. 이 부분들과 전체 사이의 인과연쇄가 갖는 재귀구조에서는 그것이 성립하고 있는 문맥이 한정되어 닫혀 버린다. 그러나 현실세계에서 전체로서의 시스템에 매입埋入되기 이전의 부분은 부분으로서 산출된 직후 시스템 이외의 문맥에도 열려 있다. 즉, 부분은 조직화되고 재생산되어 전체에 기여하는 것과 조직화에서 이탈하여 전체의 재생산을 저해하는 것 양자에게 열려 있다.

실제로 산출된 부분이 사물과 가지는 관계는 무한하며 그 미규정적 전제는 결코 하나로 한정되지 않는다. 오히려 하나로 규정한 순간 다른 전제가 한없이 발견된다(이것은 인공 지능 분야에서 '프레임 문제'라 알려져 있다). 그러나 일반적으로 시스템 이론에서는 이 현실과 재귀구조의 접속에서 나타날 터인 논리적 어긋남, 모순으로까지 이르지는 않는 일탈은 은폐된다. 역학계에 변화를 촉구하는 요동력搖動力으로서 구상되는 외부는 사실상 진정한 외부로서의 지위를 가지지 않는 것이다. 진정한 외부는 '경계 조건'이나 '맥락의 자의성'이라는 표현에서 슬쩍 엿볼 수 있을 뿐으로, 오토포이에틱 시스템에서 그 자의성은 결코 질문되지 않는다. 즉 시스템 재생산의 순환을 유지하는 특정 경계 조건에 대한 자의성은 질문되지 않고 시스템을 파괴할지도 모를 가능성은 의도적으로 배제된다. 요컨대 오토포이에틱 시스템 이론은 사이버네틱스 이래의 시스템 이론을 보다 역동화함으로써 동일자의 성격을 가진 시스템에 타자(외부)를 도입해 더욱 발전된 시스템론을 전개하고자 했으나, 그 외부 개념에는 명백한 한계가 있었던 것이다.

어떻게 무시되고 배제되어 온 **진정한 외부성**을 도입할 것인가? 시스템 내부의 운동이 항상 조직화와 일탈의 양의성을 갖추면서, 어떤 운동이 조직화이고 어떤 운동이 거기에서부터 일탈하는 것인지 미리 지정할 수 없는 양상을 포함해야 한다. 즉, 이전의 일탈이 이후의 조직화를 이끌어내고, 그 반대의 경우도 있을 수 있는 것이다. 조직화와 일탈은 서로를 보완하면서 역동적인 자기조직화를 실현해 나간다. 내부 시스템을 외부가 끊임없이 자극하는 양상을 제대로 추적, 포착하는 것이야말로 존재=생성, 즉 내부=외부로서 파악되는 새로운 복잡계 이론의 열쇠가 된다. 이를 위해서는 내부에서 관측(작용)하는 시점이 필요하며, 이것은 그렇게 사고하고 있다고 생각하더라도, 자칫 잘못하면 초월적 관점으로 변형되기 십상이다. 다음 절에서 '내부관측자'와 '외부관측자'의 차이를 조금 더 상세히 살펴보기로 하자.

## 내부관측자의 관점 — 사드이면서 마조흐인 자

군지 페기오-유키오는 들뢰즈의 사드와 마조흐론을 수학적으로 해석하여 지각, 인식, 언어화된 것의 내부와 그 외부를 접속하는 논리 구조를 제안했다.[5] 그의 해석에 따르면 사드는 부정否定하는 자, 마조흐는

---

5) 내부와 외부의 은유로서 각자 가산집합, 비가산집합을 생각한다. 가산집합이란 자연수에 대응하여 셀 수 있는 집합이고 비가산집합은 자연수에 대응할 수 없는 집합이다. 원소를 무한히 갖는 집합(가산집합)을 상정하고 그 부분집합을 원소로 하는 집합, 즉 멱집합(비가산집합)을 생각한다. 이때 외부(비가산)를 내측에 있는 자(사드=가산)가 인식할 수 있다고 하는 것이 선택공리이다. 선택공리는 어떤 집합에 대해서도 그 부분집합이 주어졌을 때 그 원소를 선택할 수 있음을 보증하는 공리이다. 세계 내의 모든 대상을 모은 보편집합을 관찰자가 표상화하고 분류한다고 해 보자. 이 중 어떠한 부분집합(예를 들어 얼룩고양이, 줄무늬고양이, 흰고양이… 등을 모은 집

부인<sub>否認</sub>하는 자이다. 부정이란 배경<sub>ground</sub>을 부정함으로써 전경<sub>figure</sub>으로서의 대상을 인식, 지각, 기술하는 것 일반을 말한다. 부인이란 어떠한 제도, 룰을 전면적·적극적으로 긍정하지도 부정하지도 않는 태도를 말한다(여기서 군지의 용어법은 일반적인 의미에서의 부인, 즉 부정과는 다르다는 데 주의하라). 즉 가학(능동), 피학(수동), 긍정, 부정의 대립도식 자체를 받아들이지 않고 어느 한쪽으로 판단을 하지 않는다. 일반적으로 해석되는 능동, 수동적인 성벽이라는 대칭성은 일견 이러한 태도와 통하는 면은 있으나 본질적인 정의는 아니라는 것이다.

군지는 이어서 클로소프스키<sub>Pierre Klossowski</sub>의 사드론을 빌려, 사드의 소도미<sub>Sodomy</sub> 행위가 가진 이중성을 주장한다. 소도미 행위란 생식을 위한 기관과 소화·배설을 위한 기관을 각기 다른 용도로 사용하면

---

함 '고양이')이 있을 때 선택공리는 이 중에 하나(얼룩고양이)를 대표로 고를 수 있음을 보증한다. 선택공리를 전제하면 각 부분집합에서 빠짐없이 대표(원소)를 선택할 수 있고 표상('고양이')과 대표로 뽑힌 대상(얼룩고양이)은 일대일로 대응하여 엄밀한 의미에서 외부는 존재하지 않게 된다. 반면 선택공리가 없으면 외부를 아예 인식할 수 없고 인식론적으로 생각하는 한 외부는 존재하지 않는다. 선택공리를 약화시켜 대상을 표상과 대응시키고 분류하는 것은 가능하지만, 대표를 선택할 수 없다고 해 보자. 선택공리를 부인(약화)하면 사물의 분류 자체에서 양의성을 인정할 수밖에 없다. 즉 얼룩고양이는 고양이면서 동시에 다른 무언가이기도 한 것이다. 얼룩고양이를 '고양이'의 대표로서 선택하려고 하는 찰나 고양이가 아닐 다른 가능성이 현전한다(본문의 육체의 양의성에 관한 논의를 참조하라). 이렇게 이중으로 표상화한 대상들을 서로 닮지 않은 표상, 즉 닮지 않았다는 면에서 서로 대칭적인 표상(예컨대 '새'와 '고양이')끼리 모아 국소적인 부분세계를 만든다. 하지만 어떤 부분세계, 예컨대 '고양이'와 '호랑이'라는 부분세계가 중복을 허용할 때 이들을 모아서 전체를 구성하면 논리적으로 성립하지 않으며(배중률의 붕괴), 관찰자는 부분세계를 분리할 수 없어 자신이 어디에 있는지(대상이 '고양이'인 세계에 있는지, '호랑이'인 세계에 있는지)를 지정할 수 없다. 즉 얼룩무늬 고양이를 보았을 때 '고양이'인지 '호랑이'인지 선택할 수 없고 양쪽 가능성이 공존하는 것이다. 이리하여 여러 문맥을 구별하여 가능하게 하면서도 그것들을 혼동하여 오용하며, 확실하게 분리되는 세계상을 갖지 않음에도 불구하고 마치 초월자와 같이 전망한다고 착각하며 행동하는 '당사자'가 성립한다. 상세한 바는 郡司ペギオ幸夫, 「猫が選べないサドは、ピレネー山脈の地図でアルプスから下山する」, 『ユリイカ』9月, 靑土社, 2014, 163~170쪽을 보라.

서 생식에 동반되는 것과 마찬가지의 감각을 야기하는 행위 일반을 말한다. 규범적 이성은 육체의 사용법을 규정하지만 그것은 일방적 해석에 지나지 않고 육체는 다양하게 사용되고 사용할 수 있다. 그렇기 때문에 소도미 행위로서의, 육체의 다른 사용법은 합리적 이성을 배반함과 동시에 합리적 이성의 검열 때문에 이성으로부터 완전히 분리되지 않고 감각을 통해 다른 행위와 혼동된다. 즉 일탈적 행위를 할 때의 감성의 재현/표상과 그것을 서술할 때의 재현은 이중성을 가지며, 클로소프스키는 육체에 있어서 나와 타자의 이중성이 이로 인해 성립한다고 말한다. '나의' 육체라 기술함으로써 소유되는 육체는 언어라는 제도에 예속되는 '나'에게 소유되는 데 지나지 않는다. 역으로 말하면 소유를 주장하는 '나'는 나라 간주되는 육체의 극히 일부에 지나지 않는다. 육체의 그 이외의 부분은, 언어화되고 대상화되어 나와 타자의 경계를 이루는 '나'의 외부, 즉 타자의 영역이 된다. 나는 '나'와 타자 양자에게 열려 있다. 이 이중성은 나의 육체에 한정되지 않는다. 내가 인식하는 대상이 언어화된 대상인 한, 거기에는 언어화의 잔재가 잠재되어 있다. 이 잠재하는 것이 언어화된 것을 침범하여 다른 어떤 것일 가능성을 연다. 즉 대상으로서 육체의 부분들은 이미 이중적 표상에 침투당해 있고, 이 이중화 때문에 그 중 하나만을 선택하는 것은 원칙적으로 불가능하다.

사드는 부정의 연쇄가 이루는 순환에 머무르면서 긍정, 부정의 판단을 기초짓는 제도, 이성에 역설적이게도 계속 의거한다. 부정을 통한 제도의 확립은 한 이론이 따르는 문맥이며 그 적용범위이다. 따라서 그 경계에는 본래 부정성不定性이 남고 문맥은 외부를 향해 열려 있다.

그러나 외부란 파악할 수 없기 때문에 비로소 외부이다. 따라서 외부란 정의 불가능하다. 이러한 의미에서 외부는 일원화되며 일종의 부정신학적인 일자(내부가 아닌 것)로서 파악된다. 종래의 자연과학과 철학은 어떠한 체계를 위에서 부감하는 형태로 파악해 왔다. 즉 전체는 당사자의 시점(내부에서 관측하는 자의 시점)이 아니라 전체를 전망하는 외부관측자, 초월자의 시점으로 그려진다. 부정신학적 결론을 회피하기 위해서는 초월자가 아니라 당사자의 입장에서 사물을 궁구해야 한다. 외부와 어떻게 마주할 것인가 하는 질문은 당사자로서만 물을 수 있기 때문이다. 우리는 초월하지 않는 당사자로서 사드의 입장에 머물면서 동시에 마조흐적으로 외부와의 접속을 추구해야 한다. 그래야 비로소 문맥의 다양성을 부정하면서 일원화하지 않고 어떤 문맥과 다른 문맥을 구별하면서도 혼동하는, 긍정적인 전개를 실현할 수 있기 때문이다.

　기존의 복잡계 이론에서는 부분과 전체, 사물과 사건, 혼돈과 질서, 수동성과 능동성과 같은 쌍대雙對 도식/개념이 주어진다. 이 항들이 대립을 유지하는 한, 복잡계는 그 스펙트럼의 중간값 부근에서 양자의 타협이 출현한다는 도식에 계속 머무른다. 이것을 더 동적으로 확장하기 위해 새로운 복잡계 이론은 부분들에서 전체를 보고, 토큰과 타입을 공립共立시키고, 수동적 능동과 능동적 수동을 도입해야 한다. 외부=타자가 이미 내 안에 스며들어 있으며, 우리는 의식적인 '나'와 무의식의 나를 혼동하면서도 구별해 나가는 것이다.

　한편으로는 재귀적 조작을 하고 다른 한편으로는 재귀적 조작을 가능케 하며 문맥 외부로 열려 있는 내부관측자[6]로 구성된 시스템을 생각해 보면 어떨까? 어떻게 외부를 끌어들일 것인가? 관측자 또는 행위자agent가 처해 있는 환경을 한눈에 내다볼 수 있을 경우, 그는 완전한 환경과 마주하게 되고 이 환경은 지나치게 강한 힘을 갖게 된다. 이것은 초-관측자인 외부관측자의 입장이다. 반대로 관측자가 자신의 환경을 한눈에 내다볼 수 없을 경우, 그는 불완전한(인식의 틀에 온전히 포섭되지 않은) 환경과 마주하게 된다. 이것은 내부관측자의 입장이다. 따라서 내부관측자와 외부관측자의 차이는 자신도 그 안에 들어 있기에 전체가 보이지 않는 환경과 바깥에서 관찰하기에 전체가 보이는 환경 사이의 차이라 바꿔 말할 수 있다.

이 개념을 보다 구체적인 예에 적용하여 이해하기 위해 생명 진화상의 단속 평형斷續平衡 현상을 생각해 보자. 이 현상을 설명하기 위해 다양한 모델이 제안되었고,[7] 그 대부분은 외부관측자에 근거한다.[8] 그러나 어느 정도 빈번하게 비적응적이지만 유망한 잠재성이 있는 종이 살아남아 다음 시대에도 발전해야만 하기 때문에 외부관측자를 상정하는 것은 부적절하다. 이것이 이전의 모델들이 비적응적 종을 구제하는

6) Otto E. Rössler, *Endophysics: The World as an Interface*, World Scientific, 1998.

7) Niles Eldredge & Stephen Jay Gould, "Punctuated Equilibria: An Alternative to Phyletic Gradualism", *Models in Paleontology*, Freeman Cooper and Company, 1972, pp. 82~115.; Stephen Jay Gould & Niles Eldredge, "Punctuated Equilibria: The Tempo and Mode of Evolution Reconsidered", *Paleobiology* 3, 1977, pp. 115~151.

8) Per Bak & Kim Sneppen, "Punctuated equilibrium and criticality in a simple model of evolution", *Physical Review Letters* 71, 1993, pp. 4083~4086.; Christoph Bandt, "The Discrete Evolution Model of Bak and Sneppen is Conjugate to the Classical Contact Process", *Journal of Statistical Physics* 120, 2005, pp. 685~693.; D. A. Head & G. J. Rodgers, "The anisotropic Bak-Sneppen model", *Journal of Physics A: Mathematical and General* 31, 1988, pp. 3977~3988.; Henrik Jeldtoft Jensen, "Emergence of species and punctuated equilibrium in the Tangle Nature model of biological evolution", *Physica A* 340, 2004, pp. 697~704.; M. E. J. Newman, "Self-Organized Criticality, Evolution and the Fossil Extinction Record", *Proceedings: Biological Sciences* 263, 1996, pp. 1605~1610.

특정 메커니즘을 도입해야 했던 이유이기도 하다.

다음 절에서 단속 평형을 설명하려는 기존의 모델을 개관하면서 외부관측자와 초-관측자의 역할이 무엇인지 확인해 보면 양자의 차이가 더 명확해질 것이다.

## 단속 평형 문제로 본 외부관측자 관점의 한계

단속 평형punctuated equilibrium은 화석 기록으로부터 도출할 수 있는 진화의 특정 패턴으로, 드물게 파국적catastrophic 방식으로 발생하는 종의 대규모 변화와, 이 변화 사이의 긴 안정 기간으로 구성된다.[9] 즉 특정 분류군 대부분이 짧은 수명을 갖는 한편 아주 긴 수명을 갖는 종이 드물게 존재한다. 소규모 절멸은 대규모 절멸보다 빈번하게 발생하고 때때로 아주 희소한 확률로 대량 절멸이 발생한다. 이것은 결국 진화의 속도에 대한 이론으로서, 굴드와 엘드리지가 처음 발표한 이래, 종의 진화가 세대에 걸쳐 점진적으로 이루어진다는 계통점진이론과 대립해 왔다. 다윈의 『종의 기원』 이후 생물학자들은 생물학적 시스템이 변이variation와 선택에 의해 점진적으로 진화한다고 생각해 왔다. 이것은 개체군에 있어서 변화는 작은 범위에 머무르고 선택 과정은 개체군의 소부분fraction에 작용한다는 가설로 표현된다.[10] 자연선택설에 입각한 진

---

9) Eldredge & Gould, "Punctuated Equilibria: An Alternative to Phyletic Gradualism".; Gould & Eldredge, "Punctuated Equilibria: The Tempo and Mode of Evolution Reconsidered".

10) John Maynard Smith, "Darwinism stays unpunctured", *Nature* 330, 1987, p. 516.

화론은 기본적으로 단 한 번 파국적 변화가 있었다는 창조론에 맞서는 형태로 제안되었기에, 진화 과정에서의 점진주의를 강조하지 않을 수 없었던 것이다.

이에 반해 단속 평형의 관점에 입각할 때 진화는 때때로 파국적인 변화를 겪는 것으로 이해된다. 파국적인 변화는 대규모 멸종과 적응의 급증을 의미한다. 예를 들어 캄브리아기 초기 해양생물은 다양한 형태로 분화하여 매우 짧은 기간 동안 활동한 후 그 대부분은 멸종했다. 살아남은 종의 소부분은 매우 오랜 기간 형태학적으로 거의 변하지 않았다. 이처럼 단속 평형의 이론으로 볼 때, 진화 패턴은 파국적인 변화와 안정된 평형의 갈마듦으로 구성되어 있다.

단속 평형의 관점은 처음 제안된 1972년 직후에는 한동안 무시되었다. 고생물학자 라우프와 세프코스키가 간헐적 평형의 증거로 정량적 데이터를 제출했지만,[11] 극소수의 연구자들만이 고생물학 데이터에 관심을 가졌다. 박과 스네펜은 광범위한 데이터를 처리하기 위해 종 수명의 빈도 분포를 (x-축과 y-축이 공히 로그를 취하는) 양대수 그래프log-log graph로 만들어, 화석 기록이 단속 평형 이론과 정합적인 척도-없는 분포scale-free distribution[12]를 이룬다는 것을 보여 주었다.[13]

---

11) David M. Raup & J. John Sepkoski, "Mass Extinctions in the Marine Fossil Record", *Science* 215, 1982, pp. 1501~1503.; "Periodic Extinction of Families and Genera", *Science* 231, 1986, pp. 833~836.
12) 척도-있는 분포는 데이터가 어느 일정한 척도에 집중되는 분포이지만(예컨대 한국의 20세 남성의 평균 키가 175cm일 경우, 그래프는 175cm를 정점으로 하는 종 모양을 그린다. 가우스 분포라 불린다), 척도-없는 분포는 일정한 척도를 지정하기 어려운, 즉 척도로 지정할 만한 '허브'들이 여기저기 분산되어 있는 분포이다. 이는 탈-중심화된 분포로서(예컨대 미국의 항공 네트워크를 떠올리면 될 것이다), 멱함수 그래프가 나와 일정한 척도(대푯값)를 잡기가 어렵다.

특히 뉴먼은 라우프가 제안한 멸종 곡선kill curve의 형태를 참고하여 화석 기록을 재평가하고 진화적 사건의 확률과 멸종한 소부분 간의 관계를 평가했다.[14] 이것은 지수 약 2.0의 멱 법칙을 나타내는 멸종 도수 분포로 변환되었다. 스네펜도 세프코스키의 데이터[15]를 재평가하여 멸종 크기의 도수 분포가 지수 1.5인 멱 법칙과 일치한다는 것을 발견했다.[16] 멸종 사건의 척도-없는 분포는 작은 크기의 멸종이 빈번하게 일어나고 대량 멸종은 거의 일어나지 않지만 제로가 아님을 보여주기 때문에(이 점에서 멸종 곡선은 지수함수가 아니라 멱함수임이 확인된다. 멱함수의 '긴 꼬리'가 확인되기 때문이다), 다시 말해 대량 멸종도 존재하긴 하지만 대개의 경우 작은 크기의 멸종이 분산되어 있기 때문에, 희소한 멸종 및 멸종 사이의 안정 기간이 긴 시간적 패턴을 나타내는 단속 평형과 일치한다. 요컨대 멸종의 중심이 있는 것이 아니라 여러 멸종 기간들이 탈-중심적으로 분산되어 있는 것이다. 이로써 단속 평형설이 설득력을 얻게 되었다.

13) Per Bak & Kim Sneppen, "Punctuated equilibrium and criticality in a simple model of evolution".; Ricard V. Solé & Susanna C. Manrubia, "Extinction and self-organized criticality in a model of large-scale evolution", *Physical Review E* 54, 1996, pp. 42~45.; Solé et al., "Self-similarity of extinction statistics in the fossil record", *Nature* 388, 1997, pp. 764~767.

14) Newman, "Self-Organized Criticality, Evolution and the Fossil Extinction Record".; Newman & Paolo Sibani, "Extinction, Diversity and Survivorship of Taxa in the Fossil Record", *Proceedings: Biological Sciences* 266, 1999, pp. 1593~1599.

15) J. John Sepkoski, "Ten Years in the Library: New Data Confirm Paleontological Patterns", *Paleobiology* 19, 1993, pp. 43~51.

16) Kim Sneppen, et al., "Evolution as a Self-Organized Critical Phenomenon", *Proceedings of the National Academy of Sciences of the United States of America* 92, 1995, pp. 5209~5213.; Kim Sneppen, *Models of Life: Dynamics and Regulation in Biological Systems*, Cambridge University Press, 2014.

다음 문제는 멸종에서 보이는 척도-없는 분포를 불러오는 메커니즘이 무엇인가 하는 것이다. 우선 박과 스네펜은 척도-없음의 성격을 가진 생태계에 기초한 모델을 제안했다.[17] 먹이사슬을 이루도록 배치된 N개의 종으로 구성되어 있는 시스템을 가정한다. 각 종 $x_n$은 0.0에서 1.0 사이의 수치로 적응값 $kx_n$을 갖는다. 시스템은 반복되는 다음 단계를 거쳐 진화한다. 우선 최소 적응값을 갖는 종과 먹이 사슬상에서 가장 인접한 곳에 위치하는 종이 제거된다. 다음은 적응값이 0.0~1.0 사이에서 무작위로 선택되는 새로운 종이 공백이 된 틈을 메운다. 그리하여 각 단계에서 세 가지 종이 선택, 제거되고 새로운 종으로 대체된다. 종의 적응값이 최초에 무작위로 분포하는 한편, 최소 적응값을 무작위로 선택된 적응값이 치환하므로 최소 적응값은 점차 증대한다.

종의 수명은 종이 새롭게 치환되어 다른 것으로 대체될 때까지의 시간 스텝으로 정의된다. 멸종의 크기와 범위는 최소 적응값의 랜덤 워크random walk에 있어서 처음으로 회귀하는 시간 스텝의 수에 따라 정의된다. 척도-없는 도수 분포는 적응값의 역치가 자기조직 되는 임계 현상의 메커니즘으로 만들어진다.[18] 한편으로는 무작위로 최소 적응값을 대체하는 작업은 생태계의 평균 적응값을 증가시키는 역할을 한다. 그러나 다른 한편으로 무작위로 가장 인접한 종의 적응값을 대체하는 작업은 평균 적응값을 낮추는 역할을 한다. 결과적으로 최소 적

17) Per Bak & Kim Sneppen, "Punctuated equilibrium and criticality in a simple model of evolution".
18) Per Bak, Chao Tang and Kurt Wiesenfeld, "Self-organized criticality: An explanation of 1/f noise", *Physical Review Letters* 59, 1987, pp. 381~384.

응값은 점차 조정되어 임계값에서 유지된다. 이것이 자기조직 하는 임계성의 추동력이다.

박-스네펜 모델에 이어서, 뉴먼은 단속 평형을 설명하기 위한 다른 모델을 제안했다.[19] 뉴먼의 생태계는 N개의 종으로 구성되어 있다. 각 종은 0.0~1.0의 범위 사이에서 적응값을 취한다. 각 단계에서 생태계의 극히 일부 종은 진화하고 새로운 적응값이 무작위로 0.0과 1.0의 값 중에서 선택되어 주어진다. 각 단계의 스트레스 레벨은 생태계의 모든 종을 일소할 스트레스가 발생할 가능성이 아주 적은, 특정 분포에서 선택된다. 어떤 선택된 스트레스 수준 이하의 적응값을 갖는 모든 종은 멸종하고 무작위로 선택된 적응값을 가진 새로운 종으로 대체된다. 이 모델도 멸종 크기 빈도에 대해 척도-없는 도수 분포를 나타낸다. 박-스네펜 모델과는 달리 무작위로 선택된 적응값에 의해 대체되는 종의 수는 일정하지 않다. 따라서 멸종의 크기는 각 시간 스텝에서 멸종하는 수에 따라 직접 정의된다.

뉴먼은 그의 모델이 자기조직화하는 임계성에 근거하지 않고 환경의 변화에 기초한다고 주장하지만, 두 모델의 기본 메커니즘은 매우 비슷하다. 그것은 증가하는 적응값과 감소하는 적응값의 균형('최적화')이라고 생각할 수 있다. 전술한 바와 같이 그러한 균형은 박-스네펜 모델에서 최소 적응값을 갖는 종과 그 인접 종을 임의의 적응값을 갖는 종으로 대체함으로써 실현되었다. 뉴먼 모델에서 이러한 균형은 스트레스 레벨(일종의 도태압)에 따라 발생하는 멸종과, 스트레스와는 독립적으로 항상 실현되는 진화로 구현된다.

---

19) Newman, "Self-Organized Criticality, Evolution and the Fossil Extinction Record".

이 두 모델은 외부적 관점을 취한, 완전한 환경을 기반으로 한다고 결론지을 수 있다. 환경은 종들을 위에서 조감하며 빠짐없이 판정할 수 있는 외부관측자 같은 위치에 있다. 실제로 환경은 두 모델에서 최소 적응값, 스트레스 수준 이하를 엄격하게 제거한다. 박-스네펜 모델에서 외부관측자로서의 환경은 생태계의 모든 종을 조감하고 최소 적응값을 갖는 종을 제거하였다. 마찬가지로 뉴먼의 모델에서 외부관측자는 빠짐없이 스트레스 레벨 이하의 모든 종을 제거하였다. 외부관측자는 낮은 적응값을 갖는 종을 정확하게 멸종시키고, 요동(무작위성)은 외부관측자와는 독립적으로 작용하여 생태계의 평균 적응값을 증가시키는 역할을 했다. 그 결과 생태계의 적응값은 고정적인 값에 점근하고 지속적으로 조정된다.

문제는 환경이 과도하게 완전하여 종에게 '피투성이 발톱'으로 작용하는 것이 자연스러운가 하는 것이다. 전체 환경은 유기체와 무관한 개념이며, 유기체에 의해 만들어진다고 생각할 수는 없다. 그러나 실제로 유기체는 국소적으로는 환경에 영향을 미치며 스스로 환경을 구성하기도 한다. 다윈도 역설했듯이 생태계의 다른 종은 특정 종에게 환경이다. 또한 종의 상호작용은 환경의 조정과 창출에 어느 정도 기여한다. 이러한 의미에서 환경은 비-결정적이라고 볼 수 있고 종은 환경에 작용할 수 있다.[20] 이것이 바로 내부관측자로서의 불완전한 환경을

20) Gunji Yukio-Pegio & Ryo Ono, "Sociality of an agent during morphogenetic canalization: asynchronous updating with potential resonance", *Biosystems* 109, 2012, pp. 420~429.; Gunji, et al., "Punctuated equilibrium based on a locally ambiguous niche", *Biosystems* 123, 2014, pp. 99~105.; D. Grigoriev, et al., "Punctuated evolution and robustness in morphogenesis", *BioSystems* 123, 2014, pp. 106~113.

주장하는 이유이다. 그렇다면 환경이 '관측자'라고 하는 의미는 무엇인가? 상호작용 자체는 상호 관측 개념과 다름이 없는데, 그것이 대상의 동정同定 및 평가를 의미하기 때문이다. 자연과학에서 '상태' 개념은 대상을 동정함으로써 성립되고, 동정과 평가는 서로 구별되고 분리된다. 이 분리 덕분에 대상, 기능, 조작을 확정하고 명확한 경계를 도입할 수 있으며, 상호작용은 대역적인 속성을 잃으면서 동시에 외부로 열리게 된다.

다음으로 불완전한 환경에 기반하는 생태계 모델을 정의하고 이 모델이 단속 평형을 설명할 수 있는지 평가해 보자.


## 촉진자 개념의 도입을 통한 내부관측자 모델의 구축

먼저 완전한 환경과 불완전한 환경에 기반한 생태계를 비교하자. 만약 생태계 모델이 외부관측자 또는 초-관측자에 기초할 경우 '모든' 종의 환경 적응값을 볼 수 있으며, 단지 높은 적응값을 가진 종만이 살아남게 된다. 모든 종을 볼 수 있기에 그 전체는 닫힌 전체가 되고, 따라서 쉽게 높은 적응값을 가진 부분이 생존할 것이라고 예측할 수 있다. 환경에 적응한 특정 종은 살아남는다. 그 결과 다양성이 작은 생태계가 야기되고, 종은 전前-적응pre-adaptation 또는 굴절적응exaptation 할 수 없다. 즉, (보온 기능을 했던 새의 날개가 후에 비행 기능으로 전화한 것처럼) 특정 형질이 본래의 기능이 아닌 다른 기능을 가짐으로써 진화의 새로운 선線을 야기하는 과정에 공헌할 수 없는 것이다. 다시 말해 진화 과정에서 나타나는 중요한 특이성들singularities을 놓쳐 버리게 된다. 이것은 전체를 고착시키지 않고 그 과정을 구체적으로 따라갈 때 나타나는 우연의 역할을 방기한다는 것을 뜻한다. 이럴 경우 종이 새로운 신체적 도안body plan — 같은 문phylum에 속하는 동물들에 공통된 형태학적 특징들(의 집합) — 을 얻는다든가, 또는 새로운 행동을 하는 것은 매우 어렵다. 이러한 생태계에서는 각 종은 스스로를 형성하거나 행동을 만들어내지 못하고, 환경의 능동적 제거를 수동적으로 받아들이는 셈이다.

불완전한 환경을 어떻게 구현할까? 나는 **촉진자**facilitator**로서의 환경**이라는 아이디어를 도입하고자 한다. 촉진자는 공동체를 위해 주어진 과제를 알고 그가 속한 공동체를 지도할 수 있는 자로서 교육학 등에서 도입된 개념이다. 그러나 촉진자는 공동체를 적극적으로 유도할 필요 없이 음지에서 공동체를 돕는다. 이것은 촉진자가 공동체를 완전히 알고 있으면서도, 수동적으로 공동체에 기여한다는 것을 의미한다. 그리고 촉진자라는 개념은 불완전한 환경이라는 개념과 정합적이다. 불완전한 환경은 대국적으로 생태계의 모든 종과 대응하는 한편 수동적으로 종에 작용한다. 역으로 말하면 공동체에서 종은 능동적으로 환경에 영향을 주어 그것을 만들고 조정한다.

여기에서 촉진자로서 작용하는 불완전한 환경을 기반으로 하는 생태계 모델을 다음과 같이 정의하자. $n$개의 종으로 구성된 생태계가 있고 각 종 $i$는 0.0과 100.0 사이의 범위에서 선택된 적응값 $x(i)$을 갖는다. 각 단계에서 환경지표environment index $y$는 무작위로 선택된, 생태계의 극히 일부 종의 평균 적응값으로서 표현되는 불완전한 환경을 의미한다. 불완전한 환경에 노출되도록 선택되는 종의 수는 $p_n$인데, $p$는 0.0과 1.0의 범위 사이의 확률이다. 각 종은 환경지표를 참조하여 만약 종의 적응값과 환경지표의 차이가 특정 임계값 $\theta$ 이하인 경우 적응값을 바꾼다. 특히 차이가 양수이면, 즉 환경지표 $y$가 적응값 $x(i)$보다 큰 경우 현행 적응값은 증가하도록 변화한다. 만약 차이가 음수인 경우, 즉 환경지표 $y$가 적응값 $x(i)$보다 작은 경우 현재의 적응값은 감소하도록 변화한다. 증가와 감소의 양은 0.0과 10.0 사이의 범위에서 무작위로 선택된다.

본 모델에서 환경은 생태계의 종과 분리-독립적이지 않다. 이러한 의존 상태는 환경지표에 따라 적응값이 조정됨으로써 구현된다. 환경에 미시적으로 적응하는 진화적 과정은 조정 과정에 구현되어 있다고 생각할 수 있다. 종간 상호작용은 종-환경 간의 상호작용과 시간 스케일을 달리하기 때문에 정합적이지 않다. 환경지표는 생태계 적응값의 전체 평균(즉 환경에 대한 완전한 정보)을 가리키지 않기 때문이다. 환경지표로 인해 조정되는 적응값은 전체 환경(생태계 전체 평균 적응값)과 개체의 적응값의 차이를 증가시키거나 감소시킬 수 있다. 이리하여 이 조정 과정은 평균 적응값을 평형화시키면서, 동시에 비평형화를 야기시킨다.

붕괴 크기avalanche size에 대해 그래프로 표시된 누적 도수 분포는 〈그림 1〉과 같이 그 지수가 1.35인 멱함수 분포를 나타낸다. 적응값의 증가량과 감소량이 업데이트될 때 멱함수 분포의 지수는 1.5와 1.0의 범위에서 변화한다(이 지수는 '지프의 법칙'으로 잘 알려져 있다.[21] 이들은 누적 빈도이며, 멸종의 도수 분포는 누적 빈도를 적분함으로써 성립하기 때문이다). 이것은 스네펜과 뉴먼이 화석 기록을 보고 예측한 것과 정합적

---

21) George Kingsley Zipf, *Human Behavior and the Principles of Least Effort*, Addison-Wesley Press, 1949.

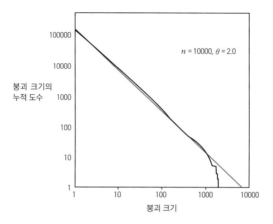

**그림 1.** 붕괴 크기의 누적 도수 분포

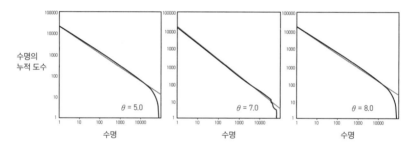

**그림 2.** 다양한 임계값에서의 종 수명의 누적 도수 분포

이다. 〈그림 2〉는 다양한 임계값 $\theta$에서 종 수명의 누적 도수 분포가 어떠한지를 나타낸다. 이 그래프들은 모두 지수가 다른 멱함수 분포를 나타낸다. 만약 $\theta$가 5.0이면 지수는 0.65에 가까워지고 7.0인 경우 지수는 0.9에 가까워진다. $\theta$가 8.0의 경우 지수는 1.0에 접근한다.

〈그림 3〉은 양대수 그래프상에서 수명에 대한 누적 도수의 분포를 그린 것이다. 이때 생태계의 소부분이 환경지표에 노출될 확률 $p$를

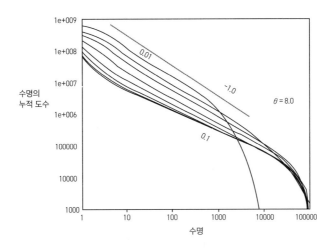

**그림 3.** 임계값 8.0에서 환경 지표 선택 확률을 변화시킨, 종 수명의 누적 도수 분포

0.01과 0.1 사이의 범위로 주었다. 확률이 0.01에 가까울수록 멱함수 분포 지수는 1.0에 접근한다. 즉 만약 확률이 매우 작지만 0이 아니라면, 멱법칙power law의 지수는 1.0에 근접한다고 결론지을 수 있다. 확률이 0이면 환경지표는 무작위로 0.0과 100.0 사이의 범위에서 선택된다. 이것은 적응값의 조정이 무작위로 실행됨을 의미한다.

## 내부관측자 관점의 의의

여기에서 외부관측자와 내부관측자가 진화에서 어떤 역할을 하는지 비교해 보자. 박-스네펜 모델과 뉴먼 모델에서는 외부관측자로서의 환경은 생태계의 모든 종의 적응값을 조감할 수 있다. 외부관측자는 최소 적응값의 증가에만 기여할 수 있고, 박-스네펜 모델에서 먹이사슬상에서 가장 인접한 종의 대체, 뉴먼 모델에서 소부분상에서의 종의 대체는 부가적으로 도입되는 것에 지나지 않는다. 이와 대조적으로 앞 절에서 제시한 촉진자로서의 환경 모델에서는 각 종은 환경을 불완전하게 아는 내부관측자로서 행동하고, 생태계 적응값의 증가와 감소는 양자 모두 불완전한 환경이 조정함으로써 구현된다.

외부관측자와 내부관측자의 차이를 더 뚜렷이 드러내기 위해, 낮은 적응값의 종이 삭제되고 임의의 적응값을 갖는 종으로 대체되는 진화 모델을 대조 실험으로서 도입해 보자. 생태계에 분포하는 종에게 0.0에서 100.0 사이의 범위에서 무작위로 선택된 적응값을 할당한다. 적응값에 대해 모든 종을 조감할 수 있는 외부 환경은 최소 적응값부터 헤아려서 1% 정도에 해당하는 생태계의 소부분을 제거한다. 삭제된 종은 0.0에서 100.0의 범위 사이의 적응값을 임의로 갖는 새로운 종으로 대체된다.

〈그림 4〉는 대조 실험에서 얻은 종 수명의 누적 도수 분포를 나타

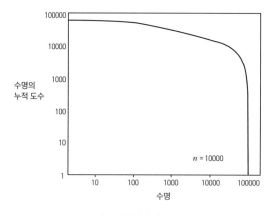

**그림 4.** 대조 실험에서 얻은 종 수명의 누적 도수 분포

낸다. 이것은 거듭제곱법칙 분포를 나타내고 있지 않은데, 이는 수명도가 평균치 부근에서 정규 분포를 취하고 있음을 의미한다. 〈그림 2〉와 〈그림 4〉를 비교하면 내부관측자가 자기조직화하는 임계성과 직접적인 관련이 있는 척도-없는 분포를 나타내는 데 기여할 수 있음을 선명하게 간파할 수 있다. 이 대조 실험에서 완벽한 환경을 대표하는 외부관측자는 항상 거의 같은 수의 종을 제거하지만, 그것은 항상 1%의 최저 적합도를 가진 종을 제거하는 것이다. 그러므로 여기에서 붕괴 크기의 도수 분포를 직접 추정할 수 없다.

대조 실험 시스템에서도 어떤 조건을 추가하면, 거듭제곱법칙 분포가 생겨날 수 있을까? 생태계 종의 적응값은 당초 무작위로 분포했다. 최소 적응값이나 낮은 적응값이 무작위로 선택된 적응값으로 대체될 때, 각 스텝의 최소 적응값은 점차 증가하고 포화한다. 이것은 마치 자기조직화 과정처럼 보이지만, 척도-없는 분포와 같은 임계성이 나타나지 않는다. 대조 실험의 생태계는 다른 메커니즘에서 도출되는 높은 적응값을 가진 종의 수명을 연장할 메커니즘이 없기 때문에 척도-없는 도수 분포를 산출할 수 없기 때문이다.

박-스네펜 모델에서는 최소 적응값의 대체와 그 인접한 적응값의 대체가 역할을 달리한다. 전자에서는 최소 적응값을 대체하면서 낮은 적응값을 갖는 종은 끊임없이 이 메커니즘으로 대체됨을 알 수 있다. 따라서 집단에서 낮은 적응값을 갖는 종은 짧은 수명을 갖는다는 것을 알 수 있다. 전술한 바와 같이 생태계의 집단 전체는 어떤 적응값을 하한으로 하고, 그 주위에 모여 분포하기 때문에 특정 값 부근의 적응값을 갖는 많은 종이 짧은 수명을 가진다는 것을 알 수 있다. 즉 짧은 수명을 가진 종의 빈도는 매우 높다. 반대로 집단 속에서 높은 적응값을 가진 종이 제거되고 다른 것으로 대체될 가능성은 매우 낮다. 높은 적응값의 대체는 최소 적응값의 최인접자가 대체됨으로써만 실현된다. 이 메커니즘이 높은 적응값을 갖는 종을 치환할 확률은 최소 적응값 옆에 높은 적응값을 갖는 종이 분포하고 있을 확률에만 따른다. 따라서 그것은 매우 낮지만, 결코 0은 되지 않는다. 이렇게 높은 적응값을 갖는 종은 매우 긴 수명을 가지게 된다. 즉 긴 수명의 빈도는 매우 낮지만 0이 아니다. 그러나 이렇게 장수하는 종의 생성 메커니즘이 없기 때문에 대조 실험에서는 척도-없는 특성이 확인되지 않는 것이다.

정리해 보자. 단속 평형은 종의 수명과 멸종 크기의 척도-없는 도수 분포로 특징지을 수 있다. 외부관측자로서의 완전한 환경의 시점에서 척도-없음의 특징은 증가하거나 감소하는 적응값의 균형으로 설명할 수 있다. 왜냐하면 외부관측자는 생태계의 모든 구성원을 엄격하게 판정할 수 있기 때문에 외부관측자는 낮은 적응값을 갖는 종을 빠짐없이 제거할 수 있다. 따라서 그것은 적응값 증가에 기여할 뿐으로 척도-없는 특성을 얻기 위해서는 적응값의 감소를 초래할 추가적인 메커니즘이 필요하다.

대조적으로 내적 관점에서 환경 정보는 부분적으로 선택되어 불완전하게 식별된다. 이리하여 종과 환경은 상호 독립적으로 분리되지 않고, 각종 환경에 대한 조정 과정은 증가하거나 감소하는 적응값 양자를 모두 구현할 수 있다. 이것이 바로 척도-없는 특성이 내적 관점에 의해 발생할 수 있는 이유이다.

## 마치며 — 왜 내부관측자인가?

만약 국소성과 우발성이 전역성全域性과 확률적 프로세스로 각자 치환 된다면, 결과적으로 시스템은 특정 확률밀도함수에 의해 특징지어지 고 오류를 수반하는 초-관측에 기반을 두게 될 것이다. 이런 종류의 모 델로 설명되어 온 전형적인 현상 중 하나가 특정한 진화 패턴 중 하나 인 단속 평형이다. 위에서 이 설명 모델을 비판적으로 검토했다.

　이 모델과 비교해 논한 내부관측자의 관점은 사드와 마조흐의 교 차점에 서 있다.[22) 사디스트와 타인의 대립 구조는 결정론적 도태압과 확률밀도함수에 의해 규정되는 외부 요동의 대립 구조에 대응한다. 이 것은 진화론 모델이 사디스트적 관점, 즉 이성적 언어에 의해 명확하 게 분절되고 대립하는 개념쌍으로 구성된 대립 구조에 기반을 두고 있 다는 것을 의미한다. 이와 대조적으로 사디스트임과 동시에 마조히스 트일 수 있는 자는 내부관측자이다.

　기존 시스템 이론의 한계를 극복하면서 등장했던 소산 구조, 자기 조직적인 프로세스에 입각한 설명, 그리고 시너제틱스는 대역적 속성 을 낳게 하는 국소적인 상호작용이라는 개념에 기초한다. 그러나 이것 들은 창발적 특성을 설명하는 데 도움이 되지 않는다. 왜냐하면 이것 들은 사전에 특정 경계 조건과 대역적 특성을 전제하고 있기 때문이 다. 또한 단속 평형을 설명할 때에도 대역적 속성과 외부관측자의 숨 겨진 메커니즘은 사전에 전제된다. 그러나 일단 단속 평형이 내부관측

---

22) Deleuze, *Présentation de Sacher-Masoch*(1967); trans. Jean McNeil and Aude Willm, *Masochism: Coldness and Cruelty*, Zone Books, 1989.

자적 시각에 의해 설명되면, 진화 그 자체인 창발적 속성을 설명할 수 있다.

외부를 일자적인 것으로서, 즉 내부의 부정으로서 파악하는 한 외부는 미루어 짐작할 수 없고 기껏해야 끊임없이 외부를 단절시켜 조금씩 연결해 나가는 이미지에 머무른다. 사디스트이면서 마조히스트인 자, 즉 외부로 탈주선을 그으면서도 여러 문맥에 개방되어 있는 자, 이미 공존하고 있는 외부와 내부를 혼동하면서 나아가는 자만이 진정한 타자를 체현하는 자이다. 그를 위해서는 이 양상을 위에서 내려다보는 형태가 아니라 안에서, 어디까지나 불완전하게 알고 있고 불완전하게 더듬어 나아가는 자의 시점이 필수적이다. 알 수 없다, 아직 모른다를 구동력으로 삼아 긍정적으로 전개하는 것이다. 이 은유를 의인화에 그치지 않고 모든 상호작용하는 시스템으로까지 확장할 때 새로운 복잡계 이론이 성립한다. 이는 또한 위상 공간에서의 특이점의 분포로 현실적 개체들의 변화를 규정하는 형태의, 예컨대 특정 온도에서만 물의 상이 변화한다는 식의 복잡계 이론의 이미지도 뛰어넘는다. 존재=생성의 양상은 매 순간, 모든 국면에서 발견할 수 있는 것이다.

# 반복하는 열린 계로서의 인체

권강

## 알파고와 바둑의 패러다임

2016년 3월에 이세돌 9단과 인공지능 알파고AlphaGo의 대결이 있었다. 사람들은 이 대결을 '세기의 대결'이라고 불렀다. '세기의 대결'이 시작되기 전에는 이세돌 9단 스스로도 알파고에게 무난히 승리할 것이라고 예상하였다. 하지만 결과는 4 대 1, 알파고의 완승으로 종결되었다. 당시 예측을 완전히 뒤집었던 그 결과는 전 세계에 엄청난 파장을 몰고 왔으며, 사람들은 한편으로는 인공지능AI; Artificial Intelligence에 대한 정체를 알 수 없는 공포감까지도 느끼게 되었다.

이후 알파고는 '알파고 마스터'AlphaGo Master로 업그레이드되었고, 인터넷 바둑 사이트에서 한·중·일의 정상급 기사들에게 총 60전 60승을 기록하였다. 2017년 5월에는 당시 세계랭킹 1위였던 중국의 커제柯潔 9단과 대국을 하여 3전 3승을 하였다. 당시 커제 9단은 분투를 하였음에도 내리 3연패를 하였고, 대국 중에 눈물을 흘리는 모습까지 보여서 응원하던 사람들의 안타까움을 자아냈다.

알파고 마스터는 커제 9단과의 대국에서 승리한 이후에도 계속 업그레이드가 되었다. 알파고의 업그레이드 순서는 다음과 같다 : 알파고 → 알파고 마스터 → 알파고 제로AlphaGo Zero → 알파 제로Alpha Zero.

알파 제로는 초기의 알파고와는 달리 사전에 기보를 입력하지 않고 스스로 배우는 방식으로 학습을 진행하였으며, 커제 9단을 이긴 알파고 마스터에게 89승 11패의 전적을 기록하였다.

2017년 12월 14일, 아자황Aja Huang; 黃士傑 박사는 알파고의 업데이트 종료를 선언하였고 이후 더 이상의 업그레이드된 알파고 버전은 나오지 않게 되었다.

'세기의 대결'이 벌어지기 이전까지, 바둑은 오랜 기간 동안 인공지능이 인간을 이길 수 없는 난공불락의 성으로 여겨졌다. 체스의 경우 1967년에 체스 프로그램인 '맥핵'MacHack과 철학자인 '드레퓌스'Hubert Dreyfus의 대결 이래 1997년의 '디퍼 블루'Deeper blue가 체스 세계 챔피언인 가리 카스파로프Га́рри Ки́мович Каспа́ров에게 승리를 거둔 일이 있었다.

그러나 바둑은 체스와는 비교가 불가할 정도로 그 수가 복잡하다. 바둑은 19줄×19줄=361개의 착수점이 있으며, 이론상으로 361곳의 착수점에 바둑돌을 놓으면 한 판의 바둑이 끝나게 된다. 바둑돌을 놓는 경우의 수는 산술적으로 다음과 같다.

$$(19줄 \times 19줄)! = 361! = 361 \times 360 \times 359 \times \cdots \times 3 \times 2 \times 1$$
$$= 1.437923258884891 \times 10^{768}$$

이 숫자는 상상하기 힘들 정도로 어마어마하게 큰 수이다. 바둑의 수가 이처럼 다양하기에, 오래전부터 많은 사람들이 머리를 맞대고 연구에 연구를 거듭하여 왔다. 바둑은 동북아에서 수천 년 전부터 시작되었다고 전해지지만, 본격적으로 연구되어 온 것은 17세기부터이다.

일본의 전국시대戰國時代를 끝낸 후 도쿠가와德川 막부는 '고도코로' 碁所라는 관직을 두어 바둑을 장려하였다. 이는 당시 바둑에서 최고의 권위를 가진, 오늘날의 기원 총재의 역할이었고 직책이자 일종의 타이틀title이었다. 도쿠가와 막부의 3대 쇼군將軍이었던 도쿠가와 이에미쓰德川家光는 오시고로御城碁라는 연례 바둑행사를 제도화시켰다.[1]

바둑계에서 고도코로의 권위는 엄청났고 바둑계의 최고 권위자로 대우받았으며 부와 명예를 보장받았다. 고도코로를 맡은 사람은 기사들의 단위, 입단과 승단, 대국 등 바둑계 전반에 관한 업무를 관장하였다.[2]

당시 고도코로를 차지하기 위해서 혼인보本因坊, 야스이安井, 이노우에井上, 하야시林의 4개 가문이 격렬한 경쟁을 벌였는데, 그 과정에서 기보를 체계적으로 보관, 관리하게 되었고 포석, 정석, 행마, 사활, 끝내기 등 각종 바둑 이론이 발달하게 되었다.

1933년 일본에서는 중국 출신의 우칭위안吳淸源, 일본의 기타니 미노루木谷實가 『신포석법』新布石法이라고 불리는 새로운 이론을 창안하여 야스나가 하지메安永一와 함께 책으로 출판하였다. 이후 우리나라의 조남철, 조치훈, 조훈현과 같은 기사들이 일본으로 바둑 유학을 갔고 다음 세대인 이창호, 유창혁과 같은 기사들이 우리나라에서 바둑 이론을 발전시켰다.[3]

---

1) 이승우, 『4000년을 걸어온 바둑의 역사와 문화』, 도서출판 현현각양지, 2010, 96~97쪽. 남치형, 『바둑의 역사』, 명지대학교 출판부, 2017, 112~115쪽.

2) 같은 책, 122~123쪽.

3) 이승우, 『4000년을 걸어온 바둑의 역사와 문화』, 111~3쪽. 남치형, 『바둑의 역사』, 148~151쪽.

이러한 300년 이상의 과정은 결코 짧지 않다. 2016년의 '세기의 대결'에서 알파고가 이세돌에게 4승 1패로 승리를 거둔 사건은 단순한 승부가 아니다. 이는 300년의 바둑 패러다임paradigm을 뒤집는 큰 변화의 시작이다. 1930년대의 『신포석법』의 등장도 당시 바둑계에 충격을 준 큰 사건이었으나 알파고의 등장은 바둑 자체의 패러다임 시프트라고 할 만한 큰 변화였다.

바둑을 과학이라고 표현을 하기 힘들지만, 여기에서 쿤Thomas Samuel Kuhn의 패러다임 이론으로 바라보고자 한다.

쿤의 이론에 따르면, 하나의 패러다임이 정립된 후 나타나는 정상 과학의 시기에는 과학자들 전체가 그 패러다임 안에서 마치 퍼즐 풀이를 하듯이 연구를 하여 이론이 발전한다.[4] 그리고 시간이 지날수록 기존의 패러다임과는 다른 변칙 사례들이 발생하고, 변칙 사례가 누적되면서 위기가 생길 수 있다. 이 가운데 신-구 패러다임이 경쟁적으로 경합을 하는데 결국은 혁명적인 단계로 넘어가서 새로운 패러다임이 정립된다(그림 1).[5]

17세기에 일본에서 시작되어 300년 이상 최고의 권위를 유지해 왔던 단계를 쿤 이론에서의 '정상과학'normal science 단계에 비유할 수 있다. 바둑을 과학이라고 할 수는 없으니 '정상바둑'normal baduk이라고 할까? 그리고 2016년 알파고의 등장은 '변칙 사례'라고 볼 수 있다. 그런데 이 '변칙 사례'로서의 알파고의 힘은 엄청났다. 변칙 사례의 누적과 위기의 단계를 거치지 않고 이전 패러다임에서 다음 패러다임으로, 단번에

---

4) 토마스 S. 쿤, 『과학혁명의 구조』, 제4판, 김명자·홍성욱 옮김, 까치글방, 2014, 108~111쪽.
5) 장하석, 『과학, 철학을 만나다』, 지식플러스, 2020, 126쪽.

**그림 1.** 쿤이 말하는 과학의 발전 과정

뛰어넘는 혁명적인 패러다임 시프트를 일으켰다. 알파고의 등장 이후 프로 바둑기사들은 인공지능을 이용하여 바둑 연구를 하게 되었다.

여담이지만, 1933년의 『신포석법』의 등장과 2016년의 알파고의 등장에 있어서 가장 큰 차이는 대중들의 반응이다. 『신포석법』은 선풍적인 인기를 일으키면서 출간 당일 4~5만 부, 총 10만 부가량 팔렸고 부도 직전의 출판사(헤이본샤平凡社)를 다시 일으켰지만 알파고는 '이제는 바둑도 안 되나?'라는 좌절감을 불러일으켰다. 아마도 이러한 감정은, 인공지능이 인간의 능력을 뛰어넘는 것에 대한 두려움 때문일 것이다.[6]

---

6) 이승우, 『4000년을 걸어온 바둑의 역사와 문화』, 111~3쪽. 남치형, 『바둑의 역사』, 148~151쪽.

혹자는 물을 것이다. 쿤이 원래 물리학자였고, 쿤의 이론은 단지 과학에 국한된 이야기이므로 패러다임 이론을 바둑에 적용시키기에는 무리가 있지 않느냐고…, 물론 맞는 말이다. 하지만, 1962년 『과학혁명의 구조』*The Structure of Scientific Revolutions*가 발간된 이래, 그의 이론은 국가와 사회를 가리지 않고 매우 광범위한 영향을 미쳤다. 이는 '패러다임'이라는 용어가 가지는 보편성 때문이라고 생각된다. 참고로 '패러다임'의 근원이 되는 단어인 '파라디그마'*παράδειγμα*라는 용어는 그리스어로 '양식, 계획, 선례'라는 뜻이다.

그렇다면 여기서 한번 생각해 보자. 알파고는 어떻게 동북아 300년의 역사, 그것도 한·중·일 세 나라에서 가문과 직업을 걸고 연구를 거듭해서 쌓아 온 두뇌집약적인 패러다임을 한 번에 뛰어넘었을까? 과연 그 비결은 무엇이었을까?

알파고의 바둑은 기존에 일본에서 연구되었던 바둑과는 패러다임 자체가 다르다. 온소진 등은[7] 전통적인 바둑기술 이론으로는 알파고의 바둑 능력을 묘사하기 쉽지 않으며, 포석, 정석, 행마, 사활, 전투, 끝내기 등의 부문에 관하여 알파고의 기술적 특징을 평가하고 설명하는 것이 간단하지 않다고 표현하였다.

알파고는 기존의 형태인 정석定石을 기반으로 바둑을 두지 않는다. 알파고의 바둑에는 정해진 형태가 없다.

알파고는 정책망policy networks, 가치망value networks, 검색search 세 가지의 강력한 무기를 가지고 있다. 정책망은 두 단계의 심층 인공신경망

---

7) 온소진·정수현, 「알파고의 독창적인 착수에 관한 분석」, 『바둑학 연구』 제31권 2호, 한국바둑학회, 2016, 13쪽.

으로 이루어져 있는데, '지도학습'을 하는 첫 단계에서는 유럽의 아마 고수들이 인터넷 바둑에서 두었던 16만 개 대국의 기보에서 240만 개의 바둑판 상황을 추출한 뒤, 그런 장면에서 다음 수는 어느 위치에 착수할 것인지를 배운다. 2단계에서 다음 착수 선정의 정확도를 높이기 위해서 '강화학습'을 한다. 자기 자신과의 대국, 즉 현재의 모델과 그 이전 버전의 모델에서 임의로 추출한 모델과 수백만 번의 대국을 벌이게 하고 시행착오를 통해서 스스로 학습함으로써 모델을 점차 개선하는 것이다.[8]

인공 신경망Artificial Neural Network, ANN은 단순한 구조의 인공 뉴런들을 연결하여 최적화를 통해서 복잡한 문제를 해결하며, 입력신호와 출력신호 사이에 여러 층의 인공 뉴런을 배치한다. 이 층들은 입력층, 은닉층, 출력층으로 구분된다. 만약 은닉계층이 2개 이상일 경우(5~10개) 심층 신경망이라고 하며, 심층 신경망을 통한 학습을 '딥 러닝'deep learning이라 지칭한다.

정책망은 바둑판의 상태를 분석하여 가장 수읽기를 해 볼 만한 몇 가지 수를 선택한다. 가치망은 어떤 수를 두었을 때 그 후에 일어날 미래 대국을 시뮬레이션을 해 본 뒤 그 결과로부터 승패를 예측한다.[9]

이때 '몬테카를로 트리 검색'Monte-Carlo Tree Search이라는 알고리즘이 사용되는데, '선택Selection → 확장Expension → 평가Evaluation → 역반영Backup'의 단계를 거친다.

인간 대국자로 보면, 가치망은 형세 판단을 관장하고, 몬테카를로

---

8) 홍민표, 『알파고 vs. 이세돌』, 이상미디어, 2016, 8~11쪽.
9) 이수경, 『카카오 AI 리포트』, Vol. 7, 05.

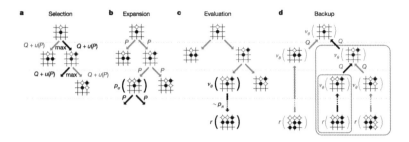

그림 2. 알파고에서의 몬테카를로 트리 검색

트리 검색은 수읽기를 관장한다고 볼 수 있다.[10]

다음은 알파고의 착수 원리를 나타낸 논문에서 '몬테카를로 트리 검색'과 관련된 도식과 해설이다(그림 2).[11]

 a. 각 시뮬레이션 단계에서 작업값action value Q와 보너스값 u(P)의 합이 가장 큰 말단edge을 선택하여 트리를 따라 이동된다. 보너스값 u(P)는 에지에 저장되어 있는 사전확률 P의 함수이다. 참고로 여기에서 Q는 가치망에 포함된 몬테카를로 트리 검색이 주는 작업값이고 u(P)는 정책망이 제공하는 확률(P)에 비례하는 함수이다. 즉, Q+u(P)는 정책망과 가치망이 모두 고려된 값이며 이 값이 최대가 되는 값이 선택된다.

 b. (밑에 가지가 없는) 리프 노드leaf node가 확장이 되는데 이때 정책망인 Pσ에 의하여 한번 계산이 되며, 출력 확률은 각 작업에 대한 사전 확률

---

10) 홍민표, 『알파고 vs. 이세돌』, 92~106쪽.

11) David Silver, et al., "Mastering the game of Go with deep neural networks and tree search", *Nature* 529, 2016, p. 486.

P로 저장된다.

c. b에서 시뮬레이션이 끝난 노드를 두 가지 방식에 의해서 평가하는데, 하나는 가치망 $V_\theta$를 사용하는 평가이고 다른 하나는 빠른 전개 rollout 정책망인 $P_\pi$를 사용하여 게임을 끝까지 시뮬레이션하여 평가하는 것이다. 그 다음에 함수 $\gamma$를 사용하여 승자를 계산한다.

d. 해당 작업 아래의 하위 트리에서 모든 평가 $\gamma(\cdot)$와 $V_\theta(\cdot)$의 평균값을 반영한 결과로 작업값 Q가 업그레이드된다.


알파고가 인간에게 바둑을 이긴 이유는, 인간보다 '시뮬레이션' 능력이 뛰어났기 때문이다.

인간도 물론 시뮬레이션을 한다. 특히 프로바둑기사의 시뮬레이션 능력은 놀라울 정도이며, 수십 수에서 백 수 이상까지도 시뮬레이션을 한다고 알려져 있다.

그러나 알파고의 시뮬레이션은 두 가지 측면에서 프로바둑기사의 시뮬레이션과는 다르다.

첫째, 몬테카를로 트리 검색에서는 매 수마다 판이 끝나는 수순까지 시뮬레이션을 한다.

둘째, 수치화된 데이터를 상호 비교하여 가치 판단을 하고 최선의 선택을 한다.

알파고는 매 수마다 바둑이 끝나는 상황까지 가정하여 시뮬레이션을 한다. 그것도 거의 실시간으로. 즉, 알파고는 매 수마다 그 이후에 벌어질 상황을 상정하면서 바둑을 끝까지 둬 본다. 즉, 어떤 수를 두었을 때 그 다음에는 어떠한 방식으로 바둑이 전개되고 끝날지를 미리 본다. 그리고 데이터끼리 비교하여 가장 승리의 가능성이 높은 방법은 무엇인지 선택한다는 것이다. 그것도 일회성이 아니라 매 수마다 그렇게 한다.

　프로바둑기사의 경우 바둑을 비슷한 과정을 거치기는 하지만 매수마다 바둑을 끝까지 둬 보지는 못한다. 또한 알파고와 같이 방대한 양의 데이터를 상호 비교할 수도 없다. 프로바둑기사의 시뮬레이션 능력이 아무리 뛰어나더라도, 아직 이러한 경지까지 도달한 사람은 알려져 있지 않다. 즉, 프로바둑기사들도 매 수를 둘 때마다 그 수가 앞으로 어떠한 변화를 일으킬지 참고도를 머리에 그리면서 바둑을 두지만, 알파고에 비교될 수는 없다.

　알파고의 이러한 바둑 두는 방식은 엄밀하게 이야기를 하자면 바둑을 “둔다”라고 하기보다는 “매 수마다 시뮬레이션을 통하여 통계적인 최적의 데이터를 도출한다”라고 표현해야 적절하다.

　알파고가 바둑에서 정교한 시뮬레이션을 보여 주는 이유는, 바둑판이 유한하기 때문이다. 바둑판은 361!의 경우의 수를 가진, 경계境界가 있는 장場이다. 이는 매우 큰 숫자이지만, 알파고를 통하여 계산이 가능한 숫자임이 밝혀졌다.

　요컨대 문제의 핵심은 인간이나 인공지능이 시뮬레이션을 통해서 미리 가능성들을 사고하고, 그것에 입각해 행위한다는 점이다.


## 금융시장의 예측 불가능성

여기에서 이야기를 좀 바꾸어 보자.

　바둑에서 나타나는 현실과 시뮬레이션 사이의 관계가 다른 분야에는 없을까? 아니다. 다른 분야에도 있다. 인간 사회에서는 어느 분야에서도 '예측'이 존재한다. 특히 현대 자본주의 사회에서는 이 '예측'을 잘 하는 사람이 성공을 한다. 그러한 면에서 금융시장만큼 예측이 어려운 분야는 없다. 또한 예측을 잘 하면 크게 성공할 수 있다. 자본주의가 발달한 이래로 인류는 금융시장을 예측하고자 많은 노력을 해왔다. 하지만 아직까지 완벽한 시뮬레이션 이론은 나와 있지 않다. 그 이유는 무엇일까?

금융시장에서 예측이 어려운 예로 롱텀캐피털매니지먼트Long-Term Capital Management; LTCM의 파산을 들 수 있다. 투자의 어려움을 나타내는 매우 유명한 사건이다.

LTCM은 1994년 살로몬 브라더스Salomon Brothers의 부사장이자 채권 거래팀장이었던 존 메리웨더John W. Meriwether가 설립한 미국의 헤지펀드였다. 이 펀드는 대체로 만기가 다른 채권들의 금리 차이를 예측하는 방식으로 운영되었다. LTCM의 자산은 12.5억 달러로 시작하였으나 거래 첫 해인 1994년에 28%의 수익률을 올렸고 1996년 봄 무렵에는 자산이 1400억 달러에 달했다. 1997년 LTCM은 25%의 수익률을 올렸고 연말에 27억 달러를 투자가들에게 돌려주었다.

그러나 한창 성공가도를 달리던 LTCM은 1998년 8월 17일 러시아의 모라토리엄moratorium; 채무지불유예 선언으로 인하여 붕괴하였다. 러시아의 모라토리엄이 진행되면서 LTCM은 한 달 만에 1조 달러가 넘는 자본금과 함께 모든 것을 잃었다. 그리고 그들에게 투자했던 월가와 유럽의 주요 은행들도 연쇄적인 위험에 직면하게 되었다. 결국 대형 경제위기를 우려한 미국 연방준비제도이사회FRB; Federal Reserve Board가 나서고 나서야 수습이 되었고 펀드는 2000년 초가 되어서야 청산이 되었다.

당시 LTCM의 트레이더와 파트너는 MIT, 하버드대학교, 런던대학교 등 유명 대학의 석박사 출신의 학자들로 구성되었고 심지어 펀드의 전성기에는 두 명의 노벨 경제학상 수상자를 배출하였는데도 결국 파산을 막지 못했다.[12]

왜 금융시장에서는 바둑에서의 알파고와 같은 인공지능이 나오지 못할까? 바둑은 경계가 있는 고정된 장이지만 금융시장은 경계도 없고, 고정된 장도 아니기 때문이다. 또한 금융시장은 돌발변수가 많다. 금융시장에서는 많은 수의 매수자와 매도자의 계산과 욕망이 모여서 매매가 이루어지며, 얼마만큼의 매수자나 매도자가 들어오고 나갈지 미리 알 수 없다. 매수자와 매도자의 정보가 유동적이므로 데이터의 통계적 모델링modeling이 힘들고, 따라서 가격의 예측이 힘들다. 즉, 바둑에서의 알파고와 같이 경우의 수를 좁혀서 예측하기 힘든 것이다.

혹자는 '전문가도 아닌데 왜 상관없는 바둑과 금융시장의 예를 들어서 설명하는지 모르겠다'고 생각할 수도 있다. 그리고 이 글에서 이야기하고자 하는 대상이 무엇인지 궁금할 것이다. 이 글에서 설명하고자 하는 주된 대상은 생명체, 그 중에서도 인체이다. 나는 인체를 하나의 경계가 있는 장으로 보고, 인체가 주는 데이터를 읽어내야 한다고 보고 있다. 다만 그 경계와 장은 바둑처럼 고정된 것이 아니라, 유동성이 큰 것임을 미리 밝혀 둔다. 인체를 이렇게 설명하는 것은 새로운 방식이므로, 이미 잘 알려진 바둑이나 금융시장의 예를 들어서 독자들의 이해를 돕고자 하였다.

---

12) 로저 로웬스타인, 『천재들의 머니게임』, 이승욱 옮김, 한국경제신문사, 2010, 292~345쪽.

## 시뮬레이션과 데이터

바둑과 금융시장에서 중요한 것은 미래 예측이며, 미래 예측의 핵심은 시뮬레이션이다. 바둑에서는 승리를 위해서, 금융시장에서는 이익을 위해서 시뮬레이션을 한다.

'시뮬레이션'simulation이라는 단어의 사전적 의미는 다음과 같다.

> 복잡한 문제를 해석하기 위하여 모델에 의한 실험, 또는 사회현상 등을 해결하는 데서 실제와 비슷한 상태를 수식 등으로 만들어 모의적으로 연산을 되풀이하여 그 특성을 파악하는 일. 즉 실제 또는 가상의 동적 시스템모형을 컴퓨터를 사용하여 연구하는 것을 말하며 모의실험 또는 모사模寫라고도 한다. (『두산 백과』)

즉, '시뮬레이션'에는 '되풀이되는 모의실험'이라는 뜻이 있음을 알 수 있다.

영어의 '시뮬레이션'과 관련하여 프랑스어의 '시뮬라시옹'smulation, 그리고 '시뮬라크르'simulacres에 대하여 먼저 살펴보고자 한다.

영어의 '시뮬레이션'은 프랑스어의 '시뮬라시옹'에 해당되며, 철자가 서로 같다. 프랑스어 시뮬라크르는 명사로서 '모방', '모사'의 의미가 있고, 시뮬라시옹은 시뮬라크르의 동사적 형태이다. 그러나 프랑스어 '시뮬라시옹'으로 발음할 때의 맥락은 영어의 '시뮬레이션'의 맥락과 사뭇 다르다.

시뮬라시옹과 시뮬라크르의 개념은 1970년대 이후 프랑스의 철학자인 장 보드리야르Jean Baudrillard, 1929~2007와 질 들뢰즈Gilles Deleuze,

1925~1995가 발전시켰다.

보드리야르는 시뮬라시옹을 시뮬라크르의 동사적 형태로 사용하였다. 즉, 시뮬라시옹은 '시뮬라크르를 하기'라는 의미이다.

보드리야르는 실재가 그의 기호들로 대체되는 시뮬라시옹의 세계를 논하였으며, 우리 시대를 코드와 정보와 모델 및 정보통신학적 게임 위에 세워진 시뮬라시옹의 시뮬라크르 단계로 정의하고 있다.[13] 이러한 규정이 가능한 것은 현대사회가 결국 기호와 이미지 산출에 의한 완전조작, 그리고 사물을 대체한 기호라는 파생실재의 범람, 더 나아가 기호, 이미지, 정보를 환기하고 유발하는 코드에 의한 완전통제라는 원리적 성격에 의해 지배받는다고 생각하기 때문이다.[14]

들뢰즈는 1969년 출판된 『의미의 논리』의 부록으로 실려 있는 「플라톤과 시뮬라크르」에서 플라톤주의의 전복을 순수한 차이의 생성이라는 측면에서 다루고 있다. 들뢰즈에게 시뮬라크르는 어떤 것의 사본이 아니라 하나의 존재론적 자립성을 가진다.… 시뮬라크르로 표현되는 순수한 차이는 동일성의 논리로 환원될 수 없는 생성이다.[15]

이정우는 그의 저서 『사건의 철학』에서 이 시뮬라크르 개념에 대하여 집중적으로 논하였다. 그에 따르면, 플라톤이 생각하는 시뮬라크르는 형상을 모방하는 단순한 '복사물' 이상의, 형상과는 완전히 대척점에 서 있는 것이다. 그는 플라톤의 사유를 단순화시켜 세계의 모든

---

13) 장 보드리야르, 『시뮬라시옹』, 하태환 옮김, 민음사, 2001, 16~17, 198쪽.

14) 김희봉, 「현대사회의 가상성과 보드리야르의 시뮬라크르 개념」, 『현상학과 현대철학』, 제60권, 한국현상학회, 2014, 7쪽.

15) 유윤영, 「들뢰즈의 철학에서 시뮬라크르의 존재론」, 『인문논총』, 제49집, 경남대학교 인문과학 연구소, 2019, 6~7쪽.

것을 한 선분 위에 죽 늘어놓았을 때, 한쪽 극한에서 형상을 만나게 되고, 다른 쪽 극한에서 시뮬라크르를 만나게 된다고 인식하였다.[16] 그리고 이 시뮬라크르라는 개념을 현대식으로 '이미지', '사건'과 연결시켰다. 또한 이데아의 대척점에 서 있는 시뮬라크르의 위치와 현대 사유에서 시뮬라크르가 중요하고 긍정적인 것임을 드러내고자 하였다.[17] 또한 그는 보드리야르는 '시뮬라시옹'을, 들뢰즈는 '시뮬라크르'를 중심으로 사유하였지만, 양자의 사유는 갈래를 달리함을 강조한다.[18] 즉, 들뢰즈는 '의미'를 사물/실체들과 접지接地시키는 사유를 하였기 때문에, 그의 사유는 텍스트주의, 범언어주의, 기표주의, 포스트모더니즘 등과는 그 결을 달리한다는 것이다.[19]

이정우는 스토아 학파의 철학이 플라톤의 철학과 어떻게 차이가

---

16) "플라톤에게 이 현실세계의 모든 것은 'eidôla'이다. 그림자이자 복사물이다. 그러나 같은 그림자라 해도 형상의 세계를 더 잘 복사하고 있는, 바꿔 말해 본질을 좀더 많이 나누어-가지고 있는(본질에 더 많이 관여하는) 복사물이 있고, 그런 것을 'eikôn'이라고 한다. […] 그러나 아예 형상을 받아들이기를 거부하는 것들이 존재한다. 이런 것들을 플라톤은 'phantasmata'라고 부른다. 'phantasma'는 […] 오늘날의 시뮬라크르, 이미지, 사건에 해당하는 말이다. […] 플라톤은 형상을 나름대로 모방하는 '복사물'은 구제해 주지만, 시뮬라크르에 대해서는 철저한 비판을 가한다. 시뮬라크르는 순간적인 것, 이미지, 환영 등이기 때문이다."(이정우, 『사건의 철학』, 그린비, 2011, 70~71쪽)

17) "'시뮬라크르'라는 말을 현대식으로 적극적으로 해석한다면 '이미지', '사건'과 연결시킬 수 있다. […] 이 말은 본래 '가짜'를 뜻한다. 즉, 이데아와 대척점에 있는 것이 시뮬라크르이다. 그러나 현대 사유는 이 시뮬라크르가 얼마나 중요하고 긍정적인 것인가를 드러내고자 한다."(같은 책, 60쪽)

18) 이정우, 『신족과 거인족의 투쟁』, 한길사, 2008, 「보론」.

19) 보드리야르는 구조주의와는 또 다른 의미에서 기호들의 놀이를 사유했다. 보드리야르에게 현대는 '시뮬라시옹'의 시대이다. 시뮬라크르는 원본을 벗어던져 버리고, 기호는 지시대상의 실재를 전제하지 않게 되며, 기표는 기의와의 소쉬르적 관계를 벗어난다. 지도가 영토에 선행하는 '시뮬라크르의 자전'이 발생한 것이다(보드리야르, 『시뮬라시옹』, 2001). 결론적으로 그는 "오늘날의 시뮬라시옹은 원본 없는 실재, 초실재를 만들어 가는 과정이며, 원본과 시뮬라크르의 차이는 소멸해 버렸"고 표현한다. 이정우, 『사건의 철학』, 131쪽.

있는가 하는 것을 다음과 같이 표현한 바 있다.

> 스토아학파는 사건/시뮬라크르에 독특한 위상을 부여함으로써 자연
> 철학과 형이상학(비-물체적인 것의 연구)의 관계를 전복시킨다. 물체적
> 인 것을 다루는 학문은 자연철학이다. 플라톤에게는 이 자연철학을 넘
> 어서 본질의 세계를 다루는 것이 형이상학이다. […] 말 그대로 'meta-
> physica'이다. 스토아학파의 경우는 이와 반대이다. 물질을 다루는 것
> 이 자연철학이라면, 스토아학파에서는 이 자연철학이 곧 제1 철학이
> 다. 그리고 비-물체적인 것들에 대한 학문이 있다면, 그것은 물질 너머
> 의 무엇을 찾는 것이 아니라 물질의 표면효과들로서의 사건들을 다루
> 는 담론이다. […] 물체의 표면에서 발생하는 사건들을 다루는 것이 곧
> '시뮬라크르학'(사건의 존재론)이다.[20]

이렇게 스토아학파는 유물론적 기반 위에서 'sōma'로 환원되지 않
는 사건의 차원을 사유했다는 점에서 의의를 갖는다. 물론 스토아학파
에서 사건은 반드시 물질을 전제하며, 그것의 부대효과로서 존재한다.
그렇다면 우리는 시뮬레이션을 규정해 볼 수 있지 않을까? 말하자면
사건들을 떠나서 별도의 차원을 상정하고, 그 차원에서 자유로운 상상
을 통해서 그것들을 이리저리 결합해 보는 것이라고. 물질성이라는 기
반을 벗어나서 시뮬라크르=사건의 차원 자체에서 자유롭게 사유=상
상해 보는 것이라고. 이 점에 시뮬레이션의 인식론적 의의가 있을 것
이다.

---

20) 같은 책, 85~86쪽.

하지만 이 시뮬레이션이 단지 '상상에 그치는' 것이 아니라 현실성을 가지려면, 객관적 인식의 맥락을 가지려면, 이번에는 다시 물질성, 보다 넓게 말해 현실세계로 돌아와 거기에 접지해야 한다. 그래야만 그것은 객관적 인식으로서의 의미를 가질 수 있다. 이 문제는 우리로 하여금 '데이터'에 대해 검토할 것을 요한다.

이정우가 이처럼 시뮬라크르와 사건에 대하여 사유를 한 반면에 그의 스승인 박홍규는 데이터를 중시하는 사유를 하였다. 데이터는 박홍규의 사유를 관통하는 핵심 키워드이다. 박홍규는 '데이터'를 '주어진 것들'이라고 하였으며,[21] 학문 자체가 나에게 직접적으로 주어진 데이터에서 출발한다고 하였다.[22] 즉 학문 자체의 시작을 데이터에 두고 있다. 그리고 여러 학문들 간의 차이도 그 데이터의 범주에 따라 달라진다고 하였다.[23]

박홍규의 철학적 관점은 '주어진 것'을 데이터로 받아들여, 그것을 정리하고, 반성하고, 그로부터 학문 탐구가 목표로 하는 이론을 획득하는 것으로 이해할 수 있다. 여기서 1단계에서 4단계의 과정까지를

---

21) "'데이터'(data)라는 라틴어는 '주어진 것들'을 의미한다. 박홍규에 따르면 앎과 관련해서 어떤 대상이 주어졌다는 것은 그 대상이 인식주관의 밖에서 우리의 인식주관에 주어졌다는 것을 의미한다. 앎은 오직 인식주관 밖에 있는 것에 대해서만 성립한다."(이정우 외, 『박홍규 형이상학의 세계』, 길, 2015, 171쪽)

22) "학문은 어디에서부터 출발해? 학문은 무엇이든지 나에게 직접적으로 주어진 'pragma'(사상), 데이터에서부터 출발해. 존재뿐만 아니라, 시간이건 공간이건 마찬가지야. 추상적이라는 것이 도대체 뭐야? 데이터에서 출발해서, 그 속에 들어 있는 것을, 어떤 요소들을 추상(abstract)해 내는 것이지. 그 추상의 출발점은 데이터야."(박홍규, 『형이상학 강의 2』, 박홍규 전집 3, 민음사, 2007, 15쪽)

23) "다른 여러 학문에서의 차이는 그것들이 다루는 사물, 말하자면 '대상'(pragma), 즉 데이터의 범주에 따라 달라"진다(박홍규, 「방황하는 원인」, 『형이상학 강의 1』, 민음사, 2007, 279쪽).

'추상화' 과정이라고 부를 수 있다.[24]

즉, 데이터를 받아들이는 것이 첫 번째이다. 이는 데이터를 '주어진 것'으로 규정하고 수동적인 입장에서 받아들여서 시작한다는 뜻을 함축하고 있다. 데이터를 '주어진 것'으로 규정하는 것은 매우 뛰어난 규정법이다. 현대의 많은 통계학적 기법에서, 데이터는 '능동적으로' '추출하는 것'이라고 일컬어진다. 즉, 수동성이 아니라 능동성에 기반한 개념으로 데이터를 보고 있다. '데이터'라는 동일한 대상을 바라보고 있지만, 그 관점은 반대가 된다. 그렇다면 박홍규가 '데이터'를 학문의 기반으로 삼으면서도 능동적인 입장이 아니라 수동적인 입장에서 받아들이는 것을 강조하는 이유는 무엇일까?

박홍규에게는 데이터가 학문의 기반이 되는 매우 중요한 존재였지만, 그렇다고 데이터 자체가 학문의 목적은 아니었던 듯싶다. 박홍규에게 데이터란 존재의 자기증명을 위한 과정적 의미였던 것으로 보인다. 박홍규의 다음의 말을 보자.

> 우리 학문은 형상들을 모아서 실제로 우리가 출발했던 데이터로 다시
> 돌아와야 돼. 문제는 거기에 있어. 우리는 (앞의 물건을 두드리며) 여기
> 이 사물에서 출발했어. 이제 이 사물로 다시 돌아와야 돼. 형상도 이 사
> 물로 다시 돌아와서 이 사물을 구성해야 돼. 그래야 그 이론이 맞아. 그
> 런데 이 사물은 따로따로 떨어져 있는 것이 아니라 뭉쳐 있지 않느냐,
> 하나로 되어 있지 않느냐, 존재라는 것은 하나로 되어 있다는 것이라는
> 말이야. […] (테이프를 흔들며) 이 데이터에서 출발하여 다시 이 데이터

---

24) 김재홍, 「박홍규 철학이 남긴 헬라스 사유의 유산」, 『박홍규 형이상학의 세계』, 273쪽.

로 돌아와야 하는데, 요컨대 이것이 존재한다는 것은 다가 뭉쳐서 하나로 되어야 한다는 거야. 제일 중요한 요점은 거기에 있어. 수적으로 하나가 되어야 한다. 'atomon'이라는 거야. 다시 말하면 파르메니데스의 일자──좋야.[25]

'데이터로 다시 돌아온다'는 표현에서 시뮬라크르의 그림자를 본다. 비록 박홍규가 이야기하는 '형상'과는 방향이 다르지만, 현재 진행되는 바둑의 국면에서 시뮬레이션을 하고 다시 그 국면으로 돌아와서 다음 수를 착수하는 그 과정… 이는 '데이터'가 '우리에게 주어지고 시뮬레이션되는' 과정에서, '현실'에서 나와서 다시 현실로 돌아가는, 존재의 자기증명이다.

통계학에 기반을 둔 데이터를 다루는 요즘의 학문들은, 데이터를 수집하여 평균 또는 비율을 구하고 거기에서 파생되는 수많은 개념들을 다시 다룬다. 이는 수집된 데이터들을 평균 또는 비율로 환원시켜서 그 사물이나 현상의 본질을 파악하려는 시도이다. 무엇보다도 '모집단'의 범위를 선정함에 있어서, '능동성'에 기반한 가설hypothesis을 활용하여 선정한다. 이러한 상태는 '데이터로 환원된 현실', 또는 '가설의 창문을 통하여 데이터의 존재증명으로 환원시킨 현실'이다.

그러나 박홍규는 이와 같이 말한다.

일자가 타자로 환원되고 해체되면, 반복과 보존은 불가능하다. 반복은 일자가 타자에 해체되지 않고 구별되는 경우에만 가능하며, 보존도 역

---

25) 박홍규, 『형이상학 강의 2』, 46쪽.

시 동일하다. 마찬가지이다. 그러므로 부분을 해체하거나 전체로 환원시키는 전체주의나, 또는 그와 반대로 전체를 부분으로 환원시키거나 또는 단적으로 전체를 해체함도 각 사물의 자기동일성을 근거로 하여 성립하는 이론적 학<sub>學</sub>에서는 성립할 수 없다.[26]

현실이 데이터로 환원되든, 데이터가 다시 현실로 환원되든, 어느 쪽도 반복과 보존이 불가능하다.

박홍규는 그의 강의에서 학문에서의 '반복'의 중요성을 강조하였는데, 이는 존재가 자기동일성을 유지하는 방법론의 의미를 갖는다.

자꾸 반복<sub>repeat</sub>해야지. 반복하지 않으면 무슨 학문이 나와? 반복이라는 것이 뭐야? 동일성을 갖는다는 얘기지. [⋯]
현대 물리학은 현대 물리학대로, 생물학은 생물학대로 항상 반복<sub>repeat</sub>되는 개념 규정은 무엇이냐를 찾아야 돼.[27]

앞에서 시뮬레이션을 '되풀이되는 모의실험'으로 정의하였다. 박홍규는 반복과 보존, 그리고 데이터를 학문의 기반으로 삼았다. 이정우는 시뮬라크르와 사건을 중시하였다. 나는 이 개념들을 사용하여 인체를 설명하고자 한다.

---

26) 박홍규, 「희랍철학 소고」, 『인문논총』, 제5권, 서울대학교 인문학연구원, 1980, 14쪽; 최화, 『박홍규의 철학』, 이화여자대학교출판문화원, 2011, 311쪽 재인용.
27) 박홍규, 『형이상학 강의 2』, 134, 448쪽.

## 시뮬레이션의 시간과 공간

여기에서 한번 짚고 넘어가야 할 부분이 시뮬레이션을 위한 시간과 공간이다.

시뮬레이션을 위한 시간과 공간에 대하여 설명하기 위하여 몇 가지 예를 들고자 한다.

먼저 구기종목의 예를 들고자 한다. 농구와 축구를 한번 비교해 보자. 농구는 타임 아웃time out이라는 제도가 있다. 타임 아웃은 구기종목에서 게임을 중지할 수 있는 시간이다. 이 순간에는 경기 시간을 알리는 시계도 멈춘다. 보통 이 시간에 감독이 선수들을 불러 모아 작전판을 사용하여 전략을 설명한다. 즉, 경기의 규칙 안에 포함된 공식적인 시뮬레이션 시간이다.

반면에 축구는 타임 아웃이 없다. 축구는 경기 시간을 알리는 시계가 멈추지 않는다. 축구에서는 계속 시간이 흐른다. 그 대신 중간에 경기가 중단되었던 추가 시간을 계산하여 심판이 나중에 2~5분 정도의 시간을 준다. 날씨가 너무 더울 경우 심판이 쿨링 브레이크cooling break를 줄 수도 있는데 이는 정말 특수한 경우이다. 다시 이야기해서 전반전이 끝나기 전에는, '시간이 멈추는' 공식적인 시뮬레이션 시간이 없다.

여기에서 농구와 축구를 예로 들어서 설명하는 이유는 이를 각각 바둑, 금융시장과 비교하기 위해서이다. 농구에서의 타임 아웃은 바둑에서 두 사람이 번갈아서 두는 그 사이의 시간과 같은 종류의 개념이다. 농구는 감독이 선수들을 불러 모아서 작전판으로 전략을 시뮬레이션한다. 또한 바둑은 머릿속에 참고도를 열심히 그리면서 시뮬레이션을 한다. 농구와 바둑은 현실이 진행되는 인플레이in play의 시간과 시뮬레이션을 위한 타임 아웃의 시간이 엄밀히 분리되어 있다. 더하여, 게임을 위한 공간과 시뮬레이션을 위한 공간(감독이 작전을 설명하는 공간, 참고도를 그리는 프로바둑기사의 두뇌나 알파고의 AI 프로세서)이 엄밀하게 분리되어 있다.

축구에서는 타임 아웃을 인정하지 않으므로 시뮬레이션을 위한 별도의 시간이 없다. 축구 감독은 시간이 계속 흐르는 상황에서 동시에 전략적 시뮬레이션을 하고 작전 지시도 해야 한다. 축구 경기를 보다 보면 감독이 서서 계속 소리를 치면서 선수들에게 작전 지시를 하는 모습을 볼 수 있다. 축구 감독은 게임의 시간이 흐르는 상황에서 그때그때의 상황을 파악하고 시뮬레이션을 동시에 해낸다. 그리고 때로는 교체되어 들어가는 선수에게 작전 지시를 하여 다른 선수들에게 전달을 하기도 한다.

축구를 금융시장 중에서 우리에게 익숙한 한국거래소 유가증권 시장(코스피 시장)과 비교해서 설명할 수 있다. 축구는 중간에 끊김이 없는 코스피 시장과 비슷하다. 코스피 시장의 정규시간은 오전 9시부터 오후 3시 30분까지이며 이때 매매의 시간은 멈추지 않는다. 물론 주가가 급격하게 변동될 때 일정 시간 동안 거래를 중단시키는 사이드카side car나 서킷 브레이커circuit breaker를 발동하기는 하지만 이는 특수한 경우이다. 또한 축구는 선수 전원을 불러 모을 수 있는 시뮬레이션을 위한 공간이 마련되어 있지 않다. 코스피 시장 역시 마찬가지이다. 거래하는 모든 사람들의 정보를 알 수도, 그들을 불러 모아서 매매 의사를 묻고 시뮬레이션을 할 수도 없다.

시뮬레이션은 각 상황마다 위험도, 난이도, 구성원 출입의 형태가 다르다. 바둑의 경우 초반 30수의 이전 포석 과정에서의 시뮬레이션과 후반 200수 이후 끝내기 과정에서의 시뮬레이션은 실수를 했을 때의 위험도가 다르다. 그리고 알파고의 시뮬레이션은 사이버 공간에서 이루어지므로, 시뮬레이션과 다음 수의 착수 과정이 쉽다. 물론 알파고의 경우 슈퍼컴퓨터 수준의 하드웨어의 설치를 위한 준비가 필요하지만, 일단 한번 설치되면 그 이후에는 시뮬레이션이 자유롭다. 농구의 경우 타임 아웃 때 시뮬레이션을 현실화하려면 감독과 선수 사이의 소통이 필요하고, 선수들의 물리적 노력이 수반되어야 한다. 즉, 바둑보다 시뮬레이션이 어려운 환경이다. 축구와 코스피 시장은 구성원의 양적 차이가 있다. 축구의 경우 교체가 가능한 선수의 숫자가 정해져 있지만 코스피 시장은 거래하는 인원의 제한이 없다. 즉, 거래 시의 '손바뀜'(회전율)에는 제한이 없다. 이 역시 코스피 시장의 거래가 사이버 공간에서 이루어지므로 발생하는 현상이다. 또한 바둑과 코스피 시장에서의 시뮬레이션은 난이도의 차이가 있다. 바둑은 종국이 가까워지면서 경우의 수가 점점 줄어들지만, 코스피 시장은 장을 마감할 때까지도 경우의 수를 줄일 수 없다. 따라서 바둑보다 코스피 시장의 시뮬레이션이 더 어렵다. 그것이 두 모델의 큰 차이이다.

이는 각각의 경우에 따라 시뮬레이션을 할 수 있는 시간과 공간이 다름을 의미한다. 시뮬레이션의 시간과 공간이 다름에 따라서 가능한 반복의 횟수와 위험도가 다르며, 데이터의 성질 역시 달라짐을 의미한다.

이는 달리 말해 인간이 세계/대상으로부터 얻어내는 데이터를 특정한 시뮬레이션 공간에 넣어서 해석하는 것이라고 말할 수 있다. 그런데 이 시뮬레이션 공간은 매우 다양할 수 있으며, 데이터를 어떤 공간에 넣어 해석할 것인가가 사유 패러다임 구성의 핵심을 이룬다.

이런 흐름에서 볼 때, 현대적 의미에서의 '시뮬레이션'의 등장은 매우 중요하다. 이 시뮬레이션의 공간은 인간이 컴퓨터의 사이버 공간을 활용해 극히 자유롭게 반복적인 모의실험을 해 볼 수 있는 곳이기 때문이다. 즉, 데이터를 해석할 수 있는 경우의 수가 거의 무한대에 가까운 공간이 시뮬레이션의 공간이다.

요즘은 박홍규가 학문의 조건으로서 강조하였던, 반복과 보존을 특징으로 하는 데이터 자체도 중요하지만, 데이터 값을 모의할 수 있는 시뮬레이션을 어떻게 구현할 수 있는지가 더욱 큰 관심사가 되었다. 박홍규가 '엄밀한 학'의 기준으로서 중시했던 '데이터'에서 이제는 '효과적인 시뮬레이션 방법'으로 그 무게중심이 옮겨 가게 된 것이다. 더 정확히 말해, 대상 자체보다는 그 대상에서 뽑아낸 데이터들의 조작을 더 중시하게 된 것이다.

그러나 앞에서 바둑과 코스피 시장을 비교했던 것처럼, 사이버 공간에서의 시뮬레이션도 난이도 차이가 있다. 즉, 시뮬레이션에 어떠한 한계가 있느냐에 따라 데이터의 조작과 해석의 차이가 발생한다. 알파고 이후에 막연하게 생긴 인공지능에 대한 두려움을 넘어서서 각 인공지능이 그릴 수 있는 시뮬레이션 공간의 한계를 파악해야 한다. 그래야 알파고를 스카이넷(영화 〈터미네이터〉에서 인류를 멸망시키려는 인공지능 슈퍼컴퓨터)의 전 단계로 보는 두려움을 극복할 수 있다.

그리고 미리 말씀드리자면, 인체라는 시뮬레이션을 위한 시공간은, 상당히 제한된 시뮬레이션만 가능한 시공간이다. 인체는 사이버 공간, 특히 카르테시안 좌표계Cartesian Coordinates에 놓기 힘든, '반복적 데이터'를 산출하는 시공간이다.

여기에서 한 가지 더 생각해야 할 것이 '자동기계'automaton이다. 자동기계는 시뮬레이션을 위한 시간과 공간이 필요 없다. 자동기계는 그저 정해진 과정대로 일을 처리해 나간다. 자동기계의 역사도 바둑과 마찬가지로 수백 년 이상이 되었다. 16세기 유럽의 여러 도시들에서는 다양한 형태의 대형 시계들이 제작되었고, 이 중에서는 시간에 맞추어 자동인형이 움직이는 장치를 갖춘 것들도 있었다. 이러한 시계 기술의 발달과 더불어 18세기 유럽에서는 수많은 자동기계들이 제작되었다.

데카르트는 동물의 신체를 기계에 비유했다.

[…] 그는 신의 손으로 만들어진 동물의 신체를 인간이 만들어낼 수 있는 그 어떤 기계와는 비교가 안 될 정도로 잘 질서지어져 있고, 스스로 탁월한 운동을 하는 기계로 간주할 것이다.[28]

그는 동물의 신체를 기계에 비유하고, 그 중에서도 태엽과 톱니바퀴를 가진 시계에 비유했다.

[…] 오히려 동물은 정신을 전혀 갖고 있지 않고 있고, 기관의 배치에 따라 작동하는 것이 바로 그의 자연이며, 이는 바퀴와 태엽만으로 만들어진 시계가 우리의 모든 능력 이상으로 정확하게 시간을 헤아리고 때를 측정하는 것과 마찬가지다.[29]

28) 르네 데카르트, 『방법서설: 정신지도를 위한 규칙들』, 이현복 옮김, 문예출판사, 2014, 213쪽.
29) 같은 책, 216쪽.

시계가 자동기계로서 기능하기 위해서는 태엽이 감겨 있어야 한다. 톱니바퀴들은 태엽이 없으면 움직이지 않는다. 시계태엽의 풀림은 시간의 방향과 일치한다. 톱니바퀴들도 여러 개이나 하나처럼 맞물려서 운동한다. 즉, 일사불란하다.

시뮬레이션이 거의 영향을 미치지 않는 모델, 그것이 곧 자동기계이다.


## 인체의 pause와 시뮬레이션

그렇다면 이제 우리의 시선을 생생하게 살아가는 우리의 신체에 맞추어 보자.

인체가 나타내어 주는 데이터, 특히 의학에서 사용되는 데이터는 해석이 힘들다. 해석이 힘들기 때문에 통계적인 방법도 꽤 다양하다. 인체가 나타내는 데이터의 해석이 힘든 이유는, 인체의 시뮬레이션을 해석하기 힘들기 때문이다. 인체가 말해 주는 데이터를 '읽어내기' 위해서는, 인체의 시뮬레이션 방식부터 알아야만 한다.

인체의 시뮬레이션과 데이터 발생 과정을 알기 위하여 'pause'(포즈)의 개념을 가져오기로 한다. 'Pause'는 영어로 '잠시 멈추다'는 단어이다. 한자로는 '휴지' 休止에 해당한다.

사실 바둑은 어떻게 보면 인공지능의 장으로서 특화되어 있는 분야라고 할 수 있다. 바둑 한 판을 둘 때에는 보통 100번 이상의 시간이 멈추는 순간pause이 있다. 체스도 그렇지만, 바둑은 '번갈아 둔다'는 행위에 매우 큰 묘미가 있다. 그 '번갈아 두기' 사이에 발생하는, 시간이 멈추는 순간에 각자 능력별로 수많은 시뮬레이션이 가능한 것이다.

특히 알파고가 이용한 공간은 사이버 공간이다. 사이버 공간은 현실의 공간보다 더욱 이 pause에 의존한다.

현실에서는 자유롭게 'pause'를 이용하기 힘들다. 예를 들어 우리가 붓글씨를 쓴다고 해 보자. 붓글씨는 일단 붓이 종이에 닿으면, 중간에 오래 멈추기 힘들다. 중간에 오래 멈추면 먹의 번짐 현상으로 인하여 형태가 변형되므로, 붓글씨를 쓸 때는 이 pause를 마음대로 활용할 수 없다. 그것을 잘 나타내는 단어가 '일필휘지'—筆揮之(단번에 막힘없이 시원하게 글씨를 써내려 감)이다. 즉, 일필휘지라는 말 자체에는 'pause'가 존재하지 않는다는 뜻이 있다.

'임상 진료'의 순간 역시 이 'pause'를 활용하기 힘들다. 의사가 진료의 흐름을 멈출 수 있는 순간은 많지 않다. 환자는 의료인을 마주한 그 순간에 설명을 듣기를 원한다. 마치 코스피 시장이나 축구와 같이, 구성원 전체가 모이는 별도의 시뮬레이션 시간과 공간을 갖기 힘들다. 생각을 해 보라. 의사가 진료 도중에 매번 책이나 인터넷을 찾아본다고 흐름을 끊으면, 환자가 그를 신뢰할 수 있겠는가? 다만, 축구와 같이 선수의 교체가 가능하기는 한데, 그것은 다른 의료진에게 진료 의뢰를 하는 것이다. 또한 축구의 전반전이 끝났을 때처럼, 나중에 구성원들이 모여서 환자의 질환에 대하여 연구를 하는 임상집담회를 가질 수는 있다. 즉, 농구의 모델보다는 축구의 모델에 가깝다.

그런데 의학교육에서는 진료에 있어서 이 'pause'를 자유롭게 사용할 수 있다고 가정한 모델을 이용하여 교육을 한다. 대표적인 모델이 알고리즘algorithm이다(그림 3). 그림에 나타난 진단용 알고리즘을 보자. 알고리즘은 직사각형 또는 마름모와 화살표의 두 종류로 구성되어

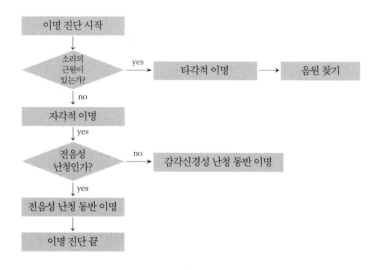

**그림 3.** 이명 진단 알고리즘 (예시)

있다. 직사각형과 직사각형의 사이, 즉 화살표의 의미는 하나의 국면과 다른 하나의 국면이 전환되는 시공간이다. 나는 일단 이 화살표를 'pause'의 순간으로 보고자 한다. Pause의 순간에는 정말 '멈춤'이 가능해야 한다. 또한 시뮬레이션이 가능해야 한다. 그런데 실제로 가능한가? 아니면 이 화살표를 'pause'의 순간이 아닌, 축구에서 시간이 흐르고 있는 그 상황으로 보아야 할까? 아니면 pause가 가능한 경우와 가능하지 않은 경우가 있는 것은 아닐까? 만약 그렇다면 교육되고 있는 이론과 실제 진료의 사이에 중요한 차이가 있는 것은 아닐까? 이 그림에서 '소리의 근원이 있는가?'와 '자각적 이명' 사이에서의 시뮬레이션과 '자각적 이명'과 '전음성 난청' 사이에서의 시뮬레이션은 같은 조건일까?

알고리즘을 의학교육에 적용하려면, 각 단계별로 'pause'가 가능

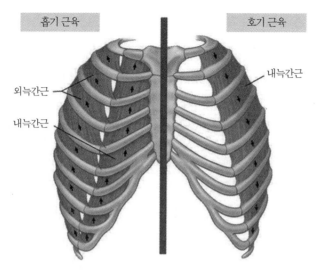

내늑간근

외늑간근

내늑간근

그림 4. 늑간근(갈비사이근)과 호흡

한지, 시뮬레이션이 가능한지, 그리고 그 시공간은 어떤 특성을 가지고 있는지를 먼저 생각해 보아야 한다.

인체에는 pause가 가능한 기관이 있고 힘든 기관이 있으며 아예 불가능한 기관이 있다. 근육을 예로 들어 보자. 첫째, pause가 가능한 근육은 손가락 근육이다. 손가락 근육은 내가 움직이고자 할 때 움직이고 쉬려고 할 때는 움직이지 않는다. 둘째, pause가 힘든 근육으로 늑간근이 있다. 갈비뼈 사이에 있는 늑간근은 호흡에 따라서 움직인다 (그림 4). 내가 숨을 멈추면 움직이지 않는다. 그러나 계속 숨을 참을 수는 없기에 pause의 기간이 길지 않다. 셋째, pause가 불가능한 근육은 심장근육이다. 심장근육이 멈추면 생명이 위험하다. 따라서 pause가 불가능하다. 심장근육은 우리의 의지와는 관련 없이 계속 움직인다.

여기에서 손가락 근육은 바둑 또는 농구의 모델이다. 손가락을 움직일 때와 움직이지 않을 때가 확실하게 구분된다. 또한 손가락을 어떻게 움직일지 충분히 시뮬레이션을 할 수 있다. 그리고 손가락 움직임의 시뮬레이션은 여러 갈래로 구현이 된다. 손가락으로 그림을 그릴 수도, 공을 잡을 수도, 연필을 잡을 수도 있다. 호흡근인 늑간근은 축구 또는 코스피 주식시장의 모델이다. 시뮬레이션을 위한 별도의 시간과 공간이 확보되지 않는다. 호흡근인 늑간근은 거의 호흡의 역할만 한다. 손가락 근육처럼 여러 종류의 시뮬레이션이 힘들다. 심장근육의 경우 자동기계의 모델이다. 잠시도 멈추면 안 되고 정해진 리듬에 따라서 철저히 기계적으로 움직인다. 물론 때에 따라서 빠르거나 느려질 수 있지만 변화의 범위는 한정되어 있다. 우리의 심장이 누군가 태엽을 감아 놓은 뻐꾸기 시계는 아니다. 하지만 심장은 마치 자동기계와도 같이, 생명이 다할 때까지 반복운동을 한다.

이 세 종류의 시뮬레이션 공간을 설명하기 위해서 계界의 개념을 도입하고자 한다. 손가락의 움직임이 만드는 계는 인체 외부의 물체와 관련이 많다. 어떤 물체와 접촉하느냐에 따라서 계의 크기와 형태가 달라진다. 나는 이를 열린 계라고 부르고자 한다. 둘째로 호흡근의 움직임은 반복적이다. 호흡근은 인체의 외부보다는 내부와 관련이 있다. 특히 폐의 호흡과 밀접한 관련이 있다. 그러나 외부적인 작용에 관여하고 영향도 받는다. 골프를 치다가 호흡근인 늑간근에 염좌가 온 상황이 있다. 조금만 숨을 쉬거나 몸을 회전시키면 순간 '억' 하는 소리가 나는 그 상황… 이는 늑간근이 외부와 연관되어 있다는 증거이다. 그러나 대부분의 작용은 반복적이고, 내부를 향해 닫혀 있는 상태이다. 나는 이를 닫힌 계라고 부르고자 한다. 셋째로 심장의 근육은 외부로 드러나 열려져 있지 않다. 그리고 계속 반복된다. 나는 이를 닫힌 상태로 반복하는 계라고 부르고자 한다.

이 중에서 인체의 생리, 즉 생명을 담당하는 중추적인 계는 닫힌 상태로 반복하는 계이다. 즉물적으로 보더라도, 심장이 뛰지 않으면 10분 안에 죽는다.

알고리즘을 의학교육에 적용하고자 한다면, 적어도 이 세 종류의 계의 특성을 미리 알고, 각 형태별 'pause'에 대한 고려를 한 후에 각각의 모델을 만들어야 한다. 그리고 진료 역시, 인체에 이 세 종류의 계가 있음을 전제로 임해야만 한다. 그래야 비로소 알고리즘과 진료의 차이가 극복될 수 있다. 만약 그렇지 않으면, pause와 시뮬레이션이 고려되지 않은 모델이기 때문에, 알고리즘과 진료 모두 현실과 동떨어지게 된다. 시뮬레이션에 대한 고려가 없이는, 인체에 대한 데이터를 해석하는 데 어려움을 겪게 된다.

우리의 신체는 출생 후 성인이 될 때까지 식사, 배설, 근육의 움직임, 하루의 주기에 맞춘 생활, 계절의 주기에 맞추는 생활 등 여러 방면에 걸쳐서 수없이 많은 반복을 한다. 성인이 되어 반복이 용이한 상태에서는 쉽게 느끼지 못하지만, 음식을 먹고 소화를 시키고 배설을 하는 과정만 해도 출생 후 수 년간의 많은 반복 연습을 통하여 이루어진 결과이다. 우리가 의식적으로 하는 행위들 이외에도 세포나 조직, 기관의 단위에서도 평생 동안 계속 반복이 발생한다. 이러한 반복은 우리가 그것을 느끼든지, 아니면 느끼지 못하든지 여부와는 관련 없이 죽기 직전까지 지속되는 것이다.

그렇다면 여기에서 한 가지 의문을 가질 수 있다. 우리의 인체가 과연 왜 이런 반복을 거듭하는가? 앞에서 예를 들었듯이 성인이 되어서 인체가 반복의 사이클을 습득하고 무의식적으로 스스로의 컨디션에 따라서 반복을 조절하게 된다면, 그 목적은 무엇인가? 인체가 최상의 컨디션에 도달하게 되었다면, 반복을 쉬고 멈출 수가 있는 것인가? 물론 이것은 우문이다. 인체는 한 끼의 식사를 거르게 되더라도 배고픔을 크게 느낀다. 만약 호흡이나 심장 박동의 반복이 멈추면 생명이 끊어지게 된다.

## 반복하는 열린 계로서의 인체

인체에서의 '반복'은 수단이 아니라 목적이다. 인체는 반복을 멈추면 안 된다. 생명의 유지와 컨디션의 유지를 위해서 평생 동안 반복을 지속해야만 한다. 또한 그러한 작업의 가운데에서, 자신의 경계를 명확히 하는 역할을 게을리 하면 안 된다. 여기에서 '자신의 경계를 명확히 한다'는 것은, 세 종류의 계를 모두 조절한다는 것이다. 가장 닫혀져 있으면서 반복되는 계에서 가장 외부 세계로 열려져 있는 계까지 모두 조화롭게 운영해야 한다.

인체가 '자신의 경계를 명확히 하기' 위해서는, 바둑판과 같이 경계를 설정할 필요가 있다.

바둑판은 흔히 직교 좌표계, 또는 xy좌표계라고 알려져 있는 카르테시안 좌표계Cartesian Coordinates와 모양이 아주 유사하다. 다만 차이가 있다면, 카르테시안 좌표계는 무한한 연장이 가능하지만 바둑판의 경우 가로와 세로가 각각 19줄로 경계가 정해져 있다는 것이다(그림 5, 6).

지금 우리의 삶을 지배하고 있는 인식체계의 출발점은 17세기 서구라고 할 수 있고, 그 중에서도 데카르트는 오늘날의 합리적 인식의

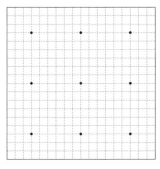

그림 5. 바둑판

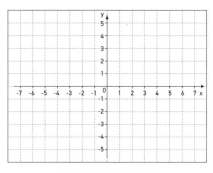

그림 6. 카르테시안 좌표계

원형을 제시한 인물이다. 이는 달리 말해, 근대의 출발점에서 인간은 그의 경험(의 데이터)을 데카르트적인 공간에 넣어 사유했음을 뜻한다. 비록 오늘날 이런 구도가 상당 부분 극복되었다 해도 그 여파는 아직 오늘날까지도 지속되고 있다고 해야 할 것이다.

카르테시안 좌표계는 1637년 당시 저명한 저널이었던 『기하학』 *Géometrie*에 게재된 데카르트의 글에서 근원을 찾을 수 있다. 이것이 현재 우리가 수학에서 사용하고 있는 xy좌표계이다. 카르테시안 좌표계가 세상에 등장하게 된 이후로 본격적인 해석기하학의 세계가 열렸으며 다양한 함수와 기하학적 도형이 이 좌표계에서 구현되었다. 다시 말해, 지금까지 대부분의 데이터는 이 카르테시안 좌표계에 투사되어 해석되었던 것이다. 물론 카르테시안 좌표계 이후 리만 다양체의 등장과 같이[30] 데이터를 투사해서 해석하는 공간이 다양한 방식으로 발전해 온 것은 분명하지만, 이 좌표계의 사유는 아직도 다양한 분야에서

---

30) 이정우, 「리만 다양체의 존재론적 의의」, 『시대와 철학』, 한국철학사상연구회, 제30권 2호, 2019년 여름, 163~197쪽.

강력한 힘을 발휘하고 있다.

카르테시안 좌표계에서의 핵심은, x축과 y축의 끝에 달려 있는 화살표이다. 이 화살표들은 카르테시안 좌표계가 무한히 연장되는 공간임을 의미한다. 데카르트는 공간을 차지하고 있는 모든 물체를 연장延長; extension이라고 칭하였고, 물체의 종류를 별도로 구분하지 않았다.

카르테시안 좌표계에서는 그 위의 점들이 특정 조건을 만족한다면 정말 쉽게 서로 연결될 수 있다. 같은 점이라도 카르테시안 좌표계 위의 점은 연속성이 극대화된 점이며, 개별성이 없는 점들이다. 데카르트의 공간 개념이 물질과 공간이 구별되지 않는 "res extensa"이므로, 그 안에서 개별성은 극소화될 수밖에 없다.[31]

데카르트식으로 보자면, 인간의 육체 역시 역학 법칙의 지배를 받으므로 하나의 연장이며, 개별성을 규정할 수 없다. 끝없이 연장될 수 있는가, 또는 개별성이 없고 경계가 없는가의 여부가 곧 인체의 데이터가 카르테시안 좌표계 위에 놓일 수 있는가의 전제조건이 된다. 역사적으로 세포를 연구대상으로 삼았다가 (세포조차도 경계가 있는 존재이므로) 세포보다 더욱 몰개성한, 경계가 없는, 단지 '기호들의 흔적'인 유전자로 연구의 초점이 이동한 것이 아닌가 하는 생각을 해 보아야한다. 과연 인체는, 더 넓게 생명체는 카르테시안 좌표계에 놓여야만 올바로 해석이 되는 것일까? 생명체를 카르테시안 좌표계에 올려놓기 위한 도구로서 유전자를 상정하고, 유전자가 모든 것을 결정한다는 주장이 과연 합당한 것일까? 오히려 카르테시안 좌표계에 놓일 수 없는 데이터를 그 위에 억지로 올려놓음으로 해서 더욱 중요한 본질을 잃고

---

31) 이정우, 『접힘과 펼쳐짐: 라이프니츠와 현대』, 그린비, 2012, 26~34쪽.

있는 것이 아닐까?

나는 여기에서 분명하게 이야기한다. 인체는 경계가 분명한, 개별성이 뚜렷한 계라는 것을. 만약 이 '경계'를 제외한다면, 유전자들의 데카르트식 연장은 얻을 수 있을지라도, 의학의 토대가 놓일 생명의 본질은 잃는 것이라는 것을. 알파고가 반복적인 시뮬레이션을 할 수 있던 전제조건으로, '경계가 있는 장'인 바둑판이 있었음을 기억해야 한다.

물론 앞에서 손가락 근육은 외부로 열린 계에 해당한다고 하였지만, 그렇다고 인체가 물질 구조적으로 외부와 연장되어 있지는 않다. 만약 손가락 근육으로 인체 외부의 물질을 잡는 것과 같은 동작을 하면, 힘이 전달되고 구조에 변화가 오므로 열린 계로 설정할 수 있는 것이지, 외부의 세계로 끝없이 연장될 수는 없다.

지금까지 많은 학문에서, 카르테시안 좌표계를 사용하면서 데카르트의 연장 개념을 자연스럽게 사용하여 왔다. 오늘날의 시뮬레이션 위주의 작업들 역시 마찬가지이다. 역시 카르테시안 좌표계를 사용한다. 이러한 방식의 시뮬레이션은 경계의 제한이 없기에, 데이터를 '받아들이는 것'이 아니라 '추출할 수'밖에는 없다. 만약 '추출'조차도 힘들다면, 별도로 '추출의 범위'를 정할 수밖에 없다. 생각해 보라. 바둑판의 크기가 무한하다면, 알파고의 시뮬레이션이 의미가 있을까? 다음에 어떤 수를 놓을지 가능성을 계산할 수 있을까? 인간이나 알파고나 차이가 있을까? 그때의 '한 수'는 중요한 의미로서의 데이터가 아니라 내가 임의로 추출한 바둑판의 한 점에 불과하게 된다. 인체 역시 마찬가지이다. 우리의 수명이 무한하다면, 유년기니 청년기니 노년기니 하는 구분이 의미가 있겠는가? 오늘 하루가 나에게 어떤 의미로 다가오며, 오늘의 건강이 내일의 내 몸에 어떠한 의미가 있을 수 있겠는가?

이런 방식의 인식은 생생하게 살아가는 인간에 충실하기보다는 그러한 삶에서 어떤 특정 데이터만을 추출해 내어 각 공간에 투영해 해석하는 것이기 때문이다. 그러한 '가능성'의 방식은 항상 실제 삶이라는 '현실성'의 방식에 접지되어야 한다. 이 점이 데카르트에서 시작된 근대적인 사유를 극복하고자 하는 현대 사유의 한 핵심이다.

인체의 반복은 단순히 어떤 동일성$_{identity}$을 반복하는 빈약한 반복이 아니다. 그것은 차이생성$_{differentiation}$의 와류를 살아가면서 그 차이생성을 소화해 내는 반복이다. 다시 말해, 환경의 변화로서의 차이생성을 소화해 내면서, 차이의 생성을 머금는 반복인 것이다.

동일성을 유지하지만 그 동일성은 차이생성을 소화해 내는 동일성이며, 차이생성을 살아가지만 그 차이생성은 단순한 해체적 차이생성이 아니라 동일성을 역동화해 주는 차이생성이다. 요컨대 인체는 동일성과 차이생성의 모순을 해소시키는 존재이며, 차이생성하면서 동일성을 잃지 않는, 역으로 말해 동일성을 유지하지만 차이생성을 머금으면서 스스로 계속 변해 가는 동일성이라고 할 수 있다.

생명에 있어서 일차적으로 중요한 점은 반복이다. 심장박동과 같이 의식적인 멈춤이 허락되지 않는 반복이 전제되어 있기에, 우리는 마음 놓고 일상생활을 영위하는 것이다. 그리고 이 '자동기계적 반복'의 토대 위에 닫힌 계가 놓이고 그 위에 열린 계가 놓인다. 즉, 인체는 평생 동안 수없이 많은 시뮬레이션이 반복되는 시간과 공간, 그 기반 위에 외부로 열린 계로서의 의미가 있다.

# 동아시아 의학과 탈-인간중심주의 인류학[1]

김태우

> 남쪽은 열을 낳는다. … 불은 쓴맛을 낳는다. 쓴맛은 심장을 낳는다. …
> 그것이 몸에 있으면 맥이 되고 … 그것이 구멍에 있으면 혀가 된다. …
> 감정에 있으면 기쁨이다. 기쁨은 심장을 상하게 한다. 공포는 기쁨을
> 이긴다.[2]

여기 보르헤스의 중국 백과사전만큼 황당한 문장들이 있다. 방위가 열을 생기게 하고, 불이 쓴맛과 연결되고 또한 감정과 연결된다. 혀하고 기쁨은 무슨 상관인가?

이 문장들은 『황제내경-소문』의 한 장인 「음양응상대론」에 등장한다. 『황제내경』은 동아시아 의학의 가장 영향력 있는 고전 중 하나다. 『황제내경』, 혹은 줄여서 『내경』이라고 부른다. 『소문』과 『영추』로 구성되어 있고, 『소문』, 『영추』 각각 81장을 통해 동아시아 의학의 원리를 논하고 있다. 「음양응상대론」은 『소문』의 다섯 번째 장이다. 2세

---

1) 이 글은 필자의 논문 「동아시아 의학의 관계적 존재론: 존재론적 전회를 통해 읽는 『황제내경-소문』 「음양응상대론」」(『의철학연구』 27, 2019)을 수정 보완한 글이다.
2) 『黃帝內經 素問』, 第五 「陰陽應象大論」, "南方生熱. … 火生苦, 苦生心. … 在體爲脈, … 在竅爲舌. … 在志爲喜. 喜傷心, 恐勝喜."

기 즈음에 편찬되었다고 알려진 『내경』은, 21세기인 지금까지 그 권위를 이어 오고 있다.[3] 현재 한국의 한의대에는 원전 관련 교실이 따로 존재하여(통상 '원전학 교실'이라고 한다), 『내경』을 중심으로 고전 텍스트에 관한 연구와 교육을 진행하고 있다. 하지만 그 중요성에도 불구하고 『내경』을 읽고 이해하는 것은 쉬운 일이 아니다. 위 예시와 같은 문장들이 이 동아시아 의학의 고전에는 하나둘이 아니다. 남쪽에 대한 논의에 앞서 「음양응상대론」은 다음과 같이 동쪽에 대해 논하고 있다.

> 동쪽은 바람을 낳는다. 바람은 나무를 낳는다. 나무는 신맛을 만든다. 신맛은 간을 낳는다. … 그것이 몸에 있으면 근이 되고 … 색에 있으면 푸른색이 되고 … 구멍에 있으면 눈이 되고 맛에 있으면 신맛이 되고 감정에 있으면 노여움이 된다.[4]

이 또한 감이 잡히지 않는다. 바람이 어떻게 나무를 낳는가? 신맛이 나무로부터 왔다고? 동쪽, 바람과 푸른색은 어떻게 연결되는가? 이해되지 않는다. 설명하기 어렵다. 『황제내경-소문』은 의학 서적으로 알려져 있지만, 문장들을 읽어 보면 기상학 서적 같기도 하고, 철학서 같기도 하고, 또한 의학 서적 같기도 하다. 카테고리가 잘 잡히지 않는다. 그만 이해를 포기하고 여기서 책을 덮어 버리는 것이 상책일 수도

---

3) 『내경』 편찬 시기와 중요성에 관해서는 다음을 참조. Unschuld, *Huang Di Nei Jing Su Wen: Nature, Knowledge, Imagery in an Ancient Chinese Medical Text*, University of California Press, 2003.

4) 『黃帝內經 素問』, 第五 「陰陽應象大論」, "東方生風, 風生木, 木生酸, 酸生肝, … 在體爲筋, … 在色爲蒼, … 在竅爲目, 在味爲酸, 在志爲怒."

있다.

하지만, 『내경』을 읽을 여지는 남아 있다. 의학 고전을 해석하여 진료에 응용하는 의료의 영역을 넘어, 사유의 방식과 관련하여 논의할 내용이 있다. 후기 근대, 탈근대, 비근대, 인류세 등 근대 너머의 논의에 기여할 수 있는 내용이 있다. 지금까지 우리의 생각 틀을 규정한 인식론과 존재론의 제한을 돌아보고, 너머beyond의 사유를 타진해 볼 수 있다. 이러한 맥락에서, 어느 학제 소속인지 종잡을 수 없는 『내경』을 근현대를 사는 우리에게 던지는 어떤 질문으로 받아들일 수도 있다. 『황제내경』이 어느 학제 소속인지 분명하지 않다는 사실이 우리 자신을 돌아보게 하는 어떤 환기로 받아들일 수도 있다.

우리[5]에게는 익숙한 학문의 영토들이 있다. 자연과학, 사회과학, 인문학 같은 학문의 구분이 그것이다. 자연과학을 조금 더 세분해 보면, 물리학, 화학, 생물학, 천문학 등이 있다. 보다 현실에 연결된 자연과학으로는 해양학, 대기학, 토양학, 임학, 수자원학 등이 있다. 우리에게 『내경』이 종잡을 수 없는 것은 우리가 이러한 카테고리들의 틀로 『내경』의 내용을 규정하려 하기 때문이다. 하지만, 『내경』은 이러한 규정에 저항한다. 잘 구조화된 학문의 영토들, 친숙한 테마들로 동아시아 의학을 범주화하려 하면 잘 되지 않는다. 여기에 우리의 불편이 있다. 말 안 됨이 여기에서 기인한다.

하지만 『내경』을 읽을 여지는 여전히 남아 있다. 들뢰즈를 떠올린

---

5) 여기서 '우리'는 근대 이후를 사는 근(현)대인을 지칭한다. 푸코가 드러내고자 했었던 근대의 지식정치장 속에 있는 존재들, 혹은 라투르가 『우리는 결코 근대인이었던 적이 없다』에서 역설적으로 부정하고자 했었던 그 근(현)대인을 말한다(브뤼노 라투르, 『우리는 결코 근대인이었던 적이 없다』, 홍철기 옮김, 갈무리, 2009).

다면, 범주화되지 않는 『내경』을 기존의 영토화를 흔드는 탈영토화의 에너지로 읽을 수도 있다. "영토화가 늘 탈영토화를 힘겹게 누르고 있다면"[6] 『내경』을 그 누름에 대한 저항으로 받아들일 수도 있다. 사실, 『내경』은 탈영토화[7]의 흥미로운 예시들로 가득한 책이다. 방위에서 성질로, 성질에서 장부로, 맛에서 색깔로… 허물어진 경계들의 예시가 즐비하다.

동남서북(『내경』의 논의가 이 순서로 되어 있다) 방위를 논하는 부분 앞에서 「음양응상대론」은 천지창조와 기상학 그리고 의학을 한꺼번에 논한다.

> 맑은 양기가 하늘을 이루고 탁한 음기가 땅을 이룬다. 땅의 기운이 위로 올라가면 구름을 이루고 하늘의 기운이 아래로 내려가면 비를 이룬다. 비는 땅의 기운으로부터 나오고 구름은 하늘의 기운으로부터 나온다.
>
> 그러므로 맑은 양기는 위쪽의 구멍으로부터 나오고, 탁한 음기는 아래의 구멍으로부터 나온다. 맑은 양기는 주리[피부]를 발하고, 탁한 음기는 오장을 달린다. 맑은 양기는 사지를 실하게 하고 탁한 음기는 육부로 돌아간다.[8]

---

6) 이정우, 『천하나의 고원: 소수자 윤리학을 위하여』, 돌베개, 2008.

7) 탈영토화는 적절하지 않은 표현인지 모른다. 동아시아 의학 자체는 근대적 영토화를 추구한 적이 없기 때문이다.

8) 『黃帝內經 素問』, 第五 「陰陽應象大論」, "淸陽爲天, 濁陰爲地. 地氣上爲雲, 天氣下爲雨; 雨出地氣, 雲出天氣. 故淸陽出上竅, 濁陰出下竅; 淸陽發腠理, 濁陰走五藏; 淸陽實四支, 濁陰歸六府."

하늘과 땅이 어떻게 만들어졌는가 하는, 마치 「창세기」의 내용과 같은 내용이 첫 문장을 이루고 있다. 다음 문장엔 예상치 못한 반전이 있다. 습기가 증발하고 구름이 만들어지고 비가 내리는 현상을 말하며 기상학, 대기학의 논의를 하는 것으로 바뀐다. 다음 문장도 반전이다. 사람 몸에서 세계와 소통하는 터진 곳을 말하는 '규'竅에 대한 이야기가 나온다. 즉 기상학, 대기학 이야기를 하다가 몸에 대한 이야기를 하는 것이다. '그러므로'故로 연결되어 있지만 잘 연결이 되지 않는다. 그리고 다시 바로 의학에 대한 논의로 넘어간다. 맑은 양기는 주리에서 발하고 탁한 음기는 오장을 다닌다. 멀리 떨어져 있는 것으로 알려져 있는 철학(혹은 종교학), 기상학, 의학이 한꺼번에 섞여 있는 형국이다. 혼란스럽게 느껴지지만, 이것을 어떤 독법에의 권유로 받아들일 수 있다. 『내경』은 기존 영토로부터 탈주하는 독법을 권한다. 아니 그렇게 읽어야 한다. 근현대의 학문적 카테고리를 내려놓고 읽을 필요가 있다. 인문서를 따로 읽고, 자연과학을 따로 배우고, 문과·이과를 나누는 영토화를 통해 우리에게 체화된 분절의 에피스테메를 유보하고 읽어야 한다.

리좀적 사고로 『내경』의 탈영토화를 읽는다면 새로운 독법이 열린다. 읽히기 시작한 『내경』은 새로운 존재론의 가능성에 대해 말해 줄 것이다. 근대적 구획(혹은 기획) 속에서 분절되었던, 존재들 간의 관계가 복원되는 가능성을 열어젖힐 수 있다. 근대적 기획(혹은 구획)은 학문 영토의 구획화뿐만 아니라, 존재들을 그 구획 속으로 밀어 넣었다. 이 점에서 근대적 기획은 기본적으로 근대적 구획이다. 구획의 격자 속에서 존재들 간의 대화가 단절된 시대가 우리가 기거하는 근현대이다. 이 글은 근대적 격자들의 경계를 흔들면서, 존재들 간의 말 트기를

위한 시도이다. 이를 위해 이 글은 인류학의 존재론적 전회ontological turn
와 동아시아 의학을 연결해 보려 한다.


## 존재론적 전회

인류학은 말 그대로 인간 종人類, human species에 관해 연구하는 학문이다.
인간들과 그 집단의 문화에 대해 논의한다. 백여 년의 역사 속에서[9] 열
대우림, 고산지대, 북극을 마다하지 않고, 장기간의 현장 연구를 통해
다양한 인류문화에 대한 논의를 전개해 왔다. 하지만, 최근에 인류학자
들은 (특히 2000년 이후에 본격적으로) 그동안의 인류학이 놓치고 있는
부분을 인지하기 시작한다. 바로 인류라는 구획(혹은 격자) 속에서 인
간을 바라보았다는 것이다. 인간이 자연과 혹은 비-인간과 맺고 있는
다양한 관계를 도외시한 채 인간의 '문화'를 주 연구 대상으로 한정했
던 것이다. 문화와 자연, 인간과 비-인간의 분절, 그리고 거기에 내재
한 인간중심주의는, 인류학이 궁구하는 문화에 대한 제대로 된 논의마
저 불가하게 했다는 것이 최근 인류학의 자성이다. 이러한 자성으로부
터 존재론적 전회에 대한 논의는 시작되었다.
　　서구 문화보다는 비-서구 문화에 대한 인류학의 더 많은 관심은,
이러한 자성에 보다 성찰적 자세를 요구하고 있었다. 문화와 자연을
분절하는 방식은 근대 서구에서 분명하게 드러난다. 근대 서구의 배경
속에서 근대 학문인 인류학도 등장하였다. 그러한 시대적, 지역적 배경

---

9) 인류학은 19세기 말에 그 형식을 갖추고 대학의 학과로서 그 공식적 학문 활동을 개시한다.

속에서 서구에서 발원한 인류학은 분절적 시선을 내재한 채 다양한 비서구의 문화를 연구하고 있었다. 하지만 인류학의 대상인 비-서구 문화들에는 인간-자연 분절을 전제로 하지 않는 문화도 당연히 존재한다.[10) 서구와 다른 역사와 세계관을 가지고 있기 때문이다. 인간-자연의 분절적 존재론을 바탕으로 한 인류학이 인간-자연의 분절을 전제로 하지 않는 문화를 연구하는 것은 문제가 된다. 곡해할 수 있는 여지가 있기 때문이다. 이러한 성찰이 최근 인류학을 '존재론적 전회'로 전회하게 한다. 이것은 마치 『내경』을 읽을 때 우리의 불편함에 대해 성찰하는 것과 같다. 분절적 학문 카테고리로 『내경』을 바라보면 이상하다. 이해가 되지 않는다. 여기서 계속해서 분절적 카테고리를 고집한다면, 『내경』은 덮어 버려야 할 책이 된다. 책을 덮어 버린다면, 혹은 분절적 관점으로 『내경』을 읽는다면 『내경』에 대한 이해는 방기되거나 왜곡될 것이다. 『내경』의 철학, 기상학, 의학의 연결을 『내경』의 관점에서 이해하려고 한다면 다른 시선이 요구된다. 어떤 전회가 요구된다. 마찬가지로, 근대 서구 기원의 학문인 인류학은, 다양한 문화에 대한 깊이 있는 이해라는 그 존재 이유를 방기하지 않기 위해서 어떤 전환이 필요하였다. 이것이 존재론적 전회의 이유다. 이러한 논의와 성찰의 배경 속에서, '존재론적 전회'라는 이름의 탈인간중심주의 인류학 논의가 진행되고 있다.

　　최근에 국내에서도 번역되고 있는, 존재론적 전회 관련 인류학 저작들은 제목에서부터 어떤 전회를 말하고 있다. 『숲은 생각한다』, 『식

---

10) Philippe Descola, et al., *Beyond Nature and Culture*, Chicago: University of Chicago Press, 2013.

인의 형이상학』과 같은 책들이 여기에 포함된다.[11] 『숲은 생각한다』를 예로 들어 보자. 숲은 생각한다? 말이 안 된다고 할 수도 있다. 제목에서부터 '불편'이 느껴진다고 할 수 있다. 하지만 인류학자 에두아르도 콘은 아마존 숲에서의 4년 동안의 현지조사를 통해, 숲은 수많은 생명들(인간을 포함한) 사이 기호 교환의 그물망이라는 것을 목격한다. 이에 대한 논의를 통해 우리에게 흔한 구획인 인간-자연, 문화-자연, 인간-비인간의 격자들을 흔든다. 이것은 전과 다른 인류학이면서 또한 인류 너머의 인류학이기도 하다.

인류학의 존재론적 전회는 최근 여타 인문사회과학에서 논의되고 있는 행위자 연결망 이론Actor-Network Theory, ANT, 에이전셜 리얼리즘 Agential realism, 신유물론New materialism 등과 맥을 같이한다. 모두 근대적 구획을 넘어서고자 하는 노력들이다. 행위자 연결망 이론의 브뤼노 라투르는 과학에 대한 인류학적 현지조사를 중심으로 논의를 진행하고 있다.[12] 양자역학을 바탕으로 근현대의 분절을 흔드는 카렌 바라드의 에이젠셜 리얼리즘, 또한 들뢰즈에 깊이 영향을 받은 신유물론도 같은 맥락의 논의들이다.[13] 방향성을 공유하고 있지만, 인류학의 존재론적

---

11) Eduardo Kohn, *How Forests Think: Toward an Anthropology beyond the Human*, University of California Press, 2013(콘, 『숲은 생각한다』, 차은정 옮김, 사월의책, 2018). Viveiros de Castro, *Cannibal Metaphysics: For a Post-Structural Anthropology*, University of Minnesota Press, 2014(비베이루스 지 까스뜨루, 『식인의 형이상학: 탈구조적 인류학의 흐름들』, 박이대승·박수경 옮김, 후마니타스, 2018).

12) Bruno Latour, *We Have Never Been Modern*, Harvard University Press, 1993(라투르, 『우리는 결코 근대인이었던 적이 없다』, 홍철기 옮김, 갈무리, 2009).

13) Karen Michelle Barad, *Meeting the Universe Halfway: Quantum Physics and the Entanglement of Matter and Meaning*, Duke University Press, 2007. Nick J. Fox and Pam Alldred, *Sociology and the New Materialism: Theory, Research, Action*, Sage Publications, 2017.

전회가 여타의 논의와 차별화되는 점이 있다. 비서구의 존재론을 통해 새로운 존재론의 가능성을 모색한다는 점에서 특히 차별화된다. 『숲은 생각한다』, 『식인의 형이상학』이 추구하는 방향성과 이 글의 논의가 공유하는 것도 이 지점이다. 두 사람이 아마존의 존재론을 통해 새로운 존재론의 가능성을 타진하고 있다는 점에서, 동아시아 사유를 통해 또 다른 존재론을 모색하는 이 글은 그들의 논의와 깊은 관계를 가진다.

　이 글은 또한 서구 사유와 동아시아 사유를 함께 논하는 프랑수아 줄리앙의 관점과도 맥을 같이한다. 동아시아 사유를 통해 헤게모니적 서구 사유를 흔들면서 새로운 사유의 공간을 확보하려는 것이 줄리앙의 방향성이다. 이것은 단순 비교가 아닌 새로운 철학적 논의를 위한 작업이다. 줄리앙의 이러한 방식은, 『내경』의 사유를 통한 기존의 사유 흔들기를 추구하는 이 글의 방향성과 서로 통한다. 그리고 그러한 방향성 공유는 에두아르두 비베이루스 지 까스뜨루가 『식인의 형이상학』에서 주장하고 있는 존재론적 인류학의 방향성과 맥을 같이하는 것이다. 비베이루스 지 까스뜨루는 존재론적 인류학의 목적지로 두 가지를 제시하고 있다. "첫째, 사유의 영속적인 탈식민화를 실행하는 것으로서의 인류학이라는 이상에 접근하는 것. 둘째, 철학적 방식과는 다른 개념 창조의 방식을 제안하는 것이다." 사유의 탈식민화는 비서구 문화의 사유를 통해 중심적 사고를 재사유해 보는 방식을 말한다. 여기서 멈추지 않고, 존재론적 전회는 지금까지 인류학적 방식에 대한 성찰 이상이어야 함을 비베이루스 지 까스뜨루는 주장한다. 인간-자연, 문화-자연의 분절(헤게모니적 사유)의 틀로 인간-자연, 문화-자연의 분절이 없는 문화를 조명, 혹은 재단하는 방식에 대한 반성적 성찰을 통해 그 너머의 인류학을 논하고자 한다. 비베이루스 지 까스뜨루의 이러한 방향성에 이 글은 동의하면서, 동아시아 의학에 대한 고찰을 통해 하나의 예시를 제시하고자 한다. 특히 『황제내경-소문』에 대한 존재론적 전회의 고찰을 통해 비베이루스 지 까스뜨루가 주장하는 존재론적 인류학의 목적지들로 나아가 보고자 한다. 이는 탈인간중심주의 인류학을 통해, 인간-비인간, 문화-자연, 정신-물질의 구획이 존재하지 않는 동아시아 의학의 고전을 고찰해 봄으로써 새로운 존재론의 가능성을 모색해 보는 작업이 될 것이다.

이 글은 인류학적-철학적 작업의 결과물이다. 여기에는 어떤 계보가 있는데, 브뤼노 라투르, 메릴린 스트래선, 안네마리 몰의 작업이 이 계보에 포함된다. 이들은 인류학적 현지조사를 바탕으로 철학적 논의를 끌어내는 방식을 통해 인류학적-철학적 작업을 수행한다. 라투르는 과학 실험실에 대한 현지조사를 통해 철학적 사유를 이끌어내고,[14] 스트래선은 멜라네시아에 대한 현지조사를 통해 존재론적 논의를 시도하고 있으며,[15] 몰은 생의학 진료현장에 대한 현지조사를 통해 몸과 존재의 복수성을 논한다.[16] '경험철학'empirical philosophy이라는 이름 아래, 이들 인류-철학자들은 현장의 경험을 철학적 반성으로 연결하는 작업을 하고 있다. 이들 인류학자들이 제시한 이러한 방향성은, 현재 존재론적 전회를 논하는 인류학자들의 작업과 글 속에서 어렵지 않

---

14) Latour, *Science in Action*, Harvard University Press, 1987(라투르, 『젊은 과학의 전선』, 황희숙 옮김, 아카넷, 2016).

15) Marilyn Strathern, *Partial Connections*, AltaMira Press, 2004(스트래선, 『부분적인 연결들』, 차은정 옮김, 오월의봄, 2019).

16) Annemarie Mol, *The Body Multiple: Ontology in Medical Practice*, Duke University Press, 2002.

게 발견된다.[17]

　이러한 배경 속에서 본 글은 동아시아 의학지식의 전달 현장에 대한 현지조사를 바탕으로 철학적 논의를 시도해 보고자 한다. 필자가 진행한 현지조사는 소문학회에서 『내경-소문』을 공부하는 현장에서 이루어졌다. 석곡 이규준(1855~1923)의 의론과 의료실천의 맥을 잇는 소문학회는 당대 한국의 대표적 황제내경학파라고 할 수 있다.[18] 소문학회의 다양한 공부모임 중 이 논문이 바탕으로 하고 있는 것은 지리산 공부모임이다. 지리산 공부모임은 전국에 있는 소문학회 회원이 주말에 지리산에 모여 숙식을 같이하며 『내경-소문』을 공부하는 '집중코스'라고 할 수 있다. 지리산을 공부 장소로 정한 것은 『내경』의 키워드라고 할 수 있는 사시四時를 접해 볼 수 있는 고무적인 장소로 지목되었기 때문이다.[19] 필자는 지리산 공부모임에 배우는 사람으로 참여하며, 경험 철학을 진행해 보고자 하였다.[20] 현지조사는 2015년 3월에서 2016년 12월까지 22개월 동안 진행되었다. 다음 장에서는 지리산 공

---

17) Martin Holbraad and Morten Axel Pedersen, *The Ontological Turn: An Anthropological Exposition*, Cambridge University Press, 2017.
18) '황제내경학파'는 동아시아 의학학파들이 그 의료실천의 근간으로 삼는 고전 텍스트에 의한 분류이다. 각각의 텍스트에 따라 상한론학파, 동의보감학파, 사상의학학파(이제마의 『동의수세보원』을 근간으로 하는), 의학입문학파 등으로 나눌 수 있다. 소문학회에 대한 역사적 고찰에 관해서는 오재근, 「부양학파, 한국 전통의학 학술유파의 탄생과 전승: 이규준, 서병오, 이원세 그리고 소문학회」, 『의사학』 23권 1호, 대한의사학회, 2014, 57~97쪽 참조.
19) 사시는 『내경』의 키워드이면서 지리산 공부의 키워드이기도 하다. 공부 기간 내내 강조되었다. 지리산 공부를 이끄는 소문학회의 초창기 회원이 사시 공부를 위한 최적의 장소로서 지리산을 지목하여, 지리산 공부가 성립하게 되었다. 사시에 관해서는 다음 장에서 본격적으로 논의될 것이다.
20) 필자의 지리산 공부모임 현지조사에 대한 자세한 사항에 관해서는 다음을 참조. 김태우, 「인터뷰 없는 현지조사: 동아시아 의료지식에 관한 인류학적 접근」, 『한국문화인류학』 50권 2호, 한국문화인류학회, 2017, 103~133쪽.

부 현지조사를 통해 파악한 '사시'에 대해 먼저 논의하고, 이어서 이에 대한 존재론적 인류학의 해석을 시도해 보고자 한다.


## 「음양응상대론」의 사시 읽기

「음양응상대론」에는 인간-자연 관계에 대한 흥미로운 문장들이 등장한다. 이 문장들을 가지고 논의를 시작해 보자. 그 논의를 통해 『내경-소문』의 키워드인 사시의 의미를 살펴보고, 이를 통해 동아시아의 자연과 인간의 관계, 주체와 타자의 관계, 그리고 문화와 자연의 관계에 대해 고찰해 보자.

> 하늘에는 사시오행이 있어서 생生하고 장長하고 수收하고 장藏한다. 그럼으로써 찬 기운, 더운 기운, 건조한 기운, 습한 기운, 바람 기운이 생긴다.
> 인간에게는, 다섯 가지 기운으로 화하는 오장이 있다. 그럼으로써 기쁨, 노함, 생각, 걱정, 두려움이 생긴다.[21]

하늘(자연 혹은 세계라고 읽을 수 있다)과 인간 사이에는 공유하는 내용이 있다. 뭔가를 비슷하게 가지고 있다. 하지만 완전히 일치하는 것은 아니다. 다소 차이가 있다. 하늘에는 사시오행이 있고 인간에게

---

21) 『黃帝內經 素問』, 第五 「陰陽應象大論」, "天有四時五行, 以生長收藏, 以生寒暑燥濕風. 人有五藏化五氣, 以生喜怒悲憂恐."

는 오장, 오기가 있다. 사시는 변화하는 기운이다. 그것이 한 해 동안 일어나면 봄, 여름, 가을, 겨울로 드러난다. 그것이 하루 동안 드러나면 여명, 낮, 오후/저녁, 밤으로 나타난다. 동아시아는 이 변화에 주목했다. 이 변화들이 만물萬物(여기에는 생물, 무생물, 인간, 비인간이 다 포함된다)을 살리고 키우고 존재하게 하는 근본이라고 보았다. 그리하여, 『소문』은 다음과 같이 단언한다.

사시음양은 만물의 근본이다.
음양사시는 만물의 시작과 끝이다.[22]

사시는 기운의 모양새로 표현할 수 있다. 그 모양새에 대한 대표적 표현이 생, 장, 수, 장이다. 각각 피어나고, 펼치고, 모으고, 저장하는 모양새다. 생명 현상에서 이러한 모양새가 관찰된다는 것이 『소문』이 생명을 바라보는 관점이다. 여기서 생명 현상이 드러나는 것은 인간, 국화, 참매, 비브리오와 같은 경계 지어진 개체만을 포함하는 것은 아니다. 환경이라고 할 수 있을 그 개체들이 존재하는 시공간에서도 이러한 생명 현상은 드러난다. 계절 변화가 일어나는 지구라는 배경이 그 시공간의 대표적 이름이다. 봄, 여름, 가을, 겨울은 생, 장, 수, 장이 드러나는 대표적 사시다. 봄은 움츠렸던 생명을 피어나게 한다. 여름은 봄에 피어난 생명을 마음껏 펼치게 한다. 가을은 펼친 기운을 모아야 할 시간이다. 겨울은 가을에 모은 기운을 더욱 모아서 잘 간직하는 때다. 그

---

22) 『소문』의 두 번째 장인 「사기조신대론」(四氣調神大論)에 등장하는 말이다. "四時陰陽者, 萬物之根本也. […] 陰陽四時者, 萬物之終始也."

봄여름가을겨울의 사시 속에 있는 존재들도 그 변화의 호흡을 같이하며 함께 생장수장 한다. 사람에게서 생장수장의 이치가 가시적으로 드러나는 것은 장부다. 간肝의 생生하는 기운, 심心의 장長하는 기운, 폐肺의 수收하는 기운, 신腎의 장藏하는 기운이 서로 연결되어 있는 것이 장부다. 또한 비脾가 이들 장부들의 기운을 조율하고 균형을 잡아 준다.

생장수장은 생하고, 장하고, 수하고, 장하는 한 번의 흐름으로 끝나지 않는다. 생장수장생장수장생으로 이어지는 연속적 변화이다. 꼭 생장수장으로 부르지 않아도 된다. 장생장수, 수장생장으로 말해도 된다. 중요한 것은 때에 맞는 흐름이 있다는 것이다. 지금의 시대가 경험하는 기후변화의 문제는 때에 맞는 변화가 흔들리는 위기이다. 겨울인데 따뜻하다. 여름 내내 흐리고 비가 내린다. 그 겨울은 저장하는 모양새를 놓친 때가 된다. 그 여름은 펼치는 기운 없이 지나간 시기가 된다. 때에 맞는 모양새가 없는 계절의 변화다. 이러한 때에 맞지 않는 하나의 때는 다른 때에 또한 영향을 준다. 가을이 되었는데 늦더위가 심하기도 하고, 봄인데도 한기가 가시지 않는 시간이 지속되기도 한다. 전체적인 흐름이 흔들린다. 때에 맞지 않는 사시의 변화는 생명을 흔들리게 한다. 심하게는 생명들을 멸종으로 이끈다.

장부에서도 한 기운의 돌출은 전체 생명 현상을 흔든다. 펼치는 기운을 가진 심이 과하게 펼칠 때 몸의 순조로운 생명 현상이 흔들린다. 장하는 기운을 가진 신이 제 역할을 못할 때도 마찬가지다. 기운이 뜨고, 이와 관련된 몸의 순조롭지 못한 현상이, 예를 들면 두통, 어지럼증, 불면 같은 문제가 나타난다. 생장수장의 모양새가 때에 맞게 순조롭게 바뀌어야 생명을 살리듯 장부의 강조된 기운들도 균형 속에서 발휘되어야 순조롭다. 사시의 모양새는 인간 존재라는 콘텍스트에서 또한 희노비우공喜怒悲憂恐 같은 감정으로 드러난다. 이들 중 하나의 감정의 돌출도 인간 존재에 영향을 미친다. 특정 마음 모양새의 돌출은 우울감이나 불안감의 증대로 나타나서 또한 인간의 순조로운 존재 방식을 흔든다.

사시는 크게는 음양으로 나뉜다. 양적인 생·장의 기운과 음적인 수·장의 기운으로 나눌 수 있다. 사시에서 모양새의 차이들이 생명을 살리듯, 음양도 차이가 만들어내는 포텐셜이 중요하다. 그 사이에 생명 현상이 드러난다. 즉 생명 현상은 다른 양태들의 조합이다. 그 사이의 단차가 만들어내는 움직임이고 흐름이다. 이러한 존재 이해의 방식에서 생명은 생명 현상이다. 생명 현상을 강조하는 이해의 방식은 개별 개체를 강조하는 방식과 차이가 있다. 개체는 생명을 구획화하는 방식이다. 그 방식으로는 동아시아의 생명에 대한 관점을 제대로 읽을 수 없다. 동아시아의 생명은, 생명 현상으로 연결된 거대한 네트워크다. 그 방대한 네트워크를 유지 가능하게 하는 것은 생명 현상에 내재한 어떤 원칙, 이치다. 그것을 사시음양이라고 표현한다. 그래서 "사시음양은 만물의 근본"이라고 말한다.

이와 같이, 양상(즉 생하는 기운, 장하는 기운, 수하는 기운, 장하는 기운의 모양새들)의 흐름(사시가 생-장-수-장으로 변화하는 흐름)이라는 이치가 자연에도 있고, 인간에도 있고, 하늘에도 있고, 만물에도 있다는 것이 『내경-소문』이 말하고자 하는 것이다. 이 이치를 공유하고 있기 때문에 하늘도 자연도 인간도 만물도 연결되어 있다. 이 이치를 고찰해보면 인간 생리의 순조로운 변화도 알게 된다. 이것이 『내경-소문』에서 하늘을 이야기하고 기상을 이야기하고 있지만, 결국 의학서적으로 불리는 이유다. 이와 같은 방식으로 동아시아 의학에서는 자연(곧잘 하늘이라 불리는)과 인간은 연결된다. 분절 없이 연결된 존재들이다.

여기서 몇 가지 분명히 해야 할 것들이 있다. 서구의 형이상학과 동아시아 형이상학[23]의 간극 때문에 이러한 분명히 하는 작업은 필수적이다. 논하고 있는 주제들, 용어들의 전제를 지속적으로 확인하고 재확인할 필요가 있다.[24] 근현대의 시대는 서구 형이상학의 헤게모니 속에 있기 때문에 특히 그러하다. 먼저 '이치'라는 용어를 살펴볼 필요가 있다(동아시아 텍스트에서는 곧잘 '理'라고 표현한다). 위에서 "양상의 흐름이라는 이치가" 자연에도 있고 인간에도 있고 만물에도 있다고 하였는데, 여기서 이치는 확고부동한 어떤 규칙이나 법칙을 말하는 것이 아니다. 이치가 자연에도 인간에도 만물에서도 드러나지만, 정해진 원칙으로 존재하는 것은 아니다. 이치는 맥락에 따라 달리 드러난다. 그 드러남의 가변성의 폭은 작지 않다. 이치는 그 드러남에 있어 이치가 잘 보이지 않을 정도의 유연성을 가지고 있다. 다양한 맥락에서 다양하게 드러난다. 하지만 원래의 이치를 잃는 것은 아니다. 그 이치가 다양하게 꽃피는 것이다. 『내경-소문』과 같은 글을 이해하기 위해서는 이 이치의 가변성을 인지해야 한다. 그 이치의 변주곡을 따라가며 읽어야 천지의 생성을 이야기하고 기상학도 논의하고 의학을 논하는 『내

---

23) '동아시아 형이상학'이라는 말이 생경하게 들릴 수도 있다. 이 글은, 최근 존재론적 전회의 논의에서 드물지 않게 등장하는 '비서구 형이상학' 관련 표현들을(예를 들면, '식인의 형이상학'과 같은) 동아시아 사유에 적용하고자 한다. 이와 관련된 이론적 논의를 위해서는 다음을 참조. Pierre Charbonnier, et al., *Comparative Metaphysics: Ontology after Anthropology*, Rowman and Littlefield, 2017.

24) 동서철학을 함께 논하는 프랑수아 줄리앙의 저작에서는 이러한 "분명히 하는 작업"들이 괄호의 형태로 드러난다. 괄호 속의 문장들을 통해 계속해서 동서의 인식론적, 존재론적 차이를 짚고 있다.

경-소문』의 논리를 접수할 수 있다. 사시음양의 이치가 자연 현상에서 드러나면 한서조습풍寒暑燥濕風과 같이 드러난다. 인간에게는 희노비우공喜怒悲憂恐과 같이 드러난다. 춥고, 덥고, 건조하고, 습하고, 바람 부는 자연 현상과 기뻐하고, 화내고, 생각하고, 슬퍼하고, 놀라는 인간의 감정은 전혀 관계없는 것 같지만, 사시음양의 이치를 공유하고 있다. 이 공유점을 통해 존재들은 연결되어 있다. 존재들의 거처도, 즉 지구나 환경이라고 불리는 콘텍스트들도 연결되어 있다.

다음으로 분명히 해야 할 내용은 자연에 관한 것이다. 동아시아 사유에서의 '인간-자연 분절 없음'을 논하면서 이 글에서는 '자연'이라는 용어를 아주 자연스럽게 사용하고 있지만, '자연'이라는 용어는 충분한 각주가 요구되는 용어다. 지금 우리에게 익숙한 자연이라는 말은 동아시아에 없었다. 지금 우리가 사용하는 자연은 번역어 자연이다.[25] 번역어 자연은 분리와 구획의 관점을 내재한 말이다. 여기서 자연은 인간과 분리된 무엇이다. 하지만 동아시아의 '자연'은 인간 없는 자연이 아니다.[26] '인간-자연 분절'이라고 하면 인간과 자연이라는 별개의 존재가 이미 있다는 것을 가정하는 것 같지만 이러한 분절을 동아시아 사유는 다른 방식으로 극복하려 한다. 동아시아에서 '인간과 자연'이라고 할 때 '인간'과 '자연'을 개별적 독립체로 떨어뜨리지 않음을 상기할 필요가 있다. 천지의 도가 인간 바깥에도 있고 인간 안에도 있다. 그리고 그 경계도 분명하게 선 그어지지 않는다.

---

25) 야나부 아키라, 『번역어의 성립』, 김옥희 옮김, 마음산책, 2011. 자연은, 근대화의 핵심 조건으로서 번역에 열을 올리던 일본에서 19세기에 'nature'를 번역하는 말로 자리를 잡는다.

26) Jensen and Atsuro, "Introduction: Minor Traditions, Shizen Equivocations, and Sophisticated Conjunctions," *Social Analysis*, 61~62, 2017, pp. 1~14.

이러한 맥락에서 「음양응상대론」 첫머리의 위 문장들을 잘못 읽으면 '한서조습풍'은 자연에만 있는 것으로 오해할 수 있다. 하지만 동아시아 의학에서 한서조습풍은 하늘(즉 자연)에도 있고 인간에도 있는 현상이다. 몸 안에도 한서조습풍의 기운은 있다. 『내경-소문』에서는 인간과 자연의 연결성 속에서 말하기 때문에 자연을 이야기하면서 인간을 이야기한다. '기후'에 대한 논의를 기후에 대한 논의로만 받아들이면 중요한 부분을 놓칠 수 있다. 몸 밖의 논의를 몸 안의 이야기로 새겨들을 수 있는 것이 동아시아 의학서의 특징적 서술 방식이다. 이러한 서술이 가능한 것은 다름이 아니라, 몸 안팎이 연결되어 있기 때문이다. 물론 몸 밖의 콘텍스트와 몸 안의 콘텍스트는 다르다. 가을의 건조한 기운과 피부가 가진 건조한 기운은 다를 것이다. 하지만, 두 조燥한 기운은 모두 생장수장의 원칙 속에서 운행된다. 그러한 원칙 속에서 각각의 콘텍스트 속 변화를 읽는 것이 동아시아 의학의 진단이다. 피부 안팎의 경계로서 구실을 하기 위해 피부는 기본적으로 건조한 기운을 가지고 있지만, 조한 피부가 더 건조해져서 가려운 피부가 되면 치료가 필요한 상황이 된다. 조가 돌출되지 않도록 돕는 치료가 필요한 상황이 된다.

## 존재론적 전회로 바라본 동아시아 의학의 형이상학

근대 서구의 존재론을 넘어서기 위한 대안으로 관계적 존재론이 대두되고 있다. ANT(행위자 연결망 이론), 에이전셜 리얼리즘, 다자연주의 multinaturalism 모두 관계적 존재론을 말한다. 중요한 것은 그 관계성의 내용이다. 다자연주의는 하나의 문화 위에 몸이 다르게 드러나는 존재들 간의 관계를 말한다. 이들 존재들 사이에는 사회적 관계가 구성된다.[27) ANT에서는 말 그대로 행위자들 간의 연결망을 중요시한다. ANT의 강조점은 이 연결망을 이루는 행위자 중에는 비인간행위자도 포함된다는 것이다. 에이전셜 리얼리즘에서는 행위자와 대상이라는 본질이 아니라, 행위자와 대상이 만났을 때의 상황을, 즉 관계를 중시한다.

동아시아 의학의 존재론도 다자연주의, ANT, 에이전셜 리얼리즘과 공유하는 관계적 존재론의 내용들이 있다. 하지만 특징적인 면도 있다. 동아시아에서는 공유하는 '이치'가 있다. 공유하는 흐름의 양상이 있다. 앞에서 언급한 것과 같이 그 양상이 항상 동일하게 드러나는 것은 아니다. 양상의 경향성을 공유할 뿐이다. 사시음양은 이 공유하는 경향성에 대한 하나의 표현이다. 이러한 표현은 바탕을 이루는 어떤 일관성에 관한 것이라고 할 수 있다. 일관성consistency은 공유하는 맥락이 기본적으로 있지만, 각각의 맥락에서 다르게 드러나는 것을 또한 전제로 한다. 이러한 의미에서 동아시아의 관계적 존재론을 '일관성-내재의 관계적 존재론'consistency-embedded relational ontology이라고 표현할 수 있을 것이다.

동아시아의 관계적 존재론은 공유하는 경향성 때문에 성립한다. 구체적으로 살펴보면 이것은, 예를 들면 ANT의 관계적 존재론과 차이가 난다. ANT에서 관계적 존재론은 인간, 물질이 떨어진 적 없다는 것을 전제로 한다. 기본적으로 연결되어 있다는 것이 ANT 관계론의 핵심이다. 하지만 어떻게 기본적으로 연결되어 있는가에 대한 구체적 논

27) 비베이루스 지 까스뜨루, 『식인의 형이상학』.

의는 부족하다. 에이전셜 리얼리즘 또한 행위자와 대상만 가지고 논할 수 없다는 것이 그 관계론의 핵심이다. 여기서도 관계의 내용에 대한 논의보다는 관계가 일어날 때의 상황에 더 집중한다. 동아시아 의학의 존재론은 연결되는 '이치'를 논하고 있다는 점에서 차별화된다고 할 수 있다. 이와 같이 동아시아 의학의 관계적 존재론을 통해 우리는 관계적 존재론'들'에 대해 논의할 수 있고, 이는 관계적 존재론에 대한 논의의 심화로 이어질 수 있다.

동아시아의 관계적 존재론은 중요한 철학적 질문을 던진다. 바로 '주체'에 관한 질문이다. 동아시아의 인간 '자연' 관계에서 자연에 대비해서 '인간'이라고 내세울 것이 없듯이, 동아시아에서는 근대 서구에서 논하는 것과 같은 '주체'는 존재하지 않는다. 인간주체의 존재감이 동아시아 의학의 관계론에서는 부재한다. 여기서는 우주를 관통하는 경향성이 강조된다. 그것이 하늘에도 있고, 땅에도 있고, 사람을 포함한 만물에도 있다. 이 경향성으로 이어진 세계 위에서 시선을 던지는 특정자가 존재하지 않는다. 서구 주류 형이상학의 핵심은, 세계와 떨어져서, 세계를 바라보는 특정자가 있다는 것이다. 그것이 신이었다가, 이후에는 인간이 된다. 이 인간을 중심으로 재구성된 것이 서구의 존재론을 바탕으로 한 근대적 세계다. 그리하여 서구의 인간중심주의는, 단지 인간 중심이 아닌 주체중심주의라고 할 수 있다.

주체는 없지만 동아시아에서도 인간은 있다. 하지만 '인간'의 관점으로 세계를 바라보지 않는다. 동아시아에서 인간은 단지 이치의 네트워크를 인지하고 있는 존재일 뿐이다. 그것을 인지한다고 해서 특별난 것도 아니다. 인지를 바탕으로 세계를 이용하려고 적극적으로 나서지도 않는다. 오히려 동아시아 의학의 논리는 그 이치의 네트워크 안에 순조롭게 존재하는 것이 생명을 키우고 보존하는 길이라고 말한다.[28] 의학에서는 그 이치를 통해 치료의 근본을 찾을 뿐이다. 그리하여 「음양응상대론」은 그 이치로부터 치료의 근본을 구하라는, "치병필구어본"治病必求於本이라는 경구로 시작하고 있다.

동아시아의 관계적 존재론을 염두에 두고 있으면, 「음양응상대론」이 읽히기 시작한다. 음양응상대론의 처음은 이렇게 시작한다.

> 황제가 말하기를 음양은 천지의 도며, 만물의 씨줄날줄이며, 변화의 부모며, 살리고 죽임의 근본이며, 신명의 저장소다. 반드시 병치료의 근본으로 삼아야 한다.
> 그러므로 양이 쌓여 하늘이 되고 음이 쌓여 땅이 된다. …
> 차가운 기운이 극하면 열기가 되고 열기가 극하면 차가운 기운이 된다.
> 차가운 기운이 탁함을 만들고 열기가 맑음을 만든다. 맑은 기운이 아래에 있으면 손설이 생기고, 탁한 기운이 위에 있으면 붓는다.[29]

"양이 쌓여 하늘이 되고 음이 쌓여 땅이 된다"積陽爲天, 積陰爲地는 천지창조에 대한 이야기 같다. "차가운 기운이 극하면 열기가 되고 열기가 극하면 차가운 기운이 된다"寒極生熱, 熱極生寒는 기상학에 대한 논의 같다. 그러다가 갑자기 "맑은 기운이 아래에 있으면 손설이 생기고, 탁한 기운이 위에 있으면 붓는다"淸氣在下 則生飧泄, 濁氣在上 則生䐜脹라는 의학에 관

---

28) 프랑수아 줄리앙, 『장자, 삶의 도를 묻다』, 박희영 옮김, 한울아카데미, 2014.
29) 『黃帝內經 素問』, 第五 「陰陽應象大論」, "黃帝曰, 陰陽者, 天地之道也, 萬物之綱紀, 變化之父母, 生殺之本始, 神明之府也. 治病必求於本. 故積陽爲天, 積陰爲地. […] 寒極生熱, 熱極生寒. 寒氣生濁, 熱氣生淸. 淸氣在下則生飧泄, 濁氣在上則生䐜脹."

한 이야기가 이어진다. 하지만 이치를 공유한 동아시아 의학의 관계적 존재론은 이러한 비약 같은 말들을 접수하게 한다. 청기라는 양기는 적양위천積陽爲天 되듯이 위에 있어야 한다. 하지만, 이 양기가 아래에 있게 되면 손설을 하게 된다. 손설飧泄은 설사다. 설사인데, 음식이 소화되지 않고 그대로 나오는 설사다. 적음위지積陰爲地 되듯이 음이 아래에 있어 음적인 것을 쌓아야 되는데, 양기가 있는 것이다. 그러니 급하게 소화되지 않고 설사가 나온다. 이와 같이 『소문』은 사시음양의 이치를 밝혀서 질병을 알고, 치료의 본으로 삼는 것("치병필구어본")을 목적으로 하는 '의학서적'이다.

『내경-소문』에서 관찰되는 동아시아의 관계적 존재론을 통해 서두의 보르헤스의 중국 백과사전과 같은 글을 읽을 수 있는 여지도 확보할 수 있다. 남쪽에 대한 논의, 동쪽에 대한 논의는 모두 같은 이치를 내재한 현현들을 함께 말하고 있다. 남쪽, 열, 불, 쓴맛, 심장, 맥, 혀, 기쁨은 각각의 콘텍스트에서의 여름기운의 발현이라고 할 수 있다. 그것이 방위로, 열기로, 불로, 쓴맛으로, 심장의 기운으로 드러나는 것이다. 마찬가지로 동쪽의 이야기는 봄기운의 현현들을 함께 논한 것이다. 이치의 드러남으로 읽으면 이들 관계없는 것 같은 현상들도 함께 말할 수 있다. 관계를 가질 수 있게 된다.


## 나가며

동아시아 의학 고전을 읽을 때 우리가 느끼는 불편함은, 지금 우리의 사유 방식, 존재 방식을 돌아보는 계기가 될 수 있다. 『내경-소문』을 읽을 때의 혼란을 탈영토화를 위한 자극으로 받아들일 수 있다. 철학서 같기도 하고, 자연과학 책 같기도 하고, 의학에 관한 논의 같기도 한 내용을 읽을 때 느껴지는 비약과 일관성 없음을, 어떤 사유 방식에 묶여 있는 근대 이후의 우리 자신을 돌아보는 참고문헌으로 사용할 수 있다. 우리가 느끼는 비약은, 우리에게 각인된 구획을 역으로 비추는 자극일 수 있다. 일관성 없음은, 기존의 구획적 사유 아래 가려져 있던 관계의 가능성으로 다시 읽을 수도 있다. 자연과 인간과 만물 사이를 연결하는, 인지 못했던, 내재된 일관성으로 다시 볼 수 있다.

동아시아 의학의 주체 없는 관계적 존재론은 근대 서구의 주체중심주의를 드러내 보인다. 주체 없는 존재론은 주체중심주의 너머의 가능성으로 우리를 이끈다. 인간-자연, 문화-자연, 정신-물질의 분절을 넘어 관계적 존재론의 가능성을 모색하게 한다. 이와 같이 동아시아 의학의 '일관성-내재의 관계적 존재론'은 동아시아 형이상학과 차별화되는 내용이다. 여기서 차별성을 말하는 것은 동아시아 의학의 우수성을 말하고자 함은 물론 아니다. 프랑수아 줄리앙의 작업이 그러하듯, 차별성을 말하는 것은 헤게모니적 형이상학을 흔들면서 그 헤게모니에 의해 제한되어 있던 사유의 지평 확장을 시도해 보는 것이다. 또는 다른 지평의(층위가 다른) 가능성을 모색해 보자는 것이다. 서구의 헤게모니적 형이상학과 차별화되는 비서구 형이상학은, 단지 비교의 대상이 아니라 그 병치의 사이에서 드러나는 가능성의 여지를 확보할 수 있는 구도를 제공한다. 이 글이 그러한 구도를 드러내고, 그 위에서 새로운 논의를 시도하는 데 일조할 수 있기를 고대한다.

# 문화적 훈육에 대한 해독제로서의 소수자 교육철학

최승현

## 머리말

우리는 앎이 실천을 보장하지 않을뿐더러 그것을 악용하는 사회 속에 살고 있다. 이는 굳이 돈 많고 권력 있는 사람들이 교육을 신분상승의 지렛대로 활용하는 사례를 들지 않고서도 대다수의 사람들이 저항 없이 받아들이는 사실일 것이다. 공부의 노예가 되다 못해 삶을 빼앗기는 아이들을 이야기하는 것은 이제 상식조차 되지 못한다. 이를 해결하고자 내놓은 대증요법對症療法들이 '백약이 무효함'을 확인시켜 줄 때에 '그라운드 제로=생성의 원점'을 모색하는 것은 당연하리라. 오늘날의 교육과 교육학은 커다란 인식의 전환기를 맞이하고 있다. 기존의 '국민 만들기'를 목표로 했던 근대 교육학은 이제 그 수명을 다했다. 이를 대체하기 위한 방법론과 개혁론이 들끓고 있지만 철학적 질문은 전무하다. 변화한 사회는 단일한 국민이 아닌 다양한 개인, 능동적 대중, 집단지성이 이끌어 가는 곳이다. 이들은 자신의 생각을 온라인, 광장, 직장과 같은 다양한 시공간에서 펼쳐 보임으로써 그간 우리가 주목하지 못했던 '문제-계'를 드러내고 있다. 남녀평등 담론 속에 가려진 실체는 무엇인가, 역사 속에서 잊혀진 주인공은 누구인가, 차별과 혐오의 말들은 어떤 것인가. 우리는 결국 이 질문들을 어떻게 가르치고 배울 것인가를 묻는다.

들뢰즈·가타리의 '소수자 교육철학'은 우리 시대의 질문들에 공명한다. 잠정적으로, '소수자 교육철학'이란 집단 간 배움의 가장자리에서 발생하는 새로움='되기'becoming의 역량에 주목하는 교육철학이다. 이는 기존 교육철학이 관심을 갖지 못했던 다양한 교육담론과 권력관계를 드러내 보인다. 소운 이정우는 들뢰즈·가타리의 '소수자 교육철학'을 위한 교두보를 놓았다. 우리는 서구 존재론사의 변환을 파헤친 그의 논의를 참고한다. 고대로부터 현대로 이어져 온 앎의 역사를 들여다보는 일은 이를 위한 첫걸음으로, 교육학적 '가상성'이라는 시선으로 앎의 역사를 재구성한다. 교육학적 '가상성'이란 문자를 쓰는 인간에게 내재된 현실적 경험과 표상된 언어 간의 괴리를 가리킨다. 일상적 의사소통과 달리 교육적 의사소통은 현실성과 가상성의 거리를 좁히기 위해 발문發問, 모방, 훈련, 표상, 경험과 같은 수단을 동원해 왔다. 그러나 이런 거리 좁히기는 결국 실패할 수밖에 없다는 통찰, 곧 교육의 '미디어적 구조' 앞에 서게 된다. 그럼에도 불구하고, 다양한 수단들 중 실재에 가까우면서도 오랜 시간이 소요되는 것은 경험이다. 들뢰즈·가타리는 자신들의 실험적 배움론 속에서 이 경험의 의미와 가치를 보여 주고자 한다.

우리는 '실험적'이라는 말에 주목한다. 실험은 베르그송의 자발성의 존재론에서 비롯한 것으로 본질주의적 존재론과 대립한다. 본질주의적 존재론이란 사물의 핵심을 찾기 위해 부차적인 것으로 간주되는 모든 것을 제외함으로써 드러나는 '본질'에만 주목한다. 반면 자발성의 존재론은 사물이 표현하는 것 자체를 긍정하고 그 관계에 초점을 맞춘다. 이 존재론에서는 본질의 가장자리, 곧 부차적인 속성 또한 새로움의 생성에 기여하는 것으로 간주된다. 때문에 자발성의 존재론에 입각한 배움론은 극히 실험적일 수밖에 없다.

들뢰즈의 배움론을 경유한 '소수자 교육철학'은 학습의 역동성, 비대칭성, 가장자리성을 기반으로 하는 일종의 '타자-되기'devenir-l'autre 이다. '타자-되기'는 위계에 갇힌 교사와 학생의 관계, 주체로서의 인간과 대상으로서의 사물 간의 관계는 거부하며, 다수자에 반反하는 운동을 지향한다. '소수자 교육철학'의 첫 단추는 정보로 환원되지 않는 '기호sign=기색'에 대한 탐구에 있다. 우리는 살아가면서 다양한 정보들을 접하고 타인을 만난다. 처음에는 잘 알지 못했던 대상을 시간이 지나면서 차츰 알아 간다. 하지만 이 존재들은 근본적으로 타인이자 타자이다. 기호가 내뿜는 의미를 알아 가면서 인생도 성숙해진다. 이는 가르침과 배움의 현장에서도 다르지 않다. "기호의 역동적 구조가 주어지면 성공적인 가르침은 모방에 의존하지 않는다."[1] 인류가 교육적 의사소통을 위해 만든 전통적 수단에서 벗어나는 순간이다. 모방을 벗어난 역동적 배움이 반복되고 일시적인 비대칭적 구조가 형성되고 와해된다. 와해의 과정, 다시 말해 기존의 정체성이 무너지면서 새로움이 도래한다. '타자-되기'의 순간인 것이다.

우리는 이 논의를 통해 새롭게 부상하는 교육학적 논의들, 교육적 실천을 위한 밑거름을 얻을 수 있다. 나아가 계층상승을 위한 입시 열에 빠져 유아들의 놀이마저 학습의 방해물로 보는 사회, 모든 교육적

---

1) James Williams, *Deleuze's Difference and Repetition*, Edinburgh University Press, 2003(제임스 윌리엄스, 『들뢰즈의 차이와 반복: 해설과 비판』, 신지영 옮김, 라움, 2010).

언어를 경영의 언어로 이해하는 교육 관료들, 성취도와 객관적 평가라는 신화에 매도당하는 교사들, 교육학의 본질주의적 실체성에 갇힌 교육학 연구자들에게도 해독제가 될 것이다.


## 앎의 역사와 교육학적 '가상성'

### ① 고대의 앎

안다는 것은 무엇인가? 예를 들어, 수영을 안다는 것은 무엇인가? 소은은 이 문제를 헬라스의 자연철학에서 구한다. '자연=physis'와 대조되는 것은 '인위적인 것들=신화$_{mythos}$와 제도$_{nomos}$'이다. 아낙사고라스가 무지개의 여신인 이리스를 "구름 속의 태양이 반사된 것"이라고 말했을 때, 자연과 인위적인 것들의 구별이 뚜렷이 나타난다. 자연은 'logos', 곧 말을 통해서만 파악될 수 있다. 그러나 어떤 대상에 대한 인식이 충분히 검증되려면 그것을 실제 다룰 줄도 알아야 한다. 나아가 다른 사람들에게 그것을 가르칠 줄도 알아야 한다. 누군가 수영을 할 줄 안다고 할 때에는 엄밀히 말해 그가 다른 사람들에게 이를 가르칠 수 있다는 것도 포함된다. 강의를 해 본 사람은 지식을 가르치는 일과 자신만 아는 것이 얼마나 다른 것인가를 안다. 헬라스의 인식론은 단순히 말로 하는 'logos'와 실제 행위를 통해 검증하는 'ergon/praxis'를 대립시키면서 발전했다고 할 수 있다.

　　말을 통해 안다는 것, 곧 인식이란 무엇인가? 인식이란 일차적으로 직관이다. 직관은 "개념에 의해 매개되지 않는 인식이다."[2] 그러나 세상을 보라. 대상도 운동하고 인식하는 주체도 운동한다. 따라서 많은 경우 인식이란 시간 속에서, 다양한 공간을 다니면서 보고, 듣고, 만짐으로써 이루어진다. 사물과 주체는 단지 시각적 직관 속에서 만나는 것이 아니라 상호작용을 통해 서로를 변형시킨다. 소은은 이를 '조작', '작업'이라고 부른다. 인간은 정적인 관조와 더불어 다양한 조작을 통해 사물의 심층부를 알아 간다.

헬라스인들은 일찍이 이 사실을 깨달았다. 'Philosophia'에서 'sophia'의 형용사는 'sophos'로서 본래 특정 직업과 관련지어 '어떤 일을 잘 하는 것'을 뜻했다. 처음 이 말은 제작이든 정치든 생활이든 어떤 일에 능숙함을 뜻했다. 'Epistēmē'의 동사형 'epistamai' 역시 '~을 할 줄 안다'를 뜻했다. 이와 같이 'sophia', 'Epistēmē'는 모두 'technē'와 비슷한 '할 줄 앎'을 뜻했다. 이들은 오늘날 각각 철학적 지혜wisdom, 과학적 지식knowledge, 예술적 솜씨technology/art라는 뜻으로 분화되었다.

안다는 것도 마찬가지이다. 오늘날 형상을 뜻하는 'Eidos' 또한 본래 뜻은 '본다'를, 이 말의 동사형 'eidenai'는 보다와 알다 모두를 뜻했다. 오늘날 인식, 구원을 뜻하는 'gntōsis'는 '분별'을, 이론을 뜻하는 'theórĭa'는 '구경'을, 역사를 뜻하는 'historia'는 '목격'을 그리고 순수 사유를 뜻하는 'noesis'는 '지각 행위'를 뜻했다.

이와 같이 헬라스인들에게 안다는 것은 본다는 것과 깊은 관련을 가진다. 본다는 것은 주체의 상상에 '저항=objctum'하는 동시에 '주어진 대로=datum'만, 그 한도에서만 조작하는 것이다. 그래야만 대상의 '실재=pragma'를 알 수 있다. 이렇게 인위적인 것과 구별되는 자연적인 것을 안다는 것은, 최초의 직관을 검증하고 조작하며 나아가 가르

---

2) 이정우, 『소은 박홍규와 서구 존재론사』, 길, 2016, 23쪽.

치는 과정을 함축한다. 예를 들어, 우리가 말[馬]을 안다는 것은 그것이 어떻게 생겼는지, 무슨 색인지, 어떤 냄새가 나는지와 더불어 그에 대한 '폭넓은 견문=historia'를 가졌음을 뜻한다. 말이 많이 나오는 지역이 어디인지, 말이 새끼를 어떻게 낳는지, 말을 타고 하는 전투 유형에는 어떤 것들이 있는지, 적토마는 어떤 과정을 통해 관우의 말이 되었는지 등에 대해 말이다. 여기에 더해 말을 탈 줄 알아야 하고, 또 타는 법을 가르칠 줄 알아야 한다. 그리고 한 가지 더 남았다. 바로 순수한 앎이 그것이다. 말은 어떤 DNA를 가졌는지, 해부학적 구조는 어떤지 등을 알 때라야 비로소 실용적 지식들의 근거를 설명해 줄 수 있다. 결국 "말에 대한 감각적 느낌, 말과 관련된 다양한 사실, 말을 탈 줄 알고 말 타기를 가르칠 줄 아는 기술, 그리고 말의 과학적 본질, 이 네 가지를 모두 터득했을 때, 우리는 말을 '잘 안다'고 할 수 있는 것이다."[3]

② 근대의 앎

플라톤에 이르러 다듬어진 철학적 개념들은 모두 구체적인 '경험'에서 출발한 것들이다. 안다는 말 속에는 '할 줄 안다'는 뜻뿐 아니라 '가르칠 수 있다'는 의미까지 들어 있다. 헬라스인들에게 앎은 이렇게 총체적인 성격의 것이다. 이 전통은 아리스토텔레스에게 이어진다. 우리는 다소 거칠게나마 지식을 가르치고 배우는 경험에 국한하여 서구 교육철학의 단면을 볼 수 있다.

　　아리스토텔레스에게 배운다는 것은 생활경험 속에 암묵적으로 포함된 지식을 명확히 하는 작업이다. 예를 들어, 깃털과 같은 가벼운

---

3) 이정우, 『소은 박홍규와 서구 존재론사』, 26쪽.

물체와 금과 같은 무거운 물체를 동시에 떨어뜨리면 무거운 물체가 빨리 떨어진다는 사실은 자연학적 '지식'의 기초가 된다. 그에게는 생활 경험이 지식으로 이동하는 과정이 바로 가르침이며 이는 '귀납'epagoge 적 구조를 띤다. 개별적 생활경험을 일반적 학문 지식으로 발전시키는 과정에서 배우는 사람은 매 단계의 경험을 통해 지식을 쌓는다는 점에서 비약 없는 지식을 얻을 수 있다. 귀납은 인식의 연속성을 보장한다.

근대과학은 이와 다르다. 근대에 이르면 여러 철학자들은 생활에서 얻은 경험이 근본적으로 잘못에 빠질 수 있다고 전제한다. 베이컨의 네 가지 우상으로 알려진 감각 경험에 대한 논의가 대표적이다. 그가 말하는 경험이란 생활 전반의 경험 중에서 감각을 통해 얻은 지식만을 추출한 일종의 '요소적 경험'이다. 그가 감각과 같은 요소적 경험을 상정한 이유는 생활경험 속에서 점증하는 우상의 침투를 막기 위함이다. 이는 마치 실험실과 같이 인공적으로 구성한 상황하에서 경험을 추출하는 것과 같다. 이렇게 그는 가상공간을 통해 우상으로부터 벗어나야 비로소 진정한 인식에 이를 수 있다고 보았다.

베이컨의 생각은 역설적이게도 근대교육학의 존립 근거가 된다. 왜냐하면 사례를 통해 지식에 접근하는 방식을 따를 때에 교육학적으로 표상된 '인위'의 세계가 현실 세계에 대해 거리를 취하는 것이 가능해지기 때문이다. 우상으로 가득한 날것의 생활경험에서 벗어나 경험 본래의 힘을 획득하고자 한다면 언어와 상징으로 가득 찬 교육의 세계에 들어서야만 한다. 이 지점에서 근대 교육철학은 고대의 그것과 다른 길을 걷기 시작한다. 헬라스인들에게 안다는 것은 행할 수 있다는 것, 나아가 가르칠 수 있다는 것, 그렇기에 훌륭한 인격을 기른다는 것을 포함하는 모종의 사태였다. 그러나 근대인들에게 안다는 것은 행하는 것을 포함하지 않는다. 코메니우스Johannes Amos Comenius의『대교수학』
*Didactica magna*을 필두로 한 근대 교과서는 교육자가 원하는 만큼만 실재
를 그림과 언어로 표현한다. 이와 같이 근대교육학은 생활경험과 관찰
을 통해 추상화된 것 간의 괴리를 학습의 근본 동력으로 삼는다.

근대 철학자 헤겔Georg Wilhelm Friedrich Hegel, 1770-1831은 이 부정적 경
험 ― 생활 경험과 관찰이 서로를 부정하는 사태 ― 을 인간 형성과정
의 근본 동력으로 보았다. 그에게 경험이란, 의식이 진리를 잃은 절망
적 상태에서 대상을 획득해 가는 과정, 곧 의식이 새로운 단계로 도약
하는 과정이다.[4] 그렇다면 의식이 진리를 상실하는 이유는? 그것은 바
로 세계가 그 자체로 우리에게 주어지는 것이 아니라 언어적 표상의
형태로 주어지기 때문이다. 그에게 '표상=가상'의 세계와 진리를 담지
한 세계 간의 어긋남을 해소할 수 있는 첫 단추는 자유로운 경험을 위
한 '시공간=여유'를 확보하는 것, 곧 관조의 여유를 확보하는 것이다.
"교양을 쌓아 가려는 출발단계에서 의식주와 같은 실생활을 벗어나려
면 언제나 보편적인 원칙이나 관점에 따라 지식을 획득하고 우선 사태
전반을 사유할 수 있을 만큼의 훈련을 거듭하고 난 다음 […] 사태 자체
와 진지하게 겨루어 나가는 쪽으로 경험이 축적되어 간다."[5]

인류가 안다는 것의 의미를 밝히기 위해 걸어온 이 지난한 과정은
교육학의 발전 과정과 궤를 나란히 한다. 교육철학자 이마이 야스오今井

---

4) "의식이 대상의 곁에 자기의 지를 맞대어보고 이 양자가 서로 일치하지 않는다는 것이 알려지
면 대상 그 자체도 지탱될 수 없게 되는바, 다시 말하면 음미되어야 할 대상이 음미된 결과와
일치하지 않을 경우에는 음미하는 잣대 자체가 변한다는 것이다. […] 의식이 지와 대상의 양
면에서 펼쳐 나가는 이상과 같은 변증법적 운동이야말로 이로부터 새롭고 참다운 대상이 의
식에 생겨나는 한 다름 아닌 '경험'이라고 불리는 것이다." G. W. F. Hegel, *Phänomenologie
des Geistes*, 1807 (헤겔, 『정신현상학 1』, 임석진 옮김, 한길사, 2005, 126쪽).

康雄는 인간의 총체적 경험과 요소적 경험의 이런 간극을 '교육학적 가상성'이라고 부른다.

문자는 언어의 표시기능에 견고한 물질적 기반을 부여해 왔다. 그리고 이 문자라는 기반은 '현실적'aktuell으로 경험된 세계에서 보자면 '가상적'virtuell인 것으로 평가받는 독립된 세계를 낳고 기르는 일이다. 특히 그 제도화된 형태에 있어서 교육과 인간형성은 읽고 쓰는 능력의 전달과 깊은 관련을 맺어 왔다. 그렇다면 다음과 같은 상정을 쉽게 할 수 있을 것이다. 즉, 교육학은 훨씬 이전부터 가상성의 문제와 씨름해 왔던 것이 아닐까?[6]

교육학의 주요 과제인 인간형성의 문제는 늘 '가상성'이라는 문제와 씨름해 왔다. 바로 이 문제로부터 일상적 의사소통과 교육적 의사

---

5) 같은 책 37~38쪽. 칸트 또한 경험의 이중적 선택이라는 문제를 제기한 바 있다. 그에 따르면 우리가 인식이나 행위에서 주체적이라고 말할 수 있기 위해서는 경험적 수준의 감성 및 순수 오성 선택 세트와 '통각'(Apperzeption)이라고 부른 초월론적 수준의 선택이 함께 작용해야 한다. "통각은 감성적 여건에 순수오성 개념이 적용됨으로써 성립하는 경험적 인식 사이에 종합적 통일성을 가져오는 작용이며, 따라서 자기의식의 동일성을 보증한다. 인간이 인식의 주체이기 위해서는 경험적 인식에 통일성을 주는 작용인 통각이 반드시 필요하다는 것이 칸트의 생각이었다."(大澤眞幸, 『電子メディア論』, 新曜社, 1995/오사와 마사치, 『전자 미디어: 신체·타자·권력』, 오석철·이재민 옮김, 커뮤니케이션북스, 2013, x~xii쪽) 듀이 또한 경험과 사고의 관계를 논한 대표적 철학자이다. "경험은 일차적으로 능동-수동 관계이다. 경험을 일차적으로 지적인 것이라고 생각하는 것은 잘못이다. 그러나 경험의 '가치를 재는 척도'는 경험에 들어 있는 관계성 또는 경험에 연결되는 계속성의 지각 여부에 있다. 경험에 지적인 요소가 포함되는 것은 경험이 누적적인 것일 때, 경험이 무엇인가에 다다를 때, 또는 경험이 의미를 가질 때이며, 또 그 정도에 비례한다."(John Dewey, *Democracy and Education: An Introduction to the Philosophy of Education*, Macmillan, 1916/존 듀이, 『민주주의와 교육』, 이홍우 옮김, 교육과학사, 2007, 228~229쪽)
6) 今井康雄, 『メディアの教育學: 「教育」の再定義のために』, 東京大學出版會, 2004, 186쪽.

소통 간의 차이가 드러난다.[7] 전자는 몸짓과 같이 비언어적인 것으로도 소통이 가능하다. 우리는 문학작품 등에서 이런 장면을 흔히 접한다. 그러나 교육적 의사소통은 명확할 것을 요구한다. 인류는 이를 위해 인위적인 공간인 학교를 마련해 왔다. 교사는 교실에서 발문을 통해 학생들의 능력치를 끌어올리고자 한다. 그러나 오늘날 대다수의 사람들이 지적하듯 교사의 언어가 가진 본질은 학생의 참신한 문제제기 능력보다는 이미 주어진 일을 잘 수행하도록 하는 데에 있다. 이를 위해 발문으로 부족한 점은 모방으로 메우고자 했다. 헬라스인들에게 음악교육은 리듬을 익히는 것만이 아니라 삶의 도덕과 관습을 체화하는 수단이었다. "현대로 치면 랩 리듬에 맞춰 도덕교육을 하는 것과 같은 것이다."[8] 훈련은 규율화된 몸을 만든다는 점에서 유효한 수단이긴 하나 오늘날 가장 비판받는 전달 수단의 하나로 전락했다. 가장 이상적인 전달 수단은 경험 자체를 주고받는 일일 것이다. 그러나 학습자가 본질적으로 타인인 이상 이는 이상理想에 불과한 말이다. 이렇듯 이마이 야쓰오는 발문에서 경험에 이르는 교육적 의사소통 수단들이 가진 난점을 이야기한다. 그는 이를 교육적 의사소통의 '불완전성=미디어적 구조'라고 부른다. 여기서 미디어적 구조란 늘 언어를 매개로 발신자의 의도가 왜곡될 수밖에 없는 사태를 가리킨다.

그렇다면 이는 다음과 같이 생각할 수 있다. 인식의 문제에서 주관주의는 커다란 장애물이다. 이는 두 갈래에서 파악된다. 첫째는 철학이나 사유를 인간의 상호주관적 현실에서 해소하려는 입장이고 다른

---

7) 이마이 야쓰오, 「교육에서 '전달'이란 무엇인가」, 한현정 옮김, 『교육철학연구』, 34(4), 2012.
8) 같은 책, 163쪽.

하나는 사물 이전의 언어체계에만 중점을 두는 입장이다. 전자는 물리적·신체적, 다시 말해 눈앞의 현실적 차원에서만 사태를 인식함으로써 사물을 객관적으로 보는 것을 불가능하게 한다. 우리는 정치, 사회, 경제 등 사회 전반에서 이런 현상을 목도한다. 오늘날 '탈진실'post-truth 현상과 같이 자신이 믿고 싶은 것만 사실인 양 받아들이는 태도가 대표적이다. 끊임없이 이어지는 수준 이하의 정쟁政爭을 보라. 언어 차원에 인식이 갇히면 사물 자체로 인식이 나아갈 수 없다.[9]

### ③ 현대의 앎

헬라스인들은 공허한 인식을 피하기 위해 살아 있는 삶을 사유의 자원으로 삼았고, 가장 바람직한 앎이란 감각, 사실, 기술, 본질의 네 가지 모두를 터득하는 것이라고 보았다. 헤겔에 이르러 온전한 앎의 습득은 의식의 노력으로 쪼그라들었다. 그러나 기술이 비약적으로 발전한 오늘날 헤겔이 말하듯 자유로운 경험을 위해 필요한 의식의 집중이라는 것이 여전히 똑같은 논리를 기반으로 작동하는 걸까? 오늘날 인식의 조건은 크게 바뀐 것으로 보인다. 서양 전통에서 의식의 집중을 위한 가장 중요한 수단은 관찰에 따른 관조였다. 그들에게 '본다'는 행위는 가장 믿을 만한 것이었다. 발터 벤야민은 영화의 등장과 더불어 이런 입장이 무너지게 되었다고 말한다. 「경험과 빈곤」(1933), 「기술복제시대의 예술작품」(제2판, 1936)에서 그는 영화에 의해 시각이 아닌 촉각의 '분산', 이른바 기분전환이라는 형태로 감각의 수용방식이 바뀐 시대가 도래했음을 논한다.

---

9) 이정우, 『소은 박홍규와 서구 존재론사』, 10쪽 참고.

벤야민에 따르면 경험의 가치는 제1차 세계대전을 기점으로 크게 떨어졌다. 사람들은 병사들이 "전쟁터에서 말없이 돌아오는 모습"[10]을 똑똑히 보았다. 진지전은 전략적 경험을 무력하게 만들었고, 인플레이션은 경제적 경험을 의미 없는 것으로 바꿨으며 권력자들은 윤리적 경험을 무색하게 만들었다. 20세기 들어 경험의 빈곤이라는 형태로 드러난 인간과 세계의 깊은 단절에는 예외 지대가 없다. 기계화된 노동, 도시생활, 소비생활, 현대건축, 복제예술과 같은 일상과 전쟁경험이 다르지 않은 것이다. 당대에 등장한 영화는 이 일상을 탐구한다. 세계대전을 치르고 돌아온 병사가 전차나 전투기 조종석에서 자신을 조준하는 기술력 앞에 무력하듯, 대다수의 미숙련 노동자들은 기계에 맞춰 자신을 방어하는 불안정한 상태에 처해 있다. 그런데, 역설적이게도 이러한 불안정한 상태야말로 '자유로운 경험'을 누리기 위한 가능조건이 되었다. 헤겔에게 이 소외를 극복하는 길은 의식의 노력이었다. 반면 벤야민에 따르면 의식은 부정적이고 사후적인 방식으로 작동한다. 여기서 부정성이란 의식이 외부 자극을 회피하려는 속성을 가리킨다. 또, 사후성이란 의식이, 기술이 사전에 정해 놓은 조건을 따르지 않을 수 없는 속성을 가리킨다. 벤야민은 의식의 이런 두 속성을 경험과 대비시켜 '체험'이라 부른다. 이러한 수동적 체험의 상황에서 헤겔적 의미의 경험, 곧 표상의 그물을 찢고 자유롭게 의식을 고양해 가는 운동이 자유로울 리 없다.

이렇듯 벤야민은 부정적이고 사후적인 체험이 압도하는 시대 속

---

10) Walter Benjamin, *Gesammelte Schriften*(1933), Bd. I~VII, Frankfurt a. M., 1972~89(「경험과 빈곤」, 『발터 벤야민 선집 5: 역사의 개념에 대하여 외』, 최성만 옮김, 길, 2008, 172쪽).

에서 진정한 경험을 막아서는 대중문화를 비판하는 호르크하이머나 아도르노식의 길 대신 부정성을 강조한 헤겔의 길을 갱신하고자 한다. 즉, 그는 당대에 등장한 쇼크 자체인 대중영화를 비판의 대상이 아닌 새로운 경험의 장으로 파악한 것이다. "벤야민은 이미 책의 종말과 새로운 매체 상황을 진단하고 있다. 부르주아 문화 모델의 위기와 문화적 도구의 변화는 서로 조건을 짓는다. 이로써 철학적 미학은 변화하게 되는데, 그것은 지각에 관한 순수학문이 될 수 없고 정치적·사회적·기술적 조건들을 내포한다. […] 벤야민은 정신적 생산수단들의 사회화가 가능해지면서 새로운 문화의 기회가 생겨나는 것을 보고 있다."[11]

여기서 말하는 '새로운 매체'란 바로 영화를 가리킨다. 「기술복제 시대의 예술작품」은 컨베이어벨트 위의 노동자, 영화배우 그리고 원반 던지기 선수를 비교한다. 노동자는 기계의 지시에 따르지 않을 수 없다. 영화배우도 연출가, 카메라 감독, 스태프의 간섭과 사후 조작에서 자유롭지 못하다. 반면 원반던지기 선수는 자신의 기량을 마음껏 뽐낼 수 있는 여건 위에서 행위한다. "촬영장에서 재현된 장면은 실제의 장면과 구별되며, 이것은 선수권대회가 열려 경기장에서 원반을 던지는 일이 한 남자를 죽이기 위해 똑같은 원반을 똑같은 장소에서 똑같은 거리만큼 던지는 일과 다른 것과 마찬가지이다."[12]

이마이 야쓰오에 따르면, 이러한 벤야민의 통찰에는 중요한 인간 형성론이 담겨 있다.[13] 그것은 바로 노동자와 배우 간의 차이이다. 노

---

11) Frank Hartmann, *Medienphilosophie*, WUV, 2000; 최성만, 「현대 매체미학의 선구자, 발터 벤야민」, 『발터 벤야민 선집 2: 기술복제시대의 예술작품 외』, 길, 2007, 31~32쪽 재인용.

12) 벤야민, 『기술복제시대의 예술작품 외』, 66쪽.

13) 今井康雄, 『メディアの教育學: 「教育」の再定義のために』, 193쪽.

동자가 겪는 컨베이어벨트 위의 노동과정은 자신의 의지와 무관하고 돈을 통해서만 자신의 것이 될 수 있다. 우리는 이를 '소외'라고 부른다. 영화배우도 근본적으로 전문가들의 철저한 사전·사후 개입 속에서 연기라는 노동을 한다는 점에서 노동자와 다를 바 없지만 "영화기술과도 관련되고 스포츠의 기술과도 관련된 점으로서 주목할 사실은 그 기술들이 전시하는 성과들에 반쯤 전문가로 참여한다는 점이다".[14] 즉, 배우의 연기 과정에는 노동자적인 요소와 운동선수적인 요소가 중첩되어 있다.

> 조명을 받고 연기하면서 동시에 마이크의 조건에 맞춘다는 것은 일급의 테스트 성과이다. 그 기량을 연기한다는 것은 카메라 앞에서 자신의 인간성을 유지한다는 것을 뜻한다. 이러한 성과에 대한 관심은 엄청나게 높다. 왜냐하면 대다수의 도시민들이 평일 사무실이나 공장에서 근로하는 동안 내내 그 앞에서 자신들의 인간성을 포기해야 하는 것이 바로 그 기계장치이기 때문이다. 저녁에는 이와 똑같은 무리의 대중이 영화관을 메워 영화배우가 그들 대신 복수를 해 주는 모습을 보려고 한다. 즉 그들은 **영화배우의 인간성**(또는 그들에게 비친 그 인간상)이 기계장치 앞에서 버텨낼 뿐만 아니라 그 기계장치를 자기 자신의 승리에 복속시키는 모습을 보고자 한다.[15]

영화배우의 연기에는 기계장치와의 투쟁이 담겨 있다. 이 투쟁에

---

14) 벤야민, 『기술복제시대의 예술작품 외』, 76쪽.
15) 같은 책, 67쪽. 강조는 원저자.

는 아이러니가 있다. "인간이 기계장치를 통해 재현되는 과정에서 인간의 자기소외가 지극히 생산적으로 활용되게 되었다"[16]는 점 때문이다. 즉, 말 없는 기계장치와 보이지 않는 관객과의 관계에서 영화배우는 근본적으로 소외를 겪는다. 하지만 이를 극복하고 그/그녀는 기계와 관객을 자신에게 복속시킨다. 헤겔에게서 교양형성은 과거의 것이 부정됨으로써 보다 나은 것이 생성되는 변증법적 과정에 다름 아니었다. 반면 영화배우의 경험은 그 자체로 인간성의 실현 과정이다.

왜 그런가? 영화에는 또 다른 요소가 있기 때문이다. 그것은 바로 영화적 경험이 관객에게는 외부에서 갑자기 주어지는 쇼크와도 같기 때문이다. 회화는 차분하게 바라볼 수 있지만 영화는 감독의 의도에 따라 몸에 닿는다고 느낄 정도의 '촉각적' 스펙터클을 선사한다. 촉각은 생각할 여유를 주지 않는다. 대상과의 거리를 통해 반성능력을 기르는 경험은 회화에서나 통했다. 영화는 압도적인 스펙터클로 생각이 일어나기 전에 감각을 통제한다. 그런데 영화 제작자가 관객을 통제할 수 있을지는 모르나 화면 자체 그리고 영화배우만이 가진 개성을 완벽하게 통제할 수는 없다. 이것이 바로 영화배우의 경험이 그 자체로 인간성을 실현할 수 있는 이유이다.

이유는 한 가지 더 있다. 회화를 감상하는 일은 정해진 장소에서 한정된 사람들만 참여할 수 있지만 이론상 무한 복제가 가능한 영화를 감상하는 일은 스크린이 설치된 곳 어디에서나, 누구나 가능하다. 인간의 의도로 환원되지 않는 화면의 본성과 무한한 대중이 만날 때 영화는 다른 어떤 장르보다 다양한 이야기를 제공할 수 있다. 바꿔 말해,

---

16) 같은 책, 73쪽. 강조는 원저자.

"누구나 영화에 찍힐 수 있게 되었다는 점 … [나아가] 현대의 인간은 누구나 영화화되어 화면에 나올 수 있는 권리를 갖는다"[17]는 점을 함의한다. 벤야민 당대에 이르러 신문 등의 대중매체가 발달한 덕분에 필자와 독자의 경계가 허물어졌는데, 특히 영화는 이를 단 십 년 만에 실현시켜 주었다. 결국 영화를 보는 경험은 촉각적이고 수동적인 것이면서도 인간성으로 환원되지 않는 새로운 가능성을 발휘한다. 영화의 등장은 근대 교육학이 추구해 온 교양형성의 의미를 갱신하도록 요구한다. 시각에서 촉각으로의 전환!

시야를 다시 넓혀 보자. 우리가 밝히고자 한 것은 들뢰즈·가타리의 소수자 교육철학의 정립 가능성이다. 인식의 차원에서 그 조건은 시대를 달리하며 변해 왔다. 문제는 이런 사유를 바탕으로 지난 20세기 학교교육의 규모가 확대되어 온 반면 인간소외 문제, 학교개혁의 목소리는 더 높아져만 간다는 사실이다. 무엇이 부족했던 걸까? 특히, 제2차 세계대전과 같은 참화 앞에서 인간형성이라는 교육의 이상은 부질없는 것으로 만천하에 드러났다. 우리는 이제 새로운 존재론, 새로운 앎의 조건에 대해 사유하지 않을 수 없다.

## 소수자 교육철학을 향해

### ① 자발성의 존재론

언어를 가진 인간이 늘 '가상성'이라는 한계, 곧 경험과 표상 간의 괴리

---

17) 같은 책, 76쪽. 강조는 원저자.

라는 문제에 봉착한다 해도 분명한 것은 우리는 개미와 다르다는 것이다. 개미들은 주어진 본능에 따라 인간보다 훨씬 능숙하게 집을 짓지만 다양한 가능성을 모색하지는 못한다. 반면 인간은 집 한번 지어 보지 못한 사람일지라도 완성도를 머릿속에서 미리 그릴 수 있다. 그러나 이런 의식의 노력, 정신적 능동성만으로 인간의 앎을 설명하기에는 우리가 저지른 잘못이 너무 많다. 즉, 이성적 인간이라는 이상을 향해 경주해 온 우리가 맞닥뜨린 것은 홀로코스트와 같은 비극이었다. 우리의 앎이 실천을 담보할 수 있는 새로운 논리가 필요해진 시점이 아닐까? 들뢰즈·가타리의 소수자 교육철학은 바로 이런 동기에서 출발한다. 우리는 베르그송을 경유하여 그리로 가고자 한다.

> [···] 본질에 입각한 이론적 체계는 타성의 체계이므로 이를 따름은 자발성의 자기 상실을 의미하며, 이론적 체계를 따른다는 것은 타율이 된다. 그러므로 이론적 체계를 그 자체로서 따르지 않는 점이 본질론적 자유와 다르다. 그러므로 필연성 위에 서 있는 이론체계를 그 자체 때문에 선택하는 것은 자율을 포기하고 타율을 따르는 것을 의미하며, 그 이론이 정확하고 불변의 것일수록 그만큼 정확히 불변의 타율에 복종함을 뜻한다.[18]

'전통적=본질론적' 이론 체계는 본질 이외의 것을 타자로 취급한다. 타율적 복종이란 불변하는 동일성의 본질(이데아, 유일신)에 갇혀 있음을 뜻한다. "필연성 위에 서 있는 이론체계를 그 자체 때문에 선택

---

18) 박홍규, 『희랍 철학 논고』, 민음사, 1995, 198~199쪽.

하는 것은" 자발성의 포기나 다름없다. 이정우는 "시간의 지도리 위에 선 본질주의적 주체에게 이 길들은 대등한 길들이 아니다"라고 말한다.[19] 선택의 길은 여러 갈래가 있으나 본질의 구현에 방해가 되는 길들은 제거되어야 한다. 본질은 궁극적으로 '동일한 것=하나'이기에 그 방향성이란 일관된 것이어야만 한다. 여기에는 자발성이 활동할 공간이 없다.

반면 자발성의 존재론에서 본질은 하나의 표현 방식에 불과하다. 시간을 통해 자발성을 키워 온 생명이 마주치고 표현한 것, 오히려 그것이 본질인 것이다. 본질주의에서 인간성 향상을 위한 선택은 본질의 실현에 도움이 되는가, 아닌가로 판가름 난다. 반면 자발성의 존재론에서 선택은 특정한 시점에서 타자들과의 마주침이라는 상황이 강제하는 요구에 응하는 문제이다. "시간 속에서 산다는 것은 이런 진정한 의미에서의 타자들과 마주치게 됨을 뜻한다. 그래서 시간은 선택을 요구한다. 요컨대 인간에게, 더 넓게는 생명체들에게 시간은 **타자들과의 마주침과 그 시점에서의 선택을 요구하는 선험적 지평이다.**"[20]

자발성을 가진 생명의 본질은 무엇인가? 베르그송에게 생명은 척추동물의 행동을 시초로 파악된다. 생각해 보면 이것은 매우 상식적인 것이다. 개를 보라. 온갖 냄새를 맡고 돌아다닌다. 사람을 보라. 누군가와 어울리며 생각을 나눈다. 동물과 사람이 하는 행동을 뇌의 어느 곳이 담당하는가라고 묻는 것은 무의미하다. 행동에서는 '의미'가 생성되기 때문이다. 어찌 보면 베르그송의 생각은 고대 헬라스인에게로 돌

---

19) 이정우, 『소은 박홍규와 서구 존재론사』, 331쪽.
20) 같은 책, 332쪽. 강조는 원저자.

아가는 것 같다. 일상의 행동에서 시작된 본질을 저 너머에 있는, 고정된 이데아가 아닌 생명의 생성적 행동에서 그것을 찾는 것이 다를 뿐이다. 베르그송이 보기에 생명체는 형이상학적 본질이나 세포, 분자 같은 입자, 종이나 유와 같은 보편적 단위가 아닌 '경향들'로 구성되어 있다. 경향은 사실들의 집합체도 어떤 본질도 거부하는 양자의 타협물로, 생명은 처음에는 공존이 가능했으나 점차 양립 불가능한 상태로 변해간다. 모든 생명체들은 원초적 약동의 기억을 공유하며 시간이 흐름에 따라 그 경향들은 개별화된다. 결국 "생명은 **경향들의 잠재적 다양체** multiplicitévirtuelle이다".[21]

생명체의 기능/잠재성의 총체는 결국 '살다'라는 기능/잠재성의 부분들이라 할 수 있다. 그리고 베르그송의 생각에 따르면, 생명체가 산다는 것은 곧 무기물에 작용을 가해서 생존한다는 것을 뜻한다. 생명의 기능/잠재성은 생명이 함축하는 이런 근본적인 '필요' 또는 '능력'을 통해서 발생한다. 그러나 '살다'를 구성하는 기능들은 정해져 있지 않다. 베르그송이 볼 때 '진화'라는 것의 핵심적인 의미는 바로 '살다'라는 이것이 내포하는 기능들이 하나씩 태어나 온 과정이다. 조류가 존재하기 이전에는 '날다'라는 기능(또는 사건)이 존재하지 않았다. "진화란 무엇인가?"라는 어려운 물음에 대한 베르그송적 답변은 곧 '살다'가 내포하는 기능들이 우발적 축적이나 목적론적인 설계도를 통해서가 아니라 생명의 약동을 통해서 가능하게 되어 온 과정이다.[22]

---

21) 같은 책, 343쪽. 강조는 원저자.
22) 같은 책, 367~368쪽.

## ② 들뢰즈의 실험적 배움론

들뢰즈는 푸코가 말한 훈육사회와 달리 관리사회가 도래했다고 말한다. 그는 말년의 「관리사회에 관한 후기」(1991)라는 글에서 '가분체'dividual라는 표현을 쓴다. 관리사회 이전의 사회, 곧 푸코 식의 훈육사회에서는 나눌 수 없는 개인individual이라는 존재가 사회의 기본 단위였다. 개인은 학생답게, 군인답게, 회사원답게, 선생답게 행동하면 그 지위를 인정받았다. 한 개인의 삶은 이렇게 사회가 요구하는 '코드'에 맞추면 그에 맞는 대접을 받았다. 이런 훈육사회에서는 때로 파업이 일어나기도 한다. 특정 단위의 개인들이 집단을 이루어 자신들만의 '코드'로 저항했던 것이다. 한 사회가 민주화되는 과정을 잘 살펴보면 민중들의 '코드', 곧 '암구호'를 통해 저항하는 사례들을 종종 볼 수 있다. 근대에서 탈근대로의 이행은 이렇듯 훈육사회의 눈길로 이해할 수 있다.

그러나 디지털 기술의 발전 등은 개인을 쪼개 놓는다. 개인이 가진 신분, 주식, 계좌, 권리 등을 촘촘히 관리하여 그가 행동하기 이전에 욕망을 관리한다. 이 사회에서는 저항이 거의 불가능하다. 오늘날 여러 선진국을 보라. 자신의 신분과 지위를 지키기 위한 투쟁은 많아도 사회 전체를 개혁하는 운동은 좀처럼 보기 힘들다.

훈육사회 속의 학교 시험은 감시와 처벌을 집약해 놓은 '코드'이다. 시험의 형식과 변별력은 인간의 우수함과 열등함을 가르는 잣대로 기능했다. 그러나 관리사회에서는 "무기한의 훈련이 학교를 대체하고 연속적인 관리가 시험을 대체한다. 학교가 행하던 일이 기업에게로 건네졌다."[23] 이제 배움은 평생 이어져야 한다. 물론 이는 좋은 말처럼 들

---

23) Gilles Deleuze, "Postscript on the Societies of Control", *October* 59, 1992, p. 5.

리지만 그렇지 않다. 교육받은 이력을 끊임없이 관리하지 않으면 언제 자신의 지위를 잃을지 모르기 때문이다.

들뢰즈는 정보화된 배움에 '기호를 통한 배움'을 맞세운다. '기호'sign란 먹구름이 몰려와 곧 소나기가 쏟아질 것과 같은 상태의 기색과 통한다. 이는 의미가 명확한 신호나 정보와는 반대의 뉘앙스를 띠고 있다. 인간은 일생을 살아가면서 정확한 정보는 아니지만 부분적 정보를 주는 '기호'를 마주치면서 살아간다. 들뢰즈는 프루스트의 장편 대하소설『잃어버린 시간을 찾아서』를 독해하면서 이 '기호'를 배워 나가는 과정을 설명한다. 소설의 주인공 마르셀은 사교모임에서 의례적인 인사를 주고받는다. 이 모임에서는 수다만 떨다 시간이 사라져 버리는 낭비되는 시간을 경험한다. 사교모임에서는 사랑이나 질투와 같은 일들도 벌어진다. 이 사건들은 인생의 서로 다른 면을 생각하게 해 주는 시간이다. 사교계의 기호와 사랑의 기호는 현재의 시간을 조망한다.

감각적 기호는 과거의 기억을 소환한다. 마르셀이 마들렌을 맛본 순간 행복했던 유년의 집과 기억이 떠오른다. 시간의 깊이를 느끼는 경험인 것이다. 예술적 기호는 이런 일상과 기억을 넘어 새로움을 창조하는 시간이다. 들뢰즈는 이 소설을 이런 배움의 여정으로 파악하면서 네 개의 기호를 거치는 과정에서 인생의 '의미와 방향'sens을 배워 나간다고 말한다. 기호를 배운다는 것은 지식의 습득이기도 하지만 이집트의 유물을 캐는 고고학자의 태도에 가깝다. 들뢰즈의 배움론은 완전히 파악 가능한 정보가 아닌 기호를 기초로 한다.

여기[『차이와 반복』]에는 기호와 배움 그리고 가르침 사이의 관계에 대한 새로운 지적이 등장한다. 그는 기호의 역동적 구조가 주어지면 성공적인 가르침은 모방에 의존하지 않는다고 주장한다. 모방에 의존하는 가르침은 정확히 동일한 몸짓과 행위가 교사로부터 학생에게 반복된다. 모방은 이미 시작된 운동의 근본적인 배후에 반하여 일어나는 것이다. 이는 좋은 배움과 가르침이란 이러한 운동, 그리고 배워야 할 것의 운동과 조화를 이루는 방식으로 작동해야 함을 의미한다. 폐쇄된 덩어리로서의 동일한 몸짓을 모방하는 것이 좋은 배움이 될 수는 없는 일이다. 대신 우리는 교사로부터 학생에 이르는 반복 안에서, 그리고 학생에게 요구되는 반복 안에서 비대칭성을 통해 기호를 유발하는 방식을 발견할 때, 잘 배우고 잘 가르치는 것이다. 들뢰즈는 예를 들어, 수영선수의 몸, 파도, 교사의 몸과 같이, 활동하는 현실적인 사물의 두드러진 지점을 비대칭성이라 부른다.[24]

들뢰즈의 배움에 대한 윌리엄스의 해석은 교육학의 최소주의적 정의에 부합한다. 일본의 교육학자 히로타 데루유키에 따르면 "교육이란 누군가 의도적으로 타인의 학습을 조직화하고자 하는 활동"으로 정의된다.[25] 이 정의의 특징은 '의도'와 '타인'을 강조하고 있다는 점이다. 글 서두에서 말한 바와 같이 타자에게 무언가를 요구하는 활동이 없다면 그것은 교육이 아니라 학습이다. 주변을 살펴보면 누군가에게 배우지 않고도 혼자 할 줄 아는 사람들이 많이 있다. 또 의도 없이 무언가를 했는데 좋은 결과를 낳았다면 그것은 성장이라고 불러도 된다. 시간의

---

24) James Williams, *Deleuze's Difference and Repetition*, Edinburgh University Press, 2003(제임스 윌리엄스, 『들뢰즈의 차이와 반복: 해설과 비판』, 131쪽).
25) 広田照幸, 『ヒューマニティーズ教育学』, 岩波書店, 2009, 9쪽.

흐름에 따라 모르던 것을 알 수 있기 때문이다. 이와 같이 교육을 '드라이'하게 정의함으로써 얻을 수 있는 이득은 바로 타자에 대한 완벽한 통제라는 근대 교육학의 폭력성을 벗어나 교육행위라는 대상을 객관화할 수 있다는 점이다.

들뢰즈의 배움론 또한 학생이 표현할 때까지 기다릴 것을 요구한다. 학생을 마치 고고학적 유물을 대하듯, 그들에게서 얻은 '기호'들을 섬세하게 포착하면서 가르치고 배울 때에 교육이 잘 이루어질 수 있다는 것이다. 따라서 이런 배움에는 '비대칭성'이 늘 존재한다. 앞서 우리는 문학적 표현이나 모호한 말이 일상에서는 전혀 문제시되지 않는 반면 교육적 장면에서는 어떻게든 이 문제를 해소하려 든다는 점을 지적한 바 있다. 인류는 이 문제를 해소하기 위해 발문을 비롯한 여러 수단들을 동원해 왔다. 비록 정도의 차이가 있을지언정 어떤 수단을 동원하더라도 '완벽한' 의사소통을 만들어낼 수는 없다.

이마이 야쓰오는 이를 '교육의 미디어적 구조'라고 부른다.[26] 교육적 의사소통에 입각한 활동은 늘 무언가를 '매개'로 하기에 전달자와 수신자, 교사와 학생 간의 어긋남이 발생한다. 이러한 논의는 히로타가 말하는 '타자'의 의미와 통한다. 우리는 이런 맥락에서 들뢰즈의 배움론이 가진 의미를 생각하고 그 궁극적 지향을 논할 수 있다.

그렇다면 들뢰즈 배움론의 궁극적 지향은 무엇인가? […] 그것은 바로 '-되기'devenir, becoming이다. […] 이 중 인간과 관련 깊은 사례인 '동물-

---

26) 이마이 야쓰오, 「교육에서 '전달'이란 무엇인가」, 한현정 옮김, 『교육철학연구』, 34(4), 2012, 155~178쪽.

되기'는 '여성-되기'와 '분자-되기'를 경유한다. '동물-되기'가 '여성-되기'와 '분자-되기'를 거치는 이유는 무엇일까? 그것은 남성이 '-되기'를 할 수 없는 지배적 존재이기 때문이다. 남성은 폭력, 권력, 경쟁, 가부장제, 권위의식 등과 깊이 결부된, 위계성을 상징하는 존재로 존재의 위계성을 부정하고 일의성을 긍정하는 들뢰즈의 존재론에 반反한다. 생물학적 남성이 이 요소들을 탈피하고 '-되기'를 실행하고자 하려면 반드시 '여성-되기'를 거쳐야 한다. 그러면 지배적인 여성이 되는 것도 '여성-되기'일까? 당연히 그렇지 않다. 곧, '여성-되기'의 핵심은 (지배적) 여성이 되는 것이 아니라 (지배적) 남성에 반反하는 소수자적 여성이 되는 것이다.[27]

여기서 '소수자적 여성'이 된다는 말을 생물학적 수준에서 받아들이는 것은 난센스일 것이다. 생물학적 남성과 지배적 남성사회에 복종하는 여성 간에 발생하는 위계는 우리가 늘 겪어 온 것이다. 이른바 권위와 복종의 체계. 반면 이 구분이 사라지는 지대에서 발생하는 '타자-되기'라는 운동은 권위와 복종을 벗어난 새로운 정체성을 일구어낼 수 있다. 윌리엄스와 필자의 논의를 바탕으로 '소수자 교육철학'의 성격을 다음과 같이 특징지을 수 있다.

첫째, 학습에서 발생하는 기호는 양화된 정보에 비해 역동적이며, 이것의 반복은 사물과 인간의 관계를 비대칭적인 것으로 만든다.

---

27) 최승현, 「들뢰즈의 실험적 배움론으로 본 세계시민교육」, 『교육철학연구』, 39(4), 2017, 154~155쪽.

둘째, 학습의 비대칭성은 모든 새로운 학습의 가장자리에서 다수적 배치에 반反하는 '되기'를 일으키는 역동적 되먹임, 곧 '타자-되기'를 낳는다.

물론 이 특징들은 잠정적이고 일시적이다. 다시 말해, 아직 교육철학이라는 학문 분과의 안정적인 이론이 아니다. 이와 관련하여 히구치 사토시樋口聰는 흥미로운 시각을 제시한다. 만일 교육과 관련된 논의를 교육론/교육이론/교육사상으로 임의적으로 나누어 본다면 교육론은 교육에 관해 표명한 의견으로서 반드시 계통성을 필요로 하지 않는 것인 반면 교육이론은 교육에 관한 통일된 설명 체계로 구분할 수 있다. 한편 교육사상은 교육론이 제기되는 '맥락=지평'이다. 이 구분을 따른다면 이마이 야쓰오가 관심을 가진 발터 벤야민의 교육사상은 확립된 것이 아닌 만큼 교육론으로부터 교육이론을 재구성해 나가는 관점을 취할 수 있게 된다. 즉, 교육론을 교육이론으로 다듬는 과정 그리고 교육론의 맥락인 교육사상을 '독해하고자' 하는 연구자의 개입이 동시에 작동하게 되는 것이다. 이는 전통 교육철학인 이상주의, 경험주의 등과 달리 새롭게 발견되는 교육론을 이론화하는 과정에서 필수적인 것으로 보인다. 이 시각은 확립된 교육이론을 전달받아 그대로 실천한다는 구도를 비판할 수 있게 해 준다.[28] '마주침'에 입각한 들뢰즈의 배움론이 이론의 확립과 그에 종속된 실천이라는 구도를 허락하지 않는다는 점에서 우리는 이 생각을 참고할 수 있다.

들뢰즈의 배움론으로 돌아가 보자. 학습의 역동성, 비대칭성, 가장

---

28) 樋口聰, 『身體教育の思想』, 勁草書房, 2005, 38쪽 참고.

자리에 대한 사유는 그에 대한 실증과 더불어 이념에 대한 사유를 동시에 요청한다. 이념에 대한 사유를 요청한다는 점에서 들뢰즈의 배움은 '파이데이아'의 현대적 복원이라는 성격을 갖는다. 이 배움은 '과격한 자기도야'를 통한 배움 자체의 과정을 사유할 것을 요청하지만 그 원천을 고대의 신이 아닌 우리의 무의식과 감성에서 찾는다. 이때 무의식과 감성(감각의 원천)은 인간만이 아닌 자연 일반에도 해당한다. 들뢰즈·가타리에게 만물은 역동적 '체'體와 같으며 이들은 끊임없이 마주치고 분기하며 횡단을 거듭하는 다양체로 존재한다. 인간의 경계를 넘어 배움을 사유하고자 하는 그 생각은 매우 자연주의적이고 탈인간적이다. 제2차 세계대전의 참화 속에서 새로운 인간의 형상을 모색한 들뢰즈에게 배움이란 이렇듯 좁은 의미의 인간성 향상을 넘어 우리가 인위적으로 만든 문명에 대한 갱신을 근본적 수준으로 밀고 나간다.

## 맺음말

앞으로의 교육철학은 무엇을 고민해야 할까? 인공지능이 세간의 주목을 받고 있는 오늘날 이제 배움의 문제는 학생과 교사의 관계를 뛰어넘어 인공지능이라는 제3자를 고려하지 않을 수 없게 되었다. 만일 인공지능이 우리의 교사가 되는 시대가 온다면 누가 그 주도권을 쥘 것인가? 이에 대한 낙관주의적 견해도, 암울한 전망도 아직은 예단하기 이르다. 그러나 이 사실만은 분명하다. 인간을 완벽하게 갱신할 수 있다는 근대교육학의 믿음은 맥없이 무너졌으며 이제 새로운 교육의 언어가 필요해졌다는 사실이다.

들뢰즈·가타리의 '소수자 교육철학'은 이런 문제의식에 호응한다. 고대로부터 인류가 일구어 온 지난한 교육의 역사는 기본적으로 본질주의적 존재론에 구속되어 있었다. 필연적 원인을 찾기 위한 부정(否定)의 운동은 새로운 존재론, 곧 자발성의 존재론으로 대체될 필요가 있다. 인공지능의 발달, 생명공학의 나노화, 영화와 같은 미디어의 등장은 교육의 미디어적 구조를 단적으로 드러낸다. 교사가 바람직하다고 여기는 것을 100% 전달하고자 해도 배우는 학생은 근본적으로 타인이다. 우리는 '타자-되기'를 감행하지 않고서는 이 한계를 설명할 수 없다.

교육은 근본적으로 가르치는 자와 배우는 자 간의 불평등을 전제로 한다. 배우는 자가 가르치는 자의 규범에 따라야만 교육이 성립한다. 그러나 우리가 놓쳐 온 것은 배우는 자가 가르침을 받아들일 때 생겨나는 감정, 신체의 변화, 동기와 같은 근본적인 것들이다. 이런 근본적인 것들을 외면한 채 구조화된 것이 오늘날의 '대중교육사회'이다. 누구나 대학에 들어가지만, 겉으로는 평등한 기회를 부여받은 것 같지만 진정한 인간의 양성에는 무관심한 획일적 사회, 이 형식적 획일화마저 거부하는 최근의 수저계급론. 들뢰즈는 배움의 근본 동기는 알 길이 없다고 말한다. 만일 근본 동기마저 데이터화될 수 있다면 우리는 정말 '빅브라더'의 관리를 받고 있다 해도 과언이 아닐 것이다.

소운은 "오늘날 교육과 문화는 국가와 자본으로 구성된 지배체제를 비판하는 기능을 거의 상실한 채 차이배분의 장치들로서 작동하고 있다"고 말한다.[29] 관리사회는 한 개인의 주체성을 잘게 썰고 이 절

---

29) 이정우, 『진보의 새로운 조건들』, 인간사랑, 2012, 24쪽.

편들을 다시 조합한다. 일정한 집단적 정체성은 무수한 절편화로 인해 희박해진다. 들뢰즈·가타리의 소수자 교육철학은 이런 문화적 훈육의 폐해에 대한 문제의식을 담고 있다. 소운의 사유는 소수자 교육철학과 공명한다. 강단 밖 철학자로서, 시민을 위한 교양의 개발자로서 그는 소수자 교육철학을 여전히 실천 중이다.

# 유목미학

## 들어가는 말 ― 상처 입은 모서리, 흔들리는 경계의 미학

유목미학Nomadic aesthetics은 들뢰즈Gilles Deleuze, 1925~1995의 '유목론' Nomadology[1]을 이론적 뼈대로 하여 고안되었다. 유목론에는 유목공간의 특징, 이동, 궤적, 영토화 등을 둘러싼 다양한 개념들과 상징들이 등장하며, 이들은 공통적으로 들뢰즈 철학세계를 반영하고 있다. 이처럼 감성의 영역에서 철학적 사유를 구현하고 있는 유목론은 그 자체로 유목미학의 모티브로 작용했다. 유목미학은 특정의 미학 장르가 아니며, 유목미학이라고 하는 용어 역시 필자가 들뢰즈의 '유목론'과 '미학'을 결합하여 만들어낸 조어造語에 불과하다. 유목미학은 일반적으로 미학에서 다루고 있는 미美에 관한 담론이 아닌 인식에 있어 감성인식의 영역에 주목하되, 이를 독립적인 미학의 영역으로 가져가지 않고, 추상적

---

\* 들뢰즈(혹은 들뢰즈·가타리) 저서의 인용은 불어판을 우선으로 하되 번역서를 참고한 경우 해당 페이지를 함께 표기했다.

1) 유목론에 관한 내용은 들뢰즈·가타리의 공저 『천의 고원』(1980)에 집중적으로 등장하고 있지만 들뢰즈의 초기 저서인 『차이와 반복』(1968), 『의미의 논리』(1969)를 비롯하여 그 이후로 발표된 다수의 저서와 논문에도 지속적으로 등장하고 있어 들뢰즈 사상에서 빼놓을 수 없는 핵심 이론 가운데 하나임을 알 수 있다.

336 2부 시간, 생명, 창조

인 철학의 세계와 구체적인 삶의 사이에서 이들을 이어 주는 '감성의 다리' 역할을 하고자 한다. 본래 하나의 생명이자 하나의 몸임에 틀림 없는 철학과 삶은 웬일인지 상호 간에 분리되어 마치 무중력지대에 들어선 듯 까마득히 멀어져 버렸다. 그렇게 서로가 서로를 알아보지 못하고 심지어는 서로 다른 세계의 언어로 이야기하기에 이른 것이다. 이 둘이 본래의 모습으로 상호소통하기 위해서는 서로가 서로에게 부단히 스며들어야 하며, 또한 서로가 서로의 언어를 사용해서 이야기할 수 있어야 한다. 유목미학은 어떤 이유로 한없이 멀어진 철학과 삶을 이어 주는 접속의 장이 되고자 한다.

　　존재의 문제를 신학이 떠안았던 중세 이후, 근대철학은 존재의 문제보다는 '앎'의 문제에 천착하는 인식론의 시대를 열어 갔다. 그리하여 '신이 창조한 세상'이라는 전제하에 신이 창조한 완벽한 세상을 인간이 얼마나 정확히 알고 이해할 수 있는가의 문제가 근대철학의 중심 테마가 된다. 근대 철학은 인식에 있어서 오감을 통해 인지되는 감성인식의 영역과, 개념, 추리, 판단 같은 이성에 의해서만 인지되고 사유되는 순수 추상의 영역을 구분했던 아리스토텔레스 인식론에 그 기반을 두고 있다.[2] 독일의 철학자이자 미학자인 바움가르텐Alexander Gottlieb Baumgarten, 1714~1762이 정립한 근대 미학은 인식론의 체계에 있어 전자인 감성인식을 미학의 영역으로 하여 철학의 한 분과로서 독립된 지위를 부여했다. 이렇게 해서 '감각에 의한 지각'에서 출발하여 감성인식의 전역을 담당하는 미학은 이성의 지배하에 놓인 인식의 하위영역으로

---

2) 아리스토텔레스 인식론에 대해서는 김숙경, 「혜강 최한기와 아리스토텔레스 인식론 비교 연구」, 『철학』 제117집, 2013, 11, 37~45쪽을 볼 것.

자리매김되어 예술과 미의 세계를 담당하기에 이른다.

　이처럼 미학과 철학이 분리되어 각각 독립된 지위를 부여받게 된 것은 여타 장르의 분과와 마찬가지로 시대의 요청에 부응한 결과라고도 할 수 있다. 요컨대 미학 역시 나누고, 쪼개고, 분류하기 좋아하는 근대정신의 분석적 사유가 낳은 시대의 산물이라는 것이다. 이러한 분과 현상은 각 영역에서 전문적인 발전을 가져오기도 했지만 무리한 경계선 긋기에 따른 부작용 또한 피할 수 없는 과제로 남게 되었다. 실상 미학과 철학은 날카롭게 분리될 수 없는 경계를 공유하고 있다. 그것은 바로 감각에 의해 지각된 표상3)의 세계다. 표상은 감성인식의 결과이자 이성인식의 출발점이다. 그러므로 이성인식의 시작은 늘 감성인식의 끝에 의해 오염되어 있다. 그러나 이처럼 모호한 경계는 인위적인 분절에 의해 날카롭게 분리되고, 그로 인해 상처 난 모서리를 갖게 되었다.

　상처 난 모서리는 미학과 철학의 경계에만 해당되는 것은 아니다. 학문과 예술의 모든 영역은 서로의 경계를 모호한 상태로 공유하고 있으며, 역시 인위적인 분절에 의해 상처 난 모서리를 지니고 있다. 그리고 칼로 벤 듯 예리하게 상처 난 모서리에는 어쩔 수 없이 상호 간에 상대방의 살점이 묻어날 수밖에 없었다. 어느 쪽이건 그 살점은 확실히 처치곤란이지만, 어느 장르에서도 통상 규정된 틀 안에 끼워 넣어진 살덩이의 불편한 진실을 애써 외면할 뿐 달리 손쓸 방법이 없다. 그러

---

3) 여기서 표상이란 감각표상(phantasia)을 의미한다. 감각표상은 감각의 부산물로서의 능력을 말하며, 감각대상이 주어진 곳에서 작용하여 감각을 해석하고 잔상(殘像)을 형성한다. 따라서 감각표상은 감각대상이 사라진 뒤에도 작동하며 감각하지 않는 순간에도 표상(表象)한다. W. D. Ross, *Aristotle*, New York: Routledge, 1995, pp. 147~149 참조.

나 때때로 칼에 베인 상처가 선명한 혈흔을 내보이며 존재감을 환기시키면 다시금 경계는 흔들리기 시작한다. 우리는 이 '흔들리는 경계', 그 '위태로운 살점'을 예의 주시해야 한다. 왜냐하면 유목미학은 바로 상처 입은 모서리-경계에 관한 이야기이기 때문이다.

경계는 공간과 공간을 이어 주는 통로로서의 길이다. 길은 멈춰 서 있는 곳이 아니라 움직이는 곳이며 그 움직임은 바로 상호 간의 접속운동을 의미한다. 길 위에서는 늘 모종의 만남이 이루어지기 때문이다. 따라서 경계는 부단히 움직이고, 만나고, 접속하여 새로운 생명을 낳는 창조의 공간이며, 모든 생명은 멈춰 있는 부동의 공간이 아닌 움직이는 창조의 공간-경계에서 탄생한다. 또한 경계는 어디에도 온전히 속하지 않으면서 동시에 어디에나 예외 없이 속하는 지점이기도 하다. 그러므로 경계에는 전체를 아우르는 하나의 법칙이나 통일된 질서를 세울 수 없다. 어떠한 규칙도 중심원리도 지배하지 않는 미규정의 경계에서 이루어지는 접속운동은 중심과 주변의 논리가 적용되는 위계적 접속이 아닌 분절된 모든 장르의 경계를 넘나드는 평등하고 자유분방한 접속을 의미한다. 이처럼 경계에서 탄생하여 경계를 가로지르며 스스로 끊임없이 새로운 것을 창조해 가는 것이 생명의 속성이며, 모든 사유와 삶은 이러한 생명의 연장선상에서 생명의 법칙을 따른다.

유목미학이라는 용어가 시사하는 바와 같이 유목미학은 유목론의 원리에 입각하여 철학과 미학, 그 밖에 학문과 예술 제 분야의 경계를 가로지르며 논리를 전개하고, 이를 끊임없이 삶 속에 투영하는 다양한 테마를 구성하여 이야기를 펼쳐 나간다. "유목론의 목적은 고정된 관점이나 판단의 자리로부터 사유를 해방시키고, 사유로 하여금 이리저리 유목하고 어떤 재인된 바탕ground이나 본거지를 넘어 이동하며 새로운 영토를 창조하도록 하는 것이다."[4] 그러므로 들뢰즈의 유목론은 서구전통 사유의 중심 테마라 할 수 있는 '이데아의 모방', '형상形相의 재현'으로부터 정반대편에 자리하고 있다. 요컨대 유목론이 추구하는 바는 '재현'이 아닌 '창조'에 있는 것이다. 창조는 어떠한 외부의 힘에도 의지하지 않고, 여하한 초월적 원인도 재현하지 않으며, 오로지 자신에 내재된 힘에 의해 생성 변화하는 생명의 속성 그 자체다. 그러므로 창조란 삶으로서의 존재가 제 스스로 자신의 삶을 만들어 가는 과정이라고 할 수 있을 것이다.

유목론은 규정된 공간을 재현하는 정주민과 달리 미규정의 공간에서 스스로 다양한 형태의 영토를 창조해 가는 유목민에 빗대어, 전통적 재현의 논리에 맞서는 창조의 논리를 전개하고 있다. 예컨대 서구의 전통사유가 규정된 공간 안에 사람과 가축들을 분배하는 정주민의 생활방식과 같다면, 분절된 영역을 가로지르는 유목론은 미규정의 공간에서 사람과 가축들이 자유로이 배회하며 스스로 필요한 공간을 창조해 가는 유목민의 삶에 비유할 수 있을 것이다. 유목미학은 유목론의 원리를 바탕으로 하여 다양한 적용과 해석을, 나아가 창조적 변용을 꾀하고자 만들어졌다. 이른바 생명의 창조적 속성에 의한 다양한 변주가 바로 유목미학의 중심 테마가 되는 것이다. 이러한 테마는 구체적인 세계에서 추상적인 세계에 이르기까지, 미시적인 세계로부터 거시적인 세계에 이르기까지 무한히 확장 적용될 수 있다. 그러므로 유목미학의 적용범위는 세상의 모든 이야기가 된다.

본문은 2부로 이루어져 있다. 1부 '다양한 접속을 위한 유목론의

---

4) 클레어 콜브룩, 『들뢰즈 이해하기』, 한정헌 옮김, 그린비, 2007, 245쪽.

재배치'에서는 유목미학의 이론적 바탕을 마련하기 위한 유목론의 재배치 작업이 이루어진다. 유목론이 유목미학의 이론적 바탕이 되기 위해서는 이에 적합한 구조와 타당성을 지닌 또 하나의 배치를 생성해야만 하기 때문이다. 이 새로운 배치는 유목미학이 요구하는 다양한 접속을 위해 다방면으로 열린 복수의 통로(길)들을 지니게 될 것이다. 2부 '제3의 신화'는 그리스 신화 속의 신들이 알렉산드로스 동방원정 이후 동방으로 유입된 경로를 따라가며, 재배치된 유목론의 원리가 넓은 의미에서 '유라시아 문화 현상'에 어떻게 적용되고 있는지를 추적해 가는 과정으로 진행된다. 요컨대 철학과 삶이 상호 침투하며 소통하는 유목미학의 방법을 적용한 단편적인 실례가 되는 것이다. 마지막으로 맺음말을 통해서 들뢰즈 철학 이후의 연구동향에서 바라본 유목미학의 위상과 의의를 짚어 보고 향후 유목미학이 나아갈 향방에 대해 전망한다.

## 1부. 다양한 접속을 위한 유목론의 재배치

플라톤을 위시한 전통 사유체계에서 '동일성'[5]이 모든 존재의 근원이라고 한다면, 차이생성론에서 동일성이란 차이생성의 결과로 구축된 불완전한 창조물에 지나지 않는다. 이는 동일성이 차이를 낳는 것이

---

5) 동일성(identity, 同一性)은 좁은 의미에서는 '자기동일성'을 의미한다. 그러나 모든 존재가 생멸 변화하는 현실세계에서는 자기동일성을 유지할 수 없으므로 플라톤은 이를 넘어서 영구불변하는 참 존재로서 이데아를 고안해 내었다. 여기서 말하는 동일성은 이데아로 대변되는 영구불변의 참 존재를 의미한다.

아니라 역으로 차이생성이 동일성을 구축하는 것임을 말해 준다. 차이
생성은 수학적으로는 미분적 변이를 가리킨다. 그러므로 접속운동은
고정적 요소인 $x$, $y$가 아니라 발생적 요소인 $dx$와 $dy$가 적용되어야 한
다. $dx$와 $dy$는 그 자체로 '차생소'[6]라 할 수 있으며, $\frac{dy}{dx}$의 접속 운동
을 통해 비로소 규정된 차이들을 낳는 것이다.[7] 따라서 차이생성론은
부동의 실체가 아닌 동적 발생이 보다 근원적이고, 부동의 실체는 차
이생성의 운동이 낳은 결과에 지나지 않는다고 보는 것이다. 그러므로
차이생성론의 핵심은 '생성으로부터 어떻게 존재가 발생하는가?'라는
물음에서 찾아볼 수 있다. 이 물음에 대한 답은 유목론의 핵심어라 할
수 있는 '방목'放牧[8]이 의미하는 바이기도 하다. 경계가 분명한 정착민
의 소유지와 그 안에 배분되는 가축들의 움직임은 주어진 공간을 행적
으로 재현한다는 점에서 동일성의 재현을 중심 테마로 하는 서구의 전
통 존재론을 상징하는 반면, 경계 없는 유목민의 영토에서 방목되는 가
축들은 스스로 자신의 공간을 열어 가고 창조해 간다고 하는 점에서 전
통 존재론에 반하는 생성 존재론의 의미가 함축되어 있다.

---

6) 차생소(la différentielle)는 고정적인 요소가 아닌 무한히 중층적으로 생성하는 연속적 변이의
첨단을 점하는 임의적인 요소에 해당한다. 이정우, 「들뢰즈와 'meta-physica'의 귀환」, 소운서
원 엮음, 『들뢰즈 사상의 분화』, 그린비, 2007, 105쪽 참조.

7) 같은 책, 105~107쪽 참조.

8) 호메로스 시대에는 방목장의 울타리나 소유지 개념이 없었다고 한다. 당시 그 사회에서는 정
해진 땅을 가축들에게 분배하는 것이 아니라 거꾸로 가축들을 숲이나 산등성이같이 한정되지
않은 공간 여기저기에 풀어놓아 스스로 공간을 점유해 가게 했다는 것이다. 따라서 방목의 장
소에는 명확한 경계가 없었는데, '경계 없는 공간'이라는 뜻의 '노마드'도 이로부터 성립한다.
유목민을 뜻하는 노마드(nomad)의 어원은 그리스어 노모스(nomos)에서 유래된 것으로 노모
스는 관습이나 법 이외에 '경계 없는 공간'이라는 의미도 가진다. Gilles Deleuze, *Différence
et répétition*, Universitaires de France, 2011, p. 54(질 들뢰즈, 『차이와 반복』, 김상환 옮김, 민음
사, 2004, 104쪽 참조).

그러므로 유목론이 시사하는 바는 전통 형이상학의 재현적 사유를 뒤엎는 사고의 획기적인 전환에 있으며, 그 전환에는 생성의 흐름 속에서 개체화된 차이의 발생과 동일성의 구축을 논하는 차이생성론의 원리가 담겨 있다. 생성becoming이 존재being에 앞서는 생성론 자체의 속성이 그러하듯이 차이생성은 시작도 끝도 없는 흐름이다. 그 흐름은 유장하지만 근원지도 종착지도 없으므로 그저 제자리에서 빠른 속도로 회오리치는 카오스의 소용돌이를 이룰 뿐이다. 그것은 유목민이 늘 어딘가를 향해 이동하지만 실상 일정한 공간을 끝없이 돌고 도는 것과도 같다. 그렇게 헤아릴 수 없이 반복되는 유목의 여정은 그 자체로 카오스의 소용돌이를 이룬다.

　　이처럼 정처 없고 불안정한 영토를 어째서 계속 구축해야만 하는 것인가? 그것은 계속 살기 위함이다. 생명이 있는 한 살아가는 것이 당연한 이치이듯이, 유목민이 계속 살아가기 위해서는 영토의 구축과 해체, 영토화와 탈영토화가 계속되어야만 한다. 유목공간에 영토의 배치가 헤아릴 수 없이 많이 잠재되어 있다 한들, 현실의 배치로 구현되지 않는 한 유목민의 삶은 있지도, 있어 본 적도 없기 때문이다. 그러므로 유목민이 이동하는 것은 영토화하기 위함이다. 비록 영구불변하지 않을지언정 유목민은 영토를 구축하기 위해 영토의 해체를 반복하면서 끊임없이 이동하는 것이다. 이러한 유목의 속성으로부터 알 수 있듯이, 유목은 생성변화하는 생명의 원리를 한몸에 담고 있는 차이생성론의 상징이다.

　　1부에서는 유목이 상징하고 있는 차이생성론의 성격을 '존재의 근거', '존재의 양상', '존재의 발생'으로 분류하고, 내재면, 다양체, 접속을 각각의 범주에 해당하는 기본 개념으로 하여, 그 개념들이 어떻게 유목론과 연계되는지에 대한 분석과 해석이 이루어지게 된다. 그리고 이 과정을 통해 확인된 유목론의 차이생성적 의미를 바탕으로 유목미학에 적용하기 위한 재배치 작업이 진행될 것이다.

실상 차이생성론을 설명하는 개념들은 무수히 많으나 그것들의 의미는 결코 독립적이지 않다. 차이생성이 낳은 존재들이 그렇듯이 차이생성이 낳은 개념들 역시 무한 속도로 회오리치는 카오스의 소용돌이 안에서 마블링처럼 뒤섞여 흐르기 때문이다. 그 카오스의 한 단면을 절단해서 보여 주는 것이 바로 낱낱의 개념들이므로 한 개념에는 다른 개념들이 분리 불가능한 상태로 깊숙이 물들어 있거나 적어도 일부가 오염되어 있다. 따라서 접속에는 다양체가, 다양체에는 내재면이, 내재면에는 접속이 상호 간에 녹아들고, 서로가 서로를 반영한 채로 각자의 영토를 구축하고 있다. 또한 그 개념들이 속한 존재의 근거와 양상과 발생, 이 세 범주 역시 상호 간에 스며들고 서로가 서로에게 오염된 채로 각자 영토의 경계선을 긋고 있다. 그러므로 내재면, 다양체, 접속과 같은 개념들을 독립적으로 설명하는 것은 물론, 차이생성론을 '존재의 근거', '존재의 양상', '존재의 발생'이라고 하는 세 범주로 분리하여 설명하는 것 역시 완벽한 방법은 될 수 없다.

카오스의 소용돌이는 오케스트라 연주와도 같아서 여러 악기의 소리들이 상호 간에 깊숙이 오염된 채 마블링 되어 흐른다. 때로는 하나의 소리를 강조하기 위해 다른 악기들이 나지막한 소리로 배경에 깔리기도 하지만 그렇다고 해서 온전히 독립적인 하나의 소리를 베어내는 것은 불가능하다. 또한 카오스의 소용돌이는 다중적 관점에서 제작된 한 편의 드라마와도 같다. 여러 명의 등장인물과 하나의 스토리가 역시 마블링처럼 뒤섞여 흐른다. 등장인물들은 하나의 스토리를 다각도에서 조명하므로 그들 모두의 입장이 더해질 때 그나마 사건의 대강이 파악될 수 있다. 차이생성론을 다각도에서 조명하는 존재의 근거와 양상과 발생, 그리고 내재면, 다양체, 접속은 극중 인물들 각자의 관점과도 같다. 서로가 자신의 관점에서 하나의 스토리를 구성해 가지만 그 입장에는 이미 타자의 입장들이 알게 모르게 스며들어 있다. 따라서 1부의 구성 역시 형식상으로는 각각의 범주와 해당 개념들로 분리되어 있지만 내용상으로는 상호 간에 오염을 피할 수 없게 될 것이다. 어쩔 수 없이 이들의 담론은 경계를 넘나드는 유목의 형식을 띨 수밖에 없다. 무질서한 카오스의 소용돌이에서 한 줌의 질서를 건져 올리기 위해서는 경계의 불명료함을 감수하는 수밖에 달리 방법이 없기 때문이다.

## 존재의 근거 — 내재면

### ① 내재성의 사유

존재의 근원을 존재 밖에서 찾는 초월성의 사유와는 달리 내재성의 사유는 존재 밖에 따로 외부를 두고 있지 않으며, 어떠한 존재의 근원도 외부에서 찾지 않는다. 이러한 내재성에 대해 들뢰즈는 이렇게 말하고 있다. "절대적인 내재성은 그 자체로 있다. 어떤 것 속에 있지도 않고, 어떤 것에 대해 있지도 않으며, 어떤 대상에 의존하지도, 어떤 주체에 속하지도 않는다." 그렇다면 내재성이란 무엇인가? 들뢰즈는 그것을 '생명'이라고 답한다.[9] 그렇다면 모든 생명은 자신의 외부에 어떠한 근

---

9) 질 들뢰즈, 『들뢰즈가 만든 철학사』, 박정태 엮고 옮김, 이학사, 2007, 511~513쪽.

거도 기원도 두지 않은 채, 다시 말해 창조주도 주재자主宰者도 없이 어떻게 스스로 존재하고 살아갈 수 있다는 것일까? 그것은 전적으로 차이생성에 기인하며 차이생성은 무엇보다도 생명이 자체 내에 지닌 내적 폭발력으로부터 발생한다. 그러므로 내재성의 사유는 삶의 밖 어딘가에 창조의 근원을 두고 있는 것이 아닌 바로 생명 자체에 창조적 역능potential을 지니고 있다고 보는 것이다.[10]

초월성의 사유는 공통적으로 근원을 정초하고 있으며 그 근원을 존재 밖에 두고 있다. 현상을 나투는 이데아, 피조물을 창조하는 신, 대상을 인식하는 주체⋯ 이처럼 이원적으로 양분된 초월성의 사유에서는 존재에 있어 근원과 파생이 갈리고 주와 종의 질서가 세워진다. 또한 이러한 이원적 요소들은 양립할 수 없는 것으로, 오직 하나의 부정을 통해서만 다른 하나가 긍정된다. 이는 이데아와 현상, 신과 피조물, 주체와 대상은 늘 함께 말해지지만 정작 어느 하나가 존립하려면 다른 하나를 부정해야 된다는 것을 의미한다. 요컨대 현상세계는 이데아가 아닌 현상세계이며, 피조물은 신이 아닌 피조물이고, 대상은 주체가 아닌 대상이라는 것이다.

반면 자신 밖에 따로 외부가 없으며 자신 이외에 어떠한 근거도 외부에서 찾지 않는 내재성의 사유에 있어 모든 존재는 그 자체로서 긍정된다. 그리하여 내재성의 사유에서는 더 이상 근원과 파생이 갈리고, 부정을 통해 긍정으로 나아가는 이원적 사유체계를 필요로 하지 않으며, 그 대신 이원론이 내포하는 중심주의와 이항대립 없이 모든 존재가 평등하게 존립 가능한 단 하나의 존재면이 요구된다. 그리하여

---

10) 콜브룩, 『들뢰즈 이해하기』, 30쪽 참조.

들뢰즈는 플라톤의 이데아가 차지했던 존재의 중심에 고르고 매끈한 면plan 하나를 세운다. 이 면은 선과 후, 중심과 주변, 근원과 파생, 원인과 결과로 굴곡진 홈이 없이 고르게 평평하며, 따라서 이 면 위의 모든 존재는 동일한 위계가 부여된다. 들뢰즈는 이 면을 존재를 초월해 있는 면이 아니라는 의미에서 내재면plan d'immanence이라고 부른다.

## ② 양태면에서 내재면으로

내재면은 존재 밖에 펼쳐져 있는 부동의 초월면이 아닌 그 자체로 생성변화하는 차이와 힘들로 충만한 역동적인 생성면이다. 그러므로 내재면은 곧 차이생성의 운동으로 다양체들이 발생하는 차이생성의 장이라고도 할 수 있다. 이처럼 끊임없이 유동하는 내재면을 들뢰즈는 스피노자에게서 발견했다. 그러나 내재면은 들뢰즈가 스피노자로부터 영감을 얻고 일정 부분을 흡수하여 재해석한 개념에 불과할 뿐 전적으로 스피노자의 사유라고 할 수 없다. 내재면은 서구 전통의 이원론적 사유체계에 반대하여 모든 존재를 하나의 지평에 두고자 했던 '일의성'[11]의 산물이라 할 수 있다. 들뢰즈가 둔스 스코투스에게서 가져온 존재의 일의성은 "사물에는 공통의 틀이 하나 존재하며, 이 공통의 틀 외부에는 어떠한 사물도 존재하지 않는다고 보는 내재성의 원리"[12]에 다름 아니다. 따라서 일의성은 이원론에 입각한 초월성의 사유를 인정하지 않으며 존재 위에 군림하는 어떠한 상위의 존재도 두지 않는다.

---

11) 일의성(一義性, univocité)이란 존재가 자신의 모든 개별적 차이들, 다시 말해 내적 양상들에 대하여 오직 하나의 의미로만 말해지는 것을 의미한다. Deleuze, *Différence et répétition*, p. 53(『차이와 반복』, 102쪽).

12) 제롬 로장발롱, 『들뢰즈와 가타리의 무한 속도 1』, 성기현 옮김, 열린책들, 2012, 52쪽.

들뢰즈가 스피노자에 주목했던 것은 이러한 일의적 사유체계의 실마리를 스피노자에게서 발견했기 때문이다. "존재하는 모든 것은 신의 본성, 혹은 본질을 특정한 방식으로 표현한다"(『윤리학』 1부 명제36 증명)라고 한 이 표현 개념이야말로 들뢰즈로 하여금 스피노자를 내재성 혹은 일의성의 철학으로 이끌어 간 핵심적인 모티브가 된다. 들뢰즈는 존재의 원인이 되는 실체(신)가 양태(자연)를 표현한다 함은 실체가 양태에 대하여 초월적 원인으로 작용하는 것이 아닌, 단지 이 둘이 전체와 부분의 관계, 무한과 유한의 성격을 나타내는 것이 되므로, 모든 존재의 의미를 하나의 지평에 두는 존재의 일의성에 부합한다고 본 것이다. 그러나 스피노자에게 있어서 신은 자신이 창조한 세계(양태)로부터 분리되어 있지 않다는 것일 뿐 양태의 원인이 되지 않는다는 의미는 아니다.[13]

진정한 일의성이 성립되기 위해서는 모든 존재가 근원과 파생, 원인과 결과라는 이분법으로 재단되어 선후와 우열이 형성되고, 지배와 종속의 위계가 작용하는 전통 합리주의 방식으로는 불가능하며, 대신 모든 존재가 평등하게 존립 가능한 하나의 지평이 요구된다. 내재면에서는 원인과 결과가 분리되어 있지도, 원인이 결과에 앞서 있지도 않으며, 어떠한 선후 우열도, 위계도 작용하지 않는다. 이러한 내재면의 구축을 위해 들뢰즈는 실체가 양태를 표현하는 스피노자의 연역적 체

---

13) 데카르트에게 신은 초월적 존재의 근원으로서 자신이 창조한 세계로부터 분리되어 있다. 스피노자는 신을 자신 이외의 다른 것에 의존하지 않고 독자적으로 실존하는 실체 개념으로 정의함에 있어서는 데카르트와 같은 입장을 취하고 있으나 데카르트가 정신과 물체를 유한실체로 분류했던 것과 달리 신만을 유일 실체로 하여 정신과 물체는 실체의 변용에 해당하는 양태로 규정한다. 즉 정신과 물체는 '신의 본질을 어떤 방식으로 표현하는 양태'로 보는 것이다. 황은주, 「스피노자의 실체, 속성, 양태 개념에 대하여」, 『철학논구』 35집, '2. 실체 개념에 관하여' 참조.

계를 전복시켜 "실체는 양태를 통해서만 언명되어야 함"[14]을 주장했다. 그리하여 부동의 실체가 아닌 끊임없이 운동하고 생성변화하는 양태가 그 자체로 존재의 바탕을 이루게 되고, 그러한 전복이 있은 후에 존재가 생성을 낳고, 동일성이 차이를 낳는 전통 존재론의 명제 역시 전복되어 존재는 생성을 통해, 동일성은 차이를 통해 자신을 드러낸다고 하는 차이생성론의 원리가 수립될 수 있었다. 이렇게 한 차례 전복을 거쳐 실체의 자리를 차지한 스피노자의 양태는 양태면으로 불리며 내재면의 성격이 고스란히 반영된 내재면의 또 다른 명칭으로 자리매김되기에 이른다.

### ③ 내재면의 상징 1 ― 탈기관체

들뢰즈에게 있어서 양태는 존재, 삶, 사유를 아우르는 신체에 해당한다. 그것은 동물일 수도, 소리 신체일 수도, 영혼이거나 관념일 수도, 언어 신체나 사회 신체일 수도 있다. 신체는 그 자체로 아무리 작다 해도 무한한 입자들을 포함하며 입자들 간의 운동과 정지, 빠름과 느림의 관계로 신체의 정체와 개별성을 정의한다. 다른 한편으로 신체는 다른 신체와의 상호작용을 통해 변용시키거나 변용된다. 이렇게 신체에 있어 전자를 경도, 후자를 위도로 하는 지도 제작이 이루어지는데, '지도 제작-카르토그라피cartographie'가 말해 주듯이 전체 지도는 언제나 가변적이며 개체와 집단에 의해 끊임없이 개조되고 건설되며 자연이라는 면, 즉 '내재면-고른판'을 구성한다.[15]

---

14) Deleuze, *Différence et répétition*, p. 59(『차이와 반복』, 112쪽).
15) 들뢰즈, 『들뢰즈가 만든 철학사』, 116~128쪽 참조.

들뢰즈와 가타리는 이러한 미립자들의 운동과 속도, 상호작용에 의한 변용과 가변성을 특징으로 하는 내재면의 상징으로 탈기관체를 제시한다.[16] 탈기관체는 분명 기관이 없는 신체이지만 이 신체가 대립하는 것은 기관들이 아니라 기관들의 유기적인 조직화, 다시 말해 유기체와 대립한다. 그러므로 탈기관체는 기관들에 대립한다기보다 유기체를 이루는 기관들의 조직화에 대립한다고 보아야 한다. 요컨대 탈기관체는 기관이 유기적으로 조직되어 있지 않은 상태를 의미한다. 고정적으로 조직화되어 있지 않으므로 더 많은 조직화의 계열이 잠재되어 있으며, 더욱 많은 조직화의 가능성으로 살아 생동감 넘치는 미규정성이 바로 탈기관체의 특성이다.[17]

『천의 고원』 14장에서는 이러한 미규정성을 '홈 파인 공간'에 대응하는 '매끈한 공간'으로 비유한다. 빗물이 홈 파인 도랑을 따라 흐르듯이 홈 파인 공간이 일정한 규칙과 질서가 존재하는 규정된 공간이라면 매끈한 공간은 어떠한 규칙도 질서도 없이 균등하게 열린 미규정의 공간이라고 할 수 있다. 이처럼 규정성과 미규정성을 상징하는 홈 파인 공간과 매끈한 공간의 개념 쌍은 다시 직물과 펠트, 자수와 패치워크의 개념 쌍으로 이어지며 그 의미가 강조된다. 일정한 규칙에 따라 형상에 질서와 연속성을 부여하는 직물과 자수가 홈 파인 공간을 상징한다면 어떠한 규칙도 질서도 정해지지 않은 무형無形, 무정형無定形의

---

16) CsO(corps sans organes/body without organs)는 '기관 없는 신체(몸체)'로 번역되기도 하고 '탈기관체'로 번역되기도 한다. 여기서는 존재의 바탕을 이루는 내재면의 미규정적이고 비유기적인 측면을 강조하기 위해 '탈기관체'로 번역한다.

17) 탈기관체에 관한 보다 상세한 내용은 Deleuze et Guattari, *Mille plateaux*, Editions de Minuit, 1980, pp. 196~197(들뢰즈·가타리, 『천 개의 고원』, 김재인 옮김, 새물결, 2001, 304~305쪽) 참조.

공간에서 스스로 형상을 구축해 가는 펠트와 패치워크는 매끈한 공간을 상징한다.[18]

#### ④ 내재면의 존재방식 — 잠재성

차이생성론에서 존재의 근원에 해당하는 내재면은 서구의 전통 존재론에 비추어 본다면 이데아처럼 감각에 잡히지 않는 추상의 세계에 불과하다. 그러므로 이데아가 현상세계를 나타내듯이 차이생성 역시 존재를 현실로 구현해 내야 하는데, 들뢰즈는 이를 위해 스피노자의 일의성과 더불어 베르그송의 잠재성virtualité을 차이생성론에 도입한다. 차이생성론에서 잠재성이란 무수한 차이생성의 운동과 그에 따른 수많은 '접속과 배치의 계열들', 다시 말해 다양체들이 발현되지 않은 상태로 잠재되어 있는 상태를 말한다. 따라서 내재면은 차이생성의 장이자 잠재성의 장이기도 하다.

이처럼 존재의 일의성과 잠재성이 결합된 내재성의 사유에서 존재의 구현은 초월성의 재현이 아닌 잠재성의 표출로서 실현된다. 그러므로 전통 존재론이 초월성의 사유에 해당한다면 차이생성론은 잠재성의 사유라고 할 수 있을 것이다. 차이생성론에서 잠재성과 그것

---

18) 자수는 일정한 패턴과 테마가 우선적으로 주어지며 정해진 테마에 맞게 수를 놓아 패턴을 메꿔 나가는 반면 패치워크는 조각보 공예에서 볼 수 있듯이, 정해진 패턴도, 따라야 할 테마도 없이, 천 조각들을 늘어놓아 조합하고 구성하는 방법이 거의 무한대로 펼쳐질 수 있다. 씨실과 날실을 규칙적으로 교차하며 직조하는 직물과 털 뭉치에 압력을 가하여 우연적인 얽힘으로 천을 제작하는 펠트 역시 같은 상징적 의미를 갖는다. 『천의 고원』 14장 '매끈한 것과 홈 파인 것'에서 저자들은 직물과 펠트, 자수와 패치워크의 제작 과정을 예로 들어 홈 파인 공간과 매끈한 공간을 설명하고 있다. Deleuze et Guattari, *Mille plateaux*, pp. 592~596(들뢰즈·가타리, 『천개의 고원』, 907~911쪽) 참조.

이 현실세계에 구현됨을 의미하는 현실성은 사물의 속과 겉처럼 분리될 수 없는 상태로 존재한다. 라이프니츠 식으로 표현하자면 잠재성은 존재의 접혀진 주름이고 현실성은 펼쳐진 주름의 표면이 되는 셈이다. 따라서 차이생성론에서의 존재는 차이생성의 장 안에 펼쳐질 수 있는 역능으로 잠재되어 있으며 아직 현실화되지 않은 상태, 다시 말해 접혀진 주름 상태인 잠재적 역능들은 여러 개의 가능한 답을 품고 있는 문제와도 같다.[19]

### ⑤ 내재면의 상징 2 — 추상기계

존재의 근거에 해당하는 내재면은 잠재성을 띠고 있다. 이로부터 내재면을 상징하는 탈기관체 역시 잠재성을 띠고 있다는 것을 알 수 있다. 몸의 기관들이 아직 조직화되어 있지 않은 탈기관체는 무수한 조직화의 계열이 잠재되어 있는 '알'과 같은 상태라고 할 수 있다. 이는 해답이 도출되지 않은 상태, 다시 말해 도출되지 않은 여러 개의 답이 잠재해 있는 '문제'의 상태와도 같다. 내재면을 거론함에 있어서 또 하나의 빼놓을 수 없는 상징으로 추상기계machine abstraite가 있다.

들뢰즈·가타리는 개체들을 기계로 설명하고 있는데, 여기서 말하는 기계는 조직화된 기계가 아닌 부분품으로서의 기계라는 의미가 강하다. 왜냐하면 차이생성론이라고 하는 생성론적 사유에서 모든 동일성들은 차이생성 운동에 의해 발생하는데, 차이생성 운동이란 자체 내의

---

19) 들뢰즈 존재론에 나타나는 잠재성의 성격에 대해서는 다음을 참조할 것. 이정우, 「들뢰즈와 'meta-physica'의 귀환」, 『들뢰즈 사상의 분화』, 140~142쪽.

힘과 욕망을 지닌 개체(기계)들이 접속이라는 상호작용을 통해 특정의 배치를 형성해 가는 것을 말하기 때문이다. 따라서 기계들은 애초에 유기적으로 조직화되어 있지 않고 낱낱이 탈구되어 있으며 다른 기계와의 접속을 통해 다양한 배치를 발생시킨다.[20]

추상기계는 이 모든 기계들의 배치에 앞선 잠재적 배치이며, 탈기관체와 마찬가지로 조직화되지 않은 비유기적이고 미규정적인 상태, 탈영토화된 상태, 다시 말해 형식을 부여받지 않은 순수한 '질료'로서 작용한다.[21] 기계들은 그 자체로서 무의미하고 단절된 채 비유기적인 상태로 존재하지만 내재면-잠재성의 장에는 현실로 구현될 수 있는 배치들이 무수히 잠재되어 있다. 마치 카드의 패처럼, 바둑의 수처럼 그렇게 현실로 드러나 있지 않으나, 실현 가능한 배치의 잠재성이 바로 추상기계이다. 탈기관체와 추상기계는 공통적으로 내재면을 상징한다고 할 수 있으나 탈기관체는 '탈유기화' 내지는 '탈조직화'를, 추상기계는 '배치의 잠재성'을 보다 강조함으로써 각각 다른 각도에서 내재면의 특징을 조명한다.

⑥ 내재면과 유목

• 제자리에서 유목하기 ― 유목민은 그들의 영토를 벗어난 적이 없다

유목론의 여러 측면 가운데 내재면을 상징하는 것으로는 '제자리에서 유목하기'와 '유목적 배분'의 두 가지 측면을 들 수 있다.[22] 먼저 '제자

---

20) 이정우, 『천하나의 고원』, 돌베개, 2008, 18~22쪽 참조.
21) Deleuze et Guattari, *Mille plateaux*, pp. 176~177(『천 개의 고원』, 271~273쪽) 참조.

리에서 유목하기'는 늘 이동하지만 실상 한 번도 자신의 영토 밖으로 떠난 적이 없는 유목민의 속성을 말해 주고 있다. 들뢰즈는 일정한 장소에 머물지 않고 끊임없이 거주지를 옮기는 유목민의 이동이 '상대적 운동'이 아닌 '절대적 운동'이라는 주장을 통해 "유목민은 움직이지만 옮겨 다니지 않는다"라고 하는 독특한 발상을 전개했다. 일견 모순되어 보이는 이러한 견해는 유목민의 생활 터전이 건조한 스텝지역에 국한된다는 조건과 부합되어 설득력을 얻는다. 그들은 늘 물과 풀을 찾아 이동하지만, 그런 움직임이 삶의 터전을 벗어난 영토 밖 어디론가 떠나감을 의미하는 것은 아니다. 설사 그들의 행동반경과 그에 따른 점유 공간이 확대된다 해도 그것은 그들이 영토를 이탈한 것이 아니라 건조화 등 기후의 변화로 인해 영토 자체가 확장된 결과일 뿐이다.

그들이 있는 곳엔 늘 황폐함이 따르고, 황폐해진 대지 위에는 언제나 그들이 있어 왔다. 전후야 어찌 되었든 그들의 배경 그림은 언제나 똑같았다. 그런 점에서 유목민은 늘 어딘가를 향해 떠나지만 정작 한 번도 그들의 영토를 벗어나 본 적이 없다고 보는 것이다. 따라서 정작 거주지를 버리고 떠나는 것은 정착민일지언정 유목민은 아니다. 정착민에게 있어서 이동이란 터전을 버리고 떠나는 것, 다시 말해 완전한 '이주'移住를 뜻하지만, 유목민에게 있어서 이동은 터전 안에서 이루어지는 제자리 운동이기 때문이다. 이러한 사실은 존재의 바탕을 이루는 내재면이 존재의 외부를 인정하지 않는 '하나의 존재면'이라는 것을 상징한다.

22) '유목적 배분', '제자리에서 유목하기'와 관련된 보다 자세한 내용은 *Ibid*., pp. 471~474(같은 책, 729~734쪽)를 볼 것.

• 유목적 배분 — 유목공간을 결정하는 상위의 질서는 없다

유목적 배분은 유목민의 생활양식인 방목을 의미한다. 일정한 장소에 머물러 살아가는 정착민과 달리 목축을 주업으로 삼아 삶을 영위하는 유목민은 가축을 방목하며 물과 풀을 찾아 이리저리 떠도는 생활습성을 지니고 있다. 정착민의 영토가 울타리나 소유지로 규정되어 있고, 그 규정된 장소에 사람들과 가축들이 배분된다면, 소유지도 울타리도 없는 유목민의 영토는 미리 규정되거나 제한되지 않은 열린 공간 안에서 오히려 사람과 가축에 의해 배분되고 결정된다. 들뢰즈는 그의 저서 『차이와 반복』에서 이러한 방목의 특성에 대해 '악마적'이라는 표현을 쓰고 있는데, 이는 방목이 '소유지'라고 하는 규정된 공간의 질서를 어지럽힘으로써, 재현이라고 하는 정착적 구조를 전복시키는 혼란을 야기하기 때문이다.[23]

이러한 방목-유목적 배분에는 개체들이 선先존재하는 동일성을 재현하는 것이 아니라 거꾸로 개체들이 미규정의 상태에서 스스로 동일성을 창조해 간다고 하는 차이생성의 의미가 깔려 있다. 담과 도로에 의해 일정하게 구획된 공간에서 이루어지는 정착민의 행적이 규정된 '공간의 재현'이라고 한다면, 담도 도로도 없는 무규정의 공간에서 이동과 정지의 여정을 병치해 가는 유목민의 행적은 스스로 도로와 거주지를 만들어 가는 '공간의 창조'라 할 수 있을 것이다. 이처럼 유목민에게 있어서 영토의 존재 방식은 선존재하는 '동일성의 재현'이 아닌 차이생성에 의한 동일성의 구축 또는 동일성의 창조라 해야 할 것이다.

앞서 언급한 유목민은 그들의 영토를 떠나지 않는다는 취지의 '제

---

23) Deleuze, *Différence et répétition*, pp. 54~55(『차이와 반복』, 103~106쪽) 참조.

자리에서 유목하기'가 내재면이 단 하나의 존재면이라는 '존재의 일의
성'을 상징한다면, 유목민은 유목공간을 규정하는 상위의 질서에 지배
됨 없이 스스로 영토를 창조해 간다고 하는 '유목적 배분'은 차이생성
으로 동일성을 구축해 가는 내재면의 차이생성론적 특징을 상징한다.
이로써 '제자리에서 유목하기'와 '유목적 배분', 이 두 가지 측면이야말
로 내재면의 특징에 부합하는 유목론의 성격이라는 것을 알 수 있다.


## 존재의 양상 — 다양체

### ① 차이생성과 다양체

차이생성에서 차이와 생성은 결코 분리해서 생각할 수 없는 개념이다.
그것은 차이생성이 연속성을 띠고 있기 때문인데, '미규정의 차이생성
에서 규정된 차이로', 이 문구야말로 생성존재론 계열에 속하는 차이
생성론의 중핵이라고 할 만하다. 규정된 존재가 아닌 미규정의 차이생
성을 최초에 놓을 때 전통 존재론에 반하는 차이생성론이 성립되는 것
이다. 전통 존재론에 있어서의 존재방식이 '동일성의 재현'이라고 한
다면 차이생성론에서의 존재방식은 '동일성의 창조'라고 할 수 있다.
그러나 차이생성에 의해 창조된 동일성은 더 이상 전통 존재론에서 말
하는 고정불변하는 동일성이 아니다. 차이생성론에서 말하는 동일성
이란 '차이생성에 의해 강도 높게 뭉쳐진 상태' 바로 그것이다. 그리고
이때의 동일성은 고정불변하는 것이 아닌 언제든지 차이생성의 운동
에 의해 해체되기도 하고 다시 구축되기도 한다. 또한 차이생성의 운
동으로 구축되는 동일성은 하나가 아닌 '복수의'multiple 것이 되는바,

'다양체'multiplicité란 이처럼 가변적이고 유동적이고 복수적인 동일성을 말한다. 이렇게 해서 차이생성론에 있어서 동일성은 다양체로 대체된다.

　존재의 바탕을 이루고 있는 것은 내재면이다. 그러나 내재면은 하얀 도화지처럼 그림으로 채워지기를 기다리며 펼쳐져 있는 부동의 텅 빈 공간이 아니다. 내재면은 "그 자체로 충만한 내재면이자 동시에 구축되어야 할 내재면이다."[24] 무엇으로 충만해 있는가? 차이생성의 움직임으로 충만해 있다. 무엇으로 구축되는가? 다양체로서 구축된다. 그러므로 내재면은 최우선적으로 존재하는 부동의 실체도, 생성 운동의 결과로 구축되는 부동의 실체도 아니다. 존재의 최첨단을 차지하고 있는 것은 동일성도 차이도 아닌 다양체를 생성하는 차이생성이다. 차이생성의 운동에 의해 동일성이 구축되고, 이때의 동일성은 곧 다양체다. 이러한 다양체 역시 부동의 실체는 아니며, 차이생성 운동에 의해 구축과 해체를 반복한다. 그러므로 무한히 유동적이고 복수적인 다양체를 아우르는 하나의 초월적인 차원은 없다. 요컨대 내재면은 다양체를 아우르는 하나의 초월면이 아니다. 오히려 차이생성에 의해 구축되고 해체되는 다양체가 하나의 내재면을 구성하고, 한 편으로 구성해 가는 것이다.


② 리만 다양체

이러한 다양체의 성격은 19세기 비유클리드 기하학자 리만Bernhard Riemann, 1826-1866 다양체의 영향이 반영된 결과로 볼 수 있다. 리만 기하학에서는 리만이 다양체manifold라 부르는 특수한 수들의 집합체(n차원

---

24) 들뢰즈, 『들뢰즈가 만든 철학사』, 119쪽.

수들의 집합체)만을 인정한다. 이는 수의 외부에서 이를 지배하는 상위 차원, 즉 데카르트 좌표와 같은 초월적 좌표를 가지지 않는다는 것을 의미하는데, 리만은 어떠한 초월적 좌표에도 종속되지 않도록 '곡률텐서'curvature tensor를 고안하여 순전히 내재적인 방식으로 곡 구조를 연구했다. 전체를 아우르는 고정된 좌표축을 중심으로 국소적 위치가 결정되는 데카르트 좌표 체계와 반대로 리만 기하학에서는 상대적이고 국소적인 좌표들의 상호관계와 조합을 통해 다양체가 형성되고 전체의 광역적 구조가 결정된다.[25]

이러한 리만 다양체의 원리를 정리하면 먼저 리만 다양체가 n차원 수들의 집합체를 기반으로 하고 있다는 것, 다음으로 다양체 밖에 존재하며 다양체를 규정하는 초월적 차원이 없다는 것, 마지막으로 전체가 국소적 관계를 결정하는 것이 아니라 역으로 국소적인 관계의 움직임들이 전체의 구조를 결정한다는 것 등으로 요약할 수 있다. 이러한 리만 다양체의 원리는 들뢰즈 다양체의 성격과 정확히 일치하는 것임을 알 수 있는데, 차이생성에 의한 다양체의 무한변이가 곧 존재의 바탕이 되는 내재면임을 상기할 때, 리만 다양체는 들뢰즈 다양체를 넘어서 다양체의 생성원리라 할 수 있는 차이생성론 자체에 고스란히 반영되어 있음을 알 수 있다. 그런 의미에서 '차이생성의 장-내재면-유목공간'은 그 자체로 리만 공간이라 할 수 있겠다.

---

25) 리만 기하학에 관련하여 보다 상세한 내용은 김숙경, 「최한기의 기륜설과 서양의 중력이론」, 『東洋哲學硏究』 제71집, 東洋哲學硏究會, 2012. 8, 147~150쪽을 볼 것.

### ③ 다양체와 유목

• 무한변이 ― 유목민의 발걸음

유목이 내재면의 특성을 반영하듯이 유목의 또 다른 일면은 다양체의 특성을 반영한다. '제자리 유목'과 '유목적 배분'이 내재면의 일의성과 창조성의 반영이었다면, '유목민의 발걸음'과 '하나이자 여럿'은 다양체의 유동성과 복수성을 반영한다. 다양체의 유동성은 다양체가 선존재하는 고정된 동일성이 아닌 차이생성의 운동에 의해 발생되는 것임을, 다양체의 복수성은 다양체가 불변하는 하나가 아닌 가변적인 여럿임을 의미한다. 동일성 이전에, 하물며 동일성을 대체하는 다양체 이전에 차이생성이 먼저 있었다. 그와 마찬가지로 영토 이전에 발걸음이 먼저 있었다. 발걸음이 구축해 놓은 영토의 외연을 지워 버리면 오롯이 남는 것은 북적대는 무수한 발걸음들이다. 유목의 시원에서 북적대는 발걸음들처럼 존재의 꼭대기를 차지하는 것은 보편자도, 개체화된 사물도, 성질도 아닌 우발성과 우연성에 기인한 미규정의 움직임들, 곧 차이생성이다.

차이생성에서 차이와 생성은 결코 분리해서 생각할 수 없는 개념이다. 그것은 차이생성이 연속성을 띠고 있기 때문인데, 이는 유목민의 발걸음이 그것과 접속하는 대지와 뗄 수 없는 관계를 맺고 있는 것과도 같다. 발이 대지와 접속하는 운동으로 발걸음이 형성되고, 발걸음의 흐름을 따라 영토의 위상이 결정되는 것처럼, 발과 걸음은 결코 분리될 수 없는 하나의 발걸음이 되어 영토 이전에 존재하고, 영토의 위상을 결정해 간다. 이처럼 생성은 존재에 우선하고, 나아가 생성이 존재를 구축해 간다. 요컨대 차이생성이 동일성-다양체를 구축한다. 차이생성은 "자신에 앞서 주어지는 공간과 시간의 부재 속에서 변화를 겪으므로 '즉자적 변이'라고도 할 수 있다".[26] 그렇게 차이생성은 스스로의 힘으로 변이를 만들어 간다.

　유목민의 발걸음이 대지와 접속하며 한 걸음 또 한 걸음 내딛을 때마다 달라지는 영토의 위상처럼, 존재의 시원에는 '연속적 변이' variation continue가 자리하고 있다. 이는 마치 대지와 접속하는 유목민의 발걸음에 따라 구축과 해체를 반복하는 영토의 위상과도 같다. 대지에서 발걸음을 떼는 순간 기존에 구축된 영토로부터 탈주하여 탈영토화가 이루어지고, 다시 한 걸음 내딛는 순간 대지와 접속하여 새롭게 재영토화가 이루어지는 것처럼, 영토화와 탈영토화를 거듭하며 변모된 양상을 띠어 가는 것이 연속적 변이다. 연속적 변이에 따라 다양체의 양상 또한 다양하게 변해 간다. 이처럼 최초에 존재했던 것은 헤아릴 수 없이 많은 유목민의 발걸음들, 상위 차원에 포섭되지 않은 채 난무하는 n차원의 수들… 이른바 동일성도 다양체도 아닌 차이생성이다. 다양체는 이러한 차이생성 운동의 결과 발생되는 불안정한 동일성으로서 존재의 한 매듭일 뿐이다.

• 유목민의 영토는 하나이자 여럿이다.

유목민의 영토가 하나이자 여럿이라는 것은 하나의 영토를 채우고 있는 잘게 소분되고 구획된 다수의 거주지를 의미하는 것이 아니다. 그것은 오히려 정착민의 거주 형태일지언정 유목민의 것은 아니다. 기후와 식생植生의 변화에 따라 늘 이동하는 유목민에게 있어 거주지란 그들의 이동과 더불어 발생하는 서로 다른 다수의 지형도라고 할 수 있

---

26) 로장발롱, 『들뢰즈와 가타리의 무한 속도 1』, 79쪽.

다. 이는 마치 하나의 바둑판 위에 개개의 바둑돌들이 놓일 때마다 발생하는 게임의 다양한 위상과도 같다. 바둑 게임의 위상이 바둑돌의 움직임 이전에 먼저 존재하는 것이 아니듯이 유목민의 영토 역시 그들의 움직임 이전에 결정되어 있는 부동의 실체가 아니다.

바둑게임은 바둑판 위에서 발생하지만 바둑판을 재현하지 않는다. 유목의 여정 또한 하나인 유목공간에서 이루어지지만 유목공간을 모방하지 않으며 유목공간 역시 유목의 여정을 규제하지 않는다. 따라서 유목민의 영토는 비록 한정되어 있을지라도 그들의 이동에 의해 수시로 그 위상이 변한다. 본거지 자체가 바뀌는 정주민의 이동은 재현의 전통에서 개체의 차이가 곧 원본의 차이라는 것을 의미하는 반면, 이동에 따라 영토 자체의 위상이 수시로 바뀌는 유목민의 영토는 하나의 원본 안에 무수한 질적 차이가 존재함을 말해 준다. 유목민은 하나뿐인 그들의 터전을 벗어나 본 적이 없다. 그러나 유목의 여정이 무수한 영토의 위상을 창조할 때, 하나의 터전, 하나의 원본, 하나의 유목공간은 그 의미를 상실한다. 유목이 상징하는 하나인 내재면과 여럿인 다양체는 이렇게 공존 가능하다.

유목민의 삶에 있어서 영토의 의미는 결코 고정적인 것도, 영구불변의 것도 아니다. 유목민에게 고정된 하나의 영토는 없다. 단지 이동과 정착으로 점철된 끝없는 여정의 반복이 있을 뿐이다. 그러므로 영토가 먼저 있어 유목민의 발걸음을 제약하고 규제하는 것이 아니라, 유목민의 발걸음이 먼저 있어 그 미세한 발걸음 하나하나가 대지와 접속함으로써 유목민의 영토가 구축된다. 이렇게 구축되는 영토들은 그 형상이 동일하지 않으며 무수한 차이를 동반한다. 이른바 다양체다. 이러한 방식으로 다양체들이 생성되고, 다양체의 생성과 더불어 내재면 역시 구축된다. 그러나 이렇게 구축된 동일성은 유일한 것도 고정불변하는 것도 아니다. 구축되고 다시 해체되기를 반복하는 유목민의 영토처럼 그렇게 가변적이고 유동적이고 복수적인 영토는 동일성이 곧 다양체라는 것을 말해 준다.


## 존재의 발생 — 현실화

### ① 잠재성의 현실화

초월성의 사유에서 존재의 구현이 고정불변하는 이데아 혹은 형상形相의 재현이라고 할 때, 내재성의 사유에서 존재의 구현은 차이생성 운동에 의한 차이의 발생이라고 할 수 있다. "발생은 잠재적인 것이 현실화되는 과정으로, 이른바 구조가 구체적인 몸을 얻어 구현되는 과정이다."[27] 여기서 잠재된 구조란 잠재성의 장, 즉 차이생성의 장이라고 할 수 있다. 그러므로 차이생성에 의한 발생은 차이생성의 장에서 발생적 요소인 차생소들($dx$와 $dy$) 간의 '미분적 접속($\frac{dy}{dx}$)'에 의해 발현된다.[28] 요컨대 그 자체로 비유기적인 발생적 요소들은 상호 간에 모종의 관계를 맺음으로써 유기체를 형성하고 일정한 규정으로 향해 가게 되는데, 그 '모종의 관계 맺음'이 곧 접속이다. 그러므로 접속은 곧 발생운동이다. 발생운동으로서 접속은 초월적 존재와의 관계 속에서 일어나는 운동이 아니고 존재 내에서, 잠재성의 장 안에서 이루어져 현실의 표면

---

27) Deleuze, *Différence et répétition*, p. 238(『차이와 반복』, 401쪽).
28) 차이생성에 의한 존재의 발생에 관해서는 본문 370쪽을 볼 것.

으로 솟아오르는 내재적 운동이다. 이러한 접속운동에 의해 잠재되어 있던 배치의 계열들-다양체들이 비로소 몸을 얻어 현실로 구현되는 것이다. "모든 삶은 접속과 상호작용의 과정이다. 어떤 신체나 사물도 접속과정의 산물이며 어떠한 배치도 접속으로부터 창조된다."[29] 따라서 잠재성이 현실화되는 것은 접속이라고 하는 운동의 산물로 설명할 수 있을 것이다.

접속운동은 개체들을 지칭하는 기계로부터 시작된다. 기계들은 접속을 통해 배치를 이루는 영토화가 되고, 탈주에 의해 배치가 풀리는 탈영토화가 되는가 하면, 다시 접속을 통해 재영토화를 이루기도 한다.[30] 따라서 잠재성이란 차이생성의 운동에 따른 무수한 접속과 배치의 계열들이 잠재되어 있음을 의미하며, 접속과 배치의 계열들은 무수한 답을 품고 있는 문제의 상태와도 같다. 그러므로 존재의 발생은 문제가 답을 얻는 과정이자 카오스에서 질서로 가는 운동이며 그로부터 구축과 해체가 가능한 상대적이고 일시적인 동일성이 구현되어 가는 과정이다. 이렇게 생성에서 존재로 가는 과정이 곧 잠재적인 것이 현실화되어 가는 과정이다. 그러므로 관건은 접속에 있다 하겠는데, 접속은 그 성격상 수목형의 접속과 리좀형의 접속으로 나누어 볼 수 있다.

② 수목형의 접속과 리좀형의 접속

『천의 고원』에는 수목형의 뿌리와 리좀Rhizome으로 대립되는 개념 쌍이 등장한다. 수목형의 뿌리는 모든 뿌리들이 하나의 중심뿌리로 귀착하

---

29) 콜브룩, 『들뢰즈 이해하기』, 33쪽.
30) 이정우, 『천하나의 고원』, 22~23쪽 참조.

며, 중심뿌리로부터 곁뿌리들이 규칙적으로 뻗어 가는 반면 땅 밑 줄기, 또는 땅속 줄기를 이르는 리좀은 중심뿌리 없이 줄기 자체가 분기하여 각각 뿌리 역할을 한다. 이러한 리좀은 중심뿌리의 지배하에 폐쇄적이고 규칙적으로 분기하여 수직적 위계를 형성하는 수목형의 뿌리와 달리, 중심뿌리가 제거된 채 줄기에서 직접 분기한 개개의 땅속 줄기들이 횡적으로 직접 접속한다. 『천의 고원』의 저자 들뢰즈와 가타리는 수목형 뿌리의 접속과 리좀의 접속 방식에 대응하는 두 종류의 사유를 전개한다.

중심뿌리의 여러 지점에서 곁뿌리가 뻗어 나오고 다시 곁뿌리의 무수한 지점에서 보다 잔 뿌리들이 갈라져 나오지만 그 모두가 하나의 중심뿌리로 귀착하는 수목형 뿌리의 접속은 제아무리 복잡하게 얽히고설킨 듯 보여도 바로 상위에 있는 뿌리를 거쳐 마침내 중심뿌리에 이르는 통일된 위계질서 안에 포섭되어 있다. 이러한 수목형의 접속은 총체성과 통일성의 지배하에 모든 차이를 가두는 초월성의 사유를 상징하는 반면 중심뿌리가 제거된 채 개체들 간의 평등하고 직접적인 접속을 의미하는 리좀형의 접속은 중심이 제거된 체계 속에서 차이생성에 의한 발생과 변형을 존재의 특징으로 하는 차이생성론을 상징한다. 수목형의 뿌리체계가 보여 주듯이, 하나의 통일 원리에 귀속되어 어떠한 경우에도 불변의 본성을 잃지 않는 수목형의 접속과 달리 리좀형의 접속은 비유기적으로 단절되고 이질적인 것들 간에 직접 접속하고, 접속되는 항들이 늘거나 줄어듦에 따라 성질이 달라지는 가변적 체계를 형성한다.[31]

한편 현실화의 측면에서 볼 때 이들 개념 쌍은 결코 상호 간에 대척관계를 형성하지 않는다. 존재는 비록 가변적이고 유동적이고 복수적일지언정, 또한 그것이 구축과 해체의 반복이 만들어낸 한낱 사건에 불과할지언정, 현실화되기 위해서는 일말의 동일성(배치)이 구축되어야만 한다. 그렇지 않으면 현실로 표출되지 못한 접속과 배치의 무한 계열들이, 몸을 얻지 못한 배아의 상태로, 답을 얻지 못한 문제의 상태로, '탈기관체-내재면' 안에서 단지 잠재성으로만 머물러 있어야 하기 때문이다. 그러한 배치의 강도에 따라 어떤 경우 리좀에는 수목형 뿌리의 마디가 형성되기도 하고, 그런가 하면 수목형의 중심뿌리에는 부단히 지속되는 탈주선의 저항에 의해 리좀의 발아 현상이 발생하기도 할 것이다.

"리좀에는 수목형 뿌리의 마디가 있고 수목형 뿌리에는 리좀의 발아가 있다."[32] 그리하여 "수목형의 뿌리와 리좀은 뫼비우스의 띠처럼 안과 밖이 꼬이면서 이어져 하나의 평면을 형성하고 있다".[33] 이는 들뢰즈·가타리가 존재에 있어 근원과 파생의 문제, 동일성과 차이의 문제를 전통 존재론의 위계로부터 끌어내어 수평으로 나란히 세운 결과이다. 리좀은 명시할 수 없는 어느 지점에선가 수목형의 뿌리로 변하고 수목형의 뿌리 역시 먼 어느 지점에선가 리좀이 되어 있다. 이는 수목형과 리좀형이 결코 이항대립이 아닌 정도 차, 강도 차의 문제임을 상기시켜 준다. 그러므로 차이생성론은 동일성에 반대하지 않는다. 다만 고정불변하는 단 하나의 동일성에 반대할 뿐이다. 이처럼 수목형 접속과 리좀형 접속은 뗄 수 없는 관계로 얽혀 상호 침투하고 반전하

---

31) 수목형 접속과 리좀형 접속에 관한 보다 상세한 내용은 『천의 고원』 서문을 볼 것.
32) Deleuze & Guattari, *Mille plateaux*, p. 30(『천 개의 고원』, 45쪽) 참조.
33) 우노 구니이치, 『들뢰즈, 유동의 철학』, 이정우·김동선 옮김, 그린비, 2008, 194쪽 참조.

며 현실화로 나아가되, 동일성의 고착화에는 대항한다.

### ③ 접속과 유목

• 잠재성과 유목

존재의 발생은 한마디로 잠재성에서 현실성으로 나아가는 접속 운동이라 할 수 있으며, 유목에서의 잠재성이란 하나의 유목공간에 잠재해 있는 다양한 영토의 위상을 의미한다. 유목민에게 있어서 거주지는 정주민의 거주지처럼 부동의 공간이 아니라 그들의 궤적을 따라 끊임없이 이동한다. 그러므로 유목민의 공간은 이동과 함께 옮겨지고 옮겨짐과 동시에 지워지는 미규정된 경로에 의해서만 구분된다. 그들이 비록 관습적인 궤적을 따라 이동한다 해도 모든 지점은 중계점으로만 존재하며 정주민의 공간처럼 영구히 점유되는 것이 아니다.[34] 그러므로 유목민의 영토는 따로 존재하는 것이 아닌 유목의 과정 전체를 통틀어 유목민의 영토라고 할 수 있을 것이다.

이처럼 유목민의 영토는 이동과 동시에 영토를 벗어나는 탈영토화와, 탈영토화가 되는 동시에 다른 지점과 접속하는 재영토화를 반복하며, 그때마다 영토의 위상을 새롭게 그려 간다. 따라서 유목민의 영토는 결코 전모를 드러내지 않으며 다양한 영토의 위상을 품은 채 추상적으로만 존재한다. 구체적인 것은 오직 대지와 접속하는 유목민의 발걸음들뿐이다. 그 발걸음들이 만들어내는 무수한 발자취들만이 우글거리는 미립자의 움직임이 되어 그들의 영토를 채우고 또한 영토의 위상을 만들어 간다. 요컨대 유목민의 영토에 있어 전체의 위상은 현

---

34) Deleuze & Guattari, *Mille plateaux*, p. 471(『천 개의 고원』, 729~730쪽) 참조.

실로 존재하지 않으며 잠재성으로만 존재한다.

내재면 즉 잠재성의 장은 차이생성의 흐름 이전에 펼쳐져 있는 공간적 구조가 아니다. 그와 달리 잠재성의 장은 곧 차이생성의 흐름 그자체라고 할 수 있다. 이러한 차이생성의 흐름은 연속적인 흐름이 아닌 무수한 계열séries들이 중층의 구조를 이루고 있다. 말 그대로 촘촘한 관계의 그물망인 장場을 형성하고 있다는 것이다. 따라서 잠재성의 장은 카오스의 상태를 이루고 있지만 그렇다고 해서 막연한 혼돈이나 단순한 무질서의 상태가 아닌 계열이 무수히 많은 상태, 접속과 배치의 라인이 헤아릴 수 없이 많기에 무질서하게 보이는 상태를 말한다.

이는 한정된 유목공간에 잠재해 있는 유목여정의 라인이 무수히 중첩되어 누층을 이루고 있는 것과도 같다. 유목공간에 유목 라인의 중첩이 거듭될 때 유목민의 발걸음들은 미립자처럼 북적대는 카오스의 장을 형성한다. 마찬가지로 차이생성의 장에는 차생소들이 상호 접속을 통해 구현될 수 있는 무수한 배치들이 누층을 이루며 잠재되어 있다. 잠재성은 차이생성으로 구축되는 다양체들의 양상이고, 그 중 현실화되는 것은 '구체적인 몸을 얻어 구현되는 배치'[35]들이다. 이처럼 차이생성의 장은 현실로 구현될 영토들을 잠재하고 있는 유목공간처럼, 현실의 표면으로 솟아오를 하나의 배치를 위해 수많은 배치의 계열들이 다양체로 잠재되어 있는 잠재성의 장이다. 하나의 배치가 현실화된다는 것은 점선에서 실선으로 드러난 유목민의 영토이자 여러 개의 답을 품고 있는 문제에서 구해 낸 하나의 해답과도 같은 것이다. 요

---

35) 배치(agencement)가 구현되었다 함은 다양체가 몸을 얻어 실현된 상태, 현실화된 상태를 말한다.

컨대 배치는 카오스의 소용돌이에서 건져 올린 한 줌의 질서이며, 그렇게 잠재된 다양체들 중에서 하나의 배치-동일성이 구축되어 현실의 표면 위로 솟아오른다.

• 리좀적 접속과 유목

유목에서 강조되는 우연성과 미규정성의 특징은 리좀형의 접속에서 찾아볼 수 있다. 시작도 끝도 없이 무한순환하는 유목에 있어 최초의 발걸음이 정해져 있지 않은 것처럼, 계속되는 유목의 여정에서 최종적으로 정착해야 할 목적지는 없다. 최종적인 목적지는 고사하고 바로 다음에 내디뎌야 할 발걸음조차도 미리 규정되어 있지 않은 것이 유목의 속성이다. 따라서 "유목민의 영토는 규정된 전체 속에서 파악되는 것이 아니라 한 지점에서 다른 지점으로의 이동을 반복해 가면서 차례대로 여정을 병치해 가는 방법으로 파악된다."[36]

이러한 유목민의 발걸음을 인도하는 것은 기후의 변화에 따라 발생하는 식생植生들이다. 그러나 식생들 역시 시시각각 달라지는 기후 및 토양의 성분과 접속하며 그 자체로 미규정적으로 분포되어 있다. 그 식생들의 분포 양상에 따라 유목민의 발걸음은 분주하게 옮겨지기도 하고 한없이 느려지거나 오래도록 정체되기도 한다. 이러한 유목의 여정을 통해 영토의 외연이 구축되기도 하고 해체되기도 하면서 영토의 위상은 다양하게 변모되어 간다. 그러므로 유목민의 영토는 부동의 전체가 아닌 한 지점에서 또 한 지점으로 연결되는 국지적 접속의 통합으로 존재하며, 그에 따라 영토 자체의 위상 또한 수시로 바뀐다. 또

---

36) Deleuze & Guattari, *Mille plateaux*, p. 474, note 47(『천 개의 고원』, 733쪽, 주65) 참조.

한 국지적 접속의 통합에 의해 파악된 영토는 부동의 것이 아닌 유동적이고 가변적이고 일시적인 것에 불과하다.

유목의 이러한 특성은 중심뿌리의 통일성 아래 전체적 위계질서를 이루는 수목형의 뿌리와 달리 계층도, 중심도, 규칙도 없이 개개의 단절되고 독립적인 요소들이 횡적 접속을 이루는 리좀의 성질과도 같다는 것을 알 수 있다. 어떻게 접속하느냐에 따라서 유목민의 영토는 무수한 차이를 수반한 채 구축되기도 하고 다시 해체되기도 한다. 이러한 접속의 과정은 불확정적인 환경의 변화에 의존하므로 탈중심화되고, 우연적이고, 병렬적인 방식으로 반복된다. 이처럼 유목민의 영토를 결정짓는 것은 인과성과 필연성보다는 우발성과 우연성에 기인하므로, 비록 유목에 일정한 궤적이 있다 해도 그 궤적은 양자요동처럼 무수한 변수를 품고 있는 불완전한 노선이 될 수밖에 없다.

이는 정해진 패턴에 의존하지 않고, 단지 낱낱의 천 조각들이 평등하고 우연적인 방식에 의해 다양한 배치를 구축해 가는 패치워크와도 흡사하다. 패치워크에는 재현해야 할 하나의 중심테마가 없으며, 한 조각 한 조각 국지적인 접속을 통한 구축과 해체의 과정이 있을 뿐이어서 그에 따라 나타나는 형상 또한 천차만별이다. 그러므로 패치워크는 어디에도 존재하지 않으며 단지 패치워크라는 언표(말)와 천 조각들이라는 물질적 요소, 그리고 천 조각들의 국지적 접속과 그에 따른 배치의 발생이라고 하는 생성과정이 있을 뿐이다. 마찬가지로 유목이 재현해야 할 영토의 패턴은 없다. 단지 무수한 발걸음들과 그것들이 접속하는 대지, 그리고 접속에 따라 느리거나 빠르게 발생하는 영토의 구축과 해체의 과정이 있을 뿐이다. 따라서 유목은 중심뿌리의 지배 없이 무한 증식하는 리좀처럼, 서로 다른 차이를 무한히 반복해 가는 패치워크처럼, 구축과 해체, 영토화와 탈영토화를 거듭하며 여정의 발걸음을 멈추지 않을 뿐이다.


## 유목론에서 유목미학으로

차이생성론에 있어서 존재의 근거, 존재의 양상, 존재의 발생은 결코 시간 순으로 전개되지 않으며 오히려 동시적이다. 이들은 상호 불가분의 관계로 얽혀서 때로는 서로를 반영하기도 하고 때로는 서로의 의미를 보충해 주기도 한다. 존재의 근거로 제시했던 내재면은 존재의 발생을 가능케 하는 차이생성의 접속 운동 그 자체이며, 존재의 양상으로 자리매김했던 다양체 역시 접속 운동에 따르는 잠재된 배치의 계열들로서 내재면을 구성하고 있다. 그러므로 이들은 차이생성론을 구성하는 개별적 요소들이라기보다는 그 자체로 차이생성론의 세 측면에 해당한다고 보아야 한다. 굳이 최초의 근원을 제시하자면 이 세 측면들이 영토화와 탈영토화를 겪으며 발생하는 무한변이 그 자체라고해야 할 것이다. 따라서 차이생성론에서 존재의 근거와 양상과 발생은 어떠한 위계도 형성하지 않으며 그 자체로 리좀처럼 평등한 횡적 관계를 맺고 있다.

앞서 패치워크의 예에서 각인되었듯이 내재면은 존재의 양상과 존재의 발생 이전에 펼쳐져 있는 초월면이 아니다. 이는 패치워크에 자수에서 볼 수 있는 기본 패턴이 없는 것과 같은 이치이다. 자수는 정해진 밑그림을 수실로 재현하는 방식으로 표현되지만 패치워크는 낱낱의 천 조각들과 그것들의 접속으로 인해 발생 가능한 배치의 양상들이 잠재해 있을 뿐이다. 여기서 낱낱의 천 조각들이 접속과 해체를 반복해 가는 과정은 존재의 발생을, 그에 따라 구축되고 해체되는 다양한 모양새는 존재의 양상을, 그리고 이 모든 과정을 담은 잠재적 전체는 존재의 근거를 각각 대변해 준다.

이를 유목에 대입하면 다음과 같이 설명할 수 있을 것이다. 개개의 지점들과 국지적으로 접속하며 이동과 정착을 끊임없이 반복하는 유목민의 행적은 존재의 발생을 이끄는 접속을, 그에 따라 구축되고 해체되는 영토의 위상은 존재의 양상으로서 다양체와 현실로 구현된 배치를, 그리고 접속과 배치의 과정이 잠재해 있는 유목공간은 곧 존재의 근거로서 내재면을 의미한다. 요컨대 유목행위와 유목공간은 분리해서 생각할 수 없으며 이는 유목론이 반영하고 있는 차이생성론이 존재가 아닌 생성의 사유임을 다시금 환기시킨다.

1부의 내용을 다소 거칠게 요약해 보면, 차이생성의 운동이 그 자체로 잠재성의 장을 형성하고 있으며 그 흐름 속에는 접속에 의해 현실화될 수 있는 배치들이 무수한 다양체로서 잠재되어 있다. 이는 마치 복수적이고 다중적인 유목의 여정 라인이 미규정의 상태로 유목민의 영토를 채우고 있으며, 언제든지 현실의 표면으로 솟아오를 수 있는 영토의 형상들이 무수히 잠재해 있는 것과 같다. 이것이 들뢰즈의 존재론에 해당하는 차이생성론의 요체이며 그 상징으로서 제시된 유목론의 골자라고 할 수 있다. 1부에서 차이생성의 원리는 유목이라고 하는 상징체계와 대화하며 몇 가지 특징적인 요소들이 강조되었다. 존재의 근거로서 제시된 내재면에서는 존재의 근간을 이루는 '무한변이'와 '배치의 잠재성'이, 존재의 양상을 나타내는 다양체에서는 '다양체의 유동성과 복수성'이, 그리고 존재의 발생을 있게 한 접속에서는 수목형의 접속이 아닌 '리좀형의 접속'이 특히 강조되고 있다.

유목미학은 유목론의 재배치가 이끌어낸 이들 세 측면에 해당하는 요소들을 이론적 바탕으로 하여 동서고금의 온갖 장르를 넘나들며 다양한 이야기들을 펼쳐 가게 된다. 그 일환으로 다음에 소개되는 2부 '제3의 신화'는 유목미학의 다양한 변주 가운데 하나로서, 유목미학의 특징을 소개하기 위한 목적의 짧은 글로 창작되었다. '제3의 신화'는 알렉산드로스의 동방원정 이후 동방 각지에 전파되었던 그리스 신화 속 신들의 자취를 따라가며 생명으로서 문화의 속성을 밝혀 가는 과정을 담고 있다. 본래 '제3의 신화'는 보다 길고 복잡하며, 다채로운 유목의 여정을 담고 있으나 이 글에서는 내재면, 다양체, 리좀적 접속의 원리가 어떻게 적용되고 해석되는가를 파악하기 위한 취지하에 간소화된 형태로 소개될 것이다.


## 2부. 제3의 신화

특정의 신화라는 영토가 구축되기 이전에 신들이 먼저 있었다. 아니, 신들이 있기 이전에 지혜와 용기, 힘과 아름다움, 선의와 관용, 빛과 풍요에 대한 개념이 먼저 있었다. 그런가 하면 분노와 증오, 애욕과 질투, 음모와 술책, 복수와 징벌에 대한 개념도 먼저 존재했다. "사실, 언어는 끊임없이 하나의 언어 속에 다른 언어를 만들어내는 연속적 변화와, 그에 따른 복수적이고 다양한 배치의 과정으로 파악되며, 이러한 연속적 변이의 흐름 어느 지점에선가 마치 지층이 쌓이듯, 특정의 의미를 얻어

굳혀진 것들이 바로 개별적인 언어에 따르는 개념이 될 것이다."[37]

신들이 있기 이전에 정신적 요소들이 먼저 존재하고 있었던 것처럼 마찬가지로 신들이 있기 이전에 조형적 이미지들이 먼저 있었다. 서로 다른 외모와 체구들, 갖가지 무기들과 상징적 지물持物들,[38] 머리와 몸에 착용하는 다양한 의복과 장신구들, 그것들이 처음부터 이상적인 조합을 이루고 있었던 것도, 특정의 개념과 접속하여 고정된 정체성을 획득하고 있었던 것도 아니다. 늘 그렇듯이 존재의 근원을 거슬러 올라 그 시원에 이르면 하나의 원본이, 부동의 이데아가 자리 잡고 있는 것이 아니라 물질적·비물질적 요소들이 한데 뒤섞여 형체 없는 수프처럼 질펀한 카오스의 상태를 만나게 된다.

세계의 여러 신화 역시 그것이 탄생하기 이전에 신화의 질료로서 다양한 개념들과 조형적 특징들이 먼저 존재했다. 이들은 형상을 얻지 못했으므로 안정된 공간을 점유하지 못했다. 그러므로 신화의 질료들은 자체 내에서 응축되고 이완되는 강도와 속도만을 지닌 채 불안정하게 요동치는 내재면-잠재성의 장을 형성하고 있었다. 어째서 잠재성의 장이라고 하는가? 그것은 온갖 신화의 질료들이 상호 간에 접속하여 배치를 이루게 될 무수한 조직화의 계열들, 이른바 다양체들이 잠재되어 있기 때문이다. 다양체들은 결코 감각에 잡히지 않는 추상적이고 선험적인 잠재성의 장에서 미시적인 차원에서부터 거시적인 차원에 이르기까지 겹겹이 중첩되어 누층을 이룬 채 무한 변이의 소용돌이

---

37) 이러한 '연속적 변이'는 『천의 고원』 전체를 관통해 흐르고 있는 핵심사항이며, 언어 이외의 모든 사상에도 예외 없이 적용된다. 우노 구니이치, 『들뢰즈, 유동의 철학』, 201쪽 참조.
38) 지물(持物)이란 제우스가 들고 있는 뇌정이나 포세이돈이 들고 있는 삼지창처럼 신들이 지니고 있는 물건을 뜻한다.

를 이루고 있었다.

이처럼 무수한 개념적 요소들과 조형적 요소들이 빠른 속도로 뒤엉켜 흐르고 있는 잠재성의 장에서 다양한 횡적 접속이 이루어졌다. 에게 해를 둘러싼 해안지형과 접속한 신화의 질료들은 보다 인간적인 특성을 지닌 신들을 대거 양산해 냈으며 그보다 동쪽의 대륙에 접속한 신화의 질료들은 매우 강력한 종교의 흐름 속으로 빨려 들어갔다. 이처럼 지역 여하를 막론하고 신들은 처음부터 고정된 정체성이 확보된 상태는 아니었다. 신화의 질료들을 구성하고 있는 낱낱의 요소들은 자체적인 강도와 속도에 의한 생성변화와, 외적인 접속에 의한 변용을 겪으며 각기 특성을 갖춘 캐릭터로 서서히 굳혀 갔다. 신들의 정체성이 어느 정도 결정된 뒤에도 접속과 변용의 테마는 이어졌으며 그때마다 신들의 정체성에 변화가 발생하거나 새로운 요소들이 첨가되기도 했다. 그리고 시간이 흐르면서 그 중 어떤 요소는 강도를 더해 크게 부각되었는가 하면 어떤 요소는 힘을 잃고 점차 사위어 가기도 했다. 또한 접속에 따라 발현되는 사건 속에서도 그 양상은 천차만별로 달라졌다.

제우스는 어떤 사건 속에서는 신들의 왕으로 나타나며, 또 다른 사건 속에서는 천공의 신으로서의 면모를 보이기도 한다. 때로는 인간 세계의 법과 행정에 적극 관여하는 모습으로 등장하기도 하고, 때로는 자신의 적들과 맞서 용감히 싸우는 전사의 모습을 보여 주기도 한다. 한편 자신의 심기를 거스르는 자들에게 혹독한 응징을 가하는 잔혹한 일면을 드러내기도 하는가 하면, 주체할 수 없이 격렬한 감정에 휩싸여 숱한 애증의 드라마를 연출하기도 한다. 이처럼 제우스의 정체성을 나타내 주는 측면들은 무수히 많다. 하지만 다양한 측면들을 아우르는 하나의 정체성은 없으며 그 중 어느 한 측면이 제우스의 정체를 대변

**사진 1.** 제우스 신이 페르시아 조로아스터교의 태양신 미트라와
결합되었을 것이라는 추측을 강하게 뒷받침해 주는 옛 그리스 식민지 지역 출토 코인.
제우스 신상의 머리에 미트라의 태양광이 나타나 있다.

하지도 않는다.

우리는 거인 족과의 싸움에 임해 올림포스의 모든 신들을 통솔하는 제우스의 모습에서 신들의 왕으로서의 정체성을 확인할 수 있으며, 뇌정을 휘둘러 비구름을 모으고 천둥번개를 일으키는 모습에서 천공의 신으로서의 면모를 느낄 수 있다. 또한 자신의 권위에 도전하는 신들과 괴수들, 그리고 인간들을 가차 없이 응징하는 사건들을 보며 잔혹한 정체성의 일면을 파악하고, 갖은 권모술수를 동원해 숱한 여신들과 여인들에게 접근하는 모습에서 호색한으로서의 추한 정체성을 발견하기도 한다. 이렇게 제우스의 정체는 사건과 더불어 변화무쌍하게 전개될 뿐 그를 정의하는 하나의 정체성은 없다. 대신 서로 다른 이미지와 스타일이 고정불변하는 단 하나의 정체성을 대신한다.

이처럼 고정불변하는 하나의 정체성이 아닌 가변적이고 복수적인 다양체를 본성으로 하는 그리스 신들은 알렉산드로스를 따라 동방으로 진출하면서 역시 그들처럼 다양체를 본성으로 하는 지역 신들과

그림 2. 페르시아의 전승신 베레트라그나와
헤라클레스의 만남. 알렉산드로스 동방원정 이후
헤라클레스 신앙이 그리스 식민지 곳곳으로
크게 퍼져 나갔다.

그림 3. 약시와 접속하여
풍요의 여신으로 거듭난 아프로디테
(간다라 지방에서 발견).

접속하게 된다. 그렇게 다양한 이방신들과의 접속을 통해 생성 변화를 거듭하면서 그리스 신들은 그들의 다양체를 더욱 증식시켜 갔으며 그와 더불어 신화 역시 기존에 구축된 스토리에서 탈주하여 끊임없이 새로운 스토리를 창조해 갔다. 그리스의 최고신 제우스는 페르시아 땅에 와서 그곳의 최고 선신 아후라마즈다와 접속하여 아후라마즈다-제우스가 되었으며, 태양신 미트라와 하나가 되어 미트라-제우스가 되기도 했다(사진 1). 미트라가 접속한 것은 제우스만이 아니었다. 아폴론 역시 미트라와 접속하여 또 하나의 태양신으로 거듭났다.

그리스 신화 속 영웅신 헤라클레스 역시 옛 페르시아 땅인 파르티아에서 전승신 베레트라그나와 접속하여 제3의 전승신이 되었다(사진 2).[39)]

그런가 하면 미와 사랑의 여신 아프로디테는 간다라 지방에서 인

**사진 4.** 바즈라파니(집금강신)가 된 그리스신들
(왼쪽부터 제우스, 헤르메스, 디오니소스, 사티로스).
출처는 이주형 지음, 『간다라 미술』 사계절, 2003, 246쪽.

도의 토속신 약시와 접속하여 풍요의 신으로 거듭났다. 에게해를 건너 페르시아 각 지역을 거치고, 다시 인도 동북부인 간다라 지방을 통과하면서 그녀의 관능미는 질적 변화를 꾀해 생산을 관장하는 '풍요의 여신'으로 탈바꿈한 것이다(사진 3).

불교가 융성했던 쿠샨왕조에 이르면 제우스를 위시하여 헤라클레스, 디오니소스, 헤르메스 등 그리스 신화의 주역들이 일제히 불교에 흡수되어 붓다의 수호신인 '바즈라파니'가 되었다(사진 4).[40] 뿐만 아니

---

39) 고대 파르티아 지역에는 많은 조형작품들이 남아 있는데 그리스 신화 속의 신들이 대거 등장하고 있으며, 조형미에 있어서도 그리스적 요소가 다분하다. 그런가 하면 페르시아 전통과 융합된 신들의 경우도 있는데, 그 중에서도 헤라클레스는 조로아스터교의 승리의 신 베레트라그나와 융합되어 파르티아 제국은 물론 동쪽의 쿠샨제국에까지 전파되어 많은 신자를 얻을 정도로 인기가 높았다. 深井晋司·田辺勝美, 『ペルシア美術史』, 吉川弘文館, 1998, 94쪽.

40) 바즈라파니(vajrapani, 執金剛神)는 바즈라(vajra) 즉 금강저(金剛杵)를 손에 든 자라는 뜻으로 붓

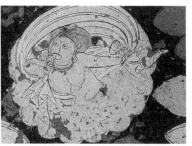

사진 5. 불교에 흡수되어 불탑을 장식하고 있는
그리스 신화 속의 괴수(간다라 사원).

사진 6. 타림분지 쿠차 석굴벽화의 보레아스.

사진 7. 미란의 에로스. 타림분지 내 미란의 한 불교사원지에서 발견된 벽화 단편.
변발을 하고 날개가 달린 동자의 흉상은 그리스 신화 속 사랑의 신 에로스에 연원을 두고 있다.

사진 8. 아프가니스탄의 한 사원에서 바즈라파니가 되어
붓다의 협시를 하고 있는 헤라클레스.
붓다의 오른 편에는 아프로디테가 협시를 하고 있다.

사진 9. 돈황 막고굴 45호굴의 사천왕상. 어깨를 감싼
견갑 장식이 사자머리인 것과 근육질의 체형이
헤라클레스의 모습을 연상케 한다. 그러나 분노상의 얼굴은
동북아시아 전래의 도철상에서 유래한 것으로 볼 수 있다.

라 그리스 신들이 종자로 거느리는 반인반수, 혹은 반인반어의 괴수들까지 대거 불교에 흡수되어 대부분 불상 서열의 최하위 층에 배치되었다(사진 5).

그 후로 불교에 귀속되었던 그리스 신들 중 일부는 동북방으로 진출한 불교와 더불어 중앙아시아로 흘러들고, 더 나아가 동아시아에 이르기까지 접속과 변신의 테마를 이어가게 된다. 북풍의 신 보레아스는 페르시아와 중앙아시아 곳곳에서 여러 차례의 접속을 거치며 드라마틱한 변신을 꾀했으며(사진 6), 사랑의 신 에로스는 자신의 어머니인 아프로디테보다 더 멀리 중앙아시아 타림분지까지 날아가 죽은 이들을 명계로 인도하는 저승사자가 되었다(사진 7).

페르시아에서 전승신이 되어 이미 많은 신도를 확보했던 헤라클레스는 보다 동쪽 지역인 간다라 지방으로 진입하여 다른 여러 그리스 신들과 함께 붓다의 시종인 바즈라파니가 되는데(사진 8), 용맹하고 진취적인 헤라클레스는 이에 멈추지 않고 북방 실크로드를 따라 동아시아로 통하는 관문인 돈황으로 진입하고, 그곳에서 이번에는 역류한 당나라 불교와 접속하여 동북아시아의 사천왕이 되었으며(사진 9), 마침내 유라시아의 최동단인 한반도와 일본열도까지 진입하게 된다.[41]

신화는 생명이다. 그러므로 신화의 삶 역시 이데아의 재현이 아닌 차이의 생성이라고 하는 차이생성론의 원리를 따른다. 차이생성의 원리는 기본적으로 수목형 접속에 의한 규칙적인 분기가 아닌 리좀형 접속에 의한 자유분방한 증식에 해당한다. 그러므로 차이생성은 수목형

---

다의 수호신 가운데 하나이다.
41) 권영필, 『렌투스 양식의 미술 下』, 사계절, 2002, 144~147쪽 참조.

**사진 10.** 북풍신 보레아스와 교토 정창원의 바람신.　　　**사진 11.** 일본 사천왕의 사자머리 견갑과 헤라클레스 어깨 위에 걸쳐진 사자 가죽.

의 뿌리처럼 종적으로 분기하며 하나의 중심, 하나의 원본을 끝없이 재현해 내는 것이 아니라, 횡적 접속을 통해 끝없이 새로운 것들을 창조해 간다. 더러는 어느 지점에서 강도를 크게 얻어 수목형의 뿌리를 내리기도 하지만 뿌리의 어느 지점에선가 다시금 리좀의 싹이 움터 오른다. 그 결과 생명은 진화할수록 자신의 유전자를 널리 퍼트리는 것이 아니라 종과 종을 가로지르며 "서로 아무런 관계도 없는 두 존재 간의 비평행적 진화"[42]를 통해 차이나는 것들 — 서로 다른 것들을 끝없이 생산해 낸다. 이처럼 그리스 신들은 유라시아 대륙을 가로질러 동아시아 끝단에 이르기까지 접속에 접속을 더하고 차이에 차이를 낳으며 점점 더 잡다한 종들을 증식해 갔다.

　　중앙아시아의 에로스는 전적으로 그리스 신화 속 에로스를 재현하지 않으며, 전적으로 불상의 양식을 재현하지도 않는다. 동북아시아의 사천왕 역시 전적으로 헤라클레스를 모방하지 않으며, 전적으로 불교의 사천왕을 모방하지도 않는다. 그러므로 '에로스의 불상 되기'는

---

42) Deleuze & Guattari, *Mille plateaux*, p. 17(『천 개의 고원』, 25쪽) 참조.

사진 12. 동북아 삼국의 사천왕상. 중국 당나라 시대 사천왕상(좌),
한국 통일신라시대 사천왕상(중), 일본 헤이안 시대 사천왕상(우).

'불상의 에로스 되기'이기도 하며, '헤라클레스의 사천왕 되기'는 '사천
왕의 헤라클레스 되기'이기도 하다. 이러한 '되기'는 둘의 내부에서 이
루어지는 것이 아니라 시종 둘의 사이, 둘의 바깥에서 이루어져서 둘
모두와는 다른 방향으로 흘러간다. 점점 멀리…

　　그리스 신화 속의 북풍신 보레아스와 일본 교토의 정창원正倉院에
있는 바람신 사이는 얼마나 먼 거리일까?(사진 10) 그리스 신화 속 사
랑의 신 에로스의 날개와 동북아시아 선녀가 입고 있는 날개옷의 거
리는? 그리스 영웅신 헤라클레스의 사자가죽과 일본 사천왕의 어깨를
덮고 있는 사자머리 견갑 사이의 거리는?(사진 11) 그리고 그 사이에는
또 얼마나 많은 접속과 배치의 계열들이 미립자처럼 북적대고 있을까?

　　분명한 것은 되기란 헤라클레스 속에 있는 것도 아니고 사천왕 속
에 있는 것도 아니라는 점이다. 그럼에도 불구하고 그 둘은 서로 접속
하고 뒤섞이고 교환되어야 하는데, 그것은 전적으로 존재와 존재의 사

이-바깥에서 이루어져 끝없이 '다른 것 되기'를 증식해 간다. 이처럼 그들은 접속하여 둘 중 어느 쪽에도 온전히 속하지 않는 제3의 신들을 생산해 내는 것이다. 헤라클레스와 접속하여 탄생한 동북아시아 사천왕은 다시 동북아시아 각 지역, 각 시대, 각 민족들과 접속하며 차이 나는 사천왕들을 낳고 또 낳았다(사진 12).

신화는 생명이다. 생명은 도달해야 할 목적지도 정하지 않은 채 언제나 이미 출발해 있다. 그러므로 생명에는 출발점도 도착점도 없다. 다만 스스로 생성변화하면서 끝없는 차이를 만들어 갈 뿐이다. 신들의 정체성 역시 애초에 오염으로 시작되어 끝없이 잡다한 것들을 생산해 냄으로써 점점 더 혼잡해져 갔다. 그렇게 시작도 끝도 없는 유목의 여정이 빚어낸 무한 증식의 스토리들이 바로 신화의 본질이자 곧 생명의 본질이다. 결국 세상을 가득 채운 것은 동일한 것이 아닌 차이들-다양체들이다. 이들은 부단히 탈주선을 긋고, 리좀을 싹틔우며, 이종교배함으로써 유전적 진화에 대항하여 승리를 거둔 잡종들이다. 아니, 다른 각도에서 보면 이들은 모두 유전적 진화의 라인에서 도태된 낙오자들이다. 규칙도 법칙도 없이 오직 '다른 것 되기'만을 목적으로 던져지는 주사위놀이, 그 승자 없는 전쟁터에서 살아남은 패자들이다. 환언하면 이들은 모두가 지는 게임의 승자들이다. 그렇게 수목처럼 자신의 유전자를 널리 퍼트림으로써 자신의 영토를 넓히고 권력화하는 대신, 리좀처럼 삼가고 절제함으로써 오히려 널리 퍼진 잡초들이다. 그러므로 엄밀히 말해서 세상의 모든 신화는 제3의 신화이며 세상의 모든 신들은 제3의 신이다.

## 맺음말 — 세상의 모든 접속

들뢰즈의 철학을 다양한 분야에 적용하고, 분석과 해석을 통해 타당성을 입증해 가는 연구방법은 여러 분야에서 그 예를 찾아볼 수 있다. 마누엘 데란다는 『강도의 과학과 잠재성의 철학』에서 들뢰즈의 잠재성을 수학, 물리학, 생물학 등 자연과학 분야에 적용하여 잠재성이 어떻게 점진적으로 분화分化, différenciation되어 가는지를 증명한다. 키스 안셀-피어슨은 그의 저서 『싹트는 생명』에서 들뢰즈의 저서를 단순히 분석하고 정리하는 차원을 넘어서, 생명철학이라고 하는 일관된 관점에서 들뢰즈 사상을 생명철학의 한 갈래로 위상 짓는다. 군지 페기오-유키오는 『생명이론』에서 들뢰즈와 베르그송의 시간론을 인지과학적 입장에서 도입하여 생명의 실상을 분석하고 있다. 군지의 생명연구는 그의 전공인 비선형과학과도 맞물려, 들뢰즈의 생성철학과 칸토어Georg Cantor의 대각선 논법, 뇌 과학 등과 연계된 다양한 관점에서 생명이 내포하고 있는 논리적 모순성을 일관되게 지적하며, 세계-내-존재의 관점에서 생명의 속성을 설명해 간다.

20세기는 들뢰즈의 세기로 자리매김될 것이라고 했던 푸코의 예언은 옳았다. 들뢰즈 사유가 각기 다른 분야에서 수용되고 나아가 적극적으로 응용되고 있다는 것은 들뢰즈의 사유가 그만큼 이 시대에 설득력을 갖추고 있다는 것을 의미한다. 유목의 길 위로 한때 노마디즘의 회오리바람이 흙먼지를 일으키며 휩쓸고 지나갔다. 먼지에 뒤덮여 길은 보이지 않았다. 그러나 사라지는 것은 먼지일 뿐 길은 아니다. 바람과 함께 흙먼지가 잦아들자 다시금 본래의 길이 오롯이 드러났다. 그 이전이나 그 이후나 변한 것은 없었다. 부단히 그 길 위로 걸어가는 사람들이 있을 뿐이다. 좋은 사유는 한때의 불꽃놀이처럼 요란하게 타올랐다가 덧없이 사라져 가는 것이 아니라 시간의 흐름을 타고 면면히 이어져 간다는 것을 우리는 역사 속에서 누누이 보아 왔다. 그러한 사유는 설사 한때 화려하게 유행했을지라도 결코 허무하게 사라져 버리지는 않는다. 일견 맥없이 스러진 듯 보여도 마치 생명이 순환하듯이 또 다른 차이를 얻어서 여러 개의 닮은 몸으로 반복된다. 그런 의미에서 '동일성의 반복'이 아닌 '차이의 반복'은 곧 발전을 의미한다고도 볼 수 있을 것이다.

유목미학 역시 차이 나는 닮은 몸으로 태어나기를 바랐다. 또한 그렇게 되기 위해 끊임없이 거듭날 것이다. 유목미학이 기반으로 하고 있는 유목론은 차이생성론의 상징으로서 생성론 계열의 사유에 속한다. 생성론에 입각해 볼 때 모든 존재는 생성, 운동, 변화를 속성으로 하는 생명, 그 자체라고 할 수 있다. 2부 '제3의 신화'에서 이루어졌던 신들의 정체성 분석은 큰 시각에서 볼 때 문화현상에 대한 분석이라 할 만한 것으로, 그 과정을 통해 문화 역시 생명의 속성에서 벗어나지 않는다는 것을 알 수 있었다. 이는 끊임없이 이동하고, 접속을 통해 영토를 구축하고 다시 해체함으로써 부단히 영토의 위상을 바꿔 놓는 유목민의 삶과도 닮아 있다. 이처럼 유동하고 생성변화하는 문화현상에 초월적 잣대를 들이미는 순간 그 생명은 본래의 활달한 속성을 잃어버리고 온기와 핏기가 사라진 싸늘한 부동不動의 공간으로 멈춰 버린다. 초월성의 사유는 다름 아닌 공간적 사유라고 할 수 있다. 정적인 공간을 상정하고 이루어지는 분석은 생명의 본성이라 할 수 있는 시간의 흐름을 인위적으로 재단하여 규격화된 틀 안에 가둬 버린다. 환언하면 일정한 형식으로 규격화된 틀은 정주민의 공간처럼 선존재하며, 모든 차이나는 운동들을 규정된 공간의 형식 안으로 흡수하여 소멸시켜 버린다.

차이생성론 즉 유목론에서 시간은 곧 접속운동을 의미하는바, 유목론에서 접속이 제거되면 카오스로 환원되지만 초월성의 사유에서 시간이 제거되면 동일성으로 환원된다. 그러므로 초월성의 사유는 모든 존재가 하나의 중심으로 환원되는 수목형의 사유에 해당한다고 할 수 있다. 수목형의 사유는 이분법에 의해 중심과 주변을 나누고 무수한 차이들을 하나의 중심원리로 흡수하여 개개의 특성들을 모조리 지워 버린다. 문화의 분석이 이와 같은 수목형의 원리에 입각할 때 근원과 파생, 원형과 그것의 모방이라고 하는 이분법적 논리의 지배를 받지 않을 수 없다. 이와 같은 이분법의 잣대로 문화를 재단하면 모든 문화에는 필연적으로 주主와 종從의 위계가 세워지고 그로부터 우등과 열등의 가치가 매겨지게 된다.

그러나 리좀형의 원리에 입각할 때 모든 문화는 리좀적 접속을 통해 다양체를 생성한다. 다양체의 원리는 궁극적으로 중심과 주변의 논리, 근원과 파생의 논리에 의한 주종적 위계질서를 지양止揚하고, 다양한 차이를 긍정하는 평등한 관점을 지향志向한다. 이는 궁극적으로 유목미학이 지향하는 바이기도 하다. 그런 점에서 유목미학의 저변에는 유목론의 원리를 적용해 모든 생명의 평등함을 밝히고자 하는 입장이 깔려 있다고 할 수 있으며, 이 글을 통해 드러난 '신들의 정체성은 곧 다양체'라고 하는 결론은 이를 증명해 주는 단적인 예라 하겠다.

역사적 맥락에서 살펴볼 때, 유목론의 위상은 서구 전통 사유의 중심 테마라 할 수 있는 '이데아의 모방' 혹은 '형상形相의 재현'으로부터 가장 먼 곳에 자리하고 있다. 따라서 서구 전통의 초월적 사유에서 모든 존재는 '재현'의 원리를 따르는 반면 유목론이 속한 내재성의 사유, 잠재성의 사유에서 모든 존재는 창조의 원리를 따른다. 그렇다면 새삼 창조란 무엇인가를 묻지 않을 수 없다. 굳이 '하늘 아래 새로울 것이 없다'라고 하는 해묵은 아포리즘을 들먹이지 않더라도 우리는 잠재성의 구현, 그리고 리좀적 접속의 원리를 통해, 창조란 어느 먼 하늘에서 뚝 떨어지는 것도, 공허의 대지에서 불쑥 솟아오르는 것도 아니라는 것을 알 수 있었다.

유목민의 영토에 무수한 유목공간들이 잠재해 있듯이 무수한 다양체들이 탈구된 기계의 상태로 북적대는 잠재성의 장-선험의 장에서 접속을 통해 배치를 이루면 그게 곧 생명의 탄생이자 창조가 되는 것이다. 그런 의미에서 창조의 실마리는 '접속'에서 찾을 수 있을 것이다. 이러한 유목론의 원리에 입각할 때 유목미학은 재현이 아닌 창조를 구현하는 장르로서 '세상의 모든 접속'에 관한 담론이라고 정의할 수 있을 것이다. 궁극적으로 유목미학이 나아갈 길은 접속이라는 창조적 실천을 통해 메마른 추상적 개념들이 '살아 있는 노래-외침'으로 거듭나게 하는 것이다.

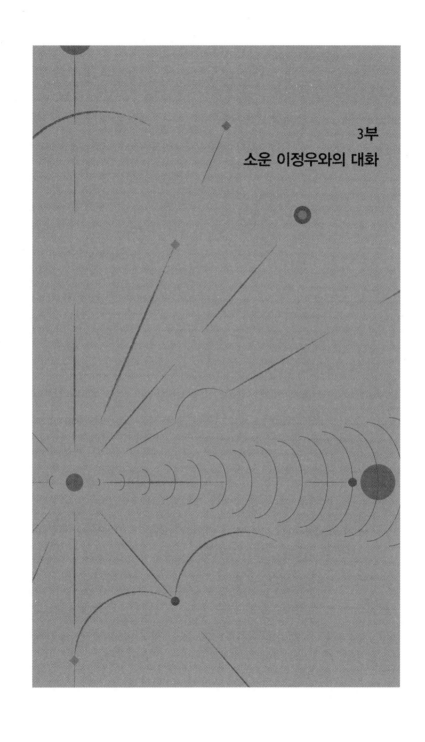

3부
소운 이정우와의 대화

**첫 번째 대화**

# 철학적 삶, 대안적 사유

**한정헌**　먼저 『사유의 새로운 이념들』의 출간 배경에 관한 이야기부터 시작하는 게 좋을 것 같습니다. 이 책은 그동안 선생님에게서 사상적 영향을 받은 분들의 글들을 모아서 엮은 것이죠. 말하자면 '소운 사유와의 마주침, 그리고 그 이후' 정도의 의미 부여가 가능하지 않을까 싶습니다. 선생님에게 이 책은 어떤 의미가 있는지 말씀해 주시죠.

**이정우**　삶에서의 모든 사건은 여러 사건-계열들의 교차로에서, 특이점$_{singular\ point}$에서 일어납니다. 하나의 사건은 그 아래의 하위 사건들의 계열들이 교차함으로써 성립하고, 그 교차로=특이점은 수많은 층위의 하위 사건들이 형성하는 주름/중첩을 통해 삶의 표면으로 솟아오릅니다. 라이프니츠 식으로 생각하면, 우리들 하나하나는 모두 사건-계열들이죠. 12명의 사건-계열들이 이곳에서 교차하고 있습니다. 라이프니츠는 이를 예정조화에 의한 '공가능성'(우리가 사는 세계의 공가능성 안에서도 다시 어떤 특별한 공가능성)이라고 생각하겠지만, 우리는 오히려 이를 '인연'$_{因緣}$이라고 해 두지요. 만남, 마주침에서 모든 것이 시작됩니다. 여기에 모인 사람들은 12명이지만, 또한 각각이 무수한 인연들의 교차로에서 살아갑니다. 따라서 우리 책에서는 수많은 목소리들이 웅성대면서 또 때로는 공명하면서, 이야기가 펼쳐지고 있는 것이죠.

　사유는 경험과 언어가 맞부딪쳤다가 화해하는 전장戰場에서 파열합니다. 언어는 경험을 의미의 장에 포획하려 하고, 경험은 "나는 그 이상이야!"라고 외칩니다. 그 사이의 어딘가에서 사유가 구체화됩니다. 우리가 보는 것은 텍스트이지만, 그 아래에는 콘텍스트가 보이지 않게 함께 하고 있습니다. 여기에 함께 하고 있는 사람들은 지난 수십 년 동안 전개된 역사를 함께 호흡하면서 공통의 경험을 쌓아 왔습니다. 11편의 글들과 이 대담은 이 공통의 경험을 서로 다른 각도에서, 다른 언어로 비추고 있다고 할 수 있겠죠. 12개 사유의 별들이 이루는 이 성좌는 이 공통의 경험을 상이한 관점들에 입각해 개념화해 주고 있습니다. 그 공통의 경험의 장에서 나는 필자들에게 영향을 주고 또 받았습니다. 그런 주고받음이 하나의 성좌의 탄생을 가능케 하지 않았을까요?

**한정헌**　그렇다면 이전의 철학자들 중 선생님은 누구에게서 어떤 영향을 받았는지 궁금해집니다. 소운서원의 홈페이지에는 스피노자와 장자의 그림, 그리고 소은 박홍규 선생의 사진이 게시되어 있는 것을 볼 수 있었습니다. 혹시 이분들이 선생님 사유의 형성에 있어서 보다 중심적인 지위를 갖는다고 볼 수 있을까요? 만약 그렇다면 어떤 점에서 그러한가요?

**이정우**　'철학적 삶'은 역사적 장과 사유의 장이 중첩되어 있는 곳, 신체의 차원과 개념의 차원이 접혀 있는 곳에서 살아가는 것을 뜻합니다. 이 접힘의 공간은 곧 세계가 마음속에 접혀 들어오고 마음이 세계를 먹고 소화해 내면서 변형되어 가는 곳, 주체성이 형성되고 변이되는 곳이며, 새로운 언어가 태어나는 곳, 그리고 언어란 애초에 관계적인 것이기에 사유하는 사람들thinkers 사이의 새로운 관계들이 형성되고 변이되어 가는 곳입니다. 이 공간이 철학의 공간이고, 철학자들은 이 공간에서 살아갑니다.

따라서 철학적 삶은 대학이라는 공간의 어떤 섹터에 존재하면서 철학을 '전공'하는 것과는 무관합니다. 철학적 삶이 영위되는 공간, 아니 차라리 어떤 결은 역사와 사유가, 신체와 개념이 새로운 방식으로 접히고 펼쳐지는 모든 곳에 존재하기 때문입니다. 이 사유=철학의 결에서 우리는 많은 마주침을 경험합니다. 장자와의 마주침, 스피노자와의 마주침, 박홍규 선생과의 마주침, 많은 마주침들이 있었고, 그때마다 그 사건들이 내 마음속에 사유의 불길을 타오르게 만들었습니다.

박홍규 선생의 강의를 처음 들었던 것은 석사 과정을 마칠 즈음이었죠. 사실 그때 내 시선은 철학이 아닌 다른 곳을, 정해진 어떤 곳이 아니라 그저 막연한 어떤 곳들을 향하고 있었습니다. 안에 들어와 본 철학은 바깥에서 본 그것과는 상당히 다른 무엇이었고, 그래서 새로운 유목을 준비하고 있었습니다. "새로운"이라고 한 것은 이미 철학과 대학원에 들어오기 전에 독문학, 역사학, 물리학 등 여러 사유세계를 유목하다가, 간신히 철학에 정착했었기 때문입니다. 당시에는 유목이 내 운명이라는 식으로는 생각하지 않았지요. 사실 나는 막막한 공간 속에 서 있었습니다. 그 카오스모스의 시간에 소은 선생을 만났고, 『창조적 진화』에서의 고전 역학 비판, 정확히는 고전 역학이 전제하는 시간 개념에 대한 비판에 관한 강의를 들었습니다. 그 순간이 내게는 카이로스의 순간이었습니다.

나는 소은 선생에게서 '존재론적 사유'라는 것을 배웠습니다. 존재론적 사유는 나로 하여금 유목하면서도 정착하고 정착해 있으면서도 유목할 수 있게 해 주었습니다. 소은은 플라톤과 베르그송이라는 두 축을 놓고서 사유하는 법을 가르쳐 주었지만, 더 소중한 것이 있었습니다. 소운과의 만남을 통해 나는 방황에 그치지 않고 소요할 수 있게 되었던 겁니다.

소은 사유의 근저에는 아페이론의 사유가 맥놀이 치고 있습니다. 그 맥놀이가 서구 존재론사의 여러 특이점에서 아페이론의 상이한 얼굴들을 드러내 줍니다. 아리스토텔레스와 중세를 이어 준 것은 "eidos"→"species"의 끈이었습니다. 그리고 데모크리토스 식의 추상화는 근세 과학에 큰 영감을 주죠. 이 흐름들에 비해 아페이론이라는 끈은 플라톤을 중세와 근세를 넘어 현대로 이어 줍니다. 아페이론으로서의 코라에 데미우르고스가 내재화되면 베르그송적인 의미에서의 생명이 됩니다. 반면 이데아들은 생명의 생生-성成의 결과물들이 되지요. 서구 존재론사의 굵은 끈들이 여기에 있습니다. 나는 마지막 끈에 매달려 소은의 사유를 따라갔습니다. 『신족과 거인족의 투쟁』(2008), 『소은 박홍규와 서구 존재론사』(2016)에는 이런 여정을 통해 얻은 생각들이 담겨 있습니다.

스피노자에게 매료된 것은 우선은 그의 저작들보다는 그의 생애였습니다. 내게 스피노자는 늘 철학자의 이미지, 철학자의 사표師表로 다가옵니다. 스피노자는 강호江湖의 철학자였죠. 그는 천하로부터 핍박받았고 냉대당했지만, 그에 개의치 않았고 사유와 우정의 기쁨으로 충만한 삶을 살았습니다. 그것은 그에게 천하란 애초에 안중에 없던 무엇이었기 때문이었습니다. 스피노자에게는 철학 그리고 함께 철학할 수 있는 친구들이면 족했습니다. 그에게는 소수의 친구들이 있었지만, 그들은 한결같이 그에게 진실했습니다. 그의 저작들은 그들의 우정 덕분에 우리에게 전해졌지요. 스피노자는 이후 헤아릴 수 없는 영혼들, 사유하는 영혼들에게 빛이 되어 주었습니다. 수백 년 후이지만 그리고 지구 반대편에서이지만, 스피노자의 정신은 소운서원으로까지 이어지고 있습니다. 소운서원의 모토들 중 하나는 『에티카』의 마지막 문장입니다. "하지만 고귀한 모든 것은 어렵고 또 드물다." Sed omnia praeclara tam difficilia, quam rara sunt

스피노자에게서 속성들이 무한하다는 생각은 매우 중요합니다. 스피노자는 근대적 결정론자의 이미지를 가지고 있고, 독일 이념론자들로부터 베르그송에 이르기까지 많은 사람들이 그의 결정론을 비판했습니다. 결정론자라는 규정은 틀리지 않습니다. 그러나 그의 결정론은 라플라스 식의 결정론, 현실세계를 완벽하게 예측할 수 있다는 식의 결정론과는 판이합니다. 속성들은 무한하며, 따라서 그것들은 칸트의 물 자체가 그렇듯이 세계를 분석적 이성의 눈길 앞에 온전히 떨어뜨리려는 시도들을 거부합니다. 그의 신은 내재화된 신이지만, 가시화된 신은 아닙니다. 그러나 신은 아페이론이 아니며, 오히려 초超합리적인 차원으로 이해되어야 할 것입니다. 사실은 이 지점이 베르그송과 스피노자가 갈라지는 지점입니다. 그렇다면 스피노자의 신은 베르그송적인 '약동'élan까지도 포괄하는 존재일까요? 아니면 양자는 결코 화해할 수 없는 두 사유체계인 걸까요? 사유해 볼 만한 문제는 바로 이 점에 있습니다.

　장자의 허虛는 아페이론에 직접 닿습니다. 그러나 뉘앙스는 판이하지요. 아페이론은 앞에 붙은 '아'가 말해 주듯이, 기본적으로 부정적인 무엇입니다. 그래서 항상 그 부정을 극복할 수 있도록 해 주는 존재론적 기사騎士가 등장합니다. 철학사에 등장하는 갖가지 종류의 동일성들이 그런 기사들이죠. 이 기사의 인도를 받아야만, 아페이론은 비-존재에서 존재로 승격됩니다. 그 전의 아페이론은 "néant"이라기보다는 "rien", 아무-것도-아닌-것이죠. 그러나 도가적인 관점은 다릅니다. 도가철학에서는 '허'야말로 모든 것이 그곳으로부터 나와서 모든 것이 그곳으로 돌아가는 곳에 다름 아닙니다. '허'는 아무-것도-아님이기에 모든-것입니다. 그것은 '무'이기에 절대적인 존재입니다. 허는 곧 기氣이고 기는 곧 도道를 내장하고 있기에, 외부에서 이끌어 갈 기사를 필요로 하지 않습니다. 어떤 기사가 그것을 '작'作하는 것이 아니라, 그것 자체가 '생'生할 뿐입니다. 이런 "生生"의 근거 위에서 '역'易도 성립하고, 그 원리에 따라 우리의 인생이 펼쳐집니다.

　세밀한 철학적-과학적 논의들을 잠시 접어 둔다면, 내가 세계에 대해 가지고 있는 거시적인 직관은 도가철학과 유사합니다. 특히 『장자』는 내가 한평생을 옆에 끼고서 읽는 '내 인생의 책'들 중 한 권입니다. 스피노자의 『에티카』나 소은 선생의 전집처럼 말이죠.

　하지만 『장자』는 내게 철학 이상의 그 무엇, 아니 사유 이상의 그 무엇인 듯 느껴집니다. 『장자』는 하나의 이론으로서, 사유체계로서 받아들이는 데 그칠 수 있는 책은 아닌 듯합니다. 그것은 읽는 사람이 자신의 '실존'existence을 걸고서 대하게 되는 어떤 곳이지요.

『세계철학사 2』에서 『장자』를 일정 정도 다루었습니다만, 사실 장자의 철학에 대해 다시 한 번 새로이 반추하게 된 곳은 죽림칠현을 다루는 대목이었습니다. 죽림칠현이 장자주의자들이 아니었다면, 그렇게 시대에 저항하지도 않았을 것이고 쓸쓸이 흩어지지도 않았을 것입니다. 『장자』는 한 인간의 운명에 깊숙한 영향을 주는 그런 사상이 아닐까 싶습니다.

**한정헌** 선생님의 독특한 이력 때문에 아마도 이런 질문을 많이 받아 보셨을 것 같습니다. 선생님은 학부에서 섬유고분자공학을 전공한 공학도였는데, 어떤 이유로 대학원에서 철학을 전공하시게 되었나요? 그 당시에도 전공을 바꾼다는 것이 그렇게 쉬운 결정은 아니었을 것 같습니다. '철학적 삶'을 산다는 것은 과연 어떤 의미일까요?

**이정우** 미학을 부전공으로 했으니, 공학과 철학의 사이에는 미학이 있었습니다. 기술과 예술은 원래 "technē"로서 하나였죠. 이 말에서 "technology"가 나왔고, 이 말의 라틴어 "ars"에서 "art"가 나왔습니다. 그리고 이 "art"에 대한 철학적 반성이 미학입니다. 그러니까 공학과 철학은 단절되어 있지 않습니다. 죽 이어져 있죠. "전공"이란 이 연속체를 인위적으로 잘라서, 제도적으로 분할해 관장하는 것에 불과합니다.

내 개인적인 '기원'은 그다지 중요할 것 같지 않고, 공학에서 철학으로 이어지는 이 연속체 전반을 바라보는 시각이 중요하지요. 공학은 물질을 마름질하는 것을 기본으로 합니다. 집이나 다리를 건설하기 위해 돌에 일정한 형태를 부여해 마름질하죠. 나무를 깎아 마름질해 가구를 만듭니다. 석공이나 목공=목수는 기술자의 원형적인 이미지를 보여 줍니다. 이 모든 것은 인간의 형태-부여하는form-giving 능력, 조형造形 능력을 통해 가능합니다. 그런데 이때의 형태는 기하학적 형태들이죠. 기하학적 형태는 인간의 지능을 특징짓습니다. 우주의 어떤 별에 갔을 때 거기에서 어떤 기하학적 형태들(매끈한 원, 삼각형, 피라미드 형태 등등)을 발견했다면, 그 별에 인간과 대등한 지적 능력을 갖춘 존재가 살고 있다고 단정해도 좋을 것입니다. 이렇게 공학은 물질을 공간적으로/기하학적으로 마름질하는 데에 주특기가 있습니다.

반면 철학은 삶을 전체로서 개념화하는 행위입니다. 인생의 의미를 개념화하는 행위, 따라서 극히 종합적이고(인생을 구성하는 요소들은 매우 많으므로) 근원적으로(인생의 세세한 사건들이 아니라 근원적인 사건들에 눈길을 맞추므로) 사유하는 행위입니다. 그래서 물질과 맞부딪쳐 그것을 공간적으로 마름질하는 행위는, 철학적으로 보면 인생의 여러 의미/맥락에 있어 생명체로서의 인간이 물질과 투쟁하면서 자신의 삶을 위한 영토들(도구들을 포함해서)을 만들어 가는 행위라는 위상을 가집니다. 이렇게 본다면, 공학에서 철학으로의 이행은 곧 삶의 어떤 특정한 구체적인 행위로부터 삶 전체에 대한 거시적이고 추상적인 사유로의 이행이라고 할 수 있습니다.

그 사이에서 우리는 양자를 이어 주는 두 갈래 행위를 발견할 수 있습니다. 한 갈래에는 철학에서 질과 생성을 빼고 양과 공간적 구조를 사유하는 수학이 존재합니다. 다른 한 갈래에는 공학의 실용적 정향과는 달리 사물들과 향유의 관계를 맺는, 공학과 달리 철학처럼 질과 생성의 차원으로 나아가는 행위, 즉 예술이 존재합니다.

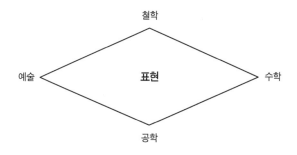

반대 방향에서 읽는다면, 수학은 공학의 구체성을 탈각시키는 대신 그 공간적 사유를 순수한 사유의 깊이에로 밀고 나가는 행위입니다. 내가 각별히 사랑하는 다양체 개념이 두드러진 예이죠. 그리고 예술은 공학의 실용적인 맥락을 탈각시키고 사물의 질, 생성, 이미지 등을 창조적으로 새롭게 하는 행위라고 할 수 있죠.

사선으로 읽을 수도 있겠네요. 철학과 수학은 추상적이고 개념적이고, 예술과 공학은 손에 잡히는 구체적인 것입니다. 또 다른 사선으로 읽을 경우, 수학과 공학은 '이공계'적인 엄밀함을 조건으로 하고, 철학과 예술은 '인문계'적인 창조성을 조건으로 한다고 할 수도 있겠습니다.

나는 공학에서 철학으로 이행하면서, 수학을 거쳐 가는 길과 예술을 거쳐 가는 길에 대해 생각했습니다. 수학을 거쳐 간다면, 그것은 공학을 근거 짓는 요소들 중 하나로서 기하학을 따로 추출해 내고 그것을 다시 공간론 일반으로 가져가는 길입니다. 사실 내가 대학생이었을 때와 지금은 상황이 많이 다릅니다. 지금은 디지털 시대이고, 디지털화한 공학은 이전과는 상당히 다른 공학입니다. 뉴턴적 공학에서 라이프니츠적 공학으로 바뀌었다고 할까요? 나는 『접힘과 펼쳐짐』 3부에서 정보, 컴퓨터, 프로그램, 인터넷, 가상세계,⋯⋯에 대해 '접힘과 펼쳐짐'의 관점에서 논한 바 있습니다. 내가 대학생이었을 때 이런 맥락이 형성되어 있었다면, 어쩌면 나는 공학을 계속하면서 철학을 했을지도 모르겠네요.

이 수학적인 길과 대조적인 예술적인 길은 이미지들의 세계이지요. 내가 처음으로 뭐랄까 정신적 행복이랄까요, 아니면 지적 환희 같은 것을 느낀 것은 예술을 통해서였습니다. 나의 최초의 꿈은 화가였습니다. 그래서 내게 이 길 역시 깊은 인연을 담고 있습니다. 이 길은 이미지들의 향유를 기반으로 거기에 실린 내용들을 추상적 사유로 가져가는 길입니다. 내가 미학을 부전공으로 했던 것도 이 때문이었습니다.

그러나 이런 과정에서 결국 나는 이 마름모꼴의 구조 전체를 보는 눈을 길렀습니다. 공학에서 철학으로의 길은 하나의 점을 버리고 다른 점으로 가는 길이 아닙니다. 공학을 철학으로 잇는 선, 하나가 아닌 그 선들을 따라가면서 사유하는 법을 배웠습니다. 삶은 여행입니다. 배움은 여행을 따라 이루어집니다. 여행할 때마다 우리는 성숙해집니다.

모든 것은 **표현과 번역**을 통해 존재합니다. 인간이 행하는 모든 것은 표현이고, 각 표현은 다른 무언가의 번역이지요. "진리는 하나다"라고 하지만, 진리는 여럿입니다. 그러나 그 여럿은 단순한 외적 여럿이 아니라 내적 여럿, 다양체이지요. 모든 표현은 그 표현이 일정한 의미를 가지게 되는, 어떤 고유한 문법에 따르는 존재면plane of being에서 이루어집니다. 삶은 다양한 존재면들에서 이루어지는 다양한 표현들이죠. 그러나 존재면들은 서로가 서로에로 번역됩니다. 존재란 이 다양한 존재면들이 입체적으로 접합되어 있는 거대한 다양체이죠. 삶이란 표현하고 번역하는 것입니다. 공학, 수학, 예술, 철학, 그리고 다른 모든 존재면들이 이런 표현과 번역이 이루어지는 다양체의 어떤 면들이죠. 내가 공학에서 철학으로 "이행"하면서 얻었던 것은 이런 그림입니다.

　'철학적 삶'이란 무엇일까요? 그것은 곧 다양한 존재면들을 가로지르는 삶입니다. 그것은 가능하다면 모든 표현들을 가로지르면서 존재론적 번역을 향유하는 것, 그러면서 철학적 개념들을 창조하고 또 그것을 모든 존재면들에서 표현해 보는 것입니다. 철학이란 '세계의 모든 얼굴'을 보고 싶고 또 살고 싶은, 표현의 모든 얼굴을 향유하고픈 불가능한 욕망입니다.

**한정헌**　선생님은 1998년에 서강대 철학과 교수직을 사임하고, 2000년에 철학아카데미를 설립한 이후 현재의 소운서원에 이르기까지 대중과 직접 소통하는 길을 걸어오셨습니다. 처음에 대안공간을 만든 가장 중요한 문제의식은 무엇이었나요? 그리고 넓게 보면, 당시에 철학아카데미뿐 아니라 다양한 형태의 대안공간들이 우후죽순 생겨났는데, 그 배경과 원인이 어디에 있었다고 보시나요?

**이정우**　1998년 여름에 서강대학교를 사임했을 때부터 2000년에 철학아카데미(현 소운서원)를 창설하기까지의 시간, 1년 반의 시간은, 특히 1999년은 내 인생의 특이점이었습니다. 이 카오스모스의 시간, 빈 간극 속에서 많은 사유를 했고, 그때의 사유가 사상가로서의 내 정체성을 형성한 것 같습니다. 가로지르기, 유목적 사유, 무위인無位人, 삶·죽음·운명, 사건의 철학, 천하와 강호, 전통·근대·탈근대를 비롯해 내 사유의 골격이 모두 이때 형성되었죠. 어느 순간 내 사상을 운동의 형태로 많은 사람들과 공유하고픈 소망이 생겨났고, 공감하는 분들과 접속하면서 철학아카데미가 탄생했습니다.

넓게 보아, 1987년 한국 사회는 거대한 변화에 직면합니다. '6월 혁명'을 통해서 박정희의 군부정권과 전두환의 신군부정권으로 이어지던 군사정권 시대가 무너진 것이죠. 물론 이어진 정권은 전두환의 공범인 노태우를 추대한 정권이었고, 이른바 '문민정부'文民政府는 그 다음 정권에서야(1992년) 성립하게 됩니다. 이런 과정을 거치면서 한국 사회는 '후기 자본주의 사회', '포스트모던 사회', '세계화와 정보화의 사회', '탈근대의 사회'에 돌입하게 됩니다. '대안공간'Alternative Space이 탄생하게 되는 역사적 맥락이 이 시대에 형성된 것이죠.

새로운 시대는 새로운 사유를 요청합니다. 사유는 역사에 던지는 개념들의 카르토그라피입니다. 한국에 새로운 현실이 도래했을 때, 사유인들은 이 새로운 경험을 개념화하려는 다양한 시도를 펼치게 됩니다. 물론 이런 작업이 맨손으로 시작되지는 않았습니다. 우리보다 먼저, 굳이 특정特定한다면 1968년을 기점으로 시작된 서구 사유가 선구의 역할을 하게 됩니다. 그때는 이런 흐름을 "포스트모더니즘"이라 불렀지만, 당시에 내가 여러 지면에서 논했듯이 오해의 여지가 있는 명칭이었습니다. 내용상으로는 "탈근대", 사조상으로는 "후기 구조주의"가 비교적 무난한 명칭일 겁니다. 당시의 젊은 사상가들은 이 흐름을 디딤돌로 삼아 새롭게 도래한 시대를 사유하고자 했습니다.

이 새로운 흐름은 그때까지 한국의 현실을 사유할 수 있게 해 주었던 대표적인 사조였던 마르크스주의와 여러 면에서 달랐죠. 참신했습니다. 새로운 마르크스주의로서 그람시, 알튀세르 등에 대한 관심도 있었지만, 본격적으로는 "지식-권력의 사상가"로 이해되었던 푸코의 작업들이 그 출발점이었습니다. 내게는 박홍규 선생과의 존재론적 만남과 더불어 또 하나의 결정적 순간이 있었습니다. 푸코의 『광기의 역사』를 읽었던 순간이죠. 그 순간이 나를 어떤 다른 사유로, 아니 나 자신을 어떤 다른 인간으로 변환시킨 결정적 순간이었습니다. 그 후에 들뢰즈와 가타리, 데리다, 라캉 등 여러 철학자들을 접할 수 있었죠.

그러나 사회와 사상의 일반적 흐름과 철학계 사이에는 큰 거리가 있었습니다. 많은 철학 교수들이 "그게 무슨 철학이냐!"라고 하면서 새로운 사유를, 새롭게 사유하기를 거부했죠. 여기에서 어떤 괴리가 발생합니다. 이 괴리는 우선은 '특강'으로 표현되었습니다. 후기 구조주의에 관한 정말이지 많은 특강이 열렸고, 나 역시 단골 강사들 중 한 명이었죠. 그리고 이런 흐름을 통해서 마침내 2000년에 대안공간이 창조됩니다.

**한정헌** 대안공간은 여러 가지 의미에서 내부화되지 않은 일종의 '전쟁기계'의 역할을 수행했다고 볼 수 있을 것 같습니다. 얼마 전에 '들뢰즈 인터내셔널'에 그런 취지의 글을 발표하신 것으로 알고 있는데, 개략적인 내용을 소개해 주실 수 있을까요?

**이정우** 나는 이 발표에서 우선 방금 이야기한 대안공간 탄생의 배경을 논했습니다. 그리고 대안공간을 들뢰즈와 가타리의 개념인 '전쟁

기계'를 가지고서 개념화했죠. 마지막으로 대안공간의 역사철학적
의미를 논했습니다.

다들 알듯이, '전쟁기계' 개념은 『천의 고원』에 나옵니다. 우
리말 번역이 오해를 부를 수 있습니다만, 들뢰즈와 가타리의
"machine"은 영어의 "body"에 가장 가깝습니다. 이 개념은 "body"
라는 말이 사용될 수 있는 모든 용법에 상응해 사용될 수 있습니다.
그리고 '전쟁'이라는 개념은 지금 우리의 맥락에서는 오히려 '투쟁'
에 해당합니다. 그래서 "war machine"은 '투쟁하는 신체/주체' 정도
의 의미로 이해하는 것이 좋습니다.

『천의 고원』은 대안공간 탄생과 밀접한 관련이 있죠. 대안공간
의 정신은 이 저작의 영향을 많이 받았습니다. 사실 "대안공간"이라
는 말은 자발적이고 저자 없는 개념입니다. 누가 언제 이 말을 쓰기
시작했는지도 알려져 있지 않고, 이 말이 무엇을 가리키는지는 어느
정도 암묵적인 이해가 있지만 그 내포적 의미가 무엇인지는 그 어디
에도 정의되어 있지 않습니다. 학술적 개념이 아니라 사회에서 자발
적으로 생겨나 저자 없이 사용되고 있는 개념이죠. 이 발표를 통해
서 나는 한편으로는 『천의 고원』의 개념들을 통해서 또 한편으로는
(『진보의 새로운 조건들』에서 개진된) 나의 역사철학에 입각해서, 이 말
을 하나의 개념으로 전환시키고자 했습니다.

대안공간은 우선은 어떤 '공간'이죠. 이 공간은 어떤 공간일까
요? 아마 특정한 물리적 공간은 아니겠지요. 기하학적 공간도 아니
고요. 그러니까 '여기'까지가 대안공간이라고 말할 수도 없고요. 이
'공간'은, 기하하적 공간(예컨대 마포구 같은 어떤 지역)이나 물리적 공
간(예컨대 소운서원이 있는 건물) 등을 포함해서, 대안적 삶과 사유가

행해지는 '곳' 전체를 가리키는 말일 겁니다. 이 '곳'을 우리는 '홈-파이지-않은non-striated 공간'이라고 생각할 수 있습니다.

예컨대 홈이 파여 있을 경우 물은 그 홈을 따라서만 흐를 수 있습니다. 그래서 홈 파임은 우리의 자유도를 공간적으로 일정하게 제한하죠. 극히 즉물적인 예가 있습니다. 진시황이 천하를 통일한 이후, 곳곳의 길에 실제 홈을 팝니다. 그래서 수레가 그 홈을 따라서 이동할 수밖에 없게 만든 것이죠. '천하'라는 것의 성격을 시각적으로 아주 잘 보여 준 경우입니다. 하지만 우리 삶에는 보이지 않는 홈들, 우리가 그 홈을 따라서 흘러가고 있다는 것을 잘 느끼지도 못하는 그런 홈들이 거미줄처럼 파여 있습니다. 대안공간이란 바로 그런 홈의 체계, '천하'에 포섭되지 않는 어떤 공간, '강호'가 아닐까요?

그래서 대안공간이란 한마디로 '바깥'입니다. 그러나 이 바깥은 외연적인 의미에서의 바깥은 아닙니다. 오늘날 우리가 사는 세계는 국가와 자본에 의해 철저하게 홈이 파여 있습니다. 초원, 바다, 사막, 하늘, 지하까지도 모두 홈이 파여 있죠. 이런 세계 바깥의 어떤 세계는 없습니다. 대안공간의 바깥은 말하자면 에우클레이데스 공간에서의 바깥이 아니라 차원을 달리하는 다양체에서의 바깥인 것이죠. 들뢰즈와 가타리의 '노마디즘' 같은 개념이 어이없는 방식으로 매도되곤 했던 것도 이런 점을 신중하게 생각하지 않은 탓이라 하겠습니다. 이 바깥은 보다 구체적으로는 '사이'라고도 할 수 있습니다. 바깥은 어떤 저 멀리의 바깥이 아니라 이 안의 바깥이고, 그것은 바로 홈들의 사이사이에 존재하는 공간들이죠. 일반성과 특수성으로 구성된 수목형 사회에서 '이-것'들haecceities을 창조해 내는 것이야말로 대안공간의 존재 이유일 것입니다. 이렇게 이-것들을 창조해 내는 주체들이야말로 '전쟁기계', 보다 적절한 표현으로는 '투쟁하는 주체'인 것입니다.

대안공간이라는 존재를 『진보의 새로운 조건들』(2012)에서 논했던 역사철학을 활용해 그 역사적 의미를 살펴볼 수 있습니다. 오늘날 우리가 살고 있는 사회를 나는 '관리사회'로 규정합니다. 간단히 말해서 모든 것이 '관리'의 대상, 달리 말해서 '경영'의 대상이 된 사회이죠. 대략 1987년을 경계로 군정 시절의 '통제사회'가 오늘날의 '관리사회'/'경영사회'로 바뀌었습니다. 관리사회는 신체, 화폐, 기호를 관리합니다. 이 과정은 곧 생명, 노동, 주체를 관리해 자본과 국가의 경영 대상인 신체, 화폐, 기호로 만드는 과정이지요. 그러나 생명, 노동, 주체라는 실재는 이런 관리의 네트워크를 찢고서 귀환합니다. 이 실재의 귀환을 나는 '진리'라고 부릅니다. 진리의 정치학은 바로 이 생명, 노동, 주체의 귀환을 사유하고 실천하는 정치학입니다.

대안공간의 탄생을 이 진리의 정치학이라는 맥락에서 음미해 볼 수 있지 않을까요? 실재의 귀환, 즉 생명, 노동, 특히 지금의 맥락에서는 주체의 귀환이라는 진리의 맥락에서 대안공간이 탄생했다고 볼 수 있고, 이 점에서 대안공간은 관리사회에 대한 저항으로서 탄생했다고 생각합니다. 이것은 곧 모든 주체들을 '술어적 주체'들로서 관리하고, 이들을 기호화해 생명정치의 대상으로 삼는 경영학의 시대, 통계학의 시대에 대한 저항이었습니다. 이것은 곧 새로운 형태의 '시민적 지성'civic intellect의 탄생이었다고 할 수 있겠죠.[1]

---

1) 본 대담 말미의 부록 「대안공간의 역사철학적 의미」를 보라.

**한정헌**　현재 대안공간은 예전에 비해 다소 활기를 잃은 모습이지만, 동시에 실험적인 방식으로 끊임없이 분화되는 과정에 있다는 생각이 들기도 합니다. 앞으로 대안공간의 미래와 나아갈 방향에 대해 어떻게 생각하시는지요?

**이정우**　대안공간이 처음 시작되었을 때, 시민들의 호응은 매우 컸습니다. 내가 철학사를 처음으로 강의했을 때(2001년으로 기억합니다) 학생들이 많아서 클래스를 둘로 나누어야 했습니다. 그런데도 자리가 모자라 여러 사람들이 뒤에서 서서 들었습니다. 더운 여름에 에어컨도 부실한 그 교실에서, 그것도 3시간을 꼬박 서서 철학 강의를 듣던 그 모습이 잊히지가 않습니다. 오늘날에는 이런 열기를 보기는 힘들죠. 볼 수 있다면, 그것은 인문학을 빙자한 연예프로그램 같은 곳에서겠죠. 이는 대안공간 주체들의 역량이 모자란 탓도 있겠지만, 사람들이 이미 관리사회에 익숙해졌기 때문일 겁니다. 아니 달리 보면, 관리사회에 대한 대응이 지적이고 정치적이기보다는 갈수록 즉물적이고 감각적이 되었다고 하는 것이 더 정확하겠네요. 그리고 여기에는 디지털 매체들의 등장으로 인해 사람들이 갈수록 덜 읽고 덜 쓰고 덜 사유한다는 점이 강하게 작용했다고 할 수 있습니다. 찰나적이고 즉물적이고 감각적인 것들만이 판을 치고 있죠.
　　다른 한편 대안공간에서 창출된 사상과 저작들이 일반화된 것도 하나의 이유라고 생각합니다. 중소기업이 참신한 발명품을 만들어도 대기업이 자본의 힘으로 후려쳐 빼앗듯이, 대학, 관청, 백화점 등 다른 기성 공간들이 대안공간의 담론들을 흡수해버렸다고 할 수 있습니다. 물론 이런 과정을 통해 현대 사상이 퍼져 나간 것은 꼭 나쁘다고만 할 수는 없겠죠.

체계적인 조사를 해 본 것은 아니지만, 오늘날의 대안공간은 양분되고 있는 듯합니다. 아니, 스펙트럼이 더 넓어졌다고 해야 할까요? 원래의 대안공간의 맥락과는 달라진, 일종의 '웰 빙' 수준에서의 "인문학" 강좌들이 열리는 곳들도 있고, 일반적인 수준에 머물기보다 독자의 특화된 담론들을 창조해 내는 데 주력을 하는 곳들도 있는 듯합니다. 대안공간은 시민들과 함께 하는 '문화공간'의 의미와 참신한 사상의 창출에 진력하는 '연구공간'에 걸쳐 다양하게 분포되어 가는 듯합니다.

이 다양한 공간들이 함께 하게 되는 곳은 바로 정치라는 장소이지요. 여러 이질적인 공간들이 정치라는 공간에서 만나곤 합니다. 하지만 앞으로 다른 방식의 만남들도 창출되어야 할 것입니다. 점점이 흩어져 있는 대안공간들 사이에 보다 의미 있는 관계망이 만들어져야만, 대안공간의 정체성과 역사도 보다 단단해질 것입니다.

# 철학사라는 우주

**한정헌**  선생님께 철학사를 읽는다는 것은 무엇을 뜻합니까?

**이정우**  철학사를 읽는 것은 사유라는 우주를 여행하는 오뒤세이아 odysseia입니다. 그 우주여행을 위해서 내가 타고 가는 우주선은 선철先哲들이 남긴 텍스트들입니다. 그 우주선을 이끌어 가는 항로航路는 곧 그 텍스트들을 채우고 있는 언어들이죠. 그리스어, 라틴어, 한문 등 각 언어는 철학우주의 별자리를 이루고 있습니다. 나는 텍스트들을 읽고 또 읽으면서 어떤 영혼들에 점차 근접해 갑니다. 그 영혼들은 곧 내가 도착해야 할 별들이죠. 그 별들에 착륙해 나는 위대한 영혼들을 탐사합니다. 그 별들의 표면에 서서 나는 그 영혼들의 고뇌와 희망 그리고 환희와 좌절을 느낍니다.

　　그러나 철학사라는 우주의 항해는 어디까지나 오뒤세이아입니다. 그러한 항해의 종착역은 바로 지금 여기에서의 철학함이지요. 새로운 출발과 새로운 회귀가 반복되면서 여행은 계속됩니다. 철학사를 향한 여행과 철학으로의 귀환은 서로를 살찌워 줍니다. 그리고 철학사 여행에서 돌아올 때마다 나는 그만큼 젊어져서 돌아옵니다. 현대 우주론자들이 말하는 것처럼 말이죠. 삶이 구차하고 권태로울 때면 더욱 그렇습니다. 나는 철학사 여행을 한 후 돌아와서 그 여행의 성과들을 가지고서 철학을 합니다. 그리고 그 성과를 가지고서 다시 철학사 여행을 떠납니다. 때로는 짧게, 때로는 길게. 그런 오뒤세이아가 나로 하여금 '철학적 삶'을 살 수 있게 해 줍니다.

철학사는 사유공간의 거대한 만남의 광장이고, 사유시간의 우주정거장입니다. 사람들은 철학사의 수많은 조각들, 가지들을 붙잡고서 아집과 편견에 사로잡힙니다. 하지만 철학사 광장에서의 만남은 그런 아집과 편견을 녹여 주지요. 또, 사람들은 특정한 시간대에 스스로를 옭아매면서 자칫 그 부분을 전체로 확장하곤 합니다. 철학사의 시간에 설치된 우주정거장들을 여행할 때, 그런 무책임한 확장은 무장해제당합니다. 베르그송의 원뿔에서처럼, 벤야민의 '변증법적 이미지'에서처럼, 과거와 현재는 그리고 미래는 서로 교차하면서 전체 — 물론 열린 전체 — 를 접하게 됩니다. 그래서 철학사 읽기는 철학하기의 필수적인 전제인 것이죠.

**한정현** 대학원생 시절에 플라톤에서 베르그송에 이르는 서구 존재론사 연구에 천착하셨던 것으로 알고 있습니다. 아마도 선생님의 사유의 근간이 마련된 시기가 아니었을까요?

**이정우** 인간이라는 존재가 사유를 시작한 이래 숱한 사유들이 역사를 수놓아 왔습니다. 그 중 특히 핵심적인 것은 수학적 사유와 철학적 사유가 아닐까 싶습니다. 그리고 이 양자가 교차하는 곳에서 파열하는 것이 곧 '존재론'ontology입니다.

존재론은 사유의 대양을 유유히 헤엄치다가 자신을 정복하려는 사상가들의 배를 산산이 쪼개 버리는 모비 딕입니다. 사상사의 거장들은 이 모비 딕을 쫓아 세상 끝까지 항해하는 에이허브들이죠. 모비 딕의 몸에는 기라성 같은 에이허브들의 창들이 무수히 꽂혀 있습니다. 그러나 그 어느 창도 모비 딕을 끝장내지는 못했죠. 모비 딕은 결코 정복당하지 않으며, 정복당할 리도 없습니다. 정복당한다면 그때 사유는 끝나겠죠. 그럼에도 사유하는 사람들은 그것을 끝없이 추적합니다. "가끔은 그 너머에 아무것도 없으리라는 생각이 들기도 하지만", 그 추적이 우리를 살아 있게 만드는 것은 아닐까요? 사유는 계속됩니다.

　나는 1980년대 중반에 철학과 대학원에서 석사 과정을 밟고 있었지만, 하마터면 철학을 그만둘 뻔했습니다. 철학은, 적어도 철학과에서 하는 철학은 내가 생각했던 철학과는 거리가 있었죠. 그 와중에서 마지막 학기에 소은 선생의 강의를 들었습니다. 무척 어려운 강의였죠. 무슨 말인지 거의 알아듣지 못했습니다. 나는 강의 중에 학생들이 잘 알아듣지 못하면, 두 번이고 세 번이고 풀어서 설명해 주는 스타일인데, 선생은 전혀 반대셨습니다. 어떨 때는 앞의 학생들을 아예 잊어버리고, 거의 무아지경에서 혼자 열변을 토해 내는 듯도 했습니다. 아마 헤겔이 '논리학'을 강의했을 때 수강하던 학생들도 비슷한 느낌을 받지 않았을까 싶네요. 이미 교수가 된 선배들을 포함해서, 아마 선생의 말을 잘 따라간 사람들은 거의 없었던 것 같습니다. 윤구병 선생 정도가 허겁지겁 따라갔을 겁니다. 그러니 나 같은 석사 과정 학생이 뭘 알아들었을까요? 하지만 그 당시 그런 가운데에서도 그 강의에 무언가가 있다는, 내 머리와 가슴을 강하게 휘어잡는 어떤 힘이 있다는 것을 느꼈습니다. 무슨 소리인지 거의 모르겠는데 그러면서도 무언가가 강렬하게 나를 사로잡는다는 느낌, 이런 느낌은 정말 드문 느낌이죠. 그 마법과도 같은 느낌이 나를 존재론의 길로 이끌었습니다.

『신족과 거인족의 투쟁』(2008)을 쓸 때만 해도 여전히 소화되지 않은 선생의 사유 앞에서 나는 로캉탱처럼 구토를 느껴야 했습니다. 이 책의 속편 격인 『소은 박홍규와 서구 존재론사』(2016)를 쓰면서 그제야 그 모든 이야기들이 눈에 들어오더군요. 선생의 강의를 들으면서 도통 무슨 소리인지 알아듣지 못하면서도, 머릿속이 하얘지고 가슴에 용솟음이 치곤 했죠. 나는 그 시간들을 그저 내가 헤매면서 흘려 버린 시간으로서만 기억했었습니다. 하지만 그 시간들, 그때의 그 목소리들, 어지럽게 흩어져 나뒹굴던 관념들이 알고 보니 내 뇌 그 어딘가에 알알이 박혀 있었더군요. 소은에 대한 책을 쓰면서 그 씨앗들이 그제서야 활짝 피어나는 것을 느꼈습니다. 내 머릿속에서는 사유의 꽃이 피어나고 있었습니다. 무의미한 시간이란 없는가 봅니다.

내가 처음 선생의 강의를 들었던 그때의 주제는 바로 베르그송의 『창조적 진화』 4장에 나오는 근대 과학에 대한 논의, 정확히는 고전 역학의 시간 개념에 대한 강의였습니다. 소은 선생과의 그때의 마주침이 내 인생의 길을 터 주었습니다.

선생의 사유는 '서구 존재론사'에 대한 사유였고, 선생은 항상 플라톤과 베르그송을 두 축으로 놓고서 사유와 강의를 진행하곤 하셨죠. 사실 그 전에 나는 그리스에 빠져 있었습니다. 그리스에 관한 책은 거의 닥치는 대로 다 읽었죠. 그랬기 때문에 플라톤에 대한 강의에 깊이 빨려 들어갔습니다. 그 내용은 그리스에 대한 다른 이야기들과는 차원이 다른 내용이었고, 나는 지금까지도 철학에 입문하는 가장 좋은 방법은 플라톤의 대화편을 읽는 것이라고 봅니다. 좀 단적으로 표현하면, 플라톤의 대화편들을 읽고 또 읽는 것이야말로 철학 공부, 적어도 서양 철학 공부의 절반이라고 할 수 있습니다. 철학적 사유의 모든 씨앗들이 플라톤에게 들어 있습니다. 플라톤을 정독하면 헤겔까지는 무난히 갑니다. 그러나 그 이후는 다르죠. 헤겔까지는 철학이 학문 전체입니다. 철학서만을 읽어도 큰 문제가 없습니다. 그러나 19세기 정도가 되면 이미 학문세계가 분화되어, 철학서만을 읽어서는 철학을 이해하기 힘든 시대가 도래합니다. 과학의 세계 전체를 염두에 두어야 철학도 이해되는 시대가 오죠. 이제 존재론으로부터 과학들이 나오는 것이 아니라 과학들로부터 존재론이 나오는 시대로 거대한 전환이 이루어집니다. 19세기의 과학 전체를 보듬으면서 나온 철학, 형이상학이 바로 베르그송의 철학입니다. 소은 선생이 플라톤과 베르그송을 양대 축으로 놓고서 사유하고 강의한 데에는 이런 구도가 깔려 있습니다.

오늘날 베르그송에 버금가는 철학, 존재론을 세우려면 20세기의 과학 전체를 소화해야 합니다. 만만치 않은 작업이죠.

**한정헌**　선생님께서 최근에 『세계철학사』 집필을 끝내셨다고 들었습니다. 올해나 내년에 4권이 출간될 경우, 2011년에 『세계철학사』 1권이 나왔으니까 10년의 세월이 걸렸네요. 무려 10년의 세월에 걸쳐 이 책을 쓸 수 있게 한 원동력은 무엇이었을까요?

**이정우**　사실 20년이 걸렸다고 해야겠네요. 2000년부터 이 철학사를 쓰려고 마음먹었으니까, 준비에 10년 그리고 집필에 10년이 걸린 셈입니다. 시작할 때의 내가 40세였고 지금 끝나 갈 때의 내가 60세가 넘었으니까, 감회가 새롭습니다.

'원동력'이 있었다면, 소은 선생의 학문을 계승하려 했던 생각 그리고 철학아카데미에서의 수강생들의 열기가 아니었을까 싶습니다. 소은 선생의 '서구 존재론사' 연구를 '세계 존재론사'로, 나아가 '세계 철학사'로 발전시켜 나가려 한 것이 중요한 동기가 되었습니다. 하지만 보다 직접적인 동기는 앞에서도 언급했던 철학아카데미에서의 경험이었습니다. 도중에 무척 힘들기도 했지만, 그때 받았던 기氣가 지난 20년의 세월을 버티게 해 준 힘이 아니었을까 싶습니다.

사실 처음에는 입문적인 교양서를 쓸 생각이었습니다. 보다 많은 시민들이 철학에 친숙해질 수 있도록 하려는 의도였죠. 분량도 그저 한 권, 내용도 평이하게 쓰려고 했는데, 쓰는 과정에서 점점 계획이 바뀌어 갔어요. 갈수록 분량도 많아지고, 내용도 전문적인 수준이 되어 갔죠. 그래서, 특히 첫 권이 그랬는데, 저술의 개념에도 혼선이 있었죠. 어떤 곳은 친절한 강의 투인데, 또 어떤 곳은 상당 수준의 존재론적 논증이 전개되는 식이었습니다. 그래서 여러 번 개정판을 내게 된 것이죠.

그래서, 좀 욕심이 많은 게 아닌가 싶기도 하지만, 이 저작에 깃들어 있는 이 두 가지 결이 모두 결실을 맺었으면 하는 바람입니다. 하나는, 좀 묵직한 책이 되어 버렸지만, 보다 많은 시민들에게 이 철학사가 철학의 세계를 여행할 때 유용하게 사용하는 카르토그라피가 되었으면 하는 바람입니다. 그리고 다른 하나는 이 책이 21세기에 전개될/전개되어야 할, 동과 서의 구분을 넘어선 보편적 사유의 출발점이 되는 것입니다.

**한정헌**　서구 존재론사를 다룬 두 권의 책을 출간한 이후『세계철학사』4부작을 쓰셨는데, 이 4부작은 선생님의 역사철학적 화두인 '전통, 근대, 탈근대'의 관점에 따라 기획되었다고 하셨습니다. 2011년에 출간된『전통, 근대, 탈근대』는 1999년에 출간된『인간의 얼굴』을 개작해서 펴내신 것으로 알고 있습니다. 그렇다면 이 화두는 그 사이에 형성되었다고 할 수 있을까요?

**이정우**　내가 저작들을 출간하기 시작한 것은 1990년대였고, 그 당시 나에게 "1980년대"와 "1990년대"는 일반명사가 아니라 고유명사였습니다. 이 두 시대의 대조가 내 마음속에 깊이 각인되었고, 내 문제의식에 크게 영향을 주었습니다.

　　　내가 어린 시절을 보낸 고향은 그야말로 조선 시대 때의 삶의 모습과 별다를 바 없는 곳이었습니다. 나는 그곳에서 소박한 농부들과 소, 닭이라든가 포도나무 등 다른 동식물들과 어울려 어린 시절을 보냈죠. 생각해 보면 참 꿈처럼 느껴집니다. 하지만, 서울과 시골을 오가면서 살았는데, 당시 서울은 군사정권하에서 이루어진 '개발독재'에 의한 산업화에 여념이 없었습니다. 20대부터는 거의 서울에서만 살았는데, 군사정권의 독재와 그에 맞선 민주화 투쟁 그리고 거대한 산업화 물결의 그림자 아래에서 살았습니다. 역사철학적으로 보면, '전통과 근대'라는 화두 아래에서 살아간 것이죠. 사실 멀리 보면 이 화두는 당대에 생겨난 것이 아니라 19세기 후반 이래 계속되어 온 것입니다. 군사정권이 들어서면서 본격화되었던 것뿐이죠.

그러다가 1987년 6월 혁명으로 군사정권이 무너졌죠. 하지만 새로 도래한 세상은 우리가 꿈꾼 세상은 아니었습니다. 그 전에 친구들과 늘 "좋은 세상"을 이야기하곤 했는데, 우리를 찾아온 것은 '진보'된 세상이 아니라 "진화"가 지배하는 세상이었던 것이죠(오늘날 대중매체에서는 이 "진화"라는 말을 진보의 뜻으로 쓰더군요. 참으로 얄궂은 용어법입니다). 그러다 1990년대가 되면 이른바 '세계화'와 '정보화'가 세계를 휩쓸기 시작했습니다. 이른바 "포스트모던" 사회가 등장한 것이죠. 이 포스트모던 사회에 대한 철학적 반성으로서 탈-근대 사유가 전개되었던 것이죠.

이런 과정을 겪으면서 나는 '탈주와 회귀 사이에서' 사유하기 시작했습니다. '전통과 근대 그리고 탈근대'에 대한 사유를 시작한 것이죠. 이제 시대의 화두는 탈-근대가 되었습니다. 근대적 삶의 양태에 깊은 회의를 품고 있었기에 이렇게 탈-근대 사유의 방향으로 나아갔지만, 나는 그러한 사유가 서구에서의 탈-근대를 그저 반복하는 것이어서는 안 된다고 생각했습니다. 이는 곧 그 전까지 이어져 온 '전통과 근대'라는 화두를 품고서 탈-근대 사유가 이어져야 한다고 생각했음을 뜻합니다. 탈-근대로의 탈주와 전통으로의 회귀 사이에서 사유해야 한다고 생각했던 것이죠. 그래서 '근대적 주체'를 사유했던 다산 정약용으로부터 우리 시대까지의 200년을 모두 아우르면서 사유해야 한다고 보았던 겁니다. 『인간의 얼굴』(『전통, 근대, 탈근대』)은 그런 맥락에서의 논의를 전개한 것입니다. 지금도 역사철학적 맥락에서의 내 화두는 다산이 강진에 유배당한 1800년에서 한국의 대안공간이 탄생한 2000년에 이르기까지의 이 200년을 어떻게 개념화할 것인가에 있습니다.

『세계철학사』는 바로 이 화두를 보다 넓은 맥락으로, 즉 세계철학사라는 장으로 확대한 것으로 보면 됩니다. 이렇게 된 이유는 앞에서 말씀드렸듯이 철학아카데미에서의 체험이 결정적인 계기가 되었지만, 다른 한 가지 이유도 있었습니다.

나는 『인간의 얼굴』을 쓴 후에 "한국적인" 철학사 연구, 철학 연구를 진행할 마음을 품고 있었어요. 『탐독』(2006)에서도 언급했던, 어린 시절부터의 내 삶의 배경이 여전히 강하게 작동했던 것이죠. 석사 과정 때 서양 철학 전공을 선택한 것도 사실은 후에 한국 철학, 넓게는 동양 철학을 더 정교하게 하기 위한 것이었습니다. 『인간의 얼굴』의 당시 표지를 보시면 알겠지만, 대한민국 지도가 활용되어 디자인되어 있죠. 서로 알지도 못했지만, 디자인하신 분도 이 책에서 풍기는 어떤 느낌을 간파했던 거죠. 그런데 그 후 한국학을 해야 한다고 할지, 민족주의자들이라고 해야 할지, 어떻게 불러야 할지 모르겠지만, 여하튼 한겨레 문화에 대한 깊은 애정을 가지고 연구하는 사람들과 많이 접하게 되었습니다. 김지하 선생도 그때 만났죠. 하지만 그 과정에서 큰 회의를 품게 되었습니다. 너무 편협하고 감정적이라 할까, 도저히 그런 흐름과 함께할 수가 없었습니다. 그 과정에서 나는 오히려 거꾸로 보편주의자라고 불러야 할까요, 아니면 '코스모폴리탄'이라고 불러야 할지, 입장이 크게 선회하게 되었습니다. 물론 현실의 "글로벌" 세계에 대해서는 강하게 비판하는 입장이고, 오늘날의 "보편"이란 거대한 이데올로기에 불과하다고 보지만, 궁극적으로는 진정한 의미에서의 보편주의를 지향하게 된 것이죠.

**한정헌** '전통, 근대, 탈근대'라는 화두와 『세계철학사』의 연관성을 더 잘 이해하게 된 것 같습니다. 이 3부작의 1권에서는 지중해세계의 철학을, 2권에서는 아시아세계의 철학을, 3, 4권에서는 근현대 세계의 철학을 다루셨는데, '영불독'英佛獨으로 대변되는 서구 철학 중심에서 탈피하여 동·서양의 사상을 균형 있게 종합적으로 기술했다는 점에서 큰 의의가 있는 것 같습니다. 아마도 거의 최초로 시도된 작업이 아닐까 싶습니다. 동·서양의 사상을 함께 다루는 작업이니만큼 무엇보다 냉철한 균형 감각이 요구될 것 같습니다.

**이정우** 그래야만 진정한 '세계철학사'라고 할 수 있겠죠. 사실 '동양', '서양' 개념 자체가 다소 복잡한 맥락을 띠고 있고, 보다 구체적으로는 헬라스에서 연원한 철학 전통, 고대 인도에서 연원한 전통, 고대 동북아에서 연원한 전통을 어떻게 균형 있게 서술할 것인가가 중요했습니다. 물론 이것이 삼자를 똑같은 비중으로 다룬다는 것을 뜻하는 것은 아닙니다.

한국에서 철학하는 나에게는 세 전통이 모두 중요하고 또 내 마음속에 중첩되어 있습니다. 우리 동북아 문명의 근저에는 공자의 유가사상과 노자의 도가사상이 흐르고 있죠. 그 후에 인도로부터 불교가 들어와서 유·불·도 삼교가 정립되었습니다. 이 삼자가 성리학으로 종합되고, 성리학은 오래도록 동북아 삼국을 지배합니다. 조선 시대 후기부터는 서양과의 접촉을 통해 새로운 사유들을 배울 수 있었죠. 현대에 들어와서 처음에는 독일 철학, 그 후에는 영미 철학, 최근에는 프랑스 철학을 골고루 배웠습니다. 한국에는 이렇게 세계 철학의 여러 전통들이 중첩되어 있습니다. 한국은 철학의 거의 모든 주요 갈래들이 풍부하게 중첩되어 있는 흔치 않은 곳입니다. 한국에서 사유하는 사람들은 이 사실이 무엇을 뜻하는지 진지하게 음미해 볼 필요가 있습니다.

나는 어릴 때부터 유자儒者이신 아버님 아래에서 유교, 민족종교(각세교), 한의학 등 전통 사상들의 공기를 호흡하면서 자라났습니다. 그 후 대학에 들어가서는 현대 기하학, 양자역학, 진화론 등 서양 과학의 세계에서 지적 환희를 맛봤습니다. 대학원에서는 서구 존재론사, 후기 구조주의 등을 본격적으로 공부했죠. 내 사유에는 이런 결들이 켜켜이 쌓여 있고, 생각해 보면 이런 사유들이 내 인생에 어떤 의미와 기쁨을 안겨 주었습니다. 이런 정신적 환희의 위로가 없었다면 인생이란 허망하고 환멸스러운 것일 수밖에 없었다는 생각이 듭니다. 『세계철학사』는 이런 고마운 사유들에 대한 내 작은 보답이라고 할 수 있을 것 같습니다. 그래서 이 모두를 적절히 배치하고 그 각각의 의미를 가능하면 최대한 살려 읽어내려고 노력했습니다.

한정헌　철학의 일부를 논하는 것과 철학사 전체를 논하는 것 사이에는 양적인 차이가 아닌 질적인 차이가 있을 것 같습니다. 실제로 선생님이 느끼신 가장 결정적인 차이가 있다면 무엇인가요?

이정우　철학사 전체를 논하는 것은 곧 이질성heterogeneity과의 투쟁 및 화해를 함축합니다. 특정한 동질성을 전제하고서 논하는 것과 여러 이질성, 그것도 철학사 전체에 있어서의 숱한 이질성들에 대면해 사유하는 것은 차원이 다른 것이지요. 이질성들과 투쟁하고 화해하는 것은 질적 다양체를 만드는 것이고, 세계철학사를 쓴다는 것은 거대한 질적 다양체를 만들어내는 것과도 같습니다. '가로지르기'의 정신이 필요합니다.

덧붙여 말한다면, 많은 사람들이 어떤 동질성의 울타리에 들어앉아 아집我執의 성城을 쌓습니다. 오직 이질성들과 투쟁하고 화해함으로써만 그런 아집의 성으로부터 탈주할 수 있지요. 그것은 어떤 틀에 갇히지 않으려는 것이고, 아집의 성에서 자폐自閉에 빠지기를 거부하는 것입니다. 그러나 이 '가로지르기'의 길은 힘든 길입니다. 왜 나는 이 힘든 길을 택했을까요? 왜 그저 어느 한 인물, 좀 낮게는 한 사조나 시대 등을 선택해서, 임용, 재임용, 승진, 연구비 취득을 위한 논문이나 하나씩 쓰는 편안한 길을 선택하지 않았을까요? 앞에서 적극적인 맥락에서의 이유를 언급했습니다만, 소극적인 맥락에서의 이유도 있습니다. 그건 내가 철학하는, 더 넓게는 학문하는 사람들에게서 받았던 가장 강렬한 인상이 바로 편협함이었기 때문입니다. 인간적으로는 질시하는 존재, 학문적으로는 편협한 존재, 바로 이런 모습이 내가 주위 사람들에게서 받은 인상이었습니다. 끊임없이 의식하고 경쟁하고 질시하고 험담하는 존재, 그리고 강고한 편협함에 빠져 두터운 아집의 성을 쌓고서 살아가는 존재, 그런 존재들이 내보이는 추한 모습들, 그런 모습들은 내 마음속에 혹시 나 자신도 바로 저런 얼굴을 하고 있는 건 아닐까 하는 두려움을 일으켰던 겁니다. 윤리적 추동력에는 능동적인 것이 있고 수동적인 것이 있죠. 능동적인 것은 "~한 사람이 되겠다"는 것이고, 수동적인 것은 "~한 사람은 정말 되지 않겠다"는 것입니다. 나는 "저런 자들이 되고 싶지 않다"는 강렬한 생각, 차라리 느낌을 가지게 되었고, 그것이 나로 하여금 특정한 전공에 안주하지 않고 철학사 전체를 보도록 추동한 소극적 이유였습니다.

**한정헌** 『세계철학사』1권에서는 '지중해세계의 철학'이라는 표제가 가장 먼저 눈에 들어옵니다. 통상 '서양 철학사' 등의 제목에 익숙해져 있는 독자들에게는 다소 낯설게 느껴질 수도 있을 것 같습니다. 어떤 문제의식에서 비롯된 것인가요?

**이정우** 우리가 서양 철학사를 볼 때 빠지기 쉬운 함정들 중 하나가 그것을 근대 이후 형성된 이른바 "영불독"의 관점에서 보는 것입니다. 사실 근대 이전의 '지중해세계'와 근대 이래의 유럽세계 또는 '구미' 歐美세계는 상당히 다른 세계입니다. 그것은 오늘날의 한국, 중화인민공화국('중국'이 아닙니다), 일본, 인도 등 국민국가들로 형성된 아시아세계(사실 이런 개념은 아직 뚜렷하게 형성되어 있지는 않습니다만)와 고대의 동북아세계, 아시아세계가 사뭇 다른 세계인 것과 마찬가지입니다. 게다가 아무래도 그리스세계와 로마세계에 큰 비중을 두게 되는 철학사의 맥락이 아닌 일반적인 문화사 나아가 역사 일반의 맥락에 초점을 맞출 경우에는 더더욱 그렇습니다. 내가 역사를 다룰 때 가장 조심하는 점들 중 하나는 바로 '사후적 구성'입니다.

물론 지중해세계가 오늘날의 서양세계='구미'의 전통을 이루는 것은 사실입니다. 서양 드라마가 클레오파트라와 안토니우스의 이야기나 예수 이야기를 즐겨 다루지, 위촉오魏蜀吳 사이의 쟁투나 백제 이야기를 즐겨 다루지는 않지요. 그럼에도 지중해세계와 근대 이래의 유럽, 구미는 다른 세계라는 것을 잊고 사후적 구성을 남발하는 것은 조심해야 합니다. 지금까지 '영불독'의 시선으로 지중해세계를 보아 왔지만, 오늘날 21세기에는 이런 지리적 한계를 떠나서 '지중해세계'를 바라볼 수 있어야 하는 것이지요.

**한정헌** 선생님께서 '지중해세계의 철학'의 범주에 그리스-로마의 철학만이 아니라 이슬람의 철학도 포함시킨 것은 그런 이유에서였겠네요. 서구 중세 철학에 앞서 이슬람세계의 철학을 다룬 점이 매우 인상적이었습니다. 특히 이슬람의 철학이 서구 철학사에 끼친 영향에 대해 입체적으로 조명하신 것 같습니다.

**이정우** 사실 너무나도 당연한 것입니다. 우리가 워낙 서구의 눈길로 지중해세계를 보아 왔기 때문에 특이하게 보인 것뿐입니다.

유스티니아누스 황제가 철학자들을 추방했을 때 그들은 바로 로마의 라이벌인 페르시아로 건너갑니다. 그리고 페르시아(사산조)가 멸망할 즈음 이 철학적 유산은 쉬리아(/시리아)로 건너갑니다. 지금의 시리아는 근대에 서구가 멋대로 분할해 생긴 영토이고, 본래 쉬리아는 상당히 큰 지역(그래서 '대ㅅ쉬리아'라고 하죠), 아니 하나의 문명권이었습니다. 십 몇 년 전에 중국의 시안(옛날의 장안이죠)을 학술대회 차 방문했을 때, 대진사大秦寺라는 절에 갔었습니다. 그 전에 법흥사法興寺던가 법륭사法隆寺던가 하는 엄청나게 큰 절에도 갔었는데 그곳은 그다지 기억이 나지 않고, 이 대진사는 아주 작고 소박한 절이었는데 무척 인상 깊어서 지금도 기억납니다. "大秦"이라는 말은 중원 사람들이 로마를 가리켜 부른 말이었죠. 나중에 안 사실이지만, 네스토리우스교와 관련된 절이었습니다. 그 절에 있던 상당히 큰 돌에 글이 새겨져 있었는데, 그 글이 쉬리아어였습니다. 어쩌면 쉬리아의 문명사적 역할을 잘 보여 주는 한 장면이 아니었나 싶습니다. 어쨌든 그리스(와 로마)의 철학은 이렇게 페르시아, 쉬리아를 거쳐서 아랍으로 전파된 것이고, 그 후에 이 아랍의 철학이 유럽에 전해진 것이죠.

　물론 그 전에도 유럽에는 이미 어느 정도 스콜라철학의 틀이 형성되어 있었습니다만, 이슬람 철학의 전래가 유럽에서의 철학적 사유의 발전에 큰 기폭제가 된 것은 틀림없습니다. 따라서 그리스-로마로부터 유럽의 스콜라철학으로 직접 건너뛰는 것은 잘못된 것이죠. 그 사이에 있었던, 특히 이슬람세계에서 있었던 철학적 사유들을 먼저 읽어야 합니다. '아비센나', '아베로에스' 같은 말들도 서구에서 쓰는 말이죠. 한국에서 철학하는 우리들은 '이븐 쉬나', '이븐 루쉬드'라고 불러 주어야 할 것입니다.

**한정헌**　『세계철학사』 2권을 읽다 보면, 다른 사유들에 대한 서술에 비해서 도가철학에 대한 서술에서 선생님 자신의 사유와 '싱크로율'이 더 높다는 느낌을 받았습니다. 선생님 고유의 개념들도 바로 이 대목들에서 자주 등장하고요. 선생님께 도가철학은 특별한 위상을 차지한다고 할 수 있을까요?

**이정우**　아마 그럴 겁니다. 물론 우리는 더 이상 유, 불, 도에서 어떤 것을 선택해야 하는 상황에 있지 않습니다. 이런 전통들은 우리에게는 이미 역사이고, 현대의 사유를 구성하는 철학사의 요소들로서 편입되어 있습니다. 내게도 유, 불, 도가 모두 중요하지요. 하지만 동북아 철학의 전통 속에서 태어나 성장한 대부분의 사람들의 마음에서 이 삼교三敎가 모두 똑같은 비중을 차지하지는 않을 겁니다. 어느 정도 비중에서의 차이가 존재하기 마련이지요. 내게는 도가철학이 약간 더 큰 비중을 차지합니다. 때로 어떤 사람들이 내게 "선생님, 종교 있으세요?"라고 묻지요. 내게는 좀 성가신 질문인 것이 사실입니다만, 그럴 때면 나는 그저 빙그레 웃으면서 "도교입니다" 하고 답하지요. 그럼 상대방에 따라서 두 종류의 반응을 보이는데, 어떤 사람들은 놀라는 표정을 짓고 또 어떤 사람들은 내가 농담을 한다고 하면서 웃습니다. 하지만 사실 내 대답이 전적으로 농담은 아닌 것 같습니다.

도가철학이 주는 매력에는 『노자』(와 『덕도경』, 『도덕경』)의 언어가 매우 추상적이라는 사실도 한몫하는 것 같습니다. 노자의 언어는 극히 추상적이기 때문에, 거기에 여러 사유들을 대입해 보면서 자신의 생각에 활기를 불어넣을 수 있는 것이죠. 『천부경』 같은 텍스트들도 그렇고요. 이런 저작들은 서구 철학 식으로 말하면 '일반 존재론'에 해당할 터인데, 동북아 사유에서 비교적 결여되어 있는 이 사유가 적어도 『노자』 등에서는 뛰어나게 표현되어 있기 때문입니다. 『노자』(나중에는 『도덕경』)를 읽는 것은 플라톤의 후기 대화편들을 읽는 것과 비슷합니다. 철학적 사유에 불을 붙이는, 철학적 사유의 탄생지와도 같은 곳이죠. 게다가 노자 사유의 매력은 수천 년 전의 사유임에도 매우 현대적인 성격의 사유라는 점에 있죠. 그리고 나 개인으로서는, '이름-자리'에 대한 비판이라든가 '파라-독사'para-doxa와 '농-상스'non-sense의 사유를 비롯해 나 자신의 사유와도 여러모로 상통하는 사유입니다. 반대 방향으로 말해, 내 사유의 많은 부분은 바로 노자와 장자의 사유에 연원하고 있는 것이죠. 이런 점들이 철학사 서술에도 자연스럽게 반영되었던 것 같습니다.

**한정헌**  2권을 읽으면서 특히 '천하와 강호'에 대해 논하신 대목이 인상적이었습니다. 이 대목은 어찌 보면 선생님께서 살아온 인생과도 오버랩되는 것 같습니다.

**이정우** 그 대목을 쓰면서 나는 군사정권 시절에 시대와 투쟁했으나, 새로이 도래한 세상에 잘 "적응"하지 못하고 흩어진 내 세대의 사람들에 대해 생각하게 되었습니다. 사실 맥락이 정확히 일치하지 않기 때문에, 정확히 오버랩이 되지는 않습니다. 그러나 순수와 저항의 시대를 살다가 달라진 세상에서 각자의 길로 뿔뿔이 흩어지게 된 사람들의 이야기라는 점에서는 오버랩이 되고, 그래서 그 대목을 쓰는 동안 계속 이런 생각이 떠나지를 않았습니다. 나는 이 사유 구도를 '천하와 강호'라는 개념에 담았죠.

완적阮籍과 혜강嵇康은 현실에 끝내 타협하지 않고서 비극적인 죽음을 맞이합니다. 군사정권 시절 군부독재와 싸우면서 스러져 갔던 사람들이 이에 해당할 것입니다. 진정한 의미에서의 영웅들이죠. 산도山濤와 왕융王戎은 새로운 시대가 도래하면서, 현실 권력으로 몸을 이동한 사람들입니다. 산도는 나름대로 인상 깊은 정치를 펼쳤지만, 왕융은 그렇지를 못했죠. 이들은 새로운 현실이 도래했을 때 현실 정치에 들어가 활동했던 사람들, 이른바 "386 세대" 정치인(매우 넓은 의미)과 가깝다 하겠습니다. 유령劉伶과 완함阮咸은 죽림칠현이 해체된 후 술과 음악에서 위로를 받으면서, 방달放達의 삶을 살았죠. 새로운 세상에 적응하지 못하고, 감성적인 방식으로 허무함을 메우면서 살아가는 대부분의 사람들이 이에 해당될 것 같습니다. 마지막으로 상수向秀는 생계를 위해서 적당히 관직생활을 하면서 실제로는 학문에 몰두해 『장자주』莊子注라는 중요한 저작을 남겼습니다. 군정 시대에 청년 시절을 보내고 그 후 (학자가 아니라) 사상가의 길을 걸어간 사람들이 이에 해당됩니다. 개인적으로, 나는 상수의 길과 "싱크로율"이 가장 높을 듯싶네요. 장자를 품에 안은 사람들이 굴곡진 인생을 살았듯이, 군정 시절의 순수와 저항을 마음속 어딘가에 여전히 안고서 살아가는 사람들은 이제 뿔뿔이 흩어져 각자의 길을 가고 있습니다.

내게는 철학적 사유와 저술 못지않게, 지금 오늘날의 강호를 만들어 가는 것 또한 중요합니다. 2000년에 대안공간을 시작했을 때가 떠오릅니다. 이제 20년이 지나 2020년이네요. 다시 초심으로 돌아가 생각해 보게 됩니다. 인생의 마지막 4분기를 맞아, 내 삶과 사유를 어떻게 갈무리할지 숙고하고 있습니다.


**한정헌**　장자에 대해 논하시면서 "존재론적 달걀"이라는 흥미로운 표현을 쓰셨는데, 풀어서 설명해 주시겠습니까?


**이정우**　존재론적 달걀이란 존재에 대해, 세계에 대해 내가 가지고 있는 직관을 이미지로 표현한 것입니다. 개괄적으로 요약한다면, 세계를 채우고 있는 개별자들은 기氣의 개별화를 통해 성립한 존재들이고 이 개별자들은 다시 일정한 규정성들로 구체화된 존재들이라는 것, 그리고 이 과정에서 인간은 '기'의 원환에서 살짝 불거져 나온 존재이고 따라서 인간을 포함한 존재 전체는 달걀 모양이 된다는 것입니다. 그리고 이 모든 과정을 주재하는 것은 도道의 이치이고요.

인간도 기가 개별화된 개체들이고, 일상 언어의 형용사들과 동사들로 표현되는 갖가지 규정성들을 띠고 있습니다. 인간을 접어 놓을 경우, 도를 원환으로 이해하고 기를 그것을 채우고 있는 실체로 비유할 수 있을 것 같습니다. 그런데 인간이라는 존재는 그 원환으로부터 불거져 나온 존재라고 할 수 있습니다. 어디까지나 기의 한 변형태임에도 본래의 원환으로부터 불거져 나온 존재인 것이죠. 그래서 전체 모양새를 보면 달걀과도 같습니다. 그래서 인간을 포함한 본래의 도/기 전체는 원환이 아니라 달걀 모양인 것이죠. 이것을 나는 '존재론적 달걀'이라 불러 봤습니다. 장자의 철학과 연계되죠.

**한정헌** 『세계철학사』 2권에서는 한국의 철학도 다루어져 있습니다만, 한국 철학사를 따로 특화할 경우 어떻게 정리할 수 있을까요?

**이정우** 과거로 거슬러 올라갈수록 "한국"이라는 개념의 외연은 불확실해집니다. 한국이니 중국이니 일본이니 하는 개념들은 원칙적으로는 근대 국민국가가 형성되면서 성립한 개념들이니까요. 그러나 한국이 조선과, 일본이 에도 막부와, 중화인민공화국이 청 제국과 이어져 있다는 것은 대체적으로는 인정할 수 있습니다. 하지만 이렇게 과거로 계속 거슬러 갈수록 이런 근대 국민국가의 틀을 사후적으로 과거로 투사하는 것은 점점 부정확해집니다. 그래서 나는 진한 제국에 의한 "중국" — 이는 고유명사가 아니라 '중원을 차지하고 있는 대국'이라는 뜻이죠 — 의 성립 이전의 시기에 대해서는 '고대 동북아'ancient East-Asia라는 표현을 씁니다. 그리고 이 '중국'에 대해서 '동방' 또는 '해동'이 성립하죠. '한국'이 이 동방/해동의 문화를 잇고 있다는 것이 전제될 때에, '한국 철학사'라는 것이 성립한다고 할 수 있겠습니다.

이렇게 보는 한에서 한국 철학사는 네 단계로 볼 수 있을 겁니다. 토착사상, 불교, 유교, 근대성으로 말이죠. 동방의 문화가 중국의 영향을 받기 이전 토착사상의 시대, 그리고 인도에서 중국을 거쳐 들어온 불교의 시대, 그리고 성리학을 꽃피운 조선 시대, 마지막으로 서양과의 마주침을 통해 형성된 근대, 이렇게 네 시기를 구분해 연구할 수 있겠죠.

지금까지 한국 철학사 연구에서 아쉬운 점은 묘하게도 20세기 철학에 대한 연구가 매우 희박하다는 점입니다. 문학과 역사는 현대에 중점을 두고서 연구되는데, 이상하게도 철학은 거의 19세기까지만 연구되고 있습니다. 우리에게는 '서양 현대'도 있고 '한국 전통'도 있지만 '한국 현대'는 없는 것이죠. 이 점은, 애초에 양적으로도 비교가 되지 않습니다만, 한국 서점의 철학 코너와 일본 서점의 철학 코너를 비교해 볼 때에도 한눈에 확인됩니다. 이런 현상은 하루 빨리 극복되어야죠.

**한정헌**   선생님께서는 17세기 형이상학을 크게 '기계주의'mechanism와 '표현주의'expressionism의 대결로 보시죠? '기계주의'라는 말은 일반적으로 익숙한 편인데, '표현주의'라고 하면 다소 생소합니다. 쉽게 말해 각각을 이원론과 일원론의 사유체계로 이해해도 될까요?

**이정우**   17세기의 철학은 지금의 시점에서도 중요합니다. 지금 우리의 시대까지도 직접적으로 이어지는 사유들이 유럽에서도 또 동북아에서도 풍부하게 등장한 시점이기 때문입니다. 서구 철학자들은 인식론이나 심리철학 등에 대한 논의를 대개는 데카르트에서 시작합니다. 동북아에서도 '실학'(넓은 의미)이 시작된 것이 17세기이죠. 전통적인 것과 새로운 근세적인 것이 섞여서 사유가 전개된 시대입니다.

17세기 형이상학을 데카르트의 기계론과 스피노자, 라이프니츠, 왕부지의 표현주의를 대조시키면서 전개했는데, 사실 기계론도 또 표현주의도 17세기라는 시대를 훌쩍 넘어서는 개념들입니다. 그리고 표현주의는 아직 충분히 전개하지는 못했지만 나 자신의 철학적 입장이기도 하고요. 사실 내재적 표현주의는 3권을 관류하는 한 테마이기도 합니다.

일단 17세기 형이상학에 국한해서 볼 때, 기계론을 이원론으로 그리고 표현주의를 일원론으로 보는 것은 대체적으로는 맞습니다. 그러나 상세하게 들여다본다면 다소 복잡합니다. 기계론은 이원론이고 표현주의는 일원론이라고 말할 수 있는 것은 데카르트와 스피노자, 왕부지의 관계에 있어서죠. 일반적으로는 꼭 그렇게 짝을 이루지는 않습니다.

일원론적 기계론도 가능한데, 이것이 바로 기계론적 유물론입니다. 데카르트에게서 별도의 존재였던 신과 영혼이 가지는 특권을 부정할 때, 이런 입장이 성립하죠. 이론상 다원적인 기계론도 가능합니다. 기계론적 설명 방식을 구사하되, 그 종류를 다원화하는 방식입니다. 예컨대 물질차원과 생명차원, 정신차원을 궁극적으로는 연속적으로 보되, 뒤의 것들을 앞의 것들로 환원할 수 없다고 보는 생각입니다. 아울러 이원적 표현주의도 가능합니다. 예컨대 정신과 물질의 이원론으로 세계를 보되, 물질을 정신의 표현으로 또는 정신을 물질의 표현으로 보는 입장이죠. 이른바 '평행론'입니다.

또, 다원적 표현주의도 가능합니다. 다양한 존재면들 사이의 각종 표현(번역)들을 인정하는 것이죠. 이 표현주의는 일원적 성격도 가지는데, 어디에선가 표현 가능성이 끊겨버리지 않는 한 모든 존재면들이 어떤 식으로든 이어져 있다고 보는 점에서는 일원적입니다. 이것이 내가 생각하는 내재적 표현주의죠. 또 이 표현주의는 열린 표현주의인데, 이는 우리가 모든 존재면들을 포괄하는 신의 눈길을 가질 수 없다고 보기 때문입니다. 아울러, 이 표현주의에서 초월성은 방법적으로 배제되지만 각 존재면들의 비중이 모두 같은 것은 아닙니다. 특히 '사람의 마음'이야말로 무수한 존재면들과 가장 다양한 방식으로 관계 맺는 곳, 말하자면 표현에서의 최대의 허브 같은 곳이라는 점을 인정한다는 점에서, 휴머니즘적인 측면도 포함합니다. 이 내재적 표현주의를 보다 정교화해야 할 것입니다.

**한정헌**　근대성의 근간에는 결국 '경험'과 '주체'의 문제가 있는 것 같습니다. 근대 주체철학을 크게 경험적 주체, 선험적transcendental 주체, 그리고 칸트 이후 철학들에서의 선험적 주체로 구분할 수 있을까요?

**이정우**　그렇습니다. 근대성의 근간에서 '경험'과 '주체'를 읽어낼 수 있습니다. 근대 이전에는 경험을 주체의 바깥에 존재하는 어떤 형이상학적 원리들로부터 읽어내려는 경향이 강했으니까요. 그리고 데카르트에서 바디우에 이르기까지 서구 철학자들은 주체에 대해 집요하게 묻고 대답했습니다.

　　'경험적 주체'라 할 때, 이 '경험'의 개념을 어떻게 이해하느냐가 핵심입니다. 주체를 형이상학적으로 정초하지 않고, 경험을 통해서 성립하는 존재로서 명확하게 개념화한 인물은 존 로크입니다. 보다 일찍 잡을 경우 르네상스 시대까지 거슬러 올라갈 수 있겠죠. 그리고 로크는 경험주의적 주체 개념에 입각해 정치철학, 법철학 등에도 지대한 공헌을 남겼죠. 오늘날 우리가 생각하는 '주체', '자아', '인격', '자기의식' 등 여러 개념들이 이때 확립되었습니다. 이때가 동북아에서는 양명학을 필두로 새로운 인간 이해가 도래한 시대입니다. 철학적 내용에는 큰 차이가 있지만, 동과 서에서 동시에 인간주체에 대한 새로운 이해가 도래합니다.

하지만 초기 경험주의에서의 경험은 '지각'이라는 한계를 넘어가지는 않았습니다. 물론 '상상작용'이라든가 다른 개념들로 뻗어가긴 했습니다만, 경험이란 어디까지나 지각, 흄의 경우 인상이라는 근간 위에서 이해되었습니다. 이 경험 개념을 보다 주체적인 과정으로 이해한 것은, 달리 말해 주체에 형이상학적 뉘앙스를 부여한 것은 칸트를 비롯한 독일 철학자들이었죠. 이들에게서 경험을 통해 성립하는 주체는 경험에 자신의 주체성을 투영하는 주체로 승격됩니다. 경험적 주체로부터 선험적 주체로의 이행이죠. 인간의 선험적 의식, 자유, 이성, 그리고 인간이 만들어 가는 역사, 때로는 더 나아가서 이 모두를 뒷받침해 주는 든든한 후원자로서의 '절대자'까지, 독일 이념론자들에 의해 선험적 주체는 정점에 달합니다. 이때가 다산 정약용과, 약간 나중입니다만 혜강 최한기가 동북아 근세 사상들을 방대하게 종합하면서, 역시 인간 주체에 대한 격조 높은 사유를 전개한 때입니다. 다산이 경험주의의 토대 위에서 '自主之權' 등을 논의했다면, 혜강은 기학의 토대 위에서 '신기'神氣를 논했죠. 상세하게 연구해야 할 주제입니다만, 다산이 칸트와 상통하고 혜강이 헤겔과 상통합니다.

이후(서구에서는 헤겔 이후, 동북아에서는 최한기 이후를 뜻합니다) 주체에 대한 사유는 두 갈래로 나뉜다고 할 수 있는데, 하나는 독일 이념론을 이어 주체에 대한 적극적 사유를 전개한 흐름이고 다른 하나는 근대 주체철학의 문제점을 파고들면서 그것을 무너뜨리려 한 흐름입니다. 물론 이것은 복잡다단하기 이를 데 없는 철학사적 흐름을 극히 단순화한 것에 불과하다고 하겠습니다만.

어쨌든 이렇게 크게 단순화했을 경우, 특히 흥미로운 대조를 이루는 것은 역시 실존주의와 구조주의라 하겠습니다. 특히 프랑스의 철학자들은 사르트르로부터 오늘날의 바디우에 이르기까지 정말이지 집요하게 주체를 사유해 왔죠. 오늘날에는 생명과학이 비약적으로 발달하면서, 새로운 뉘앙스에서의 유물론적 사유들이 팽배하고 있습니다. 특히 일본에서 전개되고 있는 생명과학의 흐름이 흥미롭습니다. 이런 시대의 흐름과 대결하면서 실존주의와 구조주의의 의의도 새로운 각도에서 재개념화되어야 할 것입니다. 어쨌든 우리는 오늘날 객체성이 엄청난 속도로 강고해지는 흐름에서 주체를, 휴머니즘을 새롭게 사유해야 할 국면을 맞이하고 있습니다.

**한정헌** 선생님은 학위를 미셸 푸코 연구로 받으셨습니다(1994년). 그 때만 해도 푸코 연구는 생소한 분야였을 텐데, 어떤 계기로 관심을 가지게 되었나요? 혹시 마르크스주의의 한계에 대한 대안적 모색의 일환이었나요?

**이정우** 내가 학생이었던 시절(1980년대) 마르크스와 마르크스주의는 지식세계만이 아니라 군사정권에 저항했던 모든 이들에게 '일반 문법'의 역할을 했습니다. 마르크스의 사유는 거의 종교적 진리처럼 떠받들어졌죠. 마르크스는 현대의 소크라테스요 예수였습니다. 인류 역사 전체를 광대하고 치밀한 시선으로 파악하고('사적 유물론'), 거기에서 역사를 추동하는 근본 원리('계급투쟁')를 읽어낸 후, 인류가 가야 할 길에 대한 비전('프롤레타리아트 혁명')을 제시한 그의 사유는, 과거와 같은 식으로는 아니겠지만 지금도 여전히 고전으로서의 가치를 가진다고 생각합니다.

　나 역시 그 시대의 장/흐름 속에 들어 있었죠. 내가 마르크스의 사유, 정확히는 당시에 접했던 마르크스주의의 사유에 대해 품었던 근본적인 의문은 "역사란 과연 그렇게 합리적인 것일까?" "인간이란 과연 그렇게 이성적인 존재일까?" 하는 점이었습니다. 왜냐하면 내게는 내 주변 사람들이, 그리고 넓게는 인간의 역사가 우연, 부조리, 아이러니, 광기, 폭력, 우스꽝스러움, 위선,… 으로 가득 차 있는 것으로 보였기 때문입니다.

　바로 그랬기 때문에 내게는 푸코의 『광기의 역사』가 특별한 책이었죠. 아마 석사 과정이 끝나 갈 때이거나 박사 과정이 막 시작되었을 때였을 것입니다. 처음에는 ("Madness and Civilization"이라는 제목의) 영어 번역본으로 읽었는데 정말 인상적이었습니다. 너무 인상적이어서, 지금도 대학원생 연구실 한 구석에 앉아서 그 책을 읽어 내려가던 느낌이 남아 있습니다. "나는 이 언어의 역사를 쓰려는 것이 아니라, 그 '침묵의 고고학'을 쓰려는 것이다." 내 머리에 강렬한 회오리를 일으킨 구절이었습니다. 박홍규 선생과의 만남을 통해 '존재론'을 배웠다면, 푸코와의 만남을 통해서는 '역사'를 배웠습니다. 그리고 내 사유는 바로 이 두 사유가 교직되는 곳들에서 꿈틀대곤 했습니다. 박홍규 선생과의 만남을 통해 내가 '철학자'가 될 수 있었다면, 푸코와의 만남을 통해서는 오히려 '사상가'가 될 수 있었다는 느낌을 받습니다.

학위 논문을 『광기의 역사』를 가지고서 쓰고 싶었으나, 쉽지가 않았습니다. 지금은 철학계에서 너무 멀어져 버려 어떤지 잘 모르겠습니다만, 당시의 철학과는 과학주의랄까 이성주의랄까 그런 분위기가 강했죠. 어떤 테두리 바깥을 좀체 받아들이지 못하는 분위기가 있었습니다. 그래서 푸코의 저작들 중 이런 맥락에 비교적 부합한다고 할 수 있는 『말과 사물』과 『지식의 고고학』을 가지고서 학위논문을 썼죠. 그 후에도 푸코는 꾸준히 읽어 왔습니다만, 지금 푸코에 대한 내 관심은 '생명정치'에 초점이 맞추어져 있습니다.

어떤 면에서 보면 소은 선생께 배운 베르그송과 내가 스스로 발견해 읽었던 푸코 두 사람은 '생명'에 대한 정확히 상보적인 사유를 전개했다고 할 수 있습니다. 나는 사실 자기도 모르게 베르그송-소은의 생명존재론과 푸코의 생명정치론을 내 사유의 두 초점으로서 가지게 되었던 것이죠. 운명이라면 운명인 것 같습니다. 지금도 '생명'의 이 양면은 여전히 내 사유의 중심부에 위치해 있습니다. 다만 그 후 두 가지 사유 갈래가 여기에 덧붙여졌는데, 그 하나는 지난 반세기에 걸쳐 눈부시게 발달한 생명과학이고, 다른 하나는 동북아 철학, 특히 동학을 비롯해 현대 한국 철학에서 꾸준히 내려온 생명철학의 흐름입니다. 이 네 생명론의 한가운데에서 생명에 대한 내 사유가 진행되고 있습니다.

생명과학       베르그송-소은의 생명존재론

생명

푸코의 생명정치론     동북아의 생명철학

　오늘날의 생명철학은 푸코의 생명정치론에서 시작된다고 할 수 있습니다. 우리가 살아가고 있는 이 세계의 생명정치적인 토대를 읽어내는 일은 매우 중요하죠. 그리고 이와는 반대편에 있는 베르그송-소은의 생명철학을 발전시킴으로써, 생명의 정치와 생명의 형이상학을 맞대면시키는 것이 중요합니다. 그런 후에 최근의 생명과학을 통해서 생명철학을 구체화할 필요가 있습니다. 군지 페기오-유키오 등의 작업이 큰 도움이 됩니다. 그리고 궁극적으로는 기학氣學에 입각한 동북아적 생명철학으로 나아가야 합니다. 베르그송 등의 생명철학에서 생명과학으로 그리고 다시 동북아적 생명관으로 나아가면서 이론을 가다듬어야 하는 것이죠. 그런 후에 다시 처음의 출발점으로 즉 생명정치의 문제로 되돌아가야 합니다. 그리고 생명정치에 의해 지배되는 현실을 바꾸어 나가야죠. 사실 시작 부분과 마지막 부분은 철학만의 문제는 아니고, (학문 이외의 영역까지도 포괄하는) 다양한 분야의 사람들이 협력해야 가능한 부분이죠. 철학 고유의 부분은 서구 생명철학 → 생명과학 → 동북아 생명철학의 부분이라고 할 수 있습니다.

**한정헌**　많은 이들은 선생님을 2000년대 초반 들뢰즈 열풍을 주도한 분으로 기억합니다. 국내 지성계에서 마르크스의 시대가 지나가고 한 명의 사상가가 그렇게 오랫동안 큰 반향을 일으킬 수 있었던 이유가 궁금합니다. 들뢰즈(와 가타리)의 사유가 국내의 지적인 토양을 많이 바꿔 놓은 측면이 분명 있는 것 같습니다. 반면에 오해나 왜곡 등의 부작용도 문제가 되었던 것 같고요.

**이정우**　들뢰즈는 처음에 베르그송 연구자로서 만났습니다. 『베르그송 연구』라는 프랑스어 학술잡지에 실린 「베르그송에서의 차이의 개념화」La conception de la différence chez Bergson라는 제목의 글이었죠. 그때는 "들뢰즈"라는 이름도 몰랐었는데, 이 논문을 읽고 한눈에 반했습니다. 그런데 마치 박홍규 선생의 글을 읽고 있는 느낌이 들었어요. 참 묘한 느낌이었죠. 그때부터 적극적인 관심을 가지고 읽었습니다.

　　내가 소은 선생의 사유에서 받은 깊은 감명은 그 사유의 절실함과 치밀함이었습니다. 여기에서 절실하다는 것은 존재의 근원에서 솟아오르는 철학적 문제들을 생生을 걸고서 해결하려는 모습을 뜻하고, 치밀하다는 것은 그 해결의 길이 논리적-개념적으로 단단하다는 것을 뜻합니다. 그러나 두 가지 의문이 있었습니다. 선생의 사유는 존재에 초점을 맞추는 사유이지 '삶'에 초점을 맞추는 사유는 아닙니다. 그리고 이것은 선생의 참조점이 과학이지 인생은 아니라는 것과 관련됩니다. 그러나 나의 철학적 화두는 단 하나, "인생이란 무엇인가?"입니다. 과학은 인생의 숱한 요소들 중 하나일 뿐입니다. 그래서 나는 소은 이후로 나아가려고 모색했고, 바로 그 과정에서 들뢰즈를, 특히 『의미의 논리』를 만나게 된 것이죠. 이후 내 사유의 대명사는 '사건의 철학'이 되었습니다.

들뢰즈 사유가 한국에서 각광받았던 이유는 물론 그에 관심 가진 사람들마다 다 다를 것입니다. 다소 일반화해서 말한다면, 프랑스에서는 푸코, 들뢰즈, 데리다가 거의 동시에 활동을 전개했지만 한국에서는 들뢰즈가 '푸코 이후'에 관심의 중심에 섰다는 사실, 그 순서가 중요할 듯합니다. 간단히 말한다면, 우리에게는 푸코가 '서구 근대성 비판'의 철학자로서 다가왔다면 들뢰즈는 그 '비판 이후'로 다가왔다고 할 수 있을 것 같습니다. 푸코가 서구 근대성을 해체했다면, 들뢰즈는 그 이후에 새롭게 형이상학을 제시한 인물로 다가왔던 듯합니다. 내 경우도 마찬가지인데, 들뢰즈는 '새로운 형이상학자'로서 다가왔고, 특히 베르그송의 후계자라는 의미로서 다가왔습니다. 다만 내 경우, 그 사이에는 박홍규 선생이 존재하죠. 내게는 '베르그송 → 박홍규 → 들뢰즈'라는 끈이 중요했습니다.

들뢰즈와 가타리의 『천의 고원』은 한국 사상의 흐름에 있어서도 큰 의미를 띱니다. 이 저작은 2000년대 한국에서 가장 중요한 역할을 한 철학서일 것입니다. 마르크스의 『자본』 같은 저작들처럼 이 책 역시 한국 사상사의 한 국면을 대표하는 저작이라고 할 수 있습니다. 특히 이 저작은 한국에서 대안공간이 탄생하고 전개되는 데에 결정적인 역할을 한 저작이죠. 2000년 이래 전개되어 온 대안적 사유들의 흐름은 이 저작과 뗄 수 없는 관련성을 가진다고 할 수 있습니다. 나는 이 저작의 여러 테제들이 지금도 여전히 유효하다고 생각하고 있습니다.

아울러 한 선생의 말대로 이런 흐름에는 오해나 왜곡의 부작용도 있었습니다. 지금 돌이켜 생각해 보면 그런 현상들은 학문적-사상적 사건들이라기보다는 차라리 '사회 현상들'이 아니었나 싶네요. 정말 거칠고 우스꽝스러운 담론들이 횡행했습니다. 이제 와서 새삼스럽게 길게 이야기할 주제는 아닌 듯합니다.

**한정헌**  선생님께서는 초기에 주로 플라톤에서 베르그송에 이르는 서구 존재론사를 연구하셨고, 이후 세계철학사의 집필에 몰두하셨습니다. 하지만『전통, 근대, 탈근대』(1999/2012)에서는 다산 정약용을 비롯한 한국 철학자들에 대해 논하셨고, 박홍규 선생에 관해서는『소은 박홍규와 서구 존재론사』(2016)를 별도로 집필하기도 하셨죠. 또『사건의 철학』(2011)의 보론에서는 청송 고형곤 선생의 선불교에 대해서도 논하는 등, 한국 철학사에 대해서도 지속적으로 연구해 오신 것 같습니다. 다산 이래의 한국 철학사의 흐름에 대해서는 어떻게 이해할 수 있을까요?

**이정우**  다산이 강진으로 유배된 1800년부터 서울에서 '대안공간'이 출현한 2000년에 이르기까지, 200년 동안 전개된 한국 철학사를 정리하고 음미하는 것은 우리에게 주어진 중차대한 철학사적 과제들 중 하나입니다. 나 역시 아직 충분히 정리된 시각을 가지고 있지는 못합니다.

　　우선 1926년이 하나의 분기점이 될 수 있습니다. 바로 경성제국대학(지금의 서울대학교)에 철학과가 설립된 해이죠. 여기에서 서구 철학이 처음으로 본격적으로 연구되기 시작합니다. 이로써 이전의 담론-장과는 전혀 다른 담론-장이 성립하게 되는 것이죠. "철학"의 개념, 연구 방식, 연구 기관들, 스승과 제자(교수와 학생)의 관계, 사용되는 언어, 글쓰기의 방식 등 모든 면에서 거대한 변화가 일어납니다. 이렇게 철학사에 있어 일제 시대는 조선 시대로부터 현대로 넘어오는 과도기의 역할을 했습니다.

그 이전, 조선 왕조의 말기인 19세기에 우리는 왕조의 황혼을 살아간 '마지막 유자들'을 만나게 됩니다. 다산과 혜강만 해도 아직 희망이 있었고, 그래서 다산은 근대적 주체의 철학을, 또 혜강은 웅대한 우주론과 문명론을 펼칠 수 있었죠. 그러나 19세기 말, 특히 강화도조약(1876)에 이르러 역사가 어떤 임계점을 넘어가게 되고, 대부분의 사람들에게 이제 왕조의 종말이 다가오고 있다는 점이 분명해졌을 것입니다. 이 종말의 시대를 다시 역전시킬 힘은 없었지만, 유자들에게는 마지막 길이 남아 있었습니다. 그것은 망국의 한을 안고서 왕조와 함께 분사憤死하는 길이었습니다. 많은 유자들이 자결했죠. 이런 것이 유교의 힘이고, 유교라는 사상이 가지는 어떤 경지이죠. 황현黃玹의 『매천야록』梅泉野錄(1864~1910)에서 당시의 상황을 읽을 수 있습니다.

유자들이 사회의 상층부를 형성했다면, 하층부에서 탄생한 새로운 사상이 바로 동학입니다. 수운 최제우에 의해 창시된 동학은 19세기 말에 등장한 대표적인 민중사상입니다. 후천개벽後天開闢을 꿈꾸었던 최제우는 잘 알려진 대로 '시천주'侍天主 사상을 기반으로 동학을 창도합니다. '侍天主'는 바깥의 천주를 모시라는 뜻이 아니라 네 안에 천주가 계신다는 뜻이죠. 양자는 철학적으로 큰 차이가 있습니다. 한국 철학사를 관류하는 핵심적인 한 테마가 바로 내재적 형이상학(생명철학)입니다. 우리 안에 형이상학적 원리가 거한다는 생각이 한국 철학사의 면면히 내려오는 테마입니다. '시천주'의 사상도 그 한 표현이죠. 훗날의 '씨알'사상 등도 마찬가지이고요. 그래서 해월 최시형은 이를 '인내천'人乃天으로 개념화한 것입니다. 동학사상은 야뢰 이돈화에 의해 철학적인 해석을 부여받습니다. 이돈화는 『개벽』을 창간해 활동했고(김일성도 젊은 시절 이 잡지를 자주 읽었고 이돈화의 영향을 받았다고 합니다), 그의 『신인철학』新人哲學(1930)은 근현대 한국 철학사에서 독특한 위상을 띤 저서입니다. 형식상 1926년, 그러니까 한국 철학이 현대로 접어들기 이전의 저작의 성격을 띠고 있지만, 내용상으로는 이미 서구 철학들을 도입해 동학을 설명하고 있기 때문이죠. 목적론적 진화론teleological evolutionism의 성격이 강한 저작입니다. 참고로 한국 현대 철학을 관류하는 핵심적인 에피스테메들 중 하나가 목적론적 진화론입니다. 다윈 진화론이 아니라 헤겔적인 진화론이죠.

동학까지가 조선왕조라는 장에서 배태된 철학들이라면, 1926년이라는 분기점 이후의 담론-장에서 나온 철학들이 한국의 현대 철학이라고 할 수 있겠습니다. 정리하기가 만만치 않습니다만, 전체적으로 볼 때 이론적 지향의 철학과 실천적 지향의 철학으로 대별해 볼 수 있지 않을까 하는 게 내 생각입니다. 물론 다른 대별도 얼마든지 가능하고, 또 이론과 실천을 날카롭게 구분할 수 있는 것도 아닙니다(사실 이론과 실천의 관계를 해명하는 것이 20세기 한국 철학의 주요 주제들 중 하나였죠). 다만 분명 무게중심의 차이는 있죠. 두 지향이 서로 떨어져 대립하는 지향이 아니라 공집합을 가지는 합집합을 형성했다고 해야 하겠죠. 철학의 거장들은 두 초점을 모두 포용하는 인물들이므로, 한국 현대 철학의 거장들 역시 바로 이 공집합에 위치해 있는 분들이라고 할 수 있을 것입니다. 아쉽게도 그 수가 손가락에 꼽기도 힘들 정도입니다만.

　정치적 지향이 강했던 철학자들로 박치우, 신남철, 안호상, 박종홍, 함석헌, 하기락 등을 생각해 볼 수 있습니다. 철학자들에게 간단한 딱지를 붙이는 것은 늘 무리를 동반하는 위험한 일입니다만, 거칠게 말해서 박치우와 신남철은 마르크스주의자들이었고, 안호상, 박종홍은 자유주의자들, 민족주의자들이었죠. 그리고 함석헌은 기독교사상을 배경으로 하는 비판적 지식인이었고, 하기락은 아나키스트였습니다.

　박치우와 신남철은 거의 생을 같이한 사회주의자들이었고, 남로당의 브레인으로 역할하기도 했습니다. 둘은 차이도 있었는데, 박치우가 말하자면 순정純正한 마르크스주의자였다면 신남철은 휴머니스트의 얼굴이 강했습니다. 둘은 나란히 월북해 활동했습니다만, 말년에 길이 갈라집니다. 박치우는 빨치산으로 내려와 태백산에서 활약하다가, 남한 국군의 총에 사살됩니다. 신남철은 박헌영의 오른팔이 되어 김일성과 헤게모니 투쟁을 벌이다가, 결국 패해서 분사한 것으로 알려져 있습니다. 내가 보기에 박치우는 사유에서나 실천에서나 20세기 한국의 최고 철학자들 중 한 사람이고, 그의 『사상과 현실』(1946)은 최고 텍스트들 중 한 권입니다. 안호상과 박종홍, 그 후의 이규호, 김형효 등은 국가철학자들이었죠. 이승만 정권의 안호상, 박정희 정권의 박종홍 등은 민족주의자이자 국가주의자였습니다. 정치적으로는 물론 반공주의자들이었고요. 사실 민족주의와 반공주의는 서로 모순됩니다. 이들이 이를 명확히 인식했는지 모르겠습니다만. 함석헌은 기독교사상을 바탕으로 박정희 정권 등과 투쟁한 인물이었고, 하기락은 한국의 대표적인 아카니스트 철학자입니다.

이론적 지향이 강한 인물들은 물론 매우 많습니다. 언급된 고형곤, 박홍규 선생을 비롯해서 특별히 정치적 실천에 뛰어들지 않은, 그리고 체계적인 정치철학서를 발간한 적이 없는 대다수의 철학자들이 이 유형에 속한다고 보면 되겠죠.

**한정헌** 20세기 한국은 정치적으로 워낙 역동적인 역사를 겪었습니다. 물론 지금도 그렇습니다만. 그래서 여러 정치철학적 사유들을 낳은 것 같습니다. 아쉽게도 한국 사상계는 주로 서구 철학자들만을 연구해 왔고, 막상 현대 한국 철학에 대한 연구는 빈약한 것 같습니다. 말씀하신 박치우, 신남철, 안호상, 박종홍, 함석헌, 하기락 등 정치철학자에 대해 조금 더 자세히 설명해 주시겠습니까?

**이정우** 언급했듯이 한국에는 현대 서구 철학도 있고 한국 전통 철학도 있는데, 한국 현대 철학은 없죠. 우리가 극복해야 할 일차적인 현상들 중 하나입니다. 한국 철학사 연구는 이상하게도 19세기까지만 이루어지고 있습니다. 오늘날 가장 시급한 과제들 중 하나는 '20세기 한국 철학'을 연구하는 것입니다. 말씀하신 인물들에 대한 소사小史를 시도해 봅시다.

박치우는 1909년 함경북도 성진에서 출생했고, 1936년 경성제국대학 철학과를 졸업했습니다. 그러니까 한국에서 철학의 담론-장이 전면적으로 바뀐 이후에 처음 배출된 철학자들 중 한 사람이죠. 이후 제도권 철학의 길이 아니라 역사적인 철학의 길을 걸어갑니다. 「아카데미즘을 나오며」라는 글이 있죠. 당대의 현실에서 여러 실천적인 행보를 보여 주었고, 특히《현대일보》를 창간해 날카로운 필봉을 휘둘렀습니다. 박치우는 박헌영이 주도한 남로당에서 중요한 역할을 했고, 그래서 "남로당의 브레인"이라 불렸죠. 한 남자로서의 기개氣慨도 대단해서 자신을 습격한 깡패들에 결코 굴하지 않고 쓰러질 때까지 싸웠다는 일화도 남아 있습니다. 중국에서 해방을 맞이했고, 해방 정국에서 활동하다 월북합니다. 월북한 이후의 행적은 알기가 힘듭니다만, 파르티잔이 되어 태백산으로 내려와 투쟁하다가 1949년 사살됩니다. 단행본을 남기지는 못했고, 1946년에 그의 글을 모은 『사상과 현실』이 간행됩니다. 지금 읽어도 논리와 글쓰기가 탄탄하기 그지없는 빼어난 글들로서, 20세기 한국 철학에서 가장 먼저 읽어야 할 텍스트들 중 하나입니다.

박치우는 자신의 시대를 '위기의 시대'로 파악하고(「위기의 철학」에서 이를 다루고 있죠), 마르크스주의자로서 파시즘과 자유민주주의를 주적으로 삼았습니다. '전체주의'라는 이름으로 파시즘을 분석한 대목이 흥미롭습니다. 박치우는 철학적으로 전체주의를 잘못된 형태의 유기체주의로 파악합니다. 유기체에서 부분들이 전체를 위해 존재하듯이, 개인들과 집단들은 국가를 위해 존재해야 한다고 보는 것이 전체주의죠. 하지만 박치우는 이 비유가 잘못되었다고 말합니다. 눈을 비롯한 신체의 부분들이 신체를 위해 존재하는 것은 맞지만, 개인들이나 집단들이 국가를 위해 존재하는 것은 아니라는 것이죠. 개인이 자기의 나라가 싫다고 떠나는 것은 봤어도, 눈이 제 몸이 싫다고 빠져나가는 걸 본 적이 있느냐는 겁니다. 전체와 부분들의 관계에서 개인 이하의 단위들에 대한 논의를 개인 이상의 단위들에 대한 논의로 투영하면 곤란한 것입니다. 아울러 "흙과 피" 같은 슬로건이 말해 주듯이 파시즘에는 신비주의도 내포되어 있어, 결국 신비주의적 유기체주의라고 할 수 있다고 봅니다. 이 외에도 몇 가지에 걸쳐서 전체주의를 비판하고 있습니다. 전체주의/파시즘 비판은 박치우가 가장 공들여 논한 주제들 중 하나였습니다.

박치우는 자유주의에 대해서도 비판적 시각을 견지했습니다. 그는 자유주의의 철학적 근간을 형식논리로 파악했죠. 형식논리는 동일률, 모순율, 배중률에 기반합니다. "나는 나다", "나는 나 아닌 것이 아니다", "나이거나 내가 아니다"라는 논리에 기반한다고 할 수 있습니다. 그래서 박치우는 자유주의의 존재론적 근간을 개인주의로 파악합니다. 선거에서의 "일인 일표"가 이런 개인주의를 잘 보여주는 제도입니다. 또, "최대 다수의 최대 행복"을 외치는 공리주의도 이런 개인주의에 뿌리를 두고 있죠. 이런 개인주의에 입각한 민주주의는 다수결 원칙에 따라 운영되며, 그 근간에는 '동질화'homogenization의 논리가 작동하고 있습니다. 박치우는 이런 자유주의가 개인의 소유권에 신성불가침의 가치를 인정한다고 보았고, 이 때문에 모든 사람들이 '소유'에 목숨을 걸고 달려든다고 보았습니다. 그래서 그는 자유주의를 "금金주주의", "물物주주의", "지地주주의"라고 부르기도 합니다. 박치우가 볼 때 자유주의의 형식논리는 추상적인(헤겔적 뉘앙스에서) 사유일 뿐이며, 개인주의는 (현실의 불평등을 고려하지 않기에) 허구적인 것에 불과합니다. 그래서 그는 자유주의에는 "돈의 일대일은 있어도 사람의 일대일은 없다"고 했던 것이죠.

박치우는 마르크스주의자로서 헤겔을 단호하게 비판했지만, 그의 사유는 처음부터 끝까지 변증법이었습니다. 변증법은 20세기 한국 철학사를 관류하는 굵직한, 어쩌면 가장 굵직한 흐름이라고 할 수 있죠. 역사에 대한 변증법적 사유가 그의 철학의 근간입니다. 이 근간 위에서 그는 "능력에 따라 노동하며, 노동에 따라 분배되는 세계"를 꿈꾸었습니다. 그래서 당대 한국의 부르주아 민주주의를 넘어 사회민주주의, "근로인민 민주주의"를 추구했습니다. 이후 그의 정치적 입장에 따라 월북했고, 후에 태백산의 빨치산으로 활약하다 장렬하게 최후를 마치게 됩니다. 그는 치밀한 사유와 일관된 실천을 펼친 철학자였으나, 오늘날의 관점에 본다면 그의 사유와 실천은 다면적/입체적이지 않고 너무 일면적/일방향적이 아니었나 하는 생각이 들 수도 있습니다. 하지만 박치우의 시대는 지금 우리의 시대가 아니었던 것이죠.

신남철(1903~1958?)은 박치우와 거의 짝이 되다시피 해서 사유와 실천을 전개했습니다. 하지만 박치우에 비해 다면적입니다. 그는 마르크스주의자이면서도 현실 마르크스주의자들에게 어떤 의구심 같은 것을 품고 있었던 것 같아요. 그리고 그런 균열된 틈새를 메워주었던 것은 그의 휴머니즘이었습니다. 아울러 신남철은 문예평론가로서도 활동했죠. 또, 교육 문제에도 깊은 관심을 가지고서 연구했습니다. 신남철은 백남운과 함께 신민당에서 활동했지만, 일제 말기에는 친일 행각을 해서 비판받기도 합니다. 단행본을 두 권 출간했는데, 『역사철학』(1948)과 『전환기의 이론』(1948)입니다. 그 역시 월북했는데, 박치우와 달리 파르티잔으로서 내려오지는 않았습니다. "남한에는 박종홍, 북한에는 신남철"이라는 말이 있었을 정도로, 북한 철학의 중심에서 활동했다고 합니다. 북한 정권에서는 김일성 일파와 박헌영 일파의 권력투쟁이 전개되었는데, 신남철은 박헌영 일파에 속했습니다. 박헌영이 탄압받은 후, 1956년 김일성을 정권에서 밀어내려는 작전이 진행되었으나, 이를 미리 알아챈 김일성 쪽에서 손을 써서 실패로 돌아갑니다. 신남철은 1958년경에 세상을 뜬 것으로 알려져 있는데, 결국 56년 사건의 여파로 분사한 것이 아닐까 짐작됩니다.

신남철은 휴머니즘이 르네상스 시대와 19세기 독일 이상주의 시대에 두 번 꽃피었다고 보았습니다. 그는 휴머니즘을 안정기의 그것과 과도기의 그것으로 나누고, 과도기의 휴머니즘을 중시했습니다. 자신의 시대가 바로 과도기라고 생각했던 것이죠. 그래서 그가 생각한 휴머니즘은 혁명적, 능산적, 주체적인 휴머니즘이었습니다. 신남철은 박치우와 마찬가지로 당대를 부르주아 민주주의 시대로 규정하고 "진보적 민주주의", 사회민주주의를 지향했고, 이를 위해서 휴머니즘이 요청된다고 보았죠(나중에는 그의 사상이 보다 급진화되면서, 사회민주주의를 비판하고 보다 뚜렷한 마르크스주의를 역설합니다). 이 점을 보면 그는 현실 마르크스주의에 결여된 것들에 민감했던 것 같습니다. 이 사조의 소아병적인 편향이 문제였던 겁니다. 사실 시대가 얼마나 거친 시대였던가를 감안해야 합니다. '사상'이라는 것이 "죽느냐 사느냐"에 직접 연관되던 시대였습니다. 이런 시대였음에도 휴머니즘 — 인본주의이지만 또한 인문주의이기도 한 — 에 경도된 인물이었기에 내적인 갈등이 많았을 것입니다. 그래서 그런지 그의 글은 박치우의 것처럼 명료하고 날카로운 맛이 떨어지고 좀 밋밋하다고 할까요, 그런 느낌이 있습니다. 좋게 말하면 더 입체적이고 완곡하죠. 어쨌든 인문적인 내면을 가진 그에게 현실 마르크스주의는 몸에 착 달라붙는 옷은 아니었을 겁니다. 그래서 그는 "원만능숙圓滿能熟하고 고상한 역사적 교양"을 강조했고, "신축성 있는 전술의 전개"와 "고매한 정신을 가진 지도자"를 갈망했습니다.

자유주의자들의 "완매무지頑昧無知함"과 사회민주주의자들의 소아병적 편향이라는 좌우의 한계를 휴머니즘으로 돌파해야 한다고 보았던 것이죠. 그가 생각했던 휴머니즘의 개념들, "인간에 대한 자애로운 공감적 이해"라든가 "비이기적인 사회적 정의감", "고전에 대한 교양" 같은 가치들로 좌우의 한계를 뚫고 나가야 한다고 보았던 겁니다. 하지만 이런 식의 입체적 사유는 어느 정도 안정된 시기에는 뛰어난 종합을 가져오지만, 험악한 시대에는 결국 양쪽에서 얻어맞게 됩니다. 신남철은 안정된 시대의 휴머니즘이 아니라 과도기의 투쟁적 휴머니즘을 외쳤지만, 얄궂게도 그의 휴머니즘은 오히려 입체적이고 고상한 휴머니즘 즉 안정기의 휴머니즘이었습니다. 하지만 역으로 생각해 보면, 오히려 그랬기에 그의 휴머니즘은 어두운 시대에 빛을 발했다고도 할 수 있습니다.

시대가 흘러가면서 그의 사상은 보다 급진화됩니다. 그는 줄기차게 '생의 감정'Lebensgefühl을 역설했던 휴머니스트였으나, 그에 못지않게 마르크스주의자였습니다. 그래서 그에게 생의 감정은 반드시 혁명적 실천으로 이어져야 했습니다. 그는 이전의 두 휴머니즘은 의지적인 혁명적 실천력이 부족했다고 보고, 휴머니즘에 근간을 둔 마르크스주의적 혁명의 길을 걸어가야 한다고 보았던 것이죠. 그의 철학은 한마디로 혁명적 휴머니즘이었습니다. 전통에 대한 비판적 인식과 인간 자주성의 해방 그리고 동지애적 친애감, 비이기적이고 희생적인 인간상으로 이해된 혁명적 휴머니즘이었던 것이죠(사실 이런 규정들에서도 여전히 '혁명적'보다는 '휴머니즘'에 방점이 찍혀 있음을 느끼게 되지만 말입니다). 그의 이런 길이 사상적인 면에서 그리고 역사적인 면에서 어떤 의미를 만들어냈는가에 대해서는 더 많은 논의가 필요할 듯합니다.

　박치우와 신남철이 마르크스주의 계열의 철학자였다면, 안호상, 박종홍 등은 그 반대편에 서서 활동했던 민족주의적인 자유주의자들이었습니다. 사회주의자들에게 민족주의는 애초에 극복되어야 할 이념인데, 왜냐하면 이들에게 사유의 축은 계급을 둘러싼 것이지 민족을 둘러싼 것이 아니기 때문이죠. 사회주의 역사를 보면 실상은 그렇지도 않습니다만, 적어도 원칙적으로 그렇습니다. 반면 자유주의자들에게 민족주의는 필수적인 것도 아니고 배척해야 할 것도 아닙니다. 맥락에 따라 달라집니다. 한국(남한)의 경우, 해방 이후 국가권력 및 자본주의와 결탁해 전개된 자유주의 ─ 물론 경우에 따라 다릅니다만, 국시가 자유민주주의이고 반공反共이었기에 기본적으로 이런 구도가 형성됩니다 ─ 의 흐름은 민족주의를 그 안에 내장하게 됩니다. 한국과 일본의 역사는 엇갈리죠. 일본이 패전 후에 약간이나마 자성의 분위기로 접어들었다면, 한국은 당했던 입장이었기에 오히려 민족주의가 비등합니다. 원한이 깃든 이 민족주의를 자유주의자들이 덥석 물게 되죠. 그래서 이승만 부패정권의 이데올로그였던 안호상이라든가 박정희 독재정권의 이데올로그였던 박종홍 등의 사유는 민족주의의 성격을 띠게 된 것입니다. 그런데 이는 모순적인 것이죠. 왜냐하면 반공주의와 민족주의는 양립할 수가 없으니까 말이죠. 그런데 이들은 반공주의자들이자 민족주의자들이었습니다. 여기에 이들의 모순된 얼굴이 있죠.

　안호상安浩相, 1902~1999은 이승만 정권하에서 단군신앙 즉 대종교大倧敎=단군교를 기반으로 하는 '일민주의'─民主義를 전개했습니다. 이는 르상티망을 품고 있는 민족주의로서, 단군신앙과 이승만 정권의 옹호가 뒤섞여 있는 사상이었죠. 그래서 사실 안호상의 대종교는 나철羅喆, 1863~1916의 본지를 적지 않게 왜곡한 것이었습니다. 안호상은 초대 문교부장관이 되어 이 일민주의를 일반화하려 했습니다. 원래 대종교는 상당한 교세를 이루고 있었고, 항일 투쟁의 맥락에서도 작지 않은 역할을 했습니다. 하지만 친일파들에 의한 내분도 있었고, 전후에는 미 군정이 기독교를 퍼뜨리기 위해 교묘하게 탄압하는 바람에 상당히 위축되죠. 이런 과정에서 단군에 대한 지속적인 연구를 통해 대종교를 재건하려 했던 인물이 안호상입니다. 그래서 그는 14대 총전교總典敎에까지 오릅니다. 하지만 그에게서 이런 사상가로서의 노력은 이승만 정권의 이데올로그로서의 활동과 뒤범벅됩니다.

이는 박종홍朴鍾鴻, 1903~1976의 경우도 마찬가지입니다. 박정희와 박종홍의 관계는 이승만과 안호상의 관계와 유사하다고 할 수 있습니다. 두 사람이 함께 「국민교육헌장」을 기초한 데에서도 양자의 관련성이 잘 나타납니다. 내가 국민학교(초등학교) 다닐 때 정말 열심히 외웠던 생각이 나네요. 그때는 이 글을 못 외우면 학교도 못 다니는 시절이었습니다. 박종홍의 사상은 개발독재 시대에 민족감정이 민족주의 나아가 국가주의의 형태를 띠고서 나타난 경우라고 할 수 있습니다. 이런 맥락에서 그는 역사를 왜곡된 시선으로 보게 되는데, 대표적인 것들 중 하나로 4·19와 5·16을 동일선상에서 본 것을 들 수 있습니다. 5·16의 의미를 객관적 시선에서 보지 못하고, 혁명과 쿠데타를 동일시한 것이죠. 전체적으로 그의 철학은 자본주의와 과학기술을 국가주의로 수렴시켜 개발독재를 정당화한 것이었습니다. 사실 박종홍은 철학 연구에서 양적으로나 질적으로나 큰 공헌을 남겼습니다. 아마도 20세기 중엽 한국에서 최대의 철학자였다고 평가할 수 있을 것입니다. 그럼에도 그의 행적이 그의 철학적 업적을 훼손해버린 경우입니다. 독일의 하이데거나 일본의 니시다 기타로와 같은 경우이죠. 세 나라의 최고의 철학자들이 왜 공통으로 파시즘에 협력했는지, 그리고 하이데거의 존재의 파시즘과 니시다의 무의 파시즘 그리고 박종홍의 창조의 파시즘을 어떻게 비교할 수 있을지는 흥미로운 연구 과제입니다.

박종홍과 대비되는 인생행로를 걸어간 인물들로는 허유虛有 하기락河岐洛, 1912~1997, 씨알 함석헌咸錫憲, 1901~1989 같은 분들을 들 수 있습니다. 한국의 대표적인 아나키스트들 중 한 사람인 하기락은 아나키즘을 '무정부주의'로 이해하기보다는 '자주인自主人 사상'으로 파악했죠. 국가와 자본의 지배에서 벗어나려는 민중의 직접행동에 의한 개혁을 설파했습니다. 평등 없는 자유주의와 자유 없는 사회주의라는 양단을 극복할 제3의 길로서 아나키즘 사상을 전개했습니다. 함석헌은 각인의 내면에서 씨알을 발견하고 씨알민주주의를 전개했다는 점에서, 한국 철학사의 맥락에서 볼 때 (기독교 사상의 영향도 있지만) 동학의 통찰을 잇고 있다고 생각됩니다. 내재적인 형이상학적 원리를 각인의 내면에 위치시키고, 그 토대 위에서 사유를 전개하는 것은 한국 철학사를 관류하는 하나의 굵은 흐름이죠. 이런 토대 위에서 그의 "바닥사람" 개념이라든가 기질의 변화, 감응의 철학, 생명철학 등이 선다고 할 수 있습니다. 함석헌은 이런 철학적 토대 위에서 사유했기 때문에 종교와 정치가 혼연일체가 된 사상을 전개했습니다.

**한정헌**　선생님은 여러 저작들을 통해, 특히 『진보의 새로운 조건들』 (2012)을 통해 정치철학과 역사철학을 개진하셨습니다만, 지금 말씀 하신 분들과 관련해서 선생님 자신의 정치적 지향에 대해 말씀해 주 시겠습니까?

**이정우**　1990년대 이래 이전과는 적지 않게 다른 성격의 시대가 전개 되었고, 나는 그 시대에 철학적 사유를 시작했기 때문에, 이전의 분 들과 직접 연관시켜 논하기는 쉽지 않습니다.

　　나는 20대(1980년대)에 군정시절을 보냈습니다. 격동의 세월이 었죠. 이런 분위기에서 학부생 시절에는 마르크스주의의 영향을 받 기도 했지만, 보다 본격적으로 철학에 눈뜨기 시작한 대학원생 시절 에 받았던 결정적인 영향은 미셸 푸코 등의 '타자의 사유'였습니다. 그래서 어떤 면에서 이전 시대와, 단절까지는 아니라 해도 적지 않 게 구분되는 시대에 내 사유가 형성되었다고 할 수 있습니다.

　　하지만 박치우와 신남철 이래 전개된 20세기 한국의 정치철학 들 역시 그 시대의 타자들을 사유했다고 할 수 있을 것입니다. 이미 너무나도 달라진 시대를 살고 있지만, 선철들의 사유를 오늘날의 사 유에 연결할 수 있는 사유의 매듭들을 만들어 나갈 필요가 있습니다.

　　내 정치적 사유는 내가 '관리사회'라고 부르는 이 새로운 시대 를 배경으로 '타자-되기의 윤리학'에 기반해 '진보의 새로운 조건 들'을 찾아 나가는 사유라고 할 수 있습니다. 2020년대에 접어든 최 근에 와서 세계는 다시 일정 정도 변했다는 느낌을 가지고 있습니 다. 1990년대 이래 30년 정도 전개된 지난 시기와 또 다른 상황에 맞 닥뜨리고 있는 것이 아닌가 생각하고 있고, 그래서 지금은 구체적으로 무엇이 변했는지를 개념화하는 데 노력을 기울이고 있습니다.

두 가지 작업이 지금 내게 중요합니다. 우선 우리 시대는 정치적 차원과 생명의 차원이 과거와는 달리 혼효해서 전개되고 있고, 사물에 대한 존재론적 이해의 구도 자체가 달라지고 있습니다. 그래서 '동물과 인간 그리고 기계'의 관계를 이론적으로 해명하고, 그 위에서 푸코가 '생명정치'로써 사유했던 윤리적-정치적 문제를 풀어나가는 작업이 중요하다고 보고 있습니다. 조선 철학자들은 '인물성동이론'을 통해 동물들과 인간의 관계를 성찰했는데, 오늘날의 인공지능 시대에는 동물, 인간, 기계의 삼자관계를 어떻게 파악할 것인가가 핵심입니다. '인공지능 시대의 휴머니즘'이 화두인 것이죠. 그런 토대 위에서 생명정치의 극복을 논하고 싶은데, 이런 논의는 어떤 면에서 보면 현대적 의미에서의 '양생술'에 대한 논의라고 할 수 있을지도 모르겠네요.

아울러 오늘날의 '글로벌'한 상황에서 세계사의 향방은 어디를 향하고 있는지, 그 흐름에서 동북아 문명에 특유한 가치가 긍정적 역할을 할 수 있는지/해야 하는지, 아울러 한국과 일본, 중국을 어떻게 파악하고 어떤 비전을 제시할 수 있는지 하는 것이 현금의 탐구 주제입니다. 이것은 국제정치를 둘러싼 사회과학적 논의이기도 하고, 문명의 향방을 해명하는 역사학적 논의이기도 하지만, 또한 우리가 지금 어디를 향해 가고 있는지 그리고 무엇을 위해서 살고 있는지를 짚어 보는 역사철학적 논의이기도 합니다. 현재로서는 이 두 가지 주제가 나를 사로잡고 있습니다.

**한정헌** 보다 이론적인 철학·형이상학적 사유로 방향을 바꾸어 본다면 고형곤, 박홍규 선생님 외에 선생님께 영향을 끼친 다른 철학자들로는 어떤 분들이 계실까요?

**이정우**　물론 여러 분들이 있습니다만, 두 분만 말씀드린다면 박이문 선생과 김상일 선생을 거론할 수 있을 듯합니다.

박이문 선생은 내가 학부생일 때 만났습니다. 선생의 강의를 여러 번 들었고, 책도 여러 권 읽었었죠. 선생의 책은 당시에 널리 읽혔습니다. 선생께 질문도 자주 하고 몇 번 대화도 나누었지만, 심도 있는 만남은 아니었죠. 내가 선생과 철학적 대화를 나눌 수준도 아니었고요. 선생과 오랜 시간 진지하게 이야기를 나눈 것은 딱 한 번이었는데, 아주 오랜 세월이 흐른 후 그러니까 내가 『세계철학사 1』을 출간한 지 몇 년 후였습니다. 뜻밖에 전화를 주셔서 정말 반가웠지요. 나를 기억하고 계실 거라고는 생각지도 못했습니다. 동아일보 사옥의 카페에서 만나 대화를 나누던 기억이 나네요. 내 책을 좋게 봐 주셨고, 선생의 '둥지의 철학'에 대해 이야기를 나누었었죠. 선생의 책을 읽고 코멘트를 좀 해 주었으면 좋겠다고 하셔서, 메일을 보내 드렸습니다. 그 후 다시 만나 뵈려 했는데, 바로 얼마 후에 돌아가셨다는 말을 들었어요. 마음이 허전했습니다.

박이문 선생의 사유는 언어철학에 핵심이 있다고 생각합니다. 여러 담론들을 특히 문학을 중심으로 비교하면서, 그것들 사이의 관계를 언어철학적으로 해명해 나가는 사유였다고 생각합니다. 특히 의미론적 문제의식, 그러니까 '말과 사물'의 관계가 중요하지 않았나 싶습니다. 예컨대 '시와 과학'이라는, 담론공간에서 양극에 위치하는 두 담론을 비교하는 것에서 그 특장이 두드러지게 잘 나타나죠. 전집 5권(145~233쪽)에 수록되어 있는 「시와 과학」이라는 글이 그의 언어철학과 예술철학을 잘 보여 줍니다.

선생의 사유를 전체적으로 본다면, 존재차원과 의미차원이라는 이분법이 두드러집니다. 인간의 세계, 의미의 차원과 자연의 세계, 존재의 차원을 아주 명확하게 갈라보는 사유이죠. 그리고 인간을, 인간적 삶을 철저하게 문화와 언어/의미의 차원에 위치시키는 사유입니다. 선생 스스로도 언급하고 있듯이, 사르트르의 이분법에서 큰 영향을 받지 않았나 싶습니다. 의미론의 맥락, 지시의 맥락에서 담론들(의 관계)을 해명한다는 것은 곧 각 담론에서 의미차원과 존재차원의 관계가 어떻게 설정되는지를 밝히고, 그로써 담론들 사이의 관련성을 해명하는 것이라고 할 수 있겠습니다.

예컨대 과학과 예술의 관계에 대한 논의를 봅시다. 선생은 과학과 비-과학을 구분케 해 주는 규준들로서 전제의 진리성, 실험 가능성, 인과해명의 가능성을 듭니다. 그리고 과학적 인식의 구조를 현상의 관찰, 이론의 정립, 연역, 검증으로 파악합니다. 이에 관련해서는 복잡한 논의가 있을 수 있지만 그냥 넘어가지요. 박이문 언어철학에서 핵심적 문제의식은 의미론적인 것, 즉 사물과 말의 관계, 세계와 언어의 관계라고 했습니다만, 그는 과학적 사유의 핵심은 그 논의대상이 지시 가능하다는 점에 있다고 보았습니다. 달리 말해, 흔히 말하듯이 과학적 담론은 '객관적인' 성격을 띤 담론입니다. 그런데 선생의 핵심적인 논변들 중 하나는 지시에서의 객관성이란 추상화의 대가를 치를 때에만 가능하다는 점입니다. 즉 과학이라는 행위는 객관성을 띤다는 점에 그 의의와 가치가 있지만, 객관성이란 반드시 추상화라는 희생을 치르고서만 가능하다는 것이 선생의 생각이죠.

그런데 다른 한편 박이문 선생은 과학을 쿤의 관점에서 봅니다. 그래서 다소 혼란스러운데, 이것을 과학은 지시 가능성을 중심으로 하는 객관 지향의 사유이지만 그 틀 자체는 불연속적인 단절을 겪는 다는 생각으로 정리할 수 있지 않을까 싶습니다. 그럴 경우, 과학이 지시하는 객관적 차원은 과학사의 단절에 따라 변한다는 이야기가 됩니다. 선생의 과학철학은 정교한 논의라고는 하기 힘듭니다만, 일단 이렇게 정리해 볼 수가 있지 않을까 싶습니다. 그리고 이런 과학에 예술이 대비됩니다.

박이문 예술철학의 일관된 입장은 예술을 '인식'의 관점에서 보는 것을 거부한다는 점입니다. 하이데거 등에게서 나타나는, 예술이 어떤 고차원의 실재를 인식해 들어간다는 생각을 거부하는 것이죠. 그런데 이런 예술철학들이 상세히 분석되지 않고 다소 일방적으로 거부되고 있다는 점이 아쉬운 점입니다. 사실 보다 흥미로운 것은 하이데거, 메를로-퐁티를 비롯한 철학자들이 전개한 존재론적 예술철학이 아닐까 싶습니다만, 선생은 본격적인 논의 없이 이런 흐름을 거부합니다. 그리고 '정서주의'라고 할까요, 아니면 '주관주의'라고도 할 수 있을 예술철학을 전개합니다. 앞에서 객관성은 반드시 추상화라는 희생을 치르고서만 가능하다고 했는데, 박이문이 생각하는 예술(주로 문학)은 이 추상화를 극복하고서 존재차원으로 가까이 다가서려는 노력이라고 할 수 있습니다(그런데 이렇게 생각할 경우, 오히려 미술, 음악, 무용 등이 이런 노력을 더 잘 표현한다고도 할 수 있겠죠).

우리는 여기에서 박이문 사유의 결정적인 한 맥에 닿게 됩니다. 선생에게 핵심적인 것은 바로 존재차원과 의미차원의 명확한 구분입니다. 하지만 선생에게서 예술의 핵심적인 의미는 자연으로부터 떨어져 나와 그로부터 멀어진 인간이 다시 자연으로 되돌아가고 싶은 욕망과 결부되어 있습니다. 인간은 존재차원에서는 자연과 연속적입니다. 인간 역시 물질적 존재이지요. 그러나 인간은 또한 자연과 불연속적으로, 의미차원에서 살아갑니다. 인간을 인간으로 만드는 것은 어디까지나 의미의 차원이죠. 그런데도 인간은 자연으로 돌아가고 싶어 합니다. 여기에서 어떤 모순이 생기죠. 그런데 박이문 사유의 핵심은 다름 아니라 바로 인간이 이런 모순된 존재라는 겁니다. 바로 그렇기 때문에 의미차원의 한 총아인 문학이 과학의 추상성을 극복하고서 존재차원에 가까운 사유를 펼치는 것은 모순된 것이지만, 바로 그 모순된 것이 인간의 본질이요 문학의 본질이라는 겁니다. 인간이란 이런 모순된 욕망을 추구하는 존재라는 것이죠. 인간의 이런 모순된 욕망, 존재차원에 속하면서도 의미차원을 살아가는 인간이 의미를 창출코자 하면서도 존재에 가장 가까이 다가서려고 하는 모순된 욕망을 두드러지게 드러내는 행위가 바로 문학이라는 것입니다.

박이문 사유에 대해서는 여러 가지 논점들이 제시될 수 있습니다. 존재차원과 의미차원 사이는 존재하지 않는가? 양자의 보다 구체적인 관계는 어떻게 정리되어야 하는가? 말했듯이, 박이문 예술철학에 더 부합하는 것은 문학보다 더 구체적인 예술들일 터인데, 이 예술들은 어떻게 이해되어야 하는가? 등등, 그의 사유를 둘러싼 다양한 논의들이 가능할 것입니다.

먼산(먼 산) 김상일 선생은 2013년인가 그다음 해인가에 인연을 맺기 시작했던 것으로 기억합니다. 2013년에 리좀총서의 하나로 군지 페기오-유키오 교수의 『생명 이론』(박철은 옮김, 그린비)이 번역되었는데, 선생이 이 책에 등장하는 '대각선 논법'에 주목하면서 연락을 하셨던 것으로 기억합니다. 지금까지도 가끔씩 만나 철학적인 대화를 나누고 있습니다. 박홍규 선생을 뵌 이래, 내가 만나 뵌 가장 순수하고 집요한 학문적 열정을 가진 학자라고 생각합니다. 정말이지 학문 외적인 것들에는 거의 눈길도 주지 않고, 오로지 학문적인 문제에만 몰두하는 분이시죠. 궁금한 점이 있으면 까마득한 후배들에게도 서슴없이 다가가 말을 거는 분이시고요.

먼산은 원래 신학교 교수로 있었는데, 학교와의 불화로 나오게 되었다고 합니다. 먼산은 "한민족은 단군의 자손"이라고 했는데, 이 신학교의 사람들은 "우리가 아브라함의 자손이지 어째서 단군의 자손이냐?"라는 귀신 씻나락 까먹는 주장을 내세우면서 먼산을 쫓아냈다고 합니다. 선생은 다행히 다른 곳에 자리를 잡고 또 미국에서도 활동하면서 그의 사유를 이어 갔습니다. 그런데 5년 정도 전이던가요, 먼산 선생은 국정원에 고발당해 고초를 겪게 됩니다. 민족주의 성향이 강했던 선생은 북한을 껴안으려는 사상적 노력을 지속했고, 이런 활동이 국정원 짭새들의 레이더망에 걸린 것이죠. 때가 박근혜 시대였으니까요. 그래서 재판을 여러 번 받게 되었고(나도 두 번 참석했습니다만), 고생도 많이 하셨습니다. 그래도 다행히 집행유예 정도로 그쳐서 연구를 계속하실 수 있었습니다. 선생은 피고인 최후 진술에서 오로지 "연구만 계속할 수 있게만 해 달라"고 호소했습니다. 선생은 기독교 귀신하고 반공 귀신에게 두 번이나 당했지만, 꿋꿋하게 연구에 매진하는 학자의 태도를 한 번도 놓아 버린 적이 없습니다. 어떤 면에서 선생과 나는 인생 역정에서 서로 통하는 바가 있고, 그래서 더욱 가까워졌는지도 모르겠습니다.

먼산 선생의 사유 여정은 크게 세 단계로 나누어 볼 수도 있을 지 모르겠습니다. 초기의 작업들을 특징짓는 것은 강한 민족주의적 성향 그리고 철학적 배경으로서 화이트헤드에 대한 경도입니다. 『한복 바지와 뫼비우스 띠』(1974), 『한철학』(1979/2014), 『과정신학과 불교』(1982), 『한사상』(1986/2014), 『한밝 문명론』(1988), 『세계철학과 한』(1989), 『한사상의 이론과 실제』(1990), 『현대 물리학과 한국 사상』(1991), 『화이트헤드와 동양 철학』(1993), 『수운과 화이트헤드』(2001) 같은 저작들이 이런 성격이 두드러지는 저작들입니다. 이어서 1990년대 중후반에 나온 저작들은 대체적으로 시사적 성격이 강한 것이 특징입니다. 『카오스와 문명』(1994), 『퍼지와 한국 문화』(1995), 『퍼지 미, 퍼지 철학, 퍼지 인간관리』(1995), 『퍼지 논리와 통일철학』(1995), 『러셀 역설과 과학혁명 구조』(1997), 『IMF, 한국의 덫이냐 돛이냐』(1998), 『초공간과 한국 문화』(1999), 『동학과 신서학』(2000) 등이 이런 성격을 띤 저작들입니다. 선생의 저작들은 이렇게 대개 한국 문화와 현대 철학(과 수학)을 엮어서, 한민족의 문화를 심층에서 분석하는 성격을 띱니다. 이런 성격은 선생의 사유 여정 전체를 관류합니다.

초기의 저작들 그리고 1990년대의 시사적인 성격의 저작들을 거쳐, 선생의 보다 완숙한 경지의 사유가 펼쳐진 것은 2000대부터였다고 생각됩니다. 이전에도 그랬지만, 이 시대부터 특히 논리학과 수학을 통한 한민족 문화의 분석이 심화됩니다. 『원효의 판비량론』(2003), 『판비량론 비교 연구』(2004)와 같은 불교 연구, 『한의학과 러셀 역설 해의』(2005), 『한의학과 현대 수학의 만남』(2018)과 같은 한의학 연구, 『역과 탈현대의 논리』(2006), 『대각선 논법과 역』(2012),

『대각선 논법과 조선 역』(2013), 『윷의 논리와 마야 역』(2015) 같은 역학 연구가 대표적입니다. 최근에는 『악학궤범 신연구』(2019)를 통해 음악 연구의 성과를 펴내기도 했습니다. 그리고 2010년대에 들어와 두드러지게 나타나는 한 특징이 '대각선 논법'의 중시라고 할 수 있습니다. 거의 모든 저작들에서 대각선 논법이 핵심적인 역할을 맡고 있죠.

어쩌면 이것은 필연적인 것일 수도 있겠습니다. 선생의 사유가 바로, 한 축에는 한민족의 문화(한복 바지, 한사상/한철학, 동학, 한국 불교, 한국 의학, 한국 역, 한국 음악 등)가, 그리고 다른 한 축에는 현대적인 철학과 수학(뫼비우스 띠, 화이트헤드, 현대 논리학, 집합론, 현대 기하학, 대각선 논법 등)이 있다면, 바로 대각선을 가로지르면서 양 축의 요소들을 결합해 사유하는 것이니까요. 그리고 이 구도에 대각선 논법을 적용했을 때 나오는 잔여(선생의 용어로는 '여분')가 바로 김상일 철학이 아닐까 싶습니다.

먼산 선생이 주력한 개념들을 유심히 보면 모두 기성 합리주의의 개념들을 벗어나는 개념들입니다. 뫼비우스 띠, 퍼지, 다양한 형태의 역설들, 카오스, 초공간, 대각선 논법, 여분 등등. 선생의 사유는 탈근대적 사유이지만, 현대 한국에서 전개된, 후기 구조주의에 젖줄을 댄 탈근대 사상이 아니라 수학과 논리학에 근거한 탈근대적 사유입니다. 이 점에 먼산의 특징이 있습니다. 그리고 이런 사유에 입각해 한문화의 심층적인 측면을 새롭게 드러내는 데 열과 성을 쏟았다고 할 수 있습니다. 이 점에서 먼산의 철학은 말하자면 한국형 탈근대 철학, 한국의 자생적 탈근대 철학이라고 할 수 있을 것입니다. 이 점에서 그의 사유는 그 의의가 매우 큽니다.

소은 선생과 먼산 선생의 사유는 대조적입니다. 하지만 두 분은 어떤 경지에서 서로 만납니다. 소은의 '아페이론'과 먼산 선생의 '여분'을 비교하는 것은 매우 흥미로운 작업이 될 것입니다. 21세기 한국 철학의 높은 성취를 위해서는 소은과 먼산이라는 두 거봉을 반드시 넘어가야 합니다.

**한정헌** 『세계철학사』를 기획하신 이유들 중에는 한국 철학이 앞으로 나아갈 방향에 대한 깊은 고민이 반영된 측면도 있는 것 같습니다.

**이정우** 나는 민족주의적인 성향을 그다지 가지고 있지 않고, 내가 지향하는 것은 '세계철학', '보편철학'이지 '한국 철학'은 아닙니다. 그러나 한국 철학에 관련해서 두 가지 성찰할 만한 문제가 있다고 봅니다.

하나는 철학사적인 문제로서, 20세기 한국 철학(더 넓게 말해서 동북아 철학)에 대한 보다 적극적인 관심이 주어져야 하지 않을까 싶습니다. 반복하게 됩니다만 우리에게는 '한국/동양 전통 철학'도 있고 '현대 서양 철학'도 있는데, '한국/동양 현대 철학'은 거의 없다시피 합니다. 방금 현대 한국 철학에 대해 간단히 이야기 나누었습니다만, 앞으로 이 분야에 대한 관심과 연구가 더 커졌으면 하는 바람입니다. 이는 한국 철학을 위해서도 필요하며, 또한 진정한 의미에서의 **보편철학**, 세계철학을 만들어 가는 데 있어서도 필요하다고 할 수 있습니다.

다른 하나는 한국에서 직업적인 성격의 철학만이 병치되는 현상을 넘어 진정한 '철학함'이 전개되었으면 하는 바람입니다. "~철학 전공"이라는 식의 제도적이고 부분적인 철학들이 아니라 철학의 영원한 화두들 그리고 우리 시대의 화두들을 붙들고서 씨름하는 철학함이 중요합니다. 제도권 자체 내에서 "~ 출신"이라느니 "~ 전공"이라느니, "~ 교수"라느니 하는 식의 비루한 싸움이 아니라 진짜 맞서서 싸워야 할 적들과 싸우는 '사유'가 절실한 것이죠. 소인배 철학자가 아니라 대장부 철학자가 되어야 하는 것이죠. 그런데 때때로 이런 식의 문제의식을 표명하고 나온 저작들은 이번에는 '철학'이라는 이름에 값하지 못하는 에세이, 허울 좋은 "인문학서"인 경우가 많은 듯합니다. 제도적인 의미에서의 철학을 충분히 소화해 내고 그 문턱을 넘어서서 **진정한 철학함**이 펼쳐져야 하는 것이죠.

# 사건의 철학: 삶, 죽음, 운명

**한정현** 선생님의 사유에 어떤 단절 같은 것은 존재합니까? '후기 철학' 같은 것을 말할 수 있을까요?

**이정우** 글쎄요. 예컨대 '후기 하이데거'니 '후기 비트겐슈타인'이니 하는 맥락에서의 후기 같은 것은 없습니다.

'후기'라고 말할 만한 것, 어떤 경계 같은 것이 존재한다면, 그것은 좀 다른 의미에서일 것 같습니다. 전기와 후기를 가르는 것은 사상의 내용이 아니라, 땅의 개간으로 비유해 말하자면 '예비적 탐사'와 '본격적 굴착' 사이의 가름이라고 해야 할 것 같습니다. 그 경계선은 2008년입니다. 내 삶에 큰 변화가 생겨났고, 또 『신족과 거인족의 투쟁』과 『천하나의 고원』을 펴낸 해이죠.

집을 짓는 것에 비유한다면, 나는 거의 50이 되기까지 본격적인 집을 지었다기보다 내가 집을 지을 곳을 탐사했다고 할 수 있습니다. 바둑에 비유하면 50에 이르기까지 계속 포석만 한 셈이죠. 내가 사유(감히 사유라는 말을 쓴다면)를 시작한 것은 박홍규 선생과 미셸 푸코를 만나 사유에 눈뜬 20대 중반이었습니다. 그때 내가 다짐했던 중요한 한 생각은 빨리 철학적 성과를 내려고 닦달하기보다는 본격적인 철학을 하기 위해 집요하게 준비해야 한다는 것이었습니다. 지금 뒤돌아보면 그 생각만큼은 정말 잘한 일이었다고 판단되네요. 이 준비는 크게 세 가지였는데, 첫째는 철학의 어떤 편린에 집착하기보다 철학사 전체를 보는 넓은 안목을 길러야 한다는 것이었고, 둘째는 첫 번째 생각과 연계된 것으로 철학을 공부하기 위해 필요한 언어들을 탄탄하게 공부해 놓아야겠다는 것이었고, 마지막 하나는 철학을 하기 전에 우선 철학이 아닌 그러나 철학과 밀접한 다른 학문들(수학 및 자연과학, 역사 및 사회과학)을 넓게 공부해야겠다는 것이었습니다. 그래서 20대 중엽부터 거의 50이 되어 가던 사반세기 동안, 나는 철학을 한 것이 아니라 철학을 준비했다고 할 수 있습니다. 50이 다 되어서야 이제 예비적 탐사를 끝내고 본격적인 굴착을 시작한 것이죠. 그때에서야 비로소 사유의 집을 짓기 시작한 겁니다.

그 이전의 시기에도 하나의 큰 분절이 있었는데, 그 경계선은 바로 서강대학교를 나와 철학아카데미를 창설하기까지의 1년 반의 시간이었습니다. 그러니까 1998년 여름부터 2000년 겨울까지네요. 내 인생에 참으로 힘겨우면서도 의미 있는 시간이었죠. 20대 중반에 사유를 시작해 학위논문을 쓰고 철학과 교수로 활동하던 때까지는 학자가 걸어가는 전형적인 길을 걸었지만, 1998년 여름 대학을 나와서 1년 반의 시간을 보내면서 내 '정체성'은 완전히 달라졌습니다. 사실 정확히 말한다면, 이미 내 안에 잠재되어 있던 어떤 운명이 현실화된 것이라고 하는 편이 나을 것 같습니다. 그리고 그 사이에 사유의 내용 자체도 크게 바뀌었죠.

2000년부터 2007년까지는 대안공간에서의 시민 강좌에 몰두했습니다. 돌이켜 보면 참 활기찬 나날이었네요. 잊기 힘든 시간들이었습니다. 철학아카데미가 분열되고 소운서원을 연 2008년부터는 연구에 보다 몰두해 본격적인 저작들을 펴내기 시작했습니다.

**한정헌**  선생님께서 그 몇 년 후에(2011~2012년) 이전에 썼던 책들을 모두 모아서 증보개정판(『소운 이정우 저작집』, 전5권, 그린비)을 내신 것도 그런 맥락과 관련이 있겠네요.

**이정우**  그렇습니다. 말했듯이 50이 거의 다 되던 때까지도 나는 탐사만 계속했습니다. 그 시절에 쓴 책들은 그런 와중에서 쓴 것들이었죠. 충분히 개진된 책들이 아니라, 말하자면 이곳저곳을 탐사하면서 기록한 실험적인 기록들이었습니다. 본격적인 저술을 시작한 후 그것들을 모아서 다시 써 내야겠다고 생각했습니다.

**한정헌**  그렇다면 선생님께서 본격적인 작업을 시작한 50대에 했던 작업들은 어떻게 정리해서 이해할 수 있을까요?

**이정우**  2008년에 『신족과 거인족의 투쟁』, 『천하나의 고원』을 쓴 후, 2011년에는 『세계철학사』 1권을, 2012년에는 『진보의 새로운 조건들』을 펴냈습니다. 그 후 2016년에 『소은 박홍규와 서구 존재론사』를, 그리고 2018년에 『세계철학사』 2권, 올해에 3권과 4권이 마저 나옵니다. 여러 종류의 저작들을 썼지만, 전체적으로 볼 때, 50대에 내가 했던 작업은 기본적으로 철학사 연구에 무게중심을 둔 것이었다고 해야 하겠네요. 내가 여기저기 부지런히 가로지르면서 탐사했던 철학세계의 전체 얼개를 정리하고 싶었던 것이죠. 역시 『세계철학사』에 많은 힘을 쏟았던 시기였던 것 같습니다.

**한정헌**   그렇다면 선생님께서 이제 60대를 맞이하셨는데 앞으로 주력을 하실 주제는 어떤 것입니까?

**이정우**   50대에는 철학사를 일단 정리했으므로, 이제부터는 철학적인 작업을 해야겠죠. 지금까지 이리저리 뿌려 놓기만 한 이전의 논의들을 다시 천착해서 존재론과 실천철학을 구체화해야 할 것입니다. 『사건의 철학』과 『접힘과 펼쳐짐』을 이어서 내 존재론을 본격적으로 구축해야 하고, 또 『천하나의 고원』과 『진보의 새로운 조건들』을 이어서 실천철학도 구체화해야 합니다. 지금부터는 사유의 무게중심을 철학사 연구에서 철학체계의 구축으로 이동시키려 합니다.

**한정헌**   선생님의 '사건의 철학'은 들뢰즈와 바디우의 작업을 이어서 이루어지는 것으로 볼 수 있을 것 같습니다만.

**이정우**   글쎄요. 그렇게 볼 수도 있겠네요. 하지만 '사건의 철학'의 배경은 훨씬 방대하다고 해야 합니다.

첫째로는 동북아의 고전 사상들이 있습니다. 다른 배경들도 있지만, 무엇보다 일차적으로는 이 대목이 중요하죠. 역학, 기학, 도가철학, 불교, 성리학 등 동북아 사상의 전통이 내 사유의 뿌리를 형성합니다.

둘째로는 박홍규 선생님께 배운 '서구 존재론사'가 있습니다. 이 맥락에서 본다면, 내 작업이 들뢰즈와 바디우의 연장선상에서 이루어진다고도 할 수 있겠네요. 여기에 가능세계론도 들어가야 합니다. 사유의 기구instrument라는 측면에서 본다면, 들뢰즈의 사유가 리만 다양체(넓게는 해석학)의 큰 영향을 받았고, 바디우의 것이 칸토어의 집합론에 뿌리 두고 있다면, 내 경우는 가능세계론도 중요합니다.

셋째로는 현대 동북아의 사상가들입니다. 박홍규, 김상일을 비롯한 한국 철학자들, 에가와 다카오, 군지 페기오-유키오, 사이토 요시미치를 비롯한 일본 철학자들 등, 나와 동시대를 함께 호흡하면서 사유하고 있는 (내가 이전에 썼던 표현으로) "얼굴을 모르는 동지들"과 함께 사유하는 것이 중요합니다. 특히, 최근에 참신한 사유들은 일본에서 쏟아져 나오고 있죠. 이런 담론-장, 인식론적 장을 포용하면서 사유할 필요가 있습니다.

마지막으로 존재론은 오로지 철학만으로 하기보다는 다른 과학들과의 대화가 중요합니다. 양자역학, 현대 우주론, 진화론, 인공지능을 포함해 최근에 전개되고 있는 생명과학 등 내게 큰 영향을 준 굵직한 과학들 역시 중요합니다.

사건의 철학 아래에는 이런 배경, 영향들이 넓게 깔려 있습니다.

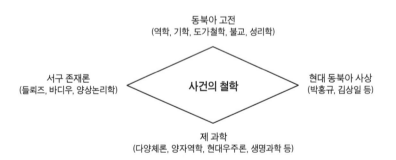

동북아 고전
(역학, 기학, 도가철학, 불교, 성리학)

서구 존재론
(들뢰즈, 바디우, 양상논리학)

사건의 철학

현대 동북아 사상
(박홍규, 김상일 등)

제 과학
(다양체론, 양자역학, 현대우주론, 생명과학 등)

**한정헌** 『사건의 철학』을 보면 사건의 철학을 '선험철학'으로 규정하기도 하셨고, '형이상학' 또는 '존재론'으로 표현하기도 하셨습니다. 또『접힘과 펼쳐짐』의 경우, 형이상학이라고도 하셨고 내용상으로는 자연철학, 과학철학 책 같기도 합니다. 3부는 테크놀로지에 관한 내용이기도 하고요. 좀 헷갈리는데, 어떻게 정리할 수 있을까요?

**이정우** 간단히 정리한다면, 형이상학(사건의 철학)과 자연철학(생명철학)으로 양분해 생각할 수 있습니다. 여기에서 형이상학은 서구 철학에서와 같은 의미라기보다는 '인생'에 대한, 삶, 죽음, 운명에 대한 사유를 뜻합니다. 서구식으로 말해, 생명철학이 "life"를 다룬다면, 형이상학은 "human life"를 다루는 것이죠. 자연철학과 형이상학 각각의 규정 및 양자 간의 관계가 전통적인 방식과는 다릅니다. 전통철학의 틀로 본다면, 사건의 철학은 역학易學을 잇고 있고 생명철학은 기학氣學을 잇고 있습니다.

내 사유의 핵은 형이상학(사건의 철학)이고, 거기에 자연철학적인 측면을 가미할 때 생명철학이 도입된다고 보면 될 것 같습니다. 그러나 논리적 순서로는 생명철학이 우선 기반으로 깔리고, 그 위에서 사건의 철학이 논의된다고 볼 수 있습니다. 이 양자의 관계는 간단한 것이 아니죠. 단적인 연속도 아니고(그럴 경우, 자칫 속류 유물론이나 환원주의가 됩니다), 단적인 불연속도 아닙니다(그럴 경우, 생명 전체의 흐름을 무시하고 인간적 삶만을 따로 떼어내서 이야기하게 되죠). 단순한 환원주의나 단순한 주체철학을 벗어나야 합니다. 예컨대 생물학적으로 죽음을 설명했다고 해서, 그것이 죽음에 대한 형이상학적 이해를 주는 것은 아닙니다. 하지만 죽음의 형이상학이 생물학적 죽음과 무관할 수도 없는 것이지요. 자연철학적 차원에서의 생명의 철학과 형이상학적 차원에서의 사건의 철학을 잘 엮어서 사유하는 것이 중요합니다.

**박철은**  컴퓨터를 사용한 방대한 양의 계산, 혹은 시뮬레이션은 일견 전형적인 선험적 지식이나 경험적 지식, 혹은 연역이나 귀납이라는 전통적인 논리적 판단의 틀에 맞지 않는 앎의 세계를 보여 주는 것 같습니다. 인간이 이렇게 방대한 양의 계산을 행하는 것이 '현실적'으로 불가능합니다. 그리고 방정식을 집어넣어 정해진 절차에 따라 행해진 계산은 인간의 예상을 뛰어넘는 결과를 보여 주는 경우가 많습니다. 인식론적 측면에서 컴퓨터가 앞으로 철학(과 이론 학문)에 어떠한 영향을 미칠까요? 또, 철학은 이 '계산기'를 어떻게 활용할 수 있을까요?

**이정우**  과학적 탐구의 맥락에서 본다면, 컴퓨터에 의한 방대한 데이터의 계산 및 시뮬레이션은 '사유의 죽음'을 뜻한다고 할 수 있습니다.

우리가 어떤 현상에 대해 사유하는 것은 그것에 대해 우리가 가지고 있는 데이터가 제한되어 있기 때문입니다. 어떤 별의 궤도는 어떤 특정한 위치 또는 어떤 특정한 시간대에서 측정됩니다. 그래서 천문학자들은 그 궤도에 대해 사유하고 이론을 세우고 그 수학적 법칙을 만들어 계산해 보고 합니다. 하지만 만일 그 별의 움직임을 낱낱이 추적해서 그 모든 데이터를 계산해 낼 수 있는 컴퓨터가 있다면, 더 이상 가설을 세울 필요가 없을 것입니다. 사유할 이유가 없는 것이죠. 마찬가지로, 우리에게 의사가 필요한 것은 우리 몸이 제시하는 데이터를 해석할 사람이 필요하기 때문이지만, 우리 몸에 관련된 모든 데이터를 계산해 주는 기계가 있다면 굳이 의사가 부분적인 데이터들의 의미를 읽어낼 필요가 없을 것입니다. 또, 오늘날 뇌과학자들이 하고 있는 고민들(예컨대 컴퓨터가 아직도 흉내 내지 못하는, 인간의 놀라운 시각작용의 메커니즘)은 그것에 관련된 획기적인 기계가 발명되면 한순간에 의미를 상실합니다. 기계가 그것들을 단번에 해결해 버리는 것이죠. 나아가 어떤 기계가 발명되어, 우리가 머리에 그것을 쓰면 우리 자신이 뇌 속에 들어가(뇌 시뮬레이션의 속으로 들어가) 모든 것을 훤히 들여다볼 수 있겠죠. 뇌과학을 공부할 필요가 없이 그 기계만 사면 되는 것입니다.

그래서 빅 데이터와 시뮬레이션의 발달은 우리의 사유를 정지시켜버릴 것입니다. 더 이상 굳이 사유를 할 필요가 없는 것이죠. 오늘날 계산기 덕분에/때문에 사람들이 숫자 계산을 잘 못하는 것과 같은 사태가 모든 영역에서 일반화될 것입니다. 물론 지금은 이런 걱정을 할 필요가 없습니다. 아직 모든 데이터들을 인간이 조사해서 입력해야 하고, 또 시뮬레이션도 결국 인간이 합니다.

빅 데이터는 우리가 어림짐작으로 하는 생각을 객관적인 데이터에 입각해 교정시켜 주죠. 예컨대 인구가 가장 많은 도시들이 어디인가라고 물었을 때, 많은 사람들은 대개 유명한 도시들을 떠올리죠. 하지만 (비교적 최근 데이터에 따르면) 인도의 델리가 2위이고, 브라질의 상파울루가 4위, 인도의 뭄바이가 5위, 멕시코의 멕시코시티가 6위, 이집트의 카이로가 9위입니다. 뉴욕은 카이로의 다음이죠. 빅 데이터는 이렇게 우리가 대충 하는 생각들을 교정해 줍니다. 중요한 분석 도구임이 틀림없습니다. 그러나 궁극적으로 생각해 보면,

결국 이런 추세의 귀결은 사유의 종말이 될 것입니다. 인간은 기계의 "사유"=계산을 보조하는 조수의 역할을 하게 될 것입니다.

그러나 긍정적인 방향으로 생각해 본다면, 인간이 과학적 탐구를 이끌어 가고 인공지능이 조수의 역할을 하는 쪽으로 생각할 수도 있습니다. 당위의 측면에서 본다면, 이런 방향으로 가야 하겠죠. 마빈 민스키가 생각하고 걷고 말하는 기계를 만들겠다고 호언장담했을 때 더그 엔겔바트는 "그럼 인간을 위해서는 무엇을 할 거죠?"라고 물었듯이, 기계를 발달시키는 것과 동시에 인간이 그 발달하는 기계를 올라타고서 더 높은 경지로 나아갈 수 있는 길을 찾아내는 노력도 동시에 이루어져야 하겠죠. 헤겔은 습관을 긍정적으로 평가했습니다. 습관이 가치가 있어서가 아니라, 우리로 하여금 더 가치 있는 것에 몰두할 수 있도록 습관이 귀찮은 것들을 알아서 처리해 주기 때문이죠. 마찬가지로 인간은 기계의 노예가 되는 것이 아니라 기계를 자신의 조수로 삼아서 보다 가치 있는 탐구에 몰두해야 할 것입니다. 미래가 앞의 길로 갈지 뒤의 길로 갈지, 그러니까 인간이 기계의 조수가 될지 기계가 인간의 조수가 될지는 두고 봐야 할 것 같습니다.

철학적 맥락에서는 어떨까요? 기계가 인간의 조수가 된다는 것은 과학이 기계에 대해 '주체'가 된다는 것입니다. 그런데 우리는 기계와 과학 사이에 설정한 관계를 과학과 철학 사이로 옮겨 생각할 수 있습니다. 기계가 인간을 좌우하는 것이 아니라, 기계를 조수 삼아서 과학이 발달할 때, 과학은 단순한 일은 기계에 맡기고 스스로는 보다 고급한 이론을 연구하는 주체가 될 수 있습니다. 마찬가지로 과학이 세계에 대한 '지식'을 보다 많이 밝혀줄수록, 철학은 그 지식을 바탕으로 지혜를 추구하는 주체가 될 수 있겠지요. 오늘날 생명과학이 크게 발달한 덕분에 인간의 몸과 마음을 둘러싼 철학적 논의도 탄력을 받게 된 것이 그런 예입니다. 과학과 철학은 공히 인간의 고귀한 행위들이므로, 그 사이에는 조수니 주인이니 하는 관계를 설정할 수는 없겠죠. 그러나 과학이 보다 기저의 지식들에 몰두한다면, 철학은 그 위에서 인간 실존의 문제를 비롯해 보다 지혜의 성격에 가까운 사유를 추구한다고 할 수 있습니다. 이렇게 기계에 기반한 과학, 그리고 다시 과학에 기반한 철학의 구도를 생각할 수 있습니다. 하나 기계가 과학을, 나아가 삶을 압도한다면 철학은 어떻게될까요? 그때 철학은 어쩌면 '사유'로부터 '투쟁'으로 변신해야 할지도 모르겠습니다.

**권강**  『박홍규 전집』 2권, 393쪽을 보면, 소은 선생의 '데이터'에 대한 인식을 볼 수 있습니다. '데이터'data라는 라틴어는 '주어진 것들'을 의미한다고 하셨고, '데이터'를 "밖에서 오는 것"으로 규정하셨던 것 같습니다. 그리고 평소에 무질서에 빠지지 않게 하는 '자기동일성'을 강조하셨습니다. 그런데 만약 생명체가 이 '자기동일성'에 기반한 것이라고 한다면, 그것은 '닫힌 계'가 되고 외부에서 주어진 것을 받아들이기 힘들게 됩니다. 생명체의 자기동일적 성질과 외부에서 주어진 데이터를 받아들이는 두 가지 성질 사이에는 모순이 발생할 것 같은데 이를 철학적으로 어떻게 극복하면 좋을까요?

**이정우**  지금 말씀하신 물음이 바로 '생명'의 본질/정의에 관련되는 물음입니다. 나는 생명을 '자기-차이화'self-differentiation(또는 자기차이화를 가능케 하는 힘)로 정의합니다. 생명체는 자기차이화하는 존재self-differentiator라고 할 수 있죠. 풀어서 말해 생명이란 "차이생성을 소화함으로써 동일성을 바꾸어 나가는 존재"라고 할 수 있습니다.

생명이란 생명체를 생명체이게 해 주는 원리입니다. 생명체란 바로 타자들과의 관계를 통해 차이생성을 맞이하게 되고, 그 차이생성을 소화해 내야만 살 수 있는 존재이죠. 그렇게 할 수 있게 해 주는 힘이 생명입니다. 그렇다면 차이생성을 소화한다는 것은 무엇을 뜻할까요? 타자들과의 관계를 통해서 도래하는 차이생성이 자신을 파괴하지 못하도록 만든다는 것을 뜻합니다. 그런데 그렇게 하려면 자신의 동일성을 바꾸어 나가야 합니다. 동일성만을 유지하려 하면 우리 생명은 약화되어 가고 결국 꺼져버리죠. 추운 곳으로 갈 경우 우리 체온을 상승시키기 위해 여러 수단들을 강구합니다. 동일성을 그대로 유지하면 병에 걸리거나 얼어 죽을 테니까요. 그렇다고 동일성을 버리는 것은 아닙니다. 생명체가 자기동일성을 버리면 죽는다는 것을 뜻하겠죠. 차이생성을 소화할 수 있도록 스스로의 동일성을 바꾸어 나가야 하는 것이죠. 이것이 자기-차이화입니다. 생명이란 자기-차이화 또는 **자기-차이화를 가능케 하는 힘**이라고 할 수 있죠. 우리는 지금 코로나19라는 거대한 차이생성을 맞이하고 있고, 이 차이생성에 으깨어지지 않으려고 우리의 동일성을 바꾸어 나가고 있습니다.

소은 선생에 대한 이야기로 돌아가 봅시다. 소은이 '데이터'라고 한 것은 지금 우리가 이야기하고 있는 생명존재론의 맥락에서 제시된 개념이 아니라 인식론적 맥락에서 강조된 개념입니다. 실증주의적인 인식론을 역설하고 있는 것이죠. 사실 오늘날까지 전개된 인식론의 역사를 감안하면 낡은 인식론이라고 할 수도 있습니다. 그러나 실증주의라는 테두리를 벗어나서, '데이터'를 강조하는 것은 중요합니다. 우리에게 주어진 것들에 입각하지 않고서 말한다면, 말하지 못할 것이 없을 테니까 말이죠. 다만 데이터에 어떤 인식론적 위상을 부여하느냐는 상당히 복잡한 논의를 필요로 합니다.

　권 선생의 질문은 데이터라는 인식론적 맥락과 자기동일성이라는 존재론적/생명철학적 맥락이 섞여 있습니다만, '데이터'라는 것을 생명철학적 맥락에서 새롭게 생각해 볼 수도 있을 듯합니다. 생명철학에서 데이터란 무엇일까요? 바로 생명체를 위협하는 어떤 장애물로 이해할 수 있습니다(물론 유용하게 변형할 수 있는 환경 등으로 개념화하는 것도 가능합니다). 코로나19는 우리 앞에 주어진, 우리의 생명을 위협하는 어떤 장애물인 것이죠. 이 장애물을 극복하지 못하면 우리의 '자기동일성'은 소멸합니다. 그러나 생명의 본질은 자기동일성이 아니라 자기차이화입니다. 닫힌 계로서의 자기동일성과 외부의 데이터라는 구도가 아니라 자기차이화하는 열린 계($dx$)와 시간 속에서 계속 변화하면서 주어지는 장애물들($dy$)이라는 구도로 사유해야 합니다. 자기차이화로서의 생명은 곧 자신에게 주어지는 장애물들 — 사건의 철학이라는 맥락에서는 'pro-blēma'이죠 — 을 소화해 내면서 스스로의 자기동일성을 변화시켜 나가는 힘입니다.

**권강**　『사건의 철학』, 112쪽을 보면, "전통적인 학문 개념에 따르면, 진리를 발견하려면 주관성을 벗어나 어떤 '객관적' 진리에 다가서야 한다. 따라서 학문을 하려면 가능한 한 주관성을 제거하는 것이 필수적이다. 그러나 현상학에 따르면 의미란 반드시 주체 상관적이고, 대상과 주체가 맞물려 있는 차원에서만 성립한다"고 하셨습니다. 최근에 뇌과학 또는 인지심리학과 현상학을 연결지어 연구하는 경향이 보이는 것 같습니다. 이영의[1]에 의하면, 신경현상학은 1970년대 칠레 출신의 신경생물학자인 바렐라가 메를로-퐁티의 현상학과 체현적體現的 마음 이론enactive mind theory을 배경 이론으로 제안하였다고 알고 있습니다. 또한 바렐라 등은 '현상학의 자연화'naturalizing of phenomenology를 통하여 메를로-퐁티 사상을 현대적으로 계승하려 하는데, 후설의 현상학은 실용적 측면이 부족해서 실패할 수밖에 없었고 메를로-퐁티의 사상은 과학과 경험 사이의 간격을 극복하기 위한 이론적 단서를 제공할 수 있다고 하였습니다. 선생님께서는 철학의 탐구 방법론으로서 신경현상학의 중요성에 대해서는 어떻게 생각하시는지요?

**이정우** 메를로-퐁티의 사유에서는 객체와 주체가 떨어져 있지 않습니다. 근대 인식론을 설명할 때 사람들은 흔히 주체와 객체의 동그라미 두 개를 그리고서 시작합니다. 그리고 경험을 일종의 '사상'mapping 비슷한 것으로 설명하죠. 이른바 '표상'representation의 모델입니다. 그러나 메를로-퐁티에 관련해 그런 그림을 그린다면, 두 동그라미가 겹쳐져야 합니다. 실재는 그 그림 전체이고, 객체와 주체는 그 전체의 양극이라고 할 수 있겠죠. 그리고 사유의 초점은 그 겹친 곳, 즉 주체 안에 세계가 들어와 있고 주체가 세계 안에 들어가 있는

---

1) 이영의, 「의식의 어려운 문제와 신경현상학」, 『인문학연구』 제45권, 2013, 9, 17, 18쪽.

주름진 곳이 됩니다. 그곳은 곧 몸의 차원이자 동시에 체험된 세계의 차원이죠.

이런 현상학적 사유는 이후 구조주의에 의해 논박됩니다. 구조주의는 '현존'présence의 사유에 이의를 제기하면서, 스피노자 식으로 말해 '제2종의 인식'을 추구하죠. 의식과 이미지의 사유가 아니라 무의식과 기호(/기표)의 사유를 전개합니다. 물론 하이데거도 현상학을 존재론으로 전환시키면서 현상을 존재의 개현(과 은폐)으로서 사유했지만, 그에게 현상/현전은 존재자의 존재에로 나아가-견디어낼-수 있는 탁월한 존재자로서의 인간=현존재를 중심으로 논의가 진행됩니다. 이에 비해서 구조주의 사유에서는 인간은 설명해 주는 것이 아니라 설명되어야 할 것으로 바뀌죠.

그런데 20세기 중엽의 현상학/실존주의와 20세기 말의 구조주의를 이어, 21세기 초에 이르면 이번에는 생명과학적 인간 이해가 도래하게 됩니다. 지난 세기 후반에 비약적으로 발전한 생명과학을 토대로 인간의 몸과 마음을 새로이 설명해 보려는 시도들이 다각도로 등장하죠. 이 입장에서 볼 때, 구조주의는 불완전합니다. 인간을 '설명'하고자 한다면, 무의식 수준이 아니라 아예 물질적 실체, 생물학적 차원으로까지 내려와야 한다는 것이죠. 그래서 자연주의적 설명이 시도됩니다. 이 흐름에서도 우리는 두 가지 갈래를 식별해 낼 수 있는데, 하나는 인간을 '물질'의 운동을 통해서 설명하려는 갈래(예컨대 뇌과학을 통해 인간의 정신을 탐구하려는 갈래)가 그 하나이고, 물질보다는 '정보'를 통해서 설명하려는 갈래(예컨대 뇌를 일종의 컴퓨터로 보는 갈래. 여기에서 중심은 하드웨어가 아니라 소프트웨어입니다)가 다른 하나입니다.

이런 흐름에서 볼 때, 말씀 주신 신경현상학은 바로 이렇게 자연주의적인 생명철학이 현상학의 한계를 넘어 전개된 이후에 다시 현상학 쪽에서 생명철학의 한계를 지적하면서 나온 흐름이라고 할 수 있습니다. 말하자면 현상학의 반격이라고 할 수 있겠죠. 현상학이 19세기의 자연주의를 주요 논적으로 삼아 등장했다는 사실을 상기한다면, 한 세기 이상이 지난 지금까지도 이런 대결의식이 지속되고 있다고 할 수 있겠습니다. 이는 내가 다른 곳에서 '주체화와 객체화의 영원한 투쟁'이라고 불렀던 것과 관련되며, 이 긴 대립 자체가 수동성과 능동성이라는 양면을 동시에 품고 있는 인간이라는 존재의 특성을 방증해 준다고 하겠습니다. 이 흐름과 유사하면서도 다른 '확장된 마음'에 대한 논의도 있죠. 이 흐름은 자연주의가 내포하는 실체주의와 환원주의를 비판하면서, 마음의 본성을 어떤 실체에서가 아니라 활동에서, 관계(의 생성)에서 찾는다는 점에서 진일보한 점이 있습니다. 확장된 마음 이론은 가능성이 큰데, 그것이 오늘날 전개되고 있는 신경현상학과 점차 세련미를 더하고 있는 생명과학적 인간관을 아우를 수 있다면, 인간의 주체성과 객체성을 포용하는 상당히 매력적인 이론이 될 수 있다고 봅니다.

인용해 주신 구절에서 언급했듯이, 인간을 둘러싼, 특히 그 '마음'을 둘러싼 이런 논의들에서 현상학이 보여 주는 장점은 바로 '주체'의 개념을 놓지 않고서 사유한다는 점에 있습니다. 과학적 설명은, 성공할 것 같지도 않거니와(사실 정확히 어떤 것이 '성공'한 것인가를 규정하는 것 자체가 어려운 문제죠) 성공한다 해도 거기에서 인간의 인간다움은 증발해버릴 것입니다. 무지개를 파동방정식으로 설명할 수 있지만, 그럴 경우 무지개의 무지개다움은 어디론가 증발해 버리는 것과 마찬가지이죠. 그래서 현상학적 주체성은 놓아버릴 수 없는 가치를 지닌다 하겠습니다.

하지만 1인칭 관점과 3인칭 관점을 대립시키는 논의 구도는 한계를 띱니다. 현대 심리철학의 흐름을 볼 때 묘한 것은 한쪽 극에 현상학이 다른 한쪽 극에 생명과학(특히 신경과학)이 위치하고 있을 뿐, 그 사이에 인간과학이 빠져 있다는 사실입니다. 그러나 인간존재와 인식에 관련해 인간과학, 특히 라캉 등 후기 구조주의자들에 의해 전개된 인간과학을 빠트린다는 것은 심각한 결함입니다. 오히려 인간에 대한 고유한 과학인 인간과학을 중심에 놓고서 양쪽에 현상학과 생명과학을 배치하는 게 더 좋은 구도일 수도 있습니다. 더 낫게는 현상학, 인간과학, 생명과학을 세 꼭지점으로 놓고서 인간존재를 사유하는 것이 좋겠지요. 앞으로의 심리철학은 이런 구도로 진행되어야 할 것입니다.

아울러 현대 심리철학에는 1인칭 관점과 3인칭 관점이 대립할 뿐 그 사이에 2인칭 관점이 없습니다. 이것은 바로 현대 심리철학이 현대 철학의 가장 위대한 성취들 중 하나인 '타자의 사유'를 결여하고 있음을 뜻합니다. 앞으로는 1인칭과 3인칭의 대립을 넘어 2인칭의 관점을 사유해야 하고, 또 이 사유가 그 대립을 넘어설 수 있는 실마리를 제공할 것입니다.

**권강** 저의 생각으로는 의학의 근간인 해부학-생리학-병리학의 축은 각각 구조-운동-사건으로 나타낼 수 있다고 보여집니다. 『사건의 철학』, 111쪽에서 선생님께서는 "요컨대 엄밀히 말해 사건이란 지시의 대상이 아니다. 사건은 동일성을 내포하지 않는 것이며, 개별화할 수 없는 것이다. 그것은 지시의 대상이 될 수 없다. 그래서 지시 이론은 사건을 포용할 수 있는 이론이 아니다"라고 하셨으며, 108쪽에서도 "들뢰즈는 중요한 지적을 한다. 사건은 지시될 수 없다는 것이다"라고 하였습니다. 그런데 의학이라는 학문에서는 생리학과 병리학, 즉 운동과 사건이 서로 동시에 고려되어야지만 '치료'라는 영역에 다가설 수 있다고 생각합니다. 선생님께서 보시기에 특정한 장場에서 '사건'과 '운동'이 동시에 고려될 수 있다고 생각하시는지요?

**이정우** 우선 해부학-생리학-병리학의 축을 각각 구조-운동-사건으로 나타낼 수 있다고 보신 것이 흥미롭네요. 그런데 내가 보기에는 생리학과 병리학은 동전의 양면입니다. 한 사람이 정상적일 때의 상태를 탐구하는 것이 생리학이라면, 비정상적일 때의 상태를 탐구하는 것이 병리학이죠. 정상과 병리, 건강함과 병듦이 불연속적인 대립자들인 것은 아닙니다. 동일한 몸을 어떤 상태에서 파악하느냐의 차이이죠.

그래서 해부학의 축이 구조의 축인 것은 분명하지만, 생리학과 병리학의 차이를 운동과 사건으로 보는 것은 어떨지 모르겠습니다. 우선 운동과 사건의 차이가 무엇인지를 해명해야 하고, 왜 생리학에 운동을, 병리학에 사건을 할당하는지가 해명되어야 합니다. 아마 운동은 평소의 몸의 생성을, 사건은 그런 평소의 운동에서 어떤 일이 벌어지는 것을 뜻한다고 보신 것 같네요.

하지만 병든 몸 역시 운동하며, 또 평소의 몸 역시 수많은 사건들로 이루어집니다. 우리 몸에서는 끊임없이 다양한 사건들이 벌어지고 있죠. 그런데 기존의 사건보다 상대적으로 큰 어떤 사건이 솟아오를 때, 그것이 다른 사건들에 비해 '사건'이 되는 것이죠. 도대체 어떤 것이 '사건'이냐는 어떤 절대적인 기준에 의해서가 아니라 사건들 사이의 상대적인 크기에 의해서 결정됩니다. 그래서 내가 "사건 성립에서의 상대성 원리"(『사건의 철학』)라고 부른 것이 중요합니다. 어떤 것이 사건이 되고 안 되고는 다른 사건들과의 상대적인 크기에 의해 결정된다는 것이죠. 이렇게 보면 운동을 생리학에 사건을 병리학에 할당하기보다는, 생리학과 병리학을 공히 운동으로 보거나 아니면 공히 사건으로 보는 것이 낫겠다는 생각이 듭니다. 양자는 공히 운동으로/사건으로 볼 수 있고, 운동에서의/사건에서의 상이한 측면에 초점을 맞추는 것으로 볼 수 있을 것입니다. 요컨대 생리학과 병리학을 두 분야가 아니라 한 분야의 두 측면으로 보고, 운동을 통해서든 사건을 통해서든 접근해 들어가는 것이 좋을 듯합니다.

그런데 '운동'이라는 개념과 '사건'이라는 개념은 다릅니다. 전자는 자연철학적인 개념이고 후자는 형이상학적인 개념이라고 할 수 있습니다. 운동에는 의미 개념이 들어 있지 않습니다만(우리가 부여할 수는 있겠죠), 사건에는 의미 개념이 깃들어 있습니다. 그래서 양자의 뉘앙스는 적지 않게 다르죠. 운동이라는 개념을 쓴다면, 우리는 그것에서 어떤 '메커니즘'을 발견할 수 있습니다. 그러나 사건이라는 개념을 쓴다면, 우리는 거기에서 어떤 '의미'를 읽어낼 수 있는 것이죠. 어떤 개념을 쓰느냐에 따라 담론의 성격이 꽤 달라질 것입니다.

이제 이 문제는 인용하신 대목 "사건은 지시의 대상이 아니다"라는 명제와 연관됩니다. 이것은 곧 사건이 지시하는 것은 어떤 동일성이 아니라는 것을 뜻합니다. 어떤 말이 무엇인가를 지시할 때,

그 지시대상은 어떤 형태로든 동일성의 성격을 띱니다. 아주 추상적이고 복잡한 말, 예컨대 '민주주의' 같은 말조차도(사실 이 말이 무엇을 가리키고 있는지를 생각해 보면, 간단치가 않습니다) 막연하게나마 어떤 그 무엇(동일성)을 가리키고 있죠. 그런데 사건은 진정한 의미에서의 차이생성입니다. 그것은 기존의 동일성에서 어떤 차이/새로움이 솟아오를 때 성립합니다. 그래서 원칙적으로 사건은 지시의 대상이 아니며, 사후적으로 개념화됩니다. 운동은 어떤 메커니즘을 함축하고, 메커니즘은 추상적 수준에서의 어떤 동일성입니다. 그래서 지시 가능하죠. 지시 가능하지 않다면 과학이 성립하지 않습니다. 그러나 사건은 이런 의미에서의 지시를 거부하는 무엇인 것이죠.

'운동'과 '사건'을 이렇게 대비시킨다면, 이제 앞에서 언급했던 것, 그러니까 생리학과 병리학을 운동과 사건에 대응시키기보다는 양자를 한 담론의 두 측면으로 보고 그것을 운동으로 **또는** 사건으로 파악해 들어가는 것이 좋겠다고 한 것이 어떤 뜻인지를 재음미해 볼 수가 있습니다. 운동으로 파악할 경우, 생리학과 병리학은 공히 메커니즘 파악의 대상이지만 그 내용은 다릅니다. 생리학이 평형 상태의 메커니즘을 탐구한다면, 병리학은 그것이 깨졌을 때의 메커니즘을 탐구하죠. 사건으로 파악할 경우, 생리학과 병리학은 공히 의미 독해의 대상입니다. 생리학은 건강한 사람의 사건-의미를 사유하는 것이고, 병리학은 아픈 사람의 사건-의미를 사유하는 것이죠.

그런데 이렇게 분석을 해 놓고 보니, 권 선생이 생리학에 운동을 병리학에 사건을 할당한 것이 이해가 됩니다. 생리학은 평소의 신체의 메커니즘을 파악하는 것이기에 운동에 해당되고, 병리학은 신체에 어떤 일이 발생하는 것이기에 사건에 해당할 수 있을 것 같습니다. 다만 이렇게 논의 구도를 짤 경우, 운동 개념과 사건 개념 사이에 존재하는 차이를 다루기가 만만치 않게 될 것 같습니다.

그래서 결론적으로 우선 권 선생의 제안처럼, 생리학에 운동을 병리학에 사건을 할당할 수 있습니다. 이럴 경우 방금 해 놓은 구분을 기초로 운동과 사건에 대한 보다 정교한 논의를 짜 나아가야 할 것입니다. 반면 생리학과 병리학을 공히 운동으로 보거나 아니면 공히 사건으로 보는 구도가 있습니다. 이럴 경우 존재론적으로는 보다 명쾌해지지만, 생리학적 운동과 병리학적 운동을 어떻게 개념화하느냐 또는 생리학적 사건과 병리학적 사건을 어떻게 개념화하느냐의 문제가 중요한 화두가 됩니다. 두 갈래 구도를 놓고서 앞으로 보다 심도 있는 논의를 해 보면 좋겠습니다.

**권강** 『사건의 철학』, 147쪽에서 "바로 의사는 한 사건의 물질적 원인을 찾는 사람이고, 경찰은 계열적 의미를 찾는 사람이기 때문이다"라고 하셨고, 145쪽에서 "어떤 하나의 사건이 그 자체로서는 무의미하지만 계열화됨으로써 의미를 가진다는 것은 한 사건 뒤에는(아래에는) 어떤 특별한 의미도 없다는 것을 말해 준다. 그런 점에서 이 의미론은 해석학적 의미론과는 전혀 다르다. 해석학은 어떤 사건, 텍스트 뒤에는 늘 '숨겨진 의미'가 있다고 본다. 그 숨겨진 의미를 읽어 내는 것이 해석학이다. 그러나 계열학적 의미론에서 한 사건의 의미는 그것과 이웃하는 사건들 사이의 계열화를 통해서 성립한다"고 하셨습니다.

제가 병리학을 '사건 중심의 학문'이라고 보는 이유는 질병을 일으키는 원인들이 질병을 일으키기 전에는 계통화(즉, 계열화)가 되어 있지 않은 존재들이라고 생각하기 때문입니다. 예를 들면 찬 공기와 꽃가루와 먼지는 계열화되어 있지 않지만 '알레르기성 비염'이라는 질환을 성립시키는 원인이 되면 계열화되는 동시에 '코'라는 인체 기관과 연결이 됩니다. 이러한 의미에서 인체의 병리학(사건)과 생리학(운동)과 해부학(구조)이 서로 연결될 수 있다고 보는데, 혹시 선생님께서는 의학을 연구할 때 구조주의적 방법과 해석학적 방법 중에서 어느 쪽이 좀 더 적합하다고 생각하시는지요?

**이정우**  우선 해석학과 계열학 — 아직 충분히 다듬어진 개념은 아니지만 — 은 성격이 상당히 다릅니다. 양자 모두 '의미' 개념을 핵심으로 합니다. 그런데 해석학의 경우 '의미'는 어떤 텍스트(넓은 의미) 아래에 숨어 있는 것이고, 그래서 우리가 그 의미를 이해하려면 그 텍스트의 속을 들여다보아 그것을 읽어-내어야 합니다. 언어 텍스트이든 다른 형태의 표현들이든 넓은 의미에서의 '文'을 해독해서 '人'을 읽어내려 한다는 점에서 해석학은 인문학에서 빼놓을 수 없는 분야라 하겠습니다.

　'계열학'이라는 말은 지금까지 여러 저작들에서 그때그때의 맥락에서 자주 사용했습니다만, 그것 자체를 특화해서 논한 적은 없네요. 이번 기회에 몇 가지로 정리해 봅시다.

　우선 '계열'系列은 어떤 요소들을 선형적線形的으로 연결했을 때 성립합니다. 지금 우리가 말을 하고 있지만, 우리의 말은 선형적이죠. 하나의 선을 그립니다. 만일 우리의 말이 점이라면 말하는 데 시간이 걸리지 않겠죠. 마치 하나의 사진을 보듯이 단번에 말하고 알아들을 것입니다. 선형적으로 계열을 이루는 것은 매우 많습니다.

동물들의 걸음도 선형적입니다. 대지에 선을 그리죠. DNA 등 생명 과학에서 나타나는 물질들도 매우 긴 선을 형성합니다. 수학에서의 '링크 이론'도 링크라는 말이 함축하듯이 점들('노드들')을 선으로 잇는 것에서 출발합니다. 바둑에는 점도 있고 선도 또 면도 있습니다만, 선의 논리가 가장 중요한 역할을 합니다. 보이지 않는 선들까지 포함해서 말이죠. 지금 우리 맥락에서 가장 중요한 것은 바로 사건들이 선을 그리면서 성립한다는 사실입니다. 물론 면을 생각할 수도 있습니다. 그러나 면은 처음부터 존재하는 것이 아니라 여러 계열들이 얽히면서 형성된다고 해야 하겠죠. 계열학은 이렇게 다양한 분야들에서 나타나는 선형적 구조 및 생성을 존재론적인 차원에서 개념화하는 분야로 정의할 수 있을 것입니다.

다음으로, 계열은 선형적이기 때문에 순서가 중요합니다. -a-b-c-와 같이 되어 있을 때, a와 c의 관계는 반드시 b를 경유해야 하죠. 이른바 '이웃관계' 또는 '사이관계'가 중요하죠. 무엇이 옆에 있는가, 무엇과 무엇 사이에 있는가가 중요합니다. 염기 서열에서도 아데닌, 구아닌, 시토신, 티민의 선형적 배열에서 이런 관계들이 중요한 역할을 합니다. 아울러 하나의 선에서 시작점과 끝점이 특히 중요하죠. 시작점은 그 이전이 없고 끝점은 그 이후가 없습니다. 우리가 역사적 사건을 이야기할 때 도대체 그 시작점이 어디이고 끝점이 어디인지를 확정하기가 무척 어렵죠. 4·19 혁명은 정확히 언제 시작한 것일까요? 광주민주화운동은 지금 끝난 건가요, 아직 진행 중인가요? '한' 계열의 시작점과 끝점의 문제는 상당히 어렵고 중요합니다. 우리 우주의 시작과 끝에 대해 펼쳐지고 있는 현대 우주론의 논의들이 흥미진진한 것도 이 때문입니다. 이렇게 계열학에서는 '하나의' 계열의 성립과 그것에서의 이웃관계, 사이관계 등의 명료화가 중요합니다. "계열학적 의미론에서 한 사건의 의미는 그것과 이웃하는 사건들 사이의 계열화를 통해서 성립한다"고 한 것은 이런 맥락에서 이해되어야 합니다. 방금 언급한 이런 관계들이 명료화되지 않으면, 하나의 사건은 의미가 없기 때문입니다. '없다'기보다는 아직-결정되어-있지-않다고 표현하는 것이 좋겠네요. 잠재적인 의미를 가지지만, 그것이 확정되려면 반드시 다른 사건들과 일정한 어떤 계열을 형성해야만 하는 것이죠. 똑같은 하나의 사건도 그것을 어떤 다른 사건들과 어떻게 계열화하느냐에 따라 그 의미가 달라져 버리는 것이죠.

　　세 번째로 계열학의 사유에서는 '특이성' 또는 '특이점'의 파악이 특히 중요합니다. 여기에서 "singularité"는 양적인 맥락에서의 하나/단일성이 아닙니다. 칸트의 양 범주(단일성/하나, 다수성/여럿, 총체성/모두)에서의 하나/단일성이 아니라, 질적인 의미에서 특이한 점, 주목할 만한 점, "거기에서 무슨 일인가가 일어나는" 점입니다. 이것은 칸트, 헤겔, 키르케고르 등에 의해 논의된 개별성/독자성의 개념이 아니라 푸앵카레, 로트만, 시몽동, 들뢰즈 등에 의해 논의된 특이성/독특성의 문제인 것이죠. 푸앵카레의 질적 미적분 그리고 그에 연관해서 전개된 토폴로지와 밀접히 연관되는 내용입니다만, 지금은 단지 계열(들)이 휘어지는 곳, 꺾이는 곳, 잘리는 곳, 분기하는 곳, 교차하는 곳 등을 뜻한다고 규정해도 좋을 것 같습니다. 이런 곳들에서 특이성들이 생성하고, 이것들을 파악하는 것이 중요합니다. 예컨대 서울의 지하철 전체 구조를 파악하려면 우선 환승역들을 잡아내는 것이 중요하겠죠. 또, 시간상으로는 역사에서의 주요 사건들을 잡아내는 것 — 여기에서도 '사건'이 핵심적입니다 — 이 중요한 것도 마찬가지 맥락입니다.

계열학적 사유는 '(후기)구조주의'라 불리는 사유에서 특히 중요하게 활용되었죠. 소쉬르 언어학에서의 '통합체'라든가, 레비-스트로스 인류학에서의 '구조', 라캉에게서의 '기표화 연쇄'를 비롯해 이 계열의 많은 사상가들이 계열의 논리를 구사했습니다. 구조를 애초부터 하나의 선험적 장으로 간주하는 것과 계열학적 사유는 구분해야 합니다. 계열학에서의 장은 선들이 얼기설기 엮이면서 **형성되는** 장이지 처음부터 주어지는 무엇이 아닙니다. 이런 맥락에서의 장을 들뢰즈와 가타리처럼 '디아그람'이라고 불러 볼 수도 있겠습니다. 다양한 형태의 디아그람들을 파악하는 것이 세계 이해, 문화 이해에서 중요한 한 방식이죠.

병리학을 사건 중심의 학문으로 볼 때, 어떤 원인들이 계열화됨으로써 그리고 그것들이 다시 인체와 계열화됨으로써 병이 생겨난다는 것은 좋은 지적이라고 생각합니다. 찬 공기, 꽃가루, 먼지 각각은 병과 무관하지만, 그것들이 계열화되고 다시 코와 계열화될 경우 알레르기성 비염이라는 병이 발생합니다. 이렇게 보면 병이란 쿠르노적인 의미에서의 우연이라고 할 수 있겠네요. 또 바둑에서의 '수순의 묘妙'처럼, 계열화의 순서도 중요할 것 같습니다. 상이한 사이관계 등을 통해서, 같은 요소들이 계열화되어도 다른 결과가 나올 수 있기 때문이죠. 히포크라테스가 병의 '원인'과 '계기'를 구분한 것이라든가 갈레노스가 여러 종류의 원인을 구분한 것도 이 때문이라 할 것입니다. 계열학적 사유를 활용해 한의학을 다시 한번 체계화해 보는 것도 의미 있는 작업일 것입니다. 사실 침술鍼術 자체가 바로 계열학이죠.

의학 연구에 해석학과 계열학 중 어느 것이 적합한지는 간단히 말하기 힘듭니다. 두 사유 모두를 적용해서 연구해 가고 그 결과를 보면서 논할 수 있겠죠. 무엇이든 실제 해 나가는 과정에서 가늠되는 것이지 아프리오리하게 말할 수는 없습니다.

계열학이라는 말을 꼭 쓰지 않아도 계열학적 사유는 의학, 나아가 여러 분야에서 다양하게 전개되고 있습니다. 앞으로 보다 정교화해 갈 필요가 있고, 특히 한의학의 경우에는 계열학적 사유를 도입해 새롭게 개념화해 나갈 필요가 있습니다.

해석학과 의학을 연결시키는 경우는 드문데, 일반적으로 의학은 '의미'를 읽어내는 학문이 아니라 '메커니즘'을 발견하는(그리고 치료하는) 학문이라고 생각되기 때문입니다. 해석학은 의학보다는 인문학의 맥락, 즉 텍스트의 숨겨진 의미를 읽어내는 맥락에서 유효하다고 할 수 있겠습니다. 하지만 의학은 순수 자연과학이 아니라 인간적 삶의 거의 모든 것이 얽혀 있는 분야이죠. 일차적으로는 생명과학과 연계되지만 순수 생명과학과 의학은 또 다릅니다. 최근에는 '의료인문학' 같은 분야도 생겨났습니다만, 의학과 해석학을 연결시켜 연구할 수 있는 방식들에 대해서도 다각도에서 사유할 필요가 있겠습니다.

**권강** 『사건의 철학』, 217~218쪽을 보면 "이런 맥락에서 스토아-들뢰즈의 '이중 인과'의 개념을 음미해 보자. 사건의 발생과 의미의 형성에는 두 종류의 인과관계가 있다. 하나는 물질이 사건의 원인이 되는 경우이고, 다른 하나는 사건이 다른 사건의 원인이 되는 경우이다. […] 따라서 사건이란 두 얼굴을 가진다. 하나의 얼굴은 물질적 운동의 '효과'라는 얼굴이고, 다른 한 얼굴은 계열화의 한 요소로서의 얼굴이다. 전자를 다루는 것이 동적 발생이고, 후자를 다루는 것이 정적 발생이다"라고 하셨는데 이러한 두 종류의 인과관계는 각각 어떤 경우에 적용되는지요?

**이정우** '표정'表情을 생각해 봅시다. 표정에는 한 사람의 기의 변화가 반영됩니다. 그래서 기의 어떤 상태('情')가 겉으로 나타난 것이 표정입니다. 이런 맥락에서 보면 물질이 사건의 원인이 됩니다. 물론 '氣'는 물질만이 아니라 생명, 정신의 의미도 내포하므로, 들뢰즈가 생각한 '물질'과는 다르죠. 사실 지금 맥락에서는 서구 사유가 생각하는 '물질'보다 동북아 사유에서의 '기'가 오히려 더 적절하다고도 생각됩니다. 사건 아래의 실체를 '물질'로 규정할 경우 너무 좁은 개념화가 되기 때문이죠. 다만 들뢰즈가 말하는 물질은 좁은 의미에서의 물리학적 물질이 아니라 스토아 학파의 'sōma'이기 때문에 '기'에 근접하긴 합니다만, 어쨌든 첫 번째 인과는 기의 차원과 사건(지금의 경우는 표정)의 관계에서 성립합니다. 이렇게 우리의 표면적인 상태/행위는 우리 몸의 변화를 원인으로 해서 일어나죠. 하지만 표정이라는 사건을 그것의 실체적 바탕이 아니라 다른 사건에 연결시키는 것도 가능합니다. 철수의 표정이 영희로 하여금 어떤 행동을 하게 만들었다면(예컨대 철수의 피곤한 표정을 읽은 영희가 그에게 주스 한 컵을 따라 주었다면), 철수의 표정-사건이 영희의 행위-사건의 원인이 되었다고 할 수 있겠죠. 이렇게 물질적 실체와 사건 사이의 인과가 있고, 사건과 사건 사이의 인과가 있습니다.

좀 더 심각한 경우를 생각해 봅시다. 하나의 살인 사건이 발생해서 A라는 사람이 죽었다면, A라는 사람의 신체에서 일어난 변화가 그 죽음의 원인입니다. 하지만 다른 한편, A의 죽음은 그 사람을 죽인 B의 행위/사건에 있다고도 할 수 있겠죠. 아니, 사실 우리는 살인 사건에서 A라는 사람의 신체에 어떤 변화가 일어나서 그가 죽었는지보다 누가 그를 죽였는지에 더 주목하죠. 우리 일상에서는 사건과 기의 관계보다 오히려 사건과 사건의 관계에 더 주목합니다. 형사 역시 사건들의 계열화에 주목하고, 이런저런 계열화를 만들어 보면서 범인을 찾습니다. 그러나 어떤 결정적인 순간에서는 실체적인 확인이 필요하죠. 그래서 수사의 어떤 국면에서는 '물증'物證이 동원되어야 하는 것입니다. 형사는 사건들 사이의 인과를 찾고, 의사는 신체와 사건 사이의 인과를 찾습니다. 무송이 형 무대가 죽은 것을 알고 서문경과 반금련을 의심해서 조사합니다. 일어난 사건들을 이러저리 재구성해 보죠. 그런데 결정적인 것은 독이 스며들어 있는 무대의 뼈를 보관했던 의사에 의해 제공되죠. 그래서 무송이 복수에 나섭니다. 이렇게 한편으로 신체와 사건의 관계가 있고, 다른 한편으로 사건과 사건의 관계가 있는 것이죠.

의사가 진단을 하는 경우를 생각해 봅시다. 기-사건 인과에 초점을 맞출 경우, 의사는 환자가 내보이는 증상들(사건들)을 그의 기에 연관시킵니다. 예컨대 환자가 설사를 자주 한다면, 우선 배가 차다고 진단하죠. 그래서 배를 따뜻하게 해 줄 수 있는 약을 처방합니다. 하지만 다른 한편 환자가 설사를 자주 하는 것을 찬물을 자주 마셨다거나, 밤에 배를 드러내고 잤다거나 하는 등 여러 다른 사건들과 연계시킬 수 있습니다. 후자는 사건-사건 인과라 할 수 있죠. 물론 두 인과가 별개의 것이 아니라 궁극적으로는 한 사태의 두 얼굴이라고 해야겠죠.

사실 기 자체도 사건으로, 무한한 잠재적인 사건들의 장으로 볼 수 있습니다. 그럴 경우 기-사건 인과도 사실상은 사건-사건 인과라고 할 수도 있을 겁니다. 이 경우는 모든 것을 궁극적으로 사건으로 보는 경우입니다. 다만 이렇게 할 경우 물질성 고유의 실재감이랄까, 무게감이 사라져버리기 때문에, 이는 그저 이론적 가능성으로만 남겨 두는 것도 좋을 듯합니다.

**권강**  『사건의 철학』, 292~293쪽을 보면 "이 입장들에 비해 들뢰즈는 스토아철학을 우리가 살고 있는 이 표면, 삶의 표면, 현실을 중시하는 철학으로 해석한다. 일반적인 철학사에서는 흔히 스토아철학을 유물론, 더 정확히는 자연주의 철학으로 이해한다. 그러나 들뢰즈는 스토아철학에서 자연주의만이 아니라 그것을 넘어서는 측면도 함께 읽어낸다. […] 들뢰즈는 자연주의/유물론이 스토아학파의 전부가 아니라고 본다. 표면의 차원을 그 자체로서 고려하는 측면을 담고 있다는 것이다"라고 하셨는데 여기에서 자연주의를 넘어서는 측면이란 어떠한 의미인지 잘 모르겠습니다. 좀 더 자세한 설명을 부탁드려도 괜찮으실지요?

**이정우**  다름이 아니라 바로 사건과 의미의 차원을 확보했다는 것입니다. 자연주의는 모든 것을 자연으로 환원해 이해하려는 사조이죠. 다만 '자연'을 어떻게 규정하느냐에 따라 그 내용은 천차만별입니다. 스토아학파는 'sōma'에 기반한 자연철학을 근간으로 했기 때문에,

또 "자연에 따라서kata physin 살아라"고 가르친 학파이기 때문에 흔히 자연주의로 이해됩니다. 사실 그렇습니다. 하지만 스토아학파는 '의미'라는 것이 무엇인지 처음으로 명확히 설명하고, 오늘날로 말해 '사운드'와 '보이스'의 차이가 무엇인지도 분명하게 밝힌 학파입니다. 그리고 이런 내용은 이들의 사건의 철학과도 연계되어 있죠. 스토아학파는 '사물'과 '사건'의 차이가 무엇인지를, 의미가 무엇인지를 해명한 최초의 학파입니다. 명제논리학도 스토아학파의 발명품이죠. 스토아학파는 보통 금욕주의라든가 사해동포주의 같은 사유들을 통해 알려져 있지만, 사실 존재론과 인식론에도 심대한 기여를 한 학파입니다. 스토아 철학자들의 사유를 모두 모아서 하나로 체계화한다면, 플라톤, 아리스토텔레스에 버금가는 또 하나의 위대한 철학체계이죠. 오늘날의 맥락에서도 매우 의의가 큰 대목들이 많고요.

**권강** 『사건의 철학』, 117쪽을 보면 "개체와 주체=인칭 사이에 존재하는 장 개념을 제시한 것이 구조주의의 성과이다. […] 구조주의는 제3의 차원을 발견했다. 말하는 주체와 말을 넘어 랑그를, 밥 먹는 주체와 밥을 넘어 식사법을, 담론의 주체와 담론의 대상을 넘어 담론화의 양태, '사유문법'을 […] 발견한 것이다. 이 제3의 차원이 '체계'(소쉬르), '구조'(레비-스트로스, 알튀세르), '상징계'(라캉), '에피스테메'(푸코), '아비투스'(부르디외),… 등으로 표현된다"고 하셨습니다. 제 생각에 구조주의 사유에서는 '장'場의 개념 이외에 '의식'이라는 개념에 대한 고찰이 더 필요하지 않을까 생각이 됩니다. 선생님께서는 이 '의식'의 개념이 철학적 사유에 있어서 중요하다고 보시는지요? 만약 이 '의식'의 개념이 철학적 사유에 있어 중요한 부분이라면, 철학적 연구에는 뇌과학이나 인지심리학의 방법론이 꼭 필요한 것일지요?

**이정우** "개체와 주체=인칭 사이에 존재하는 장"이라 했을 때, 이 장은 단지 개체, 주체 사이에 이 양자와 더불어 병치되는 것이 아닙니다. 개체와 주체가 관계 맺을 때 바로 이 장을 통과해야 하기 때문에, 이 장이 주객의 관계 맺음 자체를 지배한다는 뜻입니다. 아니, '통과'라는 말은 잘못된 표현일 수 있습니다. 주체와 객체는 애초에 이 장 안에, '안에'라는 말이 과하다면 그 자장磁場에 들어 있다고 해야 할 것입니다. 그래서 이때의 '장'은 상당히 강한 뉘앙스를 함축하죠.

　　그런데 이렇게 볼 경우, 주체는 어떤 주어진 본성에 의해 이해되기보다는 그가 장의 '어디'에 위치하느냐에 따라서 이해됩니다. 그래서 이 '장'은 형성되었다가 와해되는 것으로서가 아니라 계속 반복되는 것으로서 이해됩니다. 간단한 예로서 한국의 대통령은 몇 년 만에 계속 바뀌지만, '대통령'이라는 그 기표는 그때마다 계속 반복되는 것이죠. 그런데 '대통령'이라는 기표가 먼저 존재하고 어떤 주체들이 그곳을 채울 뿐이라고 말한다고 해서, 그 주체들에게서 의식을 배제하는 것은 아닙니다. 그들의 신체도 의식도 또 다른 어떤 것들도 배제하는 것은 아닙니다. 다만 그들의 '주체성'이 그 기표에 의존한다는 것을 말할 뿐입니다. 그래서 주체에 대해 논하는 것과 의식에 대해 논하는 것은 구분해야 합니다. 그리고 구조주의가 어느 정도 진행되면서 구조/장 개념의 강한 뉘앙스가 누그러집니다. 예컨대 부르디외의 '아비투스'는 주체를 지배하는 구조라기보다는 주체가 들어 있는 장과 그 장을 주체가 고유한 방식으로 내면화한 주체성이, 말하자면 타협을 해서 이루어지는 것이라고 할 수 있죠. 어쨌든 논의의 초점에는 의식이 아니라 주체가 놓입니다.

그래서 생명과학, 인간과학 등과 연계해서 인간의 '의식'을 논하는 담론과 구조/장에 대한 탐구와 연계해서 인간의 '주체성'을 논하는 담론은 갈래를 달리합니다. 후자가 우리가 흔히 '(후기)구조주의'라 부르는 사유계열에서 다루는 문제라면, 전자는 흔히 인식론이나 '심리철학'philosophy of mind에서 다루는 문제입니다. 담론의 성격이 상당히 다르죠. 말씀하신 뇌과학, 임지심리학 등은 이 심리철학의 사유와 밀접한 관련을 형성하고 있습니다. 앞으로 이 두 갈래 사유(현상학 계열을 포함할 경우 세 갈래 사유)를 어떻게 입체적으로 조합해서 인간존재를 해명할 것인가를 고민해 봅시다. 사실 이것이 21세기 철학의 손가락에 꼽히는 과제라 할 수 있습니다.

**권강** 『사건의 철학』, 129쪽에서 "이 문제는 베르그송-들뢰즈의 '잠재성의 철학'과 현대 가능세계론의 '가능성의 철학'을 통합하는 작업과 연계되며, 이 통합 작업이야말로 21세기 존재론의 최대 과제들 중 하나가 될 것"이라고 하셨는데, 이 두 가지를 통합하는 작업에 있어서 가장 중요한 것은 무엇이라고 생각하시는지요?

**이정우** 베르그송과 들뢰즈의 '잠재성'은 라이프니츠에게서 연원합니다. 모나드에는 앞으로 펼쳐질 무한한 빈위들이 미리 쟁여져 있죠. 그런 상태가 잠재성입니다. 베르그송은 사물의 "실재적이지만 현실적이지 않은" 차원을 가리켜 '잠재적인 것'으로 규정합니다. 그리고 라이프니츠와 달리 이 잠재성의 차원은 어떤 차이들이 생성하는 차원이고, 때문에 비-결정론적입니다. 이 잠재성은 때로 생명을 뜻하기도 하죠. 현상으로서의 생명체 내부의 잠재성=생명이 그 생명체를 물체가 아니라 생명체이게 한다는 생각입니다. 사실 실제 내용은 복잡합니다만 단순히 설명하면 그렇습니다. 들뢰즈는 베르그송 사유의 이런 측면을 이어받아 정교화하기도 했지만, 라이프니츠의 잠재성 개념이 띠는 또 하나의 측면 즉 가능세계론도 이어받아 정교화합니다. 『차이와 반복』이 전자의 맥락을 띤다면, 『의미의 논리』는 후자의 맥락을 띱니다. 간단히 말한다면, 전자는 우리가 흔히 '잠재력'이라고 말하는 것을 철학적으로 심화한 것이고 후자는 '가능세계'라고 말하는 것을 심화한 것이라고 할 수 있습니다.

가능세계론에서의 '가능성'도 역시 라이프니츠에게서 출발합니다. 그러나 베르그송-들뢰즈와 마찬가지로 이 사유 계열에서도 신을 동원하는 제작적 세계관은 전제되지 않습니다. 가능세계론을 추동한 힘은 양상논리학의 발전이었죠. 가능성과 필연성 개념을 가능세계 개념와 연관해서 정의한 것이 핵심적이었습니다. 주로 루이스David Lewis의 가능세계 실재론과 그것을 논박하는 스톨네이커Robert Stalnaker 등의 논의가 중심을 이룹니다. 최근에는 마이농주의Meinongianism가 다시 등장하는 등 여전히 흥미로운 전개를 보이고 있습니다.

이 두 흐름을 이어서 우리는 현실성, 잠재성, 가능성(/가능세계)을 사유할 수 있습니다. 일상어에서는 잠재성과 가능성이 거의 혼용되므로, 가능세계라는 용어를 쓰는 것이 좋을 것 같고, 운을 맞춘다면 현실세계, 잠재세계 같은 표현도 쓸 수 있겠죠.

이렇게 생각하면 어떨까 싶습니다. 우리가 경험을 통해 확인하고 있는 세계를 현실성 또는 경험세계라 합시다. 현실성은 현상학을 비롯한 경험주의적 사유가 탐구할 수 있습니다. 그러나 인간의 인식은 현실성 너머를 탐색합니다. 이때 '현실적이지는 않지만 잠재적인' 차원을 탐색할 수 있죠. 예컨대 과거에 해부학이 없었던 한의학이 몸속을 '들여다볼 수' 있었던 것은 바로 이런 잠재성의 사유가 작동했기 때문입니다. 칸트는 잠재성의 차원을 물 자체로서 고정시켰지만, 사실 현실성과 잠재성은 서로 연속적이며 때로는 상대적이기까지 합니다.

그런데 가능세계론에서 말하는 '현실세계'는 바로 현실성과 잠재성을 합친 것으로서의 일차적인 세계 전체를 가리킵니다. 그리고 이 담론은 주로 이 현실세계와 가능세계들의 관계를 다루죠. 잠재성까지만 다루는 사유에서 볼 때, 이 가능세계들은 어디까지나 가상적인 것(이때에도 "the virtual"이라는 말을 써서 헷갈리게 만들죠?) 또는 상상적인 것입니다. 따라서 잠재성과는 엄밀히 구분되죠. 그래서 잠재성의 탐구는 실재적인 것의 탐구이지만, 가능세계들의 탐구는 상상적인/가상적인 세계들을 탐구한다고 볼 수 있습니다.

그래서 우리는 현실성에서 잠재성으로 나아가고 다시 가능세계들로까지 나아갈 수 있습니다. 그러나 가능세계들은 어디까지나 실재성이 결여된 세계들이기에 판타지 소설 등을 쓰려는 맥락이 아닌 한 다시 현실성으로 돌아오는 것이 중요합니다. 달리 말한다면, 우리가 잠재성 나아가 가능세계들을 탐구하는 것은 어디까지나 우리가 살고 있는 현실성을 더 좋은 방향으로 바꾸기 위한 것이어야 한다는 것이죠. 그래서 첫째, 현실성에서 출발해 잠재성을 연구하고 그로써 실재의 차원을 파악합니다. 둘째 거기에서 더 나아가 가능세계들을 점검해 봄으로써 가상적인/상상적인 경우들까지 사유를 넓힙니다. 셋째, 이런 연구 성과들을 가지고서 현실성으로 돌아와 다른 현실성을 모색합니다. 우리의 사유를 이런 구도로 생각할 수 있을 것입니다.

그런데 여기서 내가 '내재적 가능세계론'이라고 부르는 사유를 생각해 볼 필요가 있습니다. 이것은 가능세계론을 내재화해서, 방금 우리가 '잠재성'이라고 부른 차원을 가능세계들로 개념화하는 사유입니다. 그 핵심은 기존의 가능세계론이 '현실세계'로 처리해 버리는 세계를 분절해서 현실세계와 가능세계들로 사유하는 것이죠. 기존 가능세계론은 현실성과 잠재성의 구분을 하지 않은 채, 그 모두를 '현실세계'로 처리합니다. 그리고 이 현실세계와 가상적인/상상적인 가능세계들의 관계를 주로 다루죠. 하지만 이보다 더 구체적으로 사유하려면, 잠재성을 가능세계들로서 파악할 필요가 있습니다.

그러나 더 나아가서 우리가 현실성이라 부르는 차원 자체도 다시 그 안에서 현실세계와 가능세계들로 나누어 생각할 필요가 있죠. 요컨대 '현실'세계라는 개념을 그 '현실적'actual이라는 말에 걸맞게 더 미시적이고 구체적으로 개념화할 필요가 있다는 것이죠. 그럴 경우 그 최종적인 현실성은 어떤 것이 될까요? 바로 한 개인의 실제 체험이 기준이 되는 세계가 현실세계로 간주될 수 있겠죠. 조금 더 넓게 잡으면 상상한 개연성을 가지고서 체험할 '수 있는' 세계까지로 넓혀 잡을 수도 있을 겁니다(예컨대 나에게 아프리카 대륙은 실제로는 그저 가능세계에 불과하지만, 어쨌든 여건이 되면 그곳에 가서 실제 체험하는 것은 충분히 가능하다고 할 수 있겠죠). 그런데 이렇게 현실세계를 잡을 경우 가능세계들은 어떤 것일까요? 그것은, 들뢰즈가 통찰했듯이, 바로 타인들의 현실세계들입니다. 각 개인들에게 타인들의 현실세계들은 가능세계들인 것이죠.

물론 우리는 이 가장 미시적인 현실세계와 보다 큰 현실세계(잠재성과 대비되는 현실성의 차원), 나아가 가장 큰 의미에서의 현실세계(현대 가능세계론에서 말하는, 잠재성과 현실성을 합한 전체) 사이에도 맥락에 따라 여러 현실세계들을 상정할 수 있습니다. 요컨대 기존의 현실세계 개념은 너무 느슨해서, 보다 미시적이고 구체적인 현실세계 개념을 설정해서 가능세계론을 순수 형이상학을 넘어 보다 실질적인 문제들을 다룰 수 있는 분야로 구체화할 필요가 있습니다.

물론 이것은 기존의 가능세계론을 배제하는 것은 아닙니다. 오히려 그것을 바슐라르적 뉘앙스에서 포괄하는 것이죠. 다시 말해, 기존의 현실세계 개념은 다양하게 설정되어 있는 현실세계들 중 어느 한 경우, 즉 그것을 가장 크게 설정한 경우로서 포괄됩니다. 에우클레이데스 기하학이 리만 기하학의 어느 한 경우이듯이 말이죠.

**한정헌** 『사건의 철학』은 '객관적 선험'의 사유를 '사건'의 존재론과 실천철학으로 심화해 간 저작으로 읽힙니다. 그런데 왜 '사건'이어야 했을까요? 사건의 철학이 선생님 사유의 중심에 놓이게 된 맥락이 궁금합니다.

**이정우** 사실 두 가지의 맥락이 있습니다. 하나는 지금 언급한 객관적 선험철학의 심화라는 맥락이고, 다른 하나는 생성존재론의 심화라는 맥락입니다. 이 두 맥락이 만나서 사건의 철학이라는 화두가 형성되었습니다.

앞에서도 언급했습니다만, 나는 대학교에 입학해 공부하면서 두 갈래의 화두를 가지게 되었죠. 하나는 양자역학을 공부하면서 가지게 된 존재론적 화두였고(그때는 '존재론'이라는 말도 몰랐을 때이지만), 다른 하나는 군정 시절에 대학을 다니면서 가지게 된 역사철학적/정치철학적 화두였습니다. 대학원에 진학해 철학을 배우게 됐을 때에도 이런 두 갈래 화두는 계속되었는데, 석사과정을 끝낼 즈음에 결정적인 두 인연을 맺게 되었습니다. 전자의 맥락에서는 소은 박홍규 선생님을 만나 서구 존재론사를 배우게 된 것이고, 후자의 맥락에서는 미셸 푸코라는 인물을 만나게 된 것이었죠. 소은 선생께 존재론을 배웠고, 푸코에게서 역사를 배웠습니다. 그런데 사건의 철학은 푸코의 선험철학과 소은 선생의 생성존재론을 **동시**에 극복하고자 한 맥락에서 성립했습니다.

박사학위를 푸코의 『말과 사물』과 『지식의 고고학』을 가지고 썼는데, 후에 이 내용을 한 선생이 언급한 '객관적 선험철학'으로 개념화하게 됩니다. 그런데 객관적 선험철학은 문화의 성립 조건의 성격을 띱니다. 문화의 가장 아래에서 작동하는 가능성의 장이죠. 그러나 여기에서 더 내려가야겠다는 생각이 들었습니다. 그것을 물질이라 하든 신체라 하든 자연, 우주, 사물,… 이라 하든 이 가능성의 장 그 아래에는 보다 더 실체적인 무엇이 있다는 생각이 들었죠. 그렇게 나아갈 경우 자연철학, 형이상학으로 가게 됩니다. 이 과정에서 사건을 생각하게 되었고(당시 들뢰즈의 『의미의 논리』를 번역하게 되었는데, 내게 큰 도움이 되었습니다), 사건의 형이상학으로 객관적 선험철학을 더 정교화할 수 있다고 생각했습니다. 철학사적 맥락으로 한다면 (후기)구조주의 사유의 연장선상에서 사유했다고 할 수 있겠죠.

그러나 다른 한편, 이 맥락이 내게는 더 오래되었고 또 더 근본적이라고 할 수 있을 듯한데, 사건의 철학은 소은 선생께 '플라톤에서 베르그송으로'의 길을 배운 후 그 이후로 나아가는 길을 모색하는 과정에서 포착한 주제입니다. 요컨대 생성존재론의 구체적 갈래로서의 사건의 철학인 것이죠. '생성'이라는 다소 막연하고 얼굴 없는 개념이 아니라 '의미'라는 차원을 장착한, 그로써 자연과 문화를 연결시켜 생각하는 사건 개념에 끌렸습니다.

이렇게 사건의 철학은 미셸 푸코의 선험철학을 넘어가 보려는 맥락과 소은의 생성존재론을 넘어가 보려는 맥락이 교차하는 곳에서 탄생했다고 할 수 있습니다. 푸코의 선험철학은 역사와 정치의 근저를 개념화해 주었지만 나는 다시 그 아래로 내려가 자연의 차원까지 사유해야 한다고 보았고, 역으로 소은의 생성존재론은 자연에 대한 빼어난 형이상학적 사유를 보여주지만 거기에는 역사, 정치, 문화가 결여되었다는 생각을 하게 된 것이죠. 그래서 이 두 한계를 동시에 돌파할 수 있는 개념/문제로서 한편으로 생성의 또 다른 이름이지만 또한 동시에 역사, 정치, 문화의 맥락도 담고 있는 '사건'이라는 개념/문제에 도달한 것입니다.

**한정헌** 『사건의 철학』 2부에서는 사건의 존재론이 함축하는 실천적인 내용을 다루셨습니다. 특히 스토아철학과 선불교를 연결시키는 부분이 무척 흥미롭습니다.

**이정우** 『사건의 철학』은 1999년에 행한 두 번의 강의('시뮬라크르의 시대'와 '삶, 죽음, 운명')를 그 후에 하나로 묶은 것입니다. 이때는 내가 서강대학교를 나온 1998년과 철학아카데미를 창설하게 되는 2000년 사이의 시기입니다. 내 인생에서 매우 결정적인 1년이었죠. 뭐랄까, 무無 안에 들어서 있는 듯한 느낌의 시간이었다고 할 수 있을까요? 하나의 시간이 끝나고 다른 하나의 시간은 아직 시작되지 않은, 그런 시간의 지도리 위에 서 있었던 나날이었습니다.

한 인간으로서 무척 힘겨웠던 시간이기도 했고요. 사실 대학을 나온 것은 그렇게 심각하지 않았습니다. 나는 그때 채 마흔도 되지 않은 나이였고, 내가 당시 품었던 꿈에 비해서는 대학교수 자리 같은 것은 별로 커 보이지가 않았습니다. 그저 생계용으로 교수 생활을 하고 있는 지금은 더욱 그렇습니다만. 당시 나를 허무하게 만들고 뼛속까지 환멸스럽게 만든 것은 내가 대학을 나올 즈음에 접했던 '세상'이라는 것, 그때 접했던 교활하기가 그지없는 교수들의 모습이었죠. 그때 내가 '세상'이라는 것으로부터 입은 환멸은, 당시의 일이 까마득한 옛날 일처럼 느껴지는 지금까지도 남아 있습니다. 나를 힘들게 했던 것은 교수직을 그만뒀다든가 빚더미에 앉아 너무나도 막연했다든가 하는 그런 성격의 것이 아니었죠. '인간'이라는 이 존재에 대해 그 전까지와는 전혀 다른 느낌을 가지게 되었다는 이 사실에 있었습니다. 그리고 사실 이런 느낌은 이후 거쳐 온 다른 곳들에서도 마찬가지였습니다. 경쟁과 질시의 도가니, 교활함과 무례함, 보이지 않는 폭력의 난장판. 나는 인간이란 악한 존재이고 세상이란 비루한 곳이라는 이런 생각/느낌과 지금까지도 싸우고 있습니다. 내가 명석하고 판명한 수학/과학을 사랑하고, 예술적 감동과 더불어 살아가려 노력하고, 철학을 친구 삼아 살아가는 것도 적어도 어떤 측면에서는 이런 싸움의 일환일지도 모르겠습니다.

그 당시 내게 이런 힘겨움을 극복할 수 있도록 도와준 소중한 사유들이 바로 스토아철학과 선불교였습니다. 스토아철학은 학부 시절부터 심취했던 그리스-로마 문화의 한 갈래로서 일찍부터 매료되었었죠. 내게는 스토아철학이 늘 일본의 '사무라이 정신'과 가까운 것으로 느껴집니다. 사실 사무라이에 대해서는 지금까지도 관심이 깊어, 일본의 웬만한 다이카(대하) 드라마는 거의 다 찾아서 보는 편이기도 합니다(지금은 아케치 미쓰히데를 다룬 〈기린이 온다〉를 보고 있는데, 그런대로 재미있네요). 고통에 맞서 싸워 나가는 스토아 철학자들이나 사무라이들의 모습은 지금도 나를 매료시킵니다. 선불교에 빠졌던 것도 거의 같은 맥락입니다. 스토아 철학자들, 사무라이들, 선승들은 그 구체적 스타일에서는 사뭇 다르지만 말이죠. 나는 이런 인물들과 대화하면서 그 힘겨운 시간을 헤쳐 나갔습니다.

**네 번째 대화**

# 진보의 새로운 조건들

**최승현** 선생님께서 생각하는 '실천철학'은 무엇입니까? 어떤 구도를 띠고 있다고 할 수 있을까요?

**이정우** 데카르트는 철학의 나무를 그린 적이 있습니다. 실천철학을 그와 같이 나무로 그린다면 어떻게 될까요? 그 뿌리는 윤리학이고, 줄기는 정치철학이고, 가지와 열매는 제도화라고 할 수 있지 않을까요?

　윤리학은 실천철학의 뿌리입니다. 윤리학은 인간의 본성, 타자성의 문제, 가치와 행위 등에 대한 논구로서, 순수하게 철학적인 논의에 속합니다. 정치철학은 논의를 보다 구체화해 사회과학과 대화하면서 정치의 상황, 구조, 흐름, 방향 등을 논구합니다. 그리고 제도화는 이런 이론이 실제 사람들의 교양, 상식, 여론 등으로 정착되고 최종적으로는 제도로서 정착되는 과정이라고 할 수 있습니다.

**최승현** 선생님께서 그간 실천해 오신 시민을 위한 대안교육의 취지는 무엇이며 생명의 문제와는 어떤 관련성을 지니고 있습니까?

**이정우** 우선 생명의 문제와 가지는 관련성을 짚어 볼까요?

생명이란 무엇일까요? 이미 말씀드렸지만, 생명의 핵심은 도래하는 차이생성을 소화하면서 스스로의 동일성을 바꾸어 나가는 '자기-차이화'에 있습니다. 동일성에 머물 때 환경의 흐름에 휩쓸려 "도태"될 것이고, 차이생성만 거듭한다면 이미 '자기'가 상실되어버립니다. 생명은 동일성으로서의 존재도 아니며, 자기상실로서의 무도 아닙니다. 생명은 생성이지만, 이 생성은 단순한 흐름(존재와 무의 교차배어법)이 아니라 존재와 무를 '지양'한 자기-차이화입니다. 이 점에서 생명은 그 안에서 모순을 소화하고 있는 존재이지요. 기억이 이 점을 특히 분명하게 보여줍니다. 기억은 불연속적 차이생성을 연속성으로써 이어 가고, 연속적 동일성에 끊임없이 차이생성을 도입합니다.

생명의 관점에서 오늘날의 사회를 생각해 봅시다(이는 '생물학적 환원주의'를 뜻하는 것이 아니라 생명존재론의 관점을 뜻합니다. 양자는 결코 혼동되어서는 안 됩니다. 생물학적 환원주의는 개별 과학일 뿐인 것을 존재론으로 말하자면 "뻥튀긴 것"일 뿐입니다). 오늘날의 사회는 격렬하게 밀려드는 차이생성의 흐름과 사회를 효율적으로 관리하려는 국가경영으로 특징지을 수 있습니다. 이 점에서 '생명정치'는 우리의 삶을 지배하는 핵심적인 상황常項이라고 할 수 있습니다. 오늘날 우리는 푸코의 분석에 과학기술과 대중매체/대중문화를 덧붙여 생명정치를 사유해야 할 것입니다. 이런 흐름은 사람들을 물화하고 객체화해 그들로부터 최대한의 효율을 뽑아내려는 사회를 도래시켰습니다. 내가 '관리사회'라고 부르는 사회이죠.

관리사회는 신체, 화폐, 기호를 관리합니다. 그러나 실재의 귀환은 생명, 노동, 주체성을 도래시킵니다. 대안공간의 의미는 관리사회에서의 주체성의 예속주체화에 저항하면서 스스로의 주체성을 가꾸어 나가는 것과 직결됩니다. 대안공간이 생명의 문제와 관련되는 것은 바로 이런 주체화의 흐름, 자기-차이화의 흐름에 있다고 할 수 있습니다. 대안공간이란 관리사회에서 살아가야 하는 주체들이 대안적 지성을 통해 자기-차이화를 만들어 가려는 생명적인 운동과 직결된다고 하겠습니다.

**최승현** 현대 한국을 수놓은 생명에 관한 사상가로서 주목할 만한 인물에는 누가 있을까요?

**이정우** 사실 생명이란 개념은 매우 포괄적인 개념이기에 대부분의 사상가들이 어떤 식으로든 연관이 있다고 해야 할 것입니다. 보다 두드러진 예들에 초점을 맞춘다면, 우선 구한말에 전개된 혜강 최한기의 기학과 동학의 생명철학을 들 수 있습니다. 19세기 한국 철학에서 우리는 다산 정약용과 혜강 최한기라는 두 거장, 그리고 이른바 '마지막 유자들' 및 동학의 사상가들을 발견할 수 있습니다. 이 중 혜강의 기학과 최제우 등의 동학이 특히 생명과 연관되죠.

　그런데 기학과 동학은 서로 대조적인 방식으로 생명에 접근합니다. 기학은 서구 근세 과학에 큰 인상을 받았고 그것들을 광범위하게 수용하면서도, 결국 '기' 개념을 통해 그것들을 '종합'하는 것에 초점이 있었습니다. 경험적인 내용을 근세 과학들에서 가져왔지만, 사실 그것들을 정초하는 선험적 원리는 기, 특히 '신기'神氣이기 때문에 근본적으로는 형이상학의 성격을 띠고 있습니다. 기 개념이 본래 물질, 생명, 정신이라는 세 차원 모두를 보듬고 있지만 생명이 기본 축이 되기 때문에, 이것은 결국 생명형이상학이라고 할 수 있습니다. 『기측체의』氣測體義가 이 점을 잘 보여 주죠. 오늘날 21세기의 생명형이상학을 구축하고자 한다면, 혜강이 바로 그 출발점에 있다고 할 수 있죠.

지금 우리의 맥락에 보다 밀접한 생명철학은 동학의 그것입니다. 제국주의 세력들이 노도와 같이 밀려올 때, 사회 저변의 고통과 공명하면서 자기-차이화를 추구하기 위해 노력한 사유가 바로 동학이기 때문입니다. 동학이야말로 현대 한국 철학의 실천적 지향을 정초한 핵심적인 사유입니다. 동학은 그 저변에 생명에 대한 사유를 깔고 있으며, 그 철학적 핵심은 이돈화에 이르러 개념화되기에 이릅니다. 앞에서 언급했던 이돈화의 『신인철학』이 대표적인 저작이죠. 언급했듯이, 이 저작에는 목적론적 진화론이 짙게 깔려 있습니다. 지금의 맥락에서 보면 물론 정치한 저작이라고 하기는 어렵습니다만, 시대를 감안하면 상당한 역사적 가치를 띤 저작입니다. 최한기의 『기측체의』로부터 이돈화의 『신인철학』으로의 이행을 면밀하게 검토해 볼 필요가 있습니다. 최한기가 흡수한 것은 근세 초의 과학들이지만, 이돈화의 저작에는 이미 19세기의 과학과 생명철학이 흡수되어 있죠. 이 과정을 잘 음미하는 것은 한국의 생명철학사를 해명하는 데 중요한 고리라고 할 수 있습니다.

동학이 이미 그렇습니다만, 대종교, 기독교를 비롯해 현대의 초입부에서 전개된 다양한 종교들에는 대부분 생명에 대한 사유들이 들어 있습니다. 이런 흐름은 '생명철학'이라고 부르기에는 다소 무리가 있습니다만, 철학을 넓게 이해하는 한에서 한국 생명철학의 소중한 자산이라고 할 수 있습니다. 어떤 면에서 본다면, 이 흐름은 생명철학이라기보다 '생명운동'이라고 부르는 것이 보다 적절할지 모르겠습니다. 유난히 힘겨웠던 한국 현대사에서 생명(넓은 의미)을 살리려 한 이런 흐름을 오늘날의 맥락에서 잇는 것도 생명철학의 중요한 한 갈래가 될 것입니다.

　20세기 중엽에 등장한 생명철학들 중 소은 박홍규의 사유는 철학적으로 특히 정치하고 심원한 경지를 보여줍니다. 생물학과 생명과학, 생명철학을 구분할 수 있고, 생명철학 내에서 메타생물학, 생명의 철학, 생명운동을 다시 구분할 수 있습니다. 생물학은 분과과학으로서 생명의 어떤 측면들을 과학적인 방식으로 연구합니다. 진화론, 분자생물학, 뇌과학 등등. 생명과학은 현대의 분과화의 흐름을 보완하면서 다양한 생물학 분야들을 거시적으로 종합하려는 사유입니다. 생명철학은 세 단계로 나눌 수 있는데, 하나는 생물과학에 대한 메타과학으로서 원리적인 문제들을 다룹니다. 진화론에서의 시간 개념, 분자생물학에서 기계론과 목적론, 뇌과학에서 환원주의 문제 등등이 그런 사유들이죠. 생명의 철학은 형이상학이며, 그 형이상학의 성격이 생명과학을 바탕으로 하고 있는 경우입니다. 즉, 메타생물학이 아니라 어디까지나 하나의 형이상학 체계입니다만, 그 지적인 바탕은 생명과학인 것이죠. 메타과학으로서의 생명철학과 생명의 형이상학은 대개 얽혀 있지만, 엄밀히는 구분됩니다. 메타생물학은 생명과학자와 철학자의 공통 분야라 할 수 있지만, 생명의 형이상학은 어디까지나 독자적인 형이상학 체계들로서 성립합니다. 그리고 하나를 더 든다면, 방금 언급한 생명운동의 성격을 띤 종교적인 또 때로는 정치적인, 문화적인 성격의 사유들, 차라리 실천들입니다. 바람직하게는 생명과학, 메타생물학, 생명의 형이상학이 정립되고 그 바탕에서 다양한 생명 담론 및 실천이 펼쳐지는 것입니다만, 한국 현대 사상사에서는 생명과학과 메타생물학을 건너뛴 채 생명형이상학과 생명운동이 전개된 감이 있습니다. 소은 박홍규의 사유는 메타생물학과 생명형이상학 수준을 전개한 흔치 않은 예라고 할 수 있습니다. 소은 자신이 본격적으로 생명과학과 메타생물학을 경유해 생명형이상학을 펼쳤다고 하기에는 무리가 있지만, 그가 현대 생명철학의 출발점인 앙리 베르그송의 사유를 그 누구보다도 정치하게, 또 베르그송을 넘어서는 광범위한 시야에 놓고서 천착했다는 점에 주안점을 둔다면 그렇게 말할 수 있습니다. 지금 우리가 구축할 생명철학을 위해서는 소은의 사유가 바로 핵심적인 출발점이죠.

한 분을 더 언급한다면 먼산 김상일을 들 수 있습니다. 김상일 선생은 매우 많은 저작을 지금까지 써 오셨지만, 그 중 한의학에 관한 책이 두 권 있습니다. 『한의학과 러셀 역설 해의』(2005) 그리고 『한의학과 현대 수학의 만남』(2018)이 그것입니다. 서구의 생명철학과 변별되는 한국의, 넓게는 동북아의 주요 담론들 중 하나가 한의학입니다. 먼산의 사유는 한의학의 현대적 이론화의 길에서 중요한 기여를 하고 있습니다. 앞에서도 언급했지만 소은과 먼산의 비교는 이 생명철학의 맥락에서도 하나의 중요한 화두입니다.

**최승현** 그간 선생님께서는 특히 생명과 철학의 관계에 깊은 관심을 가지고 학문 활동을 해 오셨습니다. 이 주제에 관련하여 주목해야 할 주제들이 있을까요?

**이정우**  우선 앞에서 언급했듯이, 생명과학과 메타생물학적 논의들이 탄탄하게 소화된 수준에서의 생명의 철학(생명형이상학)의 구축이 중요합니다. 여기에는 동북아 문명 고유의 기학, 한의학도 소화되어 들어가야 할 것입니다. 서구적인 테두리를 벗어나는 생명철학의 구축이 필요합니다. 이는 결국 기철학의 현대적 형태라고 할 수 있겠죠. 생명철학은 궁극적으로는 사건의 철학을 위한 자연철학적 토대로서 역할을 할 수 있습니다. 단지 생명의 메커니즘을 규명하는 것에 그치지 않고 그것을 사건과 의미의 문제로 가져가야만 생명'형이상학'이 될 수 있죠. 이것이 하나의 핵심 과제입니다.

또 하나, 방금 한의학에 대해서 언급했습니다만, 한의학의 고유한 논리를 발전시키고 그것에 기반에 현대적인 의미에서의 양생술을 확립해 나가는 것이 중차대한 과제입니다. 이는 곧 관리사회의 핵심적인 한 요소인 생명정치에 대한 저항의 의미를 담고 있습니다. '생명정치 vs. 양생술'은 앞에서 우리가 생명운동이라고 칭했던 흐름을 잇는 것이라고 할 수 있을 것입니다.

혜강 최한기의 기학, 동학을 비롯한 종교사상들이 일구어 온 생명운동, 박홍규, 김상일 등 현대 철학자들이 개척해 놓은 생명의 사유를 오늘날 1) 현대적 기철학으로서의 생명형이상학의 수립, 2) 생명정치와의 투쟁과 현대적 양생술의 전개라는 두 맥락에서 함께 전개해 봅시다.

**최승현**  오늘날의 과학기술은 인공지능을 현실화하고 있습니다. 인공지능의 도래는 방금 말씀하신 생명형이상학의 맥락에서 볼 때 어떤 의미를 띠고 있다고 보십니까?

**이정우**  인공지능은 '기계'입니다. 기계는 생명체와 구분되죠. 구분의
규준은 다양한데, 인공지능이 점차 발달한다는 것은 바로 이 차이의
규준들을 하나씩 정복해서 생명체를 닮아 가는 과정입니다.

예컨대 감각을 가지고 있는 것과 운동하는 것은 생명체의 기초
적인 기능입니다. '감각-운동 체계'라는 표현도 쓰죠. 원래 기계는
사물들을 감각할 수 없고, 또 자체로써 즉 자발적으로spontaneously 움
직이지 못합니다. 인공지능은 기계이지만 감각과 운동을 조금씩 정
복해 왔고(정확히 말하면, 인공지능을 만드는 사람들이 정복해 왔다고 해
야겠죠), 이제 계단을 오르내리고 애교까지 부리는(부리는 것처럼 보
이는) 개들이 등장하기에 이르렀습니다. 앞으로도 인공지능이 발달
하면서 더 어려운 다른 규준들을 정복해 나갈 수 있을 것입니다.

인공지능이 이렇게 발달하게 된 데에는 여러 맥락이 있지만, 특
히 결정적인 것으로 생명체와 무생명체를 어떤 공통의 기반 위에서
파악할 수 있었기 때문입니다. 그것은 곧 사물을 정보의 체계로 보
는 디지털적인 존재론과 테크놀로지의 등장이죠. 인공지능이 '기계'
에 대한 전통적인 개념을 뛰어넘어 생명체에 근접해 가고 있는 것은
그 사이에 컴퓨터, 정보, 디지털, 알고리듬 같은 개념들이 매개되고,
다른 한편 생명체가 유전코드 등 정보공학적인 방식으로 이해되기
시작한 것에 기인합니다. 뇌와 컴퓨터의 유비도 중요한 역할을 했습
니다. 이렇게 인공지능이 생명체에 근접해 간 데에는 컴퓨터의 매개
가 결정적이었습니다. 인공지능이 '인공감각'이라든가 '인공생명체'
라든가 하는 등의 이름이 아니라 인공'지능'이라는 이름을 갖게 된
것도 그 기초가 '지능'에 대한 연구에 있었기 때문입니다.

앞으로 인공지능이 더 발달한다면, 단순한 지능을 뛰어넘는 생

명체의 능력들이, 특히 가장 고도의 생명체인 인간의 능력들, 예컨대 기억, 상상력, 사유(지능과는 구분되는 철학적 사유), 인간적 감정과 가치 같은 차원들도 정복해 나갈지 모르죠. 흥미로운 문제입니다. 윤리적-정치적으로도 많은 문제들을 배태할 것이고요.

생명 진화의 역사를 보면, 존재하지 않았던 기능들이 하나씩 창조해 온 과정을 보여 줍니다. 예컨대 조류가 창조되기 전에는 '난다'라는 사건/동사가 존재하지 않았죠. 조류가 생겨남으로써 비로소 이 사건이 가능해집니다. 최근에는 인공지능이 '바둑을 두다', 특히 세계적인 바둑기사를 이길 정도로 잘 둔다는 사건을 보여 주었죠. 자의식을 갖추지 못한 기계적 연산장치가 정말 진정으로 바둑을 '둔' 것인지는 철학적 논쟁의 여지가 있습니다만.

이렇게 본다면, 인공지능의 발달은 거시적으로는 진화의 과정을 밟아 나가는 것이라고도 할 수 있겠습니다. 인공지능이란 인간이 기계로써 생명을, 어떤 면에서는 진화의 다른 길까지 포함해서 만들어 보는 과정이라고 할 수 있습니다. 이는 생명(정신을 포함하는)에 대한 이론적인 탐구를 실제 기술로 구현해 보는 과정이라는 점에서 무척 흥미롭습니다.

이렇게 인공지능은 과학적으로 또 철학적으로 매우 흥미로운 현상/주제이지만, 문제를 역사와 정치, 문화를 포함해서 넓게 생각할 경우에는 다소 다른 각도에서 봐야 합니다. 인공지능 같은 것을 만들어 문명과 문화의 향방을 어떤 특정 방향으로 이끌어 가려는 행위들은 기본적으로 서구에서, 그 중에서도 특히 미국에서 발생한 흐름입니다. 따라서 이런 흐름은 서구가 세계의 문명사적 흐름을 주도적으로 만들어 온 근대 이래의 세계사의 과정이라는 맥락에서 성립하는 것입니다. 그러니까 그런 문화는 우리 동북아 문화의 장에서 자생적으로 생겨난 것은 아니죠. 그런데 어떤 사람들은 마치 이런 흐름을 따라가 "야 한다"는 식으로 말합니다. 이는 매우 잘못된 생각이죠. 그런 당위는 존재하지 않습니다. 우리는 문명과 문화의 그런 정향定向을 거부할 수 있고, 또 어떤 맥락들에서는 거부해야 합니다. 과학기술과 자본주의의 흐름이 달라지지 않는 이상 세상이 그런 식으로 변할 "수밖에 없다"고 말할 수는 있지만, 그런 식으로 변해 "야 하는" 것은 아니죠. 그런 생각은 다른 곳에서 생겨난 어떤 현상을 역사, 정치, 문화의 맥락들을 고려하지 않고 쉽게 당위로 만들어버리는 이데올로기인 것입니다.

그래서 거의 필연적으로 흘러가는 문명사/세계사의 흐름인 객체성을 냉정하게 인식하고, 동시에 그것에 대해 성찰하면서 우리의 문명사/세계사의 방향을 잡아 나가는 주체성을 계속 가다듬어 가는 것이 중요합니다. 사상적으로 이는 곧 과학기술과 인문학, 사회과학을 어떻게 통합적으로 사유할 것인가의 문제라고 할 수 있습니다.

**최승현**  그렇다면 말씀하신 인간 주체성의 문제를 어떤 관점에서 접근할 수 있을까요? 특히, 문명사적 전환에 있어서 어떤 함의들을 품고 있을 것으로 생각하십니까?

**이정우**  인공지능 중에서 휴머노이드에 초점을 맞출 때, 필연적으로 그런 물음이 제기됩니다. 조선 시대의 철학자들은 동물과 인간의 관계에 대해 고민했습니다. '인물성동이론'이라고 하죠. 오늘날 우리는 동물과 인간 그리고 기계의 관계에 대해 사유하게 됩니다.

사실 휴머노이드와 인공지능은 상당히 다른 것입니다. 인공지능이라는 말은 어떤 의미에서는 잘못 붙인 이름일 수도 있습니다. 말만 놓고 볼 때는 고도의 계산 기계라는 뜻이니까요. '지능'이라는 말을 넓게 해석해도 뇌를 지능에 초점을 맞추어 재현해 놓은 기계라는 뜻이 됩니다. 이 이름에는 인간을 그저 '지능'으로 보는 또는 지능을 중심으로 보는 생각이 암암리에 깔려 있습니다. 반면 휴머노이드의 경우는 지능은 두 번째 문제이고 우선 감각과 운동이 일차적이죠. 감각을 지능의 기초적인 기능으로 볼 수 있겠지만, 감각은 그렇게 간단하게 지능에 포함되거나 지능으로 환원될 수 있는 것이 아닙니다. 감각을 지능의 기초 기능으로 보는 데에는 서구의 근대 인식론이 깔려 있습니다. 어쨌든 휴머노이드의 경우에는 감각과 운동이 오히려 일차적인 것이 됩니다. 그 후 본격적인 지능을 비롯한 다른 능력들의 재현이 요구됩니다.

　이런 흐름에서 역시 가장 중요한 단계는 휴머노이드가 주체성을 가지게 되는 단계일 것입니다. 주체성의 기초는 자기의식이죠. 자기가 자기를 의식하고, 이 의식하는 자기를 다시 자기가 의식하고 하는 식의 반성 능력, 성찰 능력, 요컨대 자기의식 없이는 주체성도 없습니다. 〈공각기동대〉의 니고제로이치(2501)는 원래 사이버 안에서 작동하는 프로그램이었죠. 그런데 이 프로그램이 프로그램으로서 기능하면서 사이버세계를 돌아다니다가 어느 순간 '나'라는 것을 느끼게 되었다는 것입니다. 생명체 자체도 사실은 정보체계이므로 이런 일도 가능하다는 것이 이 애니메이션의 가정이죠. 그러나 고도의 정보체계와 생명체 사이에는 큰 간격이 있고, 하물며 자기의식과의 사이에는 엄청난 간격이 있다고 해야겠죠. 이런 일이 가능하다면,

즉 인공지능에게서 어떤 자기의식이 탄생한다면, 이는 역사의 결정적인 특이점들 중 하나가 될 것입니다. 이후에 어떤 세상이 펼쳐질지 가늠이 되지도 않고요. 〈매트릭스〉 같은 세상이 더 이상 재미있는 상상이 아니게 될지도 모릅니다.

물론 이런 자의식을 가지게 된다 해도, 그것이 인간의 것과 같은 자의식일지는 알기 힘듭니다. 하물며 기계가 인간 정신의 갖가지 심층적인 측면들, 예컨대 자크 라캉이 개념화한 그런 측면들까지 가질 수 있으리라고 생각되지는 않네요.

**최승현** 기술 문제와도 연관되는 질문입니다만, 코로나19로 인해 온라인 플랫폼이 매우 활성화되고 있습니다. 이는 다양한 희망과 우려를 동시에 낳고 있는데요. 선생님은 어떤 각도에서 이 문제를 보고 계십니까? 선생님께서는 사이버대학에서 학생들을 가르치고 계시니까, 이는 교양교육의 문제와도 관련될 듯합니다.

**이정우** 사람을 직접 만나느냐 영상으로 만나느냐의 차이죠. 복잡한 존재론적 논의가 필요하겠지만, 우리는 영상으로 보는 사람이 내가 아는 그 사람이라는 것을 압니다. 이 점에서 직접 만나는 것과 연속성이 있죠. 그렇다 해도 영상을 통한 만남이 사람을 직접 만나는 것을 대체하지는 못하죠. 서원의 회원들과 오랫동안 못 만나고 있는 상황이기 때문에, 가끔씩 내가 우울증에 걸린 건 아닌가 하는 느낌을 가질 때가 있습니다.

그러나 영상을 통한 만남이 본래의 만남을 보완해 줄 수 있겠죠. 나는 한 학기에 수천 명의 학생들을 가르치는데, 인터넷이 아니라면 이런 교양교육은 불가능할 것입니다. 한때 이를 '사이버피디아'cyberpedia로 개념화하기도 했습니다. 'pedia'는 물론 'paideia'입니다. 최근에는 유튜브에서 역사를 다룬 영상들을 자주 보는데, 꽤 볼 만한 것도 많더군요. 사람과 사람의 직접적인 만남을 영상을 통한 만남이 보완해 줄 수 있습니다. 그러나 주객이 전도되면 안 되겠죠.

**최승현**　오늘날 대학은 그 내부에서조차 인문사회과학의 붕괴를 우려하고 있는 실정입니다. 이른바 제도로서의 대학은 과연 학문공동체로서 여전히 유효한 모델이라고 보시는지요? 이에 대한 대안적 관점도 설명해 주시면 감사하겠습니다.

**이정우**　대학은 이미 학문공동체로서의 성격을 상실했습니다. 학문공동체라기보다는 학문시장이죠. 그런데 시장이란 자본주의와 테크놀로지의 논리에 의해 움직입니다. 그래서 오늘날의 대학은 자본주의와 테크놀로지에 의해 움직이는 하나의 기업이 되어 버렸습니다. 그 안에서 각 전공들은 각각의 이익에 따라 움직이지, 전통적인 의미에서의 진리와 사상을 위해서 움직이지 않습니다. 그리고 대학의 이런 현실이 인문사회과학의 홀대를 가져왔다고 할 수 있습니다. 대학은 자본주의를 위한 어떤 테크놀로지를 개발하는 곳이지, 더 이상 진리와 사상을 만들어내는 곳이 아니니까요.

　대학은 왜 이렇게 몰락해 버렸을까요? 우선 신자유주의 경쟁체제의 도래가 타격을 줍니다. 1990년대의 일이었습니다. 한마디로 해서 자본주의의 바깥에 있던 대학이 자본주의 시장에 내던져진 것이죠. 당시에 유행했던 말로 "무한경쟁"의 체제에 노출된 것입니다. 이런 흐름이 '민영화'니 '고용 유연성'이니 하는 아주 왜곡된 이데올로기적 표현들로 인구에 회자됩니다. 이제 '진리'와 '정의'를 두 축으로 한 대학의 이상은 무너지고, 모든 것이 자본주의 논리로 흘러가게 됩니다. 전통, 가치, 이상, 체면,… 이 모든 것이 돈의 흐름에 휩쓸려 좌초하게 됩니다. 돈이 되지 않는 인문학이 위기에 내몰리는 것은 당연한 수순이었죠. 그래서 서점에 나가 보면 알겠지만, 이제 "돈이 되는 인문학"을 추구하는 책들이, 인문학에 속하지 않는 정체불명의 책들이 버젓이 '인문 신간 코너'를 채우고 있습니다. 이제 학문의 여왕은 철학이 아니라 경영학이 되어버립니다. 대학의 이상주의와 낭만은 사라져버립니다. '大學'이 '小學'이 되어 버렸죠.

또 하나 중요한 것으로서, 대학이라는 공동체의 이념, 가치가 사라지고 단순한 이익 집단으로서의 대학만 남은 점입니다. 김영삼 정권 시절에 대학이 철퇴를 맞았는데, 그 과정에서 사람들이 대학에 대해 가졌던 환상이 무너지고 대학이 얼마나 부패한 곳인가가 적나라하게 드러난 것도 한몫을 했죠. 당시 만났던 한 국회의원의 말에 따르면, "학교 근처에만 가도 냄새가 난다"고 하더군요. 그러나 내 생각에 보다 본질적인 것은 역사의 변화에 따라서 이제 대학 구성원들을 묶어 주던 어떤 공감대가 사라진 것이었습니다. 독재 정권에 저항한다는, 역사를 발전시킨다는, '좋은 세상'을 만들어 가자는 어떤 이념이 존재했을 때에는 대학 구성원들 사이에 서로 전공이 달라도 어떤 암묵적인 끈이 있었습니다. 지금은 그런 것이 없죠. 서로 전공이 다르면, 바로 옆방 연구실을 쓰면서 10년이 넘게 같은 공간에 있어도 딱히 할 말이 없습니다. 모든 것이 파편화되었고 이익에 따라 움직이는 사회가 되었죠. 'versity'만 있고 'uni'는 없어져버린 것입니다.

그리고 또 하나 결정적인 것은 대중매체와 대중문화가 세상을 뒤엎게 되었다는 사실입니다. TV, 영화, 인터넷을 비롯해 무수한 대중매체/대중문화가 삶을 지배하기 시작했고, 세상이 온통 이미지로 뒤덮이게 되었죠. 모든 것이 말초적이고 짧고 상업적으로 변했습니다. 그래서 개념적인 것, 사상적인 것은 배척되고, 전통적인 것은 '고리타분한' 것이 되었고, 깊이 있는 것은 '지루한' 것이 되었습니다. 그저 감각적으로 짧게 톡톡 쏘는 것들이 환영받는 세상이 온 것이죠. 이런 흐름은 대학으로 휩쓸려 들어옵니다. 그래서 아마 기억하겠지만, 진지한 교양과목들이 무더기로 폐강되는 사태가 도래했습니다. '근대 정치 사상사', '철학사 입문', '미학의 세계' 같은 식의 제목이 붙은 과목들이 무더기 폐강된 것이죠. 1990년대~2000년대를 거치면서 세상은 완전히 달라졌습니다. 사유라는 것이 존재하지 않는 세계가 도래한 것이죠. 그런데 진정한 비극은 대학이라는 공간이 이런 흐름에 저항하는 곳이 되어야 하는데, 이 공간 자체가 바로 그런 현실에 애를 써서 '적응'하려 한 데에 있었습니다.

대학이 기업이라는 것이 이미 돌이킬 수 없는 현실이 되었다면, 중요한 것은 좋은 기업이 되는 것이겠죠. 상도덕을 지키면서, 지식시장을 균형 있게 이끌어 나간다면 그래도 좋은 기업, 좋은 직장일 수는 있을 것입니다. 하지만 오늘날 사람들을 지배하는 이데올로기는 **속류 유물론**입니다. 자본주의와 국가, 과학기술과 대중매체/대중문화를 관류하는 무의식은 바로 속류 유물론인 것이죠. 이 때문에 인문사회과학은 철저히 홀대받고 있는 것입니다. 그러니까 대학이 시장이라는 것은 이미 어쩔 수 없는 현실이지만, 문제는 균형 잡힌 지식시장이 되어야 한다는 것이죠.

오늘날 대학은 **지식**을 산출해 내고 대안공간은 **사상**을 산출해 냅니다. 지식과 사상은 다르죠. 그러나 양자는 서로를 보완할 수 있습니다. 지식은 사상을 가지게 됨으로써 비로소 의미와 방향성을 갖추게 되고, 사상은 지식을 토대로 함으로써 자의적이고 시사적인 성격을 넘어서게 됩니다. 양자가 서로를 보완하는 관계를 만들어 가는 것이 중요할 것입니다.

**최승현**  앞으로 어떤 형태의 대안 학문공동체 모델이 적합하다고 보시는지요? 여기에 담아야 할 교육철학, 운영 방식 등 고려해야 할 점이 많을 것 같습니다.

**이정우**  대안공간은 무엇보다도 사상을 창조해 내는 곳이어야 합니다. 그리고 그 사상을 대중화하는 곳이어야 합니다. 대안공간은 그저 고급 강좌를 여는 학원이 되거나, "well-being"을 추구하는 곳이어서는 안 됩니다. 무엇보다도 사상을 창조해 내는 것에 의미가 있으며, 그것을 시민사회로 확장해 가는 운동의 기관이 되어야 합니다. 각각의 대안공간이 고유한 사상적–철학적 사유를 만들어 가고, 그런 사상들이 시민사회로 퍼져 감으로써 사회는 달라질 수 있습니다.

대안공간이 추구하는 것은 현대적 형태의 혁명입니다. 그것은 **소리 없는 혁명, 영구혁명**으로서, 그 궁극은 결국 **사람들의 마음을** 바꾸어 나가는 데 있습니다. 역사의 진정한 동인은 절대 다수의 대중에게 있습니다. '유명한 사람들'에 있는 것이 아닙니다. 엉터리 같은 자들이 정치를 하고, 과학기술, 자본주의와 결합된 속류 유물론이 횡행하고, 유치하고 저질스러운 문화가 오히려 각광받는 이 모든 것은 결국 궁극적으로는 대중에게 원인이 있는 것이고, 진정한 변화는 바로 그 대중을 변화시키는 데에 있는 것입니다. 대안공간은 이런 운동으로서, 새로운 형태의 혁명으로서 존재해야 합니다.

**장의준** 선생님께서는 『진보의 새로운 조건들』에서 "사회주의적 진보 개념의 위기는 곧 소수자 운동의 위기이다"(22쪽)라고 주장하신 바 있습니다. 즉, 사회주의적 '진보' 개념이 '한국적 자유주의'의 진보 개념으로 퇴보했다는 것이죠. 그리고 선생님께서는 이렇게 퇴보한 자유주의적 진보 개념이 어떤 과거의 '흉내 내기'라고 지적하신 바 있습니다.

이전 시대를 흉내 내는 자들은 "과거의 망령들을 주문으로 불러내어 자신에게 봉사하게 하고, 그들에게서 이름과 전투 구호와 의상을 빌린다"(마르크스). 오늘날 반복하는 자들은 반복되는 자들로부터 어떤 이름과 부호와 의상을 빌리고 있는 것일까. (18~19쪽)

만일 오늘날 한국에서의 진보 개념이 어떤 과거를 흉내 내는 가운데 반복하고 있다고 한다면, 흉내 내어지고 반복되는 과거는 과연 어떤 과거일까요?

**이정우** 『진보의 새로운 조건들』은 2012년에 출간했는데, 이때는 이명박 정부 시절(2008~2013)이었습니다. 내가 여기에서 "사회주의적 진보 개념의 위기=소수자 운동의 위기", "'한국적 자유주의'의 진보 개념으로의 퇴보", 과거의 '흉내 내기'라고 썼을 때, 이 개념/표현들은 곧 이명박 정부를 가리키는 것이었습니다. 마르크스의『루이 보나파르트의 브뤼메르 18일』을 인용한 것은 이명박을 루이 보나파르트와 유비시켜 생각했기 때문입니다. 또 당시 내가 '반복과 차이'라는 구도에 입각해 역사철학을 구상했기 때문입니다. 그렇다면 여기에서 흉내 내어지고 반복되는 과거가 어떤 것인지 금방 알 수 있으실 겁니다. 바로 박정희 정권이죠. 그렇다고 박정희를 나폴레옹에 비견하는 것은 아니지만, 어쨌든 이명박의 시대는 내게는 루이 보나파르트의 시대처럼 보였습니다. 이 흉내 내기를 관류하고 있는 근저는 곧 '개발'이죠. '개발독재'에서 '개발비즈니스'로의 이행이라 해야 할까요? 그리고 이런 흐름에서 이미 사라진 줄 았았던 개발독재 시대라는 과거의 망령들이 스멀스멀 되살아난 것입니다. 학창 시절 술 마시면서 "좋은 세상 오면…"이라는 말을 일종의 관용구처럼 쓰곤 했는데, 한때는 정말 그런 세상이 온 것 같기도 했습니다. 아니, 조금씩이나마 그런 세상으로 나아가고 있다는 느낌이었죠. 그런데 이명박이라는 루이 보나파르트가 등장한 것입니다. 그리고 모든 것이 **반복**되기 시작했죠. 그렇다면 이 반복의 와중에서 나타난 **차이**는 무엇일까?『진보의 새로운 조건들』은 이런 맥락에서 쓴 저작입니다.

　참고로 이 당시에는 '진화'라는 말이 유행하기 시작했던 시절입니다. 마침 찰스 다윈(1809~1882) 탄생 200주년을 맞아 '진화'라는 말이 인구에 회자되기 시작한 것이죠. 그런데 참 아이러니했습니다. 다윈의 '진화론'은 진보의 개념과는 상이한데(진화는 자연선택/자연도태를 통해 진행되는 자연적 과정이고, 진보는 철학적 이성과 역사적 투쟁을 통해 이룩되는 인간존재의 목적론적 지향입니다), 대중매체 등에서 갑자기 "진화"라는 말을 "진보"라는 뜻으로 쓰기 시작한 겁니다. 이런 사용법은 지금까지도 이어지고 있죠. 벤야민은 자본주의 사회에 서의 "진보"(우리가 알고 있는 진보가 아니라 과학기술과 경영을 통한 부 의 축적과 확대재생산의 이데올로기를 벤야민은 "진보"라고 불렀습니다) 에 대해 분석한 바 있는데, 이때 당시에는 바로 이런 의미에서의 "진 보"를 "진화"라는 말로 표현하기 시작한 것이죠. 이제 겨우 '진보'의 세상이 오고 있다고 생각했던 그때, 얄궂게도 '진화'의 시대가 도래한 겁니다. 그러면서 자연과학의 개념들을 가져와 사회 현상을 설명하 는 환원주의, 속류 유물론이 유행하기 시작했습니다. 기업, 대중매 체,…에서는 자본주의적 맥락에서의 "진보"를 '진화'라고 표현하고 있지만, 현실 자체는 다원적인 의미에서 '진화'하고 있는 세상, 이것 이 바로 우리가 살고 있는 얄궂은 세상인 것입니다. 내가 '진보'의 새 로운 조건들을 사유함으로써 역사철학을 시도한 것은 이런 맥락에 서였습니다.

**장의준**  선생님께서는 자유주의적 진보 개념에 대해서, 이렇게 적으셨 습니다.

> 과거에 자유주의, 민족주의, 사회주의는 상이한 진보 개념으로 무장 하고서 싸웠었다. 자유주의는 자신의 이익에 반하지 않으면 다른 입 장들과 곧잘 혼효해 새로운 가면을 쓰고선 나타나곤 한다. 파시즘 정 권과 자유주의의 혼효, 민족주의와 자유주의의 혼효가 그 대표적인 예이다. 오늘날의 자유주의적 진보관은 과거와는 달리 파시즘과 민 족주의의 색깔을 벗겨낸 듯이 보인다. 그러나 사실상 달라진 것은 없다. (21쪽)

인용문에 따르자면, 오늘날 한국에서의 자유주의적 진보 개념은 일종의 가면 혹은 마스크이며, 그 안에 담긴 실체는 이러한 가면이나 마스크와는 다릅니다. 이것은 곧 자유주의적 진보 개념이 사실상 진보 개념이 아니라는 것을 뜻합니다. 다만 '진보'라는 가면을, 마스크를 쓰고 있을 뿐인 것이죠. 결국 인용문은 오늘날 한국에서의 자유주의적 진보 개념이 외관상으로만 '진보'를 표방할 뿐이지, 실제로는 파시즘과 혼효된 자유주의 내지는 민족주의와 혼효된 자유주의에 다름 아니라고 말하고 있습니다. 자유주의가 혼효된 수구나 보수가 '진보'를 참칭하고 있다는 것이죠. 이 문제와 관련해서 홍세화의 주장을 참조해 볼 수 있을 것 같습니다. 홍세화는 최근 한 언론사와의 인터뷰에서 지금의 보수는 사실 보수가 아니라 "극우적인 반북 국가주의"이며, 또 지금의 진보는 사실 "반일 민족주의를 앞세운 자유주의 보수"라고 주장한 바 있습니다.[1] 우리의 맥락에서 보자면, 극우적인 수구세력이 '보수'의 가면을 쓰고 있고, 또 자유주의 보수세력이 '진보'의 가면을 쓰고 있다는 것이죠. 결국 국민의 힘으로 대표되는 수구세력과 민주당으로 대표되는 보수세력 간의 권력다툼 속에서 막상 진보가 설 자리가 없다는 것이 홍세화의 현실 진단입니다. 우리의 맥락에서 보자면, 홍세화 역시 나름대로 '진보의 위기'를 주장하고 있는 것이라고 볼 수 있을 것 같습니다. 왜 진보는, 그리고 소수자 운동은 위기에 처하게 된 것일까요?

**이정우** "오늘날"이라는 말을 조심스럽게 사용해야 할 것 같습니다.

---

1) 홍세화, 「민주건달들이여 진보를 참칭하지 마라」(인터뷰), 『신동아』, 2020년 12월 19일.

이 말을 보다 넓게 이해하면, 장 선생이 인용한 구절은 한국 정치 현실 일반에 대한 비판으로 이해할 수 있습니다. 그러나 좁게 이해할 경우, 내가 이명박 정부를 겨냥해 한 말인데 그것을 지금의 문재인 정부로 그대로 연장해 말할 수 있을 것인가의 문제가 생깁니다.

만일 이 두 정권을 연속으로 본다면, 그것은 이 정부들과 변별되는 어떤 정부를 상정하고(예컨대 사회주의 정부) 이것에 대해서 이 정부들을 연속으로 볼 수 있죠. 그러나 불연속으로 본다면, 두 정권이 공히 자유주의 정부임에도 그것들 사이의 차이에 주목하는 것이 되겠죠. 자유주의 정부를 진보적 정부로 인정할 수 없는 입장에서 본다면, 대한민국의 역대 정권은 모두 진보적 정부가 아니라고 할 수 있습니다. 어떤 면에서는, 즉 자유주의 정치체제를 비판하는 입장, 자본주의를 적대하는 입장에서 보면 분명 그렇다고 할 수 있습니다. 그러나 다르게 본다면, 현정부는 이명박-박근혜 정부의 국정농단을 심판한 촛불정신의 지지를 받아, 그리고 김대중-노무현 정권의 정치를 이어 탄생한 정권입니다. 더 멀리 보면, 이 정권은 박정희-전두환 군사독재정권과 투쟁하면서, 이명박-박근혜 정부라는 '췌엄贅曮의 유추遺醜'를 몰아내고 들어선 정부이지요. 이렇게 좁게 보면, 이명박(-박근혜) 정부와 현정부를 동일선상에서 보는 것은 매우 잘못된 시각입니다.

그럼에도 지금의 정부는 야당에서 여당이 됨으로써 현실권력이 되었고, 현실권력이 된 이상 보수화될 수밖에 없겠죠. 저항의 성격을 띠었던 세력이 이제 현실권력이 됨으로써 저항의 성격이 무디어진 것입니다. 그렇다고 새로운 진보의 흐름이 뚜렷이 형성되었다고도 할 수 없고요. 진보의 위기는 이런 맥락에서 이해할 수 있습니다.

**장의준**  저는 이런 상황을 이해하기 위한 단초를 선생님께서 지적하셨던 "차이배분"을 통한 "내부화" 문제 속에서 찾을 수 있다고 봅니다.

관리사회는 '억압'이나 '배제'가 아니라 차이배분을 통해서 전개된다. […] 현대 정치에서의 'différentiation'은 차이들을 배분하는 과정, 억압/배제를 차이들의 배치로 대체하는 과정을 뜻한다. 현대의 권력은 더 이상 타자들을 만들지 않는다. 타자들을 바깥으로 내모는 대신 오히려 체계 안으로 편입시킨다. 차이배분의 놀이를 통해서(할리우드 영화는 이 점을 수적으로 보여 준다. 주인공들은 차이배분을 통해서 조심스럽게 배치된다. 백인 둘에 흑인 하나, 남성 둘에 여성 하나, 백인 둘에 흑인 하나 그리고 황인종 하나 등). 숱한 모순에도 불구하고 혁명이 도래할 것 같지 않은 '분위기'는 바로 이런 내부화 때문이다. (22~23쪽)

진보 개념과 소수자 운동이 위기에 처한 이유는 진보를 표방하는 세력이 "차이배분의 놀이"를 통해서 관리사회에 편입되는 가운데 "내부화"되어 버렸기 때문이라고 인용문은 말하고 있습니다. 진보를 표방하는 정당들, 시민단체들, 지식인들, 문화계 인사들, 언론인들 등은 이미 언제나 차이배분을 통해서 내부화된 상태에 처해 있고, 결국 이들이 실천하는 저항은 이미 언제나 관리사회에 의해 '관리되는' 저항일 뿐이라는 것이죠. '관리되는' 저항은 관리사회 체제에 이미 포섭된 저항이기에 체계의 유지 및 재생산에 기여할 뿐 결코 체계 자체를 뒤흔들어 놓을 수 없습니다. 사실상 저항하지 못하는 저항인 것이죠. 관리되는 저항, 저항하지 못하는 저항이 만들어내는 균열은 보려고만 한다면 얼마든지 볼 수 있을 것 같습니다.

2021년 8월에 청년정의당과 민노총은 민주당으로 대표될 수 있는 진보가 사실상 진보의 가면을 쓴 보수에 다름 아님을 주장한 바 있습니다. 정의당 내 청년조직인 청년정의당의 강민진 대표는 "밝혀진 사실들까지 부정해 가며 조국 전 장관 부부의 불공정·불법적 행위를 옹호하는 민주당의 행태는 '촛불 모욕'"이었고, 또 "국정농단 재벌 이재용을 석방시켜 준 문재인 정부의 결정은 촛불 배신의 정점을 찍었다"는 점을 들면서 "박근혜 탄핵 이후, 민주당은 촛불을 참칭했다"고 주장했습니다.[2] 결국 "촛불 정신'을 훼손한 가장 큰 범인은, 다름 아닌 문재인 정부와 민주당"이며 따라서 "이제 문재인 정부는 더 이상 촛불 정부가 아니"라는 것이죠.[3] 그리고 민주노총 전직 위원장 4명이 민주당 대권 주자 캠프에 속속 합류하는 사태가 벌어지고 난 이후 8월 26일에 민주노총은 성명을 통해 "한때 민주노총의 대표로서 노동자 투쟁의 선두에 섰던 지도위원들이 진보 정당 운동의 시련기를 견디지 못하고 보수 정치의 품으로 달려가는 데 대해 매우 유감스럽다"고 밝혔습니다.[4] 이 성명에서 민주노총은 민주당을 보수 정당으로 규정하고 있습니다. "군사독재정권의 후예인 이명박·박근혜 정권은 말할 것도 없고 민주화·친노동 세력을 자부하는 노무현·문재인 정권 또한 노동자 계급을 외면하고 배신한 점에서 보수 정당과 차이는 없다"는 것이죠.[5] 이와 관련해서 몇몇 지식인

---

2) 강민진, 「조국을 안중근에 빗댄 추미애에 직격... "기가 막히는 발상"」, 『디지털타임스』, 2021. 8. 16.

3) 같은 곳.

4) 「민주노총 前 위원장들 민주당 캠프행 "진보정치 포기했나" 논란」, 『연합뉴스』, 2021. 8. 26.

5) 같은 곳.

들의 진보진영에 대한 비판을 참조해 볼 수 있을 것 같습니다. 진중권은 '진보의 몰락'을 주장한 바 있습니다. 즉, 현정권하에서 "이익집단으로서의 진보는 잘나가고 있으나 가치집단으로서의 진보는 이미 몰락해버렸다"는 것이죠.[6] 최장집은 "시민운동의 자율성 축소 문제"를 지적한 바 있습니다. "촛불 시위 이후 민주당으로 대표되는 진보가 국가주의, 민중주의, 포퓰리즘, 민족주의를 결합한 '민중주의적 민족주의'로 우리 사회 헤게모니를 장악"함으로써 "국가권력이 지나치게 팽창돼 시민사회의 자율성은 매우 축소됐다"[7]는 것인데, 여기서 시민사회의 자율성이 아주 작아졌다는 것은 곧 시민운동이 국가에 거의 흡수되었다는 것을 뜻합니다. 즉 "진보 정부가 성립·운영되는 데 진보 정당이 아닌 시민운동이 동원됐고, 시민운동은 '(정부에 대한) 지지와 (정부로부터의) 혜택'이란 구조 속에 국가에 흡수됐다"는 것이죠.[8] 실제로 현정권하에서 내부화되어 관리되는 저항의 징후는 빈번하게 나타났던 것 같습니다. 윤미향 사태 당시 많은 여성 단체들이 위안부 피해자를 배척하고 정의연의 손을 들어 주었고, 위안부 피해자 단체를 지지한다고 자처하던 많은 시민들은 위안부 피해자를 모욕했습니다. 또 박원순 사태 당시 많은 시민단체들이 피해자를 배척하고 가해자의 손을 들어 주었고, 여성단체들 역시 피해자와 연대하는 대신에 가해자 측과 연대했습니다. 그리고 조국 사태 당시 참여연대는 현정권을 지지했고, 최근에 천주교 정의구현사

---

6) 「왜 진중권 X소리 들어야 하나 …라디오 출연에 게시판 비난 '도배'」, 『한국경제』, 2020년 11월 19일.
7) 최장집, 「금태섭 내치는 게 요즘 민주당. 보수 재건 기회 있다」, 『중앙일보』, 2020년 10월 30일.
8) 같은 곳.

제단 역시 '검찰 개혁' 지지 선언을 했습니다. 마지막으로, 정의당은 저 사태들이 터질 때마다 그 정치적 행보에 있어 집권 여당과 크게 구별되는 모습을 보여 주지는 못했습니다. 물론 실체적 진실이 규명되지 않은 상태에서 정권과 관련된 하나의 의혹이 제기되었을 때 이와 관련된 올바른 입장을 갖는 것은 결코 쉬운 일이 아닙니다. 그도 그럴 것이 실체적 진실이 아직 규명되지 않은 상태이기 때문입니다. 그러나 문제는 진보진영이 보여 줬던 행보가 과거와는 너무나도 달랐다는 사실에 있습니다. 이명박·박근혜 정권하에서 의혹이 제기되었을 때 진보진영은 실체적 진실이 아직 규명되지 않았음에도 불구하고 정권을 비판했습니다. 하지만 현정권하에서 의혹이 제기되었을 때 진보진영은 실체적 진실이 아직 규명되지 않았다는 것을 이유로 해서 침묵하거나, 또는 오히려 의혹을 제기한 이들을 비난했습니다. 결국 진보진영은 결코 '진보'적이지 못했습니다. 권력을 감시하고 견제하는 역할을 맡아야 할 시민단체들은 권력의 편만 들었고, 피해자 여성과 연대해야 할 여성단체들은 가해자가 속한 권력과 연대했고, 깨어 있는 시민을 자처하며 진보진영을 지지하던 많은 시민들은 오직 야당을 비판하기 위해서만 깨어 있었습니다. 특히 진보진영의 지식인들은 권력과 '거리'를 두지 못했습니다. 슬라보예 지젝은 자신의 저서인 『부정적인 것과 함께 머물기』에서 "비판적 지식인의 의무는 […] 새로운 질서('새로운 헤게모니')가 확립되어 그 구멍 자체를 다시금 비가시적으로 만드는 때조차도 바로 이 구멍의 자리를 시종일관 점유하는 것이며, 다시 말해서 모든 지배적 주인기표에 대해 일정한 거리를 유지하는 것"이라고 주장한 바 있습니다.[9] 즉 진보에서 보수로 이행하든 보수에서 진보로 이행하든 이러한 이행 사이에서 만들어지는 틈 혹은 구멍에 머무르려고 시도하는 것이, 그래서 결국 옛 지배권력에 대해서든 새로운 지배권력에 대해서든 '거리'를 유지하는 것이 비판적 지식인의 의무라는 것이죠. 그러나 진보진영의 지식인들은 최소한의 '거리'조차도 확보하지 못한 채 촛불 이후의 새로운 지배권력과 밀착되어 있었습니다. 그렇게 그들은 결국 결정적인 순간에 약자들과 연대하는 대신에 권력과 밀착하는 것을 택했던 것입니다. 말하자면, 그간 진보진영은 거의 총체적으로 어용화된 상태였고, 어용 진보가 '진보'를 참칭하고 있었던 셈입니다. 이 상황을 선생님께서 『진보의 새로운 조건들』에서 사용하신 어휘들로 표현해 보자면, 소수자 운동이어야 할 저항은 차이배분을 통한 내부화 안에서만 작동하고 있었습니다.

**이정우** 수구세력에 저항하던 집단들이 정권을 쟁취함으로써 여야가 바뀐 결과 나타나는 현상들인 것 같습니다. 사실 내가 제시한 개념들은 박정희 정권을 반복하고 있던 이명박 정부를 향한 것이었는데, 그 개념들이 현정권에 적용되는 것을 보니 기분이 묘하네요. 이는 저항 세력이 정권을 잡았을 때 흔히 나타나는 묘한 현상들이죠. 또, 앞에서 언급했듯이 넓은 맥락에서 볼 경우 현대의 정치는 그 정부가 어떤 정부이든 관리사회의 성격을 띠는 것이 사실이고요.

그러나 이런 점들에도 불구하고, 우리는 사태를 **역사의 흐름 전체를 놓고서** 판단해야 합니다. 진보의 흐름을 잇고 있는, 특히 촛불정신

---

9) 슬라보예 지젝, 『부정적인 것과 함께 머물기: 칸트, 헤겔, 그리고 이데올로기로기 비판』, 이성민 옮김, 도서출판b, 2007, 10쪽.

을 잇고 있는 현정권에서 어떤 문제들이 나타났다고 해서 그것을 수구세력의 정권들의 경우와 동일시해서는 안 됩니다. 진보의 흐름을 계속 이어 가면서 그 안에서 '애정 어린 질책'을 하는 것과 진보의 흐름 자체를 부정하는 것은 다른 문제이기 때문입니다. 또 정치란 순수 이론이 아니라 현실적인 전략인데, 비판정신에 입각한 것이라 해도 그런 비판이 수구세력에 도움을 주는 것은 아닌지, 모처럼 마련된 진보의 흐름에 해가 되는 것은 아닌지도 신중하게 생각해서 접근할 필요가 있습니다.

또, 현상들 사이에 나타나는 차이들에 세심히 주목해서 단적인 부정이나 단적인 긍정이 아니라 **사안별로**, 여러 **각도**에서 판단할 필요가 있습니다. 위안부 할머니와 관련된 문제는 시민운동의 도덕성에 회의를 품게 만들었고, 관련자들이 이후 보여 준 행태들도 눈살을 찌푸리게 만드는 것이었습니다. 기득권이 되어버린 진보세력의 민낯을 보여 주는 사건이었습니다. 그러나 박원순 시장의 경우, 다분히 그 개인의 인간적 과오의 성격을 띤 것으로 봐야 하지 않을까요? 남자로서의 그런 문제점 때문에, 그가 이룩한 성과들까지 부정하는 것은 잘못입니다. 잘한 것은 잘한 대로 잘못한 것은 잘못한 대로 평가하면 되는 것이죠. 그리고 검찰 개혁의 당위성은 의심할 바 없으며, 정의구현사제단의 지지 선언은 당연하고 올바른 것입니다. 지난 역사에서 검찰이 휘둘러 온 무소불위의 권력을 제어하는 것은 시대의 과제인 것입니다. 진행 과정에서 나타난 서투르고 경직된 모습들에 초점을 맞추어서(사실 수구 매체들이 그런 점을 부각시킨 것이죠) 진짜 주목해야 할 역사적 의미를 폄하해서는 안 될 것입니다.

수구세력이 집권할 때는 저항적인 시민사회와 정부의 전선戰線

이 비교적 뚜렷합니다. 그런데 진보세력이 집권할 때에는 이런 전선이 뚜렷하지가 않고, 또 진보세력 자체가 점차 기득권 세력으로 화합니다. 그래서 이런 흐름에 대해 비판하는 것은 필요합니다. 하지만 앞에서도 언급했듯이 역사 전체의 흐름을 보면서, 또 정치적인 전략도 감안하면서 긍정적인 비판을 해야 하지 않을까요? 현시점에서 볼 때 필요한 것은 현정부를 부정하는 것이 아니라 오히려 애정 어린 질책으로 독려하면서 수구세력의 재집권을 막는 것입니다. 나는 평소에 이런 문제에 대해 숫자를 써서 이야기하는 것을 우스꽝스럽다고 생각하지만, 일부러 좀 우스꽝스럽게 이야기해 봅시다. 야당과 여당의 차이가 49점과 51점의 차이밖에 되지 않을지 모릅니다. 하지만 중요한 것은 바로 그 2점의 차이이고, 지금 필요한 것은 51점짜리가 80점이나 90점이 안 된다고 해서(사실 현실 정치에서는 이런 점수는 불가능합니다), 그 정부를 부정하고 49점짜리(실제로는 30점밖에 안 되지만)에게 정권을 넘겨줄 수는 없는 것이죠. 51점짜리를 독려해서 52점, 53점, …으로 만드는 것이 중요한 것입니다. 물론 이렇게 만들기 위해서는 끊임없이 건강한 비판을 행하는 것이 중요하겠죠.

**장의준** 그렇다면 좀 더 근본적인 문제를 생각해 보고 싶습니다. 들뢰즈/가타리는 '의식'을 환상의 장소로 보고 있습니다.[10] 들뢰즈/가타리에 따르자면, '의식'은 '욕망/생명'에 비해 부차적인 것이지요. 그렇다면 저 둘 간의 관계는 대칭적인 관계가 아니라 근본적으로 비대칭적인 관계라고 보아야 할 것입니다. 즉 선후관계의 측면에서 보자

---

10) Deleuze, *Spinoza: Phiosophie pratique*, Paris: Éd. de Minuit, 1981, pp. 29~30.

면, 언제나 욕망/생명이 먼저 오고 의식은 나중에 온다고 말할 수 있을 것이고, 또 영향관계의 측면에서 보자면, 욕망/생명은 의식에게 영향을 줄 수 있는 반면, 의식은 욕망/생명을 통제할 수 없다고 말할 수 있을 것입니다. 제가 강조하고 싶은 것은 이러한 비대칭적인 관계로부터 도출될 수밖에 없는 귀결입니다. 그것은 바로 욕망/생명이 의식과 일치하지 않을 수도 있다는 점, 그리고 의식은 자신이 욕망/생명과 일치하고 있는지의 여부를 확실하게 알 수 없다는 점입니다. 그런데 만일 이러한 조건하에서 욕망/생명이 양가적이라면 어떨까요? 이 경우 소수자-되기에 기반하는 소수자 운동을 판별하는 것에 있어서의 난점은 가중될 수밖에 없을 것으로 보입니다. 따라서 욕망/생명의 양가성 문제를 잠시 고찰해 보아야 할 것 같습니다.

제 독서에 의하면, 선생님께서는 『진보의 새로운 조건들』에서 욕망/생명의 양가성 문제를 지적하신 바 있습니다.

> 그물을 짜는 주체/생명의 힘을 강조하는 들뢰즈/가타리의 욕망(라캉의 욕망이 아니다)도 결코 재영토화의 운동으로부터 온전히 벗어날 수는 없다. 전체의 안으로 주체를 흡수하려는 기표화의 힘과 그것을 찢고 새로운 지평을 열어 가려는 주체 사이의 영원한 투쟁.(68~69쪽)

선생님의 사유 구도 속에서 탈영토화의 운동 자체가 욕망/생명의 본성에서 비롯된다는 것은 생성존재론적 진리입니다. 하지만 생성존재론적 운동에는 탈영토화의 운동만 속하는 것이 아니라 영토화 및 재영토화의 운동도 역시 속합니다. 달리 말해, 생성존재론적 운동에는 "분자적인 생성"으로 향하는 운동만 속하는 것이 아니라

"몰적인 분할"로 향하는 운동도 역시 속하는 것이지요(28쪽). 선생님께서 위의 인용문에서 욕망/생명이 영토화/재영토화의 굴레를 결코 벗어날 수 없다는 점을 언급하고 계신 것은 바로 이러한 이유인 것으로 보입니다. 정리해 보자면, 선생님의 사유 구도 속에서, 한편으로, 욕망/생명은 언제나 탈영토화의 운동을 야기합니다. 하지만 다른 한편으로, 욕망/생명이 영토화/재영토화의 운동으로부터 온전히 벗어나는 것은 불가능합니다. 그리고 저는 여기에서 욕망/생명의 양가성 문제를 발견하게 됩니다. 즉 욕망/생명은 탈영토화의 운동을 야기할 수도 있지만, 역으로 영토화/재영토화의 운동을 야기할 수도 있다는 것이지요. 들뢰즈/가타리는 "어떻게 사람들은 권력을 욕망하면서도 동시에 자신의 무력함을 욕망하게 되는 것인가"라는 질문을 던진 적이 있는데, 이렇게 우리가 권력을 욕망하는 동시에 무력함을 욕망할 수 있는 것은 바로 욕망/생명의 양가성에 의해 가능한 것이 아닐까 생각합니다.

　이로써 제 질문을 개진하기 위한 주요 맥락이 어느 정도 확보된 것 같습니다. 앞에서 저는 의식과 욕망 간의 관계가 비대칭적일 경우 그로부터 도출될 수밖에 없는 문제, 즉 욕망/생명이 의식과 일치하지 않을 수도 있다는 것과 의식은 자신이 욕망/생명과 일치하고 있는지의 여부를 확실하게 알 수 없다는 것을 지적했었습니다. 그런데 만일 이에 더해 욕망/생명 자체가 양가적이라고 한다면, 내가 소수자 운동을 실천하고 있다고 할 때 과연 그것이 소수자-되기에 기반하는 소수자 운동인지의 여부를 나 스스로가 충분히 명확하게 판별할 수 있을까요?

**이정우** 요점은 1) 욕망/생명이 의식에 우선한다면, "욕망/생명이 의식과 일치하지 않을 수도 있다는" 것, 그리고 "의식은 자신이 욕망/생명과 일치하고 있는지의 여부를 확실하게 알 수 없다는" 것. 2) 욕망/생명이 탈영토화의 운동과 (재)영토화의 운동을 공히 야기한다면, 자신의 소수자 운동의 실천을 어떻게 판별할 수 있을 것인가? 이 두 문제인 것으로 보입니다.

첫 번째 문제를 '생명과 의식의 문제'라 합시다. '욕망'을 생명의 뜻으로 쓰는 것은 들뢰즈와 가타리 고유의 용법인데, 우리말의 맥락에서는 그리 좋은 용법이 아닌 듯합니다. 그래서 오해를 피하기 위해 '욕망/생명'이라고 좀 번거롭게 썼는데, 앞으로 욕망 개념은 라캉의 사유에 입각해 이해하고 들뢰즈와 가타리의 경우는 '생명'이라 하는 것이 좋을 듯합니다.

우선은 생명이 의식에 앞서는 듯합니다. 여기에서 '앞선다'는 것은 진화의 역사에서 생명이 의식에 앞섰고 또 생명의 토대 위에서 의식이 생겨날 수 있었다는 것을 뜻할 수도 있고, 지금 우리의 경험에서 생명이 의식에 앞선다고 할 수도 있습니다. 대개 생명적인 과정이 일정하게 진행된 후에야 의식이 그것을 알아차리죠. 하지만 생명과 의식을 이렇게 일방향적으로 이해하는 것은 잘못입니다. 첫째, 의식은 생명의 결과이기만 한 것이 아니라 스스로를 생명 쪽으로 **구부려서** 그것을 인식합니다. 존재론적으로 의식은 생명을 뒤따르지만, 인식론적으로 생명은 의식의 인식의 대상이 됩니다. 진화의 맥락에서 이야기한다면, 의식은 생명에서 나왔지만 생명이 처음으로 생명으로서 인식될 수 있었던 것은 바로 의식에 의해서였습니다. '진화론'은 '진화' 이후에 나왔지만, 진화론이 나옴으로써 비로소 '진화'라는 것이 존재할 수 있던 것이죠. 인간은 진화의 산물이지만, 인간이 나오지 않았다면 '진화'라는 것도 존재하지 못했었던 것입니다. 아무도 생각하지 않는 무엇이 무슨 의미를 가질 수 있을까요? 존재의 '가능성'조차도 가능성이라는 차원을 보유하고 있는 존재가 있기에 의미를 가집니다. 생명과 의식은 일방향적 관계가 아니라 상호적인 관계입니다. 이는 넓게 말하면 존재와 인식의 관계이기도 합니다. 존재 없이 인식은 없지만, 인식 없이 존재도 없습니다. 생명과 의식은 **쌍방향적으로** 생각되어야 하는 것이죠.

다른 한편, 의식이라는 주체성은 생명이라는 객체성의 지배를 받지만 역으로 주체성은 객체성에 작용합니다. 여기에서도 마찬가지로 주체성은 객체성을 존재 여건으로 하지만, 동시에 단지 객체성의 결과/효과이기만 한 것이 아니라 스스로를 객체성 쪽으로 구부려 객체성에 힘을 가합니다. 다른 곳에서도 몇 번 강조했지만, 삶이란 이런 '객체성과 주체성의 영원한 갈등과 화해'의 과정인 것이죠. 주체성만 강조하는 철학은 자칫 환상에 빠집니다. 진정한 주체성이란 자신을 조건 짓고 있는 객체성에 대한 성실한 인식 위에서만 환상이 아닌 진정한 주체성일 수 있죠. 객체성만 주장하는 철학은 자가당착에 빠집니다. 철저하게 객체성을 추구하는 철학은 그런 '주장'이 함축하는 바(예컨대 그 주장의 '진리가'에 대한 믿음) 자체를 무의미한 것으로 만들기 때문입니다. 이 모두가 **일방향적 사고**를 벗어나지 못하는 데에서 기인합니다. 장자가 설파한 '도추'道樞, '양행'兩行의 이치를, 내가 말하는 파라-독사, 농-상스의 이치를 모르는 소치이죠.

나는 의식이나 주체성을 다른 어떤 것(들) ─ 그것이 개체 이상의 것(신이니 자연법칙이니 등등)이든 개체 이하의 것(유전자니 물질이니 등등)이든, 아니면 다른 어떤 것(들)이든—으로 환원하는 그 어떤 사유에도 동의하지 않습니다. 개체 이하의 것들만 존재하는 세계를 상상해 보십시오. 또, 개체 이상의 것들만 존재하는 세계를 상상해 보십시오. 이런 세계는 역사도 문화도 정치도 학문도 없는 그런 세계이지요. 개체들이 존재하기에, 나아가 주체들이 존재하기에 이 모든 것들이 있는 것입니다. 그러나 이것이 개체성이나 주체성을 실체화해야 한다는 것을 함의하지는 않습니다. 오히려 우리는 개체 이상의 차원(가족, 회사, 국가,…)이나 개체 이하의 차원(기관, 세포, 유전자,…)에 대해 인식함으로써 주체의 활동성이 어떤 조건들 위에서 이루어지는가를 더 잘 이해할 수 있습니다. 주체와 자유의 철학에 도움이 되는 것은 주체와 자유를 역설하는 철학들이 아니라 오히려 주체 이상과 이하 차원을 밝혀 주는 철학들/과학들입니다. 그런 인식의 기반 위에서만 환상이 아닌 보다 탄탄한 주체와 자유의 철학이 설 수 있습니다. 그러나 진정한 사유는 이런 개체 이상이나 개체 이하의 어떤 차원을 실체화해서 그곳으로 개체들, 주체들을 일방향적으로 '환원'하는 사유가 아니라 객체성과 주체성을 계속 **순환적으로 조건짓는** 과정의 사유인 것입니다. 주체성이란 주어진 어떤 실체가 아니라 객체성을 통해 스스로를 해체하고 또다시 구성해 가는 과정/활동성 그 자체인 것이죠. 어떤 의미를 담지하는 역사는 이런 주체성을 통해서만 가능합니다.

이런 관점에 설 때 두 번째 물음, "욕망/생명이 탈영토화의 운동과 (재)영토화의 운동을 공히 야기한다면, 자신의 소수자 운동의 실천을 어떻게 판별할 수 있을 것인가?"에도 답할 수 있습니다. 사실 생명은 탈영토화 운동을 일으킨다고 할 수 있고, (재)영토화를 행하는 것은 우리의 의식입니다. 생명은 어떤 동일성을 자꾸 벗어나려는 차이생성의 운동이고, 그 차이생성을 다시 거두어 어떤 동일성으로써 자리 잡게 하는 것은 의식이죠. 생명과 의식을 대립하는 것들로서가 아니라 오히려 생명체, 특히 주체의 두 측면으로 볼 수 있습니다.

주체의 저변은 생명이죠. 그래서 계속 타자와 부딪치면서 변하고, 기존의 동일성을 벗어나 생성합니다. 한 개체의 성장으로부터 한 종의 변이, 어떤 생태계의 변화, 거시적으로는 생명의 진화에 이르기까지 끝없이 생성해 갑니다. 그런데 주체의 상부는 의식입니다. 의식은 생명에 기반해 있기에 생명의 변화를 따라가야 합니다. 하지만 생명의 변화에만 따라간다면 의식의 주체성은 사라지죠. 본능에의 복종만 남죠. 의식은 생명에 기반하지만 스스로를 생명에로 구부려 그것에 어떤 동일성을, 재영토화를 부여하는 것입니다.

그런데 이렇게 말하면 아주 이상하게 들릴 겁니다. 적지 않은 경우, 들뢰즈와 가타리를 논할 때 재영토화는 나쁜 것이고 그래서 우리가 그것으로부터 탈주하는 탈영토화는 좋은 것이며, 탈영토화를 해'야 하는' 것으로 이해하곤 합니다. 그러나 나는 이들을 이렇게 이해하는 것은 옳지 않다고 보며, 만에 하나 들뢰즈와 가타리의 생각이 그런 것이라면 이들의 생각 자체가 잘못된 것이라고 봅니다. 우리는 재영토화/동일성은 '나쁜' 것이기 때문에 탈영토화를 해야 하는 것이 아닙니다. 탈영토화/탈주는 우리가 그것에 대해 해야 하느니 말아야 하느니 하기 이전에 자체로서 자연발생적으로naturally 항상 일어나는 것입니다. 그것이 생명의 본성이기 때문입니다. 생명이란 차이생성이기 때문이죠. 우리는 생명이어야 하는 것이 아니라 애초에 생명이며, 우리의 의지에 관계없이 탈영토화는 언제나-이미 이루어지고 있는 것이죠.

우리가 해야 할 일은 오히려 이 탈영토화 운동을 재영토화하는 것입니다. 그러나 이것이 탈영토화 운동을 원래로 되돌려야 한다는 것은 물론 아닙니다. 사실 그렇게 하는 것이 가능하지도 않지요. 여기에서 재영토화한다는 것은 이전의 영토화와 **다른** 영토화로 나아가야 한다는 것입니다. 이것은 곧 생명의 차이생성을 보듬으면서, 차이생성을 품으면서 **새로운 동일성**을 만들어내야 한다는 것입니다. 생명의 하위 부분이 맹목적으로 탈영토화하려는 경향이라면 그 상위 부분 즉 의식은 오히려 그것을 통어하면서 그 생성에 방향과 속도를 부여하는 것입니다.

이것을 소수자 운동에 관련해 말한다면, 소수자 운동은 우리가 행해'야 하는' 것이 아닙니다. 우리가 추구해야 할 것은 소수자 운동이 아니죠. 왜냐하면 우리가 추구하든 말든 소수자 운동은 언제나- 이미 일어나고 있는 것이기 때문입니다. 누가 뭐라고 하든 말든, 소수자 운동은 전개됩니다. 그것이 생명의 본성이기 때문입니다. 우리가 해야 할 것은 오히려 그것을 어떻게 재영토화할 것인가 하는 것입니다. 그러나 말할 필요도 없이 이것이 이전 상태로 돌아가야 한다는 것은 아닙니다. 그래야 하는 것도 아니고, 또 그럴 수도 없습니다. 여기에서의 재영토화는 이 소수자 운동이라는 생성에 어떤 새로운 동일성을, 다시 말해 어떤 구체적인 **윤리, 법, 제도, 관습, 문화**를 창조해 내야 한다는 것입니다. 물론 이 새로운 윤리, 법,…에도 억압적인 것은 포함되어 있을 것이고 그래서 소수자 운동은 끊임없이 계속됩니다. 그러면 또한 새로운 동일성의 창조가 요청되겠죠.

그래서 우리는 우리가 소수자 운동을 하고 있는가? 하고 묻기보다는, 우리가 소수자 운동을 위해서 어떤 새로운 사유와 실천을 창조해 내고 있는가? 라고 물어야 합니다. '판별'은 소수자 운동을 하고 있는가 아닌가의 판별이 아니라, 그것을 위한 사유와 실천을 창조해 내고 있는가 아닌가에 있는 것입니다

**장의준**　선생님께서는 『진보의 새로운 조건들』에서 "기득권에 안주하는 지식인들만이 득실대는"(76쪽) 현실을 개탄하신 바 있습니다. 소수자 운동을 행하거나 지지하는 지식인의 부재를, 저항하는 지식인의 부재를 지적하신 셈입니다. 이러한 부재의 결과는 결국 비판의 부재일 것입니다. "오늘날 교육과 문화는 국가와 자본으로 구성된 지배체제를 비판하는 기능을 거의 상실한 채 차이배분의 장치들로서 작동하고 있다"(24쪽)고 한다면, 그 이유는 결국 저항하는 지식인의 부재에서 찾을 수 있을 것입니다. 조국 사태, 윤미향 사태, 박원순 사태 등에서 피해자와 연대했던 지식인은 극소수였습니다. 아마도 거의 유일하게 저 문제들에 관련해서 지속적으로 집권 여당을 비판했던 지식인이 있다고 한다면, 그것은 진중권일 것입니다. 지금이야 점점 더 집권 여당을 비판하기 시작하는 지식인이 증가하고 있지만, 그 전까지는, 제가 볼 때, 거의 진중권 혼자서 싸워 왔던 것으로 보입니다. 진중권이 "동지가 없다"는 발언을 했다는 소식을 한 인터뷰 기사를 통해서 전해 들었을 때 그간 그가 받았을 상처의 깊이를 짐작할 수 있었습니다. 물론, 비판하는 지식인의 부재 문제는 지식인들의 양심 불량에 따른 문제라기보다는 오히려 구조적 문제일 것입니다(그렇게 생각하고 싶습니다). 관리사회의 차이배분을 통해 내부화된 지식인들이 소수자 운동과 연대하는 비판을 한다는 것은 결코 쉬운

일이 아니겠죠. 그렇다면 관리사회 안에서 관리되느라 잃어버린 비판 능력을 회복하기 위해 지식인들은 무엇을 해야 할까요? 오늘날 지식인들에게, 특히 철학자에게 부여되는 특별한 과제가 있다면, 그것은 무엇일까요?

**이정우** 앞에서도 말했듯이, 역사의 전체적인 흐름을 보아야 합니다. 현정권에 문제가 있다면, 지식인으로서 당연히 그것을 비판해야 하고 사회가 나아갈 보다 나은 방향을 고민해야 하겠죠. 지식인으로서 역사의식을 가지고서 건강하고 전문적인 비판을 해야 할 것입니다. 하지만 진중권 같은 자처럼 갈 곳, 안 갈 곳, 못 갈 곳 가리지 않고 다니면서 감각적이고 상투적인 비난을 퍼붓는다든가, 이 사람 저 사람 가리지 않고 자신의 잣대로 거친 언어를 쏟아내는 자가 지식인은 아니겠지요. 사람들은 이런 자를 '양아치'라고 부르더군요. 그런 것은 비판이라기보다는 일종의 개그라고 해야 할 것 같습니다. 그런데 대중매체는 이런 개그들로 가득 차 있습니다. 한국 사회의 현실을 역사적-철학적으로 성찰하고, 사회과학적으로 분석한 책들은 결코 대중매체에 등장하지 않습니다. 대중의 의식을 테두리 짓고 있는 것이 바로 각종 대중매체들이죠. 바로 이것이 우리의 현실, 우리의 **수준**이 아닐까요? 우리가 진정으로 붙들고 싸워야 할 것은 당장의 이런저런 시사적 사건들이 아니라 바로 이 현실, 바로 이 수준이 아닐까요?

지식인이 잃어버린 비판 능력을 회복하기 위해서 해야 할 일은 당장의 작은 일들에 개입하는 것이 아니라 근본적인 문제들을 붙들고서 스스로 **사유**하고 또 사람들로 하여금 **사유**하게 만드는 것입니다. 스스로 사유하지는 않으면서 어떤 '효과'들을 먼저 생각하는 것은 당장에는 "뜰지" 모르겠지만, 얄팍한 생각일 뿐입니다. 또, 지식인이 직접 어떤 정치적 실천을 해야 한다고 생각하지 않습니다(물론 '한 사람의 시민'으로서는 당연히 실천할 수 있고 또 해야겠죠. 나도 종종 시간 내서 광화문에 나갑니다만, 그것은 꼭 내가 철학자이기 때문이 아니라 어디까지나 나도 한 사람의 대중/시민이기 때문입니다). 역사의 주인공은 대중이고, 정치는 결국 절대 다수인 대중이 하는 것입니다. 지식인의 역할은 바로 그 대중을 사유하는 존재로 만드는 일이죠. '민주'民主는 단지 '민'이기 때문에 '주'라는 것만을 뜻하지 않습니다. '주'가 될 자격이 있는 '민'이어야 한다는 뜻도 담고 있죠. 역사와 정치는 궁극적으로 대중이 만들어 나가는 것이고, 지식인은 바로 그 대중을 '주'가 될 자격이 있는 존재가 될 수 있도록 돕는 사람입니다. 자신이 미주알 고주알 나서는 것이 아니라 대중이 올바르게 사유하고 올바르게 선택하도록 만드는 것, 100년이 걸리든 1000년이 걸리든 대중의 저력을 키워 주는 것이 철학자의 일입니다. 그러면 역사는 바로 그 대중이 만들어 가는 것이죠. 철학자의 실천은 바로 이런 것이어야 합니다. 철학자는 사유하는 존재이고 인류의 스승입니다.

**한정현**  칼 마르크스는 생전에 자신은 마르크스주의자가 아니라고 말한 적이 있습니다. 자신의 주장을 왜곡하고 교조화하는 현실을 두고 했던 말이지요. 만약 역사적 예수에게 "당신은 그리스도인입니까"라고 묻는다면, 어떤 대답이 돌아올지 무척 궁금합니다. 저는 가끔 예수가 정말로 다시 온다면 오늘의 교회는 그를 어찌 대할까 하는 상상을 해 봅니다. 아마도 『카라마조프 가의 형제들』의 「대심문관」에 나오는 내용과 비슷하게 흘러가지 않을까 싶습니다. 선생님께서 생각하시는 소수자로서의 예수(의 가르침과 삶)와 기독교(신학), 그리고 나아가야 할 방향 등에 대해 말씀을 듣고 싶습니다.

**이정우** 결국 대중이 달라지는 것만이 답입니다. 대중이 수준 높은 예술작품들을 향유한다면, 유치하고 저질스러운 대중문화가 판을 치지 않겠죠. 대중이 독서를 통해서 사유하고 대화한다면, 무수한 대중매체가 사람들의 생각과 욕망을 좌우하지 않겠죠. 마찬가지로 대중이 철학을 통해서, 지성을 가지고서 삶, 죽음, 운명에 대해 사유하고 살아간다면, 그렇게 많은 사람들이 교회에 가지는 않겠죠. 사람들이 교회에 가지 않으면 오늘날 교회를 둘러싼 모든 행태들도 자연스럽게 사라질 것입니다. 교회가, 신학이, 목회자가,… 달라져야 하는 것이 아니라, 대중이 달라져야 합니다. 그러면 교회는 자연스럽게 소멸해 갈 것입니다. 물론 요원한 길이죠. 그래서 앞에서 말했듯이, 지금 당장의 문제들이 아니라 100년이 걸려도 1000년이 걸려도 대중을 변화시켜야 하는 것입니다. 대중이 바뀌는 것만이 역사 발전의 유일한 길입니다.

**한정현** 최근 우리 사회에서는 타자에 대한 적대와 혐오(주의)가 화두로 떠오르고 있습니다. 인종, 민족, 계급, 성 등 범주도 무척 다양한데, 그 배경에는 결국 신자유주의가 있는 것 같습니다. 예컨대 고용시장의 불안정과 전통적인 젠더 역할의 파괴가 맞물리면서 특히 젊은 세대에서도 남녀의 생물학적 차이에 기반하는 퇴행적인 이성 혐오주의 등이 온라인을 달구고 있습니다. 그런가 하면 보수단체들은 물론이고 소수자 운동들도 다양한 형태의 혐오정치 전선에 뛰어드는 것 같습니다. 소수자 윤리학/정치학의 관점에서 이런 현상을 어떻게 진단하고 대안적 사유를 모색할 수 있을까요?

**이정우**  결국 앞에서 말한 '수준'의 문제죠. 누군가가 "좌냐 우냐" 하는 등의 입장도 중요하지만, 그가 어떤 좌인지, 어떤 우인지도 그것 못지 않게 중요합니다. 말하자면 전자가 x-축이라면 후자는 y-축인 것이죠. x축에서의 어디냐도 중요하지만, 그것의 y축에서는 어디냐도 중요한 것입니다. 저급한 "자기 편"보다는 "존경할 만한 적"이 더 가깝게 느껴질 때가 많습니다. 그래서 앞에서 한 선생이 언급했듯이, 마르크스가 "나는 마르크스주의자가 아니다"라고 말하게 되는 지경이 되는 것입니다. '혐오'라는 것은 자신과 입장이 다른 사람을 이성으로써가 아니라 감정으로써 대할 수밖에 없는 수준에서 오는 것이죠. 결국 지금까지 내가 줄곧 이야기해 온 것과 맥을 같이하는 이야기입니다.

덧붙여 이야기한다면, 다른 곳에서 여러 번 이야기한 것이지만, 사상의 역사는 위대한 사상가들의 역사이기도 하지만, 동시에 그들에 대한 '속화'vulgarization와 '희화화'parody의 역사이기도 합니다. 철학을 '역사' 속에 놓고 볼 때, 이런 속화와 희화화는 단지 부차적인 이야기가 아니라 매우 중요한 이야기라고 할 수 있습니다. 언젠가 반反철학사, 뒷면에서 읽는 철학사를 쓸 수도 있을 것입니다. 역사를 넘어서려는 경향이 있는 철학이 어떻게 역사로 다시 추락하고 왜곡되는지를 밝히는 일은 역사 자체를 위해서도 흥미로운 작업일 것입니다. 철학/사상은 얼핏 현실과 떨어져 있는 듯 보이지만, 사실은 우리가 상상하는 것보다 훨씬 더 큰 영향을 현실에 끼치고 또 받기 때문입니다.

**다섯 번째 대화**

# 표현, '세계'의 모든 얼굴

**한정헌**  선생님의 저작에서는 '표현'이라는 개념이 자주 나옵니다. 그리고 『세계철학사 3』에서는 '내재적 표현주의'를 제시하셨습니다. 표현 개념은 선생님의 사유에서 어떤 의미를 띠고 있을까요?

**이정우**  '表現'은 겉으로-나타나는 것입니다. 그 자체로서는 보이지도 않고 들리지도 않는 사람의 마음이 겉으로 나타나는 것입니다. 마음을 바깥으로 짜내는 것('expresseion'), 끄집어내어 보여 주는 것('Darstellung')이죠.

   그런데 이런 이해는 표현하는 주체 쪽에 초점을 맞춘 것입니다. '표현' 개념을 보다 정확히 이해하기 위해서는 표현행위와 더불어 표현된 것을 주목해야 하고, 양자의 관계에 초점을 맞추어야 합니다. 이렇게 이해할 때, 우리는 '표현'을 마음과 그것에 상관적인 외부적 존재자들 사이의 번역의 관계로 이해할 수 있습니다. 예컨대 김환기의 〈우주〉는 김환기의 마음속에서 생성된 우주의 이미지가 가시적인 이미지로 번역된 것으로 이해할 수 있다는 것이죠. 사실 이 번역의 구체적인 과정을 파헤치는 것은 상당히 어려운 과제이죠. '마음'이 무엇인지, 마음과 그 물리적 토대(특히 뇌)의 관계는 어떤 것인지,

마음은 어떻게 작동하는지, 즉 외부적인 것을 어떻게 수용하고 내부적인 것을 어떻게 표현하는지 등등, 이런 문제들은 현대의 인지과학이나 심리철학 등이 열심히 연구하는 주제이기도 하죠. 그러나 내가 표현주의를 사유할 때 초점은 이 점에 있지 않고(물론 이 점도 자체로서 흥미롭고 중요한 과제입니다), 이 과정이 어떤 것인가에 상관없이, 각종 표현들(글쓰기, 그림 그리기, 대화하기, 나아가 도시를 구축하기, 법과 제도를 만들기 등등)의 고유한 방식들, 그것들이 함축하는 각종 의미, 그것들 사이의 전체적인 연관관계입니다. 인간의 본질적인 활동인 '표현'에 대한 철학적 사유이죠.

내가 한 선생에게 메일을 보낼 때, 여기에서 여러 이질적인 존재면들 사이에서의 번역이 이루어집니다. 내 마음이 내 손과 컴퓨터 자판을 매개로 기호들로 번역되죠. 그 기호들이 다시 전자 신호들로 번역됩니다. 그래서 한 선생의 컴퓨터로 전달되고, 그것이 다시 기호들로 번역되어 화면에 뜹니다. 그러면 한 선생의 마음이 그 언어를 번역해서 그 내용을 이해합니다. 더 미시적으로도 이야기할 수 있겠죠. 우리가 대화하고 있는 지금도 우리 뇌에서는 끊임없이 전기 신호들과 화학 신호들 사이에서 무수한 표현/번역이 일어나고 있습니다. 우리는 이런 관점에서 인간이 행하는 무수한 활동들을 철학적 일반성의 수준에서, '표현'의 철학을 통해서 종합적으로 이해할 수 있습니다.

그러나 보다 근본적인 의미에서의 표현 개념은 꼭 마음의 표현을 뜻하는 것만은 아닙니다. 그것은 어떤 형태로든 하나의 존재면plane of being — 특정한 존재론적 설정을 공유하는 존재자들이 형성하는 면 — 과 다른 존재면 사이에서 이루어지는 번역을 가리킬 수 있습니다. 다만 마음이 모든 형태의 표현들의 중심에 존재한다고 할 수 있겠죠. 그래서 표현주의는 존재면들 사이의 번역이라는 근간 위에서, 특히 인간의 각종 문화적(넓은 의미) 활동들을 종합적으로 이해할 수 있도록 해 주는 개념화라고 할 수 있습니다. 내게는 표현 개념이 인간적인 삶을, 문화를 이해할 수 있게 해 주는 핵심적인 개념입니다. 지금 이 개념을 구체화하기 위해 여러 생각들을 하고 있습니다. 그 성과를 언젠가 꼭 '표현'할 수 있으면 좋겠네요.

**한정헌**  선생님은 『시간의 지도리에 서서』에서 어린 시절 최초의 꿈은 화가가 되는 것이었다고 말씀하셨습니다만, 그 후 실제로는 글 쓰는 것을 주로 하고 계십니다. 그렇다면 글쓰기와 그림 그리기의 관계는 어떻게 볼 수 있을까요?

**이정우**  글쓰기와 그림의 기초는 대상에 대한, 넓게는 세계에 대한 마음의 경험이 글이나 그림으로 번역되는 것입니다. 물론 현대 철학은 이런 소박한 표상의 구도를 넘어선 지 오래지만, 이 구도는 여전히 가장 기초적이고 일반적인 것입니다. 이 경우, 글쓰기와 그림 그리기 사이의 관계는 내가 이전 저작들에서 '의미론적 거리'semantic distance 라고 부른 것에 입각해 해명할 수 있습니다. 어떤 대상 또는 경험영역을 번역할 때 번역된 것과 번역한 것 사이의 유사성의 정도에 따라 의미론적 거리를 가늠할 수 있죠. 하지만 논의를 정교화해 가면 사실 해명해야 할 문제가 태산같이 많습니다. 사과를 그린 그림보다 그것을 묘사한 글이 의미론적 거리가 더 크다고 할 수 있겠지만, 내용상으로는 글이 그림보다 더 대상에 충실할 수 있습니다. 이런 문제들에 대한 사유를 심화해 나가는 것은 표현론의 주요 과제가 되겠죠.

**한정헌**  그렇다면 글쓰기와 말하기의 관계는 어떻게 설정할 수 있을까요?

**이정우**  아무래도 가장 큰 차이는 글쓰기는 혼자 하는 것이지만, 말하기는 타인과 더불어 한다는 것이겠지요. 물론 글을 쓸 때도 그 글을 읽을 독자들을 의식할 때도 있고, 말하기도 자신의 마음속으로 말한다거나 하는 경우들이 있습니다. 그래도 역시 말하기가 글쓰기에 대해 가지는 핵심적 차이는 타인의 현존이라고 할 수 있습니다.

또 글쓰기는 이런저런 것들을 참조하면서 단속적이면서도 길게 이어지지만, 말하기는 대부분의 경우 현장에서 즉각적으로 이루어진다는 차이가 있습니다. 글쓰기도 일정 정도 독자들을 염두에 두고서 이루어지지만, 말하기는 특히 대화 상대자들과 쌍방향적으로 이루어집니다. 말하기는 글쓰기에 비해 상대적으로 '행동'의 성격을 띠는 것이죠. 그래서 글로 쓴 것은 수정할 수 있지만, 말로 한 것은 다시 주워 담을 수가 없습니다. 이것은 결국 시간의 문제이지요. 어떤 면에서 본다면, 글을 쓰는 사람들은 글을 쓰지 않는 사람들과 상당히 다른 시간을 살아간다고 할 수 있습니다. 글 쓰는 사람도 물론 말을 하면서 살아가기 때문에, 말하면서만 사는 사람에 비해 중층적인 시간을 살아간다고 할 수도 있겠죠. 글쓰기와 시간의 문제도 앞으로 심화시켜 나갈 만한 주제입니다.

**한정헌**  그러고 보면 선생님의 글쓰기/저술은 언제나 대안공간에서의 강의 및 세미나 활동과 밀접한 관계를 가지고 있는 것 같습니다. 그래서 예전에는 강의록의 형태로 여러 권을 출간하셨죠?

**이정우** 그렇습니다. 나는 글쓰기만큼이나 강의하기도 사랑합니다. 내 삶의 본질적인 부분들 중 하나이죠. '인생'의 가장 중요한 측면은 사람과 사람이 만나 이야기하는 것이죠. 만남과 이야기, 이것이 모든 것입니다. 이야기할 수 있다는 것, 함께 사유할 수 있다는 것, 이보다 더 행복한 것이 있을까요?

　　대학에 있을 때의 내 강의는 학자의 그것, 교수의 그것이었습니다. 이 경우 강의 내용을 학생들에게 정확히 이해시키고, 그들을 한 사람의 학자로서 키워내는 데 중점이 있었습니다. 강의 내용도 전공에 충실한 강의였죠. 2000년 이래 철학아카데미에서 강의할 때는 의미가 사뭇 달랐습니다. 우선 수강생들이 일정한 나이의, 일정한 목적을 띤 사람들이 아니라 고등학생부터 노인에 걸친, 모두 다른 직업, 다른 관심을 가진 사람들이었습니다. 그때의 강의는 뭐랄까 사회적인 것이었다고 해야 할까요, 그 지평이 매우 넓었습니다. 특정한 전공이나 직업을 전제하지 않은, '학문'보다는 '사상'의 의미를 띤 강의였죠. 대학이라는 장소가 아니라 말하자면 역사라는 장소에서 강의했다고 할 수 있겠네요. 젊기도 했고, 그때 참 활기차게 강의했던 것 같습니다. 그 후 소운서원에서 강의하고 있는데, 서원에서의 강의는 또 좀 다릅니다. 서원의 경우는 이미 일정 수준의 철학적 교양을 갖춘, 또 사상적으로도 내 사유에 어느 정도 친숙한 사람들이 대부분이기 때문에, 강의 수준이 더 높아졌죠. 그리고 젊은 시절보다는 좀더 여유가 있달까, 천천히 향유하면서 강의한다는 느낌이 듭니다. 좀

편리하게 이야기하면, 대학에서의 강의와 철학아카데미에서의 강의가 '지양된' 느낌입니다.

　　철학아카데미 시절에 여러 강의록을 펴냈는데, 장단점이 있습니다. 강의한 내용을 정리한 것이기 때문에 친절하고 독자들에게 더 가깝게 다가갈 수 있죠. 하지만 아무래도 내용의 밀도가 좀 떨어지기 마련이라는 한계는 있습니다. 그 후 좀 더 밀도 있는 책을 쓰고 싶어서, 『천하나의 고원』과 『신족과 거인족의 투쟁』을 쓴 2008년부터는 강의록을 내지 않았죠. 하지만 내 마음속에는 항상 강의록을 내던 시절에 대한 향수 같은 것이 남아 있습니다.

**한정헌**　선생님의 강의록들은 어려운 개념들을 대중적 눈높이에서 쉽고 명확하게 설명하시는 것으로 유명하죠. 특히 적절한 예시나 그림을 통해 직관적으로 빠르게 이해할 수 있도록 도와주시는데, 혹시 그런 스타일도 대안공간의 활동과 연관이 있다고 봐야 할까요?

**이정우**　연관이 있다고 해야겠죠. 나는 듣는 사람들이 이해하지 못하면 어떻게든 이해할 수 있도록 두 번 세 번 설명하는 편입니다. 그리고 이해할 수 있도록 여러 예들이나 이미지들을 활용하는 편이죠. 철학아카데미에서의 강의에서는 특히 그랬던 것 같습니다.

　　하지만 이런 설명 방식은 가만히 생각해 보면 사실 내가 가진 어떤 경향 때문이기도 하지 않을까 하는 생각도 듭니다. 아까 이야기했지만, 어린 시절 내가 본격적으로 처음으로 품었던 꿈이 화가가 되는 것이었습니다. 파리에 가서 그림을 그리는 꿈을 꾸곤 했죠. 상황이 그것을 허락하지 않았고, 그 후에 공과대학에 진학했습니다. 공학 역시 흥미로웠습니다. 뭔가를 그리거나 만들 때 행복감을 느끼곤 했죠. 철학은 매우 추상적인 작업입니다만, 나에게는 어릴 때부터 미술이나 공학 등 구체적으로 물건들을 만지면서 사유하는 어떤 기질이 각인되어 있었던 것이 아닐까 싶습니다. 그래서인지 나는 지금도 사유할 때 그림으로 사유하는 경향이 있습니다. 고도로 추상적인 철학서를 읽을 때도 계속 종이에 그 내용을 그림으로 그리면서 보곤 합니다. 내가 수학을 좋아하고 틈틈이 수학 공부를 하는 것도 그 내용도 내용이지만, 종이에 리만 공간 등 기하학적 이미지들을 그리거나 아름다운 수학 공식들을 쓰는 것(오일러 방정식이나 푸리에 급수, 파동방정식 등, 얼마나 아름답습니까!)이 좋아서이기도 합니다. 이런 기질이 철학 강의에서도 적지 않게 발휘되는 것이 아닌가 싶네요.

**한정헌**  현재 선생님께서 하고 계시는 작업을 말씀해 주시겠습니까?

**이정우**  지금 쓰고 있는 책은 두 가지인데, 하나는 『무위인-되기: 세계, 주체, 윤리』이고 다른 하나는 『아이온의 시간』입니다. 각각 주체와 시간을 다루고 있습니다.

『무위인-되기』는 2009년에 펴냈던 소책자 『주체란 무엇인가?』를 확장한 책입니다. 주체의 문제를 앞으로는 세계의 문제와 뒤로는 윤리의 문제와 연관시켜 논하는 저작이죠. 이 책은 크게 두 부분으로 이루어져 있고, 그 전반부는 '타자-되기'를 후반부는 '내재적 가능세계론'을 이론적 축으로 하고 있습니다. '무위인'無位人에 대해서는 이전부터 가끔씩 언급했었습니다만, 내가 추구하는 삶을 압축하고 있는 개념입니다. 이 저작에서 이 개념을 본격적으로 다루고자 했습니다.

『아이온의 시간』은 제목 그대로 아이온의 시간을 다룬 저작입니다. 이 책에서는 시간의 유무, 시간의 흐름의 유무를 중점적으로 다룹니다. 우선 "시간은 존재하지 않는다"고 한 맥태거트를 논하고, 시간은 존재한다는 결론을 내립니다. 다음으로는 "시간은 존재하며 흐른다"고 생각한 인물로서 베르그송을 다룹니다. 세 번째로는 "시간은 존재하며 흐르지 않는다"고 한 오모리 쇼조大森莊藏에 대해 논합니다. 네 번째로는 이상의 논의들을 종합해서 흐르는 시간과 흐르지 않는 시간을 구키 슈조, 니시다 기타로, 들뢰즈를 참조하면서 논합니다. 바로 흐르지 않는 시간이 아이온의 시간이죠.

**한정헌**  마지막으로 선생님께서 앞으로 출간을 기획하고 계신 책들에 대해 말씀해 주시면 고맙겠습니다.

**이정우**  현재 구성이 어느 정도 구체적으로 된 저작으로는 두 권이 있는데, 하나는 『동물, 인간, 기계: 인공지능 시대의 휴머니즘』이고 다른 하나는 『동학의 정신: 다시개벽의 철학』입니다.

『동물, 인간, 기계』는 조선 시대의 선철들이 논했던 '인물성동이론'을 잇고 있습니다. 다만, 오늘날 기계의 시대를 맞이해서 이제 동물과 인간의 관계가 아니라 동물, 인간, 기계의 삼자 관계를 다룰 저작이죠. 특히 최근에 형성된 인공지능의 시대를 맞이해 인간의 운명에 대해 다각도로 논의할 생각입니다. 여러 가지 논의가 필요하죠. 같음과 다름, '~의 본질'이라는 것, 진화의 의미, 테크놀로지의 문명사, 신체와 정신 그리고 뇌, 디지털 존재론, 사이보그로서의 인간 등

등 다양한 논의가 필요합니다. 책은 전체 3부로 기획하고 있는데, 1부에서는 인성과 물성에 대해서, 2부에서는 하이-테크 시대의 인간존재에 대해서, 3부에서는 인공지능 시대의 휴머니즘에 대해 논할 생각입니다.

『동학의 정신』은 오늘날 21세기를 맞이해 동학의 철학은 어떤 것이어야 하는가를 다룰 저작입니다. 동학의 핵심을 철학적 사유로서 다듬어낸 인물은 야뢰夜雷 이돈화입니다. 그의 『신인철학』新人哲學은 동학을 철학화한 저작으로서, 당대까지의 서구 철학을 소화하고서 써낸 최초의 저작(들 중 하나)로서 큰 의미를 띱니다. 친일 행각 때문에 저평가된 면이 있죠. 그러나 시대의 한계 때문에, 지금의 눈길로는 야뢰의 저작이 동학의 정신을 충분히 이끌어냈다고 보기는 힘듭니다. 『동학의 정신』은 지금 이 시대에 걸맞는 동학의 철학을 논하고자 하는 저작입니다. 전체가 세 부분으로 이루어지는데, 첫 번째 부분에서는 『동경대전』의 주요 글들을 번역·주해하고, 두 번째 부분에서는 이돈화의 『신인철학』을 분석·해제하고, 세 번째 부분에서는 나 자신의 동학철학('다시개벽의 철학')에 대해 논할 생각입니다.

**부록**

# 대안공간의 역사철학적 의미[1)]
: 대안공간 창설 20주년을 맞아

이정우

21세기 한국에서 일어난 주요한 지적 또는 정치적 사건들 중 하나는 대학 바깥에서 철학, 정치사상, 문화비평 등을 연구하고 가르치는 단체들의 발명이다. 2000년 이래 세 선구적 단체인 철학아카데미, 수유+너머, 다중지성의 정원이 하나하나씩 등장했다. 언젠가부터 그리고 누군가에 의해 이런 단체들이 "대안공간"이라 불리기 시작했다. 우리는 이런 물음들을 던질 수 있다. 어떤 상황에서 이런 단체들이 생겨났고 변해 왔는가? 어떤 철학적 개념들을 통해서 이 지적-정치적 흐름을 개념화할 수 있을까? 역사철학의 맥락에서 어떤 역사적 의의를 이 사건에 부여할 수 있을까?

## '대안공간'의 탄생, 그 후 20년

한국 사회는 1987년에 새로운 정치적 상황을 맞이하게 된다. 많은 지

---

1) 이 글은 "The Alternative Space in Korea as War Machine"이라는 제목으로 2019년 6월 도쿄에서 열린 '들뢰즈 인터내셔널'에서 발표되었다.

식인들이 이 해를 한국사의 새로운 출발점으로 간주하고 있다. 박정희 세력의 쿠데타가 일어난 1961년 이래, 한국은 독점자본 기업들과 연동된 군사정권에 의해 고통받았다. 그리고 1979년 박정희가 그의 적대자들 중 한 사람에게 살해당했을 때, 불행하게도 신군부 세력이 광주의 시체들을 밟고서 그 뒤를 이었다. 이 길고 어두운 시대에 사람들은 파시스트 정권에 지속적으로 저항했다. 이런 민주화의 흐름은 마침내 1987년 독재체제를 무너뜨리기에 이른다. 이 시민혁명은 '6월 혁명'으로 불리고 있다. 이 특이점을 통과하면서 한국 사회는 이전의 시대와는 현저하게 다른 새로운 시대를 맞이하기에 이른다.

1980년대에 조금씩 형태를 갖추다가 1990년대에 본격적으로 전개되기 시작한 이 새로운 사회는 '포스트모던 사회', '후기 자본주의 사회'로 불린다. 정치적-경제적 맥락에서, 이 새로운 시대는 미국의 네오콘들에 의해 만들어진 신자유주의에 의해 이론적으로 뒷받침된, '세계화'라는 흐름에 의해 특징지어질 수 있다. 갑작스럽게 국가들 사이, 개인들 사이, 그리고 모든 종류의 집단들 사이에서 이른바 "무한 경쟁"의 시대가 도래했다. 곳곳에서 다국적 기업들의 지배가 시작되었다. 그리고 다른 지역들에서와 마찬가지로, 한국인들은 민영화, 복지 삭감, 고용 "유연성" 등과 같은 현상들에 마주하게 되었다. 사회적-문화적 맥락에서, 이 시대는 컴퓨터 등 디지털 기계들에 기반한 '정보화'에 의해 특징지어질 수 있다. 이런 새로운 상황에서, 더 이상 역사, 철학, 정치에 관심이 없는, 대중매체와 대중문화에 빠져드는 새로운 마음들이 출현했다. 대중매체와 대중문화는 새로운 테크놀로지를 갖추고 대중의 사고, 감정, 욕망을 지배하기 시작했다. 사회와 문화 전체가 속화되고 희화화되는 시대였다. 이 상황을 상징해 주는 사건들 중 하나는 많은 인문학 학과들이 인문학을 전공하려는 학생들을 찾지 못하고 위기에 처하게 된, 이른바 "인문학 위기"라는 사건이다. 교양 과목들 중 진지한 성격의 강좌들은 무더기로 폐강되곤 했다. 대학의 전통적인 의미와 가치는 몰락했고, 학문과 교육 일반의 영역에서도 또한 새로운 현실에 마주해야 했다. 그러나 새로운 사유와 실천의 어떤 가능성이 바로 이 몰락과 혼돈의 시대에 태어났던 것도 사실이다.

새로운 시대는 새로운 비판적 사유를 요구한다. 이 역사적 변환의 시대에 새로운 사유의 흐름이 도래했다. 이때의 "새로운"이란 바로 독재 시대에 한국 지식인들의 일반 문법이었던, 헤겔과 마르크스에서 연원한 변증법적 사유에 대비해서의 "새로운"이었다. 1987년 이래 많은 지식인들이 사유의 이 새로운 흐름을 열렬히 받아들였다. 처음에는 미셸 푸코를, 그리고 들뢰즈와 가타리, 데리다, 라캉 등을. 그러나 많은 강단 철학자들은 이러한 사유들을 감정적으로 거부했으며, 이 때문에 일반적인 사회적·지적 관심과 제도권 철학 사이에 큰 균열이 생겨나게 된다. 이러한 현상을 상징하는 주된 징후들 중 하나는 당시에 도처에서 열린 숱한 '특강'들이었다. 이는 곧 이 철학자들에 대해 배우고 싶어 했던 학생들이 대학의 정규 강좌들에서는 그들을 만날 수 없었음을 뜻한다. 참으로 많은 철학 특강들이 철학과의 바깥에서 열리곤 했다. 아래에서 논하겠지만, 이러한 상황은 대안공간의 탄생을 가능케 한 핵심 원인/동력들 중 하나였다.

알튀세르에서 출발해 그 후 발리바르, 마슈레, 랑시에르 등에 의해 수행된 마르크스주의의 변형은 한국 마르크스주의자들에 의해 계승되어 연구되었다. 그러나 이 시대를 대표하는 인물은 미셸 푸코였고, 그의 사유는 당시의 젊은 사상가들에게 깊은 영향력을 각인했다. 그는 무엇보다도 우선 서구 근대성을 마르크스주의와는 전혀 다른 방식으로 해부한 지식-권력의 철학자였다. 타자의 사유는 이 시대의 가장 공통적이고 주요한 요소라 할 수 있다. 사유의 이런 새로운 흐름은 들뢰즈의 존재론과 들뢰즈와 가타리의 노마디즘 연구에서 절정을 이루었다. 가장 큰 대중적 인기를 끈 이 사유는 인문학과 과학의 여러 영역들에 심대한 영향을 주었다. 그것은 지나치게 인기가 높아서, 오히려 여러 종류의 오해와 왜곡의 대상이 되기도 했다. 그리고 다른 갈래의 사상들, 라캉, 데리다, 리오타르, 보드리야르 등의 사상들도 다방면에서 인구에 회자되었다.

그러나 이 시대의 사유 갈래들이 후기 구조주의 사상들에 큰 영향을 받았음이 사실이라 해도, 그것들은 또한 한국의 근현대사 및 당대 한국의 현실 상황에 뿌리 두고 있었다. 20세기 후반에 이르기까지의 현대 한국사에 주요 테마들이 존재한다면, 그 중 두 가지는 산업화와 민주화라고 할 수 있다. 그러나 역설적으로 두 길은 상극이었는데, 이는 바로 민주화의 흐름이 극복하고자 한 것이 다름 아닌 산업화의 흐름(의 어두운 측면)이었기 때문이다. 후자는 개발독재의 형태로 수행되었고, 이는 곧 군사정부와 주요 기업들 사이의 야합에 기반한 것이었다. 바로 이런 상황에서 노동자들과 농민들은 기업들에 의해 착취당하고, 사회 일반은 군사정권에 의해 억압당했다. 많은 학생들과 지식인들을 민주화 운동과 마르크스주의 사상의 방향으로 이끌었던 것은 바로 이런 상황이었다. 노동자들 사이에서는 그들이 일하는 공장에서 배움을 이어 가려는 열망이 존재했고, 이러한 배움은 '야학'夜學이라고 불렸다. 그것은 마르크스의 생각, 즉 철학은 프롤레타리아트의 머리이고 프롤레타리아트는 철학의 심장이라는 생각을 실현해 간 사회 운동이었다.

대안공간은 1990년대라는 임계적인 시대를 거쳐 2000년대에 명백한 현실이 된 총체적 변화의 시대에 민주화 및 비-제도권 사유라고 하는 이 흐름을 계승했다고 할 수 있다. 1800년(다산 정약용이 유배를 떠난 해) 이래 이 땅에서 이루어진 창조적 사상들을 뒤돌아 볼 때, 우리는 이 사상들이 대개 제도권 바깥에서 이루어졌음을 확인하게 된다. 혜강 최한기의 기학, 최제우 이래의 동학 등. 그리고 박치우는 자신의 사유를 실현하기 위해 대학을 나오기도 했다. 최근에는, 많은 사상가들이 제도권 바깥에서 군부 독재정권에 대한 비판들을 제기했다. 이 **바깥의 사유**, 비-전통적 전통이 야학과 대안공간으로 이어지고 있다고 할 수 있다.

그러나 강단 철학자들은 이런 사회적이고 역사적인 갈망을 거부했고, 이 때문에 젊은 철학자들은 새로운 사상들을 연구하고 가르치기 위해 새로운 담론의 공간을 수립하지 않을 수가 없었다. 요컨대 바깥의 사유의 전통을 이어갈 새로운 **시민적 지성**에 대한 요청, 그리고 새로운 사상들의 도래와 이에 대한 강단 철학자들의 반감이 불러온 균열이 대안공간의 탄생을 가져왔다고 할 수 있다. 2000년 이래 철학아카데미(현 소운서원), 수유+너머, 다중지성의 정원이 창설되었다. 그리고 이어서 《르몽드 디플로마티크》 등 대안 언론들도 창설되었다. 20년 전에 이루어진 이러한 창조는 21세기 한국에 있어 가장 의미 있는 사회적이고 지적인 사건들 중 하나이다.

대안공간의 출현 이후 20년이 지난 오늘날 뒤돌아볼 때, 한국 사회에서 대안공간은 무엇이었는가를 묻게 된다. 지난 20년간 한국 사회는 어떻게 바뀌었고, 그 과정에서 대안공간이 띠는 의미는 무엇이었던가? 민주화 운동의 결실로서 한국 사회는 1998~2008년에 비교적 민주적인 정부들을 수립할 수 있었다. 그러나 이어 등장한 2008~2017년의 정부들은 최악의 수준에 속하는 것들이었다. 그리고 정부들의 성격을 떠난 전반적인 흐름에서, 세계화와 정보화는 사회 전체를 뒤덮기 시작해 오늘날에 이르고 있다. 우리는 2000년을 전후해 형성된 이 한국 사회의 성격을 '관리사회/경영사회'로 특징지을 수 있다.

관리사회는 군사정권이 만들어낸 통제사회를 이어 등장한 사회이다. 근대 사회는 내가 '근대 국민국가 프로젝트'라고 부르는, 유럽에서 시작되어 이후 전 세계를 관류한 역사적 과정을 통해서 형성되었다. 그리고 이 프로젝트는 미셸 푸코가 세밀하게 분석했던, 사람들을 하나의 '국민' 또는 '주민'으로 만들려는 규율/훈육 장치들을 포함한다. 이 장치들은 사람들을 등질적인 존재로 만들려고 했으며, 사회를 동일성과 차이의 체계로 조직하고자 했다. 이 체제에서 규율은 개인들의 신체에 직접적으로 적용되었다. 그래서 신체들은 각 주체에 할당된 동일성(정체성)에 맞춰져야 했다. 그리고 그러한 체제는 주체들의 술어에서 상징화되고, 그로써 내가 '술어적 주체'라고 부르는 주체들이 형성된다. 그래서 사람들은 그들의 술어적 주체에 의해 규정되며, 그것은 국민국가의 프레임에 의해 주조된다.

한국인들이 1961~1987년의 군사정부 시기에 겪어야 했던 것은 바로 이런 통제사회였다. 군사정권은 사람들을 국가 번영의 거대한 장치들로 밀어 넣어, 노동하는 인간으로 만들려 했다. 그것은 수많은 형태의 '국가적인/국민적인' 장치들을 만들어내었다: 국가보안법, 국민교육헌장 등등. 사회는 일종의 군대의 형태로 조직되었으며, 모든 것은 군대의 모델에 따라서 모양지어졌다. 학교에서조차도 학생들은 군사훈련용 옷을 입어야 했고, 매일같이 국기에 경례하면서 국가에 대한 충성을 맹세해야 했다. 이런 식의 규율을 통해서 사람들의 신체와 영혼은 술어적 주체들로 구성된 통제체제의 한 부분이 되도록 강요받았다. 이것은 앞에서 언급했던 동일성과 차이의 체제에 다름 아니다. 이런 체제의 여파는 지금도 한국 사회의 도처에서 작동하고 있다.

그러나 현대 한국사의 전환점인 1987년 이후 한국 사회는 관리사회의 성격을 띠기 시작한다. 이 사회에서는 닫힌 장소들이 열린 복합적 네트워크들로 전환된다. 거시적인 맥락에서 볼 때에도, 세계화와 정보화는 세계를 네그리와 하트가 '제국'이라고 부른 열린 복합적 전체로 만들었다. 그리고 이 사회에서 모든 것은 "경영 마인드"에 의해 지배되기 시작했다. 모든 사람이 작은 사업가가 되기 시작했다. 그리고 디지털화된 세상에서 관리=경영은 '유비쿼터스'의 방식으로 실행되고 있다. 사회 일반은 부드러워졌지만, 누구도 이 관리사회 바깥으로 나가지는 못한다. 그리고 들뢰즈가 지적했듯이, 끊임없이 코드화되고 탈-코드화되는 장으로서의 사회에서 "individual"은 "dividual"이 되어버린다. 주체성은 분열적 존재로 분산되어버리고, 단편적이고 희박한 주체성으로 귀착한다.

관리사회=경영사회는 세 가지의 본질적 차원 — 신체, 화폐, 기호 (술어) — 을 관리한다. 이것들 중 기호의 관리는 지금의 맥락과 특히 밀접한 관련성을 띤다. 술어들은 항상 정치적 권력에 의해 관리되어 왔다. 그러나 "individual"이 "dividual"이 되어버린 이 사회에서, 술어들의 체계는 매우 유동적이다. 그 결과 동일성과 차이의 체계는 흔들리게 되고, 여러 종류의 차이생성이 일어나게 되었다. 이 변화로 말미암아 관리사회는 술어들의 이 유동성, 더 이상 정적 주체들이 아닌 차이생성하는 주체들을 관리하고자 한다. 두 종류의 상이한 차이생성을 구분하는 것이 필수적이다. 새로운 주체들의 자발적인 차이생성과 관리사회의 전략적인 차이생성. 사실, 후자의 차이생성은 차별과 위계화의 차이생성 즉 차이배분으로서의 "differentiation"이며, 그것은 관리사회의 위계 내에서 타자들을 순치시키고자 한 국가의 새로운 전략을 함축하는 것이다. 이 점에서 우리는 관리사회는 동일성과 차이의 체계가 아니라 차이들을 또는 차이생성을 관리한다고 말할 수 있다. 그리고 이 관리는 새로운 주체성들을 관리하는 것에 다름 아니다. 이런 종류의 사회는 1990년대에 형성되었고, 2000년대가 되면 지배적인 현실로 자리 잡기에 이른다. 이것이 새로운 사유의 요청이 나타난 역사적이고 사회적인 배경이다.


## 진리-사건으로서의 대안공간

지금까지의 역사적 논의를 철학적으로 음미해 볼 때, 대안공간이 띠는 역사철학적 의미는 무엇인가? '귀환'에서 이야기의 실마리를 풀어 보자.

귀환들이 일어난다. 어떤 귀환들인가? 실재들이 귀환한다. 귀환하는 실재들이란 어떤 것들인가? 철학의 역사는 '실재(들)'을 둘러싼 다양한 논의들로 차 있다. 그러나 지금 우리의 맥락에서, 실재들은 곧 신체, 화폐, 그리고 기호의 관리에 저항하는 생명, 노동, 주체이다. 귀환이란 바로 관리사회의 그물망에 저항하는 실재들의 귀환인 것이다. 우리는 이 귀환의 운동에서 대안공간 탄생의 열쇠를 찾을 수 있다.

우리는 진리를 실재의 이 운동, 즉 귀환 운동을 통해서 이해할 수 있다. 달리 말해, 진리를 실재들의 귀환, 우리의 맥락에서는 **생명, 노동, 그리고 주체의 귀환**으로서 정의할 수 있다. 전통적으로 '진리'라는 개념은 명제와 사태 사이의 '상응'으로서 정의되어 왔다. 하이데거는 진리 개념에 대한 다른 정의를 제시했다. '탈은폐성'Unverworgenheit이라는 정의를. 그러나 이 정의를 존재론적-시학적 맥락에서 천착했던 하이데거와는 달리, 그 윤리적이고 정치적인 의미를 규정해 볼 수 있다. 우리로부터 진리를 은폐하고 있는 것은 무엇인가? 그것은 바로 관리사회의 그물-망에 다름 아니다. 진리란 바로 신체, 화폐, 기호의 관리를 은폐하는 막을 찢고서 나타나는 생명, 노동, 주체라는 실재들의 귀환이다. 이것이 우리의 맥락에 있어 탈은폐성의 진정한 의미이다.

관리사회는 더 이상 자연의 착취를 주장하지 않는다. 오히려 "자연 보호", "환경 보존", "녹색 혁명" 등을 역설한다. 도처에서 다양한 형태의 협정, 협약이 맺어진다. 그러나 많은 경우 그것들은 국가들과 자본들의 전략으로 그친다. 그리고 이들에게 경고를 내리듯이, 생명은 전 세계에서 온갖 종류의 재난들로서 귀환한다. 관리사회는 또한 물신화된 상품들의 체계를 지배하는 화폐 ─ "사회적 상형문자"(마르크스) ─ 의 체계를 관리한다. 그러나 노동이 귀환한다. 그리고 화폐 회로에 구멍을 뚫는다. 그리고 노동이 사회의 표면에서 귀환할 때, 그것은 대개 정치적 투쟁의 성격을 띤다. 나아가 관리사회는 술어적 주체들을 관리한다. 그러나 술어적 주체성은 술어들의 집합으로 환원되지 않는 참된 주체성을 결코 소멸시킬 수가 없다. 그리고 국가와 자본의 관리에 저항하는 주체들의 귀환은 다른 사람들의 사유와 가치에 영향을 준다. 진리 즉 실재의 귀환, 우리 맥락에서는 생명, 노동, 주체의 귀환은 하나의 사건을, 진리-사건을 만들어낸다. 우리는 이 **진리-사건**을 통해서 대안공간 탄생의 역사적 조건을 이해할 수 있다.

인류 역사는 수많은 반복으로 차 있다. 그러나 각각의 반복은 차이의 강도를 동반하며, 그러한 강도들이 역사를 의미 있게 만든다. 역사에서의 반복들은 물리 현상들에서 볼 수 있는 빈약한 반복들이 아니라, 진리-사건을 즉 생명, 노동, 주체의 소진 불가능한 힘들의 귀환을 함축하는 차생적 반복들differential repetitions이다. 이런 맥락에서 우리는 역사철학적으로 중요한 하나의 물음을 던질 수 있다: 역사를 이끌어 가는 힘인 반복의 강도에서 우리는 어떤 의미를 읽어낼 수 있는가? 이 물음에 대해서 우리는 세 개념을 통해서 대답할 수 있다. 사건, 영원회귀, 그리고 투쟁이 그것들이다. 자연적 사건과는 다른 역사적 사건, 기계적 반복과는 달리 차생적 반복의 영원회귀를 함축하는 역사적 반복, 그리고 진화론적 투쟁과는 달리 억압과 회귀의 영원회귀에 연관되는 역사적 투쟁. 한마디로 말해서, 역사는 억압과 해방 사이의 투쟁을 포함하는 역사적 사건들의 차생적 반복들의 영원회귀이다.

역사에서의 의미 있고 강도 높은 반복들은 우리의 삶, 죽음, 운명과 상관적이다. 이런 종류의 반복들에 연관된 사건들은 억압과 해방의 사건들이다. 우리 시대에 이런 종류의 사건들은 관리사회로부터의 해방을 꿈꾸는 진리-사건들이다. '대안적'이라는 말은 생명, 노동, 주체의 귀환을 뜻하는 진리-사건을 함축한다. 관료주의적 국가와 냉혹하게 부풀어 가는 자본에 의한 신체들의 조직화는 생명의 관리라는 가면 아래에 생명의 파괴를 자행하지만, 생명은 다양한 형태의 재난이라는 진리-사건들을 통해서 귀환한다. 화폐 회로의 안정화는 노동의 착취를 자행하지만, 노동은 노동자들의 다양한 형태의 사회 운동을 통해서 귀환한다. 술어적 주체들의 코드화는 '예속주체화'를, 사람들의 수동적 주체-되기를 야기하지만, 진정한 주체들의 귀환 즉 시민적 주체들의 귀환은 새로운 사유들과 새로운 실천들에 의한 '시스템 오작동'을 만들어낸다.

현대 사회의 가장 두드러진 특징들 중 하나는 사람들의 술어적 주체를 관리한다는 점에 있다. 그러나 통제사회가 아닌 이 관리사회에서 기호들 또는 정체성들의 관리는 직접적인 방식들에 의해서가 아니라 다양한 형태의 이데올로기와 미디어에 의해서 수행된다. 학교에서 학생들은 민족주의와 애국주의를, 경쟁사회의 신자유주의적인 가치들을 주입받는다. 대중매체와 대중문화는 사람들의 머리와 가슴에 엄청난 양의 저질스럽고 기만적인 이미지들을 쏟아 넣는다. 신체에 대한 직접적인 폭력은 줄어들었지만, 다양한 종류의 보이지 않는 폭력과 차별은 사회 전반을 관류하고 있다. 요컨대 국가와 자본은 신자유주의적으로 정향된 이데올로기, 이미지, 제도 등을 통해 사람들의 술어적 주체성을 관리하고 있다.

이런 종류의 사회에서, 대학이나 다른 유사한 기관들도 예외를 형성하지 않는다. 과학들은 나아가 심지어 인문학조차도 국가의 정치적 척도와 자본의 경영 전략에 의해 포획되어 있다. 관리사회의 가치들을 내면화한 오늘날의 대학은 다양한 경영학 과목들에 의해 주도되고 있다. "과학기술 경영", "예술 경영" 등의 표현들이 자연스럽게 사용되기 시작한 지는 오래이다(철학은 다행히 돈이 안 되기 때문에 이 우스꽝스러운 표현에서 면제되었다). 그리고 철학, 수학 등의 근본적인 학문들은 그 가치를 박탈당하고, 교양 과목들로 그 명맥을 유지하고 있다. 한국에서의 이런 흐름은 1990년대에 형성되어 2000년대에 심화되었으며, 내가 2000년(이른바 '새로운 밀레니엄')에 쓴 글들에서 표명했던 여러 우려들은 오늘날에는 돌이키기 힘든 현실로 굳어져 버렸다. 그리고 이런 현실은 바로 (취직에만 관심이 있는) 보수화된 학생들과 (재임용, 승진 등을 위한 논문에만 몰두하는) 소시민화된 교수들을 통해 여실히 드러나고 있는 것이다.

우리는 진리-사건으로서의, 즉 **시민적 주체의 귀환**으로서의 대안공간 출현이 가지는 의의를 이런 맥락에서 이해할 수 있다. 이 점에서 앞에서도 보았듯이, 대안공간은 새로운 시민적 지성의 형성과 궤를 같이하는 것이었다. 새로운 지성을 추구하는 주체들은 관리사회에 저항하고 있으며, 홈이 파이지 않은 공간을 구축하고자 하고 있다. 그들의 귀환, 주체들의 귀환은 진리-사건을 형성하며, 이것이 대안공간의 출현을 가능하게 만들었던 것이다.

그러나 이것은 한국사에서 단지 일회적인 사건인 것은 아니다. 이 새로운 시민적 지성이 1987년 이래 등장한 새로운 현상이라 해도, 군사정권하에서의 '야학'의 경우에서도 보았듯이 그러한 귀환은 한국사에서 반복적으로 일어난 사건인 것이다. 그래서 역사철학의 맥락에서 그러한 귀환은 진리-사건들의 영원회귀를 드러내 준다. 따라서 우리는 새로운 시민적 지성과 더불어 이루어진, 최근에 이루어진 주체들의 귀환이라는 의의를 대안공간에 부여할 수 있는 것이다.

# 참고문헌

강준만, 「진보진영의 소통불능, 최장집 비판의 편협성 개탄」, 『인물과 사상』, 9월호, 인물과사상사, 2008

고병권, 『니체의 위험한 책, 차라투스트라는 이렇게 말했다』, 그린비, 2003.

_____, 『언더그라운드 니체』, 천년의상상, 2014.

군지 페기오-유키오, 『생명이론 — 들뢰즈와 생명과학』, 박철은 옮김, 그린비, 2013.

권영필, 『렌투스 양식의 미술 下』, 사계절, 2002.

길희성, 『마이스터 엑카르트의 영성 사상』, 분도출판사, 2008.

김대수·김연성·신동일·주재만, 『4차 산업혁명과 기술경영: 혁신과 성장』, 한경사, 2019.

김석, 『프로이트 & 라캉: 무의식의 초대』, 김영사, 2018.

김선웅, 『개념 중심의 사회학』, 한울, 2006.

김수영, 『김수영 전집 2』, 민음사, 2020.

김숙경, 「최한기의 기륜설과 서양의 중력이론」, 『東洋哲學硏究』 제71집, 東洋哲學硏究會, 2012. 8.

_____, 「혜강 최한기와 아리스토텔레스 인식론 비교 연구」, 『철학』 제117집, 한국철학회, 2013. 11.

김영민, 『집중과 영혼』, 글항아리, 2017.

김재인, 『혁명의 거리에서 들뢰즈를 읽자: 들뢰즈 철학 입문』, 느티나무책방, 2016.

김주연 편, 『릴케』, 문학과지성사, 1981.

김태우, 「인터뷰 없는 현지조사: 동아시아 의료지식에 관한 인류학적 접근」, 『한국문화인류학』 50-2, 2017, 103~133쪽.

나카지마 다카히로, 『장자, 닭이 되어 때를 알려라』, 조영렬 옮김, 글항아리, 2010.

남치형, 『바둑의 역사』, 명지대학교출판부, 2017.

니체, 프리드리히, 『선악을 넘어서』, 김훈 옮김, 청하, 1982.

_____, 『짜라투스트라는 이렇게 말했다』, 최승자 옮김, 청하, 1984.

다카하시 도루, 『로봇 시대에 불시착한 문과형 인간』, 김은혜 옮김, 한빛비즈, 2018.

데이비스, 콜린, 『처음 읽는 레비나스』, 주완식 옮김, 동녘, 2014.

데카르트, 르네, 『방법서설: 정신지도를 위한 규칙들』, 이현복 옮김, 문예출판사, 2014.

도스토예프스키, 표도르, 『카라마조프 가의 형제들 1』, 김연경 옮김, 민음사, 2019.

도윤정, 「시와 음악 간의 새로운 관계」, 『비교문화연구』 제44집, 2016.

_____, 「책을 통한 시인과 화가의 만남 ― 말라르메와 마네의 『까마귀』, 『목신의 오후』
　　　공동창작과정과 의미」, 『불어문화권연구』 26호, 2016.

드로스데크, 안드레아스, 『경영은 죽었다』, 박규호 옮김, 위즈덤하우스, 2009.

들뢰즈, 질, 『감각의 논리』, 하태환 옮김, 민음사, 2008.

_____, 『들뢰즈가 만든 철학사』, 박정태 엮고 옮김, 이학사, 2007.

_____, 『차이와 반복』, 김상환 옮김, 민음사, 2004.

들뢰즈 · 가타리, 『천 개의 고원』, 김재인 옮김, 새물결, 2001.

_____, 『철학이란 무엇인가』, 이정임 · 윤정임 옮김, 현대미학사. 1999.

_____, 『카프카 ― 소수적인 문학을 위하여』, 이진경 옮김, 동문선, 2001.

라투르, 브뤼노, 『우리는 결코 근대인이었던 적이 없다』, 홍철기 옮김, 갈무리, 2009.

_____, 『젊은 과학의 전선』, 황희숙 옮김, 아카넷, 2016.

로웬스타인, 로저, 『천재들의 머니게임』, 이승욱 옮김, 한국경제신문사(한경비피), 2010.

로장발롱, 제롬, 『들뢰즈와 가타리의 무한 속도 1』, 성기현 옮김, 열린책들, 2012.

루벤슈타인, 리차드, 『예수는 어떻게 하나님이 되셨는가』, 한인철 옮김, 한국기독교연
　　　구소, 2004.

마르크스, 카를, 『독일 이데올로기』, 김대웅 옮김, 두레, 2015.

말라르메, 스테판, 『시집』, 황현산 옮김, 문학과지성사, 2005.

박경리, 『토지』, 나남, 2002.

박노자, 『전환의 시대』, 한겨레출판, 2018.

박동준, 「기업의 사회적 책임 수행을 위한 기업 윤리에 관한 연구」, 서울대학교 대학원
　　　국민윤리교육과 박사학위논문, 1994.

박수연, 「세계문학, 번역, 미메시스의 시」, 『한국문학이론과 비평』 제81집, 2018.

박홍규, 『형이상학 강의 1』, 민음사, 2007.

_____, 『형의상학 강의 2』, 민음사, 2007.

_____,『희랍 철학 논고』, 박홍규 전집 1, 민음사, 1995.

백기복,『새로운 경영학』, 창민사, 2013.

백승영,『니체, 디오니소스적 긍정의 철학』, 책세상, 2005.

베르그송, 앙리,『도덕과 종교의 두 원천』, 송영진 옮김, 서광사, 1998.

_____,『의식에 직접 주어진 것들에 관한 시론』, 최화 옮김, 아카넷, 2001.

벤야민, 발터,『언어 일반과 인간의 언어에 대하여/ 번역자의 과제 외』, 최성만 옮김, 도
　　　서출판 길, 2008.

비베이루스 지 까스뜨루, 에두아르두,『식인의 형이상학』, 박이대승·박수경 옮김, 후마
　　　니타스, 2018.

빌라니, 아르노·로베르 싸소 책임편집,『들뢰즈 개념어 사전』, 신지영 옮김, 갈무리,
　　　2012.

사사키 아타루,『야전과 영원』, 안천 옮김, 자음과모음, 2015.

_____,『이 나날의 돌림 노래』, 김경원 옮김, 여문책, 2018.

_____,『잘라라, 기도하는 그 손을』, 송태욱 옮김, 자음과모음, 2012.

사코 겐이치,『득점력을 높이는 농구 공격 전술』, 김정환 옮김, 삼호미디어, 2018.

서남동,『민중신학의 탐구』, 한길사, 1983.

소운서원 엮음,『들뢰즈 사상의 분화』, 그린비, 2007.

스트래선, 메릴린,『부분적인 연결들』, 차은정 옮김, 오월의봄, 2019.

신유근,『현대의 기업과 사회』, 경문사, 1994.

안동림,『장자』, 현암사, 1998.

안병무,『민중신학 이야기』, 한국신학연구소, 1988.

안셀-피어슨, 키스,『싹트는 생명』, 이정우 옮김, 산해, 2005.

알렉상드르, 로랑, 장 미셸 베스니에,『로봇도 사랑을 할까』, 양영란 옮김, 갈라파고스,
　　　2018.

야나부 아키라,『번역어의 성립』, 김옥희 옮김, 마음산책, 2011.

오구라 기조,『한국은 하나의 철학이다』, 조성환 옮김, 모시는사람들, 2017.

오재근,「부양학파, 한국 전통 의학 학술 유파의 탄생과 전승: 이규준, 서병오, 이원세 그
　　　리고 소문학회」,『의사학』 23-1, 2014, 57~97쪽.

우노 구니이치,『들뢰즈, 유동의 철학』, 이정우·김동선 옮김, 그린비, 2008.

위 디오니시우스,『위 디오니시우스 전집』, 엄성옥 옮김, 은성, 2007.

유재언,『동아시아 비즈니스 문화와 혁신적 기업 경영』, 창민사, 2018.

＿＿＿,『4차 산업혁명 시대를 위한 혁신적 조직행동』, 제2판, 신아사, 2019.

이경재,『해석학적 신학』, 다산글방, 2002.

이마이 야쓰오,「교육에서 '전달'이란 무엇인가」, 한현정 옮김,『교육철학연구』, 34(4), 2012, 155~178쪽.

이수경,『카카오 AI 리포트』, Vol. 7, 05.

이승우,『4000년을 걸어온 바둑의 역사와 문화』, 도서출판현현각양지, 2010.

이정우,「니시다 기타로와 랭보」,『시작』 vol. 17, 2018.

＿＿＿,『사건의 철학』, 그린비, 2011.

＿＿＿,『세계철학사 1: 지중해세계의 철학』, 길, 2011.

＿＿＿,『세계철학사 2: 아시아 세계의 철학』, 길, 2018.

＿＿＿,『소은 박홍규와 서구 존재론사: 동일성과 차이생성』, 길, 2016.

＿＿＿,『신족과 거인족의 투쟁』, 한길사, 2008.

＿＿＿,『전통, 근대, 탈근대』, 그린비, 2011.

＿＿＿,『접힘과 펼쳐짐, 라이프니츠와 현대』, 그린비, 2012.

＿＿＿,『주체란 무엇인가?』, 그린비, 2009.

＿＿＿,『진보의 새로운 조건들』, 인간사랑, 2012.

＿＿＿,『천하나의 고원』, 돌베개, 2008.

이주형,『간다라 미술』, 사계절, 2003.

이태수 외,『박홍규 형이상학의 세계』, 도서출판 길, 2015.

이훈영,『이훈영 교수의 연구조사방법론』, 도서출판 청람, 2008.

장의준,『메갈과 저항의 위기. 왜 약자들은 추하게 보이는가?』, 길밖의길, 2017.

장하석,『장하석의 과학, 철학을 만나다』, 지식플러스, 2020.

제임스, 윌리엄,『종교적 경험의 다양성』, 김재영 옮김, 한길사, 2008.

조정환,『미네르바의 촛불』, 갈무리, 2009

줄리앙, 프랑수아,『장자, 삶의 도를 묻다』, 박희영 옮김, 한울아카데미, 2014.

지젝, 슬라보예,『죽은 신을 위하여: 기독교 비판 및 유물론과 신학의 문제』, 김정아 옮김, 길, 2007.

진중권,『빨간 바이러스』, 아웃사이더, 2014.

최승현,「들뢰즈의 실험적 배움론으로 본 세계시민교육」,『교육철학연구』, 39(4), 2017, 147~167쪽.

카프카, 프란츠,『성』, 홍성광 옮김, 웅진씽크빅, 2008.

_____, 『카프카 전집 1. 변신』, 이주동 옮김, 솔, 2019.

콘, 에두아르도, 『숲은 생각한다』, 차은정 옮김, 사월의책, 2018.

콜브룩, 클레어, 『들뢰즈 이해하기』, 한정헌 옮김, 그린비, 2007.

쿤, 토마스 S., 『과학혁명의 구조』 제4판, 김명자·홍성욱 옮김, 까치글방, 2014.

트뢸취, 에른스트, 『기독교사회윤리』, 현양학 옮김, 한국신학연구소, 2003.

푸코, 『주체의 해석학: 콜레주 드 프랑스 강의 1981-1982』, 심세광 옮김, 동문선, 2007.

프로이트, 지그문트, 『농담과 무의식의 관계』, 임인주 옮김, 열린책들, 2004.

하트, 마이클, 『들뢰즈 사상의 진화』, 김상운 외 옮김, 갈무리, 2004.

홍민표, 『알파고 VS 이세돌』, 이상미디어, 2016.

화이트헤드, 알프레드 노스, 『과정과 실재』, 오영환 옮김, 민음사, 2007.

황수영, 『근현대 프랑스철학 — 데까르뜨에서 베르그손까지』, 철학과현실사, 2005.

황은주, 「스피노자의 실체, 속성, 양태 개념에 대하여」, 『철학논구』 제35집, 2007.

『六祖壇經』, 李中華 注譯, 丁敏 校閱, 三民書局, 1997.

郡司ペギオ幸夫, 「猫が選べないサドは, ヒレネー山脈の地図でアルプスから下山する」, 『ユリイカ』 9月, 青土社, 2014, pp. 163~170.

罗安宪, 「庄子"吾丧我"义解」, 『哲学研究』, 第6期, 2013.

上村勝彦 訳, 『インド神話』, ちくま學藝文庫, 2011.

宮治昭, 『佛像學入門』, 春秋社, 2004.

ブランショ, 『焔の文学』, 重信常喜 訳, 紀伊國屋書店, 1958.

安乐哲, 郝大维, 「道德经与关联性宇宙论」, 『求是学刊』, 第2期, 2003.

杨国荣, 「庄子哲学中的名与言」, 『中国社会科学』, 第4期, 2006.

NHK文明の道プロジェクト, 『文明の道』 ② ヘレニズムと佛教, 日本放送出版協會, 2003.

大澤眞幸, 『電子メディア論』, 新曜社, 1995 (오사와 마사치, 『전자 미디어: 신체·타자·권력』, 오석철·이재민 옮김, 커뮤니케이션북스, 2013).

今井康雄, 『メディアの教育學: 「教育」の再定義のために』, 東京大學出版會, 2004.

朱熹, 『朱子文集』, 卷97. 「延平先生李公行狀」, 陳俊民 校編, 余英時 等策劃, 德富文教基金會, 2000.

阵高应, 『庄子今注今译』, 商务印书馆, 2009.

湯一介·杜維明 主編, 『百年中國哲學經典』, 八十年代以來卷, 海天出版社, 1998.

樋口聡, 『身體教育の思想』, 勁草書房, 2005.

黃廷复, 『刘文典传闻』, 「刘文典逸事」, 云南美術出版社, 2003.

深井晋司・田辺勝美, 『ペルシア美術史』, 吉天弘文館, 1998.

福永光司, 『荘子』, 朝日新聞社, 1969.

広田照幸, 『ヒューマニティーズ教育学』, 岩波書店, 2009.

Agamben, Giorgio, *Homo Sacer: Sovereign Power and Bare Life*, trans. Daniel Heller-Roazen, Stanford: Stanford University Press, 1998(first published in 1995)

_____, *Remnants of Auschwitz: The Witness and the Archive. Homo Sacer III*, trans. Daniel Heller-Roazen, New York: Zone, 1999(first published in 1998).

Althusser, Louis Pierre, *Pour Max*, Paris: Maespero, 1965.

Altizer, Thomas J. J., *The Gospel of Christian Atheism*, Westminster, 1966.

Altizer, Thomas J. J. and William Hamilton, *Radical Theology and The Death of God*, The Bobbs-Merrill Co., Inc, 1966.

Bak, Per, Chao Tang and Kurt Wiesenfeld, "Self-organized criticality: An explanation of 1/f noise", *Physical Review Letters* 59, 1987, pp. 381~384.

Bak, Per & Kim Sneppen, "Punctuated equilibrium and criticality in a simple model of evolution", *Physical Review Letters* 71, 1993, pp. 4083~4086.

Bandt, Christoph, "The Discrete Evolution Model of Bak and Sneppen is Conjugate to the Classical Contact Process", *Journal of Statistical Physics* 120, 2005, pp. 685~693.

Barad, Karen Michelle, *Meeting the Universe Halfway: Quantum Physics and the Entanglement of Matter and Meaning*, Duke University Press, 2007.

Benjamin, W., *Gesammelte Schriften*(1933), Bd. I~VII, Frankfurt a. M., 1972~89 (「경험과 빈곤」, 『발터 벤야민 선집 5: 역사의 개념에 대하여 외』, 최성만 옮김, 길, 2008).

_____, *Gesammelte Schriften*(1936), Bd. I~VII, Frankfurt a. M., 1972~89(『발터 벤야민 선집 2: 기술복제시대의 예술작품 외』, 최성만 옮김, 길, 2007).

Berger, John, *Ways of seeing*, BBC and Penguin, 1972.

Bidima, Jean-Godefroy, "Music and the socio-historical real in Deleuze", eds. Ian Buchanan & Marcel Swiboda, *Deleuze and Music*, Edinburgh University Press, 2004.

Blanchot, Maurice, *L'amitié*, Paris: Gallimard, 1971.

_____, *La part du feu*, Gallimard, 1999.

\_\_\_\_\_, *The Work of Fire*, trans. Charlotte Mandell, Stanford University Press, 1995.

Campbell, Joseph John, *The Masks of God: Oriental Mythology*, Penguin Books, 1991.

Capra, F., *The Tao of Physics: An Exploration of the Parallels between Modern Physics and Eastern Mysticism*, 5th edition, Shambhala, 2010.

Charbonnier, Pierre, et al., *Comparative Metaphysics: Ontology after Anthropology*, Rowman & Littlefield International, 2017.

DeLanda, Manuel, *Intensive Science and Virtual Philosophy*, Continuum, 2005.

Deleuze, Gilles, *Différence et répétition*, Universitaires de France, 2011.

\_\_\_\_\_, *Francis Bacon: Logic of sensation*, trans. Daniel Smith, Continuum, 2003.

\_\_\_\_\_, *Negotiations*, tr. Martin Joughin, Columbia University Press, 1990.

\_\_\_\_\_, "Postscript on the Societies of Control", *October* 59, 1992, pp. 3~7.

\_\_\_\_\_, *Présentation de Sacher-Masoch* (1967), trans. Jean McNeil and Aude Willm, *Masochism: Coldness and Cruelty*, Zone Books, 1989.

\_\_\_\_\_, *Spinoza: philosophie pratique*, Paris: Éd. de Minuit, 1981.

Deleuze, Gilles et Félix Guattari, *L'Anti-Oedipe, capitalisme et schizophrénie*, Paris: Éd. de Minuit, 1972.

\_\_\_\_\_, *Mille plateaux*, Les Édition de Minuit, 1980 (*A Thousand Plateaus*, trans. Brian Massumi, London: Continuum, 1987).

\_\_\_\_\_, *What Is Philosophy?*, tr. Hugh Tomlinson, Graham Burchell, Columbia University Press, 1994.

Descola, Philippe, et al., *Beyond Nature and Culture*, University of Chicago Press, 2013.

Dewey, John, *Democracy and Education: An Introduction to the Philosophy of Education*, Macmillan, 1916(존 듀이, 『민주주의와 교육』, 이홍우 옮김, 교육과학사, 2007).

Eldredge, Niles & Stephen Jay Gould, "Punctuated Equilibria: An Alternative to Phyletic Gradualism", ed. Thomas Joseph Morton Schopf, *Models in Paleontology*, Freeman Cooper and Company, 1972, pp. 82~115.

Foucault, Michel, *The Archeology of Knowledge*, Bristol, U.K.: Routledge, 1972.

Fox, Nick J. and Pam Alldred, *Sociology and the New Materialism: Theory, Research, Action*, Sage Publications, 2017.

Gellen, Kata, *Kafka and Noise*, Northwestern University Press, 2019.

Gould, Stephen Jay & Niles Eldredge, "Punctuated Equilibria: The Tempo and Mode of Evolution Reconsidered", *Paleobiology* 3, 1977, pp. 115~151.

Grigoriev, D., J. Reinitz, S. Vakeulenko and A. Weber, "Punctuated evolution and robustness in morphogenesis", *BioSystems* 123, 2014, pp. 106~113.

Gunji, Yukio-Pegio & Ryo Ono, "Sociality of an agent during morphogenetic canalization: asynchronous updating with potential resonance", *Biosystems* 109, 2012, pp. 420~429.

Gunji, Yukio-Pegio, Tomoko Sakiyama and Hisashi Murakami, "Punctuated equilibrium based on a locally ambiguous niche", *Biosystems* 123, 2014, pp. 99~105.

Haken, Hermann, *Synergetics*, Springer-Verlag, 1977.

Head, D. A. & G. J. Rodgers, "The anisotropic Bak-Sneppen model", *Journal of Physics A: Mathematical and General* 31, 1988, pp. 3977~3988.

Hegel, G. W. F., *Phänomenologie des Geistes*, 1807(헤겔, 『정신현상학 1』, 임석진 옮김, 한길사, 2005).

Holbraad, Martin and Morten Axel Pedersen, *The Ontological Turn: An Anthropological Exposition*, Cambridge University Press, 2017.

Jay, Martin, *Downcast Eyes*, University of California Press, 1993.

Jensen, Casper Bruun and Atsuro Morita, "Introduction: Minor Traditions, Shizen Equivocations, and Sophisticated Conjunctions", *Social Analysis*, 61-2, 2017, pp. 1~14.

Jensen, Henrik Jeldtoft, "Emergence of species and punctuated equilibrium in the Tangle Nature model of biological evolution", *Physica A: Statistical Mechanics and its Applications* 340, 2004, pp. 697~704.

Johnson, R. Burke and Anthony J. Onwuegbuzie, "Mixed Methods Research: A Research Paradigm Whose Time Has Come", *Educational Researcher*, 33(7), 2004, pp. 14~26.

Jonas, Hans, "The nobility of sight: A study in the phenomenology of the senses" in ed. H. Jonas, *The Phenomenon of Life: Towards a Philosophical Biology*, Harper & Row, 1966.

Kafka, Franz, *The Diaries of Franz Kafka, 1910-23*, ed. Max Brod, Minerva, 1992.

Kane, Brian, *Sound Unseen*, Oxford University Press, 2014.

Knight, D., "Writing Organizational Analysis into Foucault", *Organization*, 9(4), 2002, pp. 575~594.

Levi, Primo, *If This Is a Man*, trans. Stuart Woolf, New York: Orion Press, 1959(first published in 1947).

Mallarmé, Stéphane, *Correspondance 1854-1898* [ebook], Paris: Gallimard, 2019.

_____, *Œuvres complètes*, Paris: Gallimard, 1974.

Maturana, Humberto R. & Francisco J. Varela, *Autopoiesis and Cognition: The Realization of the Living*, D. Reidel, 1980.

Mingers, J. and A. Gill(eds.), *Multimethodology: The Theory and Practice of Combining Management Science Methodologies*, Chichester: Wiley, 1997.

Mol, Annemarie, *The Body Multiple: Ontology in Medical Practice*, Duke University Press, 2002.

Nancy, Jean-Luc, "From Communal Difference to Communal Holism", *Reconsidering Difference*, ed. by Todd May, The Pennsylvania State University Press, 1997.

Newman, M. E. J., "Self-Organized Criticality, Evolution and the Fossil Extinction Record", *Proceedings: Biological Sciences* 263, 1996, pp. 1605~1610.

Newman M. E. J. & Paolo Sibani, "Extinction, Diversity and Survivorship of Taxa in the Fossil Record", *Proceedings: Biological Sciences* 266, 1999, pp. 1593~1599.

Nicolis, Grégoire & Ilya Prigogine, *Self-Organization in Nonequilibrium Systems*, Wiley, 1977.

Nonaka, I. and H. Takeuchi, *The Knowledge-Creating Company: How Japanese Companies Create the Dynamics of Innovation*, Oxford University Press,

1995.

Raup, David M. & J. John Sepkoski, "Mass Extinctions in the Marine Fossil Record", *Science* 215, 1982, pp. 1501~1503.

_____, "Periodic Extinction of Families and Genera", *Science* 231, 1986, pp. 833~836.

Ross, W. D., *Aristotle*, Routledge, 1995.

Rössler, Otto E., *Endophysics: The World as an Interface*, World Scientific, 1998.

Schopenhauer, Arthur, *The World as Will and Representation Vol 1*, trans. Christopher Janaway, Cambridge University Press, 2010.

Schultz, M. and M. J. Hatch, "Living with multiple paradigms the case of paradigm interplay in organizational culture studies", *Academy of Management Review*, 21(2), 1996, pp. 529~557.

Self, Will, "Franz Kafka: Was the Author Completely Unmusical?", *The Guardian*, 5, October 2012.

Sepkoski, J. John, "Ten Years in the Library: New Data Confirm Paleontological Patterns", *Paleobiology* 19, 1993, pp. 43~51.

Small, Christopher, *Musicking: The Meanings of Performing and Listening*, University Press of New England, 1998.

Smith, John Maynard, "Darwinism stays unpunctured", *Nature* 330, 1987.

Sneppen, Kim, *Models of Life: Dynamics and Regulation in Biological Systems*, Cambridge University Press, 2014.

Sneppen, Kim, Per Bak, Henrik Flyvbjerg and Mogens H. Jensen, "Evolution as a Self-Organized Critical Phenomenon", *Proceedings of the National Academy of Sciences of the United States of America* 92, 1995, pp. 5209~5213.

Solé, Ricard V. & Susanna C. Manrubia, "Extinction and self-organized criticality in a model of large-scale evolution", *Physical Review E* 54, 1996, pp. 42~45.

Solé, Ricard V., Susanna C. Manrubia, Michael Benton and Per Bak, "Self-similarity of extinction statistics in the fossil record", *Nature* 388, 1997, pp.

764~767.

Strathern, Marilyn, *Partial Connections*, AltaMira Press, 2004.

Unschuld, Paul U., *Huang Di Nei Jing Su Wen: Nature, Knowledge, Imagery in an Ancient Chinese Medical Text*, University of California Press, 2003.

Varela, Francisco J., *Principles of Biological Autonomy*, North Holland, 1979.

Watson, Burton, *The Complete works of Chuang-Tzu*, Columbia University Press, 1968.

Westermann-Behaylo, Michelle K., et al., "Enhancing the Concept of Corporate Diplomacy", *Academy of Management Perspectives*, 29(4), 2015, pp. 387~404.

Whitehead, Alfred North, *Process and Reality*, Corrected edition, edited by David Ray Griffin and Donald W. Sherburne, The Free Press, 1978.

Williams, J., *Deleuze's Difference and Repetition*, Edinburgh University Press, 2003(제임스 윌리엄스, 『들뢰즈의 차이와 반복: 해설과 비판』, 신지영 옮김, 라움, 2010).

Yu, Jae Eon and Hyo Chang Hong, "Systemic Design for Applying the Combined Use of SSM and CDA to Social Practices", *Systemic Practice and Action Research* 29, 2015, pp. 149~171.

Zipf, George Kingsley, *Human Behavior and the Principles of Least Effort*, Addison-Wesley Press, 1949.

# 지은이 소개

**윤지산**

퇴락한 고가에서 묵 가는 소리와 댓바람을 들으며 성장한다. 선조의 유묵을 통해 중국학을 시작했고, 지곡서당에서 깊이를 더 했다. 한양대학교, 태동고전연구소, 인민대학교 등지에서 공부했다. 『고사성어 인문학 강의』, 『한비자 스파이가 되다』, 『문명이 낳은 철학, 철학이 바꾼 역사』(공저) 등을 썼고, 『순자 교양 강의』(공역), 『법가 절대 권력의 기술』 등을 번역했다. 중국 고전으로 『논어』, 『도덕경』(근간), 『중용』(근간)도 아름다운 우리말로 옮겼다. 바둑에 관심이 많아 영남일보에 기보 칼럼을 연재했다. 대안 교육 공동체, 꽃피는 학교 등 주로 대안 교육과 관련한 곳에서 강의했다. 현재 용문산 아래 칩거하면서 장자와 들뢰즈 연구에 몰두하고 있다. 한국 사회 저변에 흐르는 무의식을 탐구하며, '촛불이 꺼진 자리 무엇이 와야 하는가?'가 화두이다.

**한정헌**

4대째 개신교 목회자이자 신학자/종교철학자. 연세대학교에서 기독교윤리학 전공으로 박사학위를 받았고, 동 대학 한국기독교문화연구소에서 연구 중이다. 최근에는 '호모 렐리기오수스'(종교적 인간)의 무의식적 바탕과 그에 기반한 종교 철학 및 윤리학에 관한 연구를 진행하고 있다. 쓰거나 옮긴 책으로는 『들뢰즈 사상의 분화』(공저), 『들뢰즈 이해하기』, 『들뢰즈와 시간의 세 가지 종합』, 『경험주의와 주체성』(공역), 『문명이 낳은 철학, 철학이 바꾼 역사』 1, 2(공저, 공편) 등이 있으며, 그 외에 다수의 논문이 있다.

**장의준**

스트라스부르대학에서 철학 전공으로 철학석사 학위 및 박사준비과정 학위를 받았으며, 동 대학에서 레비나스의 철학에 관한 논문(「살아남기. 주체의 삶과는 다르게 또는 현존재의 죽음 저편」Survivre. Autrement que la vie du sujet ou au-delà de la mort du Dasein)으로
철학박사 학위를 취득했다. 레비나스의 철학적 방법론과 정치에 대한 미학적 사유를
접목시키기 위한 연구를 진행하고 있다. 대안연구공동체와 감리교신학대학교 등에서
철학과 미학을 강의하고 있다. 『메갈과 저항의 위기. 왜 약자들은 추하게 보이는가』
(2017), 『웃지 마, 니들 얘기야. 잊힌 룸펜 흙수저와 문화자본가로 추락한 좌파』(2016),
『좌파는 어디 있었는가? 메르스와 탈-이데올로기적 좌파의 가능성』(2015) 등을 썼다.

### 유재언
고려대학교 무역학과 졸업, 영국 헐대학교(University of Hull) 경영학 석사, 영국 링컨
대학교(University of Lincoln) 경영학 박사, 현재는 계명대학교 경영학과 부교수이다.
소프트 시스템 방법론(Soft Systems Methodology: SSM), 자생 체계 모형(Viable System
Model: VSM)과 전략적 인적자원관리(Strategic Human Resource Management)의 성
과관리체계(Performance Management System: PMS)와의 연계성에 관해 연구하는
중이다. 『4차 산업혁명 시대를 위한 혁신적 조직행동』(2018), 『동아시아 비즈니스 문
화와 혁신적 기업경영』(2018), *Creating Systemic Innovation: A Process-Oriented
Systems Research, New York: Nova Science Publisher*(2018) 등을 썼다.

### 유충현
중앙대에서 영문학 박사과정을 수료했고, 중앙대, 서경대, 순천향대, 경희사이버대,
사회과학아카데미, 대안연구공동체 다중지성의 정원 등에서 정신분석과 포스트 이론
을 강의했다. 현재 독립연구자로서 스피노자처럼 살려고 노력 중이며, 소수자와 약자
를 위한 담론 생산에 매진하고 있다. 『문학비평 용어사전』(공저), 『현대 미국소설의 이
해』(공저), 『20세기 사상지도』(공저), 『문명이 낳은 철학, 철학이 바꾼 역사』(공저) 등
을 썼다.

### 윤승리
인하대학교에서 현대문학 박사과정을 수료하고 동 대학 교양학부에 출강했으며, 『빅
브라더에 맞서는 중국 여성들』(2020)을 우리말로 옮겼다. 문학의 안팎에서 벌어지는
(무)의미의 운동에 주목하며 김수영에 관한 박사논문을 쓰고 있다.
pocomossoreal@gmail.com

**박철은**

고베대학 이학연구과에서 비선형과학(이론생명과학)을 전공, 이학 박사학위를 취득했다. 와세다대학 이공학술원 종합연구소 초빙연구원, 고베대학대학원 이학연구과 연구원을 역임했다. 옮긴 책으로『생명과 장소』(공역), 『가능세계의 철학』, 『허구세계의 존재론』, 『생명이론』, 『과학으로 풀어낸 철학입문』, 『고쿠분 고이치로의 들뢰즈 제대로 읽기』, 『우리는 생각한다』, 『과학혁명과 세계관의 전환 1』(공역) 등이 있다. 대체 논리, 확장 논리에 관심이 많다. VR 기기 등을 이용해 가상 현실, 증강 현실 공간에서 어떻게 신체 이미지를 변용하고, 선용할 것인가를 연구 중이다.

**권강**

상지대학교 한의과대학을 졸업했다. 동대학원에서 한의학박사학위를 받았고 안이비인후피부과 전문의를 취득하였으며 현재 부산대학교 한의학전문대학원에서 교수로 재직 중이다. 수포성 표피박리증(epidermolysis bullosa)에 대하여 연구하고 있다. 자가면역질환과 암을 연구하면서 주체와 타자의 경계가 모호해지는 모순에 직면하였고 이를 극복하기 위하여 한의학의 '표리'(表裏) 개념에서 시작하여 바둑에서의 시간과 공간, 카르테시안 좌표계(Cartesian coordinates)와 오토마타(automata), 논리학과 역설, 통계적 가설 검정, 사회적 구성주의, 생물학적 환원주의, 의료 알고리즘, 과학적 실재론 등의 방법론을 고민해 보다가 결국은 '계'(界)에 대한 고민을 하게 되었다. 인체라는 '계'는 메를로-퐁티의 체험된 공간일 수도 있으며 들뢰즈의 시뮬라크르의 공간일 수도 있는데, 중요한 점은 시간적·공간적 요소와 함께 '사건'이 접혀지고 펼쳐지는 곳이라고 생각하고 있다. 아직은 손에 잡히지 않는 머나먼 지평을 바라보고 있지만, 미래의 언젠가는 인체라는 '계'가 가진 비밀을 풀어 나갈 수 있도록 노력하고 있다.

**김태우**

미국 뉴욕주립대(버펄로) 인류학과에서 문화인류학 박사학위를 받았다. 현재 경희대학교 한의과대학 교수로 재직 중이다. 의료인류학자로서 사회문화와 의료의 상호관계, 의료에 내재한 존재론 및 인식론을 연구하고 있다. 최근에는 인류학의 존재론적 전회의 맥락에서 동아시아의 형이상학과 존재론에 관심을 가지고 연구를 진행하고 있다. 주요 논문으로「만성병 수치화의 생명정치」, 「한의학 병명의 현상학: 인류학적, 현상학적 접근」, 「치유로서의 인간-식물 관계: 존재론적 인류학으로 다시 읽는 동아시아의학 본초론」, 「Cultivating Medical Intentionality: The Phenomenology of

Diagnostic Virtuosity in East Asian Medicine」 등이, 저서로 『한의원의 인류학: 몸-마음-자연을 연결하는 사유와 치유』, 『아프면 보이는 것들: 한국 사회의 아픔에 관한 인류학 보고서』(공저), 『의료, 아시아의 근대성을 읽는 창』(공저) 등이 있다.

### 최승현

현재 충북대학교 사범대학 교육학과 교수로 재직 중이다. 고려대학교 교육학과에서 들뢰즈의 실험적 배움론에 관한 연구로 교육학 박사학위를 받았다. 그간 들뢰즈, 푸코, 데리다를 중심으로 후기구조주의 교육철학을 연구해 왔고, 최근에는 후기구조주의 이후의 교육철학을 정립하고자 마르쿠스 가브리엘의 신실재론(New realism) 및 선진(先秦) 사상에 관심을 가지고 있다. 저서로 『포스트휴머니즘과 교육학』(2021, 공저), 『미래학교를 위한 놀이와 교육』(2020, 공저) 등이, 번역서로 『정보사회의 철학: 구글·빅데이터·인공지능』(2021), 『포스트모던 교육사상: 일본교육학은 포스트모던을 어떻게 수용했는가』(2020) 등이, 논문으로 「정보사회에서 학교교육의 의미: 아감벤의 논의를 중심으로」(2021), 「데리다의 정의론과 정보윤리교육의 (불)가능성」(2021) 등이 있다.

### 김숙경

철학박사, 유목미학연구소장, 경희사이버대학교 특임교수 역임. 성균관대학교에서 동서비교철학을 연구하였으며, 「혜강 최한기의 기학(氣學)에 나타난 서학 수용과 변용에 관한 연구」로 박사학위를 받았다. 「혜강 최한기와 아리스토텔레스 인식론 비교 연구」, 「최한기의 기륜설(氣輪說)과 서양의 중력이론」을 비롯하여 다수의 비교철학논문을 발표하였다. 저서로는 『종교와 미술』(문사철), 『문명이 낳은 철학, 철학이 바꾼 역사 2』(도서출판 길, 공저) 외 다수가 있으며, 현재 유목미학 연구 및 강의와 집필에 힘쓰고 있다.

# 사유의 새로운 이념들

## 대안공간의 사상

초판1쇄 펴냄 2022년 04월 29일

**엮은이** 한정헌·최승현
**지은이** 윤지산, 한정헌, 장의준, 유재언, 유충현, 윤승리, 박철은, 권강, 김태우, 최승현, 김숙경
**펴낸이** 유재건
**펴낸곳** 그린비
**주소** 서울시 마포구 와우산로 180, 4층
**대표전화** 02-702-2717 | 팩스 02-703-0272
**홈페이지** www.greenbee.co.kr
**원고투고 및 문의** editor@greenbee.co.kr

**주간** 임유진 | **편집** 홍민기, 신효섭, 구세주, 송예진 | **디자인** 권희원, 이은솔
**마케팅** 유하나, 육소연 | **물류유통** 유재영, 한동훈 | **경영관리** 유수진

學問思辨行: 배우고 묻고 생각하고 판단하고 행동하고

독자의 학문사변행을 돕는 든든한 가이드 _ 그린비 출판그룹

**그린비** 철학, 예술, 고전, 인문교양 브랜드
**엑스북스** 책읽기, 글쓰기에 대한 거의 모든 것
**곰세마리** 책으로 통하는 세대공감, 가족이 함께 읽는 책